叶秀山全集

[第一卷]

叶秀山 著

江苏人民出版社

图书在版编目(CIP)数据

叶秀山全集.第一卷/叶秀山著.—南京:江苏人民出版社,2019.11
ISBN 978-7-214-23481-0

Ⅰ.①叶… Ⅱ.①叶… Ⅲ.①哲学—文集 Ⅳ.①B-53

中国版本图书馆CIP数据核字(2019)第099068号

书　　　名	叶秀山全集·第一卷
著　　　者	叶秀山
责 任 编 辑	戴亦梁
责 任 校 对	薛耀华
责 任 监 制	王列丹
出 版 发 行	江苏人民出版社
出版社地址	南京市湖南路1号A楼,邮编:210009
出版社网址	http://www.jspph.com
排　　　版	南京展望文化发展有限公司
印　　　刷	苏州市越洋印刷有限公司
开　　　本	718毫米×1000毫米　1/16
印　　　张	34　插页7
字　　　数	538千字
版　　　次	2019年11月第1版　2019年11月第1次印刷
标 准 书 号	ISBN 978-7-214-23481-0
定　　　价	152.00元

(江苏人民出版社图书凡印装错误可向承印厂调换)

《叶秀山全集》出版说明

叶秀山先生遽然仙逝后,在他亲属和学生们的支持下,我们决定出版《叶秀山全集》,以永远缅怀他卓越的学术成就,延续和光大他的学术理念与思想事业。本次出版遵循如下原则:

一、只收录已经公开出版或发表的作品,其余作品(如手稿、书信等)以后择机再出续集。

二、各卷按照时间顺序收录已出版的著作(包括文集)。未收入已出版著作中但又公开发表的文章,按发表时间顺序分类收入最后两卷。

三、已出版的文集类著作中与之前著作收文重复者,只存目,但让《永恒的活火》和《启蒙与自由》二书保持完整收录。

四、编辑过程中,尽量尊重原出版物原貌,只作最小程度的技术处理。

我们向参与具体编校工作的叶先生的学生们,以及为全集的编辑出版提供各种帮助的朋友们表示感谢!

江苏人民出版社
2019 年 7 月

目 录

京剧流派欣赏

戏曲与美学 003

论京剧流派 008

继承京剧流派的一些问题 025

"偏爱"和"偏见"——谈京剧流派的欣赏和评价 032

中国传统戏曲舞台形象之美——梅兰芳《舞台生活四十年》的一些美学问题 037

略谈梅派艺术的特点——兼谈典型的美 051

从余派谈京剧演唱的"韵味" 055

谈余派韵味的豪壮风格 060

程派唱工韵味研究 064

言菊朋演唱艺术欣赏 074

从言派谈表演艺术之雅俗 080

麒派表演的特殊风格——谈表演艺术的真和美 085

马派和谭派表演风格之比较——兼谈表演风格之朴实和华丽 091

谈裘派表演风格——兼谈戏曲表演艺术的共性和个性 097

谈杨宝森的《文昭关》——兼谈悲剧的表演 104

后 记 109

前苏格拉底哲学研究

第一部分　早期古代希腊社会与早期希腊哲学　113
　　一、古代希腊（雅典）奴隶主民主制的形成与早期希腊哲学学派　113
　　二、雅典的黄金时代——伯利克里时期　125
　　三、雅典民主制的危机　134

第二部分　米利都学派的主要哲学范畴　141
　　一、关于泰利士的"始基"（ἀρχή）　141
　　二、关于阿那克西曼德的"无定形"（ἄπειρον）　146
　　三、关于阿那克西曼尼的"气"（ἀήρ）　150

第三部分　南意大利学派的创始人——毕达哥拉斯的哲学学说　154
　　一、"数"作为世界的始基　156
　　二、关于灵魂不灭和轮回说　166
　　三、朴素辩证法思想和形而上学的倾向　169
　　四、毕达哥拉斯学派的社会观　170

第四部分　赫拉克利特的宇宙论　173
　　一、赫拉克利特哲学的历史地位　177
　　二、"火"作为物质性的始基　181
　　三、逻各斯（λόγος）——变化的客观尺度　185
　　四、关于"二力背反"（παλίνοτος）　191

第五部分　论爱利亚学派　198
　　一、克萨诺芬尼与爱利亚学派　198
　　二、巴门尼德在古希腊哲学史上的地位　205
　　三、芝诺的悖论　225

四、如何评价和理解梅里索斯问题 239

第六部分　恩培多克勒在前苏格拉底哲学中的地位 247
　　一、关于"四根说" 249
　　二、"爱"、"争"作为动力因 258
　　三、感觉与理智的关系 263

第七部分　阿那克萨哥拉的历史地位 270
　　一、阿那克萨哥拉与古代伊奥尼亚学派的关系 270
　　二、关于物质结构的学说 273
　　三、精神与物质的进一步分化——关于"νοῦς"（心灵）的学说 283

第八部分　关于原子论的一些问题 289
　　一、原子论的创始者——留基波 289
　　二、德谟克利特的自然哲学 299
　　三、德谟克利特的认识论 315
　　四、德谟克利特的伦理学 322

第九部分　早期智者学派与前苏格拉底哲学的终结 327
　　一、早期智者学派的历史地位 327
　　二、普罗塔哥拉斯——智者学派的奠基者 336
　　三、智者学派另一个奠基者高尔吉亚 345
　　四、其他早期智者 355

附录：帕拉梅德斯辩护词 368

主要参考书目 374

主要人名中外文对照表 376

后　记 380

苏格拉底及其哲学思想

引　言　383

第一部分　史料问题　385

第二部分　苏格拉底的政治立场　395

　一、苏格拉底与雅典奴隶主民主制的兴衰　397

　二、苏格拉底的主要政治主张　406

　三、苏格拉底之死　416

第三部分　苏格拉底的哲学思想　423

　一、苏格拉底和柏拉图在哲学学说上的关系　423

　二、"认识你自己"——从"自然"到"自我"的转变　434

　三、精神与物质的进一步分化——唯心主义和唯物主义两大阵营的对立　448

　四、"理念论"的奠基者　462

　五、苏格拉底的道德哲学　478

　六、苏格拉底的辩证法　501

结束语　526

附录：主要参考书目　530

主要人名中外文对照表　532

后　记　535

重印后记　536

| 京剧流派欣赏 |

戏曲与美学

中国戏曲艺术比起西方戏剧艺术说来,历史虽然比较短,但是在艺术上却有极高的成就,无论从编剧到表演都积累了丰富的、可贵的经验。就编剧来说,短短几百年中,在历史上我们出现了像王实甫、关汉卿、高文秀、白朴、马致远、汤显祖、孔尚任、洪昇等一系列杰出的剧作家;就表演艺术来说,京剧只有近二百年的历史,却出现过程长庚、余三胜、谭鑫培、汪桂芬、余叔岩、杨小楼、王瑶卿、梅兰芳等一系列的表演艺术大师。在这样短的时期内,出现这许多对戏剧艺术极有影响的艺术天才,这在艺术史上是少见的。因此,我们可以认为,近代是我国京剧艺术突飞猛进的时代。

可是有一件很遗憾的事,就是我国近代的戏剧理论没有能赶上戏剧艺术实践的发展,理论研究工作远远落后于舞台实际。就传统戏曲方面来说,从理论上来总结、概括戏剧艺术本身的规律(包括编剧、表演等各个方面)的著作,寥寥可数。其中尤以表演艺术,更少理论上的研究。这可能主要有两个原因,一是戏曲实践发展得太快,而理论研究则需要多方面的准备工作,所以有一个时期的脱节现象;另一方面,也是最重要的方面,是因为封建统治阶层的文人不重视也没有能力对戏曲艺术(特别是表演艺术)进行系统的研究,因为在他们看来,戏曲不过是消闲散心的事,而在封建社会,演员(包括剧作家)又都是些没有地位的人,岂能登封建统治文人的"艺术宫殿"?历史上也有过一些有远见的戏剧家,曾经在理论上做过一些工作,如清代的大戏剧家李渔在他的《闲情偶寄》中就有一部分是关于戏曲编剧、表演的经验总结。可是,也许主要就是因为李渔重视了表演艺术，并主张要从舞台艺术实践效果来对待编剧艺术，才被一班封建文人百般诋毁。

戏曲艺术的客观发展，舞台艺术实践的发展的客观趋势，向戏剧理论提出了迫切的要求，必须提高我国戏曲艺术的理论水平，把我国戏曲艺术的优美之处，从理论上加以阐发、评价。

在从理论上研究戏曲艺术这个工作中，必然地会涉及到戏曲艺术中一些特殊的美学问题，于是就出现了"戏剧美学"和"戏曲美学"。

美学是一门古老而又年轻的科学，虽然从古代希腊的一些大哲学家起，已经研究了很多美学问题，但"美学"这个概念，却一直要到十八世纪沃尔夫学派的鲍姆加登才提了出来，此后经过康德、黑格尔这样一些古典哲学家，才把它系统化了；然而美学对于艺术来说，从它未曾形成系统的科学起，就显示了它的巨大的意义。许多艺术问题，研究到它的最基础的理论时，没有不直接涉及美学问题的。因此，要提高我国戏剧艺术的理论水平，要对我国戏曲艺术作理论的总结，就必然要从美学角度来对戏曲艺术作一番研究；反过来说，美学也脱离不开对具体艺术的研究，对具体艺术部门进行美学研究，也有助于美学本身的丰富和发展。

从美学角度来研究戏剧艺术在美学史上是有传统的。我们都知道，古代希腊大哲学家亚里士多德的《诗学》，就主要是总结了古希腊戏剧艺术的实践，这本著作中的主要问题就是讨论了悲剧和喜剧问题（可惜关于喜剧问题，保存得很少）；从此，"悲剧"、"喜剧"、"雄伟"、"滑稽"这些概念，就成为传统的美学范畴。显然，这些范畴是和戏剧艺术直接相联系的。到了十八世纪，德国古典哲学家、资产阶级哲学的最高峰黑格尔在他的《美学》中，也以大量的篇幅讨论了戏剧问题，黑格尔关于悲剧，关于历史剧等问题的见解，是很有影响的，而且有许多合理的部分。后来俄国革命民主主义者车尔尼雪夫斯基对于悲剧、喜剧、崇高、滑稽等戏剧美学问题，也作过许多重要的研究。他批判了黑格尔美学中的客观唯心主义体系，以现实主义精神探讨了悲剧和喜剧问题，对戏剧美学有重大的贡献。

历史上许多美学家都很重视戏剧艺术的基本美学问题，甚至我们现在争论的一些问题，历史上杰出的美学家已经涉及到了，像黑格尔论历史题材的处理问题，就涉及到历史真实与艺术真实的关系问题，涉及到历史剧的创作态度问题；十八世纪德国杰出美学家莱辛和法国哲学家狄德罗，对于戏剧真实和历史真实的关系，也都有明确的看法；狄德罗还涉及到表演艺术的基本美学问题：演员和角色的关系问题，演员的理智和感情问题。在狄德罗的表现理论中的确存在着过分强调理性，忽视感情的倾向；而在这个问题上，莱辛的《汉堡剧评》，比狄德罗又进了一步，莱辛从感情与理智统一的观点，论述了演员艺术，提出了不少精辟的见解。其他如黑格尔第一次系统论述戏剧冲突问题，应该说，在戏剧美学上，也是有重要意义的。

由此可见，历史上的美学家，从来就是重视从美学上总结当时戏剧艺术的实践的，他们有些研究成果，现在还值得我们借鉴。

过去的美学体系中，不仅直接涉及戏剧艺术的部分，值得我们重视；即使他们一般的美学理论，有一些也对戏曲艺术有一定的启发作用。像黑格尔对象征、古典、浪漫三种艺术的分析，对于确定我国戏曲艺术的实质，有着重要的参考作用；即使像康德的美学，他对趣味判断与理智、意志关系的区别，对于我们研究演员创造过程和观众欣赏的心理特点，也有不少启发。

中国戏剧美学，有自己特殊的问题，它主要研究戏曲美学，是从美学的角度来研究戏曲艺术。中国戏曲艺术当然也遵循戏剧艺术的一般规律，但它也有自己的特殊的规律，不研究这些规律，就不能很好地认识戏曲艺术，明确这一点是很重要的。

戏曲艺术是歌唱与舞蹈的综合，这本来是一个极明显和极表面的现象，但在这个现象后面，却隐藏着戏曲和话剧的极深刻的理论上的区别。正是由于这种美学上的区别，我国戏曲艺术在自己的发展过程中，形成一系列的特殊的艺术规律，形成戏曲艺术在内容和形式上的一系列的特点，戏曲美学的主要任务就是要研究这些特点。当然，如果认为戏曲艺术只是音乐和舞蹈两种艺术的简单的拼凑，也显然是不正确的。戏曲艺术固然要遵循歌唱、舞蹈等一般的艺术规律，但又有自己的特殊的艺术规律。譬如歌唱，作为一种音乐艺术，主要是听觉艺术，其目的是引起听觉的美感，因此即使在西洋的歌剧中，对于歌唱者口形是不太注意的，它只要求发音准确悦耳；然而中国戏曲表演，就不仅要注意把字咬准，而且要注意口形的美观，这就是说，中国戏曲表演，即使在歌唱时,也不仅要注意听觉之美,还要注意视觉之美。

我国传统戏曲表演艺术,在这方面是很有经验的。京剧里的小生、青衣等行当是没有胡子的,因此他们都要注意口形的美观,他们绝不能像老生、花脸挂胡子的那种唱法。老生为了把字咬准,下颚口形左右晃动,同时,这又可以增加脸部表情的变化,可是青衣、小生就不能这样唱。应当把字排排队,看哪些字应该怎样念才既不倒字又不破坏面部的美。同时,这还要结合着每个演员的生理特点,如口形较大的遇到"发花"、"遥条"等辙的字就要特别注意,不要使嘴过分大了;嘴形太小的演员,就要注意口形的变化,不要让观众觉得演员的嘴老是不动。

看起来这些都是技术问题、形式问题,然而这些问题对艺术形象的美化是很重要的。注意形象之美,这从来是美学家和艺术家非常注意的一个问题。莱辛在《拉奥孔》里曾经谈到造型艺术的形象美的问题,他认为,在诗歌里的拉奥孔被蛇绞住时,可以描写他嚎啕大哭、呲牙咧嘴,但在雕塑里就不容许外形过分的丑[①]。莱辛这个观点有着深刻的意义。从这个观点来看,应该说,戏剧艺术很重要的一个方面是舞台造型艺术,它不容许在舞台上出现过于丑恶的形象,在舞台上应该处处照顾到美的条件。这就是说,戏曲艺术,既服从听觉艺术的规律,又服从视觉艺术的规律,而且这两种规律的交互作用又会产生特殊的、新的规律。

戏曲美学的领域是非常广泛的,它可以涉及编剧、导演、表演、欣赏等各个方面的问题。编剧里的冲突、情节、性格、穿插、词藻等,表演艺术里唱做念打的"气势"、"韵味"、"边式"以及表演艺术的各种不同的美的风格,演员与角色和观众这三者之间的关系,等等,在每个问题中又都包含着极丰富的内容,像演唱艺术的"韵味"中涉及到声与情的统一、内容与形式的统一等问题。由此可见,戏曲美学是大可研究的。

研究戏曲美学,当然也不是没有困难,譬如美学对象本身还有争论,这自然就影响到戏曲美学的范围和对象问题,有些问题也很难截然划分界限。然而,并不能认为,必须等一般美学问题完全得到解决了,再来研究戏曲美学。分歧

---

① 见《拉奥孔》,《世界文学》一九六〇年十二月号。

意见总是会有的，而对戏曲（以及各具体艺术部门）进行美学研究，也会有助于一般美学问题的解决，美学这门科学需要从各个方面（包括美学史、心理学、哲学等）来研究，通过一个具体艺术部门（如戏曲）来研究美学问题，何以就不是一条路子呢？

因此，无论从戏曲艺术本身，或美学本身来说，都需要把戏曲研究和美学研究结合起来，把具体的艺术理论研究，和美学理论的研究结合起来。

论京剧流派

在我国戏曲艺术史上,京剧的流派繁多,丰富多采,是一个鲜明的特点。清代道光年间,在四大徽班("三庆"、"四喜"、"和春"、"春台")的基础上,与湖北汉调相融合,并在吸取昆曲、梆子等古典剧种的表演艺术的基础上,形成了京剧,从而代替了曾经独霸剧坛但当时已逐渐凋零的昆曲。此后,京剧的影响日益扩大,剧目、角色逐渐丰富,剧团组织也逐渐完备,京剧的表演艺术也就大大发展起来,于是在京剧发展史上出现了各种表演流派。

一 历史的回溯

京剧表演流派的发展过程,从各个行当看来,并不是很平衡的。有些行当的流派丰富一些,有些行当虽然也有不少杰出的表演艺术家,但并没有形成众多的艺术流派;有些行当的流派形成、繁荣得早一些,有些行当则比较晚一点。我们知道,光有一个人是形成不了艺术流派的,艺术史上出现流派不是偶然的事,它应该在一定程度上反映某个艺术部门发展的客观要求,承前启后,从而对该部门艺术发展有比较深远的影响。因而应运而生的艺术流派,必然有许多继承者和追随者,从这些追随者中,又将出现一些具有独创性的艺术家,在艺术上青出于蓝而胜于蓝,于是又会出现更新的流派,这样也就推进了艺术流派的发展,这似乎是艺术流派发展的一个客观规律。

下面我们从流派比较丰富的老生、青衣和花旦及武生三个行当来看看京剧流派发展的大概线索。

老生的表演流派

京剧艺术发展的最初阶段，以老生最为活跃，因此流派也最多、最丰富。作为京剧的奠基者，有所谓老三派，即程长庚、余三胜、张二奎。他们在表演艺术上都有自己的独特风格。程长庚近于徽调，余三胜近于汉调，这是因为最初京剧是由徽调、汉调发展而来，这种倾向在所不免。到了谭鑫培，则在把程（长庚）派和余（三胜）派结合起来的基础上，博采众长（如王九龄、卢台子等），成为京剧一代宗匠，被看成是京剧历史上最有权威的人物。

谭鑫培在京剧流派发展史上具有非常重要的地位，他在表演艺术上是一位勤学苦练、全面发展的艺术天才。谭鑫培的基本功夫非常实在，他不但精于老生，而且能演老旦、武生、小生等行当。在老生行当中，他更是相当全面的艺术家，唱、做、念无一没有独到之处，因此谭派的影响非常深远，当时固然风靡一时，曾有"有书皆作垿（山东王垿），无调不学谭"之说，从以后的发展来看，谭派的影响也最深，声势也最为壮大。

但是，就是在谭鑫培同时的京剧舞台上，也不是谭派一花独放。和谭鑫培同时的，尚有汪桂芬和孙菊仙两大派，合称后三派。

应该指出，汪桂芬在京剧史上应该给予足够的评价。他是程长庚的琴师，模仿程腔可以乱真，但他不以模仿为满足，他结合自己的体会和条件，进一步发展了程的艺术。如果说，谭鑫培主要是结合了程、余二派而侧重于余，那末汪桂芬则可以说主要是结合了程、张（二奎）二派而以程派为主。程长庚为京剧创始之音，朴实无华，高亢激厉，张二奎的嗓音高亢，不以花巧取胜，而汪桂芬的唱腔更是大气磅礴，浑厚刚劲，他的《文昭关》，至今仍有应该吸取的地方，而在当时也应该说是在谭鑫培之上。

后三派的孙（菊仙）派在京剧史上也很重要，他的风格直追张二奎，和汪派也比较接近，但尤注重气势，不大讲究咬字行腔，孙派的用气，有很多足以借鉴的地方。在风格上说，孙派比汪派更粗犷一些，程长庚曾说过孙菊仙的嗓子不如谭鑫培的甜润，恐怕就是因为孙派不大讲究含蓄的缘故。

京剧艺术史上，在老生行当中，我们不能忘掉贾洪林的名字，他虽然没有像后三派那样形成一个旗帜鲜明、大家公认的独立的派别,但无论就他本人的艺术修养来说或者就以后的影响来说,贾洪林都是一个重要的人物。

贾洪林与谭鑫培同时,学于谭,嗓音失润,但仍被当时剧评家赞为"有韵味";贾的做工,在谭鑫培之上,尤擅衰派老生戏,这也是当时剧评家所公认的。我们之所以重视他在京剧老生流派上的地位,原因正在于此。可以说,贾洪林是唱做念都有相当成就的艺术家,他在嗓音失润的条件下,尚能与谭鑫培抗衡,可见功力之深。后来许多有成就的演员都直接或间接地受过他的影响,如高庆奎、雷喜福、马连良、张春彦等,而我们从马派艺术中,特别是在做工方面,能看出贾洪林的影响,这是很明显的事。

在京剧的老生行当中,刘鸿昇(或作"声")也是一个重要人物,他以京剧业余爱好者曾入花脸常二庄门下,与谭鑫培配《李陵碑》的杨七郎受到谭的称赞。刘鸿昇最初曾以"上海第一花面"著名,他的花面嗓音清刚有力(曾灌唱片),与金秀山相比,又别具风格。跛腿后,改为老生。

刘鸿昇有一条公认的好嗓子,当时曾被誉为"虎音"(不是指胸腔共鸣那种"虎音"),改演老生后,初宗谭,后研习汪桂芬。刘的嗓音虽好,但在演唱艺术上缺乏含蓄,有刚无柔,嗓音有高无低,所以被批评为缺乏神韵。

此后,京剧老生艺术的发展,以谭派最为兴盛,有许多出自谭鑫培之门但又在某个方面或某种程度上超出了谭鑫培的有成就的演员,也都逐渐形成自己的独立的派别。早一点的有余叔岩、言菊朋,后一点的有马(连良)、谭(富英)、杨(宝森)、奚(啸伯),被誉为"四大须生"。

在京剧史上,余叔岩的影响很大,特别在咬字、行腔、用气方面,有其特殊的风格。京剧咬字,从谭鑫培起,湖广音和中州韵的关系就逐渐定型了,余叔岩因祖父余三胜(近汉调)的关系,更侧重于湖广音,形成一种独具风格的韵味。他在音韵方面特别下工夫,极注意"字正腔圆",而嗓音也柔中有刚,虽非"五音俱全",但音色很美,甜而有味。余的唱腔并不太花,虽注意咬字而比较分别轻重、首尾,咬字、行腔、用气比较含蓄,这是和言菊朋不相同的地方。

言菊朋在京剧史上也是独创一格,有些戏(如《让徐州》、《卧龙吊孝》等)演来颇能传神;但腔较花,咬字太死,形式主义倾向比较明显。

从谭鑫培这个系统下来的，还有就是所谓"四大须生"：马、谭、杨、奚，他们或直接继承谭鑫培的艺术加以创造发展，或受余叔岩、言菊朋等人的影响，但都有自己独特的表演风格，如马连良之潇洒华丽，谭富英之朴实清脆，杨宝森之悲凉醇厚，奚啸伯之严谨工整，都各有一定的特点。

但不能认为，京剧自谭鑫培后就只有谭派这个系统了，因为事实上孙菊仙、特别是汪桂芬都有传人，虽不像谭派那样人数占优势，但一点也不能低估他们在京剧史上的作用。例如，京剧改革家汪笑侬就是接近于汪派，"他的特点是腔调苍老遒劲，最适于慷慨悲歌。"[①]汪派传人还有王凤卿等，孙派传人有时慧宝等，以及后来的刘（鸿昇）派传人也有高庆奎等人。

与上述各主要流派都有相当关系而在京剧史上有极大贡献的是周信芳。周信芳以顽强的毅力，不顾当时保守势力的反对，在京剧艺术上作出了许多大胆的革新。周信芳早年虽也宗过谭，十分钦佩谭鑫培的艺术，但他的表演风格和谭鑫培是很不同的。一般来说，周信芳的表演特点是泼辣豪放，最适合于表演忠义之士。

从谭鑫培开始，京剧老生表演艺术大致可以分成两大派别，一是以谭鑫培为首的婉约（优美）派，一是以汪桂芬为首的豪放（壮美）派。当然，这只是就表演风格所作的大致的分别，因为谭派阵营中也有能演豪放的剧目的，汪派阵营中也有能演优美的剧目的，而这两大派别中，如前所说的，有成就的演员又都有自己独特的表演风格，自成一家，互相区别。

青衣、花旦的表演流派

京剧旦角表演流派的繁荣，比老生要晚一些，当然，后来流派的繁荣，是和前辈艺术家的功绩分不开的。京剧旦角以青衣为正工，原来青衣和花旦这两种行当在早期分工是很严格的，演青衣的不演花旦，演花旦的不演青衣，这种惯例直到余紫云、王瑶卿、梅兰芳以后才打破。

京剧旦角表演艺术，从胡喜禄、梅巧玲到王瑶卿经过了一个积累经验的历史时期，旦角流派的繁荣是王瑶卿以后的事情。

在王瑶卿以前，著名的旦角演员也很不少，清同治、光绪年间，有所谓

---

① 周信芳：《忆汪笑侬》，见《周信芳戏剧散论》，中国戏剧出版社一九六〇年版第102页。

"同光十三绝"①，其中旦角演员有梅巧玲、余紫云、时小福、朱莲芬四人。梅巧玲是梅兰芳的祖父，工花旦；余紫云和时小福、花旦田桂凤同时，而余紫云青衣兼演花旦，兼有时小福之典雅和田桂凤的流利，在京剧旦角表演史上占有重要的地位。

随着旦角表演艺术的发展，京剧史上出现了陈德霖和王瑶卿两位表演艺术家。陈德霖嗓音清脆坚实，吐字做工典雅稳重，造诣极高，以后的旦角演员大都受过他的影响。王瑶卿是陈德霖的弟子，但他在旦角表演艺术的创造上，却超过了陈德霖。

王瑶卿初工青衣，兼有余紫云、陈德霖之长，嗓音清脆圆润，后改为花旦，做工及念白都有独到的功夫。京剧青衣，从来不注重做工和道白，只讲唱工，余紫云虽兼演花旦，但并未把这两种表演方法结合起来，而王瑶卿则用花旦丰富了青衣的做、念，用青衣丰富了花旦的唱，应该说，王瑶卿是比较全面的、唱做念俱佳的旦角演员。

陈德霖、王瑶卿为京剧旦角表演的繁荣准备了条件，王瑶卿直接促进了京剧旦角的极盛时期，出现了"四大名旦"梅兰芳、程砚秋、荀慧生和尚小云，他们都或多或少受过陈德霖和王瑶卿的影响。

梅兰芳是京剧史上一颗巨星，他的表演艺术集中了前辈旦角艺术家的优点，在扎实的基础上，把京剧旦角表演艺术向前推进了一大步。梅兰芳是表演艺术上全面发展的天才，他的唱做念打浑成一体，在体会角色感情变化及表现这些变化上，极讲究"分寸"，因此他的表演艺术给人的美感享受是全面的、典型的。

京剧旦角表演很注重美的条件，但只有到了梅兰芳，在京剧舞台上才把唱做念各个表演程式中的美的条件统一了起来，把美的内容和美的形式高度地结合了起来，他所塑造的人物，在京剧舞台的一个时期内，可以说是一种美的典范。

---

① 因清末画家沈蓉圃绘过一幅《同光十三绝像》而得名。在这幅画上，画了清同治、光绪间有代表性的京剧演员十三人扮演的各人最擅长剧目中的戏曲人物，即：郝蓝田《行路训子》中的康氏、张胜奎《一捧雪》中的莫成、梅巧玲《雁门关》中的萧太后、刘赶三《探亲家》中的乡下妈妈、余紫云《彩楼配》中的王宝钏、程长庚《群英会》中的鲁肃、徐小香《群英会》中的周瑜、时小福《桑园会》中的罗敷、杨鸣玉《思志诚》中的闵天亮、卢胜奎《战北原》中的诸葛亮、朱莲芬《琴挑》中的陈妙常、谭鑫培《恶虎村》中的黄天霸、杨月楼《探母》中的杨延辉。

程砚秋在旦角表演上也极有创造,他的唱工艺术,回肠荡气,极富有韵味。程派讲究咬字准确,行腔、用气最注意抑扬顿挫,在风格上比较悲凉典雅,善于演悲剧。

荀慧生在表演艺术上以做工、念白见长,工花旦,善于揣摩剧中人物性格,《金玉奴》等剧演得非常传神;尚小云主要是继承并发展了陈德霖的表演艺术,在演唱风格上以清俊刚劲见长,而且武工甚好,因此动作刚劲婀娜,端庄有致。

与"四大名旦"同时,尚有欧阳予倩。欧阳予倩初习话剧,曾留学日本,对于戏剧表演艺术极有研究,又善编剧。在京剧表演上,欧阳予倩的风格近于梅派,嗓音圆亮,做工细腻,善于体会人物内心的感情,故有"南欧北梅"之称。

自"四大名旦"以后,京剧旦角艺术发扬光大,梅、程、荀、尚,固然是风格各异、旗帜鲜明,其他像徐碧云、筱翠花、芙蓉草等人也都有独到的地方。

武生的表演流派

武生在京剧中是非常重要的行当之一,它以武工为主,集中地体现了中国武术之美,或者说,它是对中国武术进行艺术美化的结果;但作为完整的舞台形象,对演员的唱念等表情也有很高的要求,特别是念白,武生要求干净刚劲,喷口有力,是不容易念好的。

由于武生的技术要求最强,在不同演员的不同的体会和技术训练的基础上,产生了一些不同风格的武生表演流派。

在武生中,影响最大的是俞(菊笙)派。俞菊笙是四大徽班之一春台班的创始人之一,他的武戏注重气魄,以长靠大将最为擅长,《挑滑车》、《铁龙山》是他的精心杰作。

俞派传人杨小楼乃是武生表演艺术领域内最有成就的艺术家,他的表演特点是"武戏文唱",极注重"技"与"戏"的结合。武生演员最难得的是两种才能:一种是武艺的才能,一种是作为艺术家体会并表现人物思想感情的才能。杨小楼既具备极深厚的武术功夫,身怀绝技,又具备艺术家创造人物的艺术才能,并且善于把这两种才能结合起来,塑造出许多威风凛凛、活龙活现的大将形象,这决不是偶然的事。杨小楼人称"活子龙",这一方面是因为他武技精湛,更主要的,乃在于他善于表现人物的内在思想感情,他的《长坂坡》把赵云的英雄无畏、忠心耿耿的形象，刻划得淋漓尽致，"活子龙"的称号是当之无愧的。

杨小楼演大将，有儒雅的风度，这里面并不一定含有封建思想的成分。对于"儒雅"、"儒将"，人们往往有一种误解，以为一定是属于孔夫子那个思想体系的政治人物，其政治思想就一定是封建的、反动的。当然，作为封建社会的大将，带有封建思想本不足为奇，但却不一定反动；何况所谓"儒将"、"儒雅"，一般是指将领的文化水平和战略、策略水平，并不一定要表现他有哪些儒家的哲学思想。在这里，所谓"儒雅"主要是指两个方面，一是他所扮演的角色大都是胸有韬略的大将，人物的性格要求有儒雅的气度；二是他的表演艺术，不是粗糙的技术，而是经过艺术家精心创造的艺术，说这种艺术具有雅致的风格是无可非难的。

由于这种儒雅的风格，杨小楼在表演上就遵循着"武戏文唱"的路线发展。所谓"武戏文唱"，并不是"武戏瘟唱"，而是要求武生演员注意掌握人物的思想感情，注意掌握舞台形象的完整性，不要脱离剧情地卖弄技术，要在唱、念、表情上下工夫。杨小楼吸引人的地方，不仅在于他精湛的武工，还在于他那铿锵有力的道白和惟妙惟肖的塑造人物形象的能力。正因为杨小楼在艺术上有这样一些独创之处，可以说，杨派不仅在某些方面超出了俞派，而且事实上已经代替了俞派，成为武生行当中最有力量的一派。

与俞菊笙同时的还有黄（月山）派，他和俞菊笙在艺术上比较接近，但重在唱工和道白，《凤凰山》、《剑峰山》等剧为其杰作。这一派虽有传人（如李吉瑞、瑞德宝、马德成等），但特点不太明显，总没有俞、杨二派在艺术上影响深远。

京剧武生有长靠、短打之分，短打之中李春来（当然，他也能演长靠戏）极有影响，开短打武生一代之风，《花蝴蝶》、《白水滩》、《狮子楼》等剧，李春来演来颇见功夫。然而，短打武生应该说，到了盖叫天（张英杰）才发扬光大，丰富多采起来。

盖叫天是李春来的传人，但在艺术成就上却超过了他的老师，因而形成了公认的盖派武生。

大家都知道，盖叫天有"江南活武松"之誉，他的武松戏的确是目前还没有人超过他的。盖叫天在艺术上富有创造精神,他善于从人物性格出发创造优美动人的舞蹈动作。盖叫天在自己的丰富的艺术实践基础上最善于处理表演艺术中的真假关系,他曾经提出"真中有假,假中有真,真假难分"的精辟的见解,对生活和艺术的关系有极深刻的观察和体验。

盖派武生身手矫捷,气度大方,举手投足之处都见功夫,在表情上注重表达人物的英雄气概,为京剧舞台塑造了许多光彩夺目的英雄人物形象。

二 艺术流派与时代风格

从京剧表演流派的更迭繁荣发展来看,我们可以发现艺术流派按其本质来说,是有时代性的,一定时期的艺术流派,一方面反映一定的社会风气,反映了一定阶级的趣味;一方面也反映了艺术发展的某个特定阶段的特点。

马克思主义认为,艺术是一种社会现象,是一定社会基础的上层建筑,因此,艺术必定是时代精神的反映。在戏剧史上,流派的兴衰,不是偶然的事情,而是由时代的特点决定的。普列汉诺夫曾经说过:"在一定时期的艺术作品和文学趣味里都表现着社会的心理。"[①]当然,这种社会心理是有阶级性的,正如马克思所指出过的,每一个时代里,统治阶级的思想是统治的思想。普列汉诺夫曾经研究了十七、十八世纪的法国戏剧,他认为,"法国话剧演员的表演在某种程度上至今还是以人工雕琢甚至矫揉造作为特点的",因为"朴素自然的演技和贵族的一切审美要求是完全相抵触的"。[②]因而,戏剧表演的流派,就其表现时代精神这一点来说,它是有阶级性的。

京剧史的事实,也说明了这个道理。我们已经说过,谭鑫培是京剧史上继往开来的、有巨大贡献的艺术大师,但他的表演艺术有精华也有糟粕,因为谭派亦是时代的产物,它不能不受时代的限制。谭鑫培形成他的流派,大概在光绪十三年到二十年之间,这个时期,正是中国人民与帝国主义势力和封建势力斗争尖锐的阶段,一方面是清王朝已日益腐朽,面临崩溃,帝国主义势力日益侵入,一方面是人民起义运动蓬勃高涨。在这时候,谭鑫培以低沉悲怨的腔调,

---

① 《从社会学观点论十八世纪法国戏剧文学和法国绘画》,见《译文》一九五六年十二月号。
② 同上。

博得了清廷皇族的欢心,谭的拿手好戏,如《托兆碰碑》《洪羊洞》等,在当时多少带有悲观色彩。因此,谭鑫培的表演风格,多少反映了清王朝统治者没落的心情。所以谭派一起,当时就有人评为"靡靡之音",虽为过激之论,但也有一定的道理。

谭鑫培的同代人——汪桂芬,在表演风格上就要比谭高一些,他演《文昭关》,虽然也是悲剧气氛,但在悲哀之中,又充满了豪壮之气,汪桂芬的表演风格,可以称得起"悲壮"二字。据说当时连所谓"贩夫走卒"都能哼上两句"伍员马上怒气冲",足见汪之风格与民间心情的关系①。

当然,谭鑫培也不完全是"靡靡之音",他还善演《骂曹》《定军山》《辕门斩子》等激昂慷慨的剧目。而把谭派向悲观失望、无精打采方面发展的,是后来个别演员的事,在评价谭派时,我们要注意到它的复杂性。

后来学谭的人,有一部分是从没落的封建士大夫的观点发展了低沉的一面,特别是经过余叔岩,竟以低沉、哀怨为尚;其实余叔岩的调子也并不完全是低沉的,余派的优点,完全不是在于它的低沉。余叔岩的演唱是柔中有刚,而且干净利落,像《战太平》这个戏,他演来不失忠良英勇气概。下面我们还要谈到,我们绝不能把表演风格上的"婉约"、"柔美"和颓废情绪等同起来,"柔美"的表演,给人以健康的美感享受,同样有它的艺术价值;那些带有没落阶级思想感情的人,只是歪曲了谭派而已。

悲观失望、低沉压抑是没落阶级艺术兴趣的总的特点之一,而他们往往把生气勃勃的作品斥为"火气"。过去有人把齐白石的画斥之为"匠气",有人把聂耳、冼星海的作品斥之为"火气"、"粗野",又有人把周信芳的表演艺术斥之为"火气"、"海派",真是如出一辙!戏剧史上,凡是大胆革新、豪迈泼辣的表演风格,都要被这班没落文人斥之为"过火"、"外江"、"海派"的。欧阳予倩戏剧表演艺术造诣如此之深,但就是因为勇于改革——从剧目、剧本到表演,也难免"海派"之讥。

我们无产阶级是最先进、最革命、最有前途的阶级,我们这个社会是最有

---

① 作为一个艺术家,汪桂芬不畏权贵,傲骨嶙峋,终于贫病交迫而死。由于这种与世格格不入的性格,汪桂被当时人目为"怪";但正是在这种"怪"性格中,我们看到了怒目反抗的精神,因而更觉可爱。汪的这种性格和他那种龙吟虎啸的演唱,岂不是息息相关的吗?

前途的社会，因此，一切悲观失望、低沉压抑的情调是和我们的时代精神格格不入的。我们在做前人从未做过的事，我们的时代充满了豪迈、英勇的气概，正像毛主席说过的："我们党所进行的一切宣传工作，都应当是生动的，鲜明的，尖锐的，毫不吞吞吐吐。这是我们革命无产阶级应有的战斗风格。"①

当然，我们这个时代的表演风格也还是多种多样的，正如周扬同志所指出的："新时代的读者、观众和听众爱读反映同时代人的生活和斗争的火辣辣的作品，也爱看舞台上演出的引人入胜的历史和传说的故事；爱听动人心弦的战斗进行曲，也喜欢优美而健康的抒情音乐和抒情舞蹈。"因为"人们在精神上需要振奋，也需要愉悦"。②因此，不能因为我们强调了泼辣豪放的风格就以为一定要排斥优美婉约的风格，演员必须以角色性格的特点和自己的条件来决定适合于哪一种风格的表演。

然而，我们认为，艺术流派的时代性，还不仅在于它是一定社会风气的反映，不仅在于它的阶级性，而且也在于它反映了某个阶段艺术发展的特点，受某个阶段艺术发展水平的制约。这就是说，在某个时期中，虽然有各种风格不同的艺术流派，但在这些流派中，我们可以发现一些共同的因素，这种共同的特点，一方面反映了某部门艺术发展的一定历史水平，一方面反映了一定时期的欣赏者的欣赏趣味。

从这个观点来看，谭（鑫培）派艺术固然有它的阶级局限的一面，但同时我们要看到，谭的艺术的主要特点，还在于他在京剧老生艺术中代表了一个时代的艺术水平，在一定时期内，集中反映了老生艺术的客观要求，因此具有继往开来的划时代（艺术上的时代）的意义。在评论谭的艺术时，这种艺术上的功绩是不能抹杀的。我们既不能因为他在艺术史上的成就而忽视其阶级局限性，也不能因为某些艺术流派具有一定的阶级局限，就抹杀它在艺术发展史上的作用。

后三派的风格，如前所述，确是各不相同。但从谭鑫培、汪桂芬、孙菊仙的演唱艺术中我们看到，他们都在不同程度上带有古朴之气，这就是说，他们咬字都比较硬，而他们的腔调，即如谭鑫培，也是比较简单朴实的。他们在行

---

① 《毛泽东选集》第四卷，人民出版社一九六〇年版第1321页。
② 见周扬：《我国社会主义文学艺术的道路》，人民文学出版社一九六〇年版。

腔用气时都喜欢用"颤音"（大概就是"疙瘩音"和"擞音"），这一点以汪桂芬为最甚，汪桂芬的"擞音"是很多的，这种音在表现豪壮的感情上有丰富的表现力，像《文昭关》的"借兵回转"的"借""回"二字在转折处都要"擞"一下，谭鑫培和孙菊仙也都有这个特点（不过谭鑫培用得更轻巧一些而已，所以叫做"疙瘩音"），按当时的欣赏趣味来看，这种唱法是"有味儿"的。可是这种唱法到余叔岩、言菊朋、高庆奎这个阶段基本上就没有了。

余叔岩、言菊朋、高庆奎这三派固然是各有特点，但在这个时期内，他们也有一些共同点，像比较长的腔调转折处，提着气唱，因而转折显得富有弹性，这一点以高庆奎为最突出，以余叔岩运用得最巧，而这种唱法现在也不大用了。

这些都说明，表演流派的发展，在艺术上也有自己的时代性，因此，所谓流派的时代性，不能完全归结为阶级性，因为表演流派中有许多技巧因素是没有阶级性的，而这些技巧因素，却往往是决定戏曲表演流派的独特风格的重要条件。

三　京剧流派形成的根据

艺术流派的出现是合乎规律的现象，它是艺术对象和艺术本身的特点所决定了的必然现象，否认这种现象，实际上就是否认艺术本身的存在。

艺术反映的对象，是丰富多采、复杂纷繁的社会生活，社会生活的多样性，决定了艺术形式的多样性。正如陆定一同志代表中共中央和国务院在第三次文代会上的祝词中所指出的："只有否认世界多样性，否认文艺形式、题材和风格的多样性的人，否认科学的发展是多种多样、无穷无尽的人，才会反对百花齐放、百家争鸣。"世界的多样性决定了艺术形式、题材和风格的多样性。因此，艺术就不光表现共性，而是通过个性表现共性，艺术需要塑造典型的、生动具体的艺术形象。恩格斯曾经指出艺术作品的特点，"每个人是典型，然而同时又是明确的个性，正如黑格尔老人所说的'这一个'。"[①]

就戏剧的表演艺术来说，以正确的世界观来指导艺术创作，当然是个根本

---

① 《马克思恩格斯列宁斯大林论文艺》，人民文学出版社一九五三年版第26页。

的原则。但是也还有一个演员与角色的关系问题。表演艺术的流派形成的根据，就在于演员不但要忠实于角色，而且要在忠实于角色的基础上表现演员对角色的体会。同一个戏剧作品，不同人演来，由于体验和表现方法不同，便可以有不同的效果。史坦尼斯拉夫斯基曾经正确地指出："同一角色的同一最高任务，虽然都是这一角色的所有扮演者必须执行的，但它在每一个扮演者的心灵中所引起的反应可以各有不同。""重要的是，演员对角色的态度应该既不失去自己独特的情感，又不脱离作者的意图。如果扮演者没有在角色中表现出自己本人的天性，他的创作就是僵死的。"①

京剧表演艺术各个流派发展的事实，也证明了这点。京剧史上武生演猴戏的，大体分三派：盖叫天派，杨小楼派，郑法祥（其父郑长泰为郑派奠基者）派，三派演出的猴子具有不同的特点。总的来说，盖叫天演来活泼机灵，像个小猴子；郑法祥则机灵中有股凶劲儿，类似大马猴；而杨小楼的猴子则又别具风格，他的《安天会》，猴气很少，因为此时悟空已入仙境，成为仙猴，猴气就不能太重了。可见，同样的猴子，不同的体会有不同的演法，当然，在不同的剧目中，演法又有不同。

《四进士》(《宋士杰》)是一出优秀的传统节目，它表现了宋士杰舍己为人、不畏强权的正义性格，但麒派（周信芳）和马（连良）派的宋士杰具有不同的风格。我们可以这样说，麒派的宋士杰是"老而辣"，马派的则是"老而滑"。麒派根据自己的表演风格，着重刻划宋士杰的老练泼辣的一面（当然也并没有忽略宋士杰在公门多年沾上的油滑的一面），马派则着重于潇洒机灵的一面。这样，他们的表演风格不同，但表现宋士杰舍己为人、正直勇敢这方面则是一致的。

但是作为歌舞综合艺术的京剧，其流派的形成，不仅在于不同的体验，而且更重要的，在于不同的表现方法，因此，决定京剧流派的形成的，还有一个因素，就是京剧的技术性强。

京剧表演艺术的技术性是比较强的，它对演员的技术训练要求很严格，这就有可能使演员根据自身的条件来创造独特的表演风格。当然，我们不是唯条

---

① 《演员自我修养》第一部，艺术出版社一九五六年版第492页。

件论，事实上许多有成就的演员，本身条件不一定都很好；但是我们必须重视本身的客观条件，利用这些条件，然后来作最大的主观努力，这样，我们就有可能把本来是不利的条件转化成有利条件。京剧史上是不乏这样的实例的。例如程砚秋觉得自己个子太高，于是就将两腿略为弯曲走路，经过一番研究，创造了一种独具风格的台步。马连良口齿条件并不好，但居然能在念白上有独特的功夫，至今还很少有超过他的。

由此可见，艺术流派的形成，一方面是艺术发展的客观必然趋势；一方面也是艺术家主观的努力创造，是艺术家的世界观、生活经验、个性气质和技巧训练等条件结合的产物，对于艺术流派来说，艺术家的个性，艺术家的特殊锻炼，是尤为重要的，否则就不能解释对于同一对象不同流派的不同处理方法以及给人不同的美感享受这一重要的艺术现象。

同时，在形成艺术流派问题上，我们还应该指出这样一种现象，即艺术流派的相对稳定性，这就是说，要把某个流派表演的特点贯串到一切表演中去。当然，要发展流派，必须精益求精，不断地美化自己的流派，但是这种变化是有规律的，即按照自己的表演的特点来不断完善自己的表演艺术。在这方面，京剧表演艺术大师梅兰芳为我们作出了榜样。我们都知道，梅兰芳是最虚心吸取各派的长处的，他的艺术是不断革新的；然而变来变去，仍然是梅派风格，不会变成了程派或尚派。这是因为他是把各家的长处"化"到自己的艺术中去，而不是机械地模仿某一个好看的动作或好听的唱腔。他在《舞台生活四十年》里谈道："大凡一个成名的艺人，必要的条件，是先要能向多方面撷取精华。等到火候到了，不知不觉地就会加以融化成为他自己的一种优良的定型。"[①]这种"融化"的过程是非常重要的。

的确，要创造一种具有独特风格的表演派别，固然需要多方面的学习，择优而从，但更重要的是要把学到的东西加以融会贯通，成为自己表演风格的一部分，这就不单是个模仿问题了。

有的演员，倒是很虚心学习别人的唱腔、动作，但不善于把所学的东西加以体会、消化，形成自己的风格，所以出现了这样的现象：这出戏是马派，那

---

① 见《舞台生活四十年》第二集，人民文学出版社一九五七年版第192页。他并以杨小楼为范例说明了这个道理。

出戏是言派，甚至在一出戏里，掺杂着各种不同类的风格，显得很不调和，自己的表演则没有固定的特点，就好像一个大拼盘，这样，也就不可能形成独立的一派。这样的演员的表演，什么派都有，就是没有自己。

有修养的观众，只要听上一句唱腔就能知道是什么派，是谁唱的，这也说明演员已经有了自己一贯的表演风格，比较定型，比较成熟，所以一听就能下判断。

这种表演风格的固定性，并不妨碍具体地表现不同性格的人物，因为表演风格的共性，并不排斥它的个性。演员尽可以在不丧失其表演风格的一般特点的情况下，恰当地表现不同人物的不同性格。譬如，谭富英在演《定军山》的黄忠和《御碑亭》的王有道这两个极不同的角色时，仍不失他的独特的表演风格，其腔调、念白等仍具有他的一般表演特点。当然，这也并不是否认演员风格和角色具体感情内容的矛盾，由于这个矛盾，一方面要求艺术家要善于把表演风格和角色具体感情、把形式和内容巧妙地统一起来，另一方面也就出现了"对工"和"不对工"的问题。表演风格有一定的局限性，有的演员善于演这类角色，有的则善于演那类角色，这是不可抹杀的事实。

四 京剧流派发展的趋势

京剧艺术历经将近二百年的发展，这是一个在艺术上日益成熟、丰富的过程，从总的发展趋势来看，应该说，是个进步的过程。

然而，这个论断并不是没有争论的，过去有许多京剧研究者，总觉得京剧艺术发展似乎是一代不如一代，是一种倒退的趋向。的确，任何事物的发展，都可以发生某个时期的停滞甚至倒退现象，因此，对于上述论调，倒也不可以"发展论"简单加以否定，我们应该具体研究一下，京剧艺术的发展，是处在倒退的过程中呢，还是一个前进的过程？

我们考察一下京剧发展的历史趋向，发现京剧的发展，在表演艺术上有以下一些特点。

首先在做工和道白方面近年的京剧艺术要比早年的丰富多了，这是大家公认的事实。京剧艺术，在梅兰芳、周信芳、马连良等杰出的演员创造下，大大丰富了做工和道白艺术，他们创造出许多比较完整的舞台形象。

同时，在演唱艺术技巧上，京剧艺术也是日见丰富和完善了。我们看到，后三派中，汪桂芬、孙菊仙是以"气胜"，他们的唱腔比较简单、朴实，装饰音较少，而是以粗壮的气势作为自己的特点。谭鑫培比较重视腔调的婉转动听，讲究演唱的韵味，故在京剧艺术上开一代之风气。谭鑫培以后，京剧表演在技巧上得到更多的重视和发展，而像汪桂芬和孙菊仙那种气势的确是少了。这种发展趋势，有点类乎我国的绘画艺术。我国绘画艺术，在顾恺之以前注重笔力和气势，但应该说，在技巧上经验还是不多的；绘画艺术发展的客观趋势，要求在技巧上得到进一步的丰富，于是在谢赫的"六法"中，就有"随类赋采"、"应物象形"等这种注重绘画技巧的理论，而于笔力气势方面，相对地就不像以前那样强调了。这似乎是任何艺术发展的一条规律，即在艺术上是由粗到精、由简到繁的逐渐丰富的过程。对于这种趋势，应该从两方面来看，如果说，有些艺术家过分强调了技巧，完全忽视气势，那末可能走向过于纤巧的形式主义，京剧史上这样的例子也是有的；然而，作为总的趋势看，由强调气势粗犷，到强调技巧细致，乃是艺术发展的必要阶段。在这种发展过程中，我们应该防止片面讲究技巧的形式主义倾向，应该把气势和技巧结合起来，刚柔相济，才是全面的观点。

京剧艺术的发展，可说是由重视"气"到注重"韵"的发展过程，余叔岩以后特别讲究"韵味"，但余本人并没有忽视气势，不过是在表演风格上有所偏重罢了。

京剧史上有成就的演员，并没有抛弃前辈艺术家在"气势"方面的成就，最讲究"韵味"的余叔岩，也很注意用气的喷口，但他没有孙菊仙那种粗犷之气，而是比较含蓄，这是艺术风格上的不同，也可以说是艺术风格上的进步。

高庆奎是汪、孙、刘（鸿昇）三派以后重视气势的一位有成就的演员，但他在行腔、用气、咬字的技巧方面，应该承认是有所丰富的，这就是说，高派比起汪、孙、刘三派来，在艺术风格上是有某些进步的（尽管在其他有的地方，他还没有超出前人的水平），他不但保持了"气势"，而且注意了"韵味"。我们听高庆奎的演唱，虽然和余叔岩很不相同，但在行腔、咬字、用气方面却多少可以发现一些共同点，譬如《哭秦庭》的〔二黄原板〕："心儿内只把伍员恨"的

"恨"字，高庆奎唱得就比较含蓄，近乎余派；再像《辕门斩子》的〔西皮原板〕："老娘亲驾到此"的"此"字，《哭秦庭》的"咬定了牙关往前进"的"进"字等一些闭口的字，也很接近余派韵味。在行腔上高庆奎也比较含蓄。这些都说明，高庆奎不但注重"气势"，也还注重"韵味"，因而在唱腔上就比较丰富。这并不是说，高庆奎本人比汪、孙、刘三位有什么独特的天赋和天才，也不是说，高庆奎在一切方面都已超过了他们的水平，这是艺术发展的不同阶段所决定了的。而整个的说，京剧表演艺术水平在高庆奎时代要比汪桂芬时代进步了。

还有就是嗓音的变化。感叹京剧"今不如昔"的人常常觉得现在没有孙菊仙、汪桂芬那样高亢的嗓子，这倒是看出了京剧艺术发展中这样一个事实，即京剧大部分行当的嗓音都是由高、尖、细向宽亮处发展了。这种倾向也应该从两方面来看，京剧演唱失去了高亢的嗓子固然可惜，但与其高而窄细，不如低而宽亮。

从音质来看，调门过高势必尖细，因而早期京剧演员的嗓音大都比较尖厉，有时近乎老旦的嗓音，这就是为什么汪桂芬甚至谭鑫培都善演老旦的缘故。从尖厉向宽圆发展，也应该承认是个进步。

京剧的旦角、花脸行当，也有这种趋向。拿陈德霖的唱片和梅兰芳比较，显然一个尖细，一个宽亮圆润（而且梅兰芳本人的艺术发展，也是由高细到宽亮的）；京剧中的铜锤花脸，过去亦多"炸音"（或"沙音"），就是因为吃调太高的缘故。

演员的嗓音应当高、宽、圆、亮相结合，在这几种质素之间不是没有矛盾的，这不是某个演员的天赋问题，而是人的发声器官的客观条件问题。过高则尖细，这是一个客观法则，演员必须在圆亮的条件下，尽量把嗓音提高。

京剧嗓音的这种变化，从我国戏曲演唱历史上也可以看出线索来。京剧受梆子、昆曲、徽剧、汉剧的影响，梆子的男声嗓音是最高的，因此有许多演员不得不用"假嗓"，而有的则沙哑失音。秦腔的青衣嗓音尖细，显然早年京剧旦角的用嗓与它有直接的关系。梆子的净角也多用"炸音"，有时也像生角那样沙哑失音。这种发音方法（特别是男声）都有待于改进，也是这些剧种一直在讨论的问题。

京剧发声由尖厉而圆润宽亮，从历史发展的趋势，和与其他古典剧种的关系来看，显然也是一种进步。

当然，我们说京剧表演艺术的发展是一个进步的过程，这并不是说，前辈艺术家的一切优点后辈都继承下来了（更不是说，后一代每个演员都超过了前辈的演员），事实上他们有许多的艺术创造，还值得我们学习，如汪的咬字，孙的用气，显然值得引起我们更大的注意。在"气"和"韵"相结合的基础上，我们应该更进一步地学习前辈艺术家的优秀的艺术，从而使京剧流派更丰富，更优美。

京剧艺术的发展，无论从唱工艺术或做工、表情来说，都是由粗到精，由简到繁逐渐丰富起来，在流派方面，也日益复杂丰富，最初只有老生的流派较多，后来武生、旦角流派日渐兴盛，而花脸、小生、小丑等行当，也都不断出现一些具有独创性的艺术家。可以预料，在党的"百花齐放，百家争鸣"的方针指导下，京剧表演流派将循着健康、优美的道路突飞猛进，日臻完美。

继承京剧流派的一些问题

一 模仿和创造

在历史上,有一些美学家认为"艺术就是模仿",模仿自然愈像就愈有价值;中国文艺思想中,模仿说的影响也不小,特别是模仿古代先辈艺术家的艺术品,尤为人所重视。一味强调模仿,把艺术本质就当作模仿,这当然是片面的、不正确的。艺术创造不仅是模仿,它是一种创造性的劳动,它必须高出于自然,比日常现实生活更典型、更集中、更概括。但是,在强调艺术家的创造性的同时,又不能走到另一个极端,好像艺术只是一种"灵感"的产物,天才艺术家是天生的,不是下苦功锻炼出来的。历史上这样的唯心论美学家,也不乏其人。当然,这种论调也是不正确的。对于艺术的全面的看法应该是模仿与创造的结合,艺术是在模仿基础上的一种创造,模仿在艺术创造过程中的作用是不能抹杀的。

模仿当然首先是对生活的模仿,艺术家应该仔细观察生活中的各种现象,按照生活的本来面貌来描写生活;其次在一个时期对于前辈艺术家的模仿,也是不可忽视的一种锻炼。这就是继承学习的问题。对于前辈艺术家的模仿学习,在京剧演员来说,由于戏曲艺术本身的特点,是更为突出的。

现在我们提倡各种艺术流派的自由竞赛,通过这种方式,更进一步地发展、丰富艺术流派,这对我国文学艺术事业的发展是有极大意义的。对于发展艺术流派问题,我们也应该有全面的观点,要有两套办法:一是继承,二是发展,在继承的基础上发展，在模仿的基础上创造。

艺术是活生生的，它不可能给人一套抽象的公式，按照抽象公式制造出来的作品绝不是艺术品。但先辈杰出的艺术家为我们树立了典范，成为我们学习、临摹的范本，不追随这些典范，是艺术上的狂妄自大，终于一事无成；但光有临摹的功夫，还不是真正的艺术创造，艺术家必须在追随古代典范的基础上树立新的典范。米南宫学书功夫可以乱真，但被人评为没有一笔是自己的，于是决心变革，树立新的典范，新的标准。在艺术史上，树立着一座座的里程碑，它们是一脉相承，而又是相互区别的。

任何成功的艺术流派都有两个因素，一是它继承下来的那些历史传统因素，一是他自己独创的新的因素，两者缺一不可。每个新的流派的出现，都有它的历史渊源，又有它自己独创的风格。在余（叔岩）派、言（菊朋）派里，我们看到谭（鑫培）派的影子，在高（庆奎）派里我们看到刘鸿昇和贾洪林的因素，这些历史因素，是非常重要的，事实上也是无法摆脱的；脱离历史继承性的流派是无本之木、无源之水，而且实际上也是不可能存在的。问题就在于艺术家能否自觉地掌握这条规律，对过去的流派是否真下工夫学习研究。

基于这种历史发展的规律，对于每个有成就的艺术家来说，都应该有两套本领，一是模仿，一是创造，而且常常有这种情况，即在艺术家的整个艺术经历中也往往可以分作模仿和创造两个阶段。当然，总的说来，这两种因素是错综复杂的，艺术家总是不断地学习，又不断地创新。

现在人们都感到言派是特色鲜明，别具风格。的确，言菊朋在演唱艺术方面有许多独特之处；但就言派的形成过程来说，很明显地可以分成模仿和创造两个阶段。大家知道，言菊朋在"下海"前，和当时陈彦衡、苏少卿一起以研究谭派著名，言菊朋模仿谭派确能传真，甚至有"死学"之嫌，因为他对谭鑫培的一举手、一投足，都要竭力模仿。即使他"下海"后，最初也是模仿谭派，以谭派传人闻名；但言菊朋的模仿，客观上为他的创造打下了雄厚的基础。言菊朋在掌握谭派艺术之后，就根据自己的条件和体会有所修改（这里有一个由模仿到创造的过渡时期），特别是到了晚年，大病之后，因嗓音、气力关系，加上他对谭派艺术的研究，才创造出现在我们常常听到的那种纡回曲折、清新飘逸的言腔来。他的《让徐州》《卧龙吊孝》等拿手好戏，只是在后期才定型的。

这样看来，我们现在的青年演员，除了一般的基本训练外，也应该把继承某一种流派作为自己艺术创造的基础，这无疑是很重要的。为继承某一个流派而有一个时期的模仿阶段似也免不掉的。正像学书法的要临帖，学画的不但要写生，还要临摹古代画家的名作，从中学习布局用笔的技巧，学戏也应该有这一套基本功夫。

二 艺术风格和个人作风

任何自成一派的艺术家，在艺术上都有他个人的特色和作风，个人特点固然对形成一定的艺术流派有很大作用，或者在形成这些个人特色上有可贵的经验，但不能把个人的特殊作风和流派在艺术上的风格完全等同起来。

我们知道，光有一个人不能形成一个流派，历史上一定的流派在一定的阶段，必定由一些风格相同的艺术家共同组成，而在同一流派中，不同的艺术家又可以保持他独特的个人作风，但主要的是这种风格对某种艺术的发展有影响。因此，艺术流派的形成是必然的，不是偶然的（如单纯个人生理条件等），因此，一定具有普遍性，即有许多追随者。艺术流派必然是一定艺术部门发展中某个方面的典范，它既具有区别于其他流派的个性，又具有合乎一定艺术发展规律的共性。如谭派，可以说是代表了京剧史的一个历史阶段，它影响了整个一代的老生表演艺术，谭派风格之所以形成影响深远的流派，并不仅是由于谭鑫培的个人特殊因素，而且是因为他的艺术承前启后，在许多方面发展了京剧表演艺术，代表了一定的历史时期。

谭鑫培在京剧史上的地位绝不是偶然的，他的成就比较全面，唱、做、念等各个方面，他都有创造，在京剧表演艺术史中谭派应该说是一个基本流派。谭鑫培以后的老生，虽然不全是宗谭，但出自谭派的确不在少数；即使不是谭派，也仍然逃不脱谭派的影响。

任何流派至少要在某一个方面对某门艺术本身有所发展、创造，这就不是一个个人作风问题了。京剧旦角中的梅派，也可以说是全面地发展了京剧旦角表演的各个方面，无论唱、做、念，梅派都是承前启后，有它的艺术创造。其他如程派、荀派、尚派，无不在旦角表演的某个或几个方面有所创造。

在形成一定的艺术流派时，个人的某些特殊条件有时固然也会起很大的作用，如汪桂芬和孙菊仙之所以形成豪壮响亮的汪派和孙派，和他们的天赋嗓音有密切关系；但是形成汪派和孙派的决定性因素不光是在于有好嗓子，因为嗓子好的人何止千万，未必个个都能成派，而是和汪桂芬之咬字，孙菊仙之用气等技巧才能有极大的关系，这才是他们在京剧艺术上的最可贵的创造。

于是我们看到，在京剧流派史上，有的流派个人作风少一些，有的流派个人作风就多一些，个人作风少而在艺术上有创造的，如老生中的谭鑫培，旦角中的梅兰芳，武生中的杨小楼，就应该承认他们是京剧流派中的基本流派，他们是比较全面发展的。如果作为艺术的模仿学习对象来说，在一个时期模仿这样一些基本流派是最适宜的。因为我们模仿不应模仿那些个人作风，这是没有必要的，我们所要模仿、学习、继承的，是作为一定艺术流派在艺术上的特点，而不是他们个人（甚至是生理上的）特点。

京剧史上有一些流派个人因素比较突出，这样的流派在一开始打基础时就去模仿它，是不太妥当的，而且在学习这些流派时，我们应该特别注意分辨哪些是他们在艺术上的创造，哪些是他们个人的特殊作风，因为有许多个人作风并不是优点（当然有的也是优点，如杨小楼的个子，汪桂芬的嗓子，但这是学不到的），而甚至正是缺点或局限所在，不加分辨，效果是不好的。

譬如京剧流派中言派的个人因素就比较大些，他晚年因大病之后，气力不足，就越来越趋向于婉约、纤巧方面，行腔比较"怪"，很少用高腔。如果本来自己嗓音、气力都很好，为什么非学言派的那些个人因素不可呢？言派的好处，并不在于他的气力不足，相反的，这正是他的局限所在。如果一开始学习时，或基础未稳固时就学言派，就容易发生偏差，这是明显的事。

周信芳在艺术上有极高的成就，他在京剧表演的豪壮风格上有独到的功夫；但由于周信芳的嗓音条件，在唱工方面他的个人因素是很大的，因此在学习麒派艺术时，就不能把自己嗓子逼哑了，以求表面上的"像"。麒派的创造，完全不在嗓音之哑——当然，从哑嗓子如何刻苦锻炼，唱出苍劲的腔调来，我们也可以从中吸取许多宝贵经验。

正如前面提到的，梅兰芳是京剧旦角表演的基本流派，他是比较全面的，个人因素较少。但在《舞台生活四十年》中，梅兰芳提到他演《惊梦》的一个身段，因为年纪大了，就不宜演得过火，所以他改了一下，比较平稳，而青年演员来演，就不必模仿他改的。这种"修改"，在京剧史上老艺人由于年龄、气力、嗓音关系，是很多的，这都是些个人因素，对艺术来说，也是一些偶然的、外在的因素，虽也有一番创造（如有些老艺人年事太高不能"吊毛"，改成"老头钻被窝"等，改得好也有效果），但毕竟不是每一点都要模仿的。

这并不是说，对于那些个人因素、个人作风比较大的流派，就不应该学，更不是说，学生学得不好（如有的人学余派流于柔弱），也要算在老师的账上（因为我们看到，余派并不柔弱，而是柔中有刚），同时也无意贬低这些流派在历史上的作用。不是的，这些流派也是可以学，而且应当学的；但学时应该区别哪些是艺术上的创造，哪些是个人的因素，个人因素不一定不好，但也不一定死学，如麒派的哑嗓子也有哑得好听的地方，但不一定去模仿；同时还应该在掌握某一基本流派的表演以后，再来学习，这样才可以避免消极作用。譬如学书法的，书法家大都不赞成学习者一开始就临赵（孟頫）字，虽然赵字是公认的清逸、潇洒，但如没有欧、褚、颜、柳的基础功夫，一上来就临赵字，则很容易把字学"飘"了，以后写字会没有"骨子"。学书法这条经验，值得学戏曲的借鉴。

三　形似和神似

在模仿、学习、继承流派问题中，还有个形似和神似的问题。中国传统艺术训练，很强调神似，但也不忽视形似。学习戏曲也和学习其他艺术一样，都要经过一个由表及里，由形及神的过程，要想一下子就学到精神，那是不容易的，只有先通过外形的模仿，然后才可能逐渐掌握某个流派的精神实质。但是形似究竟不是学习、继承的目的，就像模仿不是艺术家的目的一样。艺术家的模仿、学习，必须传某个流派之神，要学到某个流派的精神实质。

所谓神似，就是要掌握某个流派的真正的优点，不仅知其然，而且要知其所以然。表面相像，其实不是真的相像，单纯形似，不得其神，实际上是"不似"。

学习、继承某个流派，首先要分清哪些是这个流派的真正优点，哪些是它的局限性，哪些又是它的毛病。然而，优点和缺点往往是相联系的，这里就要掌握分寸，要全面对待，不能犯片面的毛病。譬如汪（桂芬）派特点在于豪放刚劲，但是如果学过了头，有刚无柔，那末只会显得大嚷大叫，虽有好嗓音，也难引起听众的美感了。这就是没有得汪派之神，因为汪派精神不光在豪放刚劲，而且在豪壮中有含蓄、有韵味的一方面，忽视了这方面，表面上像是汪派，而精神全非。的确，汪派的韵味的含蓄一面，是含而不露，被他那高亢的嗓音、沉着的气力遮盖住了，但凡是精神实质都是内在的，要透过表面现象才能发现。因此有些人虽腔调与汪桂芬相同，但缺少内在的精神，一听就像少了点什么，不像汪派韵味，就是只得一面，没有看到汪派的全部精神实质，甚至有时会把优点学成了缺点，这就叫差之毫厘，失之千里。

再说学习余派，就应该抓住余派的精神，抓住他那含蓄、韵厚的独特风格，在练习咬字、行腔、用气时，要体会他那种柔中有刚，曲中有直，圆而不滑的特点，就像学书法一样，临摹帖意，当然要模仿帖上的间架结构，否则也难谈"相似"，但对临摹来说，更重要的是要得用笔之法，是藏是露，是中是侧，以及手腕所用之劲，都要分别清楚，因为"精神"全在其中。

学习任何流派都要得其理，知其所以然，但是，仅知其所以然还不够，还要下苦功锻炼，以便熟练地掌握这些技巧。"功夫"这个概念在"神似"中很为重要，同时也是艺术评价的重要标准之一。"功夫"不是一下子模仿得到的，而需要"时间"和"效率"。

试再以余派为例。我们学余派咬字行腔，当然应注意"含蓄"二字，咬字不宜过重，特别是字首及字尾，不像言派那样重，行腔则比谭鑫培更有变化，更柔和优美。但余叔岩之所以达到这种境界，正是因为他有严格的基本训练，又有谭派的底子，然后根据自己的条件"化"出来的。余叔岩咬字比较"含蓄"，但并不"含混"，因为他对咬字下过工夫，字的首尾，在他仍是一清二楚。如果没有基本功夫，则很容易由"含蓄"转化成"含混"。学余派的人没有基本训练，就显得软绵绵的，没有"骨子"，这是势所必然的。

上面说过，有些流派个人作风比较大，而这种个人作风，往往很突出，很容易发觉，也很容易模仿；如果继承流派，只局限于学习这些个人的也是表面的特征，那末，我们的学习、模仿，只能限于形似的范围。因为一个流派真正的优点,不在于那些个人特别的因素,而在于它在艺术上的独特的创造。因此,对于一些个人因素很强的流派,我们不应该提倡完全模仿,即使是一个阶段,也会留下不好的影响,因为有些毛病,以后是很难改的,而对于一些个人因素较少的基本流派,倒是可以按部就班地、循序渐进地从形似到神似,从表面的模仿,到掌握它的精神实质。当然,即使是对这样的基本流派,我们也不能以形似为满足,而应该在这个基础上,进一步掌握它的精神所在。

最后应该指出,即使做到"神似",也只是一个"似"字,也还是没有超出模仿、继承的范围,这对发展艺术流派来说,只能说是做了很少的一半,要发展、创造新的流派,就必须善于博采各家之长,加以融会贯通,精心设计,才能产生新意,才能在艺术上有自己的新东西。但这是属于创造的范围了,本文不拟赘述。

"偏爱"和"偏见"
——谈京剧流派的欣赏和评价

我对一位爱好京剧的同志说:"你对某些流派有偏见。"他回答我说:"不是对某些流派有偏见,而是对另一些流派有偏爱。"他的话引起我的深思,觉得很有道理。

又有一次,听说有一些京剧爱好者在那里争论某些派别的长短,大家从自己的"偏爱"出发,纷纷挑他所不喜欢的流派的短处,这个说某派有"局限性",那个说某派在表现某种风格上不够有力等等,结果各执一词,争持不下。这也使我考虑,在对待艺术流派问题上,"偏爱"和"偏见"有什么联系,有什么区别?

所谓"偏见",用科学的概念来说,大概是属于"艺术批评"的范围,而"偏爱"应该是属于"艺术欣赏"的范围。于是,上述中心问题就是:我们对待京剧流派的"艺术批评"态度和"艺术欣赏"态度有什么共同点,又有什么不同点?为什么在"艺术批评"中不能容许"偏见",而在"艺术欣赏"中却可以容许,而且必然有"偏爱"现象?

我们知道,有些资产阶级美学家是把艺术批评和艺术欣赏完全割裂开来的,像意大利的新黑格尔主义者克罗齐就是认为艺术欣赏(美感经验)完全是直觉的,如果掺杂了逻辑(名理)活动就成了艺术批评——科学活动了。克罗齐这种绝对割裂感性和理性,割裂艺术和科学的论调当然是极端错误的。事实上,形象思维和逻辑思维是不能割裂的,思维中的感性因素和理性因素总是紧密相连的，艺术批评和艺术欣赏（美感经验）是不能分离的。对艺术品能作极高水平的鉴赏，往往就能作极科学和深刻的评价。

然而，这样是否艺术批评和艺术欣赏就一点区别也没有了呢？显然不是。如果艺术批评的态度和艺术欣赏的态度完全没有区别，那末就无法解释人们对某些艺术流派的偏爱，甚至无法解释为什么有这许多艺术流派存在，因为艺术风格上的百花齐放，正是为了满足人的各种不同的爱好和趣味。有人爱听余（叔岩）派的含蓄、韵厚，有人爱听汪（桂芬）派的豪壮悲苍，也有人爱看马（连良）派的潇洒华丽；甚至有人爱看京剧，有人爱看话剧，这完全是一种合乎规律的现象。当然，这并不是说，喜欢了余派，就一定不喜欢汪派，喜欢了汪派，就一定不喜欢余派，一个人的趣味也可以是多方面的；但总的说来，人的趣味，总是有它的差异性、特殊性的。

那末，一般地说，艺术批评和艺术欣赏有什么区别呢？

我们知道，艺术批评是对艺术作品作客观的评价，要根据艺术品的客观价值，作出科学的分析，而不能以主观的、个人的兴趣爱好为标准。因此艺术批评一般是偏重于理性的，是一种科学活动，"偏见"在这里原则上是要不得的。

艺术欣赏自然离不开作品的客观价值，作品本身的价值是艺术欣赏的根据，所以艺术欣赏离不开艺术批评的指导作用；但是艺术欣赏又不止于艺术批评，艺术欣赏的形象是把作品的客观形象转化为欣赏者主观的形象，这种转化过程，是经过欣赏者主观想象作用的，好的艺术品都为欣赏者留下了想象的余地，因此艺术欣赏的形象和艺术品的客观形象之间，基本上一致，但又有所不同，所谓"大同小异"是也。

基于这一点，我们认为，艺术欣赏是艺术品客观形象和欣赏者主观思想感情的统一，欣赏过程，离不开理性的指导，但是基本上是属于感情领域的，是一种艺术活动，而不是科学活动。

艺术欣赏的趣味，是和欣赏者的个人生活经验、艺术欣赏经验分不开的。有的人多看了言派戏，对它有所了解，比较熟悉，自然就比较喜欢言派；有的人本人性格比较开朗，他就比较爱看汪派、麒派的戏，看余派戏就觉得不过瘾；但也有一些人喜欢仔细品味，那末他们就会觉得孙（菊仙）派的戏失之粗犷。

有时，在艺术欣赏中，甚至一些个人生活偶然的因素，也会影响一个人的趣味。

这样看来，艺术欣赏的选择性是较强的，人们可以按照自己的趣味来选择自己所喜爱的艺术品和艺术流派。

外国有句俗话，"谈到趣味无争论"，这句话常常遭到资产阶级美学家的歪曲、夸大，好像欣赏范围是没有客观标准的。把这句话绝对化了，自然要走到相对主义，但在一定的范围内，这句话还是有道理的。

任何艺术流派都有自己的局限性，这并不是这些流派的错误、缺点，而是艺术发展的必然现象。不要说艺术流派，就是各种艺术形式，也都有自己的局限。绘画不能像小说那样直接表示作者的态度，不能发表议论，人们并不因此而贬低绘画；同样的，小说等文学作品，没有直接的视觉形象（只有想象中的视觉形象），也并没有受到人的指责。京剧表演的技术要求很强，有的流派往往只善于表现某一种或某几种风格的剧目，如汪派、孙派善于豪壮的戏，言派善于情调婉约的戏，这都不是它们的缺点，相反，正是它们的优点。如果责备汪派为什么不像言派那样曲折委婉，或者反过来责备言派为什么不那样刚烈豪壮，这都是不实事求是的。只有在讨论某个相同剧目的风格时，我们才可以评判汪派和言派的得失优劣，如就《文昭关》这出戏来说，汪派要比言派风格高一些，但就整个表演风格来说，它们同是美的一种形态（一为豪放，一为婉约；一为壮美，一为优美）。在这种情况下，要以自己对某一流派的偏爱来进行争论，是得不出什么结果的，这时最好的办法是各人保持自己的爱好，互相尊重，互相谅解。

但是，我们方才说过，这种个人偏爱、趣味的特殊性应该有一定的条件，在一定的范围内，才是合理的。那末这个条件又是什么呢？这就是这些艺术流派必须都是美的一种形态，而不能是丑的。我们知道，美的形态是丰富的：华丽是美，朴实也是美；优美是美，壮美也是美。在美的各种形态的范围内，欣赏者完全有选择的自由。但如果有人把丑当成美来欣赏，那就是一个是非问题了，那就可以而且必须进行争论。

譬如说，每个表演流派，不仅有它们的突出的不同点，也有它们的共同点。没有突出一点，就会失去独特风格，因而也就没有艺术流派；没有共同点，也就没有美的规律，没有艺术的基本训练。华丽和朴实应该结合，但也应该有所偏重，正因为有所偏重，人们可以有所选择；正因为有结合，才有分寸，不会走入极端，把美转化为丑，把华丽变成浮滑，把朴实变成平淡。高庆奎和余叔岩的演唱风格是不同的，高派继承刘（鸿昇）派的特点，以"气势"胜，而余派则以"韵味"胜，但是，高派并不是没有含蓄的一面，在腔调转折、咬字收韵等方面，我们可以看出它与余派的共同点——含蓄；余派虽重在"韵味"，但也很重视用气有力，外秀而内有骨气。所以京剧演唱，应该"气"和"韵"相结合，可有所侧重，但不可偏废。无侧重则无特点，亦无流派，但无结合则不美，或曰化美为丑。总之，美有它的个性，也有它的共性，个性是可以各有特点，但失去了共性，也就没有美。把一些没有根基的油腔滑调也当成美的表演流派来欣赏，那就是一种错误。

这里仍然是艺术欣赏和艺术批评的关系问题，艺术欣赏必须在艺术批评的指导下进行，艺术欣赏的特殊差异性，不能离开艺术品的基本的客观价值，它是受艺术品的客观价值所制约的。如果某一流派本身客观上是不美的，那末就不应该有偏爱存在。

明确了艺术欣赏和艺术批评之间的辩证关系，明白了它们的联系和区别，我们就可以更进一步地明确对京剧各流派的欣赏和批评态度的联系和区别。我们发现，对待京剧流派的正确态度往往是既在感情上保留自己对某些流派的偏爱，我们每个人都可以有自己的特殊趣味，但也在理性上承认一切有成就的流派的风格，都有它们的优点，都是美的一种形态，在京剧表演上都有一定的作用。

我们的艺术批评必须指导艺术欣赏，虽然艺术批评不能代替艺术欣赏，但也不能以艺术欣赏来代替对艺术品的客观评价，不能以个人的趣味来代替客观的艺术评价，不能因为你不喜欢汪派，因而就否认它的艺术上的客观价值。卢那察尔斯基说过："弗拉基米尔·伊里奇从不把个人审美上的爱憎作为领导思想。"[①]这就是说，不能用自己对某些艺术品（或流派）的爱好，来代替对整个艺术品的科学评价。

你不必因为在理性上必须承认其他流派的优点而放弃自己的特殊的趣味，

---

① 《列宁论文学与艺术》（二），人民文学出版社一九六〇年版第924页。

也不应该因为自己的特殊爱好而在理论上否定其他一切流派。

当然,事实上我们在艺术批评时很难完全避免偏见,但我们却努力避免偏见,这就是说,在艺术批评中,原则上是不容许偏见存在的;但在艺术欣赏中则在原则上容许偏爱的存在。

我们看到,提倡各艺术流派的自由竞赛,正是为了满足广大群众在欣赏兴趣上的多样性,同时在科学上又肯定各艺术流派都有它的长处和优点。"一花独放"是错误的,这实质上是用个人的特殊的趣味来代替对其他艺术流派的科学的、客观的评价。

于是,我们看到,京剧之所以有各种艺术流派,在人的欣赏要求上是有根据的。

中国传统戏曲舞台形象之美
——梅兰芳《舞台生活四十年》的一些美学问题

我国传统戏曲舞台上,由于前辈表演艺术家的天才创造,出现了许多优美动人的舞台形象,在这方面,我国戏曲艺术有着丰富的经验,值得我们从美学上加以研究;而探讨舞台形象的美的规律,也可以丰富马克思主义美学的内容,对解决美学上一些重要的问题,也会有所帮助。

梅兰芳是深为我国广大群众热爱并享有极高的国际声誉的表演艺术大师,他的《舞台生活四十年》(共出两集)不仅提供了丰富的戏剧史料,而且详实、深刻地叙述了他的表演艺术的经验,让我们清楚地看到梅兰芳在我国传统戏曲舞台上是如何塑造美的舞台形象的,其中涉及到许多重要的美学问题,这里只能对几个问题作一些初步的探讨,抛砖引玉,希望美学界和文艺界能够进一步地重视从美学上研究我国表演艺术大师们的艺术经验。

在谈具体问题以前,对梅兰芳的表演风格,不能没有一个总的认识。大家都知道,梅兰芳是"同光十三绝"之一、名旦梅巧玲之孙,伯父是著名的琴师梅雨田,梅兰芳在表演艺术上主要是受戏剧改革家王瑶卿的影响;但梅的艺术并不拘于一家,乃是博采各家之长,加以融会贯通,在京剧艺术上可说是全面发展的一位杰出的大师。

要想用简单几句话来概括梅兰芳的表演风格是很困难的,他是那样深宏丰富,因此他能影响整个一代的京剧旦角表演;在他以后的旦角演员,当然也有在艺术上极有成就的,但无不受梅派的影响,而且不少是直接出自梅兰芳的门下。

如果要谈梅派的特点的话,我想可以指出下列几点。

首先是全面。我们知道,京剧表演对技术性要求很高,京剧史上像梅兰芳这样唱、做、念样样精通的旦角演员还是很少见的。他的戏路非常宽,无论是重唱的、重念的、重做派的剧目,他都有独到的功夫和创造。这也是梅派深入旦角各个领域影响深远的原因之一。

其次,我们应该着重指出的,就是梅兰芳特别注重剧中人物的表情,特别注重掌握人物的内心感情变化,这一点,在《舞台生活四十年》中他是时常强调的。

我们知道,作为美的舞台形象的创造者,演员不但要善于掌握角色的性格特点,像许多表演艺术大师常说的,要时刻记住角色性格的基本特点,同时还要善于掌握由这种基本性格特征决定了的具体的内心感情的变化,这样才能把人物演活了。梅兰芳在表演艺术上,从小就十分注意表情部分。在谈到《宇宙锋》的表演经验时,梅兰芳指出,要一般地描摹剧中人物的喜怒哀乐是比较简单的;但"要形容出剧中人内心里面含着的许多复杂而矛盾又是不可告人的心情,那就不好办了"[①]。困难就在于要表现这种内心感情的复杂性,而且往往又是充满了矛盾和"难言之隐"的。狄德罗曾经说过:"什么是表情?一般说来,就是情感的形象"[②]。的确,要把复杂而矛盾的内心情感形象地表现出来,真不是一件容易的事。这首先要求艺术家对人物要有细致的观察和分析。我们都感到梅兰芳体会和表现人物感情的变化非常细腻,这就是由于他对人物的内心变化有一番深刻的体会和分析的缘故。这种分析就是心理分析。我们看,梅兰芳对《宇宙锋》赵艳容的心理过程,分析得多么细致,因此,才能有细腻的表演风格。车尔尼雪夫斯基说:"心理分析几乎是给予创造天才以力量的最重要的品质之一。"[③]对文学创作来说是如此,对舞台艺术创作来说,也是如此。

然而,我觉得梅兰芳的舞台艺术的最大的特点,还在一个"美"字。记得欧阳予倩曾称梅兰芳是"美的创造者"[④]。这真是梅兰芳舞台艺术的最好的说明。

---

① 《舞台生活四十年》第一集,人民文学出版社一九五七年版第148页。
② 《绘画论》,《文艺理论译丛》一九五八年第四期。
③ 《幼年和少年时代。A. H. 托尔斯泰公爵的作品》,见《哲学译丛》一九五六年第三期。
④ 《一得余抄》,作家出版社一九五九年版第314页。

梅兰芳为戏剧舞台上创造了许多优美动人的形象：苏三、赵艳容、白素贞、杨玉环、虞姬、穆桂英、嫦娥、晴雯、林黛玉、邓霞姑……每一个形象都离不开"美"字。的确，在广大观众的心目中，梅兰芳是舞台形象美的创造者，是美的化身。因此，他的《舞台生活四十年》对于如何塑造美的戏曲形象，提供了极丰富的经验。

美的规律和基本训练

马克思在《经济学—哲学手稿》里说过，人要按照美的规律来造型；那末究竟什么是美的规律？美的规律在哪里？我们知道，近年来国内的美学讨论，也往往涉及这个问题。这的确是美学上一个很重要的问题。

在我看，我国传统的表演艺术，就是根据美的规律对古代人物的生活加以概括、创造的结果，在我国传统表演艺术里，就体现了一部分美的规律。譬如，大家知道，传统表演里常常强调一个"圆"字，这就是要求舞蹈动作之美。演员手中的扇子、手绢、拂尘，都会增加舞蹈形象之美。京剧里许多基本舞蹈动作（所谓程式），都在一定程度上体现了美的规律，你看跑圆场的动作是多么"边式"，甚至如整冠、抖袖、掏翎子、拔宝剑等动作，都有一套"规矩"，这些"规矩"，实际上就是美的规律的一种反映，也是前辈艺人对美的认识的结晶，是不容忽视的。

美固然离不开个性，离开了具体的美，很难说有什么抽象的美存在；但美总是有共同性的，这些共同性就是美的规律性，艺术家正是在认识并掌握这些规律基础上创造美的形象的。

在《舞台生活四十年》中，对发现并运用美的规律（共同性）方面是有许多宝贵的记载的。梅兰芳曾谈到京剧名武生杨小楼在《长坂坡》一剧中"抓帔"的身段。一般的武生都是用右手抓帔，那是背对着观众，已属不美，"何况右手抓完了帔，跟着向里翻身跪下，姿态上也显得生硬"，所以杨小楼才创造了左手抓帔的极边式的身段。由此可见，杨小楼在创造这个身段时，心中有个"美"字，他是根据美的客观标准来创造这个身段的。在另一处地方，梅兰芳谈到"扑萤舞"的创造，也具有美学意义。他说："扑萤与扑蝶不同，蝶飞得高，扑的姿态变化比较多，萤飞得矮，只能低扑，那就全靠运用腰腿功夫了……不论扑什么小动物，最要紧的是动作柔软。练的时候，可分上中下三部来讲，上部用肘腕，中部用腰，下部用腿，特别是眼与手要连贯，如果手到眼不到，是不会好看的。"[①]在谈到《贵妃醉酒》的"云步"时，梅兰芳指出："上身不能晃摇，脚步要走得匀整，才能好看。"[②]这些显然都反映了一定的美的规律，凡是符合这些规律的则美，凡不符合这些规律的则不美，那末，美的规律的客观性还有什么可怀疑的吗？

然而，演员要在舞台上体现这些美的规律（共同点），要运用这些规律来塑造美的人物形象，不是轻而易举的，是要经过一番艰苦的锻炼的。我们知道，对美的规律的认识是一回事，而艺术地再现这些规律又是一回事，很好的欣赏家不一定成为很好的创作家。从认识美到创造美，更是需要一段过程。任何艺术创作，为了表现自然和生活之美，没有刻苦锻炼是不行的。画家需要写生，掌握颜色的各种性能；音乐演奏家应该自由地控制乐器；演员就应该通过基本训练，自由地掌握形体的动作。我们知道，戏曲表演的舞蹈性非常强，如果没有扎实的基本训练（特别是"幼功"），要想塑造美的舞台形象是不可能的。因此，任何有成就的表演大师都谆谆教导演员必须要有基本形体锻炼。史坦尼斯拉夫斯基说过："各种艺术的表演者都决不忽视自己的形体器官和对它的训练，来符合技术要求。"[③]

传统戏曲表演有许多基本的程式，这些程式在一定程度上也是对生活动作的美化（舞蹈化），如上马、上楼、趟马、起霸等，都是把古代生活动作美化的结晶，要掌握这些基本程式，也需要一番锻炼的功夫。当然，舞台形象之美不仅在于基本程式之美，舞台形象之美还需要和人物的个性结合起来，才能形成完整的美的形象。但无疑的，传统戏曲表演程式反映了一定的美的规律，也是不可否认的事实。

与一切表演大师一样，梅兰芳根据自己的艺术经验，深知基本功夫与舞台形象之美的不可分割的联系，因此他再三指出腰腿等基本训练的重要性。《宇宙

---

① 《舞台生活四十年》第二集，人民文学出版社一九五七年版第107页。
② 同上书第23页。
③ 《演员自我修养》第一部，艺术出版社一九五六年版第304页。

锋》是一出文戏,但梅兰芳认为:"这里面的舞蹈姿势,要没有武功底子,恐怕是不容易做得合式的。"[1]就是《思凡》中赵色空手里小小的拂尘,如果不加意练习,则马尾容易绞乱,形象自然不美,而"必须处处顺着它的势,运用得非常灵活,才能使观众感觉到美,这也是功夫的一种"[2]。可见舞台上一招一式,观众觉得它美,岂不知这个"美"是要有一番苦功,得来非易呢!梅兰芳说,杨小楼"不论长靠短打,一招一式,全都边式好看",但他之所以达到这种境界,主要的还是要靠勤学苦练。所以他认为:"每一个演员的成就,不管他演哪一类角色,首先是依靠他在幼年初学时期,能够打下稳固的基础。"[3]

当然,传统戏曲塑造美的形象的规律,并不只是这些基本表演程式,作为戏曲艺术的特殊的美,它还有一系列的规律,梅兰芳的表演正是体现了这些规律并塑造出美的形象的。

动和静

梅兰芳的表演艺术,所以能有美的感染力量,首先是他掌握了动的美和静的美相结合的规律。我们知道,传统戏曲艺术作为一种舞台艺术,基本上也是一种造型艺术,正如十八世纪德国现实主义美学家莱辛所说的,戏剧与绘画有接近之处,我们就从它也要求画面的美,从要求静态的美来说,莱辛这个看法是有一定根据的。

戏曲是一种综合艺术,对舞台形象来说,绘画艺术的许多规律都起着很重要的作用,像色彩、对比、格局、明暗等绘画艺术的规律,对戏曲演员的化装、服装、舞台形象之美都有很大关系,因此狄德罗才说:"一个戏剧演员,不懂绘画,是一个可怜的演员……"[4]

演员与画家的关系应该说是很接近的。我国许多有成就的戏曲演员是多才多艺的,他们有的写得一手好字,有的画得一手好画,这是一种非常可贵的优良传统。正如大家所熟知的,梅兰芳是书画兼长的,在《舞台生活四十年》中

---

[1] 《舞台生活四十年》第一集,人民文学出版社一九五七年版第152页。
[2] 同上书第143—144页。
[3] 《梅兰芳戏剧散论》,中国戏剧出版社一九五九年版第28页。
[4] 《绘画论》,《文艺理论译丛》一九五八年第四期。

时常提到绘画艺术与戏曲舞台艺术的有机联系。大家记得，梅兰芳在创造《嫦娥奔月》的形象时，在服装与化装方面就得到绘画的启发，然后再根据戏曲艺术的特点，加以创造，才诞生了嫦娥美丽的古装形象。

舞台形象静的美，不仅在于化装、服装上，更重要的是在于舞台布局之美，它利用绘画中对比、对称等规律，使整个舞台具有画面的美观。大家都很爱看《单刀赴会》的几个亮相，觉得关羽、周仓的威严在亮相的一刹那给人以深刻的印象；大家也很喜欢昆曲《昭君出塞》的舞台画面，一个昭君，一个王龙，再加上勇赳赳的马夫，台上虽只三个人，但画面不单调，很有变化，很美。绘画里的格局，也就是利用对比、对称等原则，要有主有衬，衬得不好就会显得单调或杂乱。梅兰芳在《舞台生活四十年》中深刻地分析了《贵妃醉酒》的表演艺术，的确，这是一出优美动人的戏，它里面有多少美丽的画面，整个舞台形象无一处、无一时不是一幅美丽的图画。这出戏的画面之所以美，主要固然是杨玉环姿态、服装之美，但如果没有高、裴两力士，恐怕也不会有这样丰满。这种对比、衬托的原则，是与绘画艺术密切相关的。梅兰芳说，在高力士敬酒时，路三宝曾有一个很好看的姿势，"他是念到'呈'字，打开扇子，'上'字，左手扬袖，右手翻扇，'来'字，把身子微微站起，往前一扑，右手扶住桌子外面的边缘。高力士跪在下面，也应该向后坐下，使一矮坐的身段。跟上面杨妃做的，一高一矮的对照着，才显得格外美观。"① 一高一矮，就是利用了对比的原则，使画面显得有变化，有起伏，因而能引起观众的美感体验。

戏曲艺术里的静的美，也就是我们常说的"塑型美"。"塑型美"是戏曲舞台形象美的特点之一，它在演员的"亮相"中表现得最为明显。

然而，我们知道，戏曲舞台艺术不仅具有画面之美，而且要有舞蹈之美，不但要有静的美，而且要有动的美，而整个戏曲舞台形象，也就是动和静这两种美的交替和结合。

传统戏曲的舞蹈是在生活动作和武术的基础上根据动的美的规律，加以美化了的，它具有我国舞蹈艺术的特殊的美的形态。梅兰芳说，苏联表演艺术大师史坦尼斯拉夫斯基曾对他说过："中国剧的表演，是一种有规则的自由动作。"②

---

① 《舞台生活四十年》第二集，人民文学出版社一九五七年版第25—26页。
② 《梅兰芳戏剧散论》，中国戏剧出版社一九五九年版第203页。

这里所说的"规则",也就是动的美的规律,中国传统戏曲,就是根据这种规律,结合着具体的人物性格创造出美的舞台形象来的。

很显然,动的美的规律固然也需要对比、对称等原则,但其特点,还在于它的节奏性,在这一点上,它倒是接近于音乐艺术的。舞台动作的节奏性,这是舞蹈美的特点之一,没有节奏的动作,是不会引起欣赏者的美感的。梅兰芳在谈到《贵妃醉酒》的表演时,曾指出:"演员在台上,不单是唱腔有板,身段台步,无形中也有一定的尺寸。"[①]一个演员的舞台动作要不和唱腔、过门相配合,是不可能美的。

舞台形象的动、静两种因素,必须有机地结合起来,而不能是机械的拼凑。光有动的美,就像光有静的美一样,不能构成完整的、美的舞台形象。在舞台上,动作多了显得"贫",动作少了又显得"僵",有成就的表演家,都是善于巧妙地把这两者结合起来的。《舞台生活四十年》中,梅兰芳提到这样一件事情,在演出《断桥》之后,阿英曾提出,白蛇的位置始终不变,似乎太呆板了点。梅兰芳认为这个意见很好,于是跟俞振飞一起研究,很自然地改换了白蛇的位置,从这里也可以看出动的美与静的美在舞台艺术中必须结合得好,这里有着艺术家的匠心独运、精心创造。

视觉形象与听觉形象

其次是视觉形象与听觉形象的结合。人的听觉和视觉是艺术的感觉,一切形式的艺术,都是通过这两种感官引起人的美感的,因为人的视觉和听觉是最广阔、最丰富的感觉,它能接受艺术品给予人的丰富的社会内容,这是其他感觉所不能做到的。

中国传统戏曲的表演通常分作唱、做、念、打四个部分,唱、念部分可以使人体验到听觉形象之美,而做、打部分则使人体验到视觉形象之美。而传统戏曲的特点就在这两种形象之结合。

人们常说,传统戏曲是一种综合艺术,它包括了音乐、歌唱、舞蹈、绘画、

---

① 《舞台生活四十年》第二集,人民文学出版社一九五七年版第31页。

文学等各个艺术的特征,但戏曲艺术又不是这些艺术样式的拼凑,而是具有自己的特色,这种特色之一,就是视觉形象和听觉形象的结合,而正是在视觉形象与听觉形象交替融洽过程中,表现出一定的戏剧情节来。人们固然可以到剧院去听音乐,而舞蹈演出也可以配以合唱和音乐,但只有戏曲(歌舞剧)的舞台艺术是歌舞并重,对于戏曲演员来说,他必须是以听觉形象和视觉形象相结合作为创作原则的。

在《舞台生活四十年》里,梅兰芳曾经介绍了昆曲俞(粟庐)派的特点,他认为,"总结起来说,俞腔的优点,是比较细致生动,清晰悦耳。如果配上了优美的动作和表情,会有说不出的和谐和舒适。"①这种"和谐和舒适",正是视觉形象之美和听觉形象之美两者结合的美感的特点。梅兰芳本人在这两种形象的结合上也是有非常丰富的经验的,他很善于运用这个规律,创造出美的舞台形象来。梅兰芳在谈到《宇宙锋》这出戏的表演艺术时,认为赵艳容在唱到"我的夫"时,刚一起步,就应该在心里把尺寸拿好,"随着唱腔来走,自然合拍。如果走得快慢不均,使行腔与身段失去联系,那就会大大地降低了观众的情绪了。"②像这样把视觉形象与听觉形象结合起来的例子,在《舞台生活四十年》中是很多的。

但是,视觉形象和听觉形象的结合在戏曲舞台艺术中应该是一个复杂、矛盾的过程,而不能是简单的拼凑,同时特别应该重视这两种形象的交替过程。音乐没有视觉形象,这是它本身的局限性,但它能留给欣赏者视觉形象上想象的余地,音乐欣赏者可以根据听觉所提供的基本情调,想象出视觉形象(这也就是史坦尼斯拉夫斯基所说的"内心的视觉"),欣赏者就可以有自由想象的广阔的天地,从而产生一种再创造的兴趣。于是,本来是缺点的,转化为优点了。戏曲舞台形象是视觉形象与听觉形象的结合,它可以为观众提供丰富的、复杂的形象,这本来是戏曲舞台艺术的优点,但如果运用得太死,也会在某一方面堵死观众的再创造的余地,因而应该注意这两种形象如何结合得恰到好处。

诚然,正如梅兰芳在《舞台生活四十年》中说的,昆曲最大的优点就在于歌与舞结合得特别紧密,所谓一个字、一个腔、一个舞蹈动作,配合得严丝合

---

① 《舞台生活四十年》第一集,人民文学出版社一九五七年版第172页。
② 同上书第155页。

缝，这里有许多值得吸取的经验；但是，凡事都得看两面，正因为昆曲的身段复杂，有的地方就显得太繁琐，不给观众留有余地。

昆曲的动作、舞蹈是为词意作注释，这固然也有好的一面，我们不得不承认昆曲舞蹈的表现力之强。但"为词意作注释"也造成了一个缺点，即有的地方也出现了一些不必要的或不美观的动作。在《舞台生活四十年》中提到的昆曲《思凡》的表演中，就有一些过于繁琐的动作，如唱到〔山坡羊〕的"锯来解"时，也要做出拉锯的姿式，"火烧眉毛，且顾眼下"时，也要指指眉毛；接着下面的〔采茶歌〕的动作更是复杂，所以正如梅兰芳所指出的："这一节的身段，比较繁琐。"①

有些词意本来很清楚的或根本不适于用舞蹈来"注释"的，也硬要配以动作，那末观众就会兴味索然，责怪表演家太不相信观众了，难道这点点意思我们还不能理解、想象吗？

京剧的舞台动作不像昆曲那样繁复，有时候是做工为唱工让路，而有时候唱工也为做工让路，使视觉形象与听觉形象交替出现，这样就可以让观众有一个想象机会。如《武家坡》薛平贵和王宝钏出来的大段唱工，《坐宫》里杨延辉的大段唱工，都没有太多的动作。梅兰芳在创造《嫦娥奔月》时，也注意到这种矛盾，他在唱〔慢板〕"丹桂飘香透碧纱"一段时认为，"唱得比较费力，动作就不宜太多和太快了。同时观众的习惯，听到〔慢板〕，又照例是全神贯注着在欣赏演员的'唱'的。"②当然，这并不是否认边唱边做的原则，而是说如何巧妙地利用视觉形象与听觉形象的矛盾，这在梅兰芳塑造美的舞台形象时，也是一个很重要的特点。

虚与实

虚与实的结合乃是我国传统表演艺术的根本特征，这是大家所公认的。梅兰芳在运用这一规律上也是有他卓越的见解和独特的创造的。的确，中国传统表演艺术常常用虚拟的手法把观众带进想象的领域，这是传统表演艺术的一大

---

① 《舞台生活四十年》第二集，人民文学出版社一九五七年版第134页。
② 同上书第78页。

优点。那末，这种虚拟手法的美学意义何在？

我们知道，一切艺术形式，都不排斥虚拟手法，因为艺术总是通过有限来表现无限，在艺术中不可能一味求实，而一切都要实在地表现出来，是不可能的，艺术总是要虚实结合，以实带虚（即以"实"激起欣赏者的想象），用虚来补充实，才能给人以完整的艺术形象。史坦尼斯拉夫斯基写道："偏爱真实，一定会落到为真实本身而做作真实。这是一切不真实中最坏的一种。至于过度害怕虚假，那就会造成不自然的谨慎，这也是最大的舞台'不真实'中的一种。"①在史坦尼斯拉夫斯基的著作中，曾屡次提到虚拟的道具问题，他说："事实上，我们可以利用一些藤椅构成作者和导演的想象所能想出的一切：房屋、广场、轮船、森林等等。"②在《演员创造角色》里，史坦尼斯拉夫斯基甚至惊讶，有些群众演员虽然不带道具表演，而却完全能懂得他们在做什么③。

中国传统戏曲表演手法重在虚实相结合，这是一个显著的特点。由于中国传统戏曲表演的歌舞性决定了人物周围环境的虚拟性，它是用歌唱和舞蹈的写意来指示周围的环境的，例如《打渔杀家》萧恩一句"猛抬头见红日坠落西下"，从萧恩亮相的姿态和眼神中，观众看出落日傍晚的景象，这就是虚拟的手法。如果在电影里，就有可能把日落西山的景致利用镜头的转换如实地表现出来了。但是，观众并不感到这是戏曲的缺点，而通过演员的歌舞来激起观众对周围环境的想象，正是戏曲欣赏的特点之一。就这方面来说，戏曲表演正是以舞蹈歌唱之实，带动周围环境之虚，来激起观众对周围空间景象的想象。梅兰芳在谈到《宇宙锋》中"金殿"一场，赵艳容的动作要大一些，一来是表示不畏强权，二来表示金殿空间比较宽大——这就需要比较大的动作暗示出来，让观众觉得她是在一个较大的空间活动。这也是以实带虚，以虚补实的手法。

梅兰芳说，他演昆曲《思凡》"数罗汉"一场，曾用过两种布景，但效果都不好，这是可想而知的。不论用活罗汉或用画的罗汉，不但造成拉幕闭幕的麻烦，破坏了表演情绪；而且分散观众的注意力，冲淡了演员舞蹈姿势对观众

---

① 《演员自我修养》第一部，艺术出版社一九五六年版第253页。
② 同上书第108—109页。
③ 见同上书第87页。

的吸引力。如果不用布景，通过演员的舞蹈及演唱，由观众自己去想象这罗汉堂的环境，则符合传统戏曲的特殊的表演手法。这种表演的特殊手法，诚如梅兰芳所指出的："它（京剧表演——引者）把无限的空间都溶化在演员的表演里面。"[①]这就是说，演员是用自己的歌舞来暗示周围的空间环境的。

中国传统戏曲表演这种以实带虚、以虚补实的手法，突出地表现了演员和观众之间在艺术欣赏上的联系。传统戏曲是十分重视演员表演和观众的关系的，《舞台生活四十年》中曾再三强调演员必须适应基本观众的需要和爱好，必须随着基本观众爱好的发展、改变，而变化、丰富自己的表演艺术，这样才能使自己的艺术永葆青春，不断前进。

然而，演员和观众之间的内在的联系还不仅在于基本观众是演员表演艺术的欣赏者和评论者，而且在某种意义上说，观众还是演员不可缺少的合作者。一般说来，任何艺术作品都要经过欣赏者的再创造的过程，才能说完成了这件艺术品的使命，才是最完整的艺术形象；而任何优美的艺术品，都应该是最能激起欣赏者的想象活动，因而都常常为欣赏者留下了想象的余地。戏曲演员很注意为同台合作者留下表演的余地，这是很好的传统，但也应该为台下的合作者留下想象回味的余地。传统戏曲表演的虚拟手法，正是具备这方面的优点，以轻歌曼舞来激起观众的想象活动。

戏曲表演里注重虚拟的手法，并不是说愈虚愈好，其实，如果没有歌唱和舞蹈之实，也就没有舞台上的虚拟，如果歌舞的表现力不强，"实"得不好，那末就不能激起观众的想象，在观众面前就只会是一片"空虚"。所以在谈到《思凡》"罗汉堂"一场时，梅兰芳说："赵色空是一个年轻的小尼姑，要她做出这种威严的罗汉象，而且还得顾到舞台上美的条件，一招一式，又不能刻画太甚，把它做过了头，只好跟绘画里写意一派似的点到而已。这实在是难做的一个课题。"[②]这里所说的"写意"、"点到而已"，就是以实带虚，不是一味地把"实"端给观众；但如果没有这些歌舞之实，也不可能激起观众的想象，所以对于传统戏曲表演的虚拟手法的正确的提法应该是"以实带虚，以虚补实"，这是我们从梅兰芳的表演经验中，得到的极有价值的一点启发。

---

① 《梅兰芳戏剧散论》，中国戏剧出版社一九五九年版第27页。
② 《舞台生活四十年》第二集，人民文学出版社一九五七年版第135—136页。

内容与形式

以上我们初步谈了一些传统戏曲舞台艺术的一般的美的规律,有人会说,这都是些形式的规律,不过是指对称、节奏、圆熟,或者是化装上色彩、明暗、线条,服装上的样式,或者是虚实这类的技术手法,这不是有点忽视内容,有点形式主义吗?不错,上面所说的美的共同的规律,就整个舞台形象来说,大都是些形式的规律。我们知道,形式是离不开内容的,人物形象不仅要有美的形式,更重要的还要有深刻的人物性格和内心感情。正如普列汉诺夫所指出过的:"一般说来,人们努力使自己具有这种或者那种外貌,总是反映着某一个时代的社会关系。"①因此,一定的形式,必然具有一定的内容,没有无内容的形式,正像没有无形式的内容一样。这一点,传统表演艺术并没有忽视。梅兰芳在谈到《春香闹学》时曾说过:"剧中人的性格和身份是靠演员的唱、念、做、表四种工具表达出来的,所以这两个人一出场的念白、动作、神态,先由尺寸上来分别她们的性格。"②

而在舞台艺术中,当内容与形式相矛盾的时候,一般说来,首先形式应该服从内容。梅兰芳在讲到《贵妃醉酒》第三次"卧鱼"时说:"这地方别的人做,有打一个圈子,很快地卧倒地下。拿舞蹈的姿势来说,的确是很好看的,拿剧情来讲,就不合理了,一个喝醉酒的人,动作是不会这样快的。"③这就是说,应该以内容为决定性因素,不能单纯追求形式美而脱离了内容。

然而,我们也应该看到,内容与形式的矛盾的情况是很复杂的,特别是舞台艺术作为一种造型艺术(不过是一种动与静结合的造型艺术)来说,应该看到它对舞台形象之美(形式美)有一种特殊的要求,于是既不违背人物性格和内心情感,又充分表现人物形象之美,就成为判断一个演员艺术水平的重要标准之一。

前面提到过的十八世纪德国现实主义美学家莱辛在《拉奥孔》里曾经论述

---

① 《艺术与社会生活》,《世界文学》一九六〇年二月号。
② 《舞台生活四十年》第二集,人民文学出版社一九五七年版第144页。
③ 同上书第29页。

了诗和画的区别，指出了造型艺术对物体美（形象美）的特殊的要求；他认为在绘画或雕刻里不容许把丑固定下来，因而根据造型艺术的特点，绘画或雕刻里就应该尽量避免表现丑的形象。至于舞台艺术，莱辛也说："演员要想把肉体痛苦表现到使人信以为真，如果不是绝对办不到，至少是很困难的。"①因而（特别是在演正面形象时），应该尽量地美化人物的形象，而避免舞台形象上的丑恶现象。

在《舞台生活四十年》中，我们看到在处理内容与形式的矛盾时，表现了梅兰芳的高度的美的认识水平和杰出的艺术创作天才。正是基于对美的认识，他才能在处理内容与形式的矛盾时，也保持并创造了美的形象。

梅兰芳在分析《贵妃醉酒》的"醉步"时，曾经巧妙地解决了内容和形式的矛盾，他认为"醉步"要做得适可而止，"如果脑袋乱晃、身体乱摇，观众看了反而讨厌。因为我们表演的是剧中的女子在台上的醉态，万不能忽略了'美'的条件的。"②打人本来是不美的事，杨妃用手打高力士三个嘴巴，对杨妃的美的形象不免减色，因此梅兰芳改用袖子打，这样就既保证了剧情的内容，又创造了美的形象，使人们不能不钦佩我们的艺术大师对舞台形象之美有着深刻的认识和极强的表现力。

这是不是形式主义了？显然不是，这正是符合了杨妃这样一位美丽的妇女形象的基本特点，使她更美、更动人。形式美正是为了更好地表现内容。

剧情内容与形式美的矛盾最尖锐的恐怕要算《思凡》里的小尼姑了。赵色空明明是个尼姑，而且唱词里有"正青春被师父削去了头发"，但从来赵色空的扮相就是留发道姑的打扮，梅兰芳对这个问题进行了细致的研究，"这个问题一直到我演出以后，才悟出了其中的原故。在舞台上，是处处要照顾到美的条件的。象这种一个人演的独幕歌舞剧，要拿真实的尼姑姿态出现在台上，那末脸上当然不可能擦粉抹胭脂，画眉点嘴唇。这就跟种种美的身段、唱腔、表情都不能够调和融洽了。"③舞台真实不等于生活真实，如果扮成一个很难看的光头的尼姑，对于赵色空的性格是不很合适的。在这种矛盾的情况下，高明的艺术家

---

① 《拉奥孔》，《世界文学》一九六〇年十二月号。
② 《舞台生活四十年》第二集，人民文学出版社一九五七年版第27—28页。
③ 同上书第131页。

只有舍弃片面的、细节的生活真实，以便在舞台上创造一个美丽的、惹人怜爱的形象。可见，在舞台上注意形式美、形象美不是形式主义，相反的，正是为了舞台艺术的真实，为了创造美的舞台形象。

有修养的戏曲表演家，都要善于处理这样的矛盾，要在不违背艺术真实的条件下，力求美化舞台形象，所以梅兰芳说："在戏剧的演出方面，有时候不免存在着一种难以解决的矛盾，那就只有权衡轻重，再加处理了。"[1]这里就显出一个演员的艺术修养和对美的认识水平。

根据丰富的舞台经验，梅兰芳时常指出不能忽视舞台形象之美。他说："古典歌舞剧的演员负着两重任务，除了很切合剧情地扮演那个剧中人之外，还有把优美的舞蹈加以体现的重要责任。"[2]梅兰芳认为，做一个好演员必须善于区别精、粗、美、恶，"要在吻合剧情的主要原则下，紧紧地掌握到艺术上'美'的条件，尽量发挥各人自己的本能。"[3]大家都记得，梅兰芳在谈到《宇宙锋》赵艳容装疯时，曾有过这样一段话："中国的古典歌舞剧，和其他艺术形式一样，是有其美学的基础的。忽略了这一点，就会失去了艺术上的光彩。不论剧中人是真疯或者假疯，在舞台上的一切动作，都要顾到姿态上的美。"[4]这一段精辟的文字，说出了我国传统戏曲的美学意义，也说明了梅兰芳舞台创作的指导思想，即既细致地表现人物内心的情感，又注意塑造美的形象，把这两者巧妙地结合起来。"权衡轻重"地克服、解决内容与形式的矛盾，乃是梅兰芳舞台艺术的最宝贵的经验之一。他之所以能创造一系列的美的舞台形象，应该说，和他这个指导思想是有密切的关系的。

---

[1]《舞台生活四十年》第二集，人民文学出版社一九五七年版第132页。
[2] 同上书第70页。
[3]《舞台生活四十年》第一集，人民文学出版社一九五七年版第172—173页。
[4] 同上书第154页。

略谈梅派艺术的特点
——兼谈典型的美

梅兰芳在我国京剧史的旦角表演艺术上，是有划时代的意义的。梅兰芳对于京剧表演的传统艺术，有着极其深厚的基础，他综合了前辈旦角艺术家的丰富的经验，在这个基础上，又对京剧旦角表演进行了创造性的改革，如今京剧舞台上已成惯例的（如旦角有京二胡伴奏、旦角的化装等），有不少都是梅兰芳创造的。在表演艺术唱、做、念、打方面的这种创造革新精神，贯串着梅兰芳整个的艺术一生。

由于梅兰芳在艺术上的巨大成就，梅派已经影响了整个一代的京剧旦角艺术；梅兰芳以后的旦角演员，固然也有许多有自己特色的、有成就的艺术家，但莫不受到梅派的影响。

我们曾经说过，梅派艺术博大精深，内容非常丰富，要想用几个字来概括是不大容易的；然而从艺术欣赏的角度来看，梅派艺术的突出的特点可以概括成一个"美"字。梅兰芳为我国戏曲舞台创造了一系列美丽的妇女形象，梅兰芳的名字和"美"字是分不开的。

然而，任何艺术，任何表演流派，都有它的美的属性，都是体现了一定的美的形态；而梅派艺术美的特点就在于它为我国戏曲舞台上创造了美的典范。梅兰芳的表演艺术固然也有属于他个人的特色的东西，但梅派艺术主要是体现了京剧旦角表演艺术发展的必然结果，它不以个人某一方面的特殊作风取胜；梅兰芳的天才是全面的，因而他能在京剧表演艺术史上起着承前启后的重要作用。梅派表演的美是具有典型意义的美。

我国古代形容美人有"增之一分则太长，减之一分则太短；着粉则太白，施朱则太赤"的说法，这就是说的一种美的典型，或典型的美。这个美学思想后来曾经受到一些美学家的批评，认为这是把美绝对化了；当然，现实世界没有绝对的美，艺术中的美也都有它的时代性、相对性，然而一个时代或一定范围内的典型的美是不可否认的。说伟大的作品不能删改一个字，这未免过甚其词；但伟大的作品的确是不能随便增删的，因为那是典型化了的美。史坦尼斯拉夫斯基曾谈到过，他想对普希金的作品有所增补，但三十年来竟无法实现（见《我的艺术生活》），这说明典型的形象，是不能随便增删的，是一种典型的美。梅派艺术，正是戏曲舞台上的美的典型。

我们知道，在艺术领域里人们很注意"适度感"，艺术如果失去了"适度感"，那末就很难引起欣赏者的美感。"适度感"往往是考验艺术家艺术水平的一个重要的标准。中国艺术创作里讲究刚柔相济、抑扬顿挫、秾纤得中、浓淡相宜等，都是为了"适度感"；所谓"适度感"，也就是要求艺术家创造出"恰如其分"的美的典型。

传统戏曲表演艺术里很注重掌握"分寸"，"分寸"也就是"适度"，都是为了典型的美。我们深刻地感到，梅派艺术最注重"适度感"，最讲究"分寸"，因而能够成为戏曲舞台上美的典范。

京剧表演艺术技术性较强，演员需要长期的技术锻炼，因此，有些演员往往以表演艺术的一个（或某几个）方面（如或唱，或做，或念）见长，这当然也很有作用；而梅兰芳则是比较全面发展，在表演艺术各个领域（唱、做、念、打）都极有经验、极有创造，因而他所塑造的舞台形象是完整的，正如他自己所说的："我对于舞台上的艺术，一向是采取平衡发展的方式，不主张强调出某一部分的特点来的。这是我几十年来一贯的作风。"[①]作为一个完整的舞台形象来说，只有全面发展的演员，才能创造出典型的、美的舞台形象来。

梅兰芳在咬字、行腔、运用嗓音、动作表情等表演艺术的各个方面，都非常讲究"分寸"。梅兰芳的嗓音是观众很喜爱的，这一方面是由于他的天赋，音

[①] 《舞台生活四十年》第一集，人民文学出版社一九五七年版第159—160页。

色甜润宽亮；另一方面也在于他善于控制、运用自己的嗓音，不使太刚，也避免太柔。梅派行腔，大方自然，不以花巧取胜，也无平淡乏味之病，是唱腔中朴实和华丽相结合的典型；梅派动作，不繁不简，因为太繁则乱，太简则僵，主张繁简相宜，这些都是梅派的特点。梅派最忌一个"太"（或"过"）字，梅兰芳最善于掌握表演艺术由量变到质变这个过程的"分寸"，因而他的表演能给人一种不瘟不火的"适度感"。

梅兰芳在表演艺术上注重"分寸"，善于掌握"分寸"，是继承并发展了我国表演艺术的优良传统的。我国传统表演艺术，很注重掌握表演的质和量的关系，很注重全面看问题的。元朝燕南芝庵《唱论》里曾说："有唱得雄壮的，失之村沙；唱得蕴拭的，失之乜斜；唱得轻巧的，失之闲贱；……"这说明要掌握"雄壮"和"村沙"，"蕴拭"和"乜斜"，"轻巧"和"闲贱"之间的质的区别，要防止片面发展。梅兰芳把对立的两方面（如"刚"与"柔"）巧妙地结合了起来，这样，他的表演就避免了片面的毛病。

梅派善于掌握"分寸"，最突出地表现在掌握人物性格和思想感情的变化的质量关系上，梅兰芳决不把"温柔"表演成"懦弱"，把"刚烈"表演成"暴躁"；善于掌握人物的最细微的思想感情，从而使得表情的细腻成为梅派艺术的最大特点。

梅兰芳既善于总结一定类型的性格，又善于掌握同一类型的不同的个性，善于揣摩人物内心的思想感情的变化，从人物思想感情的矛盾变化中掌握人物性格。梅兰芳曾经根据自己的舞台经验和研究心得认为，大丫环的戏"要演得活泼娇憨，不能做出油滑轻浮的样子"[①]。在分析《穆柯寨》这出戏时，梅兰芳指出："穆桂英是一个山寨大王的女儿。她有天真而善良的性格，是应该描摹出她的那一种娇憨的形态来的。可是又要做得大方，如果过火一点，就使人感到肉麻了。"[②]

对于不同的性格，不同的、复杂的内心变化，梅兰芳有极强的表现力，这就是人们常说的，梅派的表情细腻。我们知道，艺术不但要善于体验，而且要善于表现，不但体验时要掌握"分寸"，表现时也要注意"分寸"，要体验和表现的火候都能达到很高的境界。所谓"表情"，也就是把人物的内心感情表达出

---

① 《舞台生活四十年》第一集，人民文学出版社一九五七年版第110页。
② 同上书第135页。

来，是个体验问题，也是个表现问题。梅兰芳认为，演员不但要善于表现喜、怒、哀、乐等一般的心理过程，而且更重要的，"要形容出剧中人内心里面含着的许多复杂而矛盾又是不可告人的心情"。这就是说，演员要善于表现具体环境下，人物内心的复杂性。梅兰芳对《宇宙锋》中赵艳容的思想情感体验之细腻，表现力之强，是大家公认的，这就是因为他善于体会并表现人物内心的复杂矛盾的感情变化的缘故。

我们看到，京剧史上出现梅兰芳不是偶然的，梅派是综合了京剧旦角表演的各家之长的必然的产物，因此我们才说，梅派艺术，在京剧旦角表演史上是有划时代的意义的。人们常说，陈德霖等前辈演员，在演唱技巧上是刚多柔少，梅兰芳早期的演唱也是这种风格，而成熟了的梅派，则是在刚柔结合这一点上有了更进一步的发展，这种发展，是往更典型的方向的进步。过去的青衣表演，重在唱工，做、表方面极少注意，经过王瑶卿特别是梅兰芳的努力，青衣的做、表方面大大丰富了，这是往全面方向的进步。因此，我们看到，梅派艺术可以说是京剧旦角表演艺术的一个时期的总结，它继承了前辈的各家之长，开辟了新的途径。

我们强调梅派艺术的典型的意义，是否意味着京剧旦角表演艺术到了梅兰芳就达到了顶峰，不能再发展了呢？显然不是。就艺术发展的长河来说，梅派艺术也不过是整个发展中的一个阶段，京剧艺术的发展，当然将会再出现更典型、更有天才的梅兰芳；但是梅派艺术毕竟是京剧史上一个时期、一个阶段的典范。

艺术的发展往往是这样：在一个历史时期，常有一些具有代表性的流派，梅派就是这种艺术流派。艺术发展有源有流，"源"不是要一直上溯到原始艺术，而是每个时期都有综合上个阶段的综合性的流派，这也就是形成以后流派发展的"源"。由这个"源"，可以发展成许多支流，这些支流在不同的方面为某部门的艺术创造了新的因素，为更高的综合准备条件，在一定的时期后，这些支流，又会汇合成"源"，这时就把某部门的艺术推向新的阶段，这时又会产生新的具有代表性的流派。艺术的发展，就是这样循环不已，日渐完善的。

艺术发展的规律既然如此，那末梅派艺术在京剧史上的地位，也就不难确定了。

从余派谈京剧演唱的"韵味"

在京剧的各个表演流派中,余(叔岩)派的影响很大,他继承了谭鑫培的艺术,曾受谭派名家陈彦衡的悉心指导;同时他虽宗谭,但并不死学谭。余叔岩的祖父是与程长庚齐名的余三胜,谭鑫培实际上就是结合这两家(程、余)而加以发展创造的。余叔岩家学渊源,特别是在用湖广音念中州韵这一点,比谭鑫培更有所发展。

余叔岩对京剧的表演艺术的确是有很大贡献的,他无论在唱、做、念等各个方面,都有自己的特殊风格;但提起余派,最受人推崇的还在于他唱工的"韵味"方面。的确,"韵厚",乃是余派艺术的最大的特点,也是余派艺术最吸引人的地方。因此,为了研究余派,我们应该首先研究一下京剧唱工艺术的"韵味"这个概念。

我们知道,京剧中"韵味"这个概念,与我国传统的美学概念有着密切的联系,钟嵘的《诗品》就曾说过:"五言居文词之要,是众作之有滋味者也。"后来司空图也谈到诗的韵和味的问题,他说:"愚以为辨于味,而后可以言诗也。"又说:"近而不浮,远而不尽,然后可以言韵外之致耳。"这里所说的"韵""味"主要是指诗的美的境界而言。可是我们知道,在京剧欣赏中,"韵味"这个传统的美学范畴就有了固定的、丰富的内容。人们总是以有无"韵味"来衡量京剧演员的唱工艺术的。但是,对于"韵味"一词,虽沿用已久,对它的理解却不都是很全面的。譬如,过去常有人把"韵味"简单地归结为音色悦耳或咬字准确,这就把"韵味"这个美学概念当作单纯生理条件和技术性的概念来理解了,这是没有看到"韵味"这个概念的本质。

当然，音色悦耳动听是"韵味"的重要条件，如果演员的声音全是噪音，那末的确很难引起欣赏者的美感。余叔岩的嗓音虽不算"五香俱全"，但在略带沙哑中有一股清醇、甜冽的味道，也很悦耳。我们知道，音色的好坏，一部分是由于天赋（声带的自然组织），一部分也是由发声的技巧决定的。有好嗓子的人，如果发声技术不对头，也不能完全表现他的声音的优美；相反的，如发声技术得法，虽音色不太好，也能锻炼出一条好嗓子来。余叔岩是很重视发声技术的，他对咬字、发音、共鸣、用气等都有研究；同时利用自己嗓音的特点，练出了一条柔中有刚、圆润动听的嗓子。

"字正腔圆"自然也是"韵味"的重要条件。所谓"字正"，就是要按照一定的语音系统（如京剧之遵中州韵和湖广音），并且对于字的首腹尾、四呼、清浊等要交代清楚，以便欣赏者清楚地了解戏词的意思。余派对咬字很讲究，每个字交代得清清楚楚，而且严格遵守湖广音和中州音韵，如人们常说的，余派的特点常把阳平字按湖广音念，音调低抑（但余派也有不少阳平字高唱的地方）。然而，作为余派的艺术的特点，并不仅仅在于他依据什么语音系统发音，因为这不决定演唱艺术的美不美。根据中州韵的京剧、昆曲固然可以很美，根据吴音系统的沪剧、越剧，又何尝不可以很美呢？可见决定一个演员的唱工艺术有无"韵味"，不完全在于他所根据的"韵书"或方音，而别有原因在。

至于"腔圆"的"圆"字，也是余派唱工的特点。声音圆了，欣赏者就会觉得这种声音里包含有很多内容，不是没有回味的。打个比方说，这就像绘画里的立体感一样，声音也要有立体感。画家画兰花，虽然画在一张纸上，但好像离开了纸，长在土里似的，水分很多，触之而有凹凸之感；声音也应该有类似的感觉，而不应尖薄刺耳。所谓"韵厚"的"厚"字，就是指这个意思吧。咬字行腔要饱满，不能有轻飘之感，这就要求演员在咬字（字的首腹尾、四呼、清浊、尖团）及发声技术（如用声、共鸣、发生部位）等方面加以训练。

然而，这一切虽然都很重要，所谓"韵味"离不开这些条件；但光有这些条件还不能形成真正艺术上的"韵味"。这些条件所能引起的基本上是一些生理上的快感，即听觉上的"悦耳"；要引起美感，还需要在这个基础上进行创造。而我们看到，作为京剧艺术欣赏的特殊概念——"韵味"，应该是人们在欣赏京剧演唱艺术时的一种特殊的美感；因此，作为美感的一种，"韵味"就不仅包含了上述一些引起听觉快感的因素，而必须具有更丰富的内容。

我们知道，余派之所以被誉为"韵厚"，除了上述必要条件外，更重要的还在于他善于掌握角色的感情，使声与情相结合，而不是孤立地卖弄技巧。这是余派韵味的基本条件，没有声情的统一，也就谈不到"韵味"。

提起余派，有人常把它和"靡靡之音"联系起来，过去有的人甚至认为，余派之所以"韵厚"，就在于他的低沉压抑。这是不正确也是很不公平的。什么叫做"靡靡之音"呢？应该是指不顾角色的身份和具体感情，一律以低沉的调子来表现，从而歪曲了角色的面貌；这是和"过火"（即不问角色的身份和具体感情，一味高亢、激昂）一样，是一种极端的倾向，当然是应该反对的。但是余派唱腔的风格是柔中有刚、圆中有方，并不是一味的低沉。说余派是"靡靡之音"的人常常喜欢以他的《洪羊洞》、《碰碑》等剧为例，这也是不妥当的；因为这两出戏原是悲剧，自然不像《定军山》那样激昂；何况余叔岩演这两出戏，仍是悲中有壮，并不是凄凄惨惨的，例如《碰碑》的〔二黄原板〕"进大营双眉愁皱"的"大"字，利用去声字略有滑音，就不显得"瘟"。后来有些学余的人往悲哀方面发展了，或甚至只有悲而无壮，这笔账当然不应该算到余叔岩的头上的。

余叔岩不但善演悲剧，他的戏路子是很宽的，他还常演《梅龙镇》、《御碑亭》、《定军山》、《辕门斩子》、《汾河湾》、《武家坡》等不属于悲剧的戏；而由于他具有深厚的武工底子，他的《定军山》自然要高出于言菊朋。

余叔岩很重视区别不同性格的角色，他的咬字、行腔，也因人物性格的不同而在大同中有小异。一般说来，他在演《定军山》这类戏时，因为演的是刚强不服老的黄忠，他的咬字就比较干脆，收音就较轻；而像《法场换子》、《洪羊洞》、《碰碑》这类的戏就比较细腻，字的收音也就重一点，这样可以使悲剧气氛更加浓一点。他唱《空城计》城楼两段（〔慢板〕和〔二六〕），就比较平稳，很少花腔；相形之下，言菊朋的这两段就过于花巧，不大切合诸葛亮当时的心情；而杨宝森虽然宗余，城楼〔二六〕一段，就更花了。这些方面余叔岩是要高出于他们的。

声情的结合固然十分重要，非此不足以言"韵味"，但要形成具有独特风格的唱工艺术，光一般地注意声情结合也还是不够的，还要在艺术上有它的独特之处。

譬如，余派唱工有一个很大的特点就是"含蓄"。余派之所以"韵厚"，和咬字、行腔、用气的含蓄大有关系。

首先是咬字的含蓄。我们知道余叔岩和言菊朋都十分重视咬字的准确，但在风格上是不同的。余派咬字并不把字咬"死"，即在字的发音（首）和收音（尾）上不像言菊朋那样重，不是把字的收音念得像字的本音一样重，而是在"似收不收"之间。那末，这是否会影响欣赏者听清字义呢？显然不会。一方面，余派不是不重视训练咬字，它是在训练有素的基础上将收音略为缩小，不像没有经过训练的人那样忽视收音或收错了音（通常最容易犯错误的是"发花"、"梭波"等所谓无收音的辙，它们实际上的字尾为"a"、"o"，如不注意，嘴形一变，尾音就会变成"m"或"n"了）；另一方面，收音太重了，本来是一个字，听起来可能就误会成两个字，如言菊朋之《让徐州》有"免受灾殃"一句，"灾殃"二字就像"灾一殃"三个字了。

其次是行腔的含蓄。余派行腔有个特点是抑扬顿挫，断中有连。余叔岩并不像有些演员那样把胡琴过门也唱出来，他的唱腔当断处斩钉截铁，当连处，藕断丝连，妙在声虽断而意不断。余叔岩《空城计》中"俺诸葛怎比得前辈的先生"一句，"诸葛"二字腔虽断了，但变化复杂，下面的"怎"字，音调较高，"葛"和"怎"字之间，唱者的声音是断了，但在听众的想象中，声音并没有断。这就是腔调含蓄的好处。又如余叔岩在《鱼藏剑》中，有"实指望到吴国"一句，腔调平常，但"吴国"二字足以说明余派含蓄的特点，"国"字唱来略带沙哑，最后用一个小腔往上一扬，腔虽不长，听起来很饱满，内容很丰富，很想在这里多体会一下伍子胥满腹含冤的心情。

再其次就是用气的含蓄。余叔岩嗓子并不太够用，后来因为身体关系有些高腔他唱起来也很吃力，但听起来并不吃力，听众用不着替他担心，这就是因为他善于用气。听余叔岩的唱总觉得他气储备得很足，好像取之不尽、用之不竭似的。人们常说"中气足"，大概也就是指此。然而，"中气足"一方面是天赋问题，一方面也有个锻炼和方法问题。余派用气不是一下子把所有的气都用在一个字或一个腔上，而是"留有余气"，慢慢地把字顶出来，当轻则轻，当重则重。

唱得含蓄显然和"韵味"有很大的关系，因为"韵味"不仅指演员在唱工方面的创造，而且，还包括了欣赏者的再创造在内。只有经得起欣赏者再三咀嚼的演唱，才可算有"韵味"，欣赏者才能愈听愈有味道。我们对一些优秀演员（包括余叔岩在内）的演唱百听不厌，就是因为这些演员的演唱能激起欣赏者的再创造，经得起品味。

从余派唱工艺术的特点中我们可以得到什么启发呢？我们看到，"韵味"对京剧唱工来说，是十分重要的，它是我们在聆听京剧演唱时的一种特殊形式的美感。有"韵味"的演唱，就是美的；没有"韵味"的演唱，则是不美的。因此研究"韵味"这个概念，对创造美的演唱艺术来说，是十分重要的。余派艺术在"韵味"方面具有丰富的经验，对余派唱工加以借鉴、总结、分析，自然有助于创造美的演唱艺术。

谈余派韵味的豪壮风格

京剧发展，从谭鑫培起，在表演技巧方面有很大的发展，特别是到余叔岩，无论在唱、做、念方面又都进了一步。在演唱方面，余叔岩固然宗谭，但在韵味方面，又超过了谭鑫培的水平。余派的韵味特厚，这是京剧史上不能抹杀的事实。

然而，过去谈余派的，大都认为余派韵味只在柔美、清俊方面，而缺乏豪壮、雄伟的一面，因而余派只善于演优美类型的戏，而不适于演壮美类型的戏。这种看法是片面的，是不符合实际情况的。

当然，就余派总的风格来说，是属于柔美、婉约的范围，余叔岩的演唱不同于汪桂芬的激昂慷慨，也不同于孙菊仙的实大声宏；但是，并不能认为余派韵味就没有豪壮的一面。余派韵味的特点是柔中见刚，是于优美中有壮美之气，因此，一些豪壮类型的戏，在余叔岩演来，也很传神。

大家知道，当年余叔岩的好戏，不仅有《洪羊洞》、《李陵碑》，而且还有《定军山》、《战太平》、《战樊城》等豪壮风格的剧目。而且，即使如《洪羊洞》、《李陵碑》这样一些悲剧，余叔岩演来也不是片面地悲哀，而是于悲哀中透出一股豪壮的气概，这些悲剧，都应该是"悲"和"壮"的结合。譬如《李陵碑》〔二黄原板〕"搬兵求救"一句就唱得很激昂，显示了杨老令公搬兵报仇的希望和决心。因此在谈余派唱工韵味时，我们绝不能片面强调它的柔和的一面，而且也要注意它的豪壮的一面。

很明显，余派韵味中的豪壮风格和汪派、孙派的豪壮风格是不同的，这就像虽从总的风格来说,汪派和孙派都是豪壮的,但它们之间又是有区别的(汪派悲壮激昂,孙派粗犷磅礴)一样。从美学上说,不仅优美的形态多种多样(有华丽、朴实等),而且壮美的形态也是多种多样的,有悲壮的,有雄壮的,人在高山大川面前的壮美感和在悲剧面前的壮美感有共同之处,也有不同之处。

在演唱技巧方面,余派用来引起人的壮美感的技巧和汪、孙两派是有所不同的。粗略地说来,汪派主要是以咬字的特点(字字着力)来给人刚强之感(当然,汪的嗓音也有很大关系),孙派则以嗓音高亢来给人以气势豪放之感;而余派所用的技巧,就比较复杂,比较丰富了。

我们都知道,余叔岩没有汪桂芬和孙菊仙那条好嗓子,虽然余叔岩的嗓子涩中有圆,但终究宽亮不够,因此,应当承认,他在演唱豪放风格的剧目上,是有一定的局限性的;但是,天赋只是艺术的一定的条件,并不能完全限制艺术家的创造。事情恰恰相反,余叔岩为了克服天赋的限制,反倒在表演豪壮感情上摸索出一些规律,创造出别具风格的豪壮韵味。

先试以《战太平》为例,说明余派韵味在表现豪壮感情上的艺术创造。

《战太平》是余派好戏,这是一出风格激昂的壮美类型的戏,余叔岩在这出戏中,把花云的大将宁死不屈的气度表现得淋漓尽致。他是怎样利用自己的特点来表现豪壮的感情的呢?

我们看到,首先是善于利用对比。对比是艺术技巧上的一个重要的原则,没有对比,任何强有力的声音都会减色。《战太平》〔二黄倒板〕"头戴着紫金盔,齐眉盖顶"一句,紧接着"头戴着紫金盔"的高腔,"齐眉盖"三个字平平而过,虽宫谱高到"5"字,也不甚用力,其目的是把力量集中用在"顶"字上,这样,这个"顶"字就显得特别突出有力。这种对比的方法,用得很高明,它体现了"欲放先收,欲强先弱"的技巧原则。余派这种高明之处,是很多的。譬如《卖马耍锏》里"站立店中用目洒"一句,"目"稍加延长,用气比较含蓄,目的是把听众的心情往紧细处吸引,然后"洒"字满口喷出,对比之下就显得特别有力量。

利用腔调的转折,也能引起听众的雄壮之感,譬如《战太平》里"有劳夫人点雄兵"的"点"字,腔调很快接近"5"字,突然一个急剧下沉,"雄"字脱口而出,也就显得沉着有力。余派对于这些地方,也是不轻易放过它的效果的。

其次是利用一些字音的特殊念法,来使人有一种出其不意的感觉,这样有时也能收到壮美的效果。如"为大将临阵时"的"时"字,本是阳平字,按湖广音应该低唱,而"阵"字乃是去声可以耍腔,但余叔岩这里就和言菊朋不同,他固然要因字设腔,但也不因字害腔,特别是不"因字害情",在这个"时"字上,余叔岩就采取了阳平高唱的办法,使得神情很豪迈。特别是在"扫荡烟尘"的"荡"字上,更表现了这种不因字害情的精神。这一句是一个高潮,应该使用强音,余派"荡"字不按去声字唱,加强了豪壮的气氛,过去有人说它是倒字,这是浅薄的见解,余派高明的地方正在这里,不要小看一个"荡"字,画龙点睛,对刻划豪壮感情来说,是很重要的。

形成余派韵味豪壮的风格的还有一个重要的因素,就是余派用气的特点。我们知道,余派柔中见刚的风格是统一的,无论在唱、做、念各方面都贯串着这个特点。余派用气讲究含蓄,把气储备得很足,不平均使用,因此在当用力的地方,就特别用力,这也是余派表演的最根本的原则,如在《空城计》里"保定乾坤"的"坤"字用气就较粗,一放再放,送得远远的,"御驾三请"的"请"字,也是比较用力,这些地方,都有雄厚的感觉。

京剧行腔中长腔的转折变化是很难掌握的,用气太粗则拙,太轻则飘,而这个分寸又是必须掌握的。余派在长腔转折时,总是提着气唱,储气很足,所以显得饱满有力。如《战太平》的"撩铠甲且把二堂进"的"进"字,既有力量,又不拙,见出豪壮的气概,但没有粗犷的色彩,这就是余派韵味豪壮风格的特殊性。凡是遇到长腔处,余派用气的这种特点,是表现得很明显的。为了表现豪壮感情,在长腔转折处决不能松气;如果在转折处不用丹田气,只是在腔调上变化,结果就会很松懈,决不会引起听众的豪壮的感觉,这是一条很有益的经验,是不能忽视的。

由于在用气上的特点,余派长腔的转折,往往给人一种富有弹性的感觉,正是这种"弹性"的感觉,才能刚强有力。

从这些艺术经验中,我们可以得到一些启发。

资产阶级美学家对"雄伟"(Sublime)这个概念作过一些研究,如康德把雄伟分成数量的和力量的两种,是值得重视的见解。但康德(甚至包括车尔尼雪夫斯基）认为雄伟和美是没有关系的，雄伟必定具有"敬畏"的感觉。因此，我们这里所说的"壮美"与康德的"雄伟"就有了原则的区别。按照我国传统的美学观念，壮美也是美的一种，是属于阳刚之美的范畴，并不一定具有"敬畏"之感；如余派的壮美风格，就表演风格来看（不是就剧本具体内容来看），给人以亲切、挺拔、发扬的感觉，人们并没有"压抑"之感，但它的确又不是柔和的，而是刚强的，所以是壮美，是阳刚之美，不是阴柔之美。在这一点上，我国传统美学观念与西方是有所不同的。我国的壮美，当然也有"大"和"力"的意义，但这种"大"和"力"都存在于对象之中，如余派唱腔，我们感到它本身就有力量，就有气魄，因而给人以发扬的豪迈之感；而用不着像康德那样在感到"压抑"、"敬畏"以后产生喜悦。

就表演艺术来说，要表达豪壮的气概，固然需要一定音量的嗓子，但是正如史坦尼斯拉夫斯基说的："大声并不是强！"[①]如果不在艺术上下工夫，不掌握表达豪壮感情的艺术规律，那末最大的声音也很难引起人的雄壮的感觉。

大小都是相对的，表演艺术家要是善于利用对比手法，不被自己的嗓子局限，仍然能表现雄壮的感情，就像有些演员，个子不高，在台上仍然有威严，有气度，这也是在做工动作上善于用对比的手法，夸大某些动作的结果。

一个演员，要表现豪壮的感情，有一条好嗓子固然是有利的，但嗓音较窄的演员也不是完全不能表现壮美的风格。余派韵味的壮美，在总的音响上固然要小于汪派、孙派，但由于余叔岩在艺术上的功夫和体会，在感人的力量方面，却也不弱于汪派、孙派，这里面的道理，是值得我们仔细捉摸的。

---

① 《演员自我修养》第二部，艺术出版社一九五六年版第198页。

程派唱工韵味研究

京剧旦角艺术，经过陈德霖、王瑶卿、梅兰芳的艺术创造，展开了一幅新的图景，走上了不断丰富、繁荣的道路。在这个过程中，程砚秋以自己杰出的表演艺术，在京剧旦角艺术中独树一帜，有许多独到的艺术创造。

就艺术渊源来说，程砚秋幼从名旦荣蝶仙学戏，受过极严格的基本训练，初习花旦，后改青衣。在艺术生涯中，曾受过当时文学家和戏剧家罗瘿公的帮助。后来，程砚秋曾拜我国当代卓越的表演大师梅兰芳为师，得到很大的教益。但是，我们看到程派艺术和梅派艺术在艺术风格上却有着很大的区别。

凡是有成就的艺术家，常常是最善于吸取别人的长处，而又善于将别人的长处"化"为自己的优点。要熔各家于一炉，才产生一种独特而又有历史渊源和艺术基础的艺术流派。程砚秋在自己的艺术实践中，也是如此。他不但吸取其他青衣演员的长处，而且吸取其他行当优秀演员的长处（如程砚秋曾吸取老生名演员王凤卿的唱腔），加以融会贯通，甚至吸取其他艺术部门的优点，来丰富自己的表演。这里有一点值得我们注意，即程砚秋曾较长期地和京剧老生中极有成就的余叔岩同台演出，他自己说，这对他的艺术成长有很大的作用。[1]

我们之所以要重视这个事实，是因为程派艺术在含蓄上和老生的余派有接近之处。我们知道，余派唱工在含蓄上是极有创造的，这种含蓄的风格，通过长期的舞台实践，不能不对程派艺术起着重大的影响。

---

[1] 《程砚秋文集》，中国戏剧出版社一九五九年版第43页。

的确，程派艺术在风格上的主要特点也是含蓄、韵厚。这种含蓄，是贯串在唱、做、念等各个方面的，例如在《戏曲表演艺术的基础——'四工五法'》中程砚秋曾说："不论任何戏的做派，全不要'见棱见角'的，一切要'含而不露'。"① 正因为在艺术表现风格上的这种特点，因此他所创造的舞台形象也就比较含蓄，譬如程砚秋的窦娥，就和关汉卿原作的风格有所不同，程砚秋创造的窦娥显得更含蓄、更端庄一些。

在整个表演艺术中，演唱的韵味，是程派艺术中最大的特点。程砚秋曾说过："罗先生（指罗瘿公——引者）帮助我根据我自己的条件开辟一条新的路径，也就是应当创造合乎自己个性发展的剧目，特别下决心研究唱腔，发挥自己的特长。"② 因此，我们就来研究一下程派演唱在韵味、含蓄上的艺术创造。

一

我们知道，京剧演唱中的"韵味"，实际上是指演员的歌唱艺术所给人的一种特殊的美感享受，而任何艺术的美，离开含蓄是经不起咀嚼的。就艺术作品的本质来说，它总是用有限的东西表现无限，总是通过具体的、个别的形象揭示更深刻的、内在的内容，而不是把内容一下子赤裸裸地端给欣赏者。要从艺术作品中得到其深刻的内容，欣赏者必须经过一番品味、体验的工夫，这样才有"味道"，感人才能深。所以从来有成就的艺术家都很重视艺术作品的含蓄，讲究"弦外之音"、"韵外之韵"，而不主张"一览无余"、"平铺直叙"。梁廷柟在《曲话》中曾说："言情之作，贵在含蓄不露。"又说："情在意中，意在言外，含蓄不尽，斯为妙谛。"这就是说，艺术品必须引起欣赏者的想象，而欣赏者心目中的形象一定要在某些方面大于艺术品原作的形象，这样才能"意在言外"。含蓄在京剧演唱艺术中就是"韵味"。

提起京剧演唱的韵味，最先使人想到的是"字正腔圆"，的确这是演唱韵味的基本条件。

京剧中的咬字，一向是很受重视的，其中尤以老生的演唱在咬字方面最为

---

① 《程砚秋文集》，中国戏剧出版社一九五九年版第71页。
② 同上书第43页。

讲究。自从谭鑫培开始，确定用湖广音来念中州韵，以后的演员大都以此为宗，特别是经过余叔岩、言菊朋，把这种咬字法定型化了。可是青衣的咬字，却还保存着大量的京音，只有程砚秋在咬字上较多地接受了老生的规律，这是程派演唱别有风味的原因之一。

程派演唱，很重视"以字行腔"的原则。我们知道，字和腔的关系一定要调和，而且字是基本的，腔调不能违反咬字的自然规律；但是在"字腔谐和"的原则下，不同的流派，又可以有不同的处理方法。譬如梅派在处理字和腔的关系时，虽也是遵守"字腔谐和"的原则，但当字腔矛盾时，梅派则常常保存腔调而改字，所以可以说，梅派的原则是"字腔谐和，就腔设（或改）字"；而程派的原则是"字腔谐和，因字设（或改）腔"。程砚秋曾经把青衣传统唱腔中某些与字音矛盾的地方，重新设腔（在《创腔经验随谈》①中，程砚秋曾谈到改腔的经验）。而梅兰芳遇到这种情况，则往往改字。应该说，这是两种不同的处理手法，而在"字腔谐和"上，仍然是一致的。但是正因为这种不同的处理手法，因而在艺术风格上就有所不同。我们看到，程派处理字腔的原则，显然是接近于老生中的余派和言派的。这里应该特别指出言派的字腔处理方法，就常常是因字改腔的，试完全按照湖广和中州韵结合的原则，以京剧曲调的基本唱法去唱，我们发现，这种唱腔，很自然地就会接近言派韵味。这说明，言派（以及程派）处理字腔的方法，是在某个方面反映了京剧演唱的客观要求的，是一种进步的表现，因而这种处理方法是正确的。程派和言派在咬字准确，即"字正"这一点上，原则上是很相似的。

应该指出，程派对一些字的特别念法，在形成程派韵味中，也有重要的作用。譬如大家都知道，程砚秋咬字中，适当地保留了一部分入声字的念法，这对于声腔的抑扬顿挫、韵味的含蓄，是有作用的。

关于入声字在京剧中的念法是有争论的，大致上有这样三种意见：一、认为京剧中没有入声字，入声字都按湖北方音归入阳平，京剧中入声字按阳平字念；二、京剧中没有入声字，入声按北方音系归于上去平三声，京剧中入声字就按这三种不同调值念；三、京剧中有入声字的念法，也有入声归三声的念法，

---

① 见《程砚秋文集》，中国戏剧出版社一九五九年版第114页。

正处在由多到少的演变过程。第一种意见是不大符合京剧演唱的实际发展情况的，因为实际上京剧中的入声字除个别演员外，大都归于三声，而不一定归于阳平，无论大路唱法或最讲究京剧字韵的言派都是按入声归三声念的（如言菊朋《上天台》"发湖北"的"发"字，按阴平唱；大路唱法如《武家坡》里"军营中失落了一骑马"的"失""落"二字，一个按阴平，一个按去声耍腔，都不按阳平字唱）；第二种意见也不甚妥当，因为京剧中有一些入声字并不按应归的调值唱，而是按"入声短促即收藏"的念法唱。程砚秋根据艺术表现的需要，认为适当地运用入声念法，可以增强腔调的顿挫，收含蓄之效。他说："有人说，在京剧中不宜于运用入声字，可以把它派入其他三声；但我感到在某些地方如果运用一点入声字，就可以将唱腔点缀得更玲珑巧妙。"[①]这个见解是正确的，这是艺术家的见解，而不是技术匠的见解。并不因"考证"出京剧没有入声字，就一定不许用，即使入声字在艺术表现力上有自己的优点也不许用，这种"纯粹技术观点"对艺术是没有好处的，因为艺术虽离不开一定的技术，但终究不等于技术，何况"京剧没有入声字"这种考证，也还不见得科学呢。我们看到，程派在适当的地方运用入声念法，的确收到了很好的艺术效果，如《荒山泪》里"原来是秋风起扫叶之声"里的"叶"字，程砚秋就是按入声念，这个地方就显得更有精神，更能传神，也更有韵味，这里声音一挫，听众的心弦不觉为之一动，没有这种微妙之处，也就难谈演唱的韵味了。

二

咬字准确只是演唱韵味的一个部分，或者说，它是演唱韵味的基础，要使演唱有韵味，还必须在字正的基础上，对腔调进行艺术创造。过去京剧评论家往往因为强调了咬字的重要，相对地忽略了创腔的艺术地位，在谈论演员的演唱韵味时，常以咬字代替一切，这是一种片面的观点。如前所论，咬字诚然重要，它对腔调起着制约作用，但唱腔和咬字是有联系又有区别的，并不能说"字正"就一定"腔圆"。有见地的曲品家，也都是把咬字和创腔看成既有联系

[①]《程砚秋文集》，中国戏剧出版社一九五九年版第157—158页。

又有区别的，王德晖、徐沅澂在《顾误录》里曾说过："字宜重，腔宜轻；字宜刚，腔宜柔。"这也就是"字正腔圆"的另一种涵意。

腔调的问题，从美学上来说，主要是解决高低变化、抑扬顿挫的问题，实际上是个变化和统一的问题，没有变化和统一，也就谈不到含蓄和韵味。我们看到，作为表演艺术大师，程砚秋在腔调的变化统一上是有许多艺术创造的。

"曲"者，就是要有曲折变化，要有高低抑扬，这不能光看作歌唱艺术一种简单的现象，而且要看成艺术创作上的一个原则。正因为演唱的情绪不是平淡的，才要求腔调要有变化、有曲折，不是把歌词的意思一下子直接给予听众，而是在曲折变化中，在腔调的起伏中，让听众自己去体会，因此，歌唱艺术的上乘，它的境界常常不是浅显的，而是若隐若显。过隐则晦涩，过显则无韵味，这种精细之处，正是艺术之所在。

程派演唱，在腔调的曲折变化上的贡献是很显著的。程砚秋的唱工，高处响遏行云，低处声沉空谷，急如骤雨，缓如垂柳微风，程腔之所以有韵味，和这种曲折变化，大有关系。程砚秋在《谈戏曲演唱》中，就曾指出，"唱的抑扬顿挫与韵味也有很大关系，没有轻重、没有抑扬顿挫，平铺直叙一直响到底，就不容易打动观众。"[①]美与变化、曲折的关系是很密切的；在戏曲表演艺术中，人们也常说，不要把咬字、行腔做得太死，缺乏变化，则无美可言。

但是，过分地强调"曲"，也还有另外的消极面，这就是容易流于"晦涩"。"含蓄"与"晦涩"是有本质的区别的。腔调无变化，固然不美，但过分纡回繁杂，亦有"怪"的毛病。程砚秋曾经谈到，学他的唱腔，最忌唱得像发疟疾一样，忽轻忽重，[②]这一点是非常重要的。什么事情都要做得恰到好处，要掌握分寸，这就是说，要遵循事物发展的量变到质变的辩证规律，在艺术里"适度感"尤为重要。"含蓄"过分了就会"晦涩"，"韵味"琢磨过分了就会显得做作，这是一条颠扑不破的真理。有成就的艺术家，在这个分寸上，都是极有火候的。

一般说来，"曲"和"直"是要结合起来的，要"曲"中见"直"，没有"直"，也就显不出"曲"来。这也就是说，变化和统一要结合起来，在变化中有统一，在统一中又要有变化。太直固然是平淡无味，单纯应该包含着丰富的

---

① 《程砚秋文集》，中国戏剧出版社一九五九年版第34页。
② 《程砚秋的舞台艺术》，中国戏剧出版社一九五九年版第61页。

内容，否则就会像史坦尼斯拉夫斯基说的"便和没有果肉的果壳一样地无用"①。而太曲则会隐晦。含蓄应该激起欣赏者的想象，而不是引起欣赏者的怀疑和迷乱。所以就形象和感情来说，应该是显和隐相结合。人们常用"山重水复疑无路，柳暗花明又一村"来形容艺术品的含蓄，这是不错的，因为这种境界就在于隐和显的结合，曲和直的结合，如果永远"无路"、"怀疑"，曲曲弯弯茫无头绪，那末欣赏者就如堕五里雾中，不敢领教。只有由隐到显，由"无路"到豁然开朗，"村路"即在眼前，这样才能得到"味道"；"味道"要"品"，如果"品"来"品"去，还是得不到滋味，又有何韵味可言？

所以，程派唱腔常常于曲折中见朴实，纡回萦绕，目的还在于更强烈地表现感情，增加艺术的表现力，不是故意要听众的听觉走一些没有意思的、弯弯曲曲的道路。《锁麟囊》是程派好戏，程砚秋这出戏的唱腔有许多创造，在曲和直的结合上，也给我们留下许多典范。像"春秋亭"一段〔二六〕，"为何鲛珠化泪抛"一句的"化泪"二字，腔调很曲折，高低变化，紧扣听众心弦，而"抛"字出口，情绪一变，特点在于"放"而"直"，犹如心中悲闷的人，由内心的矛盾，到失声痛哭；下面"此时却又明白了"的"此"字更是刚直挺拔，因为疑团冰释，"明白了"，很像发现了"又一村"的心情，由隐到显，由曲到直，这个地方，我们不能不佩服天才艺术家的创造能力。

程腔的咬字比较用力，字的首腹尾念得比较重，这是符合"字正腔圆"、"字刚腔柔"的原则的，学程派演唱的，掌握字重腔轻的原则，一般说是正确的。②

三

演唱的韵味，在艺术技巧上说，应该是咬字、行腔、用气三者的统一，我们绝不能忽视用气在创造含蓄的美的境界上的作用。我们看到，离开用气来谈程腔的韵味是行不通的。

人们常说，程砚秋演唱多用脑后音，这在京剧旦角演唱中是很少见的。虽然老生演员中，汪桂芬以脑后音吸引了许多听众，但过去在青衣演员中，如果

---

① 《我的艺术生活》，平明出版社一九五二年版第612页。
② 参看《程砚秋的舞台艺术》，中国戏剧出版社一九五九年版第61页。

出现了脑后音,就会被认为"鬼音没饭"了。可是许多有成就的艺术大师常常善于把自己的缺点转化成优点,程派唱工艺术,竟以脑后音成为程派风格中的一个有机部分,这不能不归功于艺术家的锻炼和创造。所谓脑后音固然是一种天赋的嗓音,但和用气大有关系,如果气的虚实运用得不好,那末脑后音确会成为"鬼音",会成为一种细窄发闷的嗓音,而这种嗓音,对京剧青衣演唱来说,当然是不适合的。

气有虚有实,有粗有细,有放有收,这些关系,都要处理得恰当。程砚秋曾多次在文章中指出用气对演唱韵味的重要。他说:"要注意字,把字唱好才能使唱有韵味,特别是一句中最后的一点尾音,对唱有很大的关系,尾音的气一定要足,音的位置要保持好,不要以为唱到最后了,就漫不经心地让音掉下来。"这是说用气与咬字在整个演唱中的关系。他又说:"气的控制要轻重得宜,音出来要有粗有细,这样唱起来就有味儿了。"[①]程砚秋还提到在一声之内,用气也要有轻有重,这就叫做"枣核腔"。

就艺术表现来讲,用气的粗细、虚实、放收,和表达感情有密切的关系,甚至可以说,就表达感情来说,用气是骨干,是决定性的因素。同样的曲调、工尺,由于用气的不同,可以唱出不同的感情来。有的人奇怪,为什么同样西皮原板,既可表现喜,又可表现悲,也可以表现怒,其实,这主要就在于用气的区别(当然不完全是由于用气,还有曲词、腔调上的小变化等因素)。

程派唱工,在用气上是很有独特创造的,首先是程砚秋最善于掌握、控制气的粗细,结合着不同的共鸣部位,使粗中有细,细而有力。

在京剧演唱中,人们常常认为,高音是最适宜于表现激昂、雄壮的情绪的,老生中的孙菊仙、汪桂芬、刘鸿昇,都以高音唱豪壮之情著名;青衣中梅兰芳一般也遵循高而昂、低而柔的原则的。然而程砚秋根据自己嗓音的特点,使高音不但能表现豪壮,而且能表现柔婉,使低音不但能表现柔婉,而且能表现豪壮、沉雄。或者可以说,程腔的特点就在于它常常是以高音表现柔婉,以低音表现沉雄、豪壮之情。原因何在?就在于用气。气粗则雄,气细则柔,程砚秋则常在高音处用细气(虚气),犹如一缕轻烟,一线游丝,而在低音处用粗气

---

① 两处引文均见《程砚秋文集》,中国戏剧出版社一九五九年版第34页。

（实气），犹如仲夏沉雷，深沉坚实，能充分表达胸中雄壮之气。我们听到《锁麟囊》〔二六〕"何处悲声破寂寥"的"处"字，工尺不高，但用气较粗，加上口腔共鸣部位适当，这个音就很坚实，这种音在程腔中常用，而别派青衣则少用；在后来哭头〔散板〕中"大器儿"的"器"字，程派唱得非常特别，而韵味醇厚，更是用高音细气，听起来真是回肠百转，愈听愈有味道，这种高而细的唱法，别派青衣，也较少见。当然，程派演唱也有高音用粗实之气的地方，程派绝不是有低无高，这一点是非常重要的，如果认为程派只重在低音的沉雄，那末就很不符合事实了。

程派善演悲剧，但一般认为，高音善于表达壮，低音善于表达悲，而程派恰恰相反，它是"在高处有悲，在低处有壮"，这是否脱离了艺术表现的规律？不是的，感情的雄壮与温柔，固然与音调高低有关，但更主要的是与用气有关，音高而气粗（"冲"），固然有雄壮之气，但音低而气粗，又何尝没有沉雄坚实之感？（汪桂芬、孙菊仙、刘鸿昇等人由于在高低音时都喜欢用粗实之气，所以整个风格是豪壮，而我们才常说他们是以气胜。）西洋歌唱中的男低音，往往比男高音更能表达雄伟的气魄（试听《祖国进行曲》），而中国古典戏曲演唱传统中亦有这样的唱法，像昆曲、梆子腔中，都不乏这种唱例，这不是没有道理的。

其次，用气与腔调的含蓄也大有关系，演唱者在腔调转折中善于运气、偷气等，就能在腔调的连断上给听众以想象、品味的余地。为什么我们会有"声断而情未断"的感觉？为什么会有唱者声虽断，而听者仍有余音不绝的感觉？这就是声虽断而气未断，或者气实已断，而不显断，即演唱者善于偷气的缘故。程砚秋曾说过："我们戏曲中有偷气、换气，在某些地方音是断了，气却没有断，意思也没有断。"[①]程砚秋最讲究气口，这是程派韵厚的重要原因之一，也是程腔难学的原因之一。

气是演唱的骨干，是表达感情的重要手段。有的演员咬字行腔都还准确，但就是唱不出感情，或者唱得很松懈，没有"骨子"，缺乏内在的力量，这就是用气不当。气发于中，要粗细、虚实恰当，和演员的感情体验很有关系，善于体验曲意的演员，再加上用气的训练，自然就会唱出感情来。

[①] 《程砚秋文集》，中国戏剧出版社一九五九年版第32页。

可见，就演唱艺术来说，"气"和"韵"的关系是不可分割的；用气中粗细、虚实结合得好，对咬字、行腔都有关系，所以演唱的韵味，应该是咬字、行腔、用气的统一，是一个完整的体系。

四

以上我们研究了程派演唱在咬字、行腔、用气三个方面的艺术特色，从这里我们能看出一些什么问题呢？演唱的韵味，首先在于演唱必须服从戏剧感情的需要，演员要忠实于曲词的感情，这就是说，演唱者首先要唱出真感情，这一点是非常重要的，如果没有这一条，那末"韵味"这个概念也就没有基础了。所以从来有见地的评论家都主张唱曲要唱出曲情理趣，著名昆腔改革家、明朝的魏良辅就曾说过，"曲须要唱出各种曲名理趣"。清初戏剧家李渔也说："唱曲宜唱曲情。""曲情"是演唱的基础，是不容忽视的。

但是，唱曲光唱出感情也还不够，如果唱曲只是生活中真实感情的流露，那末，生活和艺术就没有区别了，生活的真实就等于艺术的真实了，这是不正确的。艺术创造最根本的问题就在于为一定的内容找寻（创造）最恰当的形式，由于艺术中的内容与形式得到了高度的统一，因此，艺术的真实才高于生活的真实。艺术的内容与形式的高度统一，才能达到艺术的美的境界。当然，艺术中这种内容与形式的统一，不是没有矛盾的，而是矛盾的统一，因为远非一切生活真实都是美的，艺术家就是要善于把生活的真实加以美化，使内容与形式一致，使艺术高于生活。

因此，就演唱艺术来说，就不仅要求唱得真实，还要唱得美，真实和美的统一，才能产生"韵味"——美感。艺术大师们是很重视这个问题的，我们从程派演唱艺术的分析中，可以深刻地看出这一点。程砚秋时常指出演唱不仅要唱得有感情，而且要唱得美，唱得有韵味。他在《谈戏曲演唱》里曾说："要成一个艺术家，就要进一步把词句的意思、感情唱出来，是悲、欢、怒、恨都要表达给观众，还要让他们感到美。"[①]在《戏曲表演艺术的基础——"四功五法"》

[①] 《程砚秋文集》，中国戏剧出版社一九五九年版第33页。

中，更进一步地说:"当然我们讲唱腔应当为剧情服务,可是一个演员在台上干巴巴的唱戏词,也会把观众唱跑了的。所以我们认为唱得好的人,他既表达了剧情,也掌握了'韵味'。"①既表达感情,又创造美的唱腔,既有感情,又有韵味,既真实,又美,这是一切艺术大师所遵循的共同的规律,也是艺术批评的美学原则,忽视美和忽视真实是同样不利于艺术创造的。

梁廷枏《曲话》里曾转述万红友(树)的话:"曲有音,有情,有理。不通乎音,弗能歌;不通乎情,弗能作;理则贯乎音与情之间,可以意领不可以言宣。"这个说法是有道理的。他这里所说的"理"在于"情"、"音"之间,在于内容(情)与形式(音)的统一,即可以理解成为一种美的规律,美的境界。所谓"可以意领不可以言宣",就是指艺术作品(演员的演唱)的美的境界不能直接塞给欣赏者,而是要由欣赏者去品味、领会,这就是含蓄,如果直接"以言宣之",就会流于浅显。

这并不是形式主义,因为如果离开内容,离开真实感情,那末也无美可言,而美正是为了更好地表达艺术内容,最终目的是要艺术真实高于生活真实,而不是要使艺术真实脱离生活真实或者歪曲生活真实。正因为美,艺术中表达的感情才比较含蓄,欣赏者是通过美感来接受(体会)艺术品的思想内容的。不要小看了京剧青衣中的"喂呀"(哭),这是美化生活的结果,如果在台上大哭,把这种感情直接给与观众,那末还有什么味道可言呢?

我们看到,如果程派艺术,没有上述在咬字、行腔、用气这几方面的美的创造,那末程腔的独特的感染力就会化为乌有。喜怒哀乐,人皆有之,何必看艺术家的表演呢?这就是为什么程派(以及一切有成就的艺术派别)最吸引人的地方,不仅仅在于它表现了喜怒哀乐的真情实感,而更是在于它用什么样的方式表达这些感情——程腔最吸引人的地方就在于它的韵味,它的美。

---

① 《程砚秋文集》,中国戏剧出版社一九五九年版第69页。

言菊朋演唱艺术欣赏

我国戏曲历史上出现过许多具有独特风格的艺术派别，应当以批判的、科学的态度，去研究、总结各流派的特点及经验，以便去其糟粕，取其精华。自谭鑫培后，京剧老生艺术分成了旧谭及新谭二派，旧谭墨守陈规，不久即烟消云散；以余叔岩为代表的新谭，无论在韵味、唱腔方面，都比谭鑫培进了一步。与余叔岩同时，言菊朋最初以业余演唱、研究者（过去叫"票友"）姿态出现。由于他精于音律，悉心创造，在京剧史上可以说是异军突起，独树一帜。京剧演员一直很注意咬字、声韵，但应该说，言菊朋是更能自觉地运用语音规律来演唱的一位艺术家。然而，关于言菊朋的艺术，过去看法也不一致，有的认为言派演唱虽富韵味，但失之矫揉造作，失之纤巧；有的则认为失之古怪。这些意见是有一定道理的。但对于先辈艺术家，既不能一概抹杀，认为全无是处；也不宜夸大他们的成就，开口就称"绝"。我们应该客观地评价他们的得失，以便从成功或失败的经验中吸取有益的教训。因此研究一下像言菊朋这样一位富有创造性的艺术家，是很有意义的。

一、声与情

我们知道，一个好演员光有一条好嗓子还很不够，还要善于把好的嗓子与具体的感情结合起来，否则光是音色美，只不过给人以生理上的快感（悦耳）而已。古代论唱的也有人注意到这个问题，如清朝徐大椿在《乐府传声》里说道："唱曲之法，不但声之宜调，而得曲之情为尤重。"有见识的评论家大都主张声与情的统一。俄罗斯大音乐评论家谢罗夫曾经说到他的朋友——作曲家格林卡："我们伟大的作曲家格林卡具有一个并不宏亮、也不太好听的嗓子，但是他唱自己的作品（有时也唱别人的），不论从对听众的影响上，或是从表达音乐作品的思想、目的上来说，都是十分完美的表演。"[①]因此我们评论一个歌唱家的艺术，主要就看他的声音和感情的结合的程度如何。

言菊朋的嗓音条件并不太好，虽有韵味但细窄而音量、音域都不够；但天赋条件难不倒有毅力的艺术家。言菊朋利用自己嗓音的特点，朝着清秀、婉转方面发展了。

言菊朋的《让徐州》，唱得恳切悲凄，把陶谦当时的心情描写得很生动。陶谦是当时封建割据的诸侯，而性格上比较忠厚朴实，在《让徐州》里，其诚恳而坦率的态度言菊朋演来颇为动人。言菊朋掌握了这个人物的特点，结合当时具体情况——因为是劝说刘备，所以用的腔要婉转些，但字要咬得沉着，以示恳切之意。到临终前一段〔四平调〕，唱得也有独到之处。〔四平调〕在京剧中本来一般用于比较轻松的场合（有时也用在如《打棍出箱》等心绪纷乱或神经错乱的场合），而经过言菊朋的创造，就很切合陶谦当时的心情。"但等那秋风起日见凋零"的"秋风"二字，真能唱出瑟瑟的寒意来。

《上天台》中〔二黄三眼〕的"到如今二目昏花两鬓苍苍，卿还是那忠心耿耿"一句，言菊朋唱得也十分动听，从刘秀口中，把姚期的忠义描绘得很深刻。"二目昏花"的"昏"字韵味醇厚，反映出刘秀对姚期的深厚感情，到了"忠心耿耿"的"心"字，和"忠"字一个调门，音量比"忠"字更强，不但字准了（因"忠""心"二字皆阴平，可以同样高低），而且感情也发展了一步，由怜爱进而为赞叹了。这些地方，都见出言菊朋在运用字韵及创造唱腔上，比较注重切合剧中人物的感情。因此，很多人都说言菊朋"腔儿花，味儿厚"，这不仅是因为言的行腔是严格遵循字音规律，因此腔花而不"贫"，而更重要的还由于言菊朋的吐字、耍腔有些地方比较能结合剧情，注意到声情的统一，这样才不显得是故意卖弄技巧而耍花腔的。所以我觉得言菊朋在有些剧目中用的字韵、腔

---

① 引自A. 奥列维茨：《A. H. 谢罗夫论表演艺术》，《论音乐表演艺术（论文集）》，音乐出版社一九五九年版第72页。

调、感情，在一定程度上是有所结合的。

二、准与紧

言菊朋对于音韵学有深刻的研究，在咬字方面特别注意准确性，他坚决反对"因腔害字"，主张"腔随字转"，这个原则当然是正确的。

京剧自余三胜特别是谭鑫培后，逐渐接受了汉剧的影响，在演唱方面，把汉调与徽调结合了起来，因此演员大都从中州韵及湖广音。言菊朋是严格遵守湖广音及中州韵的。京剧的字音，在言菊朋那里可以说比较定型，他是完全按照陈彦衡诸人的主张，即采用湖北音的调值和中州韵的尖团。这说明在言菊朋的演唱中，中州韵的因素加强了。因为京剧最初是在湖北音的基础上（不仅是四声调值）兼取安徽、《中原音韵》、北京诸语音的，余叔岩嘴里湖北音保存甚多，而在言菊朋嘴里，除四声调值外，则大都韵书化了（即按周德清的《中原音韵》这个系统咬字了）。由于这种倾向，把京剧咬字完全固定了，所以言派咬字非常确定、没有半点含糊，这在某方面来说，未尝不是一种好的现象。

咬字准确，只说明了言菊朋咬字特点的一个方面，言菊朋咬字还有一个特点就是"紧"。

所谓"紧"，就是把字音的首腹尾交代得非常清楚，因而听起来字字入耳，没有一点含糊的地方。言菊朋的字首和字尾发音都很重，这也形成他的演唱特点之一。例如《卧龙吊孝》〔反二黄三眼〕唱"擅敢夺"的"擅"字，能很清楚地听出"sh"的字首来。

这种咬字法，吸取了我国固有的戏曲咬字经验。我国古典戏曲一直很注意字咬得紧，台下才听得真，这就要求演员善于利用字音反切的道理。一个字总是由声母、韵母组成的，也就是传统的说法所谓首尾腹。演员在舞台上，要把字念得真，就要把字的三个部分（特别是字的首尾）略为夸大一些，这样由于反切的缘故，不但听起来悦耳，而且能把每个字清楚地送到听众的耳朵里去。

在咬字的"紧"这一点上，就把言菊朋和余叔岩区别开来了。余叔岩也很注意字韵，但他的收音比较轻，尾音似断非断，不落痕迹。余叔岩的收音颇像书画家所讲的"意到笔不到"（"意到声不到"），不像言菊朋那样"紧"。

三、刚与柔

一般论戏者，大都注重一个"圆"字，所谓字正腔圆、动作圆熟是也。其实不知圆和方要结合起来，轻重、圆方、清浊、刚柔都要配合得好，才算艺术的上乘；一味圆、轻、软、柔，势必失之软弱、苍白。所以在身段上有"亮相"，不是一味的连续动作，总是把连续和非连续（所谓"连续的中断"）相结合，有连有断。在唱则有"字正"，正者方也。腔要圆，字要方，唱腔咬字都要讲究刚柔相济，要讲究有变化。《乐府传声》的作者认为明白了轻重、清浊的道理，对演唱艺术，可说"思过半矣"。言菊朋在咬字、行腔方面是很注重这个问题的。当断之处，斩钉截铁；该连之处，虽高低不同，亦藕断丝连，一气呵成。譬如《让徐州》中〔二黄原板〕唱"天卸重任，我就要你担承"，"你"和"承"字唱得较重，"你"字最后一顿，表现了陶谦的迫切而又真挚的感情。

言菊朋在演唱方面，特别注意抑扬顿挫、有轻有重、有圆有方。他在《上天台》中的〔二黄三眼〕有一段很难唱的腔："孤念你孝三年改三月，孝三月改三日，孝三日改三时，孝三时改三刻，孝三刻改三分，三年三月三日三时三刻三分永不戴孝保定寡人。"词编得并不高明，但亏了言菊朋唱。他能唱得有轻有重，有变化有起伏，少有重复的地方，如果对语音规律没有深的体会，这一长句是唱不好的。特别是其中的"刻"字，很容易唱拙了。如果唱成"ko"则太重，唱成"ke"又嫌太飘，言菊朋把它唱成介乎"ko"、"ke"之间，就比较轻重得体，很有创造性。

四、得与失

言菊朋在演唱艺术上确是独树一帜，有不可磨灭的优点；但也不能过分夸大他的优点。其实，言派的京剧艺术还是有不少局限性的。

我们知道，美学上有所谓优美和雄壮之分，就戏曲表演艺术来说，有的演员在演唱风格上比较豪放雄壮，有的则比较含蓄清秀，显然，言菊朋的演唱风格是属于优美这一类型的。言菊朋嗓音虽小，而有韵味，有些地方体会感情比较细腻，耐人寻味；虽然他也演《定军山》等比较雄壮的戏，但总不如优美的戏演得恰到好处。

当然，诚如王国维说的，境界有大小，不以此分优劣（见《人间词话》），每个演员都应有自己的风格，有风格则就有局限。风格偏重于柔美的一面（即王国维所说的境界小），不一定就是缺点。言菊朋的缺点不完全在此。

应该指出，言菊朋的表演艺术是有不少形式主义的成分的，他过分强调了"字韵"的作用，有时为了刻板地把字咬准，往往忽视了具体环境下的人物感情。应该承认，这就是有些比较豪放的剧目，言不如余（叔岩）的原因。这不是天赋问题，而是创作思想问题。余叔岩也很注意音韵，但不太拘泥于字韵，而更注意人物的思想感情。譬如余叔岩在《秦琼卖马》里显得悲中有壮，像个落魄英雄，而言菊朋则落魄有余，英雄不足；言的"店主东牵马"一句叫头，从来很多人赞赏，但我觉得未免失之凄苦，有失秦琼身份。

注重声韵咬字固然是优点，但如果过分夸大这一特点和成就，也容易成为错误。言菊朋过分注重声韵，有时不太注意剧情和习惯，不免流于咬文嚼字，矫揉造作，反映了创作思想上的形式主义。记得普列汉诺夫曾经说过："文雅容易流于做作，而一流于做作，就不可能严肃认真地琢磨对象了。"[①]过分雅致流于纤巧，这是值得注意的。关于这方面，我只想举两个例子。

言菊朋在《让徐州》中〔倒板转二六〕"那时节免受灾殃"的"殃"字，字首是"Y"，言菊朋太强调了这个字首，竟占了整个的"3"字（$\underline{6\,7\,6\,5}\ \underline{4\,3}\ |\ \underline{3\,2}\ \underline{4\,3}\ |$），加上前面"灾"字属"怀来辙"，收音也是"i"，这一来听众就听不清楚了，"殃"字变成了"一"、"殃"两个字（$\underline{6\,7\,6\,5}\ \underline{4\,3}\ |\ \underline{3\,2}\ \underline{4\,3}\ |$），这是过分夸大一个字的首腹尾的结果。

又如言菊朋在《定军山》中〔二六转快板〕"弃暗投明"的"弃"字，刻板地按去声高滑，字虽不倒，而下面的"暗"字又是去声，还得往上挑，就显得做作。其实在语言里，字与字之间不是孤立的，而是相互联系、相互制约的。譬如京剧里常用的"你去问来"，"去问"二字皆属去声，如真刻板地都按去声念（音调是去问）岂不难听？在日常语言里也是把"去"字念得接近阴平，所

[①]《从社会学观点论十八世纪法国戏剧文学和法国绘画》，《译文》一九五六年十二月号。

以人们常说"两去则一平",这是有道理的。言菊朋演唱,有时孤立地强调每个字的字音,缺乏字与字之间的联系,因此有些人说言腔比较"怪"(忽高忽低),也是事实。

从以上分析看来,言菊朋演唱艺术上的形式主义还是比较严重的,我们不能轻易抹杀前人的成就,但也不能绝对迷信前人,言菊朋的这些毛病,在言以后的一些有成就的演员,不是已经有所克服吗?

从言派谈表演艺术之雅俗

过去评论言菊朋演唱艺术的，大都送他一个"雅"字，但对于这个"雅"字的具体内容，却很少有一个精确的说明；而且作为一个特定的美学范畴——"雅"，显然长期为封建主义色彩所笼罩，因此，我们现在就应该结合一些具体的艺术流派（如言菊朋的演唱艺术），来探讨一下戏曲表演艺术的雅俗问题。

雅和俗这两个概念，是我国传统的文艺批评的两个对立的概念，在封建社会中，封建文人总是带着自己的阶级偏见来看雅俗问题，凡是符合封建统治阶级正统观念的艺术作品皆尊为"高雅"，否则就斥之为"卑俗"。但是，虽然封建统治阶级替雅俗这两个概念披上了一层封建外衣，但我们并不能因此就抛弃这两个概念，我们必须阐发这两个概念的真正意义，确定它们的美学实质，从而进一步来指导我们的艺术创作。

毛主席《在延安文艺座谈会上的讲话》中曾经指出："人类的社会生活虽是文学艺术的唯一源泉，虽是较之后者有不可比拟的生动丰富的内容，但是人民还是不满足于前者而要求后者。这是为什么呢？因为虽然两者都是美，但是文艺作品中反映出来的生活却可以而且应该比普通的实际生活更高，更强烈，更有集中性，更典型，更理想，因此就更带普遍性。"根据上述指示，我们觉得可以认为，所谓"俗"，是指未经充分艺术加工但仍是很丰富、富有生活气息的某些艺术品或艺术的原始材料；所谓"雅"，就是经过高度艺术加工、艺术水平较高的艺术品。在我们看来，雅乐要比俗乐更精炼、更典型、更有艺术性；但我们丝毫没有理由轻视俗乐，因为俗乐是雅乐的基础，就像艺术虽然高于生活，而我们丝毫没有理由轻视生活一样。

言派演唱在艺术技巧上是有很高的成就的，他承继了谭鑫培委婉而有韵味的演唱艺术，加上他自己对音韵学和音乐的素养，在京剧表演艺术的唱工方面，贡献颇多。言菊朋的演唱，不是粗糙的自然声音，他的咬字，也不是生活里的说话，乃是有艺术加工的创造。

京剧自从谭鑫培以后，在表演技巧方面有很大的发展，这是符合艺术发展的客观要求的，艺术的发展，总是由低到高，由粗到精，由俗到雅的发展过程。因为艺术作品不仅要求有先进的社会内容，而且要有美的艺术形式，这种艺术形式之美，就是决定艺术品雅俗的关键。凡是具有美的艺术形式的作品就是雅致的，而没有这种美的形式，就是粗俗的。作品最初常是粗俗的，但艺术的理想却是雅致的，即具有美的艺术形式的。有人怕犯形式主义错误，不愿意谈形式美，这是不必要的。过分注重形式美从而忽视艺术的内容，固然会导致形式主义；但不讲究形式美的艺术品，也很难说是艺术的上乘。我们强调雅，强调艺术的形式美，是在服从内容的前提下提出的，艺术在深刻表现思想内容的基础上，必须进一步创造出优美的艺术形式，这不但不是形式主义，而且是艺术创造的一条客观规律。

当然，就言菊朋本人来说，在表演方面，的确有过于注重形式美的地方，他在有些表演上没有把内容与形式真正有机地结合起来，在咬字、行腔上都显得有点"怪"，实际上这就是有些地方脱离了剧情内容，才有这种缺点。

但形式美终究是不能忽视的，凡是优美的艺术品，都应该是雅的，而不应该是粗俗的。雅是美的一种形态，也就是说，雅是一种艺术美，它是经过艺术家艺术创造、匠心独运的结果。言菊朋演唱艺术之所以雅致，是和他怎样使唱腔显得美这一点分不开的。言菊朋的演唱特点，可以用四个字来表达，这就是"精雕细琢"。譬如《让徐州》〔二黄原板〕"天卸重任，我就要你担承"的"要"字，念得很美，很有特殊的风格。言菊朋是把"要"字的字首（Y）念得较重，用气也较粗，于是这个字的咬法就与生活里不同，它比生活里更突出，有艺术家的技巧创造。言派凡是以"Y"字为声母的字（特别是"苗条"或"由求"辙，如《上天台》〔二黄慢板〕"郭娘娘降下罪由孤担承"的"由"字，"我叫一声，姚皇兄"的"姚"字等）都有这种特点，形成了言派咬字的独特风格的一个组成部分。这虽然是个很小的形式上的创造，但没有这样一系列的技术创造，就很难谈咬字的艺术美，因此对艺术来说，即使是细节的创造也是非常重要的。

京剧界过去推崇言派演唱为"雅"的重要原因就在于言派演唱有"书卷气"。这种观点首先是"万般皆下品，唯有读书高"的剥削阶级思想的一种反映，在封建社会自然有它的阶级性。所谓"书卷气"，顾名思义，是指艺术创造中要显出作者是个读书人，是个"儒雅之士"；和"书卷气"对立的则是"匠气"。大家记得，像齐白石这样的卓越的画家，就因为他是"匠人"出身，他的作品，在旧社会里也难免"匠气"之讥。这种观点我们当然是要反对的。

但是，我们并不能因此就断定：艺术品的雅俗和艺术家的文化水平、知识修养是没有关系的；恰恰相反，我们知道，一件艺术品，不仅反映了艺术家对直接描写对象的认识，如演员演孔明这个角色，就应该具备有关孔明的一定的历史知识，而且也反映出艺术家整个的文化水平、知识水平。

这首先是因为丰富的文化知识，能够有助于演员对人物内在性格的体验。言菊朋由于具备深厚的知识基础和文学修养，使他在《让徐州》、《卧龙吊孝》、《上天台》等言派好戏中，能刻划出一些生动的人物形象来。当然，广泛而丰富的知识素养，对于艺术技巧的创造来说，也是不容忽视的。言菊朋在唱工方面的成就，他之所以被誉为"字正腔圆"、"腔花而不贫"，这和他的音韵学的修养有直接的关系。京剧演员要想在演唱上有"韵味"，不在音韵学上下点工夫是不可能的。京剧演唱讲究尖团、四声、四呼和十三道辙的收音，其实这些都是音韵学上的问题，而且演员对于字音反切的道理，都要作一番研究，否则咬字是不会准确、悦耳的；而要做到这一些，非对音韵学作一番研究不可。

其次要使自己的演唱雅致，不仅要具备一般的知识，而且要在本艺术部门内吸取先辈艺术家一切优秀的艺术成果，这里就有一个借鉴、继承问题。毛主席《在延安文艺座谈会上的讲话》里告诉我们，有这个借鉴和没有这个借鉴是不同的，这里有文野之分，粗细之分。我们看到，这里的"文野之分、粗细之分"，也就是雅俗之分。我国一切传统艺术都有着向先辈艺术家学习的优良传统，在戏曲表演中，演员必须经过严格的基本训练。所谓基本训练，也就是继承并熟练地掌握传统艺术技巧，吸收传统上一切优美的表演程式，而许多有成就的演员又往往是对某一个（或一些）前辈艺人的表演风格特别下过工夫，甚至在一个阶段内，主要是模仿某一流派为主（至于应该模仿哪一派，当然应该看主客观的条件），然后再根据自己的条件和体会加以发展创造。这样的创造才可能是有师承、有渊源，才能"雅"。我们知道，言菊朋在下海（即做职业演员）前，和当时名票陈彦衡、苏少卿等曾以谭派研究者著名，那些别具风格的言腔的创造乃是后来的事情。没有以前研究谭派的基础，要想"创造"得美、雅，是不可能的。

再次，作为一个有创造性的表演家，言菊朋不但善于吸取京剧前辈艺人的优秀传统，而且也善于吸取其他艺术部门的优点和长处。这就是说，一个艺术家，不仅要借鉴本部门的艺术经验，而且要借鉴其他艺术部门的经验，要求艺术家具有广泛的艺术修养，这样，他的艺术才更丰富，更具多样性，从而更雅致。我们知道，言菊朋的艺术兴趣是比较广泛的，诗词歌赋他都擅长，这些艺术修养，有的对于他的演唱艺术发生间接的影响，有的则发生直接的影响，无论哪种影响，对艺术创造来说，都是很重要的。正如大家所熟知的，言派唱腔有些地方利用了刘宝全的京韵大鼓的腔调，听起来别具风格，对丰富京剧唱工艺术具有一定作用。例如他的《上天台》〔二黄三眼〕的"只落得一子霸林"和《卧龙吊孝》里〔反二黄慢板〕"空余那美名儿在万古留传"，都可以品出京韵大鼓的滋味来。

由此可见，演唱风格之雅，不能光用"书卷气"来概括，而是更广泛，要求演员具备更丰富的知识基础，特别是具备丰富的有关艺术部门的修养。

前面说过，作为美学范畴，雅是美的一种形态，但它是属于优美、婉约的范畴的，它不同于豪放的壮美。我们知道，有的演员在演唱风格上比较奔放豪壮，有的演员则比较含蓄、柔美，这两种风格都能达到一定的艺术效果。显然，言菊朋的演唱艺术基本上是属于比较含蓄、婉约的风格的。言菊朋的演唱风格接近于绘画中的工笔画，"精雕细琢"的确足以说明言派特色，这种风格固然也可以演一些具有豪放气魄的戏（如《定军山》），但总不如演《卧龙吊孝》这类的戏得心应手、恰如其分，因为言派演唱本来不是豪放的风格，言派演唱需要反复吟诵，仔细玩味。

王国维在《人间词话》里说词以境界为上，境界有大小之分，但"不以是而分优劣。'细雨鱼儿出，微风燕子斜'，何遽不若'落日照大旗，马鸣风萧萧'"。此处所谓境界大小，大概就是指优美和雄壮的分别。大者雄壮也，小者优美也。而雅致实际上就是指一种优美的境界。言菊朋之所以被誉为"雅"，也是因为他的演唱风格比较细腻含蓄，虽然没有大气磅礴之势，但精雕细琢，颇能耐人寻味，这是一种特殊的美的风格。

由此可见，"雅"是美的一种形态，在表演艺术中，要创造优雅的唱腔，必须经过艺术家的艺术创造，对言菊朋演唱艺术作进一步的研究，在这方面是会有所启发的。

麒派表演的特殊风格
——谈表演艺术的真和美

京剧表演艺术大师周信芳所创立的麒派（因周信芳艺名麒麟童）艺术，在京剧史上占有重要的地位，它之所以在群众中有极其广泛的影响，一方面固然是因为麒派演出剧目中不少具有深刻的人民性，反映了一定时代的人民群众的愿望，但是另一方面，在表演艺术上，麒派也是群众最喜爱的流派之一，因此，从美学角度来探讨麒派艺术所涉及的一些问题，也是一件饶有兴味和极有意义的工作。

周信芳七岁就以"七龄童"艺名登台，十二岁改为"麒麟童"，十三岁就成为剧团的主要演员，可以说，他是中国戏曲表演艺术家中早熟的一位天才。周信芳虽然成名很早，但他始终是不满足于已有的成绩，他总是一边演出，一边向前辈表演艺术家学习。麒派在艺术上曾经受到王洪寿（三麻子）、潘月樵（小连生）、汪笑侬、谭鑫培和孙菊仙等先辈艺术家的影响，在风格的慷慨激昂，做工的边式稳重上，都有这些前辈艺术家的气质；同时，周信芳是最善于把各家之长，化到自己的表演体系中来的，他不但吸取在老生表演上有成就的各派的优点，甚至隔行的如花脸刘永春、花旦冯子和等的表演艺术，他都加以研究和学习。这就是麒派艺术既有独创的艺术风格，又有深厚的历史渊源的缘故。

麒派表演在美学上来说，是属于豪放的风格的，它属于壮美的范畴，而不像余（叔岩）、言（菊朋）派是属于优美的范畴，这从麒派的保留剧目来看，是最明显不过的。如《四进士》、《打渔杀家》、《追韩信》、《徐策跑城》、《文天祥》

以及红生戏等，都是风格豪放的、激动人心的好戏。有的戏虽然谈不上慷慨激昂，如《清风亭》，但周信芳演来酣畅淋漓，仍接近于豪放的风格，这是因为，决定演员艺术风格的，不仅在他演出的剧目（当然，剧目对演员风格有很大关系），而且在于演员表演艺术本身的特点。自然的花鸟，大都只能给人以柔美的情感，但风格豪放的画家，能以刚劲有力的线条和笔法，给人以豪放之感，故艺术家的风格的形成，不完全在他所表现的对象，而主要在于他的表现方式。周信芳的豪壮风格，不仅是由于他演出的剧目的内容的缘故，更重要的，还在于他的表演艺术的风格。麒派艺术由朴实的唱腔、沉着的咬字、稳健的动作这三个特点，组成了一种独特的豪放的美的表演风格。

周信芳早年嗓子很好，总要唱到正宫调，但后来嗓音变了，沙哑不亮，一度几乎失音，这对一个京剧演员来说，不能不是一个严重的威胁，然而毅力和苦功终于使他克服了这个严重的困难，周信芳锻炼出了一条沉着有力的嗓音，虽然沙哑，但富有刚劲的韵味。麒派道白之铿锵有力，与周信芳这条训练有素的哑嗓子，不无关系。当然，过去有一些学麒派的，故意把自己很好的嗓子逼哑了，这是一种形式主义的学习方法，因为周信芳的嗓子和他的粗犷豪迈的表演风格固然已经成为一个统一的整体，但他是把不利条件变成有利条件，后学者又何必要绕弯子走路呢？

麒派表演在艺术上最突出的特点是它的真实性，这是近年来研究麒派艺术的文章常常谈到的问题。我们知道，任何艺术都离不开真实性，艺术是生活的真实而又能动的反映。从表演艺术来说，这就是演员必须真实地表现人物的思想感情，体现人物性格，这是一条重要的艺术规律。麒派艺术，以自己丰富的实践经验，证实了这条规律的重要性。

麒派表演，首先是忠实于人物的思想感情的变化，首先是要恰如其分地表达剧情。周信芳在《十年来的舞台生活》里说过："从我早年起，在表演上我总是力求真实，无论唱、做、念、打，我总力求情绪饱满，力求体现脚色的性格和当时当地的思想感情。"[1]周信芳的表演艺术，正是遵循着这样一条现实主义的

---

[1] 《周信芳戏剧散论》，中国戏剧出版社一九六〇年版第31页。

路线发展的。熟悉麒派艺术的观众，都感到，周信芳只要一上台，马上就进入角色，哪怕是一动不动地一个亮相，从眼神、姿势中就有这个人物的特殊的性格。动中有性格，静中也有性格。

周信芳的表演艺术继承了中国传统舞台艺术的优良传统，在舞台上的每个动作，甚至有时是一个很小的动作，都是为了一定的人物性格和当时的思想感情服务。周信芳是艺术地运用京剧表演程式的典范，同样的程式，由于不同的人物性格和不同的环境，运用的特点就不一样，同样是舞台上的"跑步"，《徐策跑城》和《追韩信》就不同，看来是"刻板"的程式，到了周信芳手里，就赋予了活生生的意义，这就是现实主义的力量。

由于特别重视服从人物性格和思想感情变化的需要，在表演手法上，麒派艺术也就比较倾向于写实的性质，所以人们才说，周信芳的唱十分接近语言。的确，麒派唱腔朴直而真实，字字入耳，丝丝入扣，是从戏曲音乐上把日常语言典型化和精炼的结晶。麒派唱腔的装饰音较少，不像马（连良）派那样华丽、花巧，而是于朴实、真实中见功夫，《四进士》里公堂一段〔西皮散板〕"好似鳌鱼把钩吞"，真是又辛酸、又委曲，字字打动听众的心弦。

大家都知道，麟派的做工和道白，最脍炙人口，最能吸引观众，这也是和表演艺术上的现实主义精神分不开的。一九三〇年的时候，周信芳在《黎园公报》上曾有一篇谈戏曲的唱、做、念三者关系的文章（原题"答黄汉声君"，收在《周信芳戏剧散论》中改题为"唱腔在戏曲中的地位"），其主要精神，就是强调念白和做工的重要，而认为唱腔是戏曲的"附属品"。周信芳这种见解，当然并不很全面，但这是和他在戏剧艺术上的现实主义立场有内在联系的，他并不是完全否认唱腔在戏曲艺术中的作用，他反对的是不讲剧情，孤立地追求唱腔的花巧的那种形式主义的表演方法，他说："'唱'不是不要，如悲时用二黄，喜时用西皮，腔也是要和剧情吻合才对呢。"[①]他的主要立论根据是"别只顾耍腔，却忘了戏"。

这种见解的基本精神是正确的，是符合我国传统舞台艺术现实主义精神的。戏曲界常说，"技不离戏，戏不离技"，也就是既反对戏离开了技的自然主义倾

[①]《周信芳戏剧散论》，中国戏剧出版社一九六〇年版第57页。

向,也反对技离开戏的形式主义倾向。由于从现实主义精神出发,同时也是从统一的戏剧舞台艺术的要求出发,周信芳特别强调念白和做工的重要,应该说,周信芳这个见解,特别是他根据这个见解所进行的舞台艺术创造,对中国戏曲表演艺术的发展有很大的作用。

我们知道,中国传统戏剧,最初是偏重于唱(曲)的,从诗、词、曲这条发展线索来说,中国戏剧受说唱艺术很大的影响,都重在唱曲,而许多有知识的"文人",对于演唱的方面,倒是作了一些研究,有过一些总结经验的著作(如明沈宠绥的《度曲须知》等),但对念白和做工就很少有人研究,或者认为这是伶工讲究的东西,不屑研究的。可是戏剧艺术发展的客观要求,是唱、念、做等各个方面统一的,因此有见地的艺术家从来都重视念和做,京剧界有"千斤话白四两唱"的说法,不是没有道理的。周信芳用自己的艺术实践,把京剧的道白和做工大大向前推进了一步。

真实性固然是麒派艺术的主要特点,但是不能认为麒派艺术就是一味的真实,而没有任何美的创造了。我们知道,任何艺术,都是在真实的基础上,按照美的规律来创造形象的。因为很显然,艺术之美固然是来自生活真实,但不能认为,一切生活真实都是美的;任何艺术品都应该是真实和美的结合,即既不离开生活的真实,又要在这个基础上进行美化。就艺术创作来说,光顾真实而不顾美的条件,则会陷于自然主义,而光注意美,忽视真实性,当然会陷于形式主义。高明的艺术家总是善于把真实和美巧妙地结合起来。

就中国戏曲舞台艺术来说,真实和美的结合有它的特别重要的意义。我们知道,戏曲舞台艺术之美和话剧舞台艺术之美其要求是不同的。戏曲是歌唱和舞蹈的结合,歌唱和舞蹈固然是人类感情强烈的表现,但终究不是日常生活本身的形式,特别是戏曲舞台上的复杂的歌舞,是艺术家的艺术创造,是劳动人民艺术天才的结晶,如果刻板地要求生活的真实,那末这些歌舞恐怕都会被认为"不合情理"的。人在最悲伤的时候,却可以用大量的时间去唱反二黄,这在话剧舞台上是不可想象的。

于是,我们看到,戏曲舞台上要求音乐和舞蹈之美。周信芳的道白铿锵有力,给人以真实感,但这种真实感是和美感密切相连的。《四进士》的定场诗,抑扬顿挫,节奏鲜明,很有音乐性,对顾读说的那段大篇道白,愈念愈快,快而分明，快而有节奏，最后"难道说叫她住在庵观寺院"，突然放慢加强，真是疾若急雨，放如长江洪水，气势磅礴，每到这里都博得满堂采声，绝不是偶然的。

中国戏曲舞台上的道白，虽然本身不完全是歌唱，但也有强烈的音乐性——主要在于它的抑扬顿挫具有强烈的节奏感，这无论京白和韵白都是如此——因为中国戏曲的念白，往往要直接过渡到歌唱上去。如《追韩信》的"三生有幸"就是直接从"念我萧何一见如故"的念白来的，关键要在"见"字上延长，利用去声字由低到高，才能带出下面的唱；如果二者悬殊太大，那末美的风格就会不统一。京剧里常用的〔叫板〕，也具有这种性质。这都决定了戏曲的道白，也必须具备音乐之美。

因此，戏曲表演对艺术形式的美有特殊的要求，周信芳正是用自己的朴实的唱腔、沉着的咬字、稳健的动作、充足的中气，在艺术形式上也形成了一种豪壮之美。

任何艺术创作都要真实与美相结合，但在这两者之中可以有所偏重。在京剧表演艺术史上，有偏重于美的形式的，有偏重于真实的；正如前面所指出的，麒派艺术是偏重于真实性的。周信芳的表演真实性特强，在艺术形式方面，则以朴实见长，虽然也照顾到美的条件，也是一种美的表演风格，但并不着意在形式美上精雕细琢，而是以动作表情的真实感人为艺术上的特点；麒派艺术是在真实之中见到豪放的美的表演风格。

这种表演风格在舞台效果上即在欣赏效果上也有它自己的特点。我们知道，一般说，舞台艺术有两个不可分割的作用，即悦人耳目和动人心弦。悦人耳目即戏剧的娱乐作用，动人心弦即在感情上教育群众；艺术的教育，不是直接的、理论性的教育，而是通过娱乐的潜移默化的作用达到教育目的，它是通过悦人耳目达到动人心弦的。要悦人耳目，必须有美的艺术形式，要有听觉和视觉的美感；要动人心弦，必须有深刻的内容，有与优美的艺术形式相结合的先进的社会思想内容。由形式到内容，这是戏剧的统一的不可分割的两个部分。

但是悦人耳目和动人心弦这两种因素在具体的艺术品中可以有所偏重。有些如工艺美术品，主要是悦人耳目，有一小部剧目如《十八扯》等，给人一种无害的美感享受，虽说不上有什么教育作用，但悦人耳目，仍然满足人们的美感需要。如果说，有些表演流派（如言派）侧重于悦人耳目，比较重视艺术形式的美的话（这里只是指有些剧目内容比较简单，偏重于表演的抒情性），那末麒派艺术显然和它们相反，是重在动人心弦，重在表达人物的真实感情，通过朴实的表演来打动人的内心，使欣赏者产生一种激动的心情。如宋士杰在公堂上对顾读说出"受贿不多""三百两"时，不要说顾读听了吃惊，观众也为之一震。周信芳善于把情绪集中在某一个动作、某一句腔、某一句念白上，这样的表演，自然就能直接打动人的内心感情。

从麒派表演艺术中我们不但看到真实与豪放美的高度统一，而且看到麒派艺术是把美融化于真实之中，以现实主义的手法深刻地打动人的内在感情。麒派表演给观众留下经久难忘的深刻印象，其原因也就在此。

马派和谭派表演风格之比较
——兼谈表演风格之朴实和华丽

我国戏曲表演艺术,有着优秀的传统,极丰富的经验,其中尤以京剧流派繁多,不但说明了艺术上的极高的水平,同时也说明了人的趣味的多样性和特殊性,因此它也给美学提出了不少问题。有关京剧流派的问题,应该从美学上加以研究,这样对于提高人们的艺术欣赏能力和进一步丰富、发展京剧艺术流派,都有极其重要的作用。

马(连良)派和谭(富英)派[①]是目前京剧老生中两个很重要的流派,这两派的表演艺术有显著的区别,可以说各有千秋,体现了两种不同的表演风格。这两种风格应该承认都是美的,而"美"虽然有它的共性,但并不是一种抽象的东西,它是有个性的,因此就有美的特殊性,现在我们就要来研究一下,这两个表演流派的美的特殊性和它们之间的关系如何。

一

马连良幼入富(喜)连成班坐科,据说后来曾随贾洪林学艺,故在演唱艺术上有近贾洪林之处。

任何艺术家,总有个学习、模仿的阶段,中国戏曲的技术性强,更需要长

---

① 一般说"谭派"乃是指谭鑫培,而谭富英虽为谭鑫培之孙,但在表演风格上二者很不相同。本文所谓"谭派"乃指谭富英之"谭派",或称"后谭派"亦可。

时期进行刻苦的基本锻炼。马连良初期是以善采各家之长见称；但是单纯地博采众长也还不能成为独立的艺术流派，因为"采长"基本上还是个模仿过程，不过是有所选择而已。真正的艺术创造，要在表演艺术上有独特性和独立性，就必须经过艺术家的精心创造，要有个"融会贯通"的阶段。

马连良虽曾以善采各家之长见称，但决非各家之拼凑，而是具有自己独立的风格。那末，马派之特点何在？

我们知道，马派在表演艺术上的特点甚多，但就总的风格来说，是否可以一"巧"字来概括？马派表演，潇洒飘逸，机巧灵活，更兼细腻委婉，从美学角度来说，应该是属于"华丽"这个范畴的。

马派在唱腔上花巧细腻，这是大家公认的。马连良在美化腔调上下过苦功，他的唱腔，变化多端，不以朴直自然取胜。这就如实用物品上的装饰一样，有此则美，无此则不美。就这方面说，马派唱腔的"装饰"是很多的。《借东风》〔二黄原板〕"曹孟德占天时"的"德"字和"我望江北"的"北"字，其腔调脱出〔二黄原板〕之窠臼，可以说明马派唱腔的特点："巧"。而《淮河营》〔流水〕"摇摇摆摆我出前殿"的长腔，曲折婉转，潇洒俊逸，既见马派韵味，又切合蒯彻当时得意的心情，这都是高明的地方。

马派的腔儿"巧"，虽然也有一些地方流于形式，但总的说来并不"油滑"，这里有两个条件可以使它免于"油滑"。首先是与剧中人物的具体感情紧密结合，能"花巧"之处则尽量发挥"花巧"之特长，并不显得"油滑"，因为所谓"油滑"，主要是指脱离剧情乱耍花腔而言。其次，马连良也很注重咬字的清楚准确。关于马派咬字，这里必须消除一些成见。过去有的剧评家认为马派是不重咬字的，在他们看来，似乎只有余派、言派才最注重咬字。这个看法是片面的。余派、言派固然注重咬字，马派何尝不注重咬字？不错，马派咬字不太注重湖广音，而且有些字音比较特别（如"不"念入声，"为"归"依齐辙"等）。但我们知道，这只是根据的韵律标准不同，并不能因此来评定艺术上的优劣。谭鑫培、余叔岩以后，有些人有这样的偏见，认为如不按湖广音来念中州韵（如上声不上挑，阴平不低压），就是"倒字"；其实京剧字音受着某些方音的制约，一直在变化，而京音的大量渗入，又是一个不可否认的事实。可见，评判演员演唱的艺术标准，不在他根据什么韵律，而主要应看他能否按照一定的音韵系统巧妙地把"声"和"情"结合起来。

马连良虽不完全按湖广音发音，但字的首尾处交代清楚，字字送入听众的耳朵。显然，我们应该肯定，马连良在咬字方面也是有严格的基本训练的。如果没有这一步扎实的功夫，那末所谓"花"、"巧"，则真要流于"油滑"了；"花巧"必须建立在严格的基本训练的基础上，必须"巧"中有"直"，在"花巧"中见"规矩"。

大家都知道，马派的道白和做工是最吸引人的。马派道白的特点之一就是节奏鲜明、铿锵有力、音乐性强。大家还记得他在《甘露寺》里那一段绘声绘色的白口，真是抑扬顿挫，有起有伏，不能不说是"巧"得很。但是马派道白还有另外一个特点，就是特别注重掌握人物内在的感情变化，这就是他的道白不至于流于"油滑"和"卖弄技巧"的主要原因。马派《审头刺汤》，大段道白，见出艺术家的匠心独运。和汤勤的那段尖酸有力的对白，把这个狗仗人势、卑鄙恶浊的小人嘲笑得体无完肤，观众无不拍手称快。一句"可我又不买你的字画呀"，前紧而后松，到了"画"字，利用去声的滑音，略略延长，轻蔑之情，全在其中，何"滑"之有？

看来，马派之"巧"，既不是脱离人物性格感情之乱耍花腔、卖弄技巧，也不是缺乏基本训练、没有扎实功夫之"油腔滑调"，马派之"巧"乃是在扎实根基上之"巧"，乃是从"巧"中看出"直朴"之气，乃是"巧"中见"规矩"。

二

谭富英乃谭小培之子，京剧史上有重要意义的代表人物——谭鑫培之孙，与马连良同为富连成科班出身（马比谭高一班），但谭派的风格却和马派迥然不同。

如果我们前面分析马派的特点为一"巧"字能够成立，那末我觉得谭派的特点，则在一"朴"字。马派艺术可说"华丽"，那末谭派艺术则可归诸"朴实"的范畴。

谭富英有一条好嗓子，清脆而圆亮，自然带有一股英武、朴实之气。谭派用气，出口即足（所谓"冲"），更显得干净利索，声音过处，直入观众的心灵深处。加上谭富英有很好的武工底子,《定军山》、《战太平》等戏,刻划忠良鲠直之气,栩栩如生。

谭派腔调不花,但圆润有味,以含蓄为胜,表面上"清淡""直朴",实际上却有丰富的内容,譬如他唱《打棍出箱》的〔四平〕"我叫一声范兴儿你来了吧",腔调也无甚奇处,但透出一股恳挚的感情。

演唱是用声音表现感情,一定的声音和一定的感情有着具体的联系,如悲哀之声多用"遥条"、"依齐"等辙。谭富英在咬字上的特点,也是形成他"朴实"的表演风格的重要因素之一。谭派咬字不像马派、言派那样细腻,总的风格是从大处着墨,而遇"a""e"这两个音,则往往加以强调,在这种强调之中,就能产生朴直的气氛。谭派唱的《御碑亭》〔西皮原板〕"实指望同庚共老枕"的"枕"字,因为有所加强,很切合王有道这个书呆子的直朴之气;而《秋胡戏妻》中的"并无虚言哄娘行"的"行"字,也有这种味儿。

谭派的朴实风格,贯串在唱、做、念等各个表演方面,形成了一种独特的表演风格。因此,谭派善于演朴直实在的人物(如书生、忠臣等),也就是这个缘故。

有人看谭富英演戏,觉得他在台上很"随便",有时就误会他"不卖力气"、"不认真",这里也要消除一点误解。其实,这还是个风格问题。谭派的质朴的风格,不容许在唱做上过分雕琢,而是要于朴实中见功夫。谭派动作很干脆,不求形式的华丽,这是和马派不同的。从总的风格来看,谭派表演是比较清淡一些,不像马派那样浓郁。谭富英的武工有过严格的基本训练,你看他在台上很"轻便",甚至如《打棍出箱》这样身段复杂的戏,他演来好像都不费事。最近他在新剧《官渡之战》中饰袁绍,在城下连做带唱真见功夫,但也并没有在台上"大洒狗血";谭富英之所以能做到在台上"不费劲",正是从"费劲"来的,如果他没有台下的"费劲"的苦功,岂有台上的干净利索的舞蹈动作?所以台上的"清淡"、"不费劲"正是从"费劲"来的。

但是,谭派是否就因"清淡"而"无味"了呢?不错,"朴实"的风格容易流于"无味",如果没有基本训练,没有技巧上的修养,不注意角色的感情变化,是容易流于"平淡";但谭派艺术却不能说是"平淡无味"。

记得清朝的袁枚在《随园诗话》(五)里说过:"诗宜朴不宜巧,然必须大巧之朴；诗宜淡不宜浓，然必须浓后之淡。"这句话用在谭派艺术，可说是很正确的。谭富英的表演艺术的特点就在于"浓后之淡"、"大巧之朴"，我们所谓谭派艺术在于"朴实"，并不是一味"朴实"，而是在"朴实"中见机巧，于清淡中见醇厚，故朴而不拙，淡而不平。谭派艺术当然也有技巧之处，试看他的《定军山》〔二六〕一段"二次里忙用这两膀的力"，"力"字的腔也够得上"花巧"，但因谭派用气的特点，腔虽花，气仍很直，故仍重于朴直的风格

三

从马派和谭派的比较中，我们可以得到什么启发呢？我们看到，在表演艺术上，就如在一切文学艺术中一样，的确有两种不同的风格，一种是"朴实"，一种是"华丽"。"朴实"者韵味清淡质朴，"华丽"者韵味浓郁而花巧，应该说，这两者都是美的，"朴实"和"华丽"是美的两种不同的形态。

然而"华丽"和"朴实"虽有区别，但又有联系。美是有个性、特殊性的，但美的不同的形态之间又有联系，又有一定的共同性。"朴实"和"华丽"是不能完全分割开来的。如前面所分析的，马派艺术固然不是一味"华丽"，谭派艺术也不是一味"朴实"；一味"华丽"固然失之"油滑"，一味"朴实"也会流于"乏味"。

"华丽"和"朴实"、"浓"和"淡"、"巧"和"朴"之间应该相互结合，不能有所偏废。犹如人们品茶，太浓则苦，太淡则索然无味，惟有淡中有浓郁之味，浓中有清淡之气，方能回味无穷，才能有欣赏者品味之余地。

我国传统的诗论和文论，也都很强调"华丽"和"朴实"的结合，从这里我们也可以受到一些启发。萧统在《答湘东王求文集及诗苑英华书》里曾说过："夫文，典则累野，丽亦伤浮；能丽而不浮，典而不野，文质彬彬，有君子之致。"所谓"文质彬彬"，也就是"华丽"和"朴质"相结合。萧统的弟弟萧绎也曾发挥过这个思想，他说："繁则伤弱，率则恨省，有华则失体，从实则无味。……能使艳而不华，质而不野，博而不繁，省而不率，文而有质，约而能润……"（《内典碑铭集林序》）这就是说，文学作品应该"华"和"实"相结合。"华而不实"固然要不得，"实而不华"恐怕也不行。

那末,"华丽"、"朴实"、"浓"、"淡"、"巧"、"拙"的结合,是否就是说,任何文章都必须"结合"得同样成分,一点特色也不能有了呢?显然不是。我们看到,诗文中仍然有写得"华丽"的,也有写得"朴实"的。这是什么缘故呢?我觉得"华丽"和"朴实"虽然不能偏废,但可以而且应该有所偏重。在两者结合的基础上有的可以偏重于"华丽",有的可以偏重于"朴实",这样才会产生独特的风格。

马派和谭派的表演艺术就是这两种不同的风格,马派重于"华丽"、"机巧",谭派重于"朴实"、"直质",但他们只是有所偏重,而无偏废。

马派和谭派的表演艺术有些地方是共同的:首先是都有扎实的基本锻炼,手眼身步各种形体动作,运转自如,得心应手。从身段上来说,他们能完全自由地控制、掌握自己的一举一动;从演唱上来说,他们对于咬字、行腔、用气都下过工夫,也能自由地控制。其次,马派和谭派都比较注意体会人物内心的感情和性格,在表演中不是单纯追求技巧,而是重视表情达意。所以,也可以说,马派和谭派在表现和体验这两个方面都有极深的功夫,这就保证了他们可以"华"而不"浮","朴"而不"拙"。

但是,如果他们仅止于上述的基本训练,而不在艺术上、表演风格上创造自己的独特性,也就不会成为独立的流派。人们常说,诗贵创造,表演艺术也贵创造。马连良根据自己的条件和体会,向"华丽"、"机巧"方面发展了,谭富英则向"朴实"方面发展了,于是旗帜鲜明,各有千秋。

马派和谭派的表演,都是美的,但这两派给人的美感享受又是很不相同的。马派表演给人以"雍容华丽""潇洒脱略"之气,他的乔玄、陆炳演得非常传神,一举一动,气象万千,给人一种很丰满、很浓郁的感觉。谭派表演给人的美感享受,又是另一种境界。《定军山》、《战太平》、《御碑亭》,谭富英演来朴直方正,于清淡之中有一股浓郁的韵味。人们喜爱马派之丰满和机巧,也喜欢谭派之清淡而朴实,这是两种不同的美的境界。

"华丽"和"朴实"同是美的,但又是不同的美的形态。美不是一种抽象的东西,它是有共性也有个性的。正因为美的形态是多种多样的,是有鲜明的个性的,所以我们的艺术流派才那样丰富多采,而艺术欣赏的需要也是那样复杂纷繁。

谈裘派表演风格
——兼谈戏曲表演艺术的共性和个性

一

京剧花脸的表演艺术，历史上经过何桂山、金秀山、黄润甫、郝寿臣、金少山等前辈艺术家的创造，由简单到复杂，由粗到精，积累了许多宝贵的艺术经验，经历了整个艺术发展的历史时期。在花脸表演艺术中，裘桂仙占有很重要的地位，他是京剧花脸艺术的奠基者何桂山的琴师，对于何的演唱，当然很熟悉；但他因嗓音条件，不能完全模仿何桂山的黄钟大吕之声，乃是结合他对人物性格的体会和对京剧音韵的研究，在京剧花脸唱工的韵味方面有所创造发展，这就是说，京剧花脸表演，经过裘桂仙，在演唱艺术技巧上有了新的动态，并且因此裘桂仙也就奠定了裘派花脸的基础。

应该说，裘派艺术到了裘桂仙之子——裘盛戎，就发展成一个比较完整的风格，在唱、做、念各方面都有自己的特色。裘盛戎的表演艺术当然是根据他父亲的路子，但又有所丰富、发展。裘盛戎善采各家之长，不但借鉴各派花脸之唱做，而且借鉴其他行当的唱做，如大家知道的，裘盛戎在自己的唱、念、做中曾吸取了麒派艺术的不少特点，来丰富自己的表演。

裘派表演，在唱工方面有一个很大的特色，就是韵味醇厚，这在花脸表演艺术中，可以说是一大发展。

早期的花脸艺术，应该承认，在艺术技巧上是比较粗糙的，它不像老生表演有谭鑫培那样一位在表演艺术技巧上有独特创造的大师,花脸表演大都只凭嗓音洪亮取胜,甚至荒腔走板,关系都不太大,故有"麻穆子(名花脸演员)奉官无板"之说。然而,艺术的发展,总是由简单到复杂,由粗到精的过程,而且京剧其他行当(特别是老生)在艺术技巧上的发展,也影响到花脸艺术,迫使花脸演员,必须在艺术上下工夫,必须注意唱工的韵味和做工的美,在这个客观发展趋势中,裘派花脸应运而生,并且反过来促进了花脸艺术的进一步发展。

裘派唱工艺术,纡回含蓄,耐人寻味,细致真实,字正腔圆,在花脸表演中是很难得的。裘派唱工,很注意咬字,而且恪守京剧中谭鑫培以后共同遵守的发音标准:用湖广音念中州韵,因字设腔,绝少"倒字",这是一般花脸演员不大注意的。同时在咬字技巧上比较含蓄,但交代很清楚,而在发声上,按照铜锤花脸的方法,绝少"炸音",因而听起来沉着含蓄,富有韵味。就这一点来说,花脸中的裘派和老生中的余(叔岩)派有近似之处。

裘盛戎在做工方面也有创造,我们知道,裘盛戎的个子较矮,这对一个花脸演员来说,的确是很遗憾的不足之处;但是天赋条件不能完全限制艺术家的创造,我们知道,艺术家的创造能力,不但在善于"挥长",而且也在善于"藏拙"。为了尽可能弥补这个缺点,裘盛戎就在台步上特别下了工夫,如他用夸大的台步来增强观众的空间感;而更重要的是他用自己的精湛的表演艺术来吸引观众的注意力,使观众的注意力进入戏中,集中在人物的身上,从而暂时忘记了与其他演员的对比,没有了对比,当然不会显得个子太矮了。裘盛戎在饰包公时,站在王朝、马汉等四个大汉当中,一个亮相,就把观众吸引住了,谁还去注意包公比王朝、马汉矮呢!用艺术来吸引观众的注意力,这就是有些演员个子较矮而在台上不显得太矮(当然物理规律也不能完全用艺术抹杀,矮终究是个事实)的全部秘密所在。这样的演员,古今中外都是有的。狄德罗在《演员的是非谈》里就曾经谈到他第一次在台下看到当时法国正统派著名女演员克莱隆时十分惊讶,因为克莱隆在台上给狄德罗的印象并不矮,而台下却是一个比较矮的女人,这当然也是艺术的力量把这位哲学家"骗"过去了。

当然,裘派艺术最重要的特点在于它善于体会和表现人物的思想感情,紧密地把体验和表现这两个原则结合起来,在京剧舞台上塑造了不少有血有肉的艺术形象。《姚期》是裘派好戏，的确，以裘派的风格来演这出戏是很适合的。裘盛戎的表演，就姚期这个人物性格来说，是很真实的，姚期的忠心和怕事这两种性格都刻划得很好，在闻听姚刚闯祸后的心情也很真切。观众都很赞赏当姚期听说姚刚打死国丈时在马上的那一惊，把一个身经百战的老将几乎跌下马来，裘盛戎演来很有分寸，这个形象始终给观众以深刻的印象。进屋后的沉默，犹如暴风雨前的寂静，完全吸引了观众的注意力，这从戏剧效果来说，也是很成功的。

二

任何艺术流派都有一定的局限性，裘派艺术特点鲜明，正因为它重在含蓄、细致方面，对于花脸表演的刚强、豪迈的一面，就有表现不够的地方，这也是一切艺术创造时常有的现象：强调了一面，相对地忽视了另一面，这种"忽视"，有时会有好的、强烈的效果，有时也有不足之处，需要具体分析。

京剧传统花脸，大体有铜锤和架子之分，在唱做风格上有所不同，铜锤重在唱工，要沉着雄浑，而架子花脸则重在做工，讲究干脆、刚劲，但作为花脸艺术，又有它的共同性，即豪迈粗放的气魄，这是花脸演员都应该遵循的共同风格。裘派艺术在这一方面的确还有不够的地方，含蓄有余而豪放则有些不足。如裘派的《二进宫》，不免显得纤巧些，气魄不够理想；裘盛戎对包公形象固然有所创造，但对包拯的鲠直和刚劲处刻划也有些不够；至于《锁五龙》、《盗御马》等剧，就不是裘派的对工戏了。

前面说过，裘盛戎对姚期这个人物的刻划是很成功的，他抓住了这个人物的主要的性格，但如果要说缺点的话，就是对姚期这个人物豪迈、刚劲的一面体会得不太够，这一点，在《姚期》的某些细节表演中，裘盛戎也是很注意的，但总是风格的限制，总的形象太凝重了点。姚期固然老了，饱经风霜，怕惹是非；但他是一员勇将，威名远震，他不但有谨慎的一面，也应有莽撞的一面。诚然，姚期的莽撞的一面不是主要的；但艺术家如果不表现他性格的复杂性，就不能真实地刻划人物形象，因而即使是次要的一面，也不应该忽视。

近来裘盛戎常饰《赵氏孤儿》中的魏绛，其中有一段唱腔是根据汉剧设计的,"我魏绛闻此言如梦方醒",腔调悦耳,裘盛戎唱来委婉含蓄,很好听;但是有得也有失,而不足处也反映了裘派艺术的一般的局限。这段唱腔失之柔和,豪放刚劲不足,这种唱腔设计对魏绛这样一个久经战场、敌人闻之丧胆的大将来说是不大适合的。特别是有些地方(如"似这样大义人理当尊敬"等),听众等待着强音,但倒转入低沉,使听众有点失望。这一段唱腔很悦耳,就是不大适合花脸的风格特点。

裘派表演风格之所以还有这样的局限,除了在唱腔方面比较柔和、低徊外,在咬字方面也有一些值得研究的地方。前面说过,裘派咬字很紧,对四声、阴阳、尖团等很讲究,这当然是很大的优点;但花脸的字如果咬得太紧了,每个字的首尾腹都用劲进出,就会显得累赘、不干脆,也就不会给人以豪爽、刚强的感觉。就花脸艺术来说,当然也要注意咬字,但不能像青衣、老生那样细腻,那样温文尔雅,而要在"字正"中透出刚强之劲。

同时,花脸演唱用气较粗,如果字字咬紧,就会与用气发生矛盾,字、气不大好安排;特别在唱〔快板〕时,如果片面强调把字咬紧,反而显得含混不清,因为在唱〔快板〕时,如果把字的首尾拉得太长,或首尾和字腹一样长,因尺寸很快,听众就很难分辨字与字之间的界限了。所以京剧虽然注重咬字,但尤注重各行当咬字的特点,不能把青衣、老生的咬字法完全套用到花脸艺术上。

裘派表演的这个局限性,在道白中表现得比较明显,因为用近似老生的方法咬字,道白就显得柔弱些,对花脸风格的一般特点——豪放粗犷,表现力就不够强。

三

京剧的角色行当(以及我国一切传统戏曲的行当),都是根据人物性格和外形特征进行概括的典型,每种行当在外形、内心性格、心理特征上都有一些共同的特点;当然,光有这些共同特点并不能形成完整的艺术形象,角色行当的共性必须与具体人物的个性相结合,才有生动而典型的形象;但没有这些共性,也就缺乏普遍性,缺乏典型的力量,因此花脸演员,不但要注意人物的个性,也要注意花脸表演的共性。

这里涉及到传统戏曲表演的典型性问题，涉及到共性与个性、"一"与"多"的关系问题，也涉及到中国传统戏曲表演的特殊风格问题。

任何艺术作品都应该是个别与普遍的结合，这就是说，它既是生动具体的个别形象，又通过个别形象具有典型意义，因而具有普遍意义。中国传统戏曲表演艺术也不例外，它也应该是个别与普遍的结合，杂多与统一的结合。但是传统戏曲表演艺术，在风格上有自己的特点，它虽然也是杂多与统一的结合，但在这结合中它是有所偏重的。

我们发现，我国戏曲表演艺术的独特之处就在于它的典型性强，最足以说明这种典型性的，就是在表演艺术中的"一行（如老生、青衣、花脸等）多用"、"一式（表演程式）多用"、"一曲多用"。这种角色行当上的"一行多用"，动作上的"一式多用"，戏曲歌唱和音乐上的"一曲多用"，表现了我国传统戏曲表演艺术的独特风貌。这里所谓"一"，也就是共性，所谓"多"，就是个性，"一"与"多"结合，就是典型性。由于对典型性的重视，才形成我国戏曲表演的一种特殊风貌。

就表演艺术来说，中国戏曲表演与话剧表演不同，话剧表演比较重视个性，是由个性见出共性；而中国戏曲表演过程，则是由共性见个性。

中国戏曲表演风格中的"一"字，不是脱离生活的抽象，而是对生活中人物性格及行动进行艺术概括的结果。高尔基曾经说过："文学的真实——是从同类的许多事实中提出来的精萃。"[①]戏曲的角色行当，是根据生活中人物的社会性格和自然的外貌概括出来的普遍性，每个行当都有一套大致相同的表演特点。如花脸表演，都要注意豪放、刚劲这个特点，无论行腔、咬字、动作等，离开了这个特点，就不像花脸，因而也不能突出地表达人物性格了。

当然，共性必须与个性结合，在统一中要有变化。同样花脸，姚期和包拯的性格就很不相同，但角色行当的共性是否就是一些抽象的原则，无足轻重了呢？显然不是的。角色的共性，对于人物性格的刻划来说仍是十分重要的。裘派花脸，似乎只注重了姚期的个性，而相对地忽略了作为花脸的共同特点，因

---

① 高尔基：《给青年作者》，中国青年出版社一九五五年版第70页。

而未能更完美地表达人物性格的全部复杂性,就足以说明掌握花脸表演的共性还是很重要的。花脸表演风格应该以豪壮为主,方不失净角的刚直雄劲的特点,所以人们常说"花脸要美不要媚"是有道理的。裘派艺术对花脸表演的主导的方面,似乎有进一步加强的必要。

"一行多用"有生活的根据,其他如"一式多用"、"一曲多用",也都是对一定的社会生活中的人的动作、声音、感情进行艺术概括的结晶,然后再运用到具体角色人物上去,便塑造出具有独特风格的戏曲艺术形象来。记得以前有人讨论过"一曲多用"和"专曲专用"的问题,有的认为"一曲多用"不丰富、粗糙,而也有人认为中国戏曲表演动作的程式是呆板的、表现力不强,这都是没有看到我国戏曲表演艺术的特殊风格的美学意义以及它和生活的有机联系。

中国传统戏曲表演艺术的"一",是不可忽视的,忽略了表演艺术的共性,就会失去中国戏曲表演的典型意义,也就失去中国戏曲表演的特点,因为中国戏曲表演是在统一中见变化,而不像话剧要在变化中见统一。裘派艺术对于花脸表演的共性——粗犷豪迈的风格掌握得不太够,因而影响到舞台人物形象的完整的刻划。

这里应该指出,形成我国戏曲表演这种独特风格,是有它的历史原因的。我国有些文学艺术样式的发展特点,也是侧重于统一中见变化的。我国诗歌的格律就比较严,从古诗、乐府到五言、七言,再由诗到词,到曲,一脉相承,都有一定的格律,都是在统一中见变化。其他如绘画(特别是人物画)、小说(章回体)等,都比较重视在共性中见个性。中国的戏曲艺术,继承了这个风格传统,无论在编剧或表演艺术上都有一套程式,"一曲多用"和"专曲专用"的区别大概就是由此而起。变化和统一作为艺术的两大要素,在结合的过程中是可以有所偏重的,当然只能"偏重",不能"偏废"。

拉回来还是来谈裘派艺术。凡事都要看两面,裘派艺术把花脸表演向细致、含蓄方面发展了一步,这是值得肯定的功绩,正因为如此,就应该防止这种发展的消极的一面,即忽视刚强、豪壮的一面。裘派表演重视姚期、包拯等人物性格的含蓄、沉着的一面,这是成功的,因为没有姚期、包拯这些个别的人物,花脸艺术也就无所寄托;但没有花脸的共同特点,也就没有京剧艺术舞台上的姚期、包拯的完整的艺术形象，而且也不能把这些人物性格的复杂性突出地表现出来。

如果说，姚期、包拯这些人物性格的主导方面是含蓄、沉着、委婉等，那末似乎应该用老生来表现它们，既然用花脸来表现它们，那就是说，它们的刚劲豪壮的一面还是很重要的。

戏曲表演的共性、典型性岂可等闲视之？

谈杨宝森的《文昭关》
——兼谈悲剧的表演

京剧《文昭关》是全部《伍子胥》中的一折,从程长庚以来,主要就是汪(桂芬)派的路子,汪桂芬对《文昭关》有独到的创造,腔调激昂慷慨,咬字铿锵有力,加上他凄厉高亢的嗓音,在舞台上塑造了一个满腹含冤的悲剧英雄的形象——伍员。与汪同时,谭鑫培也演过《文昭关》。谭鑫培的《文昭关》,固然亦有优美之处,沉着浑雄,仍不失大将之风,但相形之下,汪派伍子胥的形象要比谭派的更丰满些;因此,《文昭关》这出戏,可以说已为汪桂芬唱定了型,成为汪派的精心杰作,其他各派很少演它。自汪桂芬死后,王凤卿的《文昭关》多少能传其神,如今听王凤卿留下的唱片,尚能想象出当年汪桂芬所创造的激昂慷慨的伍员形象。

可是近十多年来京剧舞台上出现了另一派的《文昭关》,以悲哀委婉取胜,含蓄凄切,给人以不同于汪派的感受,这就是杨宝森的《文昭关》。

杨宝森宗余(叔岩),虽嗓音低沉,有低无高,但字正腔圆,而且深得余派含蓄之妙,唱来颇有韵味;杨宝森的嗓音比余叔岩低沉,但同样是一条功夫嗓子,最初比较干涩,愈唱愈圆润,使人感到潜力无穷。这种嗓子是靠锻炼出来的,也就是平常所谓"云遮月"——对"云遮月"的嗓音,说法不一,其实亦即含蓄之意。不是晴空明月,直显于人目前,而是透过云雾,平添一番曲折的妙处。月亮是在云上,妙在若隐若显,这种嗓音不把嗓子唱到了头,而是愈唱愈圆,使人觉得寓意丰富,含蓄着一种内在力量。所以杨的条件虽和余叔岩不尽相同，但因有了这些特点，因此，一般爱好余派的观众，也都很欣赏杨宝森的某些剧目。

如果认为杨宝森对余派艺术虽有所继承但没有发挥创造，这是不合事实的，譬如杨的《文昭关》就是一个例子。我们知道，对余叔岩来说，《文昭关》至少不是他的保留剧目，而杨宝森的《文昭关》却是他生前常演的也是深受观众欢迎的剧目之一。

当然，杨宝森演《文昭关》不能说是没有困难的。汪桂芬的嗓音高达正宫调，他的脑后音，又是在京剧史上著名的，甚至杨宝森要想在这些方面模仿汪都是不可能的；但是杨宝森却按照自己的条件，在舞台上创造了另一种风格的伍员形象，与汪派不很相同；虽然这出戏杨宝森曾受过王瑶卿和王凤卿的指点，按照自己的条件，吸取了汪派的某些唱法，但风格仍与汪派迥异。那末我们应该怎样评价这两派的《文昭关》呢？

《文昭关》的伍员是一个悲剧的英雄人物。楚平王无道，不纳忠言，伍员全家被害，他满腹含冤，欲往吴国借兵报仇，路过昭关，躲在东皋公家中，由东皋公设计混出了昭关。在整个《文昭关》中，伍员的心情，可用"悲愤"二字来概括。

汪派《文昭关》，激昂高亢，吐字咬牙切齿，在"悲愤"的"愤"字上，表现得很充分，一句"恨平王无道乱楚宫"，真是怒气万丈。杨宝森要在高亢方面与汪派抗衡是不行的；但他的《文昭关》在"悲愤"的"愤"字方面，不及汪派，而在"悲"字方面却有所发展。

杨宝森的《文昭关》，根据本身的条件，往悲哀的方面发展了一步，他在台内一声闷帘"马来"就使舞台上愁云满布，笼罩着悲剧气氛。剧中有许多拔高的腔，都经过杨的改造，使它适合于自己的嗓子，如〔西皮快原板〕"恨平王无道乱楚宫"一句，以及"大胆且向虎山行""胆"字的嘎调，都被改得平稳了。

应该说，在表演风格上，汪派也不是没有缺点的。汪派风格，豪放有余，而在委婉动听方面则略逊于余派。汪派极讲究音韵、咬字，但有些字未免咬得太僵，甚至连〔二黄三眼〕的"失舵的舟船"中的"舟"字也要特别强调字首"zh"音，显得过分"吃力"、"拙直"；在演唱技巧的细致处，杨宝森是有所发展、进步的，不承认这一点是不符合事实的。当然，杨宝森的《文昭关》在激昂慷慨方面有较大的局限性，因而就《文昭关》这出戏的整个风格来看，是更适合于汪派的。

如果说，"刚中有柔"和"柔中有刚"都可以是美的表演风格，但《文昭关》的伍员似乎更适宜于用"刚中有柔"的风格来表演，而"柔中有刚"的流派就不大适合演这类的悲剧英雄人物。杨宝森用这种风格来演伍员，怪不得有些人指出他的伍员，大将风度不够，这不是没有道理的。

就伍员这个人物的性格和当时的心情来说，恐怕主要是个"愤"字。从这个角度来看杨宝森的《文昭关》，那末伍员这个形象显然就失之哀怨。紧接着"伍员马上怒气冲，逃出龙潭虎穴中"后面的一段道白，汪派是咬牙切齿，俨然"不报父仇，誓不为人"的神情，而杨宝森念来就不够有力。

所以对比之下，虽然汪、杨二家各有得失，虽然杨宝森于演唱细致处、行腔变化曲折上超过了汪派，但是从这出戏总的风格来说，杨不如汪，这恐怕是没有疑问的。

这里涉及到如何表演悲剧人物的问题。

我们知道，悲剧人物离不开悲哀的感情，这种悲哀的感情，给观众的效果是引起人的同情和怜悯，因此，从古希腊大哲学家亚里士多德起，悲剧的概念就是和同情、怜悯联系在一起的。杨宝森的《文昭关》，可说是唱到了悲剧的一面，即悲哀的一面。

然而悲剧远非只局限于悲哀的一面，特别是对悲剧英雄来说，悲剧的情调还有更重要的另一面——雄壮和崇高。我们知道，历来的美学家常常把悲剧和崇高的感情联系在一起，这不是没有道理的。车尔尼雪夫斯基曾经提到：悲剧是崇高的最高、最深刻的一种。[1]按照一些美学家的分类，与优美相对的，还有雄壮（或译"崇高"），这正是悲剧所需要的重要质素，没有了雄壮，悲剧也就会削弱了它的感人的力量。

悲剧的这种质素，对演员在表演上就提出了一个要求，即豪放、豪壮的风格。悲剧演员不仅要表现悲哀的感情，而且要体现豪壮的感情。法国十八世纪

---

[1] 《生活与美学》，人民文学出版社一九五七年版第22页。

杰出的唯物主义哲学家狄德罗注意到了这种要求，他指出："悲剧要求采用有力的方法，喜剧要求的是精巧。"① 这里所说的"有力的方法"，其含义之一就是要演员用豪壮的风格来演悲剧。

怎样才能把悲剧演得豪壮呢？

我们知道，传统戏曲表演是以歌舞来表达人物的感情的，而尤其是歌唱，更是表达一定情感的重要手段。一方面歌唱的歌词都是意义确定的概念，而另一方面，声音与感情的联系是最为密切的。悲剧演唱不但要求在高音表现激昂的情绪，而且低音也要有沉着雄厚的力量。杨宝森无高音之激昂，而在低音沉雄的一面则超过了汪桂芬，因此杨创造的伍员形象就比汪的沉着、含蓄一些。这是两种不同的艺术风格。杨宝森的低音纡回变化，富有韵味，但因天赋关系，高音不够有力，他缺乏汪派那种刚劲有力的高音，这也是杨派伍员形象不够理想的地方。

然而，艺术风格问题不仅在于天赋，这里也还有体会问题。譬如，《文昭关》〔二黄慢三眼〕"实指望到吴国借兵回转"和"满腹含冤向谁云"的"回"、"谁"二字，汪桂芬完全按"灰堆"辙念，吐字近似老旦，但在这里因为延长了结合韵母"u"，最后归于"ui"，既有咬牙切齿之势，又的确是壮中有悲，让人同情；但杨宝森没有接受这种念法，仍按通常接近"怀来"辙的念法，不是延长"u"音，而是延长"e"音，在"e"音中行腔，这样哀怨之情就重一些，而悲愤之气也就淡了一些。又如《文昭关》第一句"伍员马上怒气冲"的"冲"字，汪派用气很足，有怒发冲冠之势，而杨宝森这句的气力就不够，激昂慷慨的气氛就淡了。这主要是个体会的问题。

从这里我们看到，杨派《文昭关》固然重在悲哀方面，但如果认为一点"壮"气没有，也是不正确的。就悲剧英雄来说，雄壮之气可以有两个方面的含意，一是激昂慷慨，一是深沉浑雄，汪桂芬在"壮"字上侧重于激昂慷慨，而杨宝森则利用自己低音之宽宏，侧重于深沉浑雄方面，所以杨派的伍员比汪派的更含蓄些，区别也就在此。

我们看到，客观上亦有两种类型的悲剧英雄，譬如《碰碑》的杨老令公和

---

① 《论戏剧艺术》，《文艺理论译丛》一九五八年第一期。

《文昭关》里的伍员就不同，前者悲的气氛浓厚一点，在"壮"的方面，也比较侧重于深沉浑雄，杨宝森演这出戏是很能传神的；而伍子胥的情况就不尽同。因为分析伍员的内心感情，激昂慷慨的成分要重一点，所以我们说"悲愤"的"愤"字，在表演伍员时要特别注意。这是由人物性格和环境的特点所决定的。杨老令公是身在绝境，内无粮草，外无救兵，而且年事已高，饱经沧桑，内心是焦急、悲哀甚至有点凄凉；而伍子胥就绝少凄凉之情，他是要一心报仇的，激愤之情于唱词中显然可见，所以这两个悲剧形象是有不同的。

综上所述，我们认为，就客观形象和演员的演唱风格之间的关系来看，《文昭关》这出戏是更适于按汪派路子演的。杨宝森对这出戏的确有创造，在悲哀、沉雄方面都有超过汪桂芬的地方，但激昂慷慨之处，则不是杨派所擅长。

艺术流派有局限性这是合乎规律的必然现象，就整个表演风格来说，杨宝森善于演悲剧，是个有成就的悲剧演员，他的《碰碑》《洪羊洞》《搜孤救孤》等剧的确有所创造，这也是无可否认的事实。但就剧目方面来说，《文昭关》这出戏，汪派和杨派两家的得失也是明显的。汪派《文昭关》已绝响多年，如果能兼汪派及杨派两家之长，既得汪派之慷慨激昂，又有杨派之悲哀沉雄，那末，伍子胥这个形象将会更丰富、更有力了。

后　记

我是搞美学的，自幼爱京戏，深感我国古典戏曲中有着丰富的优秀遗产，但却很少从理论上加以总结研究，因而产生了我国戏曲理论研究落后于戏曲艺术实践的现象。同时近年来接触了一些美学问题，又深感目前的美学研究还需要更进一步地结合具体艺术实践，从而能够丰富并提高美学研究的水平。我认为美学工作者应该深入到一个或几个艺术部门去，作为自己的"基地"，把一般的美学理论问题和具体的艺术问题结合起来，这样无论对美学理论或具体艺术实践来说，都会有好处。于是我就选择了戏曲（特别是京剧）作为"基地"，试图从美学的观点来研究一下戏曲中的理论问题。在这个探索过程中，对京剧流派问题，我零星地写了一些文章，现在将它们编成这本小册子。因为不成系统，故名曰《京剧流派欣赏》，好在"欣赏"正是美学中一个最重要的问题。

在整理这些文章以后，我感到有几点要说明一下：

一、我对于戏曲艺术是个外行，对京剧只是一知半解，而对美学也只是初学，理论水平很低，而且要把这两者结合，也还有一个过程，有许多问题，还需要今后作更进一步的研究；因此，这些文章从美学来看，理论分量很轻；从戏曲来看，材料又很少，之所以敢于把这些文章公之于世，完全是想抛砖引玉，盼能得到戏曲界和美学界的批评和帮助。

二、这些文章中涉及到一些表演艺术的专门问题（特别是演唱方面），因为我觉得本书虽然主要在务虚，但无实难以谈虚，所以提出了一些看法；但毕竟主要是务虚，对这些专门的问题，不能详细讨论，希望今后在大家的帮助下，对这些问题能有机会从艺术上加以进一步的讨论。

三、京剧艺术范围很广，流派丰富是它的一大特色，因此先从流派的美学问题谈起；但限于自己所接触的材料，不可能在短期内穷尽京剧各行当的一切流派和每一个流派的一切方面，只是想通过一些流派来谈谈对一些问题的看法。

四、这本书中的文章，有些已经发表过，在收到书中时，作了不同程度的修改。

五、在文章的写作过程中，受到一些同志的批评和帮助，在此表示感谢。

秋文
一九六一年，十月

| 前苏格拉底哲学研究 |

第一部分　早期古代希腊社会与早期希腊哲学

一、古代希腊（雅典）奴隶主民主制的形成与早期希腊哲学学派

我们现在研究的这个阶段的哲学思想（前苏格拉底时期）涉及到欧洲哲学思想的最远古的起源，涉及到在什么样的社会条件中孕育着这些思想，涉及到这些思想的历史意义等问题。和许多重要问题的研究一样，深入地研究古代希腊哲学产生、发展的社会根源是饶有兴趣而又十分困难的。我们所能掌握的古代社会历史材料还不足以清楚地揭示它们与古代各哲学派别之间的直接的联系，古代社会历史材料和古代思想材料同样都比较零碎，更增加了研究工作的困难。如大家所熟知的一个例子是早期希腊哲学学派的发源地都不在希腊本土，而是在小亚细亚伊奥尼亚联盟中的某些城邦（如米利都、萨摩斯、科罗丰等），可是关于这些城邦的早期社会状况，我们只有极少的知识，这样，当我们研究早期这些地区哲学学派的社会基础时，就会遇到难以克服的困难。在这种条件下，我们觉得最好的办法就是把希腊社会作为一个整体来看待，把这些城邦的母邦——雅典的社会作为一个范例来研究，以说明当时社会的一般特点；至于更细致的研究，只能留待以后材料的发现和整理了。

我们都知道，哲学是在阶级社会中产生的；历史上出现的第一个阶级对立的社会是奴隶社会，因而，我们也可以说，哲学是奴隶社会的产物。哲学是对世界的本质的把握，它要在大量的经验的基础上，掌握最普遍、最本质的规律，因而需要思考；而在古代生产水平极端低下的条件下，哲学又需要有闲阶级的出现，

即有一部分人脱离当时是十分艰苦的生产劳动,以比较集中的时间和精力来从事专门的哲学研究,才有可能产生哲学学派,而这部分人则必定要靠大多数人的劳动来养活,以维持自己的生活。奴隶社会的产生,第一次提供了这种可能性,提供了一部分人脱离生产劳动专门从事精神生产的社会条件。恩格斯指出:

> **奴隶制**被发现了。这种制度很快就在一切已经发展得超过旧的公社的民族中成了占统治地位的生产形式,但是归根到底也成为他们衰落的主要原因之一。只有奴隶制才使农业和工业之间的更大规模的分工成为可能,从而为古代文化的繁荣,即为希腊文化创造了条件。没有奴隶制,就没有希腊国家,就没有希腊的艺术和科学;没有奴隶制,就没有罗马帝国。[①]

不仅如此,哲学是世界观,是思想体系,它与一般自然科学既有紧密的联系,又有一定的区别,它要在纷繁变化的现象中找出最普遍必然的规律,找出世界发展的第一性的决定因素,因而它的发展和繁荣需要自由讨论、辩论,在不同学派的争论中"百家争鸣"、"百花齐放",因此它的繁荣和发展需要一种社会条件,至少在一定范围内,保护并鼓励自由辩论,保护与传统的和流行的思想不同甚至对立的新思想表现和传播的权利。没有这一条,哲学不但不可能繁荣,甚至不能产生。马克思说:"哲学最初在意识的宗教形式中形成,从而一方面消灭宗教本身,另一方面从它的积极内容说来,它自己还只在这个理想化的、化为思想的宗教领域内活动。"[②]哲学要从原始宗教世界观的束缚下解放出来,需要社会的和政治的保护。米利都学派物质始基的科学精神要从奥尔弗斯神秘主义、荷马与赫西俄的神话宇宙观下挣脱出来,需要一个保护这种学说的制度,以免被传统吞噬。

当我们研究这个阶段的社会历史材料和思想材料、沉浸于构想当时社会状况的具体画面时,我们逐渐形成了这样一个观念:我们研究的这个阶段的哲学学派的发展是与古代希腊奴隶主民主制的发展分不开的。我们所深切地感觉到的是:不是一般的奴隶制度,恰恰正是古代希腊(雅典)的奴隶主民主制,提供了早期希腊哲学思想的产生、繁荣和发展的社会条件。在这个制度下,在某个特定时期

---

① 恩格斯:《反杜林论》,《马克思恩格斯全集》第20卷,第196页。
② 马克思:《资本论》第4卷,《马克思恩格斯全集》第26卷(Ⅰ),第26页。

固然也有哲学家被判放逐（如阿那克萨哥拉）甚至被判处死（如智者普罗底柯斯），但总的来说，各个学派在思想上都还是找到了相对的比较自由的论辩环境。

于是我们看到，古代希腊成为欧洲哲学的摇篮、人类文化的骄傲，就不是偶然的，而是有深厚的社会根源的。而雅典及其影响下的小亚细亚各城邦成为早期希腊哲学的中心，也不是偶然的。同样是奴隶制，在军事上、社会组织及爱国观念①上强于（至少不弱于）雅典的斯巴达，却在思想文化上黯然失色，当然也是与具体的社会特点分不开的。

于是，以雅典社会作为范例，对古代希腊奴隶主民主制的产生、发展作一些科学的研究，努力揭示这个制度的产生、发展、衰亡和早期希腊哲学思想发展的关系，其意义就不仅是交待本书所涉及的时代背景问题了。

1. 古代希腊（雅典）奴隶主民主制的产生——梭伦改革

古代希腊（雅典）如何由原始氏族社会过渡到奴隶社会，如何由荷马的英雄时代过渡到雅典奴隶制国家，恩格斯在《家庭、私有制和国家的起源》中利用摩尔根《古代社会》的材料线索，作了精辟的、科学的分析。

古代希腊由三部分组成：一部分是东北方的亚该亚—爱奥利斯（Achaea—Aeolian）集团组成（包括帖撒利亚、比奥细亚、亚加狄亚、列斯堡及小亚细亚爱奥利斯区）；一部分是东方的伊奥尼亚（Ionian）集团组成（包括阿提刻、爱琴海大部分岛和小亚细亚中部地区）；一部分是南方的多利亚（Dorian）集团（包括科林斯、斯巴达、阿果斯、麦加拉）。而其中主要是东方的雅典、北方的梯比斯、南方的斯巴达和阿果斯四个城邦。这些城邦的出现，氏族贵族已经逐渐转化为奴隶主，军事民主时期的王（βασιλεύς）和民众会、长老会已经逐渐变成奴隶主国家机器。

希腊各城邦在形成自己的城邦奴隶国家时，都经历着各自的道路，有着各自的特点。我们看到，在这方面，雅典与斯巴达一开始就有着历史性的区别。斯巴达城邦是由于多利亚人入侵拉哥尼亚（Laconia）平原而形成，入侵者把原

---

① 波希战争中，斯巴达王李奥尼德战至一兵一卒的英雄气概，连同铭文上的豪言壮语（"过路的人啊，请你告诉斯巴达人，我们遵从他们的命令，葬身于此。"——ὦ ξεῖν', ἀγγέλλειν Λακεδαιμονίοις ὅτι τῇδε κείμεθα τοῖς κείνων ῥήμασι πειθόμενοι——希罗多德：《历史》，第七卷，第228节，娄柏本，第3册，第544页），至今令人缅怀。

居民——希洛人（Helots）制伏为奴隶，而雅典城邦的奴隶的来源则是靠战争或海盗抢劫来的外国人。在雅典的土地上，占统治地位的是远古传说中提秀斯（Theseus）时期的伊奥尼亚人。雅典的海上优势，便于源源不断地提供外来的奴隶；而斯巴达则处于一种封闭的状况下，在榨取、奴役希洛人的同时，内部亦实行严格的等级制度。这样一个基本的历史事实，也许能够说明在雅典便于实行奴隶主民主制的历史原因。

所谓"民主"，本来是原始氏族公社内部的一种令人神往的普遍的传统，但是在那种生产条件下人们的生活是十分艰苦的，所以那种"民主"又远非理想的。恩格斯曾经指出：

> 原来，当部落中每个成年男子都是战士的时候，那脱离了人民的、可以用来和人民对抗的公共权力还不存在。自然长成的民主制还处于全盛时期，所以无论在判断议事会的或者巴赛勒斯（即原始的王——引者）的权力与地位时，都应当以此为出发点。[1]

我们在研究雅典奴隶主民主制的产生和发展时，处处都感觉到雅典人要力图维护、发展这种公民内部的"自然的民主制"，而要做到这一点，源源不断的、大量的外部的奴隶的劳动则是绝对不可少的。

如果提秀斯只是一个传说中的人物，那末雅典奴隶主民主制确立的关键则在于梭伦（Solon）改革，而我们知道，这个时期的哲学创始人泰利士（Thales）正是梭伦的同时代人，二人同时都被归于古代希腊的"七贤"之列。

梭伦改革的内容很多，其主要精神在于确立奴隶主私有制和调整公民内部的关系，不使两极过于分化，而在奴隶主私有制的许可下维护本部族表面的公民内部的"民主"。

随着生产的发展，财富的集中和贫富的分化不仅是氏族公民与奴隶之间的问题，由于在起初奴隶本是一无所有，所以所谓分化的问题，主要是在公民内部。这种分化在当时固然是不可避免的，是私有制确立的必然结果，但同时也

---

[1] 恩格斯：《家庭、私有制和国家的起源》，《马克思恩格斯选集》第4卷，第101页。

要作一定的调整。梭伦的改革也就是要适应这两个方面的要求。

一方面，正如恩格斯指出的，"梭伦揭开了一系列所谓政治革命，而且是以侵犯所有制来揭开的"，"这样，在制度中便加入了一个全新的因素——私有财产。国家公民的权利和义务，是按照他们地产的多寡来规定的，于是，随着有产阶级日益获得势力，旧的血缘亲属团体也就日益遭到排斥；氏族制度遭到了新的失败"。[1]梭伦于公元前594年执政后，推行各种改革，以进一步摧毁氏族公社的经济制度。他的主要措施是在立法上承认私有财产的权利，容许土地的转让和分割，并承认私有财产的继承自由。我们知道，在氏族公社内部，财产完全归氏族公有，个人的用具（包括劳动工具）在本人死后不是随着殉葬，就是由公社重新分配。随着生产力的发展，个人财富增多，出现了长子继承权，但在无子续的情况下，仍然归公。到了梭伦的时代，彻底取消了个人财产死后归氏族所有的传统，而以死者生前遗嘱决定个人财产的归宿。正如摩尔根说的："当梭伦许可财产的所有者，如果在没有子女时，得依据他的遗嘱处分其财产时，这可以说，梭伦对于氏族的财产权给予了第一次的侵犯。"[2]而根据希罗多德的记载，在斯巴达，为了使财产不流入外族，对未婚女继承人的财产，只有王才有权指定继承人[3]。对比之下，雅典梭伦的制度更加进一步保证了私有财产的权利，从而更多地破坏了氏族的权利。

与此同时，梭伦还把公民以财产收入划分四个等级，赋予各等级不同的权利。第一等为收入在500麦斗（每麦斗合52.3公升）者，第二等为300麦斗者，第三等为200麦斗，第四等为200麦斗以下的"雇工"。第一、二等可以担任高级官吏，第三等可作低级官吏，第四等则无权作官。从此以后，贵族门第只有传统意义的"光荣"，而这种"光荣"只有在与财产收入结合起来时才具有政治意义；贵族后裔的政治特权被取消，而代之以财产多寡决定等级。

财产的继承自由，保证了贵族大户不致因家长死亡而家道衰落，财产的等级制又保障了在行商航海中发财的新兴富户的政治权利，这在当时对贵族的特权是一种有力的抑制，而对新兴的工商业奴隶主则是一种鼓励。

抑制贵族特权的另一个办法是取消债务，限制土地过于集中。我们现在还

---

[1] 恩格斯：《家庭、私有制和国家的起源》，《马克思恩格斯选集》第4卷，第110、112页。
[2] 摩尔根：《古代社会》，中译本，三联书店1957年版，第260页。
[3] 希罗多德：《历史》，娄柏本，第3册，第204页。

可以想见梭伦当年宣布废除债务令（所谓"解负令"，Seisacktheia，σεισάχθεια）时引起的欢呼雀跃，因为放高利贷是贵族剥削一般公民、使某些公民沦为奴隶的主要办法。

　　研究一下这种用行政命令取消债务的办法竟然得以实行是很有意义的。这一办法在当时的现实意义是解脱相当的债户，扩大公民人数，取得多数公民的拥护。同时，它也还带有维护本族公民"自然民主制"的传统的力量，因而具备了实行的可能性和现实性。与取消债务相应的还有两条措施，一条是由城邦出钱赎回因欠债而被卖到外邦为奴隶的雅典人，一条是禁止以自由民人身作债务抵押。这些措施的主要意义在于维护原有公民的自由权力，不使本族人沦为奴隶。不仅如此，梭伦的改革还要求在一定程度上扩大公民人数，其办法是奖励外邦的有技术的工匠定居雅典，不仅给予保护，而且给予公民权。这一切，当然是适应当时发展生产所需要的。

　　恩格斯在谈到梭伦取消债务令时把它与法国大革命时的措施相比，他说："在法国大革命时期，是牺牲封建的所有制以拯救资产阶级的所有制；在梭伦所进行的革命中，应当是损害债权人的财产以保护债务人的财产。"[1] 其意义是："旧时残酷剥削自己同胞的方法，已经弃而不用，如今主要是剥削奴隶和雅典以外的买主了"[2]，而奴隶的来源是外部的，因而剥削奴隶和外邦是一致的。之所以采取这种办法，其目的是"必须防止""使自由的雅典人变为奴隶的情形重演"。[3]

　　限制公民（自由民）内部的分化，保持、维护在新的历史条件下的公民内部的"自然民主制"，这就是雅典奴隶主民主制的具体历史特点，也是它与包括斯巴达在内的一切贵族寡头制的区别所在。

2. 希腊（雅典）民主制的建成、发展和巩固——克利斯提尼革命

　　梭伦改革体现了雅典奴隶主民主制的基本精神，但它还需要在政治体制方面进一步完善。当然，梭伦在体制方面也有相应措施，如设立四百人的公民议

---

[1] 恩格斯：《家庭、私有制和国家的起源》，《马克思恩格斯选集》第4卷，第111页。
[2] 同上书，第112页。
[3] 同上书，第111、112页。

事会，以四个部落作为选区，一、二、三等公民都可参加，设立全体公民都可参加的陪审法庭等，但有待于完善。标志着雅典民主制最终建成的是克利斯提尼（Clisthenes）的革命。

在雅典，从梭伦到克利斯提尼中间还有庇西特拉图（Pisistratus）的僭主政治。这可以看作雅典民主制在政治体制方面的一段插曲。早期的所谓僭主，实际上大都具有一定的民主精神。尤其是雅典的庇西特拉图，他对雅典社会的发展是有一定的历史贡献的。他给山区贫民发放贷款，鼓励农民耕作，颁行全国所得税，用经济办法增加国家收入，但却蠲免了一些最贫苦农民的赋税；他加强海军，发展黑海地区的贸易，特别是在城市建设、文化教育方面也有相当的贡献。据说荷马史诗就是经他主持审定后成为当时的课本。他之所以被称为僭主，因为他不是通过公民大会的推举，而是用暴力夺取了权力。传说他把公民召集到市场上，扣留了各部族公民的武器，叫大家各守本分，国家的事信托给他[①]。用这种手段夺得的政权，使他建立了私人的卫队，为以后僭主专权开了先例。果然，他的儿子希庇阿斯日益骄横，终于被克利斯提尼赶走。

我们看到，最初只有在与民主制对比下才有僭主政制，这种政制在政治上是与民主政制的精神相对立的，而僭主具有"暴君"的意义，则是后来的事。

克利斯提尼执政时期，标志着雅典奴隶主民主制最终建成。正如恩格斯指出的："这时，党派斗争在进行着；贵族想夺回他们以前的特权，并在短时期内占了上风，直到克利斯提尼革命时（公元前509年）才最终被推翻，但氏族制度的最后残余也随之而灭亡了。"[②] 而这个时期，也正是萨诺芬尼（Xenophanes，公元前538年）、毕达哥拉斯（Pythagoras，公元前531年）、赫拉克利特（Heraclitus，公元前503年）的全盛时期。

克利斯提尼革命的重点，主要是在政治制度方面进一步破坏氏族公社的残余，确立奴隶主民主制的传统。普罗塔克（Plutarchus）说，他"赶走了庇西特拉图的儿子们，结束了僭主的篡权，制定法律，建立一种政府的典范，使人民和谐而安全"[③]。他的一项重大措施是取消四个部落选区，把全国分为一百个村

---

① 参阅亚里士多德：《雅典政制》，中译本，商务印书馆1978年版，第19页。
② 恩格斯：《家庭、私有制和国家的起源》，《马克思恩格斯选集》第4卷，第113页。
③ 普罗塔克：《伯利克里传》，《名人传》，人人丛书，第1卷，第228页。

社（δῆμος）①，十个选区，以地籍代替了族籍。

克利斯提尼这一政治改革的重要性在于最后摧毁了原始部落的存在，打破了原有部落的界限，一方面促进了全体公民内部的团结一致，另一方面也打击了传统的门阀力量②。正如亚里士多德后来总结的，克利斯提尼"既成为大众领袖，第一步便把所有的居民划为十个部落，以代替原有的四个部落，目的是要使不同部落的成员混合起来，以便让更多数的人可以参加到政府来；有一句本是对那些想查问人民氏族的人说的成语，'部落无分彼此'，便是由此而来的"③。

随着社会的发展，公民人数的增加，克利斯提尼把议事会由四百人扩大到五百人，而当时雅典有公民权的人数大概是三万至三万五千人，这样的比例，当然是能代表公民普遍意志的了。

雅典的"执政官九人团"本来是由原始的"王"衍变而来的比较分散的权力机构，分首席执政官（因以其名为年号，故一曰名年执政官），祭仪执政官（王），军事执政官以及六个司法官。为了进一步限制执政官的权力，以扩大民主，限制、杜绝僭主政制，克利斯提尼还另设十将军（司令官）制，每个选区选出一名，任期一年，轮流统率军队。执政官不得连任，军事长官则可以连任。④这样，本来已经分散的权力，就更进一步掌握在较多的人手里了。

雅典的一切官员，或抽签任用，或举手表决，或鼓噪通过，都不得以暴力独揽大权。以暴力专权者，是为僭主，是与雅典的民主精神不符合的，亦即与雅典极力想在奴隶制许可下保存的一点点"自然民主制"传统精神不符合的。为了防止僭主篡权，克利斯提尼建立了"贝壳放逐法"⑤，每年春季召开公民大会，决定有无该放逐之人，如有，在牡蛎壳或陶片上写下名字，超过六千票，则放逐十年后才能回来。这样，雅典就在一个小范围内，维护了公民的政治平等权利。恩格斯在总结这一阶段的历史时指出：

> 现在已经大体上形成的国家是多么适合雅典人的新的社会状况，这可

---

① 希罗多德：《历史》，娄柏本，第1册，第72页。
② 参阅爱柏特（E. Abbott）：《伯利克里和雅典的黄金时代》，纽约，1903年，第13页。
③ 亚里士多德：《雅典政制》，中译本，第25页。
④ 同上书，第65页。
⑤ 一说其他的城邦亦有此法，非克利斯提尼发明，但克利斯提尼引入雅典，开始实行，恐无疑问。

以从财富、商业和工业的迅速繁荣中得到证明。现在社会制度和政治制度所赖以建立的阶级对立,已经不再是贵族和平民之间的对立,而是奴隶和自由民之间的对立,被保护民和公民之间的对立了。[1]

3. 维护奴隶主民主制的第一战——波希战争

雅典的奴隶主民主制的产生和发展不是一帆风顺的,它接受了各个方面的挑战,不仅有内部的贵族派的斗争,而且受到外部侵略的威胁。就在毕达哥拉斯死时(公元前497年)已经酝酿着希腊与波斯的对立,五年后爆发了波斯对希腊的侵略战争。这场战争延续了四十三年,以波斯的失败而告终。

这场战争的实质,从经济上说,是争夺殖民地的战争。第一阶段波斯是侵略者,而第二阶段(从公元前479年开始)希腊则逐渐转化为侵略者。然而从政治原则上说,则是两种奴隶制的斗争,是奴隶制内部两种政治原则的斗争。在这场战争中,雅典的民主制经受了考验,得到了进一步的发展和繁荣。黑格尔曾经这样概括这场战争的政治性质:

> 东方的专制政体——联合在一个元首下的世界——为一方,分立的各个邦国——幅员和物力渺乎其小,但是受了自由个性所鼓舞——为另一方,面对面地在战场上相见。[2]

黑格尔这个评价与当时古人的总结是完全一致的,希罗多德还在谈到波希战争之前就指出,雅典之所以选择民主制,就是看到专制并不使人在战争中勇敢,而个人的自由却鼓舞着人们为自己的利益而战[3]。

战争的直接导因,往往是并不十分重要的;但波希战争的导因却颇有研究的价值。首先卷入战火的,正是这个时期大多数哲学家的故乡——小亚细亚沿海一带伊奥尼亚地区,而且说来很巧,第一个发难者竟是泰利士的故乡米利都。

---
[1] 恩格斯:《家庭、私有制和国家的起源》,《马克思恩格斯选集》第4卷,第115页。
[2] 黑格尔:《历史哲学》,中译本,三联书店1956年版,第303页。
[3] 希罗多德:《历史》,娄柏本,第3册,第86页。

伊奥尼亚联盟区本来是希腊的移民地区，由于交通等条件，这个地区的经济发展很快，其富庶程度，在一个时期内远远超过希腊本土，所以早期希腊哲学家大都出生在这个地带，也不是偶然的；但是随着波斯帝国势力的扩张，这些地区为波斯所统治，实行的是僭主政制，因此，在这个地区长期以来就有两种政治力量进行争夺。波希战争由此导发，就非偶然的了。

波希战争最初的肇事者米利都的阿里斯泰哥拉（Aristagoras）是原米利都僭主希斯底阿斯（Histaeus）的内弟，希斯底阿斯因遭到波斯王的猜疑而反叛波斯，被伊奥尼亚总督处死；阿里斯泰哥拉也因没有完成波斯王的任务决定铤而走险，最初游说斯巴达，希望得到支持，遭到拒绝，后来到雅典当众演说，说服了与会的3万公民，支持他反对波斯统治，从而引起了希罗多德的一番感慨[1]。究竟阿里斯泰哥拉用什么理由说服雅典人我们不得而知，但反对波斯最初得不到斯巴达的支持而能得到雅典的支持是完全合乎逻辑的意料中事。斯巴达闭关自守，与伊奥尼亚地区无利害关系，而雅典则靠海外通商，甚至粮食也要从国外海运，因而伊奥尼亚地区对雅典的安全是举足轻重的。不仅如此，雅典的支持不容忽视地还有其政治性质，而当公元前492年波斯入侵希腊本土时，战争就更带有保卫民主制的政治意义了。

当希腊本土面临着侵略的威胁时，包括斯巴达在内的全体希腊民族表现的英雄抗战的气概是历史的纪念碑。这场战争以希腊人民许多可歌可泣的英雄事迹载入史册。战争的第一阶段以马拉松、温泉关、萨拉米湾三大战役体现了希腊人民的英勇和机智，创立了战争史上以少胜多的奇迹。

正是在这场战争的烈火中，雅典的民主制不仅经受了历史的考验，而且得到了发展壮大，波斯被迫承认小亚细亚各邦的独立，放弃争夺爱琴海的霸权；提洛同盟的建立，使雅典的奴隶主民主制得到经济上的保证，促进了雅典的经济繁荣和文化的昌盛，迎接了雅典的黄金时代的到来。

4. 早期希腊的哲学学派——米利都学派和南意大利学派

从梭伦改革到波希战争结束这个阶段，几乎出现了前苏格拉底时期的大部

---

[1] 希罗多德：《历史》，娄柏本，第3册，第119页。

分主要学派,当阿那克萨哥拉50岁离开雅典时,距离波希战争最后结束还有一年。雅典派遣贵族派领袖客蒙(Cimon)的妹婿、雅典富豪卡里阿斯(Callias)到波斯缔结和约是公元前449年,而在此前一年阿那克萨哥拉离开雅典;甚至早期智者主要代表人物普罗塔哥拉斯(Protagoras)和高尔吉亚(Gorgias)的全盛期也是在这个时期,而伯利克里正是在这个时期的后期(公元前469年)登上雅典政治舞台的。

与早期希腊经济从原始氏族公社的控制下解脱出来相适应,早期希腊思想主要的任务也是要从原始宗教迷信的束得下解脱出来,哲学要从宗教意识中摆脱出来,提倡一种朴素的科学精神,以促进人们认识自然、改造自然,提高社会的生产力。在这个总的思想趋势下,我们看到,早期希腊哲学是和自然科学、宇宙论问题分不开的,所以被称作"自然哲学"。

我们知道,古代希腊最早的哲学学派——米利都学派在哲学基本问题上提出了"物质始基"说,正是与宗教迷信对立的产物。这样一种现在看来过于幼稚的理论,在当时却是需要极大的勇气的"异端邪说"。

产生这种学说需要一定的物质生产的发展水平。当人们的生活资料极其微薄,生活在飘摇不定的自然威胁中时,自然力量只能是一种异己的宗教的力量,原始人类的各种自然崇拜(如"水崇拜"、"巨石崇拜"等)就反映了这个阶段的生产水平;只有在生产进一步发展,社会上出现了一小部分有闲阶级,这部分人可以不直接去改造自然,而生活却靠直接改造自然的人——奴隶来维持的时候,自然才能成为科学研究的对象,从而哲学才能从宗教意识中脱颖而出。这样,在古代希腊,最初的哲学学派出现在比较富庶的小亚细亚移民区,不是偶然的。希腊的东部移民区发展较早,西部移民区发展得稍晚。在早期希腊哲学中与米利都对立的一个学派,就是在西部南意大利建立起来的,形成了东西对峙的局面。毕达哥拉斯原本也是伊奥尼亚萨摩斯(Samos)岛人,后来在南意大利的富埠克罗敦(Croton)建立了一个学术团体,成为南意大利学派的创始人。

这两个学派的具体产生过程,现在还没有足够的材料能够说清楚,特别是泰利士和毕达哥拉斯本人竟然没有一点直接的原始材料,更增加了我们研究的困难。

在对比地研究这两个学派时,我们感到它们之间是有区别的。应该承认,总的来说,毕达哥拉斯学派受东方和埃及宗教思想影响较多,政治上较保守,甚至还组织秘密宗教社团,据说连克罗敦的一般老百姓都反对他们;而米利都学派固然也有"物活论"自然宗教的影响,但在哲学上科学精神较多,希腊本身的思想较多,受外来宗教迷信思想影响较少,政治上更加倾向于民主等,这些都是不可否认的。因此,自从第欧根尼·拉修斯(Diogenes Laërtius)提出古代哲学的两大派别的系统①以来,虽然对这种区别有各种解释,但这种区别的存在是公认的。

但是我们认为,毕达哥拉斯学派与米利都学派的区别基本上还是奴隶主思想内部之间的区别,是奴隶主哲学学派内部之间的区别,正如当时奴隶主内部寡头派与民主派之间的矛盾仍然是奴隶主内部、公民内部的矛盾一样,是在不同的政治倾向上同样代表了奴隶主的共同利益。斯巴达的贵族寡头与雅典的民主是对立的,但面临着同样都要由自由民沦为波斯的奴隶时,它们的利益是一致的,它们联合起来战斗,共同保卫自己的自由独立的决心也曾经是坚定的。

于是就产生这样一个问题,在哲学基本问题上,南意大利学派对"物质始基"说的态度如何。南意大利学派是不同意米利都学派"物质始基"的具体说法,自己另搞一套,还是从根本上完全否定"物质始基",提出一个独立的"精神实体"来对立?

我们感到,精神与物质这样一对矛盾是客观存在的,永恒的,但人们对这对矛盾的认识有一个较长的历史过程。古代的自然崇拜、神话传说,已经孕育着精神与物质分裂的萌芽,但自然是被精神化了的,精神同时也被想象有物质的某些特性(如极细小的微粒等等),在这样的阶段,要设想南意大利派已经提出一个与物质完全对立的"精神实体",是要费一番论证的工夫的。毕达哥拉斯强调"数"是人所共知的,但这里仍然有两个问题:一是这个"数"究竟是"始基"本身,还是只是"始基"的特性?另外一个问题是这个"数"究竟是神秘的精神实体,还是物质世界的朴素的数量关系?由于缺乏毕达哥拉斯本人的材料,我们在这方面的意见只能是一种推测。但我们感到,如果联系到当时思想发展的实际情况,在材料短缺的情况下,作一些推测也还是允许的。

---

① 第欧根尼·拉修斯:《名哲言行录》,娄柏本,第15页以下。

我们认为，南意大利学派的创始者毕达哥拉斯很可能并不否认"物质始基"的学说，而是对具体的始基物质有与米利都学派不同的看法。他的所谓"数"，并不一定是独立的实体，而是"始基"的本质属性。这个对立的始基物质，很可能就是后来希帕索斯（Hippasus）和赫拉克利特的"火"。

这样，在早期希腊哲学的最初形态中，我们就有两个对立的学派：一是主张"水"为万物始基、强调"始基"为"无定形性"的米利都学派；一是主张"火"为万物始基、强调"始基"的数量关系（"有定形性"、"逻各斯"）的南意大利学派。"水""火"的对立，"无定形性"与"逻各斯"、"数"的对立，构成了这两大哲学学派对立的基本内容。属于米利都这个系统的有泰利士、阿那克西曼德（Anaximander）、阿那克西曼尼（Anaximenes）、阿那克萨哥拉等；属于南意大利学派的有毕达哥拉斯、赫拉克利特、巴门尼德（Parmenides）、芝诺（Zeno of Elea）、恩培多克勒（Empedocles）等。①两派之间当然有互相渗透、互相吸收的地方，特别是赫拉克利特、巴门尼德、德谟克利特（Democritus）这样一些大哲学家，具有承前启后的综合的作用，但只有经过智者学派的充分发展，古代希腊哲学才在古代自然哲学的基础上开辟了一条新的路子，出现了苏格拉底（Socrates）、柏拉图（Plato）以及以后的亚里士多德（Aristotle）这样划时代的哲学家。

尽管这些哲学家中有些人在政治主张上倾向于贵族寡头制，但这些学派之所以能够产生和发展，却只有民主制给它提供社会条件。民主制既然在某种程度上保护、鼓励了戏剧文学、工艺等文化的发展，也会在某种程度上保护、鼓励哲学派自由辩论。

雅典在发展奴隶主民主制方面所付出的努力，终于显示了它在思想文化方面的优越性。随着政治、经济的发展，雅典在波希战争后期和结束后，迅速成为希腊文化的中心，在人类思想史上写下了光辉的一页。

二、雅典的黄金时代——伯利克里时期

现在，我们进入了一个为历代史家缅怀追忆的时代。伯利克里统治时期的

---

① 参阅第欧根尼·拉修斯：《名哲言行录》，引言，娄柏本，第15页以下。

雅典，呈现着一派欣欣向荣的气象，学术文化昌盛，可谓百川汇流，万紫千红，为希腊精英荟萃之地。哲学上继阿那克萨哥拉之后，出现了智者们百家争鸣的盛况。这个时代是雅典民主制的极盛时代，它为哲学的繁荣提供了必要的社会条件和思想基础。正如马克思所指出的：

> 希腊和罗马恰巧就是古代世界各民族中"历史发展"最高的国家。希腊的内部极盛时期是伯利克里时代，外部极盛时期是亚历山大时代。在伯利克里时代，诡辩学派（又译为"智者学派"——引者）、称得上哲学化身的苏格拉底、艺术以及修辞学等排斥了宗教。而亚历山大时代就是既否认"个人"精神的永恒不灭又否认当代各种宗教之神的亚里士多德的时代。[①]

1. 伯利克里时代的政治革新

波希战争后期，雅典内部寡头派和民主派的斗争已经十分尖锐，但是在雅典，民主派始终占据传统的优势。虽然与伯利克里同时的民主派领袖厄庇尔特（Ephialtes）被寡头派暗杀，但民主派在伯利克里领导下反倒得到更进一步的壮大发展。当时与伯利克里对立的寡头派领袖客蒙，虽然具有政治家的爱国品德和军事家的勇敢果断，但仍不免于失败，说明了民主制是深受雅典人民欢迎的政治制度。

与梭伦以来的民主制一样，伯利克里的政治理想仍然是极力维护并发展公民内部的自由和平等，使传统的氏族"自然的民主制"在新的历史条件下，具有新的内容。

在政治上，政府各级官吏向一切公民开放，为了使贫苦的公民同样可以担任公职，伯利克里实行了公职津贴，虽然事实上贫苦的公民不太可能因为一点点津贴[②]而放弃多日的工作，但无论如何，这是对公民参加政治生活的一种鼓励。这个措施本身，对贵族豪门的特权就是一种抑制。

---

① 马克思：《第179号〈科伦日报〉社论》，《马克思恩格斯全集》第1卷，第113—114页。
② 据亚里士多德在《雅典政制》中的记载，出席民众会，领取1个德拉克马；一次最高会议，9个俄勒尔；参加陪审法庭，3个俄勒尔；参加议事会，5个俄勒尔。

按照梭伦的法律，执政官在任满之后，经过审查，认为在职期间为官清正，则终身进入阿雷奥帕格斯（Areopagus）法庭[①]。这个法庭原是处理公民之间刑事诉讼的地方，因梭伦使任满的执政官进入该处，以致这个法庭的权力日益扩大。特别是波希战争期间，原来由克利斯提尼设立旨在抑制执政官权力的司令官（将军）征战在外，阿雷奥帕格斯事实上几乎成了像斯巴达元老院那种性质的政权机关[②]。这个机关，遭到了以厄庇尔特为首的民主派的猛力攻击，最后终于在伯利克里领导下，另立公民陪审法庭，削弱阿雷奥帕格斯的权力。亚里士多德在《雅典政制》里曾经这样描述这个过程："自波斯战争后十七年来，宪法一直受到阿勒俄琶菊斯议会（即阿雷奥帕格斯议会）的控制，虽则它也逐渐经过修改。但是，随着大众力量的增强，索缚尼得斯之子厄斐阿尔忒斯（即厄庇尔特）既当了人民领袖，且在政治上享有清廉正直的声誉，便来攻击这个议会了。"[③]这个元老院式的议会，果然被削弱了，它又恢复到它最初拥有的基本权力：审理谋杀等少数案件，而制定法律、解释法律、执行法律的权力，则归于公民陪审法庭。

为了尽可能使公民享有平等的权利，伯利克里进一步把政府各种权力分散，因而形成了一套复杂的政府机构。公民大会是最高权力机关，但它却无权制定法律条文，它颁布的命令是否合法，因而是否有效，要由陪审法庭来判定；每天公开聚会的五百人的议事会（当然不一定到齐）只不过是把公民大会的决定、命令初步地合法化，并处理全部的财政问题。这样，伯利克里事实上把各种权力进一步分散化，形成分权的制度[④]，这当然是民主制的重要内容之一。

然而，正如黑格尔说的，"民主政体的宪法，给了伟大政治人物最大的发展机会"[⑤]，伯利克里正是这个时期的伟大的政治家。

伯利克里以自己的公正、廉洁和民主的作风在雅典公民中享有极高的威望，而他的威望又是建立在为当时雅典公民谋福利的现实基础上的。我们看到，他的政治家的品格，在某种程度上继承了氏族公社王者的大公无私的优良传统，这和雅典民主制的整个精神是一致的。因为如我们已经指出的，雅典从梭伦开

[①] 古代雅典人在卫城附近的阿雷斯小山（hill of Ares）处理诉讼事宜，因而得名。
[②] 参阅爱柏特：《伯利克里和雅典的黄金时代》，第80—81页。
[③] 亚里士多德：《雅典政制》，中译本，第30页。
[④] 参阅爱柏特：《伯利克里和雅典的黄金时代》，第271页。
[⑤] 黑格尔：《历史哲学》，中译本，第305页。

始的政治特点就是一方面在经济上破坏氏族公有制、发展私有财产，在政治上却努力保持氏族公社的优秀传统，维护公民内部的自由平等，发扬古代王者遗风。我们记得，即使被称作"僭主"的庇西特拉图，居然有人敢控告他犯有谋杀罪，而他竟亲自出庭为自己辩护[1]。伯利克里为了对付政敌的攻击，也常常应付诉讼方面的问题。他的朋友雕塑家费底亚斯（Phidias）、哲学家阿那克萨哥拉都因政治原因受到控告，甚至他的情妇也难免寡头派的诬陷，迫使伯利克里亲自出庭为她辩护，居然声泪俱下，以致法官不得不宣判被告无罪[2]。

伯利克里执政后对自己财产的处理也是很典型的。根据普罗塔克的记载，他执政以后下令对他自己祖传的庄园既不要完全不管，也不要花费过多的时间[3]。在执政期间，伯利克里始终恪守雅典执政者廉洁奉公的优秀传统，使其政敌在这方面没有空子可钻。修昔底斯（Thucydides）在分析伯利克里之所以能说服雅典人坚持与伯罗奔尼撒同盟作战时说道：

> 其所以会造成这种情况，是因为伯利克里的地位，他的贤明和他有名的廉洁，能够尊重人民的自由，同时又能够控制他们……所以虽然雅典在名义上是民主政治，但事实上权力是在第一个公民手中。[4]

这段话，在古代曾经引起普罗塔克的议论，认为修昔底斯的意思是指伯利克里的政府表面上民主事实上仍是贵族政府，是一个伟人拥有最高权力，而普罗塔克说大多数人的意见恰恰相反，认为伯利克里过于迁就雅典公民，把他们惯坏了[5]。我们看到，事实上修昔底斯这里对伯利克里的评价还是比较全面的。伟人与民主并不矛盾。在古代，雅典的民主制保持了领袖与群众的传统的、朴素的一致性，在伯利克里执政的十五年期间，只有一年隐退，足见他威信之高。伯利克里借以维持权力的并不是暴力，而是"说理"，凭借着公民意志。这一点，修昔底斯为我们保存的伯利克里在公民大会上的演说，足以证明他是如何运用

---

[1] 亚里士多德：《雅典政制》，中译本，第20页。
[2] 参阅爱柏特：《伯利克里和雅典的黄金时代》，第190—200页。
[3] 普罗塔克：《伯利克里传》，《名人传》，人人丛书，第1卷，第243页。
[4] 修昔底斯：《伯罗奔尼撒战争史》，中译本，商务印书馆1978年版，第150页。
[5] 普罗塔克：《伯利克里传》，《名人传》，人人丛书，第1卷，第234页。

说理的方式来推行自己的政治主张的①。寡头派曾经千方百计地置伯利克里于法律制裁,他们曾借以同盟经费装饰雅典一事要求实行放逐法,并于公元前444年正式举行表决,出乎意料的,投票结果,遭到放逐的却是当时寡头派领袖米里西阿的儿子修西德斯(与历史家修昔底斯同名)②。

2. 伯利克里时代的文化建设

民主制对科学文化繁荣的优越性在伯利克里时期得到充分的显示,由梭伦开创、庇西特拉图促进的雅典文化传统,被伯利克里发扬光大。

伯利克里自己热爱科学文化,有很高的文化修养。根据历史记载,他曾经拜各式各样的学者为师,广交各种人才。其中,有著名的爱利亚哲学学派的中坚人物芝诺作他的老师,有阿那克萨哥拉这样的大哲学家作他的老师和亲密的朋友,早期智者学派创始人普罗塔哥拉斯曾与他彻夜讨论法律问题,负责雅典城市建设的雕塑家费底亚斯是他的至友,在这个雕塑家的领导下,雅典城被装饰得如花似锦。从如今保存下来的雅典卫城帕赛翁(Pantheon)(雅典娜)庙的废墟,我们依稀可见当时的雄伟庄严的气派。可是我们不要忘记,不久以前,雅典城遭到波希战争的洗劫,曾经是一片废墟,伯利克里以15年时间把雅典城建设为欧洲文化中心,自然会得到历史的公正的评价。③

当时希腊的自然科学已经初具规模,出现了一批专门研究自然现象的自然科学家,而古代自然哲学家所提倡的科学精神,则直接教育了伯利克里本人。普罗塔克记载了一段轶事,说有一次伯利克里即将出征时遇到了日蚀,将士们惊慌失措,而他却十分冷静。他令大家用袖子挡住眼睛,问看到什么没有,从而说明日蚀只不过遮住的部分比衣袖大而已④。这个轶事,放在阿那克萨哥拉的学生身上,是很合适的。

在谈到伯利克里时代的文化建设方面,我们当然不会忘记那道著名的"观剧津贴"令。为了鼓励公民(特别是贫苦公民)观看一年两度的戏剧节,伯利

---

① 从这里我们也可以推想当时演讲术的重要,从而想见智者学派的地位。
② 参阅爱柏特:《伯利克里和雅典的黄金时代》,第140页。
③ 参阅同上书,第290、304页。
④ 普罗塔克:《伯利克里传》,《名人传》,人人丛书,第1卷,第259页。

克里发令补贴因观剧耽误工作的部分损失。参加戏剧节日，是古代氏族公社节日联欢的遗风，在当时可能还有一定的宗教传统的意味（特别是喜剧），因而公民参加戏剧节日被认为不仅是正当的，而且是必要的权利。

在这样的鼓励、提倡下，我们知道，雅典的三大悲剧家，有两个是活跃在伯利克里时期的舞台上。

尤其应该提到的是雅典的喜剧作家利用舞台评论时政，嬉笑怒骂，百无禁忌[①]。不错，梭伦曾经禁止过在喜剧舞台上点名讽刺雅典的公民，无非是风气太盛，稍加纠偏而已。伯利克里时期，当雅典与萨摩斯开战时，也曾禁演过喜剧，但不到两年就开禁了。说来也怪，喜剧家似乎天生就要挑时政的毛病，甚至点名批评当时的领导人，伯利克里本人当然是讽刺的主要目标之一。据说老喜剧家克拉提诺（Cratinus）在《色雷斯妇女》一剧中就丑化了伯利克里——因头部比例失调而总是戴着头盔[②]，甚至在伯利克里死后，阿里斯多芬（Aristophones）还咬定伯罗奔尼撒战争的原因是伯利克里的情妇和费底亚斯的贪污[③]。

我们看到，伯利克里不仅没有被骂怕、骂倒，而且在一般情况下，还要津贴公民去观看骂自己的戏。希腊雅典的公民有着自由发表意见的传统，他们听惯了各种正反的意见，善于分辨是非，并不因戏剧的鼓动就离心离德。伯利克里的威望只有因容许反面意见发表而得到提高。据记载，伯利克里在病魔缠身、生命垂危时，曾因他并未迫害任何政敌而自豪，这个自白无疑是真实的。他与客蒙的分歧是政治理想的分歧，并无个人恩怨，当客蒙为表白自己出色地与斯巴达人战斗后，伯利克里立即撤消了对他的放逐令，并歌颂他的英勇事迹。我们应该感谢这位颇具古风（具有古代氏族公社的优秀传统）的王者，由于他的民主政策和个人的民主精神，使各种文化艺术得以保存发扬。试想如果当时采取行政暴力手段，禁演阿里斯多芬的喜剧，也许我们现在就不知阿里斯多芬为何许人了。

3. 伯利克里时代的哲学——智者学派的兴起

智者学派是伯利克里时代的哲学上的镜子。古代自然哲学家以科学精神武

---

① 古代喜剧随意批评时政而不受责罚，是中外历史上都曾有过的普遍现象。
② 参阅爱柏特：《伯利克里和雅典的黄金时代》，第328页。
③ 同上书，第329页。

装了从梭伦以来的雅典民主制整个时代，到伯利克里时期，除了这种科学精神以外，还有智者学派所鼓吹的个人自由、独立的精神，而从科学精神到这种政治上、道德上独立精神的过渡环节，则是留基波（Leucippus）、德谟克利特的原子论。独立的、物质的原子，运用到社会中，也就是人格的、个人的独立。雅典民主制下的公民，就像一个个原子一样，有自己的独立的意志，以独立、自由的身份参加到这个社会中来，从而永远保持自己的个人的独立性。这就是早期智者学派的代表人物所鼓吹的感觉主义、相对主义的社会实质。

随着古代民主政制的发展，无论米利都学派或南意大利学派都经历了一个由一元论到多元论的发展过程。南意大利学派是被认为最富有多元论精神的，因为毕达哥拉斯的"数"是"多"，但"一"与"多"的问题他们仍然要统一起来，而巴门尼德就常常被人理解为完全否定"多"而坚持一元本体论的哲学家。早期米利都学派总想找出一个最原始的物质来生化万物，到后来也发展成为阿那克萨哥拉的多元的"种子"。

多元论常常因为哲学的彻底性、体系性不够而缺乏理论的吸引力，所以后来竟有人认为历史上最伟大的哲学家都是一元论者。这种议论当然不尽符合历史事实。也许与人们想象的（那种意见只能是从想象出发的）恰恰相反，人类思想史上启蒙的思想家往往都带有多元论或二元论倾向，特别是这种启蒙思想带有较多的不彻底性时，更是如此。启蒙思想在最初与传统思想对比起来，力量上是比较弱小的，因此它往往不能一下子与传统完全决裂，这样，在它的思想体系中，常常就会掺杂着多种因素，以一种新的、变革的思想为主导，同时又看到现实事物的复杂性。这样的思想，承前启后，很富有启发性。近代资产阶级登上历史舞台时，从意大利人文主义到德国古典哲学的创始，我们也可以看到启蒙思想在哲学上的特点。在英国有主张"双重真理"的培根，在法国有主张心物二元论的笛卡儿，在德国有主张理论理性和实践理性两个系列的康德，当然，这些都是不可否认的历史上堪称伟大的哲学家。

智者学派被称作古代希腊哲学的启蒙主义，与一切启蒙主义一样，它们有着明显的思想解放作用。智者学派鼓吹感觉主义，宣称"人为万物的尺度"，这种哲理的背景，正是在公民大会上、陪审法庭上人们慷慨陈词、唇枪舌剑场面的理论写照。人人心中都有一个标准，就看你如何把你自己的意见组织得令人信服，这就是修辞学、辩论学的技巧。这种学问，不问论辩内容，只注意逻辑、语言形式，注意推理的力量，经过修辞学、辩论学加工，可以使弱道理变强，使人信服，而在雅典，只有让人信服，才能实行自己的主张，不能靠暴力或命令强制执行。修昔底斯为我们保留的伯利克里的几次演说辞，是早期智者精神的具体应用，是那个时代思想方式的范例。我们看到，伯利克里在说服雅典公民坚持作战时，是很有技巧的。当然，他的演说辞仍然是对客观实际的认真的分析，把战争的性质和目的、交战双方的力量对比……作了细致入微的客观分析，与后来的诡辩不可同日而语，当然也会与以后克里翁（Cleon）蛊惑性的叫嚣有原则的区别。但他强调如不击败斯巴达，雅典人就会沦为奴隶，未免夸大其辞，事实上雅典败后，雅典人民并未成为奴隶[1]。也许，这就是所谓使弱道理变强道理的表现吧。

智者学派在当时是一个新的学派，它是古代希腊民主制的产儿，他们还是当时第一批职业的教育家，这和近代启蒙时期意大利人文主义者很有相似之处。联系到当时雅典的各种"津贴"，联系到当时货币经济的发展[2]，那末智者们收费教学，也就无甚奇怪了。

同样，智者学派的发展、衰落和雅典民主制的发展、衰落也是完全相应的。"人民领袖"发展成"人民的煽动者"、"蛊惑者"，会议上的雄辩变成了喋喋不休的诡辩，个人的自由、独立成为各行其是，最终为莫衷一是；早期智者的健全理智成了文字游戏甚至装腔作势、强词夺理，这一切在阿里斯多芬的喜剧里被揭露得淋漓尽致。在雅典民主制废墟上出现了一个强盛的亚历山大（Alexander）帝国，在智者学派的"混乱"中，出现了苏格拉底、柏拉图、亚里士多德的希腊哲学极盛时期。这一段历史发展的经验，是应该认真加以总结的。

4. 保卫民主制的第二次战争——伯罗奔尼撒战争

波希战争以雅典的胜利结束，伯罗奔尼撒战争以雅典失败告终，偏爱古代

---

[1] 当然并不能完全排斥这种危险。在如何对待战败的雅典问题上，斯巴达领导集团内部是有争论的，只是伯利克里演说的时候并无此种危险。
[2] 参阅柯宁汉（W. Cuningham）：《西方的文明》，剑桥，1902年，第96页。

民主制的学者们在惋惜之余只能找出造成失败的外在的某些理由，而不能透过这些原因看出这场战争的必然趋势正在于雅典政制本身。

伯罗奔尼撒战争由于雅典和斯巴达双方争夺希腊霸权引起，从政治上说，双方都要把自己的政制推行于全希腊，因此也可以说，是奴隶主两种政制之争，是民主制与寡头制之争。正如伯利克里在回答斯巴达求和使节公民辩论会上所说的："我们愿意允许我们的同盟国独立，只要它们在订立和约的时候已经是独立了的，同时斯巴达人也要允许它们自己的同盟国独立，允许他们各自有它自己所愿意有的那种政府，而不是那种服从斯巴达利益的政府。"①然而，这场战争，对希腊的普通人民来说，包括雅典人民来说，简直是一场浩劫，其情况与波希战争时期大不相同了。

波希战争后，雅典的海上霸权大大扩展，波斯的威胁已经消除，为了维持和发展雅典的奴隶主民主制，其主要任务就是要争夺自己在希腊的霸权，而为了实现这个愿望，主要的障碍在以斯巴达为首的伯罗奔尼撒联盟。伯利克里清醒地估计到了雅典及其提洛同盟的力量，他的野心是有限的，他曾经制止了人们想入侵埃及、波斯的打算②，但当萨摩斯反叛雅典时，我们的英雄亲率大军与爱利亚学派的哲学家梅里索斯（Melissus）决战。

然而伯罗奔尼撒战争却给雅典人民带来了灾难。战争开始的头一年，伯利克里企图利用雅典的海上优势，撤出城郊，固守城市，以海军供养城市居民，以海上的优势来消灭斯巴达的有生力量。然而就在这一年，雅典发生了大瘟疫，由于人口从郊区密集于城市，助长了瘟疫的传染，人们把责任归于伯利克里身上，以致他第二年未能当选将军。但是雅典要坚持它的民主制，那末伯罗奔尼撒战争就是不可避免的，而指挥这个战争的最合适的人正是伯利克里，因此不久他又重新执政，但执政不久，他本人也因瘟疫而死于公元前429年。

伯利克里死后，这场战争并未结束，因为打这场战争是雅典奴隶主民主派的既定方针，是他们的利害所在，因此这场战争一直打到公元前404年雅典投降为止。

伯罗奔尼撒战争说明了雅典民主制已经出现了深刻的危机，暴露了自己的

---

① 修昔底斯：《伯罗奔尼撒战争史》，中译本，第103页。
② 普罗塔克：《伯利克里传》，《名人传》，人人丛书，第1卷，第247页。

虚弱。这场战争是雅典民主制衰落的必然结果，而又反过来加速了雅典民主制的衰亡。雅典在这场战争中是注定要失败的。虽然人们可以歌颂古代雅典民主制曾经出现过的一度的繁荣昌盛，但是古代奴隶主的民主制并不是完美无缺的，它同样存在着内在的不可克服的矛盾，战争则是加速这个矛盾发展的催化剂。战争的失败，固然有其军事上、民族感情上[①]等等原因，但这些外在的原因，总不能满意地解答这样一个问题，即为什么曾经如此繁荣昌盛的雅典，这个称霸海上的雅典，这个曾经充满了创造的活力、意气风发的雅典，会败在那样死气沉沉、专制独裁、"落后保守"的斯巴达手里。

也许我们从雅典民主制本身的演变能找到比较更进一步的答案。

三、雅典民主制的危机

自从梭伦改革以来的雅典奴隶主民主制曾经是雅典繁荣昌盛的原因，但曾使近代早期资产阶级学者神往的这种古代民主制远不是完美无缺的理想，而是变化着的人类历史某个阶段的现实。

即使在我们缅怀雅典昔日的昌盛时，我们也不应该忘记这样一个基本事实：雅典的民主制是从古代氏族制度演化出来的奴隶制。雅典民主制的特点是在新的历史条件下、在奴隶制许可的条件下尽可能维持、发展氏族内部的自由、平等，从而如恩格斯所指出的使这个社会的矛盾"已经不再是贵族和平民之间的对立，而是奴隶和自由民之间的对立"[②]。这就是说，雅典公民的自由权是用奴隶的劳动来维持的，一旦奴隶的反抗达到一个新的历史高度而雅典政权又松懈到不能镇压这种反抗以强迫奴隶从事生产的时候，雅典的奴隶制就从根本上动摇了。

1. 雅典自由民作为一个特权阶层

我们已经说过，雅典的民主制是从氏族公社脱颖而来，它一方面在经济上

---

① 还在伯利克里平息萨摩斯班师回到雅典，妇女争献桂冠时，客蒙的姐姐却上前对伯利克里说："你真值得称道，你不是像客蒙那样打腓尼基人和波斯人，而去打盟友。"伯利克里只得赔笑说："老妇人休得讨骂！"（普罗塔克：《伯利克里传》，《名人传》，人人丛书，第252页。）
② 恩格斯：《家庭、私有制和国家的起源》，《马克思恩格斯选集》第4卷，第115页。

破坏氏族公有制,建立包括奴隶在内的财产私有制,另一方面还要在政治上维持氏族公社内部的"自然民主权利",这是雅典政制之所以成为奴隶主民主制的一个历史特点。但是经济是政治的基础,私有制的出现,必然使一部分财产占有者不劳而获,亦即必然使一部分人成为剥削者,大部分人沦为被剥削者。这在古代就是奴隶主和奴隶的阶级分化。这样,雅典自由民努力维持氏族成员内部的公民平等、自由,想方设法来调整贵族和平民之间的关系,抑制豪门大族,照顾贫苦公民,甚至取消债务、减免租税,竭力发扬古代的优秀传统,但却抛弃了古代氏族社会人人劳动的最重要的传统;雅典民主制想方设法维持公民的权利,多设官职、分散权力、还政于民,使人人得以参与政治生活,但却剥夺了自由民的劳动权利;雅典民主制想方设法使公民克尽义务,课富豪以重税,国家困难时动员富人捐赠财产,特别是公民作为一个战士,无论贵贱在战时都要奋勇作战,但却免除了公民从事生产劳动的根本义务。雅典公民可以保持并发展氏族公社这样、那样的特点,但"参加生产劳动"这一基本特点,对于剥削阶级来说,则一去不复返了。

自由民脱离了在当时是十分艰苦的生产劳动,以便有"闲暇"来从事科学、文化事业,这在历史上是一大进步,从此开创了历史上的文明时代。但这个时代是以阶级对立为前提的,即这一部分人的生活,是依赖于剥削多数人的艰苦劳动来维持的。

于是,雅典公民的自由,包括他们从事科学文化的自由在内,在古代是一种特权。雅典的公民在当时是一个人数不多的特权阶层。

雅典的公民人数,从梭伦以来,逐渐有所增加,一方面是人口的增长,另一方面是梭伦曾经鼓励外邦有技术的工匠定居雅典,给以公民权。雅典奴隶的数目,历来学者们没有定论,大体的倾向认为雅典奴隶的数目偏少,因为雅典奴隶大部分用于工矿、手工业及家庭,而用于农业的很少,这是因为这部分的供养主要靠剥削外邦的缘故,但即使如此,却丝毫也不影响自由民和奴隶之间的阶级对立这一基本事实。

这样,雅典的公民既然作为一个特权阶层,就不可能占大多数,这就是为什么伯利克里那样富有民主精神的领袖,却下令削减、控制公民人数的原因。据记载,公元前451年的法律规定,只有父母双方都是雅典公民的人,才能成为雅典公民。这样于公元前441年进行甄别,雅典有近五千户被剥夺了公民权①。对公民人数的削减和限制,充分说明了这个特权阶层是不能过分庞大的,当时的微弱的生产力养不活人数众多的特权阶层。

从以上分析我们可以看出,表面上如此美好的公民自由、权利平等,已经由古代全体人民的"自然民主"变成了少数人的"特权民主",在少数人的圈子里高唱民主自由,当然是难以持久的。

2. 提洛同盟与雅典海上霸权

自由民既然靠奴隶养活,那末奴隶又从何而来?我们知道,雅典人与斯巴达人不同,斯巴达的奴隶是"推出去"的,而雅典的奴隶则是"拉进来"的,即斯巴达人是外来户,把本地土著希洛人化为奴隶,人数则较多,而雅典人靠战争俘虏和海盗掠劫,则人数较少,加之雅典农业薄弱,当时最主要的生活来源则依靠外邦支援,这样,要养活雅典的这一帮"自由分子"就不是一件容易的事,这种客观的、迫切的需要,也使雅典人在历史上发展了自己的特长。

首先是移民。当公民人数多得成为负担,而又没有理由剥夺其公民权时,就向外移民,这就是在古代欧洲,希腊雅典是最大宗主国的原因。直到伯利克里时代,在公元前453至前444年之间,雅典送出的移民不下五千人②。

其次是航海通商,利用海上的优势,展开商业剥削,这也是雅典商业、航海业发达的原因。

这样,我们看到,雅典自由民的生活来源就不仅是居于雅典境内的奴隶,还有地区广大的移民地区和在战争中形成的盟邦。

我们知道,为了抵御波斯的侵略,希腊成立了两个同盟,一个是以斯巴达为首的伯罗奔尼撒同盟,一个是以雅典为首的提洛同盟。

提洛同盟是在共同反对波斯统治的基础上建立起来的,雅典人民协助当地

---

① 这个说法有些学者表示怀疑(参阅爱柏特:《伯利克里和雅典的黄金时代》,第142页),但亚里士多德在《雅典政制》中也记着:"现行宪法的形式如下。凡父母双方均为公民者有公民权,公民在十八岁时在他们村社的名簿中登记。"(中译本,第46页)也许这条法律是指当时父母有一方尚未入雅典公民籍的人,过去是非雅典人,但已入公民籍的就既往不咎了。
② 参阅爱柏特:《伯利克里和雅典的黄金时代》,第135页。

人民从波斯的统治下解放出来,原是有进步意义的。但是随着波希战争的结束,雅典海上的霸权野心受到了内部的经济要求的煽动,就加紧了对盟邦的剥削。为了平息盟邦的反抗,耗费了雅典的大量的精力,有些盟邦陆续退出同盟②,有的则公开反叛雅典。反叛者被伯利克里征服,沦为臣国。盟邦提供船只,而臣国则要贡税,但事实上后来盟邦与臣国亦无多大差别。盟邦内政方面的一切重大事务,如公民的处决、国内大宗开支等,都要由雅典政府来决定②。

更严重的压榨还是在经济方面。公元前454年,伯利克里把原来为共同对付波斯而设立在提洛岛的同盟金库移至雅典,这样,雅典就把这笔公共财产逐渐地据为己有。据说伯利克里就是挪用了这笔款项来资助雅典城的建设,虽然遭到反对,亦行之若素。

这样,雅典与各盟邦的关系就由过去一般的领导和被领导的关系,转变为压榨与被压榨的关系,雅典在实质上就和波斯一样,成为一个海上帝国。很明显,要维持这种关系,要维持一个帝国,光靠商业经济的剥削已经不够,维持一个海上帝国的最根本的手段就只能指望暴力。这一点伯利克里看得一清二楚,他也要向雅典公民尽量灌输这种认识。他在向雅典人民的演说中把这个问题讲得很透:

> 虽然也许有些在突然恐慌状况中,对政治漠不关心的人真的认为放弃这个帝国是一种好的和高尚的事,但是你们已经不可能放弃这个帝国了。事实上你们是靠暴力来维持这个帝国的:过去取得这个帝国可能是错误的,但是现在放弃这个帝国一定是危险的。③

伯利克里从自己执政的经验中深深体会到,要维持雅典的民主制,也就是说,要维持雅典公民的特权,就必须掠夺殖民地和盟邦;雅典大帝国是雅典民主政制的不可避免的结果和理想,因此对待外邦和盟邦的政策,是雅典内部政制所决定了的,当时已无可选择。

然而外邦、盟邦自然是要反抗的。据记载,到公元前446年,雅典从盟邦、臣邦所得到的贡税已相当地减少了,大量的城邦或者退出同盟,或者不纳贡税。

---

① 不无讽刺意味的是,曾经成为波希战争导因的米利都城邦,却于公元前450年早早退出提洛同盟。
② 参阅爱柏特:《伯利克里和雅典的黄金时代》,第284页。
③ 修昔底斯:《伯罗奔尼撒战争史》,中译本,第148页。

在公元前450至前447年，雅典的贡税城邦约为190—200个，而在公元前446至前440年，则减为170个①。于是，与斯巴达争夺希腊霸权，就是雅典奴隶主民主制存在的唯一出路，伯罗奔尼撒战争成为不可避免的了。

3. 雅典自由民的贫困化

我们已经说过，雅典人没有当地土著以供驱使，雅典奴隶的来源主要靠战俘和掠劫，奴隶的人数相对地就比较少，再加上奴隶又不断大量逃跑，给雅典的经济和政治带来了一系列问题。许多学者都说雅典人对待奴隶比别处宽大，这并不是因为雅典的奴隶主一开始就比别处的奴隶主仁慈，而是有深刻的经济原因的。既然奴隶人数相对地较少，就不宜于执行绝对的高压政策，再加上雅典奴隶大都用于工矿、手工业甚至家庭，而少用于农业，这样，有技术的奴隶当然就能得到较好保护，因此雅典法律规定主人不得剥夺奴隶的生命，如果主人杀死奴隶也要负非谋杀罪的责任等等。这样一种政策，在雅典的具体历史条件下，是必要的；但正是在这种条件下，雅典的奴隶主反倒真的带有先天的软弱性。

随着雅典社会的发展，雅典民主制既要维护全体自由民不事生产劳动的空头的民主、自由，就不免出现这样一种怪现象：一般自由民日益贫困，商业财富集中在外邦人手里，甚至某些奴隶特别是技术工匠的生活水平却高于自由民。

恩格斯十分重视这一现象，把它提到了雅典民主制灭亡原因的高度，恩格斯说：

> 但是随着商业和工业的发展，发生了财富积累和集中于少数人手中以及大批自由公民贫困化的现象；摆在自由公民面前的只有两条道路：或者从事手工业去跟奴隶劳动竞争，而这被认为是可耻的、卑贱的职业，并且不会有什么成功；或者变为穷光蛋。他们在当时条件下必不可免地走上了后一条道路；由于他们数量很大，于是就把整个雅典国家引向了灭亡。所以，使雅典灭亡的并不是民主制，象欧洲那些讨好君主的学究们所断言的

---

① 参阅爱柏特：《伯利克里和雅典的黄金时代》，第132页。

那样,而是排斥自由公民劳动的奴隶制。①

在这种情况下,雅典公民的民主、自由,就缺乏坚实的物质基础,成为一种空洞的政治形式。他们平日无所事事,养成了一张能说会道的嘴巴,而他们的胃里经常空空如也,这样一些公民,居然还要去打仗,称霸希腊,只能是自取灭亡了。

由于这种致命的弱点,雅典昔日引以为豪的一切优点,到头来就会成为沉重的负担,成为套在自己脖子上的绞索。金碧辉煌的雅典娜神庙、热闹的戏剧会演成为一种奢侈浪费,滔滔不绝的雄辩成为点缀自由民主、哗众取宠的空文,这一切,都加速了雅典政制的崩溃②。

雅典自由公民的困穷化,说明了雅典的奴隶主已无法维持自己的地位,民主制徒具虚壳,难以为继了。

4. 雅典奴隶主民主制的不可克服的内在矛盾

伯利克里在他执政期间致力于维护公民的政治权利、发展雅典的科学文化和建筑,在人类古代历史上树立了一座光辉灿烂的纪念碑;但是在经济方面,相对地说,他的建树就比较少。

伯利克里既然只能在政治上维护这个雅典公民特权阶层,而无法制止财富的集中、公民内部的贫富分化,于是这个特权阶层的政治权利就越来越缺乏实际的经济基础。长此以往,政治的民主也就成为空话。陪审法庭原本是体现雅典民主、抑制贵族的重要措施,但当公民忙于填饱肚子时,国家的这一点点津贴当然不起什么吸引作用,于是法官的重责落到了无事可做的老弱病残手里③,其威信可想而知。

雅典的民主制,从梭伦以来是靠各种办法(主要是行政的办法和传统的力量)来调整公民之间的关系,使公民内部不致两极分化得过于激烈,而将公民

---

① 恩格斯:《家庭、私有制和国家的起源》,《马克思恩格斯选集》第4卷,第115页。关于当时雅典奴隶的生活情况,可以参考色诺芬在《回忆录》中提供的材料。
② 参阅柯宁汉:《西方的文明》,剑桥,1902年,第120页。
③ 参阅爱柏特:《伯利克里和雅典的黄金时代》,第264页。

划成各种等级，以求各安其位；但随着经济的发展，这种分化是不可控制的。这样，雅典的民主制既不允许公民沦为奴隶去从事物质生产劳动，那末大批的自由公民就由原来的社会的主宰地位实际上转化为社会的累赘。社会要得到进一步发展，奴隶制要得到进一步巩固，必须消灭这个累赘，使政治的权利与经济的富裕一致起来；但消灭这个社会的累赘也就意味着消灭雅典奴隶主民主制本身。果然，雅典的奴隶主民主制无可奈何地在历史上消失了，但奴隶制并没有消失，恰恰相反，奴隶制从马其顿亚历山大帝国以来，经过整个罗马帝国延续、发展了很长一个时期。

雅典的黄金时代已经结束，奴隶制却继续存在。雅典黄金时代如此之短暂，也许是一个历史的悲剧，但雅典的极盛时代也许并非奴隶制的极盛时代；雅典的民主制的要求与奴隶制的进一步发展的客观要求毕竟有不适应的地方，雅典政制的灭亡才是奴隶制发展的必然结果，而奴隶制的进一步发展必定要牺牲雅典的民主制，连同它的自由、民主的精神在内。

正是在雅典民主制面临这样的深刻矛盾的时候，古代希腊哲学结束了它的早期繁荣阶段，孕育着一个新的哲学时代的来临。我们正是从这个角度来理解区分前后苏格拉底哲学的社会意义的。

第二部分　米利都学派的主要哲学范畴

米利都学派是古希腊哲学的初创阶段，以泰利士、阿那克西曼德、阿那克西曼尼为代表。他们是一批自然哲学家，对一些自然现象曾经作过极其朴素的科学观察。他们对这些现象所作的解释的具体内容虽然早已过时，但是他们是古代希腊思想史上第一批科学精神的提倡者。在这种精神的指导下，他们对哲学的基本问题提出了自己的看法，从而在哲学史上占有重要的开创地位。他们提出了欧洲哲学史上最早的一批哲学范畴，我们认为，弄清他们所提出的基本哲学范畴的历史内容，对理解古希腊哲学的进一步发展，对古希腊哲学从伊奥尼亚学派经过毕达哥拉斯学派、赫拉克利特、爱利亚学派等一系列复杂的斗争，向更高的哲学形态——苏格拉底、柏拉图、亚里士多德的哲学的发展，有重要的历史意义。

一、关于泰利士的"始基"（ἀρχή）

一般都以泰利士作为希腊哲学的第一个代表人物不是偶然的。

我们曾经说过，按照马克思的理解，"哲学最初在意识的宗教形式中形成，从而一方面它消灭宗教本身，另一方面从它的积极内容说来，它自己还只在这个理想化的、化为思想的宗教领域内活动。"[①]泰利士正是从宗教神话思想中解放

---
① 《马克思恩格斯全集》第26卷，第26页。

出来、在极朴素的形式上研究哲学问题的第一个代表人物。

梭伦的政治改革,说明了希腊奴隶制国家的进一步形成和在法律上得到巩固,并在古代希腊奠定了奴隶主民主制的基础。这个制度为古代希腊思想从原始宗教发展到自然哲学阶段提供了社会条件。泰利士是意识形态上的梭伦,他宣布了古代神话宇宙观的结束,开始了真正科学的哲学思想的发展阶段。

希腊古代原始公社,和其他原始社会相同,其科学知识水平受到原始宗教神话的严重束缚,这从当时的神话传说、英雄传说中可以明显地看出来。荷马(Homer)的史诗,反映了原始氏族社会向奴隶社会过渡的历史阶段,神话的传说和英雄的传说代替了真实的历史记载,反映了当时的社会状况和知识水平。赫西俄(Hesiod)的《神谱》更进一步地概括了神话传说式的宇宙观,事实上是对人的创造能力的一种朴素的夸大和歪曲。这种神话宇宙观,对人的思想智慧和物质力量的看法还处于很朴素的阶段,基本上把它们看成处于浑沌的统一中,没有真正地分化出来。这就是说,思维和存在的关系这个哲学问题,还没有被有意识地明确地提出来。古代神话传说的哲学意义在于它已经涉及到宇宙的本源问题,而这个问题在当时是和宇宙在时间上的起源这样一个科学问题分不开的。神话传说把这个问题归结为神的创造活动,而自然哲学家则以物质的原因来解释这个问题。但是早期关于宇宙的本源或始基的学说,同时也包含了一种哲学意义,而这种意义,后来经过爱利亚学派,得到了更进一步的发展。

希腊的奴隶制,第一次给唯物主义哲学思想的产生创造了社会条件。恩格斯指出:"古希腊罗马哲学是原始的自发的唯物主义。作为这样的唯物主义,它不能彻底了解思维对物质的关系。"[①]这种原始唯物主义是在和原始的神话宇宙观的斗争中发展起来的。

根据现有的文献材料,泰利士以前的思想家大都是传说中的人物,他们的思想都与神话的猜测分不开。奥尔弗斯这个人带有浓厚的传说色彩,他的思想被一层神话的神秘主义所笼罩,虽然对后世有相当的影响,但还不是真正意义上的哲学。

当然,泰利士的思想并没有完全脱离神话传说的传统,正如亚里士多德所

---

① 《马克思恩格斯全集》第20卷,第151页。

指出的，在泰利士以前很早，人们就把海当成最神圣的东西加以崇拜[1]，奥尔弗斯也说"海是最早有生殖能力的"[2]，这个思想甚至可以追溯到荷马[3]，可见是当时流行的观念。

然而，只有泰利士宣布水是万物的"始基"。

泰利士的哲学思想，我们只有根据别人的著作来了解，因为他自己没有留下任何著作。据亚里士多德的记述，"在那些最初从事哲学思考的人中间，多数人都是只把物质性的始基（τὰς ἐν ὕλης εἴδει μόνας，唯一的一种物质质料）当作万物的始基（ἀρχή）"[4]。这里亚里士多德可能指的就是米利都学派，因为他接着说："这一派哲学的创始人泰利士把水看成始基（因此他宣称地浮在水上）。"[5]对于泰利士的事迹作了比较详细叙述的第欧根尼·拉修斯也说："（泰利士）认为万物的始基（ἀρχή）是水，世界是有生命的，充满了灵气（δαιμόνων）。"[6]

从这些有限的记述里，我们可以看到，以泰利士为首的米利都学派首先提出了一个哲学问题，即万物的"始基"是什么？所谓"始基"，按照亚里士多德的解释，即指"一个东西，如果一切存在物都由它构成，最初都从其中产生，最后又都复归为它（实体常住不变而只是变换它的性状），在他们看来，那就是存在物的原素和始基"[7]。我们觉得，古希腊哲学这个"始基"，用近代哲学的话来说，就是"第一性"的问题，也就是说，在万物中，什么是"第一性"的，什么是派生的、第二性的。不言而喻，这是一个基本的哲学问题，而不仅仅是一个具体的自然科学问题，虽然当时它和自然科学问题是分不开的。在古希腊哲学中，第一个用非常朴素的形式提出这个问题的是泰利士，因此我们认为，把泰利士作为古希腊哲学的第一个代表人物是有理由的[8]。

我们知道，泰利士是七贤之一，其他的贤者留下了一些片断的格言，在拉修斯记载的几封信件中，梭伦也有一些比较深刻的思想。除了"勿匆忙交友，

---

[1] 北京大学哲学系编译：《古希腊罗马哲学》，三联书店1957年版，第4—5页。
[2] D.（Diels：《前苏格拉底》，以后凡引此书，都用D. 代替）I，B 2。
[3] 参阅巴库（R. Baccou）：《希腊科学史》，巴黎，1951年，第50页及D. 11，A 12。
[4] 《古希腊罗马哲学》，第4页。
[5] 同上。
[6] 第欧根尼·拉修斯：《名哲言行录》第1卷，娄柏本，第26页。
[7] 《古希腊罗马哲学》，第4页。
[8] 据巴库在他的《希腊科学史》（第50页）中说，泰利士没有用"ἀρχή"这个概念，可能用的是"φύσις"，但根据亚里士多德和拉修斯等人的记载，都明确地提到"ἀρχή"，所以我们倾向于认为泰利士已经运用了这个概念。

交则勿弃"①外，在政治思想方面，也有一些值得重视的意见。然而，从记载看，他们都没有提出这个"第一性"的哲学问题，所以不一定把他们看作在哲学史上与泰利士有同样的地位。

同时，我们前面已经说过，古希腊人对海的崇拜由来已久，但是一方面，这些传说同样没有提出"ἀρχή"的问题，所以亚里士多德用荷马的原话，海神夫妇是万物之父（ωκεανόν τε γὰρ καὶ τηθὺν ἐποίησαν τῆς γενέσεως πατέρας）②，而并没有"万物起于此又复归于此"的"始基"的意思。关于世界万物的起源问题，当然是很古老的，神话传说的宇宙论，也就是从神话传说的观点来解释宇宙万物的起源，但由赫西俄所总结的这种神话思想，只能用人的生育现象来演化为神的谱系，从而比附万物的最古老的祖先，因而只是时间上更古而已，并没有明确地提高到"第一性"的哲学水平。

ἀρχή 的问题，不仅是个起源问题，而且也是一个归宿问题，是一个基础问题，因而也可以理解为一种"原则"，一种"本源"，正如亚里士多德所指出的，"最初都从其中产生，最后又都复归为它"，这样才能是"第一性"的问题。神话传说的宇宙发生论，虽然臆造出一个诸神的"谱系"，但光有"发生"，那末就不可避免地会有这样一个问题，最早的远祖又是从何而来？这样的问题是无限的，因而不可能有真正的"第一性"的问题。"第一性"的问题必须在一个哲学系统里才能提出。作为世界万物的"始基"、"本源"，本身就是万物发展过程的基础，是"第一性"的，万物由其派生出来，经过发展过程，又复归于它。因为它本身就是一个过程，因而它可以是第一性的，而派生的东西本身又是这个本源的发展的一个阶段（环节），最后又在这个本源性的始基上统一起来。

因此，黑格尔说泰利士的哲学，"并不表现为一个完成了的系统，这并不是由于缺少资料，而是因为最初的哲学还不能有系统"③，这固然是无可非议的，然而我们未尝不可以说，最初的哲学固然不能有完整的系统，而如完全没有系统实际上也就没有了哲学。哲学，即使在其最初的形态，也都有一定的系统性。由别人转述的泰利士那些片断的思想，固然难成系统，比起黑格尔来，自不可

---

① 《名哲言行录》第1卷，娄柏本，第60页。
② D. 11, A 12.
③ 黑格尔：《哲学史讲演录》第1卷，三联书店1956年版，第181页。

同日而语，但"ἀρχή"本身就是一个系统，万物起源于此，又复归于此，本身就是一个发展过程，这一点是应该指明的。

其次，我们还应该看到，泰利士的"始基"是物质性的，这就是说，古希腊哲学的第一个形态是唯物主义的。

正如恩格斯多次指出的，思维与存在的关系问题在古希腊哲学家那里，还不是那样清楚、自觉的，因此"第一性"的问题在他们那里也不是那样明确地针对思维与存在的关系问题，他们的问题主要集中于：在万事万物中什么是第一性的，而不是思维与存在哪个是第一性的。然而，应该说明的是，相对于原始人类的神话观念来说，米利都学派则明确地把自己的学说建立在唯物主义基础上。

根据文献记载，泰利士对于天文学、气象学、几何学都有过研究，传说他曾到埃及学过科学，写过论冬至、夏至和春分、秋分的书，特别是他曾相当准确地预言过一次日蚀。现代研究者认为如同巴比伦人那样，泰利士当时可以根据相当少的观察知识预测到这次日蚀[①]。这就是说，在泰利士那里，已经突破了神话观念对自然现象的猜测附会，而努力以自然本身的原因加以说明。泰利士以同样的精神来对待世界的本源问题。据亚里士多德的解释，泰利士之所以认为万物的始基是水，并不仅是传统的海洋崇拜，也是他自己观察的结果，"他之所以得到这个看法，也许是由于观察到万物都以湿的东西为滋养料，以及热本身就是从潮湿中产生，并且靠潮湿来保持的（万物从其中产生的东西就是万物的始基）。他得到这种看法，可能是由于这个缘故；也可能是由于万物的种子就其本性说是潮湿的，而水则是潮湿的东西的本性的来源。"[②]因此，泰利士规定水为万物之本源，与传统的海水崇拜包含着对立的哲学原则，泰利士是从经验的观察中，从自然本身的现象中来理解第一性的问题的。

我们还注意到，泰利士这种朴素的唯物主义观点是和同样朴素的辩证法思想联系在一起的。

原始民族的神话传说和各种原始自然崇拜，表现了普遍存在着的"物活论"思想，这是在神话外衣下的最原始、最朴素的辩证思想的萌芽。人是以自身的

---

① 参见柏奈特（Burnet）：《早期希腊哲学》，伦敦，1958年，第4版，第41页。
② 《古希腊罗马哲学》，第4页。

活动特点来比附自然界的运动变化的,同时也要用自然的原因来解释人的活动的特点,人和自然还处于不可分割的统一体中,思维和存在的区别,还没有被人充分自觉地意识到。从这个角度来考察关于泰利士的思想的记载,可以看到他的朴素的辩证法思想是和原始的"物活论"有一定的联系的。"ψυχή"是作为离最初的意义不远的含意来理解的,或许译成"呼气"更为确切,但它是作为一种活动的原则,生命的原则,普遍存在于万物之中。亚里士多德注意到这种思想的原始意义,他说:"人们还说,灵魂(ψυχή)是作为组成部分存在于全宇宙之中的,泰利士也许就是因此得到万物都充满着神灵这个看法的"①。又说:"根据关于泰利士的记载来判断,他似乎是把灵魂看成某种具有引起运动的能力的东西,如果他确实说过'磁石有灵魂,因为它吸动铁'这句话的话"②,从这个观点来解释拉修斯关于"灵气"、"灵魂不灭"的记载似乎是不矛盾的。现代大多数研究者都倾向于用物质运动的原因来解释泰利士关于"灵魂"的学说,不是没有道理的。当然这里也应该指出,正如恩格斯说的,泰利士对于"灵魂"的看法"已经包藏着后来分裂的种子"③。

二、关于阿那克西曼德的"无定形"(ἄπειρον)

米利都学派中紧接着泰利士的是阿那西克曼德和阿那克西曼尼,但是就在这样一些以具体物质形态作为宇宙始基的早期唯物主义哲学学派中,阿那克西曼德却提出了一个"ἄπειρον"使得后人迷惑不解、聚讼纷纭,原因是"ἄπειρον"如作为近代哲学的"无限"解,那么阿那克西曼德就要成为米利都学派"超时代"的"天才",又怎样和他们前后相衔接呢?于是,对于阿那克西曼德就有种种不同的评价。

因为"ἄπειρον"这个概念的理解受近代哲学的影响而提得太高,因此有人认为从思想发展来看,阿那克西曼德应晚于阿那克西曼尼,如谢林对黑格尔那样,虽然从时间上说,前者早于后者,从学说的深度上后者早于前者④。我们看

---

① 《古希腊罗马哲学》,第5、5—6页。
② 同上。
③ 恩格斯:《自然辩证法》,人民出版社1971年版,第166页。
④ 参阅蔡勒(Zeller):《希腊哲学史》(英译)第1卷,介绍Strümpell观点。

到这是由于对"ἄπειρον"的片面理解而产生的时间上的错误；与此类似，有些人虽然不愿颠倒时序，却认为阿那克西曼德的贡献要比阿那克西曼尼大，甚至认为阿那克西曼尼的哲学是一种"倒退"①，事实上这种观点也是从不切实际地理解阿那克西曼德的"ἄπειρον"出发，从而看不出米利都学派各大家之间的真实历史联系的缘故。

关键在于如何历史地、恰当地理解阿那克西曼德所提出的"ἄπειρον"。

我们认为，作为泰利士的继承者、米利都唯物主义学派的杰出代表，阿那克西曼德的"ἄπειρον"这个概念是承上启下、合乎历史的和思想的发展规律的。"ἄπειρον"我们暂先把它译成"无定形的"②，阿那克西曼德之所以提出这个概念，正是为了进一步解释泰利士提出的万物之始基——水的具体哲学特性。

我们知道，根据亚里士多德的意见，古代自然哲学家（包括米利都学派在内）都认为物质的东西是万物之始基，至于是何种物质则其说不一。因此，我们应该认为阿那克西曼德在这一点上也不例外。

这样，我们认为，阿那克西曼德的"ἄπειρον"不是一种实体，而是一种属性③，这就是说，阿那克西曼德提出这个"无定形"是为了来形容、说明泰利士提出的万物始基的。我们的理由如下。

首先，正如许多研究者都注意到的，亚里士多德在介绍从泰利士到阿那克西曼尼等人关于始基的学说时，竟然没有提到阿那克西曼德④，但研究者们对这一现象的解释都不是很有力的。根据我们的看法，亚里士多德之所以在这里不提阿那克西曼德，当然不是疏忽，也不是像柏拉图那样把"ἄπειρον"当作精神原则⑤，而是因为阿那克西曼德只是发挥泰利士的学说，并没有提出一种新的始基来。

---

① 参看蔡勒：《希腊哲学史》（英译）第1卷中介绍Haym的观点，以及巴库：《希腊科学史》（巴黎，1951年），第79页；塞列克曼（P. Seligman）：《阿那克西曼德的Aperiron》（伦敦大学，1962年）一书，也有这种倾向。
② 参看弗兰克（H. Fränkel）：《早期希腊思想的方法与形式》，1955年，慕尼黑，第227页。他认为这个字有两个意思，一为unbegrenzt，一为unbestiment，我们认为在阿那克西曼德提出"ἄπειρον"这个阶段，其意义主要是后者，而且主要还是形状上的，不是性质上的，性质上是确定的，有一个具体的物质形态，ἄπειρον一直到阿那克萨哥拉才有更全面的意义（参阅本书阿那克萨哥拉部分）。
③ 这本来是蔡勒的意见，但他似乎没有把这个发现更进一步地发挥下去。见《希腊哲学史》（英译）第1卷，第180页。
④ 见亚里士多德：《形而上学》，983 b 15—984a 15。
⑤ 参阅蔡勒：《希腊哲学史》（英译）第1卷，第228页及该页注二。

其次，根据第欧根尼·拉修斯的记载："普拉克夏德的儿子阿那克西曼德，是米利都本地人。他认为始基和原素是'无定形的'，然而却没有指明这个始基究竟是空气，是水，还是别的东西。他认为部分是变化的，而全体则不变……"①这里的意思是：阿那克西曼德指出始基有一个本质特性，即是"无定形的"，但没有说明这个始基究竟是什么具体的物质。

再次，辛普里丘（Simplicius）在《物理学》中说："米利都的阿那克西曼德是普拉克夏德的儿子，泰利士的继承人。他被认为是那些说始基是唯一并且能动和无限的人之一。他说一切存在物的始基和原素是无定形的，他是第一个用这个名词来描述始基的。他说始基并不是水，也不是大家所承认的任何其他原素，而是另一种不同的物体，这种物体是无定形的……"②这和拉修斯的说法是完全一致的。这就是说，他第一个指出始基是无定形的，但他不认为是水或其他原素，要找出另一种原素来；至于这种物体是什么，他似乎没有说明，他明确提出的，只是作为始基物体的本质属性：无定形的③。

另外，我们还可以举出艾修斯关于这个问题的大同小异的叙述，他认为因为阿那克西曼德没有指出这个无定形的始基是什么物体而应该受到责备④，但可能艾修斯自己当时也已经把"ἄπειρον"当成一个实体了。

最后，从亚里士多德《物理学》对于"无定形"的解释也可以看出，阿那克西曼德用这个概念是进一步阐明泰利士的"始基"的。亚里士多德说："任何一件东西，若不是始基，就是从一个始基里产生出来的；然而'无限'（'无定形'）没有它的始基，因为说'无限'（'无定形'）有它的始基就是说它有限（'有定形'）。"⑤当然，亚里士多德这里也有把"无定形"当作实体看的倾向，但他主要还是解释，为什么始基是无定形的。

现在我们再进一步来研究一下阿那克西曼德的"ἄπειρον"究竟是什么意思。我们不能脱离当时的历史条件来拔高这个概念，我们认为，这个概念应该

---

① 参考《古希腊罗马哲学》，第6页，译文有所改变。重要的是：从文意来看，διορίζων 这个分词所管的是 ἀρχήν 和 στοιχεῖον，而不是 ἄπειρον。
② 参考《古希腊罗马哲学》，第7页。译文有所改变。
③ 紧接着这个意思，按北大译文是："很显然地，他是由于观察四种原素互相转化的途径，因而想到不以其中某一原素，而以另一种高于这一切原素的东西为基质才合适。"（第7页）这里"高于"原文为"παρὰ ταῦτα"，不是"ὑπέρ ταῦτα"，所以应译为"与这些原素不同的"，是"不同"，而不是"高于"。
④ 参阅 D. 12，A 14。
⑤ 《古希腊罗马哲学》，第8页。

如实地被解作：没有边缘的、无定形的、无定状的，在这个意义下可以解作"无限的"。"水"是无定形的，它本身没有"边缘"，它是活动的、变化的。后来，阿那克西曼尼的"气"，也是"无定形的"，"没有固定边缘的"，所以他才能说"万物的始基是无定形的气"①这样的话。

这里反映了古代朴素唯物主义思想和朴素的辩证法思想常常是紧密联系在一起的。他们看万物是变化的，因而作为万物的基础的始基就不能是固定不变的物体。水是流动的，"无边的"，由水可以产生万物，气也是这样。据阿那克西曼德的思想，始基是无定形的，运动的，所以才能产生万物。又根据亚里士多德的记载，阿那克西曼德还认为始基里包含着对立的力量，万物就是从这种运动中分裂出来的。亚里士多德指出："这些人（阿那克西曼德、恩培多克勒、阿那克萨哥拉）便认为万物是借分离而从混沌中产生出来的"②。当然这种思想，一直可以追溯到赫西俄的"混沌创世"说，但阿那克西曼德按照泰利士的唯物主义路线提出的"ἄπειρον"，则把神话创世说的世界观改造了，指出含有对立力量的无定的物质始基，万物起于此复归于此。

我们可以肯定的是，阿那克西曼德没有提出新的物质作为万物的始基，而只是进一步阐述泰利士关于始基的学说，他对泰利士学说的发展主要是：1. 提出了始基的特性是"ἄπειρον"；2. 始基有对立两种力量（冷和热）；3. 万物由始基通过对立力量分裂出来。根据这些思想，我们可以作出一种猜测，即阿那克西曼德可能仍然同意泰利士提出的水作为万物的始基，而只是进一步对水之所以是万物的始基的理由作出哲学上的说明。

这方面的证据当然是很不充分的。从消极方面说，拉修斯说阿那克西曼德没有指出这个始基是什么，而辛普里丘则说他要另找一个物质作始基，但在谈到阿那克西曼尼时又说阿那克西曼尼"不像阿那克西曼德那样没有指定一种物质"③，可见，阿那克西曼德似乎并没有打算提出新的物质作始基。

从积极方面说，我们似乎只有一条材料间接说明这个问题："泰利士的同乡阿那克西曼德说，水是最老的始基，是永恒的运动，由水产生一切，一切又复

---

① 第欧根尼·拉修斯：《名哲言行录》；D. 13, A 1, 参见《古希腊罗马哲学》，第11页。这里把ἀήρ译为"空气"似不确切，笼统地译"气"为好。
② 《古希腊罗马哲学》，第7页。
③ D. 13, A 5. 这里辛普里丘慎重地用了一个由动词变来的ἀόριστον，而不是ἄπειρον。

归于水"①，这条材料如果可靠，那末说明阿那克西曼德同样也认为水是万物的始基，但他的着重点是说明始基的哲学性质，对于究竟是什么物质，阿那克西曼德并没有专门论述，所以被认为"没有指明何种物质"。

由此可见，有一种意见认为"ἄπειρον"在数量上是无限的，在性质上是不定的②，我们认为是不太可靠的。我们知道，关于"ἄπειρον"在数量上和空间上的关系，是阿那克西曼尼提出的，而阿那克西曼德并没有从积极方面指出始基在性质上是"不定的"，只是从消极方面并没提出什么新意见而已。

正因为阿那克西曼德对于始基并没有提出一种新的物质，同时也是由于后人对"ἄπειρον"作为一种属性的真实含意没有弄清楚，所以出现了许多猜测和解释，如"混合"说，"中间物质"说等等③，这些解释都被德国近代浪漫派重要代表施莱马哈（Schleiermacher）反驳了，但对于阿那克西曼德关于始基和ἄπειρον的正面主张，施莱马哈也没有作出比较确切的解释，因而常常回到"混合"说的立场④。

从以上的初步分析来看，阿那克西曼德是泰利士的直接继承者，他的"ἄπειρον"是对泰利士关于万物的物质始基学说的进一步说明和发挥。他的冷热对立运动的观点是一种朴素辩证法思想的表现，这种思想，又包含在他的无定形物质始基的基本原则之中。所以，阿那克西曼德在古代希腊哲学思想史上的贡献是无可否认的。

三、关于阿那克西曼尼的"气"（ἀήρ）

在弄清楚了阿那克西曼德的"ἄπειρον"之后，对于阿那克西曼尼的哲学思

---

① D. 12，A 12. 被认为是亚里士多德的"伪作"《论梅里索斯、克萨诺芬尼、高尔基亚》中有一条材料说："再者，这里并不妨碍万物有同一种性质的原型，如阿那克西曼德和阿那克西曼尼所说的，阿那克西曼德说，万物是水，阿那克西曼尼说是气……" 当然，这一条也只能作参考。(D. 30，A 5，C. 2〈10〉) 也许，阿那克西曼德之所以不用ἄπειρος而用中性的τό ἄπειρον，是为了与泰利士的水（τό ὕδωρ）取得一致。
② 参见巴库：《希腊科学史》，第73页。但巴库承认阿那克西曼德本身没有区别ἄπειρον的量和质两个方面（第70页）。
③ 这方面可以参阅洛宰（F. Lütze）的《关于阿那克西曼德的ἄπειρον》（莱比锡，1878年），他对各派的学说有详细的评介。
④ 同上书，第21页。在研究了大量材料之后，洛宰仍然说："既然真正的'混合'和潜能对阿那克西曼德的立场来说是不可能的，ἄπειρον作为某种物质而同时没有特性又是一个不可解决的矛盾，而且既然是某种物质的东西而又不是原素——对那个时代来说，除了原素外不知道其他的原始物质材料——那末，就该认为有一种介乎两者之间的东西存在。"（第123页）可见洛宰同样没有理解ἄπειρον的真实含义。

想也就容易理解和评价了。

首先，他和阿那克西曼德一样认为始基是物质的、无定形的，所不同的只是他明确提出一种新的物质形态——气，以代替泰利士的水。根据辛普里丘的记载："欧吕斯特拉特的儿子，米利都的阿那克西曼尼，是阿那克西曼德的朋友，也和他一样主张自然界的基质是无定形的；不过他不像阿那克西曼德那样没有指定一种物体，而是指出气为万物的始基。"①

然而，在这个问题上，在始基的性质问题上，在对 ἄπειρον 的理解上，阿那克西曼尼又比阿那克西曼德进了一步，他把始基的无定形性分成在数量上的（κατά πλῆθος）和在大小（空间）上的（κατά μέγεθος）。辛普里丘在谈到这个问题时说，"应该承认，有些东西在数量上是无限制的或有限制的，如同人们常说的'始基'那样，有一些东西在大小上是有限制或无限制的。"②关于这一点，根据（伪）普鲁塔克的著作则更为清楚："据说，阿那克西曼尼认为万物的始基是气，一方面它在大小上（μεγέθει）是无定的，另方面在性质上（ποιότησι）又是确定的。"③

气和水一样，也是一种运动的原则，在这方面，阿那克西曼尼和阿那克西曼德是一样的，认为冷和热是两种对立的力量，推动着事物的运动和发展。

然而，阿那克西曼尼为什么不满意泰利士的"水"，而另提出一个"气"？对这个问题，当然我们也可以简单地回答为一种偶然的选择，但是如果我们联系其他材料，可以看出，阿那克西曼尼之所以舍水而要气，也不是没有原因的④。

我们知道，古代哲学家对于运动、生命和"灵魂"的看法，往往是纠缠在一起的。"精神"与"灵魂"还没有完全分化，"灵魂"作为一种活动的动力似乎是到处存在的，这是古代的"物活论"。由于这种传统，泰利士才说琥珀有"灵魂"，亚里士多德才说："那些在'无限'（"无定形"）以外不假定别种原因如'心灵'（νοῦς）和'爱'（φιλία）的人，就是持这种意见的，这就是神，因

---

① 参考《古希腊罗马哲学》，第11页。译文有修改。
② D. 13，A 5.
③ 参考《古希腊罗马哲学》，第12页。译文有修改。
④ 至于阿那克西曼尼的"气"和泰利士的"水"之间的历史渊源关系，我们可以作一种猜测，即阿那克西曼尼的"气"是类似一种"水气"的东西，所以后来赫拉克利特提出"火"以后，又有"火气"的说法（参阅本书赫拉克利特部分）。

为它是不死的和不灭的。这是阿那克西曼德和多数自然哲学家的共同主张。"①
在古代哲学家那里，万物的始基和运动的动力是一个意思，因而与灵魂（活的物体的特性）就有相当的联系。这种联系是阿那克西曼尼第一次自觉地提出的。泰利士的水固然是活动的，可以是运动的原则，但要把水和灵魂直接联系起来，还有相当的困难；阿那克西曼尼发现气一方面具有活动的无定形性（ἄπειρον），另一方面却可以和灵魂直接联系起来。

我们知道，在人类早期的思想意识中，灵魂就是"灵气"（ψυχή），是一种物质性的东西，而与阿那克萨哥拉的νοῦς是有一定区别的，这一点亚里士多德说得很对，只有到了阿那克萨哥拉才把νοῦς（精神）与σῶμα（肉体）对立起来②，标志着希腊哲学进入一个新的境界。阿那克西曼尼还是从朴素唯物主义立场来对待灵魂和气的关系的，他认为灵魂（ψυχή）就是气（ἀήρ）。他说："正如我们的灵魂是空气，并且通过灵魂使我们结成一体一样，嘘气（πνεῦμα）和气（ἀήρ）也包围着整个世界。"③不仅如此，阿那克西曼尼甚至认为气就是神④。神也是由气产生的⑤，这仍然是一种在"物活论"外衣下的朴素的唯物主义思想。

然而，把万物的物质始基和灵魂、神（尽管基本上作物质性的理解）联系起来，不能不说是一种很大的变化。阿那克西曼尼这种朴素的观点后来渐渐被歪曲了。先是新柏拉图主义者奥林匹奥德（Olympiodorus）提出一种解释，说阿那克西曼尼的气是接近非物体的东西（ἀσώματος）⑥，如果这条材料不可靠，那末后来经过西塞罗（Cicero）等人的歪曲，阿那克西曼尼就可以和唯心主义甚至后来的宗教思想调和起来了。他们夸大阿那克西曼尼关于气和神、灵魂联系的思想，为他们所理解的神的宗教观念辩护。西塞罗说："阿那克西曼尼认为带有神性的气产生一切，是无边无限的、经常运动的，因为神是没有任何形状的，特别是他认为神是最美的，决不由任何有死之物产生。"⑦奥古斯丁（Augustine）则更进一步指出："阿那克西曼德的后继者、学生是阿那克西曼尼，他认为无限

---

① 《古希腊罗马哲学》，第8页。
② 参阅亚里士多德：《形而上学》，第一卷，第三章984b。参阅本书阿那克萨哥拉部分。
③ 《古希腊罗马哲学》，第13页。译文有改变。
④ D. 13，A 10，艾修斯记载。
⑤ D. 13，A 7，希波里特（Hippolytus）记载。
⑥ D. 13，B 3，此处ἀσώματος如作"非固体物"解，则又别论。
⑦ D. 13，A 10。

的气是一切事物的原因,但并不否认神的存在……"[1]

当然,一方面我们要看到在气与神、灵魂的关系方面,阿那克西曼尼提出了新问题、开辟了新方向;但另一方面,我们不能跟在西塞罗和奥古斯丁后面认为阿那克西曼尼就是一个唯心主义者或后来意义上的宗教哲学家。阿那克西曼尼还是一个米利都学派的唯物主义者,他在对自然的观察研究方面超过了泰利士和阿那克西曼德,这是近代学者所公认的[2]。

我们看到,只要我们对泰利士的"始基"、阿那克西曼德的"无定形"和阿那克西曼尼的"气"有一个历史的、恰当的理解,米利都学派这三大家思想的内在发展线索是不难理清的。从泰利士的始基,经过阿那克西曼德的"无定形",归于阿那克西曼尼的气,其中发展线索还是比较清楚的。他们三个人都对唯物主义的世界观的形成有重要的贡献,忽略其中任何一位都是与历史事实不符合的,而这种不符合历史的评价主要表现在贬低前后两位而不适当地抬高阿那克西曼德。之所以有这种偏向的原因,是用现代的眼光来解释阿那克西曼德的"ἄπειρον",从而不能理解这个概念与泰利士的始基和阿那克西曼尼的气之间的历史联系。

经过以上分析,我们对米利都学派就可能有一个比较完整的看法,即他们都认为无定形的水或(水)气为万物的始基,根据这一基本认识,我们就可以进一步研究与米利都学派对立的南意大利学派,找出它们之间的真正的历史区别。

---

[1] D. 13,A 10.
[2] 参阅蔡勒《希腊哲学史》有关阿那克西曼尼的评价及柏奈特《早期希腊哲学》有关的评价。

第三部分　南意大利学派的创始人
——毕达哥拉斯的哲学学说

毕达哥拉斯和毕达哥拉斯学派在古希腊哲学发展史上起过极其重要的作用，这个学派对于苏格拉底、柏拉图的影响是无可否认的。但是，对于这样一个重要的学派，我们却没有足够的历史材料。在关于毕达哥拉斯和他的学派给我们提供的文字材料中，神话的传说大大超过真实的历史资料，要从一大堆传说故事中分析出真正的历史事实，是一件非常复杂细致、有时似乎是繁琐的工作。欧洲学者从十九世纪以来，着手用比较科学的方法来分析历史资料，不断地取得了一些成绩，但至今有些问题还没有彻底解决。

由于毕达哥拉斯本人没有留下任何著作[①]，所以在研究他的学说时首先遇到的一个问题就是依据哪些材料才比较可靠？哪些人的记述或转述比较接近毕达哥拉斯的真实思想？

近代研究古希腊哲学成绩卓著的德国学者蔡勒在剔除伪书方面下了很大的工夫，有很大的贡献。但根据最近的一些学者的意见，觉得他过于贬低了后期记述的价值，凡是后期转述的，蔡勒都不予重视[②]。这样，关于毕达哥拉斯的生平和学说，几乎就没有多少可信的材料了。现代的研究者又重新肯定了后期记述的价值，当然只有在剔除其神话传说的成分之后，在科学思想的指导下加以整理研究才能得出合乎历史真实的结论。

---

① 有的说他根本没有著作，有的说他有著作而失散了。
② 见柏克尔特（Burkert）：《智慧和科学》，纽伦堡，1912年，第5页。

这样，对毕达哥拉斯学派，除了柏拉图、亚里士多德的记述外，还有一些重要材料如新柏拉图主义者扬别利柯斯（Iamblicus）和三世纪的萨克都斯（Sextus Empiricus）等人的著作，又得到了足够的重视。

关于毕达哥拉斯的传说材料非常多，其中与其思想发展有比较重要联系的，我们认为是他的几次国内外的旅行。蔡勒对毕达哥拉斯几次国外旅行都持怀疑态度，认为证据不足[①]，但是蔡勒也提不出积极的反证来证明毕达哥拉斯没有或不可能有这几次旅行。我们认为，关于毕达哥拉斯埃及、巴比伦之行，一方面有希罗多德这样的历史家提供线索[②]，另一方面从柏拉图、亚里士多德以来的大思想家对此事都没有提出疑义，所以我们倾向于肯定毕达哥拉斯的几次出国旅行。同时，我们还应该指出，毕达哥拉斯这几次国内外的旅行，对他的思想和理论的形成是起了重要作用的，从思想发展的渊源来看，我们也倾向于肯定这几次旅行。

我们认为，毕达哥拉斯这几次旅行，对于他的自然科学思想、哲学思想和宗教思想这三个方面，都有着重要影响。

在古代希腊哲学克服宗教神话影响的过程中，毕达哥拉斯起着两个方面的作用。一方面，与米利都学派一样，他是科学精神的捍卫者，以物质世界的数量关系，解释万物的本质，为从自然科学的量的关系来研究世界提供了理论基础；另一方面，比起米利都学派来，毕达哥拉斯的学说又具有更多的宗教神话性质，表现了更多的宗教色彩，这和他接受了多方面的思想影响有关。

我们知道，毕达哥拉斯首先是个自然科学家，他对古代自然科学、数学、几何学的发展作出了重大的贡献，所谓"毕达哥拉斯定理"至今还是很著名的，相传他发现了这个定理后，真的杀一百条牛祭祀以示庆祝。毕达哥拉斯在自然科学、数学方面的成就站在古代希腊思想家的前列，也许他到过埃及在僧院里长期学习几何学和在巴比伦学习了数学有很大的关系；另一方面他当然也受到了当时埃及宗教思想的影响，特别是把灵魂不灭、轮回说带到了希腊，与希腊原有的奥尔弗斯神秘学说结合了起来，对苏格拉底、柏拉图产生了很大的影响；与此同时，毕达哥拉斯又把他学来的数学思想与当时希腊流行的朴素唯物

---

① 见蔡勒：《希腊哲学史》（英译）第1卷，第328—335页。
② 希罗多德只提出事实而没有指出毕氏的名字，故只能说是"线索"。

主义伊奥尼亚学派的思想结合起来，加以发展，建立了以数为核心的哲学理论，这种思想进一步抽象化，就为古希腊哲学从唯物主义向唯心主义转化作好了准备。至于他的伦理、道德思想，或政治思想，则本质上是斯巴达、多利安式的，因而也是与埃及的种姓制度有相似之点的。

应该指出，这几个方面的思想，当然是有联系的，是相互影响的，但是，从现在掌握的材料来看，毕达哥拉斯还没有把这四个方面完全联结成一个有机的体系，这当然和古代的思想、理论概括的水平有关系。正如列宁在评论毕达哥拉斯时说的"科学思维的萌芽同宗教、神话之类的幻想的一种联系"[1]。列宁这一论断，对于理解古代希腊哲学学说的特点是十分重要的。不仅毕达哥拉斯，在其他古代哲学家的思想体系中，也经常会发现一些相互对立的观点和把各种矛盾的学说凑在一起的现象。蔡勒在研究毕达哥拉斯的学说时，从思想材料的分析中也看到了这一特点，譬如，他曾经指出，毕达哥拉斯并没有把宗教与哲学有意识地结合起来[2]。但是，蔡勒并没有解释这种现象的原因，依我们看来，之所以出现这种脱节的现象，可能与他的思想的来源不同有关，即宗教的思想，是从埃及贩卖来的，而哲学则是创造性地把数学科学与伊奥尼亚学派的哲学思想结合起来的成果，或者更确切地说，是以数学科学的精神，改造伊奥尼亚学派的结果。

一、"数"作为世界的始基

这一部分涉及到毕达哥拉斯的主要哲学思想，是我们研究的重点。

我们认为，毕达哥拉斯的哲学思想，是和古代希腊整个哲学思想的发展一致的，他对当时著名哲学家提出的哲学问题用数学的精神作出了新的回答，提出了与伊奥尼亚学派不同的看法，因而独树一帜，自成一家，成为与米利都对峙的南意大利学派的首领。

有一种传说，阿那克西曼德曾经是他的老师，扬别利柯斯也提到他与泰利士的关系。根据蔡勒的研究，毕达哥拉斯很可能直接或间接地读到过阿那克西

---

[1] 列宁：《哲学笔记》，人民出版社1971年版，第275页。
[2] 蔡勒：《希腊哲学史》（英译）第1卷，第489—490页。

曼德的著作①。我们觉得，肯定这一点，对于理解毕达哥拉斯的哲学思想是有重要意义的。从毕达哥拉斯的哲学思想实质来看，他心目中的哲学问题，显然仍然是泰利士、阿那克西曼德等米利都学派提出的关于世界的始基和对立面的问题，也就是第一性的问题和朴素的辩证法思想。

1."数"的物质基础

现代研究毕达哥拉斯学派的重要著作《智慧和科学》一书的作者柏克尔特曾提出关于毕达哥拉斯的三大难题：① 克罗敦屠杀时毕达哥拉斯在场否？② 毕达哥拉斯之数是物体的还是非物体的？③ 毕达哥拉斯认为地球运动否？柏克尔特认为，目前的研究并未能得出肯定的回答②。这三个问题中，除第一个属于政治活动和生平事迹的考证外，其他两个正好涉及哲学问题的两个重要的方面。我们现在来研究一下第一个方面：在毕达哥拉斯那里，"数"是物体的，还是非物体的？

我们知道，自从普罗塔克和一世纪前后的安东尼奥斯（Antonius）、梯亚那的阿波罗尼奥斯（Appollonius of Tyana）这些僧侣把毕达哥拉斯神秘化以后③，毕达哥拉斯的学说，就可悲地被蒙上了一层神秘主义、唯心主义的"圣光"。特别是在哲学基本问题上，毕达哥拉斯提出了一个"数"来，很容易从唯心主义方面加以发展和解释，这样，毕达哥拉斯就完全成了古代希腊唯心主义代表人物之一。

我们知道，黑格尔在他的哲学史讲演里，从唯心主义发展史的立场方面，对毕达哥拉斯哲学作了发挥。他指出，毕达哥拉斯提出"数"作为一个哲学基本概念是一个大胆的思想，"它把一般观念认为存在或真实的一切，都一下打倒了，把感性的实体取消了，把它造成了思想实体"④，并认为毕达哥拉斯"把数当作概念"⑤。因此，关于毕达哥拉斯在古希腊哲学史上的地位，黑格尔确定为：从实在论哲学到理智哲学的过渡⑥。

---

① 蔡勒：《希腊哲学史》（英译）第1卷，第517页。
② 柏克尔特：《智慧和科学》，第9页。
③ 参见巴库：《希腊科学史》，第93—94页。
④ 黑格尔：《哲学史讲演录》第1卷，中译本，第218页。
⑤ 同上书，第220页。
⑥ 同上书，第217页。

我们认为，黑格尔这种影响颇大的看法是很成问题的，他对古代资料的利用，不是十分严密的，他所引用的柏拉图、亚里士多德和萨克苏斯的资料，对毕达哥拉斯来说，都不是直接的，而且时常把毕达哥拉斯与柏拉图混同起来①，不重视亚里士多德曾经明确提到过的毕达哥拉斯与柏拉图之间的区别。这当然也是一般的偏见，只不过黑格尔从自己的绝对唯心主义基本哲学观点加以发挥罢了。

与此相反，近代对于古希腊哲学作历史研究的学者，大部分都倾向于肯定毕达哥拉斯的"数"是有物质基础的，也就是说，是与具体物体的数的关系分不开的。

蔡勒在研究前苏格拉底思想时恪守一条界限，他坚信亚里士多德在《形而上学》第一卷第三章984b中所说的，只有到了阿那克萨哥拉，才明确区分了精神与物体，所以他说，毕达哥拉斯本人并没有明确说数是非物体的，因为他根本还没有意识到物体与非物体之间的区别②；柏奈特在他的名著《早期希腊哲学》中，更大量地举出材料，说明毕达哥拉斯的"数"是与具体物体分不开的。

当然，这种研究也有一种片面性，即他们竭力掩盖古代希腊哲学家思想中两条路线的斗争，因为，正如恩格斯所指出的，"虽然古希腊人的整个宇宙观具有素朴唯物主义的性质，但是在他们那里已经包藏着后来分裂的种子。早在泰勒斯（即泰利士——引者）那里，灵魂就被看作某种特殊的东西，某种和肉体不同的东西（比如他认为磁石也有灵魂）；……"③无疑，在毕达哥拉斯的哲学思想中，同样也有古代希腊哲学家的问题，并且完全应该说，这种神秘主义、唯心主义"分裂"倾向，在毕达哥拉斯那里表现得更加明显、严重。因此，具体分析毕达哥拉斯"数"的理论中的矛盾，对于理解这个学派的历史地位当然是十分重要的。

在转述毕达哥拉斯哲学思想方面，最有权威的材料，还是亚里士多德提供的④，因而我们首先当然要分析他的资料。

下面先引述亚里士多德《形而上学》第一卷第五章一段关于毕达哥拉斯学

---

① 参见黑格尔：《哲学史讲演录》第1卷（中译本）第218页中引述亚里士多德对柏拉图关于数的学说。
② 蔡勒：《希腊哲学史》（英译）第1卷，第410—411页。
③ 恩格斯：《自然辩证法》，第166页。
④ 柏克尔特：《智慧和科学》："虽然亚里士多德论述有许多错误，但在缺乏别的资料的情况下，不得不利用他的记述"（第26页）。

派的著名的话,这段话是:

> 与此同时(即与留基波等同时——引者),或更早于此,被称做毕达哥拉斯学派的人研究数学,首先把数学引入希腊。由于研究数学,他们认为数学的原则(ἀρχὴ)是一切事物的原则。因此,数按其本性来说是第一性的。在他们看来,在数中,要比在火、土、水中更能看到与一切存在和变化之物共同的东西,更能看出,哪种数是"正义的",哪种数是精神、心灵,哪种是"合时的",等等。同时,他们在数的和谐中,看到逻辑规律(特性),因为他们认为,一切别的事物的本性都是由数造成的,因而数在一切本性中是第一位的,他们认为数的原素就是一切事物的原素,一切天体也是和谐和数。

从亚里士多德这一段话,我们可以得到几个清楚的观念:1. 毕达哥拉斯学派认为数是万物的始基(原则);2. 毕达哥拉斯派的理由是数比其他元素更能说明万物的共同本质;3. 毕达哥拉斯派认为用数可以来说明"精神",就像用数可以说明别的事物一样,因此,数可以是精神的,也可以不是精神的。

同时我们可以看到,亚里士多德在这里是把毕达哥拉斯的"数"论和主张火、土、水等物体始基说对照起来谈的,但并没有特别指出数就是非物体的。恰恰相反,亚里士多德在《形而上学》第一卷第六章曾指出毕达哥拉斯和柏拉图的区别在于:

> (柏拉图)认为数在感觉之外,而(毕达哥拉斯学派)则认为数就是感觉的事物本身。

在这里,亚里士多德说得再清楚没有了,毕达哥拉斯的数和柏拉图的数的理念说是有区别的[①],一个是物体的,一个是非物体的。

从这样的分析出发,毕达哥拉斯哲学在整个古代希腊哲学中的地位就很明

---

① 亚里士多德这一段话是近代研究者都公认的,蔡勒、柏奈特、柏克尔特都引用了这段话,给予了充分的重视。

确了,他们作为古希腊哲学另一个学派和米利都学派的关系也就更清楚了。

诚如亚里士多德所指出的,毕达哥拉斯学派和另外的自然哲学学派一样,都认为存在物和被感觉的物是同一的,都处于所谓天体之间①,因此他们都想建立一个以自然科学为基础的宇宙哲学体系,只不过对于万物的始基究竟具体是什么有所分歧。

应该承认,当伊奥尼亚学派在具体的物体之间选择始基时,毕达哥拉斯提出了自然物的另一个重要方面——数的关系,是有重要意义的②,是对伊奥尼亚学派的一个重要的补充。

当然,作为一个哲学概念来说,毕达哥拉斯本人或他的弟子们都没有把"数"从哲学上说清楚,他们和古代伊奥尼亚学派一样,并没有像亚里士多德那样把质料、形式等范畴分别清楚,所以亚里士多德指出:"显然,他们(毕达哥拉斯学派——引者)认为数是始基,一方面作为事物的质料,另方面作为事物的状况和性质。"③

然而,无论如何,在亚里士多德看来,毕达哥拉斯的数也好,泰利士的水也好,阿那克西曼尼的气也好,都是物质性的始基,而并不是什么神秘的东西④。

在这个基础上,毕达哥拉斯就建立了一个以数为基础的自然体系,他认为宇宙是有"数的和谐关系"的。把"和谐"、"秩序"引进了哲学领域⑤,这一点作为毕达哥拉斯对哲学史的主要贡献,是不言而喻的。

关于毕达哥拉斯学派对伊奥尼亚学派的补充和发展,亚里士多德也有过比较,他说:

> 许多古人认为一切事物的本质和所见之物是物体的,别的都是此物体的属性,因此始基(原则)就是物体的东西的始基;而近人中智慧卓著的则认为数是万物的始基。⑥

---

① 亚里士多德:《形而上学》,第一卷,第八章900a。
② 参见宇柏威格(Überweg):《哲学史纲》(古代部分),柏林,1880年,第50页。他认为伊奥尼亚学派只注意事物的质的关系,而毕达哥拉斯则注意数量的关系。
③ 亚里士多德:《形而上学》,第一卷,第五章986a。
④ 至于毕达哥拉斯是否提过一个具体物质(如"火")作始基来与泰利士的"水"对立,我们只是作为猜测,此处不作详述。
⑤ "(毕达哥拉斯)第一个把周围一切叫做有秩序的宇宙"(D. 14,21)。
⑥ 亚里士多德:《形而上学》,第三卷,第五章。

后者当然是指毕达哥拉斯学派。

毕达哥拉斯学派"数"论中的唯心主义、神秘主义因素,在亚里士多德那里只有一条证据①,但在后来的记述中,的确有一些材料能说明这个问题。其中最著名的是第欧根尼·拉修斯的记述,他说,毕达哥拉斯把人的灵魂分成为三个部分:表象、心灵和生气,动物有表象与生气,只有人有心灵,而灵魂的理性部分是不死的等等,这个问题我们在谈到毕达哥拉斯关于灵魂不灭时还要研究。与哲学基本问题有关的还有扬别利柯斯的一段记述:

> (毕达哥拉斯)认为第一性的东西和思想的东西是一个东西,他认为数和逻格斯是第一性的,它贯串一切事物的本性,把一切事物联结起来,使之有秩序。智慧的本质是最美的、有神性的、最纯洁的、永远自身同一的,这就是说,使其他事物分享美的特性的;哲学就是研究这种理论的。②

这个材料可靠到什么程度是值得怀疑的,因为它首先与亚里士多德关于 νοῦς(心灵)起于阿那克萨哥拉的论断相左,但是它却又和毕达哥拉斯关于灵魂不灭等宗教学说相合,所以我们当然不能轻易完全否定或完全肯定其参考价值。我们倾向于认为:这种唯心主义、神秘主义倾向在毕达哥拉斯本人或早期学生中已有萌芽,但那时主要表现在宗教的观点上,后来才逐渐与哲学本体论、宇宙论结合起来;只有这样,才能理解为什么在毕达哥拉斯重要的弟子希帕索斯那里,还要举出"火"来作为万物的始基③。可见,在早期毕达哥拉斯学派,并没有把数完全归结为与物体性(物质性)对立的思想的、概念的实体。

从这个观点来看,毕达哥拉斯学派与其说是从实在论到理智论的过渡环节(黑格尔),还不如说,是从伊奥尼亚学派到爱利亚学派的过渡环节(蔡勒)④更合适些。从伊奥尼亚在各种具有具体性质的物体中寻找万物共同的始基进而毕达哥拉斯

---

① 亚里士多德:《形而上学》,第一卷,第八章989 b:"所谓毕达哥拉斯学派对始基和元素的运用与自然哲学家不同,因为他们不从感觉的事物中得出始基和元素……"下文与此段难于联系,不好理解,疑原文有脱落。这里也可以解释为毕达哥拉斯派的"数",不是具体的感觉事物,而是可感事物的一个普遍属性,所以下面亚里士多德才紧接着说:"他们同样也讨论、研究了一切有关自然的问题","如同别的自然哲学家一样,存在物就是可感之物,在天体之内"等等。
② 扬别利柯斯:《毕达哥拉斯传》,瑞士,1963年,第62页。
③ 见 D. 18, 7。这个问题下面要详述。
④ 蔡勒:《希腊哲学史》(英译)第1卷,第512页。

在数的方面找到这种共同的特点,已经有了进一步的概括,然后过渡到爱利亚学派概括为"一"、"存在"这样一种更普遍的特性,其中发展线索还比较清楚些。

从这里我们可以看到,在古希腊哲学的这个阶段,精神与物质的分裂还处于萌芽状态,南意大利学派与米利都学派的对立还带有十分朴素的性质,它们是在如何理解物质始基的普遍特性方面有各自的特点,而各自的内部都蕴藏着进一步把精神与物质分化出来的种子。

2. 反"无定形性（ἄπειρον）"

与上述基本问题相连,我们这里进而研究一个不大为人提到的问题,即我们认为,在某种意义上说,毕达哥拉斯学派（至少是早期的）可以称作为"反ἄπειρον（无定形性）学派"。正是在这个意义上,我们也可以说,毕达哥拉斯学派是"反伊奥尼亚学派"。

我们前面说过,有一种传说,毕达哥拉斯是阿那克西曼德的学生,我们之所以重视这个说法,并不是因为我们完全相信真有其事,既然蔡勒指出这只不过是一种猜测,我们也还没有什么证据来肯定此事；但我们觉得,毕达哥拉斯与米利都学派在思想上有着相当的联系,这却是事实。

我们在研究米利都学派时已经详细谈过关于阿那克西曼德的"ἄπειρον"应该如何理解,我们初步把它译成"无边缘的"或"无定形的",我们觉得只有这样,才能把米利都学派三大家理解成一个有发展联系的整体,才能真正理解古代哲学家对于ἄπειρον这个概念的真实含意[①],而不致与近代的"无限"或佛家的"无边"相混。我们这种理解,在毕达哥拉斯学派的哲学思想中,再一次得到了证实,不过这种证实是在相反方面得到的,这就是说,与米利都学派相反,毕达哥拉斯认为ἄπειρον不是万物始基的特点,而相反,πεπερασμένον（确定性、有定形性）才是万物始基的特性。

这种看法,如果从毕达哥拉斯把"数"当作万物始基的基本原理来看,是很容易理解的。

---

① 从这个意义上可以更进一步了解亚里士多德的"质料"和"形式"等范畴。

米利都学派要从具有特性的具体物质中寻找始基，就不可避免地碰到一个难题，即具体的水、气等怎样能生化万物又复归于此呢？于是，阿那克西曼德加以解释，认为作为始基的物体，其边缘是不确定的，即是无定形的，也就是说，经常处于运动变化之中，是活动的，因而能生化万物，如水、气等，都是如此。毕达哥拉斯看出这种解释不能完全令人信服，由于他的数学修养，他撇开了具体事物的具体属性，举出一个共同的属性，认为无论何物，都有一定的"数"，所以"数"是万物的始基——更确切地说，是万物始基的属性，于是，毕达哥拉斯就用"数"代替了阿那克西曼德（以及阿那克西曼尼）的"ἄπειρον"。

这个问题的进一步说明，和毕达哥拉斯对数的学说的发挥有关。

我们知道，毕达哥拉斯把"数"分成奇数与偶数，对这两种数，毕达哥拉斯有许多比附，如奇为阳，偶为阴，等等。在毕达哥拉斯看来，奇数是有定形的，偶数是无定形的，而一生二，原始之"一"，产生无定形之"二"，所以第欧根尼·拉修斯才说："万物的始基是'一元'（μονάδος）。从'一元'产生出'二元'（δυάδος），'二元'是从属于'一元'的不定的质料，'一元'则是原因。"[①]为什么亚里士多德再三肯定的毕达哥拉斯把数作为始基，到了这里成了"一元"？看来只有从"有定形"和"无定形"这个关键上来理解。这就是说，"ἄπειρον"，或有定形之"二"，是派生的，不是万物之始基，只有有定形之"一"是始基。

在毕达哥拉斯看来，"奇数分成两个等份，留下一个中项，偶数则留下一个虚空，既无名称可言，又无数目可数，所以是欠缺的，不完善的"[②]。所以奇数是有定形的，偶数是无定形的。

我们前面已经指出，毕达哥拉斯的"数"，是有物质基础的，是占有空间的物体的属性；他不能理解"虚空"，所以他认为偶数不是最原始的。这一点，柏奈特在他的《早期希腊哲学》中说得比蔡勒清楚，他认为"无限定性"——即我们读成"无边缘性"或"无定形"，是空间的，所以他认为毕达哥拉斯的"点"≠0，而＝1，是几何学的，而不像蔡勒所认为的是数学的[③]。但柏奈特并没有把这一点与古代对ἄπειρον的理解联系起来，从而也没有指出毕达哥拉斯学派与

---

① 《古希腊罗马哲学》，第34页。
② 参阅柏奈特：《早期希腊哲学》，第288页注四。
③ 柏奈特：《早期希腊哲学》，第289—290页。

伊奥尼亚学派真正的对立所在。既然毕达哥拉斯认为数不能脱离感觉的事物，因此，他当然要主张作为万物始基的"数"，在空间上是有定形的，有边缘的。

这里，也许还有一种伦理的、当时流行的语言上的原因在起作用。据说，古代希腊罗马人都认为奇数比偶数更幸运[①]，这从 ἄρτιος（奇数）和 περισσός（偶数）的原始意义上也有所反映，前者是"合宜的"，后者是"不合宜的"。这样，米利都学派对 ἄπειρον 的用法带有革新的意义，认为它是万物的始基，而毕达哥拉斯还是沿用旧意，认为奇数、一是善的，而偶数、二是恶的。亚里士多德曾在《伦理学》（N. ii. 5. 1106b.）中明确说过："如毕达哥拉斯学派所猜测的，无定形的东西是坏的，有定形的东西是善的。"

指出这些，并不是说在这里有多少深刻的思想，我们无非想说明，毕达哥拉斯对于 ἄπειρον 的否定的态度。

从这个思想出发，我们对于扬别利柯斯的一段重要的记述，可以作一种新的解释。这段话，表面上看起来很费解，很可能把毕达哥拉斯引上彻底的唯心主义的荒唐的地步，但是在扬别利柯斯摘录、转述的这段话中，如果我们把侧重点移到"ἄπειρα τε ὄντα"这个分词短语，那末就会有一种新的意思，这也许连这位新柏拉图主义的转述者本身都没有明确意识到。这段话我们读成是：

> 智慧是严格意义下的科学，而不是名称相符而已，而且，物体既然是无定形的，就不能有科学，不能有精确的知识，因为科学涵盖不了它；按照一般的定义，物体是没有科学性的，也不能对物体写下好的定义。[②]

这里关键的是 ἄπειρα τε ὄντα，德文译作"da es unbegrenzt"，这就是说，这里的"物体的东西"（或"物质的东西"）是有限制词的，即我们译作"无定形的"物体。这就是说，"无定形的"物体是不可能有"精确的"知识的，因为它的数量关系是不确定的，无法计算的，因为无法下个好的定义。这样，毕达哥拉斯就把米利都学派的原则——无定形之物体为万物之始基给否定了。什么水、气，都是无法确定其数量关系的——至少在毕达哥拉斯看来——因为它们是无

[①] 参见蔡勒：《希腊哲学史》（英译）第1卷，第376页。
[②] 扬别利柯斯：《毕达哥拉斯传》，瑞士，1963年，第162页。

定形的，正如亚里士多德在《物理学》（Γ 4，204a20；a26）里所说的："如果无定形是本质和始基（原则）的话，那末如同气每部分都是气那样，无定形每部分都是无定形的。"既然每部分都是无定形的，那末，就是无法计算的，在毕达哥拉斯看来，就无法成为万物的始基。

这样看来，我们可以把毕达哥拉斯的"数"看成是和阿那克西曼德（或阿那克西曼尼）的 ἄπειρον 相对立的一种说明始基的特性。ἄπειρον 是"无定形的"，"不确定的"，而数则是有定形的，确定的。

从这里，我们还可以进一步解释毕达哥拉斯的著名弟子希帕索斯关于万物始基为火的学说。

毕达哥拉斯本人没有提出"火"作为万物的始基，但是作为与米利都学派对立的意大利学派提出与泰利士的水相对立的火来作为万物的始基，是很可能的事。这个火不仅在具体物体上是与水不同的，而且在特性上也是相对立的，这就是说，水是无定形的，火则是有定形的[①]。

关于希帕索斯的学说，最早也见于亚里士多德的记载。他在《形而上学》第一卷第三章984a中说："希帕索斯、爱非斯的赫拉克利特认为火是始基。"而后人进一步的记述，则明确地指出火是有定形的、确定的。

辛普里丘记载：

> 希帕索斯、爱非斯的赫拉克利特提出"一"、永恒、有定形的（πεπερασμένον）东西为始基，火是始基，从火由浓缩、稀释作用产生一切，并复归于火，火是自然唯一的基质。[②]

艾修斯（Aetius）的记载：

> 希帕索斯、爱非斯的赫拉克利特认为一是永恒运动，有定形的（πεπερασμένον）火是始基。[③]

---

① 即有一定数量关系的，所以后来赫拉克利特才说永恒的活火在一定的尺度上燃烧，在一定的尺度上熄灭。
② D. 18，7.
③ 同上。

诸如此类的记载，大概同出一源，都是从亚里士多德的记述中发挥出来的。他们都肯定火不是 ἄπειρον，而是 πεπερασμένον，则不是偶然的，这是和毕达哥拉斯学派对于始基的特性的看法一致的。尽管毕氏本人不一定提出一个"火"来与水对立，而只是指出"数"、"确定性"、"有定形"等始基的特点，就像阿那克西曼德只是指出始基的特性是 ἄπειρον，而没有规定哪一种性质的物体一样。①

从这个角度来理解古代南意大利学派与米利都学派的对立，也许更清楚一些。

二、关于灵魂不灭和轮回说

应该说，毕达哥拉斯学派的哲学思想中，的确存在着不少神秘主义和唯心主义的成分，否认这一点是不正确的。无论是亚里士多德的记述中或后世的记述中，都有这种证据，只是越是后期的记述，唯心主义、神秘主义的成分越发加重罢了。关于灵魂不死和轮回说的材料也是如此。

我们认为，毕达哥拉斯学派关于灵魂的学说和它关于数的学说一样，同样是有矛盾的。但在这里，与它的关于数的学说不同，占主导地位的，是唯心主义、神秘主义。毕达哥拉斯学派的灵魂学说，一方面，主要是贩卖了埃及祭司的宗教迷信学说，鼓吹灵魂不死和轮回，并把这种学说和古希腊传统的奥尔弗斯迷信结合起来，形成了一个特殊的宗教教派；另一方面，在毕达哥拉斯学派关于灵魂的学说中，仍然可以看到伊奥尼亚学派的影响，即从原始的"气息"角度来谈论灵魂的性质。

在这方面，我们仍然要从亚里士多德的著作中找出证据。亚里士多德在《论灵魂》中曾说，毕达哥拉斯学派认为灵魂是由太阳中分离出来的微粒形成的②。但是，我们不能同意蔡勒的结论，他只看到毕达哥拉斯吸取米利都学派的传统的事实，而忽视了毕达哥拉斯所受埃及宗教和奥尔弗斯神话的影响，当然

---

① 后来的发展的确成为这样：质料性的东西，就成为"无定形的"，而非质料性的东西（后来是精神性的东西），就成为反 ἄπειρον，在亚里士多德就成为通常所谓的"形式因"（即给予规定、定形、形式的因）。
② 参见蔡勒：《希腊哲学史》（英译）第1卷，第484页。

这也是和他过于忽视后期记述资料的态度有关的。

亚里士多德这个记述,无疑是可靠的,它为后来许多记述家所承认,如第欧根尼·拉修斯就曾加以引用,指出毕达哥拉斯把灵魂看成是以太的碎片。但是正如恩格斯所指出的:

> 在毕达哥拉斯派那里,灵魂已经是不死的和可移动的,肉体对它说来是纯粹偶然的。在毕达哥拉斯派那里,灵魂又是"以太的碎片(ἀπόσπασμα αἰθέρος)[第欧根尼·拉尔修,第8卷第26—28节]"。①

这就是说,在毕达哥拉斯学派那里,米利都的传统是和埃及的宗教结合在一起的,也可以说,米利都的传统被埃及的宗教歪曲了。

如果说,第欧根尼·拉修斯这方面的记述还不那样可靠而且有矛盾②,那末他关于毕达哥拉斯灵魂学说的记述还是十分详细的。他说,在毕达哥拉斯看来,灵魂是由冷热两种元素组成,它与生命不同,它是不死的,是由不死的元素组成的一个部分;然后又说到灵魂具体地是如何从精液产生的,甚至说:"热的蒸汽产生出灵魂和感觉。"③但是我们发现,在这样详细记述的毕达哥拉斯灵魂学说里却没有提到轮回说,而是在隔了相当长的段落之后,在谈到毕达哥拉斯的其他学说时才说:"传说还认为他是第一个发现灵魂轮回说的人,他宣称灵魂依照命运的规定,从一个生物体中转移到另一个生物体中。"④固然,拉修斯的记述一般都是毫无系统的,零乱的,即使这样,也不能不令人怀疑他的记述是利用了不同的材料来源拼凑起来的。这就是说,在毕达哥拉斯学派那里,宗教方面的轮回说和哲学上关于灵魂的学说同样也有两个思想渊源,在毕达哥拉斯学派的思想中是既有联系,又有区别的。

关于轮回说,我们相信毕达哥拉斯是从埃及祭司那里贩卖来的。这个宗教学说对于希腊哲学的影响是十分恶劣的。我们还记得柏拉图在"费多"篇里记述的苏格拉底如何大肆宣扬荒诞的灵魂轮回说,而这种思想又如何发展成一个

---

① 恩格斯:《自然辩证法》,《马克思恩格斯全集》第20卷,第528页。
② 因为第欧根尼·拉修斯又曾说泰利士是第一个说灵魂不死的。
③ 《古希腊罗马哲学》,第35、33页。
④ 同上。

完整的唯心主义哲学体系,并在柏拉图那里形成了一套先验主义的"回忆说"①。当然在毕达哥拉斯那里并没有这样完整的程度,但这个迷信是毕达哥拉斯大力鼓吹的,这一点可以说毕达哥拉斯"罪责难逃"。

关于毕达哥拉斯轮回说的最早的记载是克萨诺芬尼的诗②,这首诗说:

> 有一天,毕达哥拉斯看到有人打狗,显出非常怜悯的样子,说道,
> 不要打它,
> 因为我听出了它的声音,
> 一个朋友的魂附着于它。

这个传说被认为是一个事实的记录,没有人怀疑过。如果肯定他到过非洲,在埃及寺院里住了多年,学到了不少宗教方面的仪式和学说③,那末他很有可能有这种表现。

后来的记载,更加证实了这一点。新柏拉图主义者波费尔利斯(Porphyrius)在《毕达哥拉斯传》中说:"(毕达哥拉斯)第一个说灵魂是不死的,它还可以变化进入到别的生物中……因而必须把一切有灵魂之物看作是同族的。显然,毕达哥拉斯第一次把这种学说引入希腊。"④

至于究竟是谁"第一个"引进灵魂不死和轮回说的,我们暂可勿论,因为其说不一⑤,但是毕达哥拉斯推进了这个学说,大力鼓吹过,这是无可推脱的。

这样,毕达哥拉斯学派本身就成为一个宗教性很浓的学术团体,参加这个团体必须集体生活,财产归公,并且还有许多类似教规的禁忌。这些禁忌的具体内容,固然传说不一,其之所以列为禁忌的原因也不相同(有的因为健康原因,有的因为政治原因等),但其中有不少是与宗教信仰有关的。毕达哥拉斯学派到底禁止杀生与否,记载不一,但无论如何,他们对于杀生是有相当的限制

---

① 当然苏格拉底、柏拉图的"回忆说"仍然有一定的哲学意义,并非完全为宗教迷信。"回忆说"是把人们对于规律的必然性的认识神秘化,我们愿意将来研究苏格拉底、柏拉图哲学时详细讨论这个问题。
② 参看柏克尔特:《智慧和科学》,第98页。
③ D. 14,4.
④ D. 14,8a.
⑤ 蔡勒大概根据西赛罗的材料认为轮回说在毕达哥拉斯的老师费莱西德(Pherecydes)那里已经提出了——《希腊哲学史》(英译)第1卷,第514页。

的，其中有生产上的原因，如禁食公牛和小羊肉，与农业、畜牧业有关，但所谓"无血祭坛"与只许吃供肉这两个矛盾的传说，同样说明了这种禁忌有宗教的性质，与灵魂不灭、灵魂同族、灵魂轮回说有密切的关系。

三、朴素辩证法思想和形而上学的倾向

我们知道，米利都学派已经明确提出了对立面的思想，如冷、热等，并且对这些经验中常见的对立现象，作了一定的观察和解释。毕达哥拉斯学派继续发挥了这一思想，他们总结概括了十个对立面，作为事物的十项原则：有限、无限、奇、偶、一、多、右、左、阳、阴、静、动、直、曲、明、暗、善、恶、正方、长方①，甚至提出"对立是存在物的始基"②。但是，对立的思想，在毕达哥拉斯学派那里，并没有得到进一步的发挥，联系到他们崇尚"一"，贬低"多"（"二"）③的哲学观点，看来，在这里，毕达哥拉斯学派也为爱利亚学派的形而上学开辟了道路。

毕达哥拉斯学派这种思想，受到黑格尔的指责，当然是不足为怪的。列宁在谈到黑格尔对毕达哥拉斯学派的批评时指出："在他们（指毕达哥拉斯学派——引者）那里，实体、物和世界的'规定'是'枯燥的'、没有过程（运动）的、非辩证的"④。

当然，这并不是说，毕达哥拉斯学派和爱利亚学派一个样子，认为世界是静止的，运动只是意见。恰恰相反，在毕达哥拉斯学派看来，运动是永恒的，神圣的，是一切力量的源泉，只是他们并没有把关于运动的思想与对立面的思想有机地结合起来，因而他们对于对立面的理解是抽象的、僵硬的、静止的，而对于运动的理解，则又倾向于归结为机械的性质，或者从他们的哲学基本观点出发，是一种数的和谐的变化。正是在这个意义上，我们可以说，毕达哥拉斯学派和爱利亚学派有着共同的倾向。

根据第欧根尼·拉修斯的报道，毕达哥拉斯学派认为："下界的空气是不动

---

① 亚里士多德：《形而上学》，《古希腊罗马哲学》，第38页。
② 同上。
③ "数"作为始基，很容易发展成多元论，但毕达哥拉斯本人似无崇尚"多"元的明确表现。
④ 列宁：《哲学笔记》，第273页。

的，不卫生的，浸沐在其中的一切都会死。上界的空气则相反，永远是运动的，是纯洁的、卫生的，浸沐在其中的一切都是不死的，因而是神圣的。"①这个记载说明，在毕达哥拉斯看来，运动的东西是神圣的，不朽的，运动是生命的源泉。毕达哥拉斯认为整个宇宙的中心是一团永恒的火②，也许后来毕达哥拉斯的学生希帕索斯等就是在这种思想的启发下认为万物的始基就是火。

蔡勒认为，毕达哥拉斯不可能提出灵魂自动的原则③。可是事实上，灵魂（气）作为一种运动的原则是古代希腊哲学家中比较普遍的思想，在古代哲学家看来，灵魂离不开热和力，是活动的。据记载，毕达哥拉斯自己就说过："在人身上最有力的部分是灵魂，灵魂可善可恶。人有了好的灵魂便是幸福的，他们从不休止，他们的生命是一个永恒的变化。"④

总起来说，毕达哥拉斯关于运动和对立面的思想，并没有超出当时朴素的水平，而他的"数"的理论，从相反的方面提供了机械变化的论断，为爱利亚学派的形而上学提供了思想条件。

四、毕达哥拉斯学派的社会观

毕达哥拉斯学派还是一个政治、道德的团体，并且带有相当的宗教性。这个学派的成员在当时的政治斗争中都是非常积极的。毕达哥拉斯本人治理特拉斯多年⑤，而他的弟子有许多是当时著名的立法者⑥。不仅如此，扬别利柯斯的《毕达哥拉斯传》中还曾详细记述了毕达哥拉斯学派在克罗敦受迫害的一次事件。据说，当时毕达哥拉斯本人不在，所以得以幸免⑦。

毕达哥拉斯学派在政治上主要的矛头是反对僭主政体，而我们知道，当时有一些僭主是推行奴隶主民主制的。毕达哥拉斯的时代，奴隶主民主制还是有生命力的，当然也暴露出不少矛盾和问题，毕达哥拉斯抓住个别僭主的道德品

---

① 《古希腊罗马哲学》，第34页。
② 参见柏奈特：《早期希腊哲学》，第301页。
③ 蔡勒：《希腊哲学史》（英译）第1卷，第478页。
④ 《古希腊罗马哲学》，第36页。
⑤ 参见柏奈特：《早期希腊哲学》，第276页。
⑥ 扬别利柯斯：《毕达哥拉斯传》，瑞士，1963年，第174页。
⑦ 蔡勒在《希腊哲学史》中对此事有详细的考证，见该书（英译）第1卷，第360页注二。

质，在政治上反对奴隶主民主制，提倡一种保守、倒退的复辟思想，在政治上是落后的。

许多研究者都指出，毕达哥拉斯学派的政治社会观点体现了一种落后的多利安精神①，这种精神与埃及的种姓宗族制度结合起来，形成一整套落后、倒退的政治思想体系。

根据记载材料，对于毕达哥拉斯学派的社会思想，蔡勒大体归纳了几条，如不能没有法律，统治者与被统治者要用爱来联结，每个市民在国家中要有指定的地位，国家要教育青少年等等。如果在这方面我们感到材料不足的话，还有一部相当详细的参考材料，这就是柏拉图的《理想国》和《法律篇》。柏拉图与毕达哥拉斯学派的关系，历来是引人注意的题目，但我们认为，在政治思想上柏拉图受毕达哥拉斯学派的影响更深。这一点是许多研究者公认的，因为有一条相当可靠的材料证明这种看法。根据第欧根尼·拉修斯的记载，"逍遥派"的阿里斯多克萨诺斯（Aristoxenos）反对柏拉图，曾指出《理想国》中的许多内容可以在毕达哥拉斯的著作中找出来②，而柏拉图的《理想国》实际上是斯巴达奴隶主贵族制的理想化。

把古老的制度"理想化"一般可能有两种情形：一是现存制度阻碍了社会发展，表现了不可克服的矛盾，已成为腐朽的枷锁，受到大多数人的谴责，这时有一部分人把古代制度理想化来攻击现存制度；另一种就是真正的抱残守缺，反对新生事物。看来，毕达哥拉斯是属于后一种类型的，他并没有真正指出奴隶制民主制的弊病和不可克服的矛盾，而是公开提倡旧事物，鼓吹新不如旧。扬别利柯斯有一段记载说，在毕达哥拉斯看来，"无论在宇宙中、生命中、社会中或自然中，先有的东西总是比后来的东西更可贵，如日出之于日没，晨之于昏，开始之于终结，生之于灭，同样，土著之于客居，城邦之建立者和殖民地之首领之于城邦之居民，或更一般地说，神之于灵魂，神之于半神，英雄之于人，创始者之于后代，都是如此。"③扬别利柯斯这段记载并不是孤证，保存许多希腊作家材料的罗马作家盖利乌斯（Gellius）也说，"老的意见被认为是错的，

---

① 蔡勒：《希腊哲学史》（英译）第1卷，第350页；柏奈特：《早期希腊哲学》，第276页。
② 参见柏奈特：《早期希腊哲学》，第279页。
③ 扬别利柯斯：《毕达哥拉斯传》，瑞士，1963年，37节。

但毕达哥拉斯哲学把它恢复了……"①可见,这种保守、落后的思想,在毕达哥拉斯那里是成体系的,根深蒂固的,这样,在他的团体中,常常保存了古老的、落后的有时甚至是毫无道理的"禁忌",也就不足为怪了。

不仅如此,被"理想化"了的古老的制度,毕达哥拉斯还要给它饰以神的"圣光",赋予它以宗教的"根据"。一方面,毕达哥拉斯也承认,城邦社会必须得到大多数人民的信赖和委托②;另一方面,他又指出,必须"按照神的意志来组织一切生活"($\kappa\alpha\grave{\iota}\ \dot{o}\ \beta\acute{\iota}o\varsigma\ \ddot{\alpha}\pi\alpha\varsigma\ \sigma\upsilon\nu\tau\acute{\epsilon}\tau\alpha\kappa\tau\alpha\iota\ \pi\rho\grave{o}\varsigma\ \tau\grave{o}\ \dot{\alpha}\kappa o\lambda o \upsilon \theta \epsilon \tilde{\iota} \nu\ \tau \tilde{\omega}\ \theta \epsilon \tilde{\omega}$)③。

毕达哥拉斯学派阻止旧制度的破坏,挽救旧风俗、旧习惯的覆灭,因此,它被认为是民主制的敌人。毕达哥拉斯的门徒遭到了相当多的人的反对。

从这个意义上来说,毕达哥拉斯学派的"数"、"和谐"、"秩序"的哲学思想,就具有相当保守的政治内容。它的"秩序",体现在社会政治方面就是旧制度、旧秩序的保存。它的"和谐"就是使旧制度、旧秩序、旧风俗"理想化"、"永恒化"。这样,也就可以从阶级上、政治上解释为什么从提出十大对立面、主张运动神圣的毕达哥拉斯学派却可以导向形而上学的爱利亚学派。

---

① D. 14, 9.
② 扬别利柯斯:《毕达哥拉斯传》,瑞士,1963年,第50页。
③ 同上书,第92页。

第四部分　赫拉克利特的宇宙论

在古代最早期的哲学家中，赫拉克利特还是比较幸运的。米利都学派三大家留下了少数几条残篇，而南意大利学派的创始人毕达哥拉斯本人更没有留下任何可靠的直接材料，可是赫拉克利特却保存了一百几十条著作残篇。这个历史事实也许不完全是偶然的，这和赫拉克利特学说在古希腊哲学史上的重要地位有关。

固然，从来没有人企图否认赫拉克利特在古代希腊哲学史上的无可否认的地位，但是真正认识这位古代伟大的哲学家的历史意义，也还需要科学的、认真的研究。

赫拉克利特的著作残篇中有相当一部分晦涩难懂，有的甚至是自相矛盾的。后人关于赫拉克利特的记述也有许多不一致的地方，有的则只能当作传说来参考而已。要根据他的残篇，结合后来各家的记述，把赫拉克利特的哲学思想整理出一个头绪来，并不是一件容易的事。

十九世纪以来，资产阶级哲学史家对包括赫拉克利特在内的前苏格拉底哲学作了大量研究工作，如对材料真伪加以鉴别、对某些哲学范畴的含义加以考订等等，取得了一些成绩，但也出现过像拉萨尔（Lassalle）这样的披着"博学"外衣的学术骗子，把许多问题搅得乱七八糟。他的关于赫拉克利特的长篇巨著，正如马克思和列宁早就指出的，只是小学生的习作，根本不值一读[①]，但

[①] 参见马克思1858年2月1日致恩格斯信，《马克思恩格斯全集》第29卷；列宁：《拉萨尔〈爱非斯的晦涩哲人赫拉克利特的哲学〉一书摘要》，《列宁全集》第38卷。

要把他搅浑了的问题加以澄清，倒是一件非常费工夫的事；同时，考虑到自马克思、列宁的批判以来，拉萨尔的著作还没有得到详细的清算，因而有时还被资产阶级学者利用来招摇撞骗，所以我们不得不在碰到一些具体问题时常常提到这位"学者"。

从赫拉克利特留下的残篇来看，他的思想有时比较晦涩，这是无可否认的事实。其所以晦涩难懂，原因是多方面的，但绝不能像拉萨尔那样，把主要原因归结为赫拉克利特关于"对立统一"的思想是一种超出时代的"思辨的""绝对哲学"。如果赫拉克利特果真像拉萨尔所说的那样，已经具有了黑格尔的思想①，那末古人当然是无法理解的。可惜，这只是拉萨尔编造出来的一种"超时代"的神话。赫拉克利特是他生活的时代的产物，他不可能横跨千年具有黑格尔式的绝对唯心主义。退一步说，即使拉萨尔的神话成了事实，那倒真是要谢天谢地，我们可以根据黑格尔的思想来打开赫拉克利特的许多"谜"。然而赫拉克利特残篇中的一些问题，不但不懂得黑格尔思想的古人［包括柏拉图、亚里士多德以及那个第一次称赫拉克利特为"打谜语者"的梯蒙（Timon）等等］搞不清，而且可以弄懂黑格尔思想的今人也搞不清，就连黑格尔本人也承认赫拉克利特是"晦涩的"②。遗憾的是，拉萨尔本人似乎在许多问题上也没有弄清楚③。

造成赫拉克利特"晦涩"的原因是多方面的，其中主要原因有两个：一个是语言上的，另一个是著作整理方面的。

亚里士多德对赫拉克利特的"晦涩"有很深的体会，特别是在语言方面。亚里士多德在《修辞学》里曾预见到，解释赫拉克利特思想的困难在于他喜欢用预言式的风格④。赫拉克利特曾说过："在台尔斐作预言的主，既不明说出来，也不隐藏起来，而是用符号（比喻）指示出来。"⑤而他自己也喜欢用比喻，作预言式的指示。他欣赏这种方式，说：古代的圣书"用疯狂的语言喊出严肃的、朴实无华的、粗犷的声音，回荡千年"⑥，这样，就使他的某些预言式的残篇，

---

① 《拉萨尔全集》，伯恩斯坦编，柏林，1920年，第7卷，第86页。
② 黑格尔：《哲学史讲演录》第1卷，三联书店1956年版，第297页。黑格尔只是反对西赛罗说赫拉克利特故意要晦涩。
③ 且不说他从根本上歪曲了赫拉克利特的思想。
④ 亚里士多德：《修辞学》，1407b11，参阅格思里（W. K. C. Guthrie）：《希腊哲学史》第1卷，剑桥，1971年。
⑤ D. 22，B 93.
⑥ D. 22，B 92.

如"时间是玩骰子的儿童,王是儿童"等,至今没有圆满的解释①。

与此相关,亚里士多德还举出一个语言上的例子,即残篇第一篇第一句话。他认为这句话无法断句。亚里士多德在谈语言修辞时,曾以赫拉克利特的这句话作为反面的例子。他说:

> 整个来说,写出来的著作应该易记易懂。易懂、易记是一个意思。有些人句子很长,有些人虽然较短,像赫拉克利特那样也不容易点断。在给赫拉克利特作标点时,很难断定是点在前面还是点在后面,他的著作的开头就有这种情形。他说:"τοῦ λόγου τοῦδ' ἐόντος ἀεὶ ἀξύνετοι ἄνθρωποι γίγνονται"("人们无论在学之前或刚开始学时都不能懂得这里所说的道理",或:"人们不能理解永恒的道理")不知道是点在"ἀεὶ"那里,还是点在它的前面。②

这样,对于这句话的理解和断句,历来就有两种意见:一种是点在 ἀεὶ 的后面,由 ἐόντος 支配,其意思就是"永恒的道理(规律)";一种是点在 ἀεὶ 的前面,由后面的 ἀξύνετοι 来支配它,其意思就是"无论如何也不能理解",而前一句的意思就变成:"这里所说的道理"。③可是我们"博学"的拉萨尔,为了表明他通过黑格尔已经完全弄懂了赫拉克利特,竟说点在前面和点在后面"在意义上无大区别"④。看来,拉萨尔不仅在希腊文的水平上超过了亚里士多德,而且或许在德文的水平上也超过了黑格尔,因为他说"indem dieses Sachverhältnis immer besteht etc."和"indem es besteht, werden immer unvernünftig die Menschen"意思也没有多大区别。事实上我们看到"这里所说的 λόγος"和"永恒存在的 λόγος"不但有区别,而且区别很大。

造成"晦涩"的另一个原因可能是残篇著作编辑上的混乱。由于摘录者有自己的立场、观点,摘录时也有当时的需要,因而常常会发生断章取义的错误,

---

① 莫莱拉特斯(Mourelatos)编的《前苏格拉底》(文集)中,有两篇文章谈赫拉克利特的语言。弗兰克(Fränkel)发现赫拉克利特的一个思想公式,即作三级比较,如残篇29的公式是神/人=人/儿童,用这种思想方法解释一部分残篇是很有趣的,这不是文字游戏,而是说明了赫拉克利特善于运用"对比"的手法(纽约,1974年)。
② D. 22,B 1;A 4.
③ 现在一般倾向于点在前面,第尔斯(Diels)和基尔克(Kirk)等都这样理解。
④ 《拉萨尔全集》第7卷,第84页。

这样就造成某些残篇之间的相互矛盾的现象。例如，一方面说"博学不教人以智慧"①，一方面又说"爱智的人必须很好地学习许多东西"②；一方面普遍认为他是自学的，无师的，一方面又说"我听过许多人讲道……"③诸如此类，因为缺乏上下文和语言环境，常常发生矛盾。

然而，"晦涩"只是赫拉克利特哲学思想的一个不太重要的缺点。总的来说，他的思想脉络还是清楚的，含意还是明确的，这也是普遍承认的事实。第欧根尼·拉修斯就曾在指出"晦涩"的同时说："有时在他的书中说得清楚明了，以致最愚钝的人也容易懂得，精神最不集中也能掌握他的思想脉络。他叙述的简练而丰富是无与伦比的。"④

赫拉克利特的著作之所以受到后人的重视，保存了较多的残篇，说明了他在古代希腊哲学思想的发展上的重要性，他是古代希腊哲学朴素唯物论和朴素辩证法思想的集大成者，是在古代伊奥尼亚学派和南意大利学派的基础上创立的一个总结式的学派。赫拉克利特批判地吸取了米利都学派三家和毕达哥拉斯的学说，在古代当时所能达到的水平上进行了总结，从而在唯物论特别是在辩证法方面大大前进了一步，因而他的学说受到柏拉图、亚里士多德以及后来学者的重视绝不是偶然的。当然，由于柏拉图把赫拉克利特的辩证法歪曲为一种没有客观性的诡辩，引起了亚里士多德对赫拉克利特辩证法的基本方面的否定态度，从而与古代许多唯物论者和辩证法家一样，赫拉克利特的学说也受到长期的冷遇或歪曲。近代重新肯定赫拉克利特哲学的是黑格尔。

黑格尔十分重视赫拉克利特的辩证法，认为是古代哲学史上特别是辩证法发展史上的重要阶段。黑格尔甚至说："没有一个赫拉克利特的命题，我没有纳入我的逻辑学中。"⑤但是，由于黑格尔的基本哲学观点是客观唯心主义的，他对哲学史的看法是观念的发展史，是绝对理念自身的发展史，因此他对哲学史的理解，也有许多歪曲和牵强附会的地方。他的这种错误在拉萨尔那里得到了恶性膨胀，这当然不是黑格尔本人的责任；但黑格尔的确也由于重视他所谓的

---

① D. 22，B 40.
② D. 22，B 35.
③ D. 22，B 108.
④ D. 22，A 1（7）.
⑤ 黑格尔：《哲学史讲演录》第1卷，中译本，第295页。

"客观辩证法"而在事实上整个颠倒了赫拉克利特和爱利亚学派的时代。实际上，即使从思想的发展线索上来看，赫拉克利特属于古代米利都学派和毕达哥拉斯学派的总结，而巴门尼德的爱利亚学派和阿那克萨哥拉及智者学派则是苏格拉底、柏拉图、亚里士多德的先驱。由客观现象、感觉的辩证法，到芝诺的更进一步的逻辑上的辩证法，在辩证法史上，也还是一个进步。

一、赫拉克利特哲学的历史地位

黑格尔固然从客观唯心主义观点上对赫拉克利特哲学有所歪曲，但他终究是德国古典哲学的集大成者，还没有像拉萨尔那样堕落。他对赫拉克利特的有些看法，至今仍不失为真知灼见。黑格尔曾经指出："从他起始，哲学家才从公共事务和祖国的利益分离，或撤退。我们看见：（一）希腊'七贤'都是政治家、统治者、立法者；（二）毕泰戈拉派（毕达哥拉斯学派）的贵族联盟；（三）哲学——为学术而学术的兴趣。赫拉克利特则献身于学术，完全为了哲学而生活在孤寂之中。"[①]"为学术而学术"虽然是资产阶级的欺骗口号，但黑格尔指出的这种现象确是事实，这对于古代哲学思想的发展并不是完全没有意义的。

我们知道，根据现有的记载，赫拉克利特的政治倾向是带有奴隶主贵族色彩的。他反对爱非斯的奴隶主民主制，因为这个城邦把他的一个奴隶主贵族派的朋友放逐了，他恨得咬牙切齿，扬言要把这个城邦的成年人都扼死，咒骂爱非斯人永远不得富裕。这样，当人们请求他为城邦制定法律时，他断然拒绝了。从这个立场，他脱离了积极的政治生活，成为一个专心致力于哲学的人。

但是，从现有材料来看，赫拉克利特在政治上并没有多少保守、反动的言论，相反的，他是一个对传统、对现实不满的人。他反对荷马、赫西俄的传统的神话传说，反对世界是由神或哪个人创造的，他极端不满现实，看不起群众，只赞美贤者和有能力的优秀分子，这一切，可能与当时爱非斯的社会风气有关。据有的记载说："爱非斯人过着奢侈、放逸的生活，当战争时，波斯人包围了他们的城邦，他们依然如故地过着奢侈生活。然而，这个城邦终于开始感到缺乏

[①] 黑格尔：《哲学史讲演录》第1卷，中译本，第295页。

生活资料了。在饥饿严重威胁下，城邦居民集会，讨论怎么办，但没有一个人敢说城邦并不缺乏生活资料而只要限制一下他们的奢侈生活就行了。当大家集会时，一个叫赫拉克利特的人，带着大麦面和水坐在市民旁边吃，这是对全体市民的一个沉默的建议。历史记载说，爱非斯人立刻注意到他的正确性，再也不需要别的建议，纷纷散去……"[1]也许我们可以从这种精神来理解赫拉克利特的"愤世嫉俗"，而不至于把他在政治上想象得过于反动。

事实上，正如黑格尔所指出的，他是专心致力于哲学的人。他的"一切皆流逝"的辩证思想，正是他反对传统、不满现状的思想在哲学上的表现，而这种思想，在本质上是一种革命的思想，也是一种正确的、朴素的、科学的思想。

恩格斯在《反杜林论》中指出：

> 当我们深思熟虑地考察自然界或人类历史或我们自己的精神活动的时候，首先呈现在我们眼前的，是一幅由种种联系和相互作用无穷无尽地交织起来的画面，其中没有任何东西是不动的和不变的，而是一切都在运动、变化、产生和消失。这个原始的、素朴的但实质上正确的世界观是古希腊哲学的世界观，而且是由赫拉克利特第一次明白地表达出来的：一切都存在，同时又不存在，因为一切都在流动，都在不断地变化，不断地产生和消失。[2]

我们考察有关赫拉克利特的各种材料和各家的研究，都证明了恩格斯这个论断的无比正确性。

我们知道，如赫拉克利特第一次明确地表述出来的这个实质上正确的世界观，是有深厚的历史根源的。在古希腊哲学伊奥尼亚学派创始者泰利士那里，万物已经不是静止的，而是变化、运动、发展的，在泰利士的学说中，唯物主义哲学和辩证的方法还处于最初的阶段。从泰利士经阿那克西曼德到阿那克西曼尼，"始基"的特性都是不定的，无边的，亦即是变化的，始基是变化的基础和源泉。毕达哥拉斯要从变化中找出数量的关系，把"不定形的"始基变为变化中的有"确定的"数量关系，这在认识上已经深入了一步。我们认为，赫拉

---

[1] D.22，A3⟨b⟩.
[2] 《马克思恩格斯全集》第20卷，第23页。

克利特的哲学正是综合了古代米利都学派和南意大利学派的学说,在唯物主义和辩证法的世界观方面作出了概括和发展,成为古代朴素唯物主义和朴素辩证法的集大成者。

关于赫拉克利特哲学的历史渊源,历来有许多争论,我们将在讨论他的主要哲学范畴——火、λόγος、"二力背反"时再一次谈到这个问题。这里,只想对一些争论问题加以说明。

除了对思想实质的理解外,我们认为赫拉克利特哲学来源于米利都学派和南意大利学派的直接根据是亚里士多德。亚里士多德在《论天》(298 b 29)中认为赫拉克利特关于宇宙的观点本质上是米利都学派的;在《形而上学》(A3,984a7)中更说:"梅大邦的希帕索斯和爱非斯的赫拉克利特认为'一'是运动的、有限定的,他们把火当作始基,由于火的稀、浓产生各种事物,并由各种事物再分解为火,火是自然的唯一的潜在本质。赫拉克利特说,一切都是火的变化。火按照必然的命运使宇宙变化有某种秩序和时限。"我们认为,亚里士多德这里的叙述基本上是准确的,因而他认为赫拉克利特哲学与米利都学派和南意大利学派有关,是不容忽视的。

可是,随着亚里士多德对前苏格拉底哲学记述的可靠性被怀疑,近代许多学者也就否定了亚里士多德的意见。他们认为,赫拉克利特哲学与米利都学派和希帕索斯都没有关系。然而,我们认为,这种看法是轻率的。

格思里在他的很有价值的巨著《希腊哲学史》中对这个问题作了比较详细的论述,他介绍了古代亚里士多德的观点,介绍了美国著名希腊哲学研究者弗拉斯特斯(Vlastos)的观点,他们都想把赫拉克利特和米利都学派联系起来,但在格思里看来,都"失败了"。这种尝试之所以失败的理由,格思里认为主要有两条:一是米利都学派的始基(水、气),本身是永恒不变的,而赫拉克利特的"火"本身是变的;其次,米利都学派的始基都是介乎两种物质之间的东西,如阿那克西曼德的"ἄπειρον"是介乎水和气之间的,而赫拉克利特的"火"则是"一端"①。

事实上,格思里这两条理由是不容易站住的。关于第二条理由,我们在讨论阿那克西曼德时已经说过了,"ἄπειρον"只是阿那克西曼德对泰利士"始基"

---

① 格思里:《希腊哲学史》第1卷,剑桥,1971年,第457页。

在特性方面的一种描述,并非一种独立的物质;至于第一条理由,我们认为赫拉克利特的一切残篇和注释家的记述都足以说明它是很不充分的。人们常常喜欢引用的一条赫拉克利特的著名的残篇:"这个宇宙,亦即万物,既非某个神,也非某个人制造出来的,而过去、现在、未来都是永恒的活火,在一定尺度上燃烧,在一定尺度上熄灭。"① 这里明明说的是"永恒的活火"(πῦρ ἀείζωον),而许多研究者都指出这里的"在一定尺度上熄灭",并非宇宙的毁灭,而只是"火"的熄灭,即生化为万物,因而,万物仍可以归于"火","火"仍然是"永恒的"。这种"逻辑",在我们看来也许费解,但在古代确实是这样想的,不仅赫拉克利特,泰利士的"水"生万物,也同样如此,"水"虽生变为万物,因万物在,故仍可以复归于水。这在泰利士说得通,在赫拉克利特同样也说得通。当然,如果认为不通的话,泰利士同样也不通,就不是一个"火"的问题了。

也许,格思里这个分析是受蔡勒的影响,因为蔡勒在他的著作中也曾指出赫拉克利特的"火"与早期自然哲学家的元素有区别,"元素在特殊事物变化之中是不变化的;赫拉克利特的火则通过不断的变形而产生这种变化"②,可是事实上蔡勒在谈到"火首先转化为海,海的一半变成土,一半变成旋风"③ 这条残篇时,又认为赫拉克利特在这里非常接近泰利士和阿那克西曼德。④

的确,赫拉克利特哲学和米利都学派、南意大利学派的关系是无可否认的。在这方面,柏奈特比较实事求是。他在他的《早期希腊哲学》中,对这两点都未否定⑤。至于是否就因此推论出毕达哥拉斯本人也已经明确提出"火"为始基,则只能留待以后材料的发现,但如果从"火""水""相克"的朴素信念来看,毕达哥拉斯本人已经提到了"火"的问题,这一点,也许并非一种任意的胡思乱想。

总之,赫拉克利特的哲学绝不能像格思里所想象的那样是"孤立的"学派⑥,或甚至于说是古代的"非理性主义"⑦,而是有本之木,有源之水,是他所处的历史时代的思想产物。这一点,在我们进一步探讨赫拉克利特主要哲学

---

① D. 22,B 30.
② 蔡勒:《希腊哲学史》(英译)第2卷,第30、48页。
③ D. 22,B 31.
④ 蔡勒:《希腊哲学史》(英译)第2卷,第30、48页。
⑤ 柏奈特:《早期希腊哲学》,伦敦,1958年,第142、146页。
⑥ 格思里:《希腊哲学史》第1卷,第451页。
⑦ 同上书,第479页。

思想之后，就会更加清楚。

二、"火"作为物质性的始基

赫拉克利特所处的时代，希腊哲学家还热衷于从各种具体的物质存在形态中去寻找宇宙的第一性的根据——始基。这种思潮把人们从古代神话传说的束缚下解放出来，使人们的眼光由天上（的神）转而注意地上（的自然），从哲学理论上为科学的世界观作理论上的论证，其进步意义是非常伟大的。在这种哲学理论的指导下，出现了古代希腊自然科学的繁荣。在泰利士、阿那克西曼德、阿那克西曼尼、毕达哥拉斯等思想的解放者的队伍中，赫拉克利特是最伟大的一个，他在朴素唯物主义和朴素辩证法方面的成就在前苏格拉底早期是无与伦比的。就他本人来说，他在具体自然科学方面的成绩没有其他人多，但他的哲学思想的精神，无疑是科学的，虽然有时是十分幼稚的。

我们知道，泰利士把水看作万物的始基，阿那克西曼尼提出一个"气"，阿那克西曼德指出始基的特性是"无定形"，因而才能生化万物，赫拉克利特则提出"火"作为万物之始基。"水"、"气"、"火"这三种物质，[①]在古代希腊人的普遍的观念中都是十分重要的，因而它们都有可能被选作第一性的物质始基，至于它们作为始基的交替出现，是有历史根源的，并非偶然。

我们知道，我们断定赫拉克利特以火为始基，其主要的根据是亚里士多德提供的。柏拉图虽然重视赫拉克利特的哲学，但只记述了他关于"一切皆流逝"的思想，而没有提到火作为万物之始基。但关于"始基"的本质，柏拉图却说得非常清楚："唯有自身运动，而又不失去自己，永远不会停止运动，而对那些运动的东西来说，则是源泉和始基。"[②]这无论对于泰利士的"水"、阿那克西曼尼的"气"、赫拉克利特的"火"都是适用的，但就赫拉克利特本人来说，他当然认为他的"火"要比泰利士的"水"和阿那克西曼尼的"气"更适合作万物的始基。

柏拉图没有具体提到赫拉克利特的"火"，并不能够否认亚里士多德记述的

---

① 如果把"气"看作"水气"，归于水一类，在前苏格拉底哲学中，早期则是"水"与"火"的对立。
② 柏拉图：《费德罗篇》，254C。

可靠性。在前面引过的亚里士多德《形而上学》的一段话中，明确提出后期毕达哥拉斯派的希帕索斯和赫拉克利特都把火当作始基。亚里士多德这里虽然没有引用赫拉克利特的原文，但对照赫拉克利特的残篇，是完全一致的，因此亚里士多德以后的注释家都根据亚里士多德的记述加以发挥。我们引证两条残篇来说明这个问题。

    火首先转化为海，海的一半变成土，一半变成旋风。这就是说，火在逻各斯和神的支配下由空气结合成水——宇宙的种子，他叫做海，由海即产生土、天和周围的一切。至于怎样又恢复燃烧是由下述理由说明的：海流散则成为土，并且其数量与变成土以前相同。①

    火可以变化为一切东西，一切东西也可以变成火，就像金子可以与一切货物交换，一切货物也可以与金子交换一样。②

  根据这两条材料，我们可以看到，至少在赫拉克利特自己看来，他的"火"要高于泰利士的"水"和阿那克西曼尼的"气"。他对泰利士的"水"还保留一点地位，叫它为"宇宙的种子"，即仅次于"火"的质料，在这里也可以看出赫拉克利特和米利都学派的关系。泰利士的"水"固然是重要的，可以生化万物，但在赫拉克利特看来，并不是最根本的，还够不上"始基"的资格，只有永恒的活火，才是最根本的、第一性的质料，它可以变化为万物，万物也可以变化成它。第欧根尼·拉修斯的记述是："从火结合成万物，万物又分解为火。万物按照命定的命运产生"③，"火是元素，万物由于火的稀、厚变化而产生"④。

  看来问题似乎很清楚，赫拉克利特提出与水相对立的质料火来作为万物的始基，是对泰利士唯物主义始基说的发展，然而同一个亚里士多德却又说："赫拉克利特说灵魂是始基，因为一切由蒸汽结合而成。"⑤亚里士多德这个记述，引起了不少混乱，特别是使得像拉萨尔之辈得以"乘虚而入"，贩卖他的唯心主义

---

① D. 22，B 31.
② D. 22，B 90.
③ D. 22，A 1[7].
④ D. 22，A 1[8].
⑤ D. 22，A 15.

观点。因为从表面看来,按照亚里士多德的这个记述,赫拉克利特心目中的始基,就又可能是精神性的了,这样,拉萨尔所谓"火""流逝"不能是感性存在的始基,而是一种客观化了的"理性",就似乎多了一点史料上的"根据"。当然,历史并不对拉萨尔有利,根据近代对古希腊"灵魂"这个概念的研究,根据对赫拉克利特思想本质的研究,赫拉克利特这里所谓的"灵魂"主要地就是指火。

首先,据格思里的研究,灵魂与火的密切关系在古代希腊人中间是普遍承认的①。而在人类哲学思想的初期,由于难于严格区别精神和物质,常常把精神性的东西想象成物质性的东西,阿那克西曼尼关于灵魂与气的关系,也主要要从这方面来理解。这样说,并不否认这些哲学家已经感觉到精神与物质的区别,事实上这里已经包含了以后对精神与物质两种"实体"分别认识的萌芽。但在现阶段,这种区别还仅仅是被感觉到,而没有明确地被意识到。赫拉克利特所谓的"灵魂",就像阿那克西曼尼的"气"一样,但并非水汽,而是火气,是一种"热气"。

在赫拉克利特有关"灵魂"的残篇里,都把灵魂和水对立起来,认为它们之间是不可调和的,这很自然令人想起水火相克的道理,兹将有关残篇引述如下:

> 灵魂死了变成水,水死了变成土,而由土又生水,水又生灵魂。②
> 因此,赫拉克利特认为,对灵魂来说,变湿会愉快,但也就死亡。③
> 芝诺像赫拉克利特一样,说灵魂是有感觉的气……④

赫拉克利特甚至用比喻、预言的方式表达同样的思想:

> 当人喝醉的时候,会被未成年的人打倒,而不知所措,因为他的灵魂有水。⑤

---

① 格思里:《希腊哲学史》第1卷,第446页。
② D. 22,B 36.
③ D. 22,B 77.
④ D. 22,B 12.
⑤ D. 22,B 117.

根据这些材料，现代重视第一手材料的研究者大多数都同意，赫拉克利特的"灵魂"，本质上就是火，基本上是物质性的。德国的克威林（Quiring）在他编注的赫拉克利特残篇集的前言中指出："对赫拉克利特来说，世界灵魂（Weltseele）同样也是现实的、物体的，像作为这种灵魂所贯穿、支配和自身变化的质料（Stoff）（火、气、水、土）一样。"① 现代在语言文字上研究赫拉克利特残篇最有权威的学者、剑桥的基尔克（Kirk）在他的专著中也明确指出："对照其他关于灵魂的残篇，特别是残篇118②，这里意味着，赫拉克利特认为在纯粹的状态下，灵魂就是火……"③ 根据基尔克的研究，灵魂在标准状态下就是火，所谓"蒸汽"不是水汽，是"热气"，我们认为，这是符合历史事实的。

现在，我们再回顾一下"博学"的拉萨尔所喋喋不休地嘟嚷着什么"客观化的理性"、"非物质的精神"等等，是多么幼稚可笑。怪不得蔡勒早就批判拉萨尔把赫拉克利特的火"归于形而上学的抽象"④。而据克威林说，不光是拉萨尔，而且十九、二十世纪的有些学者，也有同样的误解：把物质的东西当作非物质的东西⑤。可见，历史地恢复赫拉克利特的唯物主义思想是很重要的。

然而，仅仅恢复赫拉克利特"始基"的唯物主义内容，只是历史研究工作的一半，而且还并不是最重要的一半。资产阶级研究者在这里却步不前，不能把赫拉克利特的"始基"和他的其他重要思想结合起来，即不能从当时的朴素辩证法观点来理解赫拉克利特的始基，说明他们的研究工作缺乏哲学的全局观点，因而不能从哲学体系的系统观点来研究赫拉克利特的整体思想。

事实上，赫拉克利特本人是比较有意识地把朴素的辩证法观点运用到始基问题上去的。赫拉克利特之所以不满于泰利士的"水"，其中也有这方面的原因。当然，泰利士也有朴素的辩证法思想，正如阿那克西曼德所解释的，泰利士的水是生化万物的动力，是"ἄπειρον"；但是赫拉克利特的辩证思想是更为系统、更为深刻的，他的"火"，具有更鲜明的变化、运动的特性。

从历史发展的角度看，米利都学派的水、气的特性是"ἄπειρον"，而赫拉

---

① 克威林：《赫拉克利特语录》，柏林，1959年，第15页。
② "干燥的灵魂是最有智慧的、最好的"（D. 22，B 118）。
③ 基尔克：《赫拉克利特宇宙论残篇》，剑桥，1954年，第340页。
④ 蔡勒：《希腊哲学史》（英译）第2卷，第26页。
⑤ 克威林：《赫拉克利特语录》，第40页。

克利特的"火"的特性则是"λόγος"。从"ἄπειρον"到"λόγος"的发展，我们看到，要比从水、气到火的发展具有更加重大的历史意义。

三、逻各斯（λόγος）——变化的客观尺度

赫拉克利特残篇第一条就提出"λόγος"的问题，而这一条残篇，据亚里士多德说恰恰就是赫拉克利特著作的开头：

> 这里所谓的λόγος，人们在学习之前和刚开始学习时，是无论如何也不会懂得的；虽然他们已经体会到我按每个不同事物本性来解释事物具有何种性质所说的话和所写的著作，但对于万物按这里所说的λόγος变化，好像还是没有什么认识。另外还有一些人，忘掉醒时所作所为，就像忘掉睡时作的梦一样。①

在著作的一开始就提出一个新的哲学范畴"λόγος"，足见它在赫拉克利特哲学思想中所占的地位。也可以说，逻各斯的问题，是赫拉克利特哲学中的中心问题。但是，赫拉克利特的逻各斯的历史的真实含意究竟是什么，却向来有许多不同的意见。

近代从黑格尔以来，对赫拉克利特逻各斯作了哲学上的解释，认为赫拉克利特的"λόγος"就是理性的规律②。黑格尔的看法当然是一种深刻的哲学洞见，他站在他那个时代的哲学的高度，说出了古人想说但尚未能说清楚的话，阐发了古人只是感觉到的思想，对我们理解古代希腊哲学家关于宇宙规律的思想有很大的启发作用。但是，限于当时对希腊哲学史料研究的水平，黑格尔的哲学洞见，还需要历史材料的补充和印证，因此，黑格尔以后的许多希腊古典学者对史料所作的进一步研究，虽然有许多错误、走了不少弯路，但总的来说还是有成绩、有进步的，只有像拉萨尔那样没有出息的人，不但炒黑格尔的冷饭，

---

① D. 22，B 1。这个残篇的第一句话有歧义，已如前述。从赫拉克利特整个哲学思想看，我们倾向于把这里的λόγος当作专门的概念，而不作一般"语言"解。
② 黑格尔：《哲学史讲演录》第1卷，第312—313页。

而且变本加厉，发展了黑格尔对赫拉克利特的唯心主义观点，而在史料上则除了小学生式的"旁征博引"外，并没有表现出有一点点历史科学分析的能力。

根据我们现在所掌握的材料，我们认为，赫拉克利特的"λόγος"，可以读作"尺度"，这就是说，"λόγος"是万物（包括始基火、灵魂在内）变化的普遍的尺度。这个意思已经很接近"规律"了，但为了谨慎起见，我们还是取"尺度"，因为"λόγος"在赫拉克利特那里大多的场合还是指"数量上"的关系。我们这个意见，是与现代大多数古希腊学者的研究一致的，我们应该先把他们的意见简单地介绍一下。

当前对赫拉克利特"λόγος"最有系统的研究是格思里在他的《希腊哲学史》里提出的，他的这部巨著前苏格拉底部分中对赫拉克利特的研究是公认为最好的。关于λόγος这个词，格思里从古代希腊著作中总结出十一种用法，虽然他的分法有点过于琐碎，但大部分是言之有据的，这十一种是：1. 叙述（Story 或 narrative，早期常指：deceptive talk）；2. 名誉（fame）；3. 意见思想（与感觉对立）；4. 原因，理由，推论；5. 事实真相；6. 尺度（measure）；7. 比例（Correspondence，relation，proportion）；8. 一般原则或规则；9. 理性的力量（the faculty of reason）；10. 定义，公式；11. 英语无对应的意义。

对这十一种意义，格思里都分别作了一定的考证，他认为λόγος作为普遍原则和规律是纪元前四世纪的事，接近前五世纪时的留基波、德谟克利特等原子论者所用的λόγος则有"规律"的意思，而"λόγος"作为理性的能力则前五世纪都难于发现用例。关于赫拉克利特的"λόγος"，据格思里的意见，有三方面的含意：一是常识意义下人们认识得到的；二是规整万物变化的普遍规律；三是独立于叙述它的人的。因此他的看法是赫拉克利特的λόγος主要是指"共同的"、"普遍的""规律"，而思维活动方面的含义是次要的、补充方面的意义。格思里认为，他的意见和基尔克是一致的，基尔克认为赫拉克利特的"λόγος"是指事物普遍规律的意义，而只有到了斯多噶学派手里，才有了主观的意义①。

但是，在我们研究了基尔克的观点以后，发现格思里与基尔克虽然在基本精神上一致，但在分寸上又是有一定区别的。基尔克并没有用"规律"（law

---

① 格思里：《希腊哲学史》第1卷，第426页。

rule）来解释赫拉克利特的 λόγος，而主要是用 measure，proportion，formula，我们认为，基尔克这种谨慎的用法是更为可取的。

基尔克是当前研究前苏格拉底哲学特别是赫拉克利特哲学的重要学者。他的研究虽然比较缺乏哲学的深度，但在语言、史料的分析上、思想的细密上是有独到之处的。他在专门研究赫拉克利特宇宙论著作残篇的书中对赫拉克利特的"λόγος"也作了语言上的考证。他认为"λόγος"的字根是 λεγ——指的是"picking out"（选出来），由此就转意为"reckoning"、"measure"、"proportion"①。基尔克认为，由于语源上的关系，"λόγος"这个词有多义性，不承认这一点是不对的，但针对赫拉克利特的主要哲学思想来说，他建议用"formula of thing"（事物的公式）来译残篇1，2，50的"λόγος"②。

可是在1951年的一篇文章中，基尔克的看法却更加简明一点。在这篇文章中，基尔克认为"λόγος"就是"metron"（μέτρον），并且指出，metron（尺度）这个概念是从伦理学上来的，是当时流行的观念，并不是赫拉克利特的创造③。我们认为，就哲学上的解释来说，基尔克这里的说法，似乎更加清楚一些。

关于赫拉克利特的"λόγος"，在材料上我们已经没有什么可以补充的，但在哲学思想的发展上，我们认为还应该注意到一点，即赫拉克利特的"λόγος"与毕达哥拉斯的"数"的观念的关系。

我们知道，米利都学派关于始基的思想，是没有"数"的观念的，因而"水"、"气"都是"ἄπειρον"。毕达哥拉斯提出了"数"，反对"ἄπειρον"，是一个很大的进步。这就是说，事物（包括始基）的变化、运动，是有"数"的关系的，并不是"无定的"，而是"有定的"。我们认为，从毕达哥拉斯的"数"，很容易过渡到赫拉克利特的"λόγος"，虽然后者在哲学上很反对前者。事物的变化、运动是有"数"的关系的，而这种"数"的关系，又具体表现为一定的"尺度"（μέτρον），是事物（始基）本身的"λόγος"。其实，关于"λόγος"的"数"的性质，基尔克也已经注意到了。如在分析残篇30那段赫拉克利特著名的格言"在一定尺度上燃烧，一定尺度上熄灭"时，他指出"μέτρον"在古代是指时间上的，

---

① 基尔克：《赫拉克利特宇宙论残篇》，剑桥，1959年，第38页。
② 同上书，第39页。
③ 基尔克：《赫拉克利特哲学中的自然的变化》，见莫莱拉特斯编《前苏格拉底》（文集），纽约，1974年，第193、195页等处。

但在这里是指数量上的①，而事实上，时间本身也可以理解为数量上的尺度。

这样，我们可以对赫拉克利特的"λόγος"有一个比较清楚的观念。作为一个语词，"λόγος"是多义的②，但作为一个哲学范畴，我们主张基本上读作"尺度"，它的意义与"μέτρον"相同。在注意到它的"数"的关系时，我们也不反对把它读作"规律"。

哲学概念有自己的独特的含义，与日常语言有所区别，这在哲学史上是屡见不鲜的。古代有阿那克西曼德的"ἄπειρον"，柏拉图的"εἶδος"，亚里士多德的"ὕλη"等，近代有康德、黑格尔的Vernunft、Verstand、Idea等。当然，这些概念、范畴都不是一成不变的，而是变化发展的，因此赫拉克利特的"λόγος"后来就发展成完全意义上的规律甚至"理性"，这里面没有什么矛盾。

现在，我们就按照我们对"λόγος"的理解进一步具体研究一下赫拉克利特的有关残篇。

残篇31，我们前面已经引过，这里的关键是涉及"λόγος"的那一段：

海流散则成为土，并且其数量与变成土以前相同。

(καὶ μετρέεται εἰς τὸν αὐτὸν λόγον ὁκοῖος πρόσθεν ἦν ἢ γενέσθαι γῆ.)

这里后一句的"λόγον"如果不按"尺度"意译就很难于理解。

残篇45：

你不能发现灵魂的边界，你走遍了每一条大路也找不出来；它是如此的深广。

(ψυχῆς πείρατα ἰὼν οὐκ ἐξεύροιο, πᾶσαν ἐπιπορευόμενος ὁδόν· οὕτω βαθὺν λόγον ἔχει.)

后一句如果不作"尺度"意译，也不能理解③。

---

① 基尔克：《赫拉克利特宇宙论残篇》，第317页。
② 如D. 22, B 87中"懒人对一切道理大惊小怪"，其中"παντὶ λόγωι"就难于作"尺度"解。
③ 这里附带指出，第尔斯《前苏格拉底》的译文中把赫拉克利特的"λόγος"全部译成"der Sinn"，是不对的。

这样，残篇50我们可以读成：

> 赫拉克利特说，宇宙既可分又不可分，既是产生的又是非产生的，既是要毁灭的又是不朽的，既是λόγος又是αἰῶνα，既是父亲又是儿子，既是神又是法官；赫拉克利特说，不要服从我，而要服从宇宙的尺度，这样就会同意，宇宙是唯一的智慧。

这里有两个问题。一是λόγος与αἰῶνα是什么关系，为什么会对立起来？如果我们把"λόγος"作"宇宙变化的尺度"解，那末就可以和其他几个对立面相称，因为αἰῶνα是人的生长时期（阶段），而"λόγος"是整个宇宙的尺度，所以可以与父亲、儿子、神、法官相并列。解决了这个问题，后面一个问题也就容易解决了，赫拉克利特说，不要听"我的"意见，而要遵守"宇宙变化的尺度"，只有服从宇宙本身的变化尺度，才是唯一的智慧。这样理解起来就不会发生困难。

这样，赫拉克利特的"λόγος"就和"尺度"（μέτρον）有着相同的意义。他的那条有名的残篇："这个宇宙，亦即万物，既非某个神，也非某个人制造出来的，而过去、现在、未来都是永恒的活火，在一定尺度上燃烧，在一定尺度上熄灭"[①]，以及"太阳的运动不会超过尺度。如果超过了，正义的守卫者'Ερινυες就会发觉"[②]，就具有"λόγος"的意义。

不仅如此，赫拉克利特的"λόγος"还有进一步的规定性，即这个"λόγος"是"共同的"、"普遍的"。我们认为，普遍性问题的提出，同样是赫拉克利特在哲学思想发展史上的重大贡献。米利都学派在个别的物质形态中寻找万物的始基；毕达哥拉斯提出一个"数"的观念，但仍然坚持个别事物的属性，强调感觉的个别性；赫拉克利特固然没有完全摆脱个别物质形态的局限性（火），但他已经意识到事物变化所共同遵守的普遍性，因此他的"λόγος"是普遍的尺度，不是个别事或人的标准。他说：

> 必须服从公共的，即共同的尺度（λόγος）；因为公共的就是共同的。

[①] D. 22，B 30.
[②] D. 22，B 94.

虽然这里所说的尺度是共同的，但很多人的生活却像各有自己的个人理解那样。①

(διὸ δεῖ ἕπεσθαι τῶν ⟨ξυνῶι, τουτέστι τῶι⟩ κοινῶι· ξυνός γάρ ὁ κοινός. τοῦ λόγου δ᾽ἐόντος ξυνοῦ ζώονσιν οἱ πολλοὶ ὡς ἰδίαν ἔχοντες φρόνησιν.)

这就是说，在赫拉克利特看来κοινὸς（公共的）和ξυνός（共同的）都是λόγος的特性，即λόγος具有普遍性。

我们知道，从有些言论来看，赫拉克利特是看不起群众的，他认为一个优秀的人物胜过千百万群众，这些言论往往是他的贵族思想的佐证；但是在哲学理论上，他不重视个别性却重视普遍性，他之所以看不起一般的人正是因为他们只限于自己的一己之见，而没有把自己提高到认识事物变化的共同的尺度上来。赫拉克利特这个思想，反映了古代朴素的唯物主义对普遍性、共同性的重视，而反对局限于感觉的、个人的个别性。他的信条和后来智者学派的信条正好是针锋相对的。普罗塔哥拉斯曾提出"人是万物的尺度"，而赫拉克利特的信条则是"宇宙本身有自己的尺度"。

他批评那些忽视共同的λόγος的人说："对于那些接触最多的、支配一切的λόγος，他们格格不入，对每天都遇到的事情，他们显得很生疏。"②他用寓言式的口吻说道："对于醒着的人说，宇宙秩序是统一的、共同的，但如果睡着了，每个人就返回到自己个人"③，所以他劝人"不要像睡着的人那样说话行事"④。从这样的理论来看，赫拉克利特的思想境界在当时是相当高的，他追求清醒的、共同的、有秩序的变化的"λόγος"，主张"用一切共同的东西武装起来，如同城邦用法律武装起来一样"。⑤

在这里，我们看到，赫拉克利特的"λόγος"实际上具有"规律性"的意义，虽然它还保留许多过渡的痕迹。"λόγος"是宇宙变化的规律，宇宙的变是按比例、有秩序地进行的，是有尺度的，这个尺度存在于宇宙本身之中，不在

---

① D. 22，B 2.
② D. 22，B 72.
③ D. 22，B 89.
④ D. 22，B 73.
⑤ D. 22，B 114.

个别人的心目中。因此，赫拉克利特的"λόγος"实质上是自然变化的一种客观规律，这种规律在包括赫拉克利特在内的古代希腊人看来，是可以用数学的方法计算出来的。因此，我们看到，有的人把赫拉克利特的"λόγος"当作本身不变的实体是不对的[①]，至少是一种概念的混乱，因为在赫拉克利特哲学中，相当于米利都学派的"始基"的是"火"，"λόγος"是"火"的变化的尺度，其地位代替了米利都的"ἄπειρον"。

从这个基本立场出发，赫拉克利特对一些传统的观念作出自己的解释，如对"命运"（εἴμαρη），过去带有相当的神秘的色彩，赫拉克利特则用他关于"λόγος"的学说，把它与"必然性"联系起来，使其具有新的内容。他说："万物服从命运，命运就是必然性"，"命运的实质即是贯串宇宙实体的λόγος。命运是以太性的物体播撒生产万物的种子和周期运行的尺度"[②]。用这样彻底的唯物主义观点解释命运在当时是难能可贵的。

"λόγος"是火的属性，是变化的尺度，因而赫拉克利特整个的宇宙就是一个合规律变化的永恒的活火，是一个永恒的有秩序变化的过程。这样一个变化的过程，并不是平静的，而是充满了"战争"的，对立的战争与和谐是变化的原因，是"火"作始基推动万物变化的原则，这样我们就过渡到赫拉克利特学说的另一重要组成部分，即对立的统一与斗争问题。

四、关于"二力背反"（παλίνοτος）

我们现在进而研究赫拉克利特辩证法的核心思想，即变化、运动的绝对性和对立统一的思想。和上述始基问题相反，赫拉克利特的辩证思想受到古代富有思辨精神的柏拉图的重视，因而为我们提供了必要的记述材料。对于柏拉图提供的材料，由于他的写作风格，常常比亚里士多德提供的材料引起更大的怀疑。我们还是坚持一个基本的态度，即无论亚里士多德也好，柏拉图也好，采取怀疑的态度不见得比轻信的态度更好一些。对于这两位大哲学家所提供的记述采取轻率的怀疑态度，并没有多少根据，而关键在于尽可能地做到实事求是的历史分析。

---

① 弗里曼（Freeman）：《前苏格拉底哲学家》，牛津，1959年，第115页。
② D. 22，A 8.

关于变化、运动的绝对性,柏拉图为我们提供了两个方面的材料:一方面是"一切皆流逝",一方面是"不能两次同涉一条河"。对于后者,提出疑问的不多,对于前者却有一种否定的趋势,认为不可能是赫拉克利特的思想。我们就首先来看看这种怀疑有多大根据。

柏拉图在《克拉底鲁》对话中说:

> 有时赫拉克利特说,一切皆流逝,没有静止的东西。他把存在物比作河水的流逝,说,不能两次涉同一条河。①

按照我们的看法,柏拉图这个记述基本符合赫拉克利特的哲学思想。赫拉克利特把古代希腊哲学家朴素辩证法观点提高到系统化的程度,总结出"一切皆流逝"这样概括的思想,不仅思想符合赫拉克利特的意思,而且在语言上也接近赫拉克利特的格言式的风格。可是据基尔克的介绍,有不少的研究者认为柏拉图歪曲地记述了赫拉克利特的话,例如莱因哈德(Reinhard)就认为河水的流逝就是指河水的一般特点,而不是比喻一般事物的特点②。我们在格思里的《希腊哲学史》中也发现有同样的倾向,他认为"πάντα ρεῖ"只出现在辛普里丘的注释(《物理学》,1313.11)中,因而不可能是赫拉克利特的原话③,事实上,柏拉图的原文是"πάντα χωρεῖ",与"πάντα ρεῖ"的意思是完全相同的。

怀疑者并没有提出多少能说服人的理由,因为赫拉克利特很可能应用这种比喻式的语言,以河流的流逝,比喻万物之变幻不居。克威林在他的著作中收集了大量的材料,说明关于赫拉克利特"一切皆流逝"的思想是柏拉图不止一次地引用的,而且为亚里士多德及以后的注释家一致承认的,可以说,从古代流传下来的材料中,并没有可以引起怀疑的地方。

事实上,赫拉克利特不仅应用河流的比喻,同时也应用其他的比喻手法表述这种辩证的思想。例如,他就曾用过"日新"的比喻,他说:"太阳不仅每天都是新的,而且无时无刻、永远是新的。"④这个比喻,其思想实质和"一切皆流

---

① D. 22,A 6.
② 见莫莱拉特斯:《前苏格拉底》(文集),第190页。
③ 格思里:《希腊哲学史》,第1卷,第450页,注一。
④ D. 22,B 6.

逝"是完全一致的。

本来,"一切皆变"的朴素辩证法思想在古代很流行,并不是什么独创的新思想,赫拉克利特的贡献在于把这种流行的思想提高到哲学理论的高度,以对立统一和斗争的思想来充实之,使之成为更加系统、更加丰富的哲学思想。关于"两次不能涉同一条河"这个命题,就已经含有"对立统一"的意义在内了。

> 我们既能涉又不能涉同一条河,我们既存在,又不存在。①

这里事实上已涉及到矛盾现象在现实世界客观存在的问题。

对立的现象处在一个统一体中,相反相成是宇宙的普遍的现象,赫拉克利特举出了大量的事例来说明这个问题,如日夜、明暗、生死、醒睡、善恶、疾病与健康、饥饱等,都是客观存在的无可否认的现象。这些现象的客观性,古人并没有怀疑。泰利士、阿那克西曼德、阿那克西曼尼都曾提到过,而毕达哥拉斯在这方面的思想更为系统。赫拉克利特在这些学说的基础上,进一步发展,提高到对立统一的高度,成为哲学的一个中心问题,此后这个思想受到爱利亚学派巴门尼德、芝诺的极力反对,以逻辑的一致性来反对现实的对立统一,集中反对"既存在又不存在"这一运动的基本命题,只有经过这种理论的发展阶段之后,亚里士多德才继巴门尼德、芝诺之后,也来反对赫拉克利特的辩证法②。

但是,历史证明,赫拉克利特的辩证法是有顽强的生命力的,因为它虽然朴素,但本质上是正确的,符合客观现实发展、变化的过程。正如赫拉克利特自己所指出:

> 自然同样也追求对立,而且由对立产生和谐,而不是从相同的东西产生。如雄的当然要配雌的,而不是各个配它相同的。最初的和谐是由对立的东西结合起来的,而不是由相同的东西结合起来的。同样,作为自然的

---

① D. 22,B 49a."ποταμοῖς τοῖς αὐτοῖς ἐμβαίνομεν τε καὶ οὐκ ἐμβαίνομεν, εἶμέν τε καὶ οὐκ εἶμεν."据基尔克介绍,第尔斯、克朗茨(Kranz)、蔡勒和耐斯特(Nestle)都认为"εἶμεν"和整句有关,"ποταμοῖς...εἶμεν"(基尔克:《赫拉克利特宇宙论残篇》,第373页),因此可以读作"我们既在这条河中,又不在这条河中。"但基尔克不同意这种解释,仍然主张"We exist and do not exist"。
② 参阅 D. 22,A 7。

模仿的艺术，也是这样形成的。绘画用白、黑、灰、红等颜色的混合以完成与自然原本之和谐，音乐则由高低、长短的不同的声音加以混合形成和谐，写作法由元音、辅音在写作上的混合而成，由元音、辅音的结合形成整个这种技术。这就是晦涩的哲学家所说的意思。结合既是全体又不是全体，既和谐又不和谐，既协调又不协调，由万物生一，又由一生万物。①

上面这段话，在古代来说，的确不失为一篇很好的辩证法宣言，从自然到艺术都有所论述。然而我们已经知道，在赫拉克利特看来，"火"是宇宙的中心、万物的始基，"火"是运动的原则，因而本身就是对立原则的体现。赫拉克利特说："神是日夜、冬夏、争息、盈亏（一切都是这样对立的，其意义就是如此——ταυναντία ἄπαντα· οὗτος όνους），像火那样变化，当它们混合在一起燃烧时，就按它们各自发出的气味来命名。"②这样，关于对立统一的辩证思想，就和唯物主义的始基观念结合了起来，成为一个朴素的系统，反映了当时朴素的但本质上正确的世界观。

关于对立统一的辩证法，赫拉克利特还作了进一步的发挥，即对立物是相反的，但又是结合在一个统一体中。"互相排斥的东西结合在一起，从不同的音调产生最美的旋律"③。

在这里，赫拉克利特提出了一个"二力背反"的问题。应该说，我们能在这样久远的时代发现这样美好的思想，禁不住要对这个问题多作一些研究。

关于这个问题，最早给我们提供消息的仍然是柏拉图。柏拉图在《会饮篇》中说："分离的东西本身是结合在一起的，就像弓和琴形成和谐一样。"④不仅如此，我们还拥有占有一手材料的公元三世纪时罗马神甫希波里特提供的引文：

他们不懂得不同的东西是自身同一的；二力背反，如同弓和琴一样。⑤

（οὐ ξυνιᾶσιν ὅκιος διαφερόμενον ἑωντῶι ὁμολογέει· παλίντροπος ἁρμονίη

---

① D. 22, B 10.
② D. 22, B 67. 译文按基尔克：《赫拉克利特宇宙论残篇》，第184页；基尔克还介绍了弗兰克尔关于这里 νοῦς=real significance 的意见（同上书，第185页）。
③ D. 22, B 8.
④ 柏拉图：《会饮篇》，187A。
⑤ D. 22, B 51.

ὅκωσπερ τόξου καὶ λύρης.）

应该指出，后人为了理解这句话付出了巨大的劳动，走了不少弯路，至今也没有得出完全一致的意见。蔡勒在他的《希腊哲学史》中介绍了这个问题上人们探索的成果[1]，蔡勒似乎倾向于贝尔耐斯（Bernays）的意见，认为这里所谓的 ἁρμονιά 是琴和弓的结合，而这里的弓是指古代 Scythia[2] 的弓，其式样为两头弯，非常像琴（lyre）。看来，这种意见过于繁琐，过于钻牛角尖，事实上这里的意思是相当清楚的，即对立物的关系在力量上是相反的，但却处于统一和谐之中，而且只有两种对立、相反的力量，才能构成和谐。这就是弓与琴的关系。

当前讨论这个问题比较近乎实际的是基尔克，他在《赫拉克利特宇宙论残篇》中指出，ἁρμονια 这个字显然是指音乐方面的"和声"，并且引证了品达的诗句[3]，因此，基尔克认为，弓和琴都是指弦（string），弓和琴的关系就是弓弦和琴弦的关系。我们认为，这个看法比较平易近人，道理上也容易说得通。从这种理解出发，我们进一步把 παλίνοτος 这个字读成："二力背反"。这就是说，弓弦和琴弦两种相反的力量相互作用，才能演奏出有节奏的、和谐的乐曲。

我们看到，在这里，赫拉克利特的辩证法达到了一定的历史深度。正如许多研究者指出的，在 ἁρμονια（和谐、和声）问题上，赫拉克利特显然受到毕达哥拉斯的影响[4]，但关于"二力背反"的思想，却是赫拉克利特对人类哲学思想的伟大贡献。

不仅如此，相反的力量相互之间的关系不仅是"和谐"，而主要是"战争"，

> 战争是万物之父，万物之王。它既表现为神，也表现为人，它造成了奴隶，也造成了自由民。[5]

他反对荷马，因为荷马要平息神人之间的战争，甚至赫拉克利特也像柏拉图一

---

[1] 蔡勒：《希腊哲学史》（英译）第2卷，第33页，注三。
[2] 古代欧洲东南部一个国名。
[3] 基尔克：《赫拉克利特宇宙论残篇》，第208页。
[4] 格思里：《希腊哲学史》第1卷，第436页。
[5] D. 22，B 52. 译文按基尔克。但其意思是：人神的事都证明（ἔδειξε）了这一点。

样，要把荷马从市集上赶走加以鞭笞；也许毕达哥拉斯也在该打之列，因为他只提倡"和谐""和平"①。"应该看到，战争是普遍的，正义就是斗争，万物是按斗争和必要性产生的"②，这里也许还包括了认为斗争"不正义"的阿那克西曼德。

但是，到底"战争"与"和谐"就对立物来说哪一个更为重要呢？也就是说，在赫拉克利特的心目中，究竟怎样解决对立面的同一性和斗争性的关系呢？或者他并没有意识到这个问题吗？看来，说赫拉克利特已经相当自觉地把对立的统一（同一）和斗争问题当作一个重要问题来考虑似乎为时过早，但他已经意识到这个问题却是可以肯定的。这里，我们要来解释一下赫拉克利特的这一段话：

不明显的和谐比明显的和谐更有力。③
(ἁρμονίη ἀφανὴς φανερῆς κρείττων.)

对于这句话，我们当然也可以作一些表面的理解，特别是联系到他关于"自然喜欢隐藏自己"④来说明这个问题，似乎也能言之成理——至少不至于像拉萨尔把"ἀφανὴς ἁρμονίη"看作"看不见的逻辑"⑤那样可笑。但如果联系到"和谐"与"斗争"的关系，我们觉得"ἁρμονίη ἀφανὴς"实际上是指"斗争"——表面上看不出和谐，是斗争，但实际上比"和谐"（"明显的和谐"）更强有力。这样，在古代希腊当时流行的"强者为王"的观念支配下，赫拉克利特很自然地就说"战争是万物之王"，因为它是最强有力的。

＊　　＊　　＊

经过对立的斗争，赫拉克利特的始基"火"、"λόγος"都有了丰富的内容，既不是 ἄπειρον，也不是抽象的、单纯的"数"，而是有对立、有斗争的发展过程，这个过程用古代人的直觉形象来说，是一个"圆"⑥。但是，这个"圆"在赫拉克利特那里不单纯是循环往复，——像米利都学派那样纯粹由水、气复归

---

① 格思里：《希腊哲学史》第1卷，第448页。
② D. 22，B 80.
③ D. 22，B 54.
④ D. 22，B 123.
⑤ 《拉萨尔全集》第7卷，第76页。
⑥ 有些研究者认为不能断定赫拉克利特的变化过程是"圆"，但"圆"的思想，在古代是流行的，克萨诺芬尼、巴门尼德都有这个说法。

于水、气,而是一种螺旋式的。我们应该从"螺旋形"的观念来理解"上下之路"的意思,而不能像第欧根尼·拉修斯引伸得那样远。这两条引文是希波里特在相隔不远的上下文中提出的。今根据基尔克《赫拉克利特宇宙论残篇》中载录的希波里特的全文引述如下①:

καὶ εὐθὺ δὲ, φησὶ, καὶ στρεβλὸν τὸ αὐτὸ ἐστι. γναφείωι, φησίν, ὁδὸς εὐθεῖα καὶ σκολιὴ ἡ τοῦ ὀργάνου τοῦ καλουμένου κοχλίον ἐν τῷ γραφείῳ περιστροφὴ εὐθεῖα καὶ σκαλιή· ἄνω γὰρ ὁμοῦ καὶ κύκλῳ περιέρχεται.

μία ἐστί, φησί, καὶ ἡ αὐτή.

(赫拉克利特)说,直和弯是同一的。他说,漂布店中的螺旋机既是直的,又是弯的〔在漂布店中有叫做κοχλίου(螺旋机)的工具的转动既是直的,又是弯的;它循环向上转动〕。他说,"这是同一的"。

紧接着就是 D. B60:"ὁδὸς ἄνω κάτω μία καὶ ὠυτη"("向上的路和向下的路是同一的")。这种运动如果作螺旋形,则意义还是很清楚的,用这种例子来说明对立方向的同一性,也是非常机智的。螺旋形的旋转,表面上有两个方向:向上和向下的,有两种力,但实际上这两种方向、两种力都统一于一个运动的过程中,这个过程总的来说是向上的。在古代,对辩证运动能有这样确切而形象的比喻,实在是很难能可贵的。

现在,我们对赫拉克利特对于宇宙的哲学理论就可以有一个大体完整的观念。他以宇宙的永恒的活"火"为中心,展开了万物对立斗争运动的规律,他的学说在唯物论和辩证法方面的成就,至今还引起我们的惊赞。

---

① 但其中原文第一个字则依第尔斯(D. 22,B 59),仍为"γναφείωι"。

第五部分　论爱利亚学派

一、克萨诺芬尼与爱利亚学派

蔡勒在他的《希腊哲学史》里说，爱利亚学派的发展经过了三代，历时一个世纪，克萨诺芬尼是这个学派的奠基者，他主要通过谈论神的问题来阐发自己的思想①。然而，克萨诺芬尼作为爱利亚学派的奠基者这个哲学史的一般常识，后来却发生了动摇。有相当一部分研究者认为，克萨诺芬尼与爱利亚这个地方、这个学派没有关系。这个问题，由于留下的材料太少，不容易作出完全肯定的判断。否定克萨诺芬尼作为爱利亚学派的奠基者是比较晚近的意见，是在分析前人看法的基础上提出的一种比较新的看法，当然值得我们重视；但是我们在研究了他们所提出的看法后，觉得同样存在不少问题。在这种情况下，我们觉得还是按照通常的说法，把克萨诺芬尼作为爱利亚学派的奠基者来对待比较稳妥。

在反对的意见中，柏奈特是比较突出的。他在《早期希腊哲学》里明确指出："我们看到，在（克萨诺芬尼）92岁时，他还过着流浪的生活，这很难和他定居在爱利亚和在那里建立了一个学派的说法调和起来，特别是我们想到他的晚年是在希隆（Hieron）（当时的叙拉古王——引者）的宫廷中度过的。"②后来，弗里曼在他为第尔斯残篇写的辅助读物里更进一步认为亚里士多德和赛奥弗拉

---

① 蔡勒：《希腊哲学史》（英译）第1卷，第555页。
② 柏奈特：《早期希腊哲学》，第115页。

斯特（Theophrastus）显然把克萨诺芬尼排除于爱利亚学派之外①。在现在的学者中，当然也有继续肯定克萨诺芬尼与爱利亚学派的关系的，如剑桥大学的基尔克在他与拉文（Ravev）合作编著的《前苏格拉底哲学》这部重要参考书中，专门提到克萨诺芬尼与爱利亚的关系，重新肯定了柏拉图和亚里士多德的材料的正面的意义。

现在，我们就对这个问题谈一点自己的意见。

我们知道，克萨诺芬尼和阿那克西曼德差不多是同一时期的人②，他从25岁开始在希腊各地流浪，活的岁数很大，正如柏奈特所说的，九十多岁还过着流浪的生活。然而关于他的生活的具体情况，我们毕竟知道得很少，柏奈特固然否定了关于他到过爱利亚的已知史料，但无法判断我们尚未掌握的材料，而这却构成了克萨诺芬尼生活的相当大的空白，因而目前我们还无法断定，在这大段的空白中，他是否和爱利亚这个地方发生过关系。如果从他的流浪的生活方式来看，是不能完全排除这种可能性的。

除开这种没有多大价值的推测以外，我们确实拥有一些重要材料，肯定克萨诺芬尼是爱利亚学派的创始人或奠基者，而这些材料的可靠性是不容怀疑的。

首先是柏拉图在《智者》篇里所提供的：

> 我们的爱利亚学派，从克萨诺芬尼或更早一点开始，这个学派用寓言说，所谓万物就是"一"。

柏奈特认为，柏拉图在这里是一种讽喻的口吻，戏弄的态度，其意义就像在《泰阿泰特》篇中说赫拉克利特学派是荷马的追随者一样③。当然，柏拉图在这里的确有讽喻的意味，但其意义并不是硬帮爱利亚学派拉一个远祖，这里显然还是从时间年代和学说内容两个方面来考虑的。他把爱利亚学派当成一个团体（ἔθνος，族），在点名指出开始于克萨诺芬尼后，紧接着补充一句"καὶ ἔτι πρόσθεν"（"或许更早一点"）。在时间顺序、该学派的开始这个问题上，柏拉图

---

① 弗里曼：《前苏格拉底哲学家》，牛津，1959年，第2版，第92页。当然，弗里曼也不完全同意柏奈特的观点，他认为柏奈特否认克萨诺芬尼是行吟诗人则过于轻率了（第90页，注一）。
② D. 21, A.I. 有人说他就是阿那克西曼德的学生（第欧根尼，IX, 21）。
③ 柏奈特：《早期希腊哲学》，第127页。

的态度还是严肃的,看不出有什么讽喻的意味来。

也许,时隔太久,我们对柏拉图的言外之意难于领会了,但亚里士多德应该是能领会的,而正是在常常被引用的《形而上学》A5.986b 那段话中,亚里士多德明明肯定地说:"克萨诺芬尼第一个提出'一'的思想,因为巴门尼德被认为是他的学生",他显然并没有从讽刺、戏嬉的角度来理解他老师的话。既然对亚里士多德这句话还有不少争论,我们不妨把它比较完整地引下来。

> 克萨诺芬尼第一个提出'一'的思想(因为巴门尼德被认为是他的学生),但他没有阐述清楚,似乎并没有掌握这两者①的本质,而只是凝视整个天体,说"一"是神②。因此,如我们所说,它不符合我们现在研究的目的,克萨诺芬尼和梅里索斯这两个人,因为他们太粗俗,我们完全可以忽略。

在这里,亚里士多德对克萨诺芬尼和梅里索斯表现了很大的轻视态度,但并不能如弗里曼那样断定亚里士多德已经把克萨诺芬尼排除于爱利亚学派之外。亚里士多德在这里只是说,不符合他"现在研究的目的"("ἀφετέοι πρὸς τὴν νῦν ζήτησιν"或在"νῦν"后加"παροῦσαν",即"现在提出的……"),因为过于粗俗,可以加以忽视,并不能得出结论说,在亚里士多德看来,克萨诺芬尼不是爱利亚学派,相反,他明明在上文肯定了克萨诺芬尼第一个提出"一"的思想,巴门尼德是他的学生③,无非过于粗俗,不足道而已。这里,亚里士多德的文理还是清楚的,没有可以产生歧义的地方。如果说,在这里亚里士多德把克萨诺芬尼排除于爱利亚学派之外,那末梅里索斯又怎么办呢?是不是也要一起被"排除"呢?

---

① 指巴门尼德和梅里索斯提出的"一"的两个方面。
② "εἰς τὸν ὅλον οὐρανὸν ἀποβλέψας"这个分词短语,柏奈特认为不应读成"凝视整个天体"(gazing up at the whole havens),而应读成"关于整个天体"(referring to the whole world)(《早期希腊哲学》,第127页,注四)。黑格尔在他的哲学史讲义中,对这一句,特别加了一句解释:"像我们说的,漫无目的地望着"(中译本,第254页),黑格尔在解释古籍方面当然不是权威,但这个地方,我们觉得他的体会是正确的。也许,这正是一种讽刺的意味呢!
③ 奇怪的是基尔克一方面引证这段话,一方面又否认巴门尼德是克萨诺芬尼的学生(《前苏格拉底哲学》,剑桥,1960年,第171页)。

克萨诺芬尼作为爱利亚学派的奠基者，不仅有文献上的根据①，而且有思想上、学理上的根据。爱利亚学派从克萨诺芬尼到巴门尼德、芝诺、梅里索斯的发展是连贯的，有一定的内在逻辑的。

基尔克在分析克萨诺芬尼的生活时说，克萨诺芬尼生长在伊奥尼亚，在那里受教育，当然要受伊奥尼亚学派的影响②。注释家们记述他是阿那克西曼德的学生，我们从他对于宇宙自然的论述中可以清楚地看出他在自然科学方面与伊奥尼亚自然哲学家的联系。他对于古代地层遗迹的观察和推测，在当时是很有名的③。但是，克萨诺芬尼的思想，不仅有自然科学方面，还有关于宗教和哲学两个方面。我们认为，在克萨诺芬尼的思想中，关于宗教的思想是与哲学思想结合在一起的。

应该说，克萨诺芬尼用他的关于宗教和哲学的思想，改造了伊奥尼亚的自然哲学，把哲学提高到一个新的水平，在历史上是有一定的贡献的。

我们知道，伊奥尼亚学派总起来说，是一种自然哲学。同时，他们并没有用他们的基本上是唯物主义的自然哲学观点，更进一步自觉地去直接批判、改造当时占统治地位的宗教观点，因而哲学与宗教在他们的思想中相对地说是游离的，也就是说，他们的宗教观，基本上还受传统的束缚。克萨诺芬尼则开辟了另外一条道路，首先从批判当时传统的宗教入手，把这种精神与伊奥尼亚自然哲学的唯物主义哲学思想结合起来，创造了一个新的哲学体系，不仅改造了（否定了）当时传统的宗教观念，同时也改造了、提高了伊奥尼亚学派的哲学观点。

克萨诺芬尼宗教批判的对象主要是荷马和赫西俄，而他们的著作中的关于神的思想，又是当时流行的宗教观点的反映。根据这种观点，神和人一样，有身体、思想、情欲，只不过比凡人更有力、更强大，活得更持久，也就是说，只有量的差别，没有质的区别。赫西俄还特为诸神排列了谱系，和凡人一样，他们有父母，有子女，他们是"永生的"，但有时他们也要"死"一下。对于这种原始的、混乱的多神论观点，克萨诺芬尼作了无情的讽刺。下面是两段有名

---

① D. A. 8："柯罗丰（Colophon）的克萨诺芬尼是爱利亚学派的先驱……"
② 基尔克、拉文：《前苏格拉底哲学》，剑桥大学，1960年，第164页。
③ 参见蔡勒：《希腊哲学史》（英译）第1卷，第570页。

的残篇，表现了他对传统观念坚决决裂的态度。

> 荷马和赫西俄把一切在人类那里都要受到谴责的丑事，如偷盗、通奸和欺骗别人等都加诸于神。①
>
> 凡人认为神也是生出来的，和他们一样穿衣服、说话，有一个身体。②

克萨诺芬尼认为，这是和"神"的"身份"不相符合的，神既然是最伟大的，所以无论在身体或精神方面，都应该不同于凡人。像荷马和赫西俄那种关于"神"的观念，是不适于神的身份的。神也不可能像荷马、赫西俄想象的那样为父母生的，神不生不灭，是永恒的，这就是克萨诺芬尼关于神的基本思想。

不仅如此，克萨诺芬尼还很深刻地指出产生荷马、赫西俄原始宗教观念的思想根源，下面就是他那段有名的话：

> 如果牛、马、狮子有手，能用手作画，能做人能做的工作，那末马则画马形为神，牛则画牛形为神，它们都会按自己的形状画神，使神的身子如他们自己的身子一样。③

这段话说得是如此之准确，至今还被人们所称颂。当然，我们还不能从这段被誉为古代费尔巴哈的高论中就孤立地断定克萨诺芬尼就是无神论者。考虑到他所处的时代和他的其他残篇，他不仅没有达到无神论的水平，甚至也不是彻底的一神论者④，但是，他关于"神"即是"一"，即是"万物"，即是"宇宙"的观点，对他的哲学思想的创造，是有重大作用的。

克萨诺芬尼说，如果神是最强者，就应该是"一"；如果是"二"，就不是最强者了。这种唯一之神与宇宙万物是什么关系呢？从克萨诺芬尼留下的残篇里，我们看不清楚它的过渡环节，但根据某些记述，我们大体上可以肯定，

---

① 基尔克、拉文：《前苏格拉底哲学》，〔169〕、〔170〕。
② 同上。
③ 同上书，〔172〕。
④ 柏奈特同意蔡勒的意见，认为克萨诺芬尼是泛神论者（《早期希腊哲学》，第129页）。

"一"、"神"、"万物"、"宇宙"在克萨诺芬尼那里是统一的，是一个意思。柏拉图在前引《智者》篇里已经指出爱利亚学派把万物当作"一"，亚里士多德在读到爱利亚学派的那段话前，明确地指出："有些人指出万物本性为'一'。"①蔡勒据此认为，说克萨诺芬尼把神与宇宙结合起来是可靠的②。这正是爱利亚学派的基本特征之一。

当然，我们知道，伊奥尼亚学派也同样强调万物的始基为"一"，不过他们都从具体的物体中寻找这个始基，所以他们说这个"一"是"无定形的"，才能生化万物；克萨诺芬尼接受了万物始基为"一"的思想，但把它与唯一之"神"结合起来，这样，就使他的学说在许多方面不同于伊奥尼亚学派，所以注释家说他："走自己的道路，避免前人（指泰利士、阿那克西曼德、阿那克西曼尼）的影响，既不承认生，也不承认灭，而说宇宙是永恒同一的"③。

首先，克萨诺芬尼在新的水平上解答了万物始基"有定形""无定形"之争。我们知道，伊奥尼亚从具体物质世界寻找万物的始基，提出"无定形"为始基的特性；克萨诺芬尼认为万物的始基——本质是"一"，是"神"，不是具体的物体，所以既不是"有定形的"，也不是"无定形的"，因为只有具体的物体才有"有定形"、"无定形"之分。这在道理上是很清楚的，可是柏奈特却认为这条史料引起了"无限的混乱"④。当然，那个托名为亚里士多德著的《论梅里索斯、克萨诺芬尼、高尔吉里》的著作，是后来的学园派学者写的，材料经过割裂，混乱不堪。但上面这条材料，是符合从伊奥尼亚学派到爱利亚学派的发展线索的，具有一定的参考价值，所以第尔斯收在克萨诺芬尼的名下，蔡勒把它和梅里索斯、巴门尼德相对照，指出芝诺与巴门尼德认为存在是"有定形的"，梅里索斯认为是"无定形的"，克萨诺芬尼认为既非"有定形"又非"无定形"，而高尔吉亚则认为既存在又不存在⑤。从这个线索来看，克萨诺芬尼是从伊奥尼亚学派到巴门尼德的过渡环节，而梅里索斯的思想在这一点上是旧的、传统的思想。不仅如此，注释家的传统材料，如辛普里丘的著作中，也有同样

---

① 亚里士多德：《形而上学》，i.5，986 b，10。
② 蔡勒：《古希腊哲学史》（英译）第1卷，第562页。
③ D. 21，A 32。
④ 柏奈特：《早期希腊哲学》，第126页。
⑤ 蔡勒：《古希腊哲学史》（英译）第1卷，第538页。

的记述。①

当然，混乱是有的。引起混乱的原因，一方面可能是史料上的，另一方面也可能是克萨诺芬尼本人的原因。譬如，一条材料说："(克萨诺芬尼)说，宇宙是四种元素构成的，是无定形的，但无变化……"②这里说的是四种具体的元素——物体，所以沿用伊奥尼亚的旧称为"无定形的"。特别是克萨诺芬尼提出"一"是"圆形"，是很令人费解的。但是，如果我们从"自身同一"、"各部分都相等"、"同一的单位"等这样一些"圆"的特点去理解，或许能够想象在克萨诺芬尼的朴素的思想里是要用"圆"来和伊奥尼亚的"无定形的"物体对立，即既非有定形，又非无定形的，而是圆形的。

其次，我们看到，克萨诺芬尼把"永恒的"、"不动的"概念引进了万物的始基。我们知道，伊奥尼亚的自然哲学家是天生的辩证法家，他们都朴素地强调宇宙万物的"变化"；克萨诺芬尼则提出一种本质不变的思想，认为神、"一"都是不动的，不生不灭，永恒的。他说，神"永远停留在一处不动，变化对它来说是不适合的"③。他的这种思想，为辩证法树立了一个对立面，为以后的形而上学思想奠定了基础，成为爱利亚学派基本特点之一。这种思想，在哲学史上的消极作用，是无可讳言的；但是，在当时，他是对朴素的伊奥尼亚的思想传统打开了一个缺口，他预示了本质和现象的区别，对哲学思维的进一步发展是有启发作用的。

与此相关，克萨诺芬尼在古代哲学史上第一次提出了思想与感觉的区别及思想的巨大作用问题，为阿那克萨哥拉哲学思想的形成，提供了思想条件。

我们知道，荷马、赫西俄的诸神，主要在体力上高于凡人，他们要发挥作用，也和凡人一样要"事必躬亲"。可是，克萨诺芬尼的唯一的神却完全不同。它既然不动，就不能"事必躬亲"，那末只能靠身体以外的东西来发挥作用，所以克萨诺芬尼说：

神永远停留于一处，然不动，无论何时何地皆不变化，而用其思想之

---

① D. 21，A 31，译文参见《古希腊罗马哲学》，第42页。
② D. 21，A 1.
③ D. 21，B 26.

智虑，不费吹灰之力，动摇一切。①

根据后来的记载，克萨诺芬尼还明确地把思想、理智与感觉对立起来，认为感觉是不可靠的，只有思想是万能的。拉修斯说："毕达哥拉斯、恩培多克勒、克萨诺芬尼……认为感觉是不可靠的。"②欧赛波斯（Eusebius）记述道，在克萨诺芬尼看来，"显然，感觉有欺骗性，束缚于感觉，就会妨碍理智"③。在这里，明显地具有反伊奥尼亚的性质，认为这些自然哲学家只是注意具体物体的变动，而没有看到本质、神、思想、"一"的永恒性，乃是受感官之欺。

感觉具有片面性，而只有神，由于思想超出于凡人，所以能"无所不视，无所不知，无所不闻"④。凡人对问题只能有一些"看法"、"意见"，而"意见"只能近似真理⑤，不能认识宇宙的本质，正是在这个意义下，他才说："没有一个人认识得很清楚，也没有任何人认识我关于神和万物所说的一切。有时也能说出一点最大限度的完备的话，但仍然自己认识不到。意见统治了一切。"⑥

以上这些思想，表达了爱利亚学派的基本特点，它和巴门尼德、芝诺的关系是一脉相承的。我们可以说，伊奥尼亚学派诞生以后，遇到了两个劲敌，一个是毕达哥拉斯，一个就是克萨诺芬尼，前者是用"数"（后来发展成"多"）来反对伊奥尼亚学派的具体物体的、无定形的始基，而后者则用"一"（神）来反对这个无定形的始基。巴门尼德在克萨诺芬尼学说的基础上，吸收毕达哥拉斯学派的思想，把爱利亚学派推向了一个新的水平。

二、巴门尼德在古希腊哲学史上的地位

古代希腊哲学思想的发展，从伊奥尼亚学派经过毕达哥拉斯学派到爱利亚学派的巴门尼德，发生了具有重大意义的变化，从最初以朴素的自然哲学思想和原始的宗教思想的对立为特征的哲学基本问题上的斗争，开始进一步以更加

---

① 基尔克、拉文：《前苏格拉底哲学》，〔174〕；D. 21，B. 25。
② D. 21，A 49.
③ D. 21，A 32.
④ D. 21，B 24.
⑤ D. 21，B 35.
⑥ 基尔克、拉文：《前苏格拉底哲学》，〔189〕。

明确的形式表现哲学基本问题上唯物主义和唯心主义、辩证法和形而上学的对立。这从哲学思想的发展上来看，意味着古代希腊的哲学克服了早期思想的朴素性，说明了思维能力、概括能力得到了很大的提高，而反映阶级斗争新形势的哲学思想的发展，进入了一个新的阶段。

然而，我们知道，爱利亚学派从克萨诺芬尼到巴门尼德的发展，经过了较长的时间，由克萨诺芬尼对传统宗教的冲击，到巴门尼德以逻辑的推理力量对传统自然哲学的冲击①，使古希腊哲学思想的发展，跨出了决定性的一步。

巴门尼德出身于爱利亚城，是该城邦的名门望族，他的生活是非常优裕的。他不像克萨诺芬尼那样过着流浪的生活，而有足够的财富和时间进行学习、研究、思考、写作和讲授。据说他积极参加城邦的政治活动，对爱利亚城在法制上的改革起过良好的作用，曾使这个城邦得到大治。

他究竟是不是克萨诺芬尼的学生？这个问题历来是有争论的，在古代就有两种说法：一说他是克萨诺芬尼的学生，一说他是阿那克西曼德的学生。在澄清这个问题上，我们应该归功于蔡勒，他指出苏依德斯（Suidas）这个记述是不可靠的，并且找出了产生记述错误的根源在于后者读错了拉修斯的那句话。拉修斯说："巴门尼德，爱利亚人，皮莱多士之子，克萨诺芬尼的学生，而克萨诺芬尼按赛奥弗拉斯特《序论》说，则是阿那克西曼德的学生。"（Παρμενίδης διήκουσε Χενοφανος, Τοῦτον Θεόφραστος ἐν τῇ επιτομζ᾿ Ἀναξιμάνδρον φησίν ἀκουσαι）苏依德斯把那个"Τοῦτον"看成指巴门尼德了，实际上应该指克萨诺芬尼，拉修斯（或赛奥弗拉斯特）是一层一层地说下来的。②

可是，近代许多研究者仍然否定巴门尼德是克萨诺芬尼的学生，这种观点大部分是否认克萨诺芬尼是爱利亚学派的奠基者这一观点的自然的结果。自从柏奈特把克萨诺芬尼摈斥于爱利亚学派以外，相当多数的研究者都按照他的说法，否认巴门尼德是克萨诺芬尼的学生，其中包括英国著名学者基尔克③和法国

---

① 亚里士多德称巴门尼德为 "ἀφυσικός"（非自然哲学家）。参阅康福德（Conford）：《柏拉图和巴门尼德》，伦敦，1939年，第28页。
② 蔡勒：《希腊哲学史》（英译）第1卷，第581页，注一。在蔡勒早已指出这个错误以后，北京大学哲学系在选译拉修斯这段话时，仍然把Τοῦτον译成巴门尼德，应予改正。（见北大哲学系编：《古希腊罗马哲学》，三联书店1957年版，第48页。）
③ 基尔克（Kirk）：《前苏格拉底哲学》，剑桥，1960年。

的查费洛波罗①，后者完全重复柏奈特的论据。

关于克萨诺芬尼是爱利亚学派的奠基人这个看法我们已经说过了；当然，即便如此，巴门尼德是否克萨诺芬尼的学生，也还需要作进一步的论证。

我们知道，巴门尼德是克萨诺芬尼的学生这一点，柏拉图、亚里士多德和第欧根尼·拉修斯都是肯定了的。拉修斯说得很清楚：

> 巴门尼德，爱利亚人，皮莱多士之子，克萨诺芬尼的学生，而克萨诺芬尼按赛奥弗拉斯特《序论》说，则是阿那克西曼德的学生。但虽然是克萨诺芬尼的学生，却不完全听他的，如索提翁所说，他还与第奥加以托之子阿美那——毕达哥拉斯分子为友，此人穷而有志。巴门尼德宁愿跟随阿美那，在阿美那死后，出身名门富家的巴门尼德给他立了像。是阿美那而不是克萨诺芬尼把他引向沉思的生活。

对于这一段话，许多现代的研究者不注意拉修斯清楚明白地肯定了的记述——巴门尼德是克萨诺芬尼的学生，却要在巴门尼德和毕达哥拉斯学派的关系上大做文章，这是很令人费解的。当然，我们不能否认毕达哥拉斯学派对巴门尼德的影响，恰恰相反，我们认为，不仅巴门尼德本人，而且整个爱利亚学派与毕达哥拉斯学派有着十分密切的关系，他们都是属于和米利都学派对立的那一个学派的。巴门尼德关于"存在"有限制的思想，否认虚空存在的思想，等等，都说明了他从正反两个方面受到毕达哥拉斯学派的影响。而且正是这种影响，使巴门尼德超出了他的老师克萨诺芬尼，使克萨诺芬尼的对宗教的批判变成对哲学的批判。我们也可以相信拉修斯的记述，他和一个毕达哥拉斯派学者有很深的友谊，受到直接的（包括生活方式的）影响。但这些都不影响巴门尼德作为克萨诺芬尼的继承人，作为爱利亚学派的最主要的代表之一，因为他发展了克萨诺芬尼的"一"作为存在的本性的基本立场，这一点，是任何外在影响不能代替的。

鉴于一些基本的事实和基本的史料记述，现代有些研究者又开始在新的基础上肯定了传统的说法。弗里曼在她解释第尔斯《前苏格拉底哲学家》的著作

---

① 查费洛波罗（J. Zafiropulo）：《爱利亚学派》导言部分，巴黎，1950年。

中说:"可能是:他(巴门尼德。——引者)按通常的'经验的'方法追求知识,相信他所听到的,一直到关于'一'的灵感支配了他,而与克萨诺芬尼的相遇,可能加速了这个过程。"[1]这种说法,当然只是一种猜测,不过已经承认巴门尼德和克萨诺芬尼在思想上的关系了。使我们感兴趣的是剑桥大学的格思里教授在他的多卷本《希腊哲学史》里,重新肯定了巴门尼德与克萨诺芬尼的关系,虽然他并不承认克萨诺芬尼对爱利亚学派有什么重要作用。格思里在这本著作里说,从年龄上说,因为克萨诺芬尼活得很长,所以巴门尼德可能是他的学生[2],这样,就在近代西方重要的哲学史新作中重新肯定了传统的看法。

重视研究巴门尼德和克萨诺芬尼的关系,对整个爱利亚学派以及这个学派在历史上与古代米利都学派和毕达哥拉斯学派之间的内在关系,它如何影响了古代希腊哲学的最重要的代表——苏格拉底、柏拉图和亚里士多德,起着继往开来的重大作用这样一个重要问题是有相当的联系的。爱利亚学派自身是一个整体,它有自己的产生、发展和消亡的过程,它之所以能代替古代伊奥尼亚学派以及同时的毕达哥拉斯学派,并不是偶然的,柏拉图在其著作中对巴门尼德流露出的崇敬的态度,当然也不是偶然的。这是因为爱利亚学派特别是巴门尼德(和芝诺)在古代希腊哲学史上提出了新问题,而这个问题为柏拉图以及德谟克利特(原子论,首先是恩培多克勒)从不同的立场所概括,形成古代哲学上两条路线的激烈斗争,这个斗争,一直继续到现在,是不会完结的。

1. 巴门尼德的哲学体系——关于两个领域的争论

巴门尼德没有给我们留下完整的著作,他的思想,都是根据别人的记述和引证保存下来的。以他命名的柏拉图的著名的对话,被学者断定没有历史的真实性(苏格拉底与巴门尼德、芝诺见面时关于他们的年龄的记述,被认为可靠,以此来推断巴门尼德的生卒年月和全盛时期),一般认为那里的巴门尼德就是柏拉图自己。[3]因此,我们关于巴门尼德思想的材料,就剩下几段残篇诗作,其中

---

[1] 弗里曼:《前苏格拉底哲学家》,牛津,1959年,第152页。
[2] 格思里:《希腊哲学史》第2卷,剑桥,1969年,第2页。
[3] 这个论断当然还要进一步研究。

最重要的是《论自然》。

《论自然》很明显地分成两个部分，前一部分是讨论"真理"的，后一部分则讨论普通人的"意见"。我们知道，关于"真理"和"意见"的区别，克萨诺芬尼已经提出来了，但他只是以一种反对传统观念的精神提出问题，并没有进一步发挥，对这个重要思想作进一步发挥的是巴门尼德。

然而，这两个部分是什么关系？对"意见"那部分，巴门尼德到底持什么态度？是肯定的，还是完全否定的？是一种讽刺手法，还是他的哲学思想的一个组成部分——虽然不是重要的，但是必要的？这些问题，在近代发生了严重的分歧，因此，要研究巴门尼德的哲学思想，必然首先对这个问题有一个看法①。

我们知道，关于巴门尼德《论自然》一诗中两个部分的正面价值，古代的注释家和学者提出疑问的不多，他们大多认为巴门尼德固然特别强调了真理之路，但认为"意见"那一部分也是必要的。巴门尼德的学说分为两个部分，一个是讲"存在"、"真理"的，一个是讲"现象"、"意见"的。

在这方面，最重要的还是亚里士多德的记述：

> 似乎，巴门尼德说得更有洞见。离开存在的非存在等于零，存在必然是"一"……但必须符合现象，他认为"一"是按照理性，而"多"是按照感觉的，他提出两个原因、两个始基（原则）：热和冷，又叫做火和土。在这里，热相当于存在，另一面相当于非存在。②

当然，亚里士多德的记述也有许多不准确的地方，但他领会巴门尼德学说的基本精神是可信的，即在巴门尼德看来，"意见"、"现象"和"真理"、"本质"之间有着对应的关系，现象虽然是虚假的、变幻的，但不能完全抛弃。

希波里特《参考资料》中记载：

> 巴门尼德假设"一"是全，是不动的，非产生的，圆形的——他也没

---

① 在这里，读者应先阅读北京大学哲学系编译的《古希腊罗马哲学》有关巴门尼德的残篇。译文有问题时，我们在讨论过程中指出。
② 亚里士多德：《形而上学》，第一卷，第五章986b—987a。

有超出一般人的意见，说火和土是万物之始基，土是质料的，火是原因和方式。他说宇宙要毁灭的，但以什么方式，他没有说。①

巴门尼德当时当然不可能具有亚里士多德那样成熟的思想，提出质料、原因、方式这些问题，但这里指出巴门尼德是把一般的自然哲学问题包括在自己的哲学体系中的。

辛普里丘的一则记述也说：

（巴门尼德）并不简单地把意见当作是错误的，叫做欺人之谈，而是把它当作从真实的理性到现象和感觉的表象的过渡。②

当然，巴门尼德是把"意见"当作错误的，欺人的，但辛普里丘说不是"简单地"（ἁπλῶς），这就是说，巴门尼德的思想是更为复杂、更为丰富的，即他把"意见"吸收到他的哲学思想中来，把它加以改造，成为一个组成部分。

可是，这些传统的看法在近代被动摇了。德国学者雅柯布·柏奈斯（Jacob Bernays）在1885年首先提出一种看法，即巴门尼德《论自然》一诗的后半部分是针对赫拉克利特的，是一种讽刺的笔法，以暴露对方的错误。

这种看法以历史对比方法和根据巴门尼德原诗某些词句加以发挥，完全否定了《论自然》一诗后半部的哲学价值，而变成了一种反意性的讽刺诗。这种看法，以其简明性而迅速得到响应。

但是，此后不久，即1916年，德国学者卡尔·莱因哈德（Karl Reinhardt）对此提出异议，指出并没有多少根据说该诗的后半部是针对赫拉克利特的。他认为，巴门尼德诗的两个部分是本质和现象的关系。他的结论是："说诗分成没有联系的两个部分是错误的。'意见'和'真理'是不可分割地联系在一起的。"③莱因哈德的意见同样得到重视，因而在这个问题上就分成了两大派。当然在两派之间，也还有介乎两者之间或在具体问题上有所不同的看法，如弗里曼

---

① D. 28，A 23.
② D. 28，A 34.
③ 莱因哈德：《巴门尼德和希腊哲学的历史》，见莫莱拉特斯编《前苏格拉底》（文集）（纽约，1974年）的部分译文。

认为，巴门尼德《论自然》一诗的后半部虽然不是针对赫拉克利特一人，而是泛指一般的他认为错误的意见，但巴门尼德本人早期可能相信过这些意见，因而可以看成一种自白或写照，一种经验总结①，莫莱拉特斯则采用语言分析的方法，调和这两种意见②等等。

我们觉得，正如莱因哈德所指出的，把诗的两部分截然割裂开来，是有许多困难的。其中最大的困难是内容方面的，即无法解释为什么巴门尼德如此严肃地叙述他认为绝无价值的"意见"。

如果说，巴门尼德是要暴露、丑化赫拉克利特的学说，这种说法，也有相当的困难。

首先，从这部分叙述的内容来看，不是典型的赫拉克利特观点，代表赫拉克利特学说特点的许多观点——如关于"火"，关于不能同时走进一条河等——，诗中没有反映。其次，按照当时的风气，阿里斯多芬可以指名道姓地攻击某些政治领导人，他的老师克萨诺芬尼可以点名攻击当时的权威荷马和赫西俄，为什么巴门尼德的笔法却又那样隐晦？

至于这后一部分，在语言上并无讽刺的意味，而是严肃地讨论问题，这一点也已为许多研究者指出。格思里教授的《希腊哲学史》在这方面作了分析，从现象部分同样有"女神"、"必然"等词出现，指出这一部分与"真理"部分是相对应的。他认为："语言的相衔接是故意注意的。"③

从巴门尼德《论自然》诗本身，我们也可以举出证据。

巴门尼德借女神之口对人们指出：

> 你应该学习一切，
> 不论是圆满的真理之不可动摇之核心，
> 或普通人的与真理知识不同的意见，
> 都应学习。

---

① 弗里曼：《前苏格拉底哲学家》，牛津，1959年，第145—146页。
② 参见莫莱拉特斯编：《前苏格拉底》（文集）（纽约，1974年）中他自己的文章。
③ 格思里：《希腊哲学史》第2卷，第73页。格思里在这里过于局限于亚里士多德的记述，把"光明"对应于"存在"……则是值得讨论的。

这就是说，不是"存在"的真理的"意见"，虽然与真理的知识不同，也应该学习，为什么呢？紧接着女神解释道：

ὡς τὰ δοκοῦντα χρῆν δοκίμως εἶναι διὰ παντὸς πάντα περῶντα.①

这句话的译文有分歧，莱因哈德把"ὡς τὰ δοκοῦντα χρῆν δοκίμως εἶναι"译成："现象如何有价值"②，理由是既然现象并不缺少理由和一贯性，就应该加以解释。一般的译法是：

因为通过一切现象，
才能正确对待意见。

这就是说，对于一般流行的意见，只有按照现象具体地逐个加以研究，才能明辨是非。所以我们认为，《论自然》一诗的后半部分是巴门尼德对现象界的具体看法。

把问题分成本质的即存在的和现象的正是巴门尼德在哲学史上的重要贡献之一，也是巴门尼德在古代自然哲学基础上深入一步、提高一步的表现。巴门尼德提出"存在"的本质问题，是一个很大的进步，把理性的本质和感性的现象区别开来，指出以前自然哲学家之不足，敢于否定他们的方法，提出新的方法，已是很重要的进步。但考虑到巴门尼德所处的时代，要他提出完全否定现象的意义，是不太可能的。把他的学说当作由古代自然哲学向苏格拉底、柏拉图古代理性主义的过渡环节，似乎更为可靠些。至于他的哲学思想带有明显的反赫拉克利特朴素辩证法的性质，这是不可抹煞的事实。他贬低"意见"、"现象"是和他贬低整个米利都学派的传统分不开的，但他是否完全否定"意见"和"现象"则是另外一个问题。事实上，从巴门尼德开始，前苏格拉底的哲学家把 ἀρχή（始基）和 στοῖχος（元素）分开，是常见的，如后来的恩培多克勒、阿那克萨哥拉等都是如此。

---

① D. 28，B 1.
② 参见莫莱拉特斯编：《前苏格拉底》（文集），纽约，1974年，第297页。

我们就是从这样的历史和理论的角度来研究巴门尼德的哲学思想的。

2. 真理论——"存在"是"一"

(1)"存在"的本质

巴门尼德的《论自然》是以寓言诗的形式出现的,有着一层神话的外衣,但他借女神的口所要阐述的思想都是哲学的。近代许多研究者都认为他故意避免说他的"一"是"神"①,这正是克萨诺芬尼爱利亚学派传统的进一步发展。

巴门尼德告诉我们,还在他年青的时候②,太阳女神就向他打开了通向真理之路,告诉他:

> 只有一种探索方法是可以理解的:
> 存在如何是有,非存在如何是无,
> 这是一条可靠的道路(因为它符合真理),
> 另一方面,相反,存在如何是无,
> 非存在如何是必要的,
> 我告诉你,
> 这条道路是无法认识的,
> 对于非存在(因其没有实现),
> 我们没有任何知识,
> 也无可言说。③

这里最重要的问题是:巴门尼德的"存在"到底是什么意思?是一个抽象的概念,还是一个物体的东西?

早期的一些研究者从巴门尼德所处的时代出发,认为他不可能达到后来的那种"存在"作为形而上学概念的理解,还是朴素的、具体的物体的存在。蔡勒

---

① 柏奈特:《早期希腊哲学》,第178—179页;蔡勒:《希腊哲学史》(英译)第1卷,第588页;康福德:《柏拉图与巴门尼德》,第29页,等等。
② 这一点也说明他"得道"较早,并非晚年"悟道"。"现象界"、"意见"并非他的"忏悔录"。
③ D. 28,B 2. 此段参照第尔斯德译、柏奈特英译、基尔克英译和北大哲学系之中译,对照原文译出。

在他的《希腊哲学史》中说，巴门尼德、芝诺和梅里索斯还不知道物体和非物体的区别，因而他们的"存在"不是后来形而上学意义上的概念。①柏奈特更进一步从语言上进行了分析，认为巴门尼德的"τὸ ἐὸν"不能作英文"Being"、德文"das Sein"、法文"l'être"讲，而应译成英文的"what is"，德文的"das Seiende"，法文的"Ce qui est"，即不能作抽象的"存在"概念讲，而是具体的"存在物"。

这种分析，我们觉得有其合理的一面。从哲学思想的历史发展来看，古代米利都学派提出了一个"ἀρχή"，在自然的物质世界寻找万物的始基；毕达哥拉斯注意到了事物的数量关系；巴门尼德则完全摆脱了自然事物的具体性，提出一个共同的特点：存在。这是很大的进步，但这个"存在"还是没有完全脱离具体的物体性，它是占有空间的，是"有限的"。巴门尼德在诗里告诉我们，只有从存在的事物中去进行研究，才能得出真理性的认识，而探索不存在的东西，就会误入歧途，这是一条不可靠的道路。

然而，我们认为问题并没有在这里结束，巴门尼德的新的提法，并不只是指出了研究要从"存在的事物"出发，如果只是这样，那末自从伊奥尼亚学派以来一切主张从自然物里找"ἀρχή"的哲学家都是从"存在的事物"来寻万物之基础，而且比巴门尼德更具体，更"真实"，这样，巴门尼德这个提法，其意义就不大了。事实上，巴门尼德的"存在"还有更深一层的意义。

巴门尼德赋予他的"存在"有哪些特性？我们知道，最重要的是：①"存在"是不变的，无始无终的；②"存在"是"一"；③"存在"充满了空间；④"存在"是受限制的；⑤"存在"是圆；⑥"存在"是必然的；⑦"存在"是思想的对象。巴门尼德说：

> 只剩下一条路可言：有物存在。
> 对于这条路，人们有许多标志表明：
> 不是产生之物是不灭的，完满的，不动的，无极限的；
> 没有过去，也没有未来，而现在的存在是唯一的全，
> 唯一的"一"，唯一的"连续存在物"。②

---

① 蔡勒：《希腊哲学史》（英译）第1卷，第590页。
② D. 28，B 8.

> 在巨大的界限的锁链中，
> 一切都是静止的，无始，无终，
> 因为生灭已被远远抛开，
> 真理的信念离开了它们。
> 强大的必然性的锁链限制了存在，
> 从四面八方限制住，
> 因此存在不可能是无限的。
> 因为存在不缺少什么，
> 如果它是无限制的，
> 那就会缺少一切。①

"存在"是"一"也是"全"，这是克萨诺芬尼思想的进一步发挥，是巴门尼德哲学思想的重要核心。这就是说，在巴门尼德看来，哲学研究的根本问题，不是探索具体的事物，具体的物质形态，哪怕这种物质形态"被称作"为"ἀρχή"也是一样。哲学研究要探索永恒的、不变的真理，这个真理是"一"，也是"全"。

作为"ἀρχή"的物质形态，既是具体的，所以是变化的，即使这种变化本身是永恒的；是"无定形的"，才是变动不停的，转化万物。毕达哥拉斯否定了这种"无定形"的ἀρχή，巴门尼德接受了这个思想②，把它和克萨诺芬尼的万物为"一"的思想结合了起来。"一"已经不是毕达哥拉斯学派的"数"的概念，而是"统一"、"完满"，是"全"，是"存在"。

"一"、"存在"既然是"全"、"完满"的，不缺少任何东西，因而它是永恒的，无始无终，——因而巴门尼德就从根本上动摇了古代伊奥尼亚的"ἀρχή"的理论，提出了一个更为根本的，永恒的，"超""ἀρχή"的"一"。

"一"是"全"，是永恒的，但又是受限制的，因而不是无限的，是有限的，这个矛盾巴门尼德是用"必然性"来解决的。在巴门尼德看来，并非另一个存

---

① D. 28, B 8.
② 参见基尔克:《前苏格拉底哲学》，第277页。

在限制这个存在，存在只受"必然性"的限制①。于是，也可以认为，巴门尼德的"存在"、"一"、"全"……就是必然性。

从这些分析来说，我们认为，巴门尼德的"存在"体现了一种"本质"的意义。当然，巴门尼德自己并没有提出这个概念，他只用了"存在"，但他的存在既是固定的、永恒的，是"一"、"全"，无始无终的，所以就不是一般的具体的物质形态，而是事物的本质。

这个问题，我们还可以从反面来说明。巴门尼德的"非存在"究竟是什么？当然，首先可以理解为他的老师克萨诺芬尼所否定过的诸神，但最重要的恐怕还是指具体的事物属性和物质形态，也就是说，事物的现象——或者叫假象，其矛头当然是指向古代伊奥尼亚学派的。

巴门尼德的意思是说，古代自然哲学家埋头于具体事物的物质形态，企图从那里找出"ἀρχή"，实际是误入歧途。那些变动不居的假象，怎能使人得到真理呢？古代哲学家自以为找到了"是什么"，"什么存在"，实际上"是什么"马上变成了"不是什么"，"什么存在"也变成了"什么不存在"，赫拉克利特已经充分地揭露了这种矛盾的现象，古代自然哲学家的基础已经在动摇。巴门尼德要找出一条可靠的真理之路，提出了一个永恒不变的、与非存在对立的"存在"，这个"存在"永远不会变为"非存在"，是"一"又是"全"。在这个意义上，我们只能把巴门尼德的"存在"理解为"本质"。

当然，巴门尼德的思想还有许多朴素的地方，他的"存在"还有不少直观性。如他认为"存在"是"圆"就是最明显不过的。他说：

> 然而，既有一个终极之边，所以存在各方面都是封闭的，圆得像一个球，边与中心等距，因为不能说这一边比那一边大或小。②

无疑的，这个思想是从克萨诺芬尼那里继承下来的，是当时希腊人中流行的一种朴素的想法，他们还不能完全摆脱具体的直观的思想方法，总要找出一

---

① 巴门尼德诗里出现一个自相矛盾的地方，他在肯定和否定两个意义上使用了"ἀτέλεστον"（无极限）这同一个词。据弗里曼说，德国学者勃兰德（Brandis）曾在肯定意义时加上否定词"οὐδ'"。——见弗里曼：《前苏格拉底哲学家》，第148页注。
② D. 28，B 8.

个具体的形象来。也许，从具体形象来说，"圆"是比其他形状（例如比起阿那克西曼德的"无定形"来）更适于形容巴门尼德的"存在"的，因为它是封闭的，自满自足的，圆满的。

这种细节上的朴素性，并不妨碍巴门尼德在主导思想方面的创造性，他的"存在"论，显然是苏格拉底特别是柏拉图理念论的先驱。巴门尼德开始了一种抽象的、形而上学的方法，寻求一种确定的、不变的本质，这对以后的哲学思想的发展是有重要影响的。

（2）"存在"与"思想"

本质的东西是看不见摸不着的，要用思想才能把握，巴门尼德也已认识到这一点，他说：

> 用思想（νόωι）注视远离之物，则如眼前之物那样可靠。①

这就是思想的力量。思想（νοεῖν）不能设想非存在②，而存在只有思想才能掌握。

就这样，巴门尼德第一次在哲学史上明确地表达了思维与存在这一哲学基本问题。感觉与具体事物之间的关系是朴素的，古代神话式的宗教思想反映了事实上存在着的主观与客观对立或脱离的关系。古代希腊的诸神，就是以感觉形象存在的与实际具体人物的脱离，但这种主客观的割裂没有为古代哲学家朴素的思想所明确掌握，只有在进入到本质的探索的过程中，只有在抽象的理性思维发展到一定程度时，这种客观上早已存在着的主客观的关系，才能为人们比较明确地把握，巴门尼德的思想反映了这一历史水平。

巴门尼德留下了一句名言：

> 因为思想和存在是同一的。
> （τὸ γὰρ αὐτὸ νοεῖν ἐστίν τε καὶ εἶναι.）③

---

① D. 28, B 4.
② 参见格思里：《希腊哲学史》第2卷，第17页注三。
③ D. 28, B 3.5.

对于这句话，蔡勒和柏奈特都作了考证。他们还是从古代思想发展的水平出发，认为当时不可能有如此概括的思想，所以都解释成为"能思想的东西和能存在的东西是同一的"①，他们这个解释是很富有启发性的，因为它能够与巴门尼德强调"存在"、否定"非存在"的思想很好地衔接起来。这句话的含意是：只有"存在"才能被"思想"，"非存在"是不可"思想"的，即不可想象的。但这种过于"物质化"的说法后来受到了怀疑，相当一些研究者把巴门尼德的"存在"解释成纯粹的"思维"或"精神"。据格思里介绍，美国当代著名古希腊学者弗拉斯多斯（Gregory Vlastos）认为爱利亚学派的存在就是精神。②法国学者查费洛波罗更是从物活论对巴门尼德的影响立论，他说："我们应该坚持这样一个事实：对于体系的第一个建筑物（爱利亚学派应包括在内）来说，存在（un Être）是由精神和物质的统一而来，而且只有从这个统一而来。"③

物活论究竟对巴门尼德的存在论有多大影响，我们是很怀疑的，因为巴门尼德连一般的变化、运动都从"存在"那里剥夺了，如何"活"得起来？但是巴门尼德确是看到了思想和存在的关系，超过了古代朴素的思想，这一点则是无可怀疑的。

即使如蔡勒和柏奈特的解释，思想的对象和存在是同一的，其意义正在于存在只有用思想来把握，本质的东西必须用思想，而不是感觉，才能认识，只有思想能达到真理。巴门尼德还说：

> 能思想的和思想的对象同一。如果没有语言所指的思想对象，就没有思想活动。④

这与蔡勒和柏奈特的解释是相符合的，即在巴门尼德看来，"存在"是思想的对象，没有这个对象，思想也就不能进行。这个观点当然不能说是唯心主义的，所以柏奈特说："巴门尼德并非如有些人所说的是'唯心主义之父'；相反，

---

① 蔡勒：《希腊哲学史》（英译）第1卷，第584页注一；柏奈特提出 voεĩv 当时还没有作名词 To voεĩv 的用法，而是动词不定式（infinitive）作第三格用（《早期希腊哲学》，第178页）。
② 格思里：《希腊哲学史》第2卷，第42页。格思里自己认为当时不可能有现代意义上的"唯心主义"。
③ 查费洛波罗：《爱利亚学派》，巴黎，1950年，第56页。
④ D. 28，B 8.

一切唯物主义都根据他关于现实的观点。"①

当然，应该指出，蔡勒和柏奈特从残留原著的语言上澄清了一些问题，是有贡献的，但有些论断过于绝对，同样也受到后来的研究者的批评②。从整个思想体系来看，巴门尼德把"存在"从具体的感性物质形态中抽象出来，赋予了独立的性质，并且把它当作真理的核心，这样就为以后的苏格拉底、柏拉图的唯心主义理念论打开了方便之门，这种历史的消极作用，也是不应该忽视的。

（3）"真理论"的推理方法

康福德在研究巴门尼德思想时有一个重要的贡献，这就是他所指出的："巴门尼德是正式从前提推论到结论而不是独断地'宣称'的第一个哲学家。"③

我们知道，古代伊奥尼亚学派把某某物质形态当作万物的始基，当然都有各自的理由，也都发挥一些各始基的特性，但是他们的理由往往只是历史的，如泰利士的"水"虽然经过自己的观察，但总是与古代对"水"的崇拜有关，因此他说"水"是始基的确带有"宣布"的意思。阿那克西曼德、阿那克西曼尼对始基特性及万物成长发展过程的叙述，都是带有经验观察的性质（不论这些观察正确与否）；而巴门尼德的"存在"论，则带有更多的逻辑推理的性质。巴门尼德所自觉地运用的这种推理、演绎的方法，比他的"存在"论在哲学史上具有更重大的意义。

从整个的《论自然》的第一部分来说，推理的逻辑层次还是比较清楚的。

巴门尼德首先指出两种研究方法，一种是本质的（"存在的"），一种是现象的（"非存在的"），接着指出后者是不可靠的，于是只剩下一条途径，即存在之路，真理之路。

进一步，巴门尼德规定了"存在"的特性，"存在"无始，不是由别一物产生出来，所以也无终，它是不动的，既没有空间的移动，也没有自身的变化，这样，"存在"就是永远自身同一的。

巴门尼德这种逻辑推理的方法显然具有极大的启发性，这种方法，到了他的学生芝诺手里进一步完善起来，创造了一种典型的辩论方法，这对于哲学思

---

① 柏奈特：《早期希腊哲学》，第182页。
② 参见格思里：《希腊哲学史》第2卷，第25页。
③ 康福德：《柏拉图和巴门尼德》，第29页。

维的发展，是极其重要的。

我们看到，巴门尼德的这种推理方法，是他整个哲学思想的不可分割的组成部分，是他的基本哲学思想所要求的。巴门尼德既然在传统的自然哲学之外建立一种本体论的哲学，在经验现象之外建立一个"存在"的本质领域，所以他也就必然要在经验的观察方法之外，建立一种逻辑的推理方法。初期的这种逻辑推理的方法，当然带有不可避免的朴素性，它和直观的观察方法时常纠缠在一起，但它一旦自觉地被运用，就发挥了巨大的作用，使哲学思维的发展提高到一个新的历史水平。

3."意见"论——现象界的建立

这里，巴门尼德结束了关于真理的叙述，进入到现象界，即普通人所持的"意见"那一部分。巴门尼德说，这个领域不是真理的领域，它是"骗人的"、"虚构的"，但却是不可缺少的，是必须学习的，因为只有学习这一切，才能正确对待它们。

可是，在进入现象界的第一步，我们马上就遇到了很大的困难，巴门尼德在这部分的第一句话，就引起了很大的分歧。巴门尼德说：

> μορφὰς γὰρ κατέθεντο δύο γνώμας ὀνομάζειν, τῶν μίαν ου κρεών ἐστιν—ἐν ὧι πεπλανημένοι εἰσίν ...①

对于这句话，格思里说，至少有三种含意：① 两种形式都应该说（即不应光说一种）；② 一种应说，另一种不应说；③ 两种都不应该说②。这三种解释，都有其拥护者。

拥护第一、第二种解释的人很多，亚里士多德似乎就是作第二种解释的，认为其中有一项是不应说的，所以他才认为光明相应于真理；北京大学哲学系的译文也作这种解释："这两种形式中有一种当然不应当提的"。然而我们看到，

---

① D. 28，B 8.
② 格思里：《希腊哲学史》第2卷，第54页。

这种解释和巴门尼德继续的论述不能衔接，因为巴门尼德还是很强调对立双方缺一不可，并没有偏废哪一方面。

至于第三种解释，即两种都不对，都不应说，本来应该是和否认"意见"的价值的观点一致的，即对立双方都没有意义。然而我们看到莱因哈德和康福德同样都采取这种解释。莱因哈德说，两个名字中的任何一个都不能是真实的，并不是"光"就是真实的[①]。康福德则进一步指出，两个名字都是错的，都没有真实性，如冷热的对立，不能说冷对或热对，二者都不对。[②]

也许正是这样，他们都认为两个名字单独孤立起来都是错的，只有"混合"起来才是对的。关于"混合"，我们以后还要谈到。

于是剩下第一种解释：两种形式都应说。一般赞成"意见"、"现象界"具有正面价值的人大都会同意这种解释，因为它肯定了对立双方都有价值。如查费洛波罗在他的《爱利亚学派》一书中说："爱利亚学派体系不仅包括存在，也包括存在的现象，这种存在的现象为一般人所接受，但显然不是真理……"他对这一句的法文译文就是："人们建立了自己的学说，指出了两种形式的名称，对这两种名称任何一个都不允许单独使用"[③]。

综合各家的看法，我们觉得，第一种解释比较可信，但它也有不足之处。我们觉得，这种解释——即承认两种形式都是对的——有一个缺点，即只看到对立的一面，没有看到统一的一面，而我们觉得，"统一"在这里，即在现象界，是巴门尼德所要强调的一个中心思想。

在感性世界，巴门尼德承认对立面的存在，举出了两个基本对立面即两个"原则"（始基）：光和暗，并由此产生一系列的对立现象；这是以赫拉克利特为代表的古代朴素辩证法观点，巴门尼德的不同处在于他不仅承认对立，而且也看到了统一。巴门尼德紧接着说："人们以光明、黑夜以及按其比例程度称呼它们，因此一切充满了光明和看不见的黑暗，两者是同等的，二者缺一不可。"[④]

我们这个看法，在语言文字学上得到了一个印证。1959年，荷兰出版了洛埃纳（J. H. M. M. Loenen）的《巴门尼德·梅里索斯·高尔基亚》一书，从

---

① 莫莱拉特斯编：《前苏格拉底》（文集），第304页。
② 康福德：《柏拉图和巴门尼德》，第46页。
③ 查费洛波罗：《爱利亚学派》，巴黎，1950年，第68—69页。
④ D. 28, B 9. 北京大学哲学系的译文把最后一句译成"两者各不相谋"，似不妥。

语言学的角度详细研究了他们的残篇，对爱利亚学派哲学思想作出了文字意义上的解释，具有重要的参考价值。在这本书中，洛埃纳对上述巴门尼德这句话，提出了一个大胆而新颖的解释，他把 τῶν 当作 μίαν 的形容词，而把 μίαν 译成"统一"，他把"τῶν μίαν ουχρεών ἐστιν"读成："a unity of these must not be assumed"，即"不承认两者的统一"，加上后一句"他们的错误正在于此"，所以巴门尼德的正面意思是：应承认二者的统一。洛埃纳还进一步指出，巴门尼德曾多次批评二者的分离、割裂，并同样引证了我们上面已经引证过的那段话，指出二者不可分割，即"任何事物都要同时分享二者"。①

语言的分析和理论的分析是一致的，正确地解释原文是科学的历史研究的第一步。巴门尼德这段原文我们读作：

> 人们建立了自己的学说，指出了两种形式的名称，而不承认二者的统一，——这正是他们的错误所在。他们把这两种形式对立起来，提出区别二者的不同的标志，一种是以太的火花，它是轻的，非常稀薄，只与自身同一，与别的不同一；而对立的一面为茫茫黑夜，是厚而重的物体。我告诉你这种表面的宇宙秩序，这样就没有任何普通人的知识能赶上你了。

这里被否定的意见有两个方面：一方面，只强调二者之一，要找出一个"ἀρχή"，只有一种以太似的自身同一；另一方面，只看到二者的对立，看不到二者的"同一"、"统一"。

从这种观点出发，还能正确地解释赛奥弗拉斯特这样一段话：

> 关于感觉，大部分人的意见分成两类：一部分人认为在性质上是共同的、和谐的，一部分人认为是对立的。巴门尼德、恩倍多克勒、柏拉图认为是和谐的，阿那克萨哥拉和赫拉克利特派认为是对立的。②

这种"同一"、"统一"到底是什么？巴门尼德并没有说清楚，他也没有进

---

① 洛埃纳：《巴门尼德·梅里索斯·高尔基亚》，荷兰，1959年，第118—119页。
② D. 28，A 46.

一步交代这种"同一"、"统一"与真理论中的"一"、"存在"有何关系,但是他在论述现象界时,经常使用这种"同一"、"统一"则是事实。

当然,并没有什么证据可以像弗兰克那样把这种"统一"直接等同于真理论中的"存在"、"一"①,但从这里是否可以看到一点现象界和本体界的对应关系呢?

最后,我们还要讨论一下许多研究者提出的"混合"说。

巴门尼德这里的"同一"、"统一",当然并不是后来黑格尔所说的"对立的统一"、"同一",因此,许多研究者认为,在那样的朴素阶段,这种"统一"、"同一"的具体含义只能是"混合"。

应该说,在巴门尼德的思想中,"统一"、"同一"的确有"混合"的意思,但是,这并不像莱因哈德所说的是一种"革命"②,而恰恰是巴门尼德思想的局限性所在。

与赫拉克利特相反,巴门尼德在现象界鼓吹的是一种对立的调和、"混合",所以他要按光明与黑暗比例的程度来命名事物。现象界各具体事物的变化和生灭,也都是由对立力量的"混合"的变化引起。巴门尼德之所以把"爱神"提到了首位以代替"充满复仇之心的正义之神",也正是说明了他的这种调和对立面的思想倾向。

4. 巴门尼德的形而上学观点

巴门尼德是第一个明确提出"存在"不动观点的哲学家,因此他的哲学思想被认为是形而上学的,这当然是正确的。

首先,巴门尼德第一个明确地、公开地提出"存在"是不动的,时间上无始无终,空间上无位置的移动,从而在理论上否认了运动的可能性。

其次,从整个哲学思想来说,巴门尼德区分了现象和本质,但对二者之间的关系却没有任何阐述,因此我们有理由说,他是第一个割裂了现象和本质的形而上学哲学家。

与此相关,巴门尼德提出了思想和感觉的区别,认为后者是错误的道路,

---

① 参见格思里:《希腊哲学史》第2卷,第54页。
② 参阅莫莱拉特斯编:《前苏格拉底》(文集),第305页。

只有思想才是真理的道路,同样也可以认为是割裂了思想和感觉的关系。

我们看到,在巴门尼德的哲学思想中,虽然保留了一个充满调和、混合的现象界,但他的真实的世界——存在,却是一个僵死的、不动的,可以说是铁板一块。于是,古代伊奥尼亚学派那样一个生动活泼甚至是"无定形"的物质世界被取消了,或贬为一般的"意见"、"现象界",在哲学的宝座上,代之以"存在"、"一"、"全"这样一些毫无内容的抽象概念。在这个基础上进一步抽象化、精神化、神秘化,就成了柏拉图的"理念论"。巴门尼德哲学的这些消极方面,当然是不容忽视的。

然而,就在这样一个充满了形而上学思想的哲学观点中,黑格尔这样一位近代唯心主义辩证法大师却仍然看到了古代辩证法的光辉。黑格尔对巴门尼德的评价是很高的,这当然有他自己的唯心主义的偏见和他的哲学体系的需要(如他的《逻辑学》以"存在"开始,他就说巴门尼德是哲学史的开端),但也有我们应该重视的地方。黑格尔并不仅是在唯心主义方面,而且更加侧重于在辩证思维的发展方面,对巴门尼德有所肯定,这不是偶然的。

我们知道,巴门尼德的确否定了古代哲学家的朴素的辩证法,即感性世界的辩证现象。与此对立的,一方面是他的形而上学观点,这是主要的,但同时还有另一方面,即在辩证法方面提出新的问题,新的方面,这就是主观与客观、现象与本质、感性与理性的辩证关系问题。

在巴门尼德思想中,思维与存在已经作为一对明确的哲学范畴提了出来,虽然他对这两者的阐述,有许多不清楚的地方,但提出这样的范畴,已经是很大的贡献,对哲学的发展,可以说是有阶段性的意义,即在巴门尼德以后,思维与存在的关系逐渐更明确地成为哲学的基本问题。

与此相连,本质与现象的问题,以"真理"之路和"意见"之路的形式提了出来,虽然巴门尼德并没有说明二者之间的关系。从这里,也就是说,在这种思想的启发下,个别与一般、殊相与共相等辩证法范畴,很自然地就提了出来。柏拉图在他的对话中,借巴门尼德之口提出了这方面的大量问题,或许不是偶然的。

至于感觉与逻辑思维的对立也有同样的意义,甚至巴门尼德最明显的形而上学命题——"存在"不动、不生不灭等,也从反面包含了运动与静止、时、空等方面的辩证问题,这方面为他的弟子芝诺进一步发展后,问题就更加明朗了。

所以我们觉得，对于巴门尼德的哲学思想，我们应该具体分析，一分为二地研究它的历史地位，而不能简单地把他的思想连同整个爱利亚学派归结为哲学史上的倒退。

三、芝诺的悖论

现在我们要来研究一位哲学史上最早的揭露矛盾的能手、被亚里士多德称作"辩论术的创始人"[①]的芝诺。这个爱利亚学派的中坚分子、巴门尼德的养子的生平事迹，我们还多少知道一点。对于我们有意义的首先是：他是一个极端忠诚的人，有着非常倔强的性格，对自己的信念坚定不移。关于他如何与某一个僭主作斗争，宁死不屈的事迹，记载上虽然有一些细节方面的出入，同时因为被他反对的那个僭主具体地难以确定，因而无法考查他的行动的真实的政治意义，但对他的可歌可泣的、顽强的个性，都一致地加以推崇；同时，值得一提的是一般的研究者都认为，他虽然长期在爱利亚居住，但确实到雅典讲过学，甚至还教授过雅典著名民主派政治家伯利克里，通过他的讲学活动，扩大了爱利亚学派的影响，而伯利克里又是阿那克萨哥拉的学生，我们可以想见，伯利克里对不同学派所采取的开明政策，使雅典逐渐成为当时欧洲的文化中心。

然而遗憾的是，关于芝诺的学说，我们所能直接掌握的材料却不很多。而在哲学史上，芝诺却给我们提出了一些重大的哲学和科学问题，以至直到最近，还有许多哲学家、科学家为之绞尽脑汁。要详尽地研究芝诺提出的问题需要整整一本书的篇幅，我们在这里只能就一些基本的方面提出自己的看法。

鉴于芝诺所提出的问题的复杂性，因此，在具体论述这些问题之前，我们首先提出一个基本态度方面的问题，还是有必要的。

首先，我们确定自己的基本态度是历史的。芝诺提出了关于运动的内在矛盾问题，这个问题在哲学和自然科学两个方面的意义都是十分突出的，因此可以从许多不同的学科的角度来探讨这些问题，尤其是利用当代自然科学成果来解剖芝诺悖论的矛盾，当前许多科学家和哲学家进行了不少工作，有许多积极

---

① D. 29，A 10.

的成果,这些,我们一定是不能忽视的,我们必须认真地、老老实实地加以研究;但是,在本书中,我们的任务还是历史的,即以研究、揭示历史上芝诺悖论的真实含意及其在哲学史上的意义为自己的主要任务。罗素在谈到芝诺悖论时不无感叹地说:有关历史方面的问题很大程度上是不可解决的了,因为材料缺乏①。历史材料的缺乏,特别是直接材料的缺乏,固然给我们再造历史上芝诺的真实观点以很大的困难,但是,如果我们不把古人现代化,按照历史发展的线索,重视思想发展的内在联系,这种材料缺乏的障碍也不是完全不可克服的。

在直接材料比较缺乏的情况下,如何对待间接的材料就显得格外重要。

关于直接材料当然问题不太大。辛普里丘在评论亚里士多德著作时,摘引了芝诺的原文,这是我们所能掌握的第一手材料。对于这个材料,当代似乎只有德国学者弗兰克尔(Fränkel)一个人表示怀疑,而大多数研究者都认为辛普里丘在写评注时,手边有芝诺的详细材料。

问题出在间接的材料上。对这些材料,我们当然也应采取分析的态度,有些是可靠的,有些是不可靠的,因为这些材料之间有的也是有矛盾的。

我们认为重要的是如何看待柏拉图和亚里士多德所提供的材料。看来,这两位古代哲学家对芝诺的记述或评论都受到了挑战。

我们知道,柏拉图在《巴门尼德》篇里有一段著名的对话。(当少年苏格拉底指出芝诺和巴门尼德的学说原是一样时)芝诺说:

> 是的,苏格拉底。可是你虽然机灵得和斯巴达的猎犬一样,善于追寻迹象,你却没有完全了解这篇作品真正的动机,它并不是象你所想象的那样,是一种做作的作品;因为你所说的是一件偶然的事;我并没有抱什么大的目标,也没有存心打算欺骗大家。事实上是:我的这些论证的目的是保卫巴门尼德的那些论证,反对另一些取笑他的人,他们企图指出许多可笑的矛盾的结果来,说是从对于"一"的肯定中得出来的。我的答复是说给那些拥护"多"的人听的,我有意把他们的攻击还给他们自己,而且还要进一步,指出他们假定"多"存在的那种看法如果推下去,看来要比假

---

① 罗素:《我们对外部世界的知识》,见沙尔蒙(Salmon)编《芝诺的悖论》,纽约,1970年,第46页。

定"一"存在更加可笑。①

柏拉图这段对话是非常重要的，因为它说明了芝诺论著的主要倾向和基本立场、基本观点，对于理解芝诺的残篇和悖论，具有前提性的重要性，因而被历来的研究者所重视。当然，也不是没有相反的看法。问题出在芝诺是否支持万物归"一"。

按照柏拉图的《巴门尼德》篇，这一点是没有疑问的，连少年的苏格拉底都已看出了芝诺的用意。芝诺是巴门尼德观点的坚决拥护者，是爱利亚学派的中坚分子。而以巴门尼德为主要代表的爱利亚学派的基本观点有两条：一为存在为"一"，一为"一"是不动的。柏拉图告诉我们，巴门尼德的观点受到不少人的嘲笑——也算是当时活跃在南意大利等处的后期毕达哥拉斯派，以多元论的观点来反驳巴门尼德，因而芝诺作为巴门尼德的继承人起来捍卫师说，揭示反对者的自相矛盾，这本来是很自然的事。

然而，也存在着另外一种记述，即被辛普里丘所反对的亚历山大（Alexander Cornelius）和欧德谟斯（Eudemus）却认为芝诺的目的和柏拉图《巴门尼德》篇里所记述的不同，芝诺不仅反对"多"，而且也反对"一"。这种观点，在后来的塞涅卡（Seneca）的著作中说得更清楚："巴门尼德说，在'一'之外，一切皆无，芝诺则说，'一'亦是无。"②

当然，这些记述，在近代学者中并没有得到多大重视，但是也出现了一些值得注意的动向。最近，美国威斯康星大学教授索尔姆生（Solmsen）根据历史上这些相反的记述，更主要的是结合了芝诺学说内部的矛盾，发挥了芝诺既反对"多"又反对"一"的观点，从而推翻了柏拉图《巴门尼德》篇关于芝诺立场的记述的可靠性。他的结论是，即使芝诺的全部论证在于反对"多"，"但他显然毫不犹疑地把'一'也驱逐出去"。③

不能否认，索尔姆生教授提出了一个很有价值的猜测——这是他自己的说法，因为似乎只有这样，才能解决芝诺残篇中的逻辑矛盾，即芝诺在摧毁"多"

---

① 见北京大学哲学系编译：《古代希腊罗马哲学》，其中有一处译文有修改。
② D. 29，A 21.
③ 索尔姆生：《重新解释爱利亚的芝诺的传统》，见莫莱拉特斯编：《前苏格拉底》（文集），纽约，1974年，第388页。

时，把"一"也同时否定了——"一"如果存在，则就是有体积的，但如果有体积，则又是可以分割的，又是多，所以承认"一"，也是有矛盾的，从而"一"也是不真实的。

我们的看法是，如果芝诺具有现代人的思想水平，也许会逻辑地同时否定"多"和"一"；同时，如果芝诺具有现代西方某些学者片面夸大的、形式主义的逻辑观点的话，他也许会因表面的"逻辑矛盾"而放弃一元论哲学观点。我们认为，这两点是不具备的，因而我们宁愿相信多数学者的意见，肯定传统的、柏拉图《巴门尼德》篇的记述，相信芝诺是为了维护巴门尼德"存在为'一'"这一爱利亚学派基本观点而著书立说的。芝诺并没有放弃一元论的观点，他的主要矛头是反对多元论，至于他论证中的某些不足之处，是在那个历史水平条件下难以避免的，这并不一定就降低芝诺在反驳时的论证力量。相反，把芝诺的论证描绘得十全十美，或在逻辑上"无懈可击"，也许是现代西方某些学者一种徒劳无益的、非历史主义观点的特点。

其次是亚里士多德所提供的芝诺的悖论，以及对这些悖论的评论。对亚里士多德在《物理学》中所提供的芝诺的四个悖论，一般都还承认有相当的可靠性，尽管也都指出，亚里士多德之所以记述芝诺的观点，不在于严格的历史的真实记载，而是为了反驳它们。但是关于亚里士多德对芝诺悖论的批评，则有许多不同的看法，总的倾向是认为亚里士多德在相当的程度上误解了芝诺悖论的真实效率，至少把它们简单化了，于是当代的哲学家、科学家对此大加褒贬，并用各种最新科学观点解释、批评了芝诺的悖论。

我们已经说过，如何从现代的科学观点解决芝诺所提出的问题，当然是十分重要的，我们应该认真学习、研究，但是，历史上芝诺的真实思想，芝诺提出这些悖论的真实含意，是具有确定的历史内容的，并不能把现代人的问题硬加到历史的芝诺身上去。这样，我们认为就应该分别对待两个虽有相当联系但却有一定的区别的不同的问题：一个是如何用现代科学的成果来正确解决芝诺提出的悖论，一个是如何历史地解释芝诺悖论的真实含意。我们认为，作为哲学史的研究来说，其重点自然是在后者。于是，既然要作历史的研究，在直接的材料不足的情况下，我们就应该谨慎地重视和运用间接的记述。

从这个角度出发，我们认为，亚里士多德的记述、介绍和评论是不容忽视的。我们知道，亚里士多德是百科全书式的学者，他对他的前辈的著作都有认真的研究。除了他为了批评的目的故意歪曲、改变了的地方以外，我们认为，一般地说，他对他的前辈的理解，是接近当时一般学者和读者的理解的，所以，我们应该相信亚里士多德要比我们更能体会、理解芝诺的本意。当然，这只是一个总的态度，至于具体的地方，亚里士多德的确有简单化或其他的毛病，但有没有这样一个总的态度我们认为是很重要的，尤其对于哲学史的研究来说，更是如此。

这样，我们就确定了两个前提：在"一"与"多"的基本问题上，我们基本上援引柏拉图的材料；在运动的悖论上，我们基本上援引亚里士多德的材料。

1. 反对多元论，坚持一元论

从我们掌握的基本材料来看，芝诺是巴门尼德的忠实信徒，他在政治活动方面表现的顽强性和他的哲学活动是一致的。他是巴门尼德观点的辩护士，但他并不是正面发挥巴门尼德的观点，而是从反面替巴门尼德的理论发展扫清道路。他的主要工作在揭露对方的矛盾，从而揭示对方理论的虚假性。正如许多研究者所指出过的，芝诺的学说是摧毁性的，不是建设性的，爱利亚学派最后的建设者是梅里索斯①。芝诺学说的这种特点，也增加了后人研究工作的困难。芝诺反对的是"多元论"，但是他的正面主张是什么？我们认为，这主要依靠我们所掌握的基本材料，联系巴门尼德自己的观点，对这些材料作合理的解释也会合乎芝诺的历史本来面目。

芝诺坚决反对多元论，这是毫无疑问的。大部分学者认为，他的主要矛头是针对当时的毕达哥拉斯学派的②。我们认为，在研究爱利亚学派时以毕达哥拉斯学派为对比，是有道理的，但问题在于我们着眼于何处。

我们的基本看法是：根据目前所掌握的基本材料，特别是保存下来的芝诺的残篇，芝诺反对毕达哥拉斯学派的"多元"观点中的"多"，而不反对"元"，因而他和巴门尼德一样，是"一元论"者，而不是"虚无主义"者③。

---

① 参见：查费罗波洛：《爱利亚学派》，巴黎，1950年，第190页。
② 参见格思里：《希腊哲学史》第2卷，第81页以下。
③ 参见弗里曼：《前苏格拉底哲学家》，牛津，1959年，第157页。

在谈到巴门尼德时，我们已经说过，从古代伊奥尼亚学派到爱利亚学派的发展表现在对于"始基"思想的进一步深化，即对于哲学基本问题的理解的进一步深化。爱利亚学派摆脱了米利都学派的具体物质特性的限制，提出了"存在"作为一个普遍的、共同的物质特性，从而提出了"有"与"无"、"本质"与"现象"、"理性"与"感性"的对立。然而，就当时思想发展的水平看，巴门尼德的"存在"、"有"，还是具体的，是"这一个"，还要占有一定的空间。对古代朴素的思想家来说，不占空间的"存在"是不可想象的。因此，巴门尼德的"一"，同样是物体性的，是在大的必然性的锁链制约下的物质的统一性。但是，后期毕达哥拉斯学派则相反，他们从数学的观点出发，提出了一种接近原子论的多元的世界观。在当时的历史条件下，毕达哥拉斯的"元"（unit）也还是占有空间的，是具有广延性的、不可分的"点"。[①]这说明了一个普遍的历史现象，即在这个阶段，不占空间的"存在"，是不可想象的，无论主张"多"，还是"一"，都是如此，芝诺也不例外。这就是说，在芝诺心目中，反对的是"存在"为多数的、不可分的、占空间的"元"，主张的是唯一的、不可分的、占空间的"元"。

现在我们就从这个观点来解释一下芝诺对"多"的反驳，看看会遇到什么困难。

芝诺对"多元"的反驳，主要集中在他的残篇中。他的残篇第一条说：

> 如果存在没有大小，它就不存在了……如果存在是多，它就必须每一个部分都有一定的大小和厚度，而且与别的部分有一定的距离。对于处在这一部分前面的那个部分，也可以说这样的话。那个部分自然也会有大小，也会有另外一个部分在它前面。这个同样的道理是永远可以说的。同一存在的任何一个这样的部分都不会是最外面的边界，决不会有一个部分没有其他部分与其相对。如果存在为多，那末它必然同时既是小的又是大的：小会小到没有，大会大到无穷。"[②]

这段话，充分表明了芝诺的朴素观点，即如果没有空间量，就不存在。在

---

① D. 58，B 9；58 B 10；58 B 38. 参见弗里曼：《前苏格拉底哲学家》，第158页。
② D. 29，B. 1，其中关于ἔστιν的主语，用查费洛波罗的意见，见其著：《爱利亚学派》，第192页。

这个前提下，芝诺认为，存在只能是"一"，不能是"多"。在这里，芝诺所用的论证方法，是朴素的揭露矛盾的方法，即如果坚持存在是"多"，就会有矛盾。在芝诺看来，如果承认存在是"多"，那就不可避免地要回答：这个"多"，究竟是大，还是小？显然，芝诺认为承认存在是"一"就不会发生这个问题，因为作为不可分割的、没有部分的"一"，没有与其相对的部分，所以就不会出现大和小的矛盾；而如果承认"多"，则就会出现这个矛盾，即既是"大"，又是"小"。在这里，芝诺引入了"分割"的问题，如果是没有部分的"一"（元），当然就没有分割的问题，而作为"多"，就可以无限分割，这样，这个"多"，就会同时大到无限，小到是"0"。①

这个反驳和芝诺的另一个反驳是相呼应的，这就是保存下来的残篇第三则：

> 如果事物是多数的，那就必须与实际存在的事物正好相等，既不多也不少。可是如果有像这样多的事物，事物（在数目上）就是有限的了。
>
> 如果有多，存在物（在数目上）就是无穷的。因为在各个个别事物之间永远有一些别的事物，而在这些事物之间又有别的事物。这样一来，存在物就是无穷的了。②

这也是一种揭露矛盾的办法，即如果你说存在是"多"，上一条已指出，你就必须说既是大的又是小的，这一条又指出，你必须说既是有限的又是无限的。总之，结论同样是：你的前提不能成立，存在不是"多"。

应该指出，这一条推论和上一条推论一样，并不是无懈可击的。因为在这条中，论证"有限"时，利用了事物数目是有限的，而在论证无限时，则又利用事物数目是无限的，从而蕴含了需要论证的命题为前提。同时在论证有限时，没有利用无限分割，而在论证无限时，则利用了无限分割，于是又引进了一个附加条件。现在看来，这种推论当然是很勉强的，但在当时也许是相当雄辩的，因为它用逻辑的形式揭示（或"制造"）了对方的矛盾，从而使"凡有矛盾的命

---

① 对于后一句话，显然是一种错误的推论，有人认为是芝诺的一个错误，有人认为芝诺不可能犯这种错误。我们觉得，在当时没有微积分变量概念的历史条件下，芝诺不一定不可能犯这个错误。参看弗兰克尔：《早期思想的方法和形式》，慕尼黑，1950年，第230页。
② 北京大学哲学系编译：《古希腊罗马哲学》，第60页。

题都是假的"这个观念得到确立。

总之,这两条的目的都是要揭露"存在为多"这个主张的内在矛盾,从而否定这个主张。

在揭露矛盾的时候,芝诺利用了无限分割的方法。按照芝诺的想法,只要承认存在是多,就得允许无限可分性,而这种不断分割的结果,就会是"0",这样,芝诺又把"多元论"的主张推到了自己的反面,因为按照当时毕达哥拉斯派的看法,"多元"的"元",还是有空间体积的,而"多元"的分割的结果,却是"0",所以"多元"的主张是自相矛盾的,而"一元",则可以避免这些麻烦。

我们认为,在芝诺的思想里,是真诚地相信无限分割的最后结果等于"0"的,这一点,无论从"一"与"多"的关系上或联系到运动的无穷过程问题,都是如此。芝诺没有"无穷小"概念,与空间上无限大的直观相应的是"0"。① 这样,才能够顺利地解释为什么芝诺详细地、认真地指出了不占空间地位的"0"是不存在的。

芝诺在指出了"多元论"的矛盾后,进一步指出,如果小到等于"0",那末就不是存在,而是"不存在"了。这就是他的残篇第二则的意义:

> 因为[一个既无大小又无厚度和体积的东西],如果把它加到另一个有大小的东西上,是不会使那个东西变大的。因为如果将一个大小等于零的东西加在另一个东西上,是不能使那个东西大小上有所增加。由此可见,所加上去的东西等于零。如果把这个东西从另一个东西中减去不会使那个东西变小,而把它加在另一个东西上也不会使那个东西变大,那么显然所加上的和所减去的东西都等于零。②

在这里,芝诺的意思是说,"多元论"是自相矛盾、不能成立的,你说存在是"多",那末就一方面可以大得没有边,另一方面也会小得等于"0",而等于"0"的东西根本不存在,增之不大,减之不小,所以"多元"是不存在的。事实上,辛普里丘在引证这段话之前,有一段说明,对我们理解芝诺的意思是

---

① 因此,这里的"无限大",不是严格的数学概念,而是"大到没有边儿"的直观的想象。
② 北京大学哲学系编译:《古希腊罗马哲学》,第60页。

很重要的，不妨把它引证出来。辛普里丘说："在他（芝诺）的著作中，用一切努力逐条证明，如果说存在是'多'，就会得出相反的结论。他努力证明存在是'一'，他指出，如果存在是'多'，那末不是大就是小，大到无限，小到等于零。因此又指出，如果在量上、性质上、体积上都等于零，则根本就不存在"。我们认为，辛普里丘对芝诺的意图理解得是很清楚的。

从现存的直接材料，我们所能得出的看法就是如此。看来，在推理上有一些不严密的地方，有损于芝诺的形象，但历史的芝诺大概就是如此。在数学知识方面，芝诺没有无穷大量，也没有无穷小量的观念。他的概念是很朴素的：大到了没有边（ἄπειρον），小到了"没有大小"（μὴ ἔχειν μέγεθος）。他相信无限分割下去要等于"0"，所以他自己正面的主张则是"一"是不可分的、占有空间量的"元"（原子），这种思想一直发展到后来的原子论也都是如此。在芝诺看来，只有认为存在是"一"，才能坚持既占空间量，又是最基本的存在这样一种被当时普遍公认的看法。

应该指出，如同在运动方面的问题一样，亚里士多德在同一个历史条件的较高的水平上看出了芝诺的矛盾。亚里士多德的问题是：芝诺既然以可分性来反驳"多"，那末为什么"一"就不能再分呢？亚里士多德指出，芝诺所说的道理具有"两面性"（τοῖς λόγος ἀμφοτεροίς）或歧义，"一方面，万物归'一'，另方面，从分割中形成具有空间量的原子"[1]，于是以其人之道还治其人之身。亚里士多德指出："如果'一'是不可分的，那么根据芝诺的假定，它就是虚无。"[2]接着，亚里士多德就引用芝诺用以反对"多"的那个著名的增之不大、减之不小的论证来反驳芝诺的"一"。

我们从重要的间接材料得出的看法，亦复如是。

于是，我们似乎可以概括一下我们对于这个问题的看法。在我们看来，毫无疑问，在"一"与"多"的对立上，芝诺仍然是巴门尼德的忠实信徒。他的主要工作是揭露多元论的矛盾，这项工作他做得很有水平，他发现矛盾的本领至今还是令人赞赏的；但这个水平也还是历史的，他的论证本身也有一些自相矛盾的地方，煞费苦心地弥补芝诺论证的缺陷，不但是徒劳的，而且有违背历

---

[1] D. 29，A 22.
[2] D. 29，A 21.

史真实的危险。至于芝诺本人的正面主张，我们宁愿坚持一种朴素的、但却是自然的、合乎历史的看法，即如同阿那克西曼德之于泰利士一样，芝诺固然没有明确地提出自己的正面主张，但无疑他是忠实于师说的。也可以说，对于巴门尼德的学说，芝诺在积极方面并无多大贡献，而在捍卫这个学说的过程中却提出了极为重要的问题。

2. 对于运动中的矛盾的揭露

爱利亚学派的另一个基本观点是"存在"是永恒的、不变化的、不动的。巴门尼德只承认现象上、感官对象的变化、运动，但认为这些不是真实的存在，存在的本质是不变的。巴门尼德这个观点，当时显然受到了攻击，因为整个古代哲学的传统特别是赫拉克利特的思想，是一种朴素的、感觉上的变化观。可惜，当时一些对立学派如何反对爱利亚学派，没有给我们提供必要的资料，但是芝诺关于运动的悖论，和他的对于多元论的批判一样，显然也是为了捍卫爱利亚学派的基本观点的一种反驳论据。

在芝诺的思想中，关于运动的悖论和关于"多"的悖论当然是紧密相连的。因为在芝诺看来，只有承认"多"，才能承认运动的可能性，如果万物归"一"，则没有空间可以允许发生运动，这是巴门尼德已经论证了的。但是，芝诺关于运动的悖论，比起关于"多"的悖论来说，除了哲学意义外，还更具有丰富的、具体的科学意义，因而其影响似乎超过了关于"多"的悖论。

芝诺关于运动的悖论，直接材料只有一条，即"运动的东西既不在它所在的地方运动，又不在它所不在的地方运动"①。然而，对于这一条残篇，我们只有在结合亚里士多德提供的间接材料时，才能充分了解它的历史的具体的含意，即芝诺说这话时，是论战性的，目的仍然在于揭露运动的矛盾，从而证明运动的不可能性。

亚里士多德所提供的四个悖论是大家所熟悉的，即"二分法"、"阿溪里和乌龟"、"飞矢不动"和"一倍时间等于一半时间"。②

---

① 北京大学哲学系编译：《古希腊罗马哲学》，第60页。
② 这四个悖论的译文，可参考北京大学哲学系编译：《古希腊罗马哲学》，第58页。

我们现在从哲学和科学两个方面来谈谈四个悖论的意义。

从哲学上看，我们已经指出，芝诺是揭露矛盾的能手。这一点，黑格尔是充分估计到了的，他甚至把芝诺和康德比，认为"康德的'理性矛盾'比起芝诺这里所业已完成的并没有超出多远"①。当然，黑格尔清楚地知道，芝诺所揭露的矛盾和康德所揭露的矛盾在本质上是不同的。芝诺与巴门尼德一样，否定感性世界的真实性，揭示感性的矛盾，与他们相反，康德却肯定了感性现象界的合规律性，揭示了理性的矛盾。芝诺和康德固然都接触到矛盾的不可避免性，但从主观上说，芝诺对矛盾完全持否定态度，即凡出现矛盾，都是虚假的，而康德则肯定了理性矛盾的必然性，理性是矛盾的、辩证的。但是，他们之间有一个共同点，即都是在涉及有限、无限等这类最根本问题时，提出了"二律背反"、"矛盾"的问题。

毫无疑义，从哲学上来说，运动以矛盾为前提，没有矛盾就没有运动，也就没有"存在"，芝诺想通过所谓揭露矛盾来否定运动，当然是徒劳的。芝诺那个残篇，的确揭示了运动的真实矛盾，而问题在于对待矛盾的态度。芝诺认为既然出现了矛盾，那末就应该否定运动，而事实上恰恰相反，运动正在于既在这一处，又不在这一处。

这样看来，芝诺悖论的哲学意义，实际上是出乎芝诺本人的意料之外的，或者说，是和他本人的愿望相反的。芝诺企图通过揭露矛盾否定运动、变化，从而捍卫那个不动的、不可分的"一"，但事实却相反，由于这些矛盾的揭露，恰恰正好证明了运动的不可避免性。

现在我们来具体分析一下，芝诺在运动悖论中到底表达了一些什么思想。

我们所赖以确定芝诺思想的基本态度，仍然应该是历史的，即使有些方面在先进的哲学或科学观点来看是幼稚可笑的。

我们认为，在研究运动悖论时，仍然应该紧紧联系芝诺的基本哲学观点，即反对多元，坚持一元。具体说来，即坚持唯一不可分的、占有空间的存在，反对有许多不可分的、占有空间的"微粒"。

从这个基本观点出发，我们把四个悖论分成两组：前两个是有关无限分割

---

① 黑格尔：《哲学史讲演录》第1卷，第293页。

的，后两个是有关"微粒"空间的。当然，这两者是有机联系的。

我们已经说过，在芝诺看来，只有"多元论"才承认运动，而"多元论"又不可避免地要承认无限分割，因此，在一个跑道上，从A点跑到B点是不可能的。阿溪里与乌龟赛跑的例子与此具有同类性质，只不过B点不是固定的，而以较慢速度移动而已。

这两个悖论的关键，我们认为在于无限分割最后等于"0"上。芝诺的残篇已经表明，他的思想是认为无限分割的多元，可以大得没边，小得等于"0"，因而那个多元的所谓"微粒"是不存在的。于是一个很明显的问题，是0+0+0+0…其结果仍是"0"，这个思想，就是"增之不大、减之不小"的具体化。

我们这种解释，表面上似乎与亚里士多德的记述不相同，亚里士多德对这两个悖论的记述着重于空间的无限分割和时间的有限的矛盾，这就是说，他介绍芝诺的思想是在有限的时间里不可能——穷尽无限的点。可是，我们看到，这很可能并不是芝诺问题的要害，因为我们在芝诺的思想中，找不出否定时间和空间对应的看法。显然，芝诺很可能承认亚里士多德的批评，但仍然坚持运动的不可能，因为即使在无限的时间中去掌握无限的空间分割，运动仍然不可能，因为无限分割的结果是"0"，无限个"0"，不论空间或时间，其和仍然是"0"。

然而，亚里士多德毕竟是古代的大哲学家，他在分析阿溪里的例子时的确从哲学上抓住了要害。亚里士多德在《物理学》(Z9.239b14)中说：芝诺"提出阿溪里的例子。这就是说，跑步时快的决不能赶上慢的；因为追者一定先要到达逃者起跑的那一点，所以跑得慢的必定总是跑在前面。这样，芝诺的理论就和可分的理论一致，而与承认空间连续性不可分的理论不同"[1]。

我们看到，在芝诺的悖论中，的确是明显地割裂了连续性与非连续性的关系。他把数学上的无限分割变成了绝对割裂，完全否认了点和线之间的连续性的特性，从而成为古代形而上学的始作俑者。

另外的两个悖论，芝诺则完全以"微粒"的多元论为靶子，他的意思是，如果存在是多元的微粒，这些"微粒"即使是不能无限分割的原子，那末运动仍然是不可能的。这就是"飞矢不动"和"一倍的时间等于一半的时间"两个

---

[1] 参见基尔克、拉文：《前苏格拉底哲学家》，剑桥，1960年，第294页。

悖论的要义。在芝诺看来，既然任何事物在一定瞬间都占有自身同一的空间，那末这个瞬间在这里，那个瞬间又在另一处，这样，在每个瞬间中都是不动的，因而运动是种虚假的现象。这里，仍然是亚里士多德抓住了要害，亚里士多德说："这个结论是由承认时间由各'现时'组成的；如果不承认这一点，也就得不出飞矢不动的结论。"①这就是说，芝诺把空间和时间都分成了不可再分的小点（"微粒"），各小点之间是没有连续性的，因此，芝诺这个悖论设定的前提正是存在是"多"（在空间上），而不是"一"或"统一"，而在时间上则否认连续的时间"流"（过程），即在空间上否认了"统一性"，在时间上否认了"流逝性"，从而达到否认运动的目的。②

至于亚里士多德提供的最后一个悖论，比较复杂，但亚里士多德本人的解释和批评则比较简单，因此，现代许多研究者都认为芝诺的思想不至于如此幼稚，是亚里士多德过于简单化了。也许古人都是这样了解芝诺这个论证的，也许这正是芝诺的朴素的原意，即芝诺忽视了 A 行是不动的，因而把穿过运动的物体所需之时间与穿过静止物体所需之时间等同起来了。亚里士多德这种批评，大概得到了不少人的赞成，所以辛普里丘说："如欧德谟斯所说，这个理论是非常粗浅的，因为很明显这里有推论上的错误……因为从相反方向相互同速前进，其达到目的地所费之时间相同，但是没有看到从静止到运动和从中间开始运动是有区别的，即使是等速的。"③

当然，我们不能完全武断地拒绝现代学者对这个问题的研究，他们不满于亚里士多德的解释其原因并不是说亚里士多德无知，而是认为亚里士多德常因自己发挥思想的需要，不能忠实地表达批评对象的思想。关于第四个悖论，我们认为还是应该从"多元"与"一元"的对立以及连续性与非连续性的对立等方面作一贯的考虑，即芝诺关于运动的四个悖论其思想是一贯的，并非第四个悖论特别粗浅。从亚历山大对这个悖论所作的图解来看，芝诺显然还是设定了一个多元的前提，即空间、时间皆由非"0"的原子组成，即"多元"组成。列表如下：

---

① 参见基尔克、拉文：《前苏格拉底哲学家》，剑桥，1960年，第294、295页。
② 法国直觉主义者柏格森（Bergson）利用"电影镜头式"的运动说来解释芝诺这个悖论，同时也为他自己的变化观作论证。见柏格森：《创造的进化》，参阅沙尔蒙编：《芝诺的悖论》，纽约，1970年，第60页。
③ D. 29，A 28.

表一

	A_1	A_2	A_3	
B_1	B_2	B_3		
		C_1	C_2	C_3

表二

A_1	A_2	A_3
B_1	B_2	B_3
C_1	C_2	C_3

B、C以每一瞬间一个方位的速度向相反方面前进,这样,C对A只走了一个瞬间,B对A也只走了一个瞬间,而B对C或C对B却走了两个瞬间,于是,这里没有B_2的瞬间。所以在芝诺看来,如果空间、时间由非"0"的多元组成,则运动不成立[1]。于是,第四个悖论和第三个悖论一样,即把空间、时间分成微粒的点和瞬间,则运动就会出现矛盾,因而不能成立。

我们现在大体上解释了芝诺关于运动四个悖论的内容,至于这四个悖论在科学上提出的至今有所争议的问题,应该留待自然科学家从具体科学上加以解决。当然,这种解决并不是与哲学无关的。我们看到,根据相当一部分科学家的意见,自从十九世纪初德国数学家康托尔(Cantor)对于连续系统和无限系列一一对应的比较理论创立以来,芝诺所提出的无限分割即无限过程的悖论,就比较容易解决了。这就是说,利用微积分学中关于收敛性的无限可以求和这一原理,就可以解决跑道和二分法的悖论,即由不可分割的数学点,可以组成几何线,这二者之间没有矛盾。然而,有些哲学家并不同意这种看法,认为数学上的解决不适用于物理学上的问题,收敛性的无限系列的和,是否同时也是物理的和,本身不能用数学方法来解决[2]。这当然需要从正确的哲学观点,结合具体科学的研究来加以解决。

就芝诺悖论的哲学方面来说,还有一个问题需要说明,即芝诺悖论的前提是以"多元"为假设的,如果存在是多元的,那末运动是不可能的,于是就产

---

[1] 我们这里的解释参考了沙尔蒙在他所编的《芝诺的悖论》一书中所写的引言中提出的解释。见该书第12页。
[2] 关于这方面问题,如需进一步了解,请参阅沙尔蒙编《芝诺的悖论》一书。

生芝诺本意对运动究竟是否定的，还是肯定的，即以"一元"为前提，运动是否可能的问题回答当然是否定的。

黑格尔曾经正确地指出，芝诺并不想否认感觉上的运动现象，而是考察运动的真实性，这是爱利亚学派的基本态度。而芝诺和他的老师巴门尼德一样，考察的结果，认为运动是不真实的，存在的"一"是不动的。

从这一基本事实出发，我们就不能同意查费洛波罗的看法。他在解释芝诺残篇方面下了很大的工夫，确定了四个悖论的前提都是以"多元"为假设的，这一点我们采纳了，但他却因此而说，芝诺并不否定运动，而在于揭示多元论者所使用的语言不能恰当地表达运动，把运动的矛盾归结为语言的不恰当[①]，这则是不正确的。这种观点，也许是法国近代对芝诺研究的一种传统观点，它一直可以追溯到保尔·塔奈尔（Paul Tannery）[②]。芝诺的悖论所指出的显然不是语言问题，而是实质问题，是从理论上彻底否认运动的真实性的形而上学观点。对于这种观点，古人在芝诺的揭露矛盾的逻辑力量面前，只能用站起来走路这样的方式来加以反驳[③]。这种反驳虽然很机智，但不深刻，所以芝诺的悖论成为长期讨论的问题，这种讨论当然反映了哲学史上辩证法与形而上学两种宇宙观的斗争，这一点是不能抹煞的。

四、如何评价和理解梅里索斯问题

我们发现，爱利亚学派有着一个可疑的开始，也有一个可疑的结束。这个学派的创始人克萨诺芬尼，有些学者干脆认为他与爱利亚学派无关，对于这个学派的最后一个代表人物梅里索斯，固然没有人提出类似的看法，但却也存在另一些问题。

梅里索斯和爱利亚学派的关系，可以说完全是学说上的，他的学说坚持了"存在为'一'"、"'一'是永恒不动"、反对多元论等爱利亚学派的基本特点，所以他在学术上的归宿从未发生过怀疑，至于他和巴门尼德、芝诺的实际关系，

[①] 查费洛波罗：《爱利亚学派》，第182、183、184页等处。
[②] 参看格思里：《希腊哲学史》第2卷，第83页。
[③] 这个以行动来反驳芝诺悖论的人，据拉修斯说是犬儒派的第欧根尼，但另外的记述则说是指第欧根尼的老师安提塞尼（D.29，A.15）。

我们却一无所知。根据现有的材料,他有一段显赫的历史,据说他曾经是萨摩斯的海军司令,并曾利用伯利克里策略上的错误击溃过雅典的海军,但这种军事上敌对的行动并不妨碍他接受曾当过伯利克里老师的芝诺的学说,但他肯定和巴门尼德、芝诺没有见过面。关于他的生平,我们就只知道这些。

值得庆幸的是,他为我们留下了数量不少的学说残篇,别人对他的记述,也远远超过巴门尼德和芝诺。然而,这个有利的条件,有时却居然使我们在评价这位爱利亚学派的哲学家时,发生了困难。

在研究梅里索斯时,我们面对着比巴门尼德、芝诺多得多的著作残篇,他的学说给我们的印象比较起来是丰富的、详细的。他正面发挥了巴门尼德"存在为'一'"的基本思想,比较详细地论证了"虚空"的不存在,从而揭示了感觉印象变动不居的虚幻性,指出了"一"是永恒不动的等等;可是亚里士多德却批评他是"粗俗的",其评价远远在巴门尼德和芝诺之下①,这一点是很令人费解的。如果说,在梅里索斯的残篇中有一些推论上的漏洞被亚里士多德抓住了,认为水平不高,因而是"教养不够",那末我们看到,亚里士多德同样抓住了芝诺的一些推论上的错误,尤其那四个关于运动的悖论,他一一加以驳斥了。从他的驳斥来看,在他心目中,芝诺悖论的错误有一些地方也还是非常明显的,并无多高的水平,为什么单说梅里索斯"粗俗"?于是,近代学者在研究这个问题时,有一种相当普遍的倾向,就是为梅里索斯鸣不平②,认为亚里士多德对他的评价是不公正的;似乎只有蔡勒在研究这个问题时指出梅里索斯是二流的哲学家,但考虑到他所处的历史时代,还是有贡献的③。尽管一方面有许多学者为梅里索斯鸣不平,但另一方面在大部分哲学史专著中,给他的篇幅都少于巴门尼德和芝诺,出现这种现象的原因,似乎也应该引起思考。

我们认为,亚里士多德对他的前辈固然有个人的好恶和学说上的偏向,但他的著作作为一个时代的总结,纵谈从泰利士以来的几乎一切哲学家,并逐一评论,他的意见应该带有一定程度的普遍性,是不容忽视的④。

---

① 见亚里士多德:《形而上学》A5.986b。
② 最突出的是法国学者查维洛波罗的《爱利亚学派》(见该书第213页)。
③ 蔡勒:《希腊哲学史》(英译)第1卷,第636页。
④ 柏奈特指出柏拉图对梅里索斯的评价比亚里士多德高(《早期希腊哲学》,第329页注二),但我们知道,柏拉图的对话从哲学历史的真实性看,某些地方也许不如亚里士多德。

如何对待我们前面提出的矛盾？为什么梅里索斯留下了比较丰富的材料和思想内容，而亚里士多德反而说他粗俗？

我们想从两个方面来谈谈自己的意见：一是从事实上，一是从学说上。

从事实上，我们提出一点猜测，这当然与学说方面的问题也有一些联系。我们知道，梅里索斯的观点，固然有一些不同于巴门尼德的地方，如关于存在无限（无定）的思想，关于存在的"非物体"的思想等，但整个来说，是没有多少创造性的，他只是发挥、阐述巴门尼德的思想，用的是散文体，比较清楚而已。我们知道，巴门尼德留下的残篇是一些诗，数量很少，芝诺的残篇数量更少，按亚里士多德的记述，主要是揭露反对巴门尼德的论敌自身的矛盾，至于正面的阐述，除辛普里丘引证的几条外，没有为我们保留下来。但根据第欧根尼·拉修斯的记述，芝诺甚至对巴门尼德的现象界即对自然哲学也发表过意见①。因此，这引起我们一种猜测，大概亚里士多德曾掌握了芝诺的其他著作或学说材料，即芝诺正面发挥巴门尼德学说的那一部分，由于亚里士多德认为没有什么新观点，所以只提出四个悖论来加以重点评论。我们认为，亚里士多德这个做法并非第一次。我们在研究阿那克西曼德时就曾发现，亚里士多德因他没有提出新的始基而从泰利士直接跳到了阿那克西曼尼。因此，很可能，对我们来说，梅里索斯这些意见是很丰富、很新鲜的，而对亚里士多德来说，也许几乎近于抄袭，至多也不过是炒冷饭而已。

如果这个事实上的推测过于武断的话，那末我们从学说本身来说明这个问题。

我们前面说过，与巴门尼德比，梅里索斯的学说有一些不同的地方，现在我们就来研究一下这些不同的地方是什么性质的，是创新，还是一种传统的束缚？我们打算以他的"存在为'一'，为'无限'（'无定'）"和"'一'为非物体的"这两点为例来讨论这个问题。

但是在具体讨论这两个问题之前，我们愿意先就一个更为基本的问题提出自己的看法。我们认为，这个基本问题的正确解决，有助于上述两个本来就有不少争论的问题的解决。

---

① 参见北京大学哲学系编译：《古希腊罗马哲学》，第57页。

这就是说，我们要理解梅里索斯的哲学观点，就要把它放在当时的历史环境条件下、放在当时哲学思想发展的具体环节中去看。也就是说，我们要考察一下他和他前后的哲学家的思想关系。

我们的一个基本的想法是梅里索斯当时虽然接受了巴门尼德的学说，但从他思想中暴露出来的问题来看，他还没有完全摆脱旧的伊奥尼亚哲学的影响，保存了一部分旧的、自然哲学的说法。关于这一点，我们应该再次提到柏奈特。柏奈特首先比较肯定而清楚地指出梅里索斯深受古代伊奥尼亚哲学的影响，甚至可能最初就是伊奥尼亚学派的[①]，但柏奈特并没有进一步探讨这个问题，也没有把这个观点运用到对梅里索斯思想的具体解释中去。事实上，有些有争论的解释，如果从他受伊奥尼亚思想影响这个角度去看，似乎比较容易说明问题。

现在我们就来具体研究两个有争论的学说方面的问题。

其一是梅里索斯指出"一"是非物体的。材料的根据是辛普里丘的摘录。辛普里丘说："因此，梅里索斯认为存在物是非物体的，他明确地说：如果事物存在，它应该是'一'；'一'的存在应该不具有体积，如果有厚度，就有部分，而不再是'一'。"[②]这一条所表达的思想在前苏格拉底阶段是非常特别的[③]，所以引起了许多争论、怀疑。

最初，人们怀疑这条材料的真实性。如较早的学者蔡勒、柏奈特等人都是持怀疑态度的[④]；但后来的研究者，觉得因为思想上说不清就完全否定材料的可靠性未免过于武断，于是大多数学者又倾向于肯定这条材料。当代的学者如基尔克就指出，辛普里丘肯定有梅里索斯的书，这条材料不太可能有误[⑤]。但是究竟如何解释这条材料，却没有比较满意的答案。

看来，在无力作出历史的、可靠的解释的情况下，某些学者就从彻底的唯心主义方面来大加发挥。这就是说，对梅里索斯这一条作字面的、肤浅的了解，认为梅里索斯已经具有"非物质存在"的思想——叫萌芽也好，因而就开辟了苏格拉底、柏拉图的道路。这种观点的影响，我们可以由洛埃纳从语言

[①] 柏奈特：《早期希腊哲学》，第321页。
[②] D.30，B9〔8〕.
[③] 见弗里曼：《前苏格拉底哲学家》，第166页。
[④] 蔡勒：《希腊哲学史》（英译）第1卷，第631页；柏奈特：《早期希腊哲学》，第327页。
[⑤] 基尔克、拉文：《前苏格拉底》，剑桥，1960年，第303页。

学角度来研究梅里索斯的书中看出。洛埃纳这本书除了以古希腊语的丰富知识分析了梅里索斯残篇外，其基本观点是不可取的，他的基本倾向是把梅里索斯现代唯心主义化。他说："虽然巴门尼德在梅里索斯之前已经从思想和语言出发，但巴门尼德还没有有意识地区别逻辑–语言（logico-Verbal）和宇宙的方面（ontological aspect）。梅里索斯是第一个有意识地区别这二者的思想家……"①

但是，凡是稍有历史感的哲学史家，都会觉得这种看法过于突然，缺乏历史的发展根据。首先，这和亚里士多德对梅里索斯的叙述相矛盾，因为我们已经知道，亚里士多德说梅里索斯从"质料"（ὕλη）出发，而巴门尼德却反倒是从"理性"（或"思想"、"定义"、语言、λόγος）出发②。难道又是亚里士多德错了？

这里，我们应该提到格思里教授在他的多卷本《希腊哲学史》中注意到孔柏尔茨（H. Gomperz）曾经研究过"σῶμα"这个词在希腊语意上的变化，也就是说，"σῶμα"这个词，在最初的用法上含意并不太广，据说在荷马史诗里主要是指尸体，后来才迅速扩大，到纪元前五世纪前后才指一切物理的物体③。格思里虽然并没有据此进一步发挥下去，但重新指出这一事实却是值得重视的。这就是说，"σῶμα"这个词的指谓内涵是不断扩大的，在梅里索斯那里，只有从比较狭窄的意义上加以理解，才能与整个爱利亚学派甚至整个前苏格拉底哲学思想协调起来。这就是说，"σῶμα"在梅里索斯那里（也许在芝诺甚至巴门尼德那里也一样），是一种朴素而且朦胧的概念，即它是"物质"、"质料"的一种，占有空间，占有厚度（πάχος），具有部分、可以再分，因而在梅里索斯心目中，它具有较大的、固定的体积，而他的"ἀσώματος"，则同样是"物质""质料"之一种，占有空间（因他反对虚空），但没有厚度，不可再分，因而是"一"④。这种观点，从现代的眼光来看，是很不合科学的，可笑的，但在古代，却是可能的。

这里，我们回到古代伊奥尼亚自然哲学的传统，也许问题会更清楚些。亚里士多德用"ὕλη"（质料）来概括古代哲学传统而不用"σῶμα"，这里是有分

---

① 洛埃纳：《巴门尼德·梅里索斯·高尔基亚》，荷兰，1959年，第141页。
② 亚里士多德：《形而上学》，A5，986b25；D.30，A7。
③ 格思里：《希腊哲学史》第2卷，剑桥，1969年，第111页。
④ 其实，人们在研究芝诺关于"一"的观点时，已经揭示了这个特点，但我们认为这在芝诺那里，不如在梅里索斯这里更为突出。（参阅沙尔蒙：《芝诺的悖论》，第153页）

寸的。在古代伊奥尼亚哲学家看来，万物的始基当然是"ὕλη"，要有一定性质的具体的物质，要占空间的，但却不是固定的，不具"厚度"（对朴素的直观而言），一句话，不是固体，不是"σῶμα"，无论是泰利士、阿那克西曼德的水，阿那克西曼尼的气或者赫拉克利特的火，都是如此。也许，梅里索斯的"ἀσώματος"，也正是"ὕλη"而非固体。

这里还涉及到 ἄπειρον 的问题，也就是说，涉及到梅里索斯与巴门尼德第二个不同点：巴门尼德认为"一"、存在是有限的，梅里索斯认为是无限的（无定的）。我们在研究阿那克西曼德时已经指出，由于"无限"这个概念在近代哲学上所占的重要地位，因而对古代提倡"ἄπειρον"的哲学家自然有一种崇敬的心情，其实对这个问题要具体分析。我们已经说过，ἄπειρον 在古代伊奥尼亚学派那里主要是指"无定形"、"无限制"、"无边界"这类性质，所以毕达哥拉斯学派反 ἄπειρον，主张数的哲学有一定的启发作用。毕达哥拉斯这个思想，巴门尼德接受并发展了。他说"一"受着强大必然性的限制，具有深一层的哲学意义。梅里索斯重新提出 ἄπειρον，其意义也要一分为二。一方面，他看出了巴门尼德"一"元哲学思想中的矛盾，指出如果"一"是受限制的，则有别一物与其相对因而就不是"一"，另一方面，也是对"一"的"不确定性"、"不固定性"的一种解释，也就是说，他是用伊奥尼亚学派的传统观点解释巴门尼德的"一"。这就是为什么亚里士多德要说巴门尼德是从 λόγος 出发，而梅里索斯则从 ὕλη 出发的缘故。ὕλη 是无定形的，粗糙的，原始的，亚里士多德要给它"赋形"。

我们看到，一个"ἀσώματος"，一个"ἄπειρον"，这两点在梅里索斯那里是有关系的，不是不相干的两条残篇，我们把这两条联系起来看，并且结合亚里士多德的评价和当时的思想条件，也许对这个问题能得到比较历史的、正确的看法。甚至我们可以说，ἀσώματος 在梅里索斯那里就是 ἄπειρον，而 ἄπειρον 就是 ἀσώματος，说得简单点，在梅里索斯的心目中，"一"不是固体。我们对梅里索斯 ἀσώματος 的看法，从赫拉克利特那里得到一条旁证，萨克都斯·恩庇里斯记述，赫拉克利特"把我们的质料的易运动性比作猛浪翻滚的河流。没有什么固定的物体（οὐδέν ἄρα σῶμα μένει）"[①]。据说梅里索斯见到过赫拉克利特，无

---

① 参见克威林：《赫拉克利特》第四部分（E.）第15条，1959年，柏林。

论如何，σῶμα 这个词在当时的含意偏重于指固体事物，这一点是可信的。

其实梅里索斯这个思想完全是传统式的、古伊奥尼亚学派的，但伊奥尼亚学派并没有提 ἀσῶματος 的问题①，这是梅里索斯在新的历史条件下对伊奥尼亚思想（不是对巴门尼德）的"发展"。

我们知道，梅里索斯是恩培多克勒、阿那克萨哥拉的同时代人，可能比留基波、德谟克利特稍大一点②，这就是说，梅里索斯面对的是古代希腊原子论强大的阵营，这些原子论者从恩培多克勒的四元素说发展到不可分的物质原子，并且从多元论立场反驳了巴门尼德的"一"元论，这些论证，梅里索斯是知道的③。恩培多克勒的四元素说，已经不单纯是古代伊奥尼亚学派的 ἄπειρον，不单纯是无定形的"质料"，而已经有了有定形的、固体的元素——土。就是在这样的思想历史背景下，梅里索斯提出 ἀσῶματος，以古代伊奥尼亚的传统来为巴门尼德辩护，并以此发挥巴门尼德的"一"。正是这一点，他是以过去的旧的传统的"质料观"作为自己学说的特点，除此之外并无多少不同于巴门尼德的地方，所以亚里士多德才说他"粗俗"、不够水平④。

最后，从这个角度，我们也可以看出梅里索斯与原子论的真实关系。作为爱利亚学派的最后一个代表，人们很容易想到梅里索斯应该启发原子论的发展。柏奈特很重视这一点，他举出一条语录来说明梅里索斯的预见性，他说，梅里索斯预见到多元论的唯一出路是原子论，"梅里索斯以惊人的彻底性指出，如果我们同意阿那克萨哥拉承认事物是'多'，我们就必须承认它们中的每一个都如爱利亚学派所宣称的'一'。换句话说，唯一能自圆其说的多元论是原子论"⑤。光从梅里索斯的那条语录来看，柏奈特的观点是很有说服力的，因为那条语录明白地指出："如果存在是'多'，就应当如我所说的'一'具有同样的性质。"⑥但是如果联系到我们上面所讲的，就会产生疑问，因为原子论的多"元"

---

① 也许阿那克西曼尼有这个问题。
② 参看格思里：《希腊哲学史》第2卷，第101页。
③ 同上书，第115页。
④ 我们知道，与梅里索斯同时的阿那克萨哥拉，同样也讲 "ἄπειρον"，却受到亚里士多德的称赞，这是因为 "ἄπειρον" 在阿那克萨哥拉那里，已经逐渐具备更加完备的意义，同时也是因为阿那克萨哥拉还比较严格地区别了 νοῦς 与其他万物的缘故。从整体来看，阿那克萨哥拉的学说显然在当时是一种新的学说，他要解决的问题，正是针对爱利亚学派的。这样，在雅典伯利克里研究阿那克萨哥拉哲学时，在萨摩斯，梅里索斯还在大力宣传巴门尼德的思想，自然就显得落后了。
⑤ 柏奈特：《早期希腊哲学》，第328页。
⑥ D.30，B8〔7〕。

和梅里索斯的一"元"的"元"是不同的,梅里索斯的意思是说,只能有我的"元",即非固体的"元",没有固体的"元"。

事实上,正如现在一些哲学史家所指出的,也许并不是由于梅里索斯这条语录启发了原子论,而是原子论者的论证,迫使梅里索斯作出上述的回答①。

这样,我们对于有关梅里索斯的重要的问题已经谈完了,与通常的哲学史一样,我们给他的篇幅相对地说也是不大的。

总的来说,梅里索斯不是一个创造性的哲学家,也不一定是从爱利亚学派过渡到原子论的必然环节②,但他在哲学史上至少有两个作用:一是他留下了比较多的残篇,这对于了解整个爱利亚学派的哲学思想是有参考价值的,尤其在巴门尼德、芝诺的著作残篇都很少的情况下,就显得特别重要;其次,由于梅里索斯重提古代伊奥尼亚的一些当时已较旧的观念,如对 ἄπειρον 等范畴并没有多少新的发挥,更没有像阿那克萨哥拉那样有意识地把 ἄπειρον 和他提出的 νοῦς 结合起来,这样使我们对早期 ἄπειρον 思想如何过渡到较完整的概念多了一个中间环节,这对古希腊哲学史的研究来说,也并非不重要的。

---

① 参阅格思里:《希腊哲学史》第2卷,第117页。
② 这里的重要环节是恩培多克勒和阿那克萨哥拉。

第六部分　恩培多克勒在前苏格拉底哲学中的地位

自从爱利亚学派否定了古代伊奥尼亚朴素唯物主义自然哲学体系、进一步发展了毕达哥拉斯学派的观点之后，古代希腊哲学进入了一个过渡时期，这个时期的代表是恩培多克勒和阿那克萨哥拉。

爱利亚学派把古代朴素唯物主义自然哲学即主张具体物质形态的一元始基的伊奥尼亚学派推到了极端，指出"一"与"多"是不能过渡的。针对这个倾向，就出现了一种多元论的学说，以"多"来产生"多"，以为这样就可以避开爱利亚学派所揭露的矛盾。后期毕达哥拉斯学派发展了毕达哥拉斯关于"数"的学说，已经逐渐向多元论发展。在爱利亚学派的冲击下，恩培多克勒和阿那克萨哥拉更进一步发展了以"多"解释"多"的学说，建立了比较完整的多元论思想体系。我们看到，恩培多克勒和阿那克萨哥拉在自然观上都是多元论者。同时，由于爱利亚学派否定了物质运动的可能性，古代 ἀρχή 作为质料因与动力因相统一（用亚里士多德的语言）的观点受到了冲击，于是巴门尼德关于心灵（νοεῖν）的思想得到进一步的发展，恩培多克勒提出了爱与争，阿那克萨哥拉提出了 νοῦς（心灵），因此，在哲学上他们又都是二元论者。正是这种过渡、折衷的特点，使他们的学说成为以后进一步分化的基础，最终形成了古代希腊哲学两大阵营的成熟的对立——德谟克利特的原子论和苏格拉底、柏拉图的理念论。

然而，仔细研究起来，恩培多克勒和阿那克萨哥拉的学说又是有区别的，它们的来源和主要倾向是有所不同的，因此我们应该分别地加以比较研究。

根据各家的记述和目前所占有的两家著作残篇，我们认为恩培多克勒在哲学史上所处的地位应该早于阿那克萨哥拉。

从时间上说，他们是同时代人，根据塞奥弗拉斯特和辛普里丘的记载："阿克拉加特的恩培多克勒，出生不比阿那克萨哥拉晚多少，钦佩并接近巴门尼德，更倾向于毕达哥拉斯"①。亚里士多德在《形而上学》中则更进一步说："阿那克萨哥拉年纪大于恩培多克勒，但开始没有从事哲学研究工作。"②看来恩培多克勒从事哲学工作要比阿那克萨哥拉早，虽然年龄或许小一点。从学说上说，阿那克萨哥拉比恩培多克勒似乎更成熟一些、清楚一些、系统一些，这是对比两家残篇以后大多数学者的共同的印象③。

不仅如此，我们还认为，他们两家固然都是吸取了古代伊奥尼亚学派、毕达哥拉斯学派特别是爱利亚学派的许多观点加以综合来建立自己的学说，但两家的思想主要倾向是有区别的。我们觉得，恩培多克勒更接近毕达哥拉斯学派和爱利亚学派，阿那克萨哥拉则更接近古代伊奥尼亚学派。这里我们先着重研究一下恩培多克勒。

根据记载，恩培多克勒的政治倾向是很进步的，他虽然出身于一个贵族家庭，但他的父亲就是反对贵族制、主张民主制的积极分子，曾经赶走了一个僭主，在家乡建立了民主政制。他父亲死后，贵族们要复辟，在他的帮助下民主派才取得胜利。可是，他不愿意接受王位而愿意过简朴的生活也许是政治上的一个错误，但这使他离开家乡流落异地，却可以专心致志地从事科学和哲学工作。

我们看到，恩培多克勒首先是一个自然科学家，他在医学、气象天文学、解剖生物学上的成就似乎应该在他的哲学研究成绩之上④。在医学上，他是南意大利医学学派的鼻祖，据说他能把昏迷多日的妇女治醒过来，甚至能把地狱里的人救活（起死回生）。他是当时有名的"挡风者"⑤，曾经疏通塞立努斯（Selinus）地方的河道，使当地居民得免于瘟疫……这一切使他得到很大的荣誉，人们像神一样尊敬他，为他树像立传。

---

① D.31，A.7.
② D.31，A.6.
③ 关于亚里士多德这句话的意思，有不同的理解，这种不同与对恩培多克勒和阿那克萨哥拉两家学说评价不同有关。参阅基尔克、拉文：《前苏格拉底哲学家》，第363页。
④ 参看柏奈特：《早期希腊哲学》，第201页。
⑤ 据弗里曼说，古希腊专有"wind-checker"的人（挡风者），科林斯甚至设官方的"wind-luller"（息风者），也许犹如我国古代呼风唤雨的"法师"(《前苏格拉底哲学家》，第176页注二十一）。

传说他写了许多著作,但留下来的只有两个残篇:《论自然》和《论净化》。《论自然》的篇幅原来大概很长,但现在留下的也只有一百多段,其中相当一部分是属于对一些具体自然现象的观察。应该说,阅读这些残篇是相当困难的,它并不比"晦涩哲人"赫拉克利特的残篇好懂多少。亚里士多德曾经批评他用比喻来说明科学问题引起了混乱①。

关于恩培多克勒的老师我们暂时还无法弄清,但是他的学说的渊源大体上还是清楚的。恩培多克勒的著作从形式到内容都刻意模仿巴门尼德,这是许多注释家和近代学者的共同印象,至于他是否就是巴门尼德的学生则并无可靠的证据②,但他曾在毕达哥拉斯学派系统中学习过却有许多记载。有人说,他曾从毕达哥拉斯学派的泰玛斯(Timaeus)学了九年,后来像柏拉图一样因剽窃而被逐等等③;有的人则更进一步说,他是毕达哥拉斯儿子的学生④。从学说的渊源上,恩培多克勒属于毕达哥拉斯、巴门尼德这个系统是比较可信的;当然,在他的学说中,也有古代伊奥尼亚学派的深刻的影响,这一点也是无可否认的,至于他和赫拉克利特学说的关系,我们认为柏奈特的意见是值得重视的⑤;蔡勒提出的影响颇大的意见——恩培多克勒的学说介乎赫拉克利特和巴门尼德之间⑥,只是一种学说上的推测,从恩培多克勒残篇的内容和风格上来看,赫拉克利特对他的影响不大。

恩培多克勒在哲学上与古伊奥尼亚学派和毕达哥拉斯、巴门尼德学派的关系,我们希望通过下面的具体分析,会更加明朗化。

一、关于"四根说"

研究恩培多克勒的哲学思想,首先当然要研究他的"四根说"。⑦他对他的

---

① 见 D.31,A.25。
② 格思里教授认为巴门尼德比恩培多克勒大20—25岁,所以很可能是他的老师(见《希腊哲学史》第2卷,第128页)。
③ D.31,A1(54)。
④ D.31,A2。
⑤ 柏奈特:《早期希腊哲学》,第227页。
⑥ 蔡勒:《希腊哲学史》(英译)第2卷,第118页。
⑦ 恩培多克勒的残篇中既没有"ἀρχή"也没有"στοιχεῖος",也许实际上包含了后者的意思。之所以避开"ἀρχή",是因为巴门尼德已经否定了物质的ἀρχή,而导向了"非存在",因此恩培多克勒把ἀρχή和στοιχεῖος从思想上分开来,στοιχεῖος 他叫做"根"(ῥίζωμα),而ἀρχή则是爱和争。

学生说：

> 首先，你听着，万物中有四个"根"：光照万物的宙斯，养育万物的希拉，
> 爱多诺斯和纳斯梯司——
> 她以自己的泪水浇灌生命之泉。
> （τέσσαρα γὰρ πάντων ῥιζώματα πρῶτον ἄκουε. Ζεὺς ἀργὴς Ἥρη τε φερέσβιος ἠδ᾽ ἀιδωνεύς νῆστίς θ᾽, ἣ δακρύοις τέγγει κρούνωμα βρότειν.）

这里，恩培多克勒以神的名字来象征他的"四根"，究竟哪一位神代表什么"根"，传说不一，有些学者费了很多力气去考证。当然，这从理论上来说是没有多大价值的，因为在残篇17里，恩培多克勒对他的"四根"就有明确的说明，他说：

> 来，听我说来，因为学习可以增进你心灵的智慧。
> 在我想说之前，我要说两重的道理：
> 有时唯有从"多"发展成"一"，
> 有时则又从"一"分化为"多"，
> 火、水、土和最高层的气，
> "争"将在重量上相等之物加以分化，
> "爱"则又把它们结合为长和宽都相等之物。①

因此，从学说上我们知道，所谓"四根"就是火、水、土和（清）气。

这里，首先遇到一个问题，即怎样由古伊奥尼亚的水、气发展到恩培多克勒的火、水、土、气？

我们知道，伊奥尼亚学派提出万物之始基为水以及带有水之气，毕达哥拉斯派的希帕索斯和赫拉克利特提出与水对立的火，而在亚里士多德看来，古代还不能提出"土"，因为"土"太复杂了，只有到了恩培多克勒，才加上了

---

① D.31，B.17. 关于后一句译文另有论述。

"土"。亚里士多德说:

> 恩培多克勒除别人说过的三种(即水、气、火)外,还增加了第四种——土。①

但是为什么恩培多克勒要增加一个"土",亚里士多德并没有说明。格思里教授为恩培多克勒的"土"找出了一个原因,他说恩培多克勒家乡所在地阿克拉刻(Acragas)这个岛,当时流行对土的崇拜②,这种解释,循亚里士多德对泰利士的水的解释之例,也不无道理;但我们知道,土的提出,并不始于恩培多克勒,巴门尼德早就提出过了。根据亚里士多德自己的记载:"似乎,巴门尼德说得更有洞见。离开存在的非存在等于零,存在必然是'一'……但必须符合现象,他认为'一'是按照理性,而'多'是按照感觉的,他提出两个原因、两个始基(原则):热和冷,又叫做火和土。"③这样,希波里特在《参考资料》中又进一步说:"巴门尼德假设'一'是'全',是不动的,非产生的,圆形的——他也没有超出一般人的意见,说火和土是万物之始基,土是质料的,火是原因和方式。"④

看来,土和火、水、气一样,都是恩培多克勒从前人的思想中接过来的,并不是他自己新提出来的,所以事实上他的确也没有对"土"这个"根"本身多加阐述,而是把这四种"根"综合起来加以发挥。这就是说,在我们看来,恩培多克勒给自己规定的任务不在于发现或增加新的"根"(或始基),而在于总结、综合前人的学说,并且力图把不同的学说调和起来。就"根"的学说看,他是把古代伊奥尼亚学派的始基说,和毕达哥拉斯、爱利亚学派关于"意见"(现象)的学说综合起来,这样才能解释为何不多不少正好四个:火、水、土、气。

我们已经说过,巴门尼德的本质论和现象论本身就是有矛盾的,在巴门尼德看来,"一"是真理,而"多"是假象;恩培多克勒则进一步以"四根"来调和现象与本质、"多"与"一"的矛盾。他一方面指出"根"是不生不灭的,是"一",但另一方面又承认由"一"可以分化为"多",因为"一"本身就

---

① D.31,A.28.
② 格思里:《希腊哲学史》第2卷,第130页.
③ 亚里士多德:《形而上学》,第一卷,第五章986b—987a.
④ D.28,A23.

是"四"的混合,因此,"一"与"多"只是"聚"与"散"的区别而已。他在上引的残篇17中就重复地说过"有时唯有从'多'发展成'一',有时则又从'一'分化为'多'":

> 我要从两方面来说:一方面
> 有时"一"只是从"多"生长而成,
> 另方面有时"多"又是从"一"分化而来。
> 变灭事物的产生是双重的,它的死亡也是双重的。
> 万物产生结合并破坏结合,
> 然后又生长,发展,消亡。
> 如此变化不已。
> 有时由爱将万物结合为"一",
> 有时则因争而使万物各自分化。
> (这样,我们知道"一"由"多"产生)
> 然后又从"一"分化为多,
> 对这些事物来说,就不是不变的;
> 但这种不断的、无所不在的分化,
> 本身是循环的,如永恒不变的一样。①

许多注释家都指出,在恩培多克勒看来,"根"本身是不变化的、永恒的,因而宇宙在总体上是不变的,这样就符合巴门尼德的前提;另一方面他又认为,四根是可以分、合的,由于混合的比例的不同产生万物的不同的性状,这样就把巴门尼德的"真理之路"和"意见之虚"更进一步地发展了,"意见"的现象界,即古代伊奥尼亚的传统,就不仅是"虚"的,而也同样是"实"的了。恩培多克勒对他的学生说:

> 自然并非完全死的,也不会以完全毁灭告终,

---

① D.31,B17.

> 只有混合物的相互混合，相互转化，
> 自然是人们给这些现象起的名称。①

自然界的生、灭，无非是"根"（元素）的聚、散，不过是习惯上叫做"生"、"灭"而已。

从某个意义上来说，恩培多克勒把被巴门尼德斥为"虚幻"的自然现象重新给予了一定的地位，赋予了新的根据，从而恢复了古代伊奥尼亚原始唯物主义应有的地位，并在这种理论根据指导下，从事了大量的自然科学的研究，取得了具有重大历史意义的成果。但是，从哲学思想的总的趋势上来看，我们认为，在恩培多克勒的哲学中，毕达哥拉斯、巴门尼德的影响是非常深刻的。关于这个问题，我们从两方面来看。

首先，从元素或"根"本身来看，根据一般的注释家的意见，四种根中，恩培多克勒把"火"放在中心的地位。这一点，现在保存的残篇中没有给我们提供足够的证据，但亚里士多德却十分坚持这个看法。他说：

> 有些人直接说四种（元素），如恩培多克勒。但事实上分成了两组：火是与其他三个相对的。②

有些学者不太重视这条材料，我们认为并没有否定这条材料的任何积极的理由。亚里士多德是很坚持这个看法的，他在《形而上学》里针对不同的问题，又重复了类似的思想。他说："恩培多克勒谈动因（即爱、争）讲得比（阿那克萨哥拉）多，但也不充分，对这两个动因也没有一贯的解释。至少，在许多场合爱也分离事物，而争反倒使事物结合。当万物由于争分解成元素时，火又使之结合为'一'……他又是第一个提出四种质料因的人。然而他实际上不是用四种，而只用两种，火本身作为一种，而本性与火对立的土、气、水又是一种"，并且补充了一句："这种观点我们可以从他的话里得出来"。③我们应该承认，亚里士

---

① D.31，B8. 最后一句的"φύσις"有多种译法，第尔斯按普罗塔克等注释家释为"Geburt"，柏奈特则从亚里士多德译为"substance"，弗里曼老老实实译成"Nature"，今从弗里曼。
② D.31，A36.
③ D.31，A37.

多德比我们占有更多的恩培多克勒的材料,他重复强调的看法至少应该引起我们的重视。看来,在四种根中,恩培多克勒对它们作了区分,火是能动的,而其他三种则带有被动性。这个思想,是与米利都学派相对立的南意大利学派的共同特点。

希波里特忠实于亚里士多德的记述,所以同样遭到了蔡勒的否定[1],但他的《参考资料》不无参考价值。他有两处提到这个问题,一处在解释恩培多克勒用神名来比喻四根时说"火是宙斯"[2],一处则更进一步发挥道:"恩培多克勒生于毕达哥拉斯之后,关于自然的神秘本质(περὶ δαιμόνων φύσεως)发表了许多意见,他说,绝大多数事物都有秩序地围绕地球转。他说,爱、争是万物的原则(ἀρχην),具有单子精神的火是神,由火组成万物,复归灭于火。宣称'宇宙之火'(ἐκπύρωσιν)的斯多噶派接近这种学说。"[3]蔡勒认为,这里是把恩培多克勒与赫拉克利特混淆了。我们认为,即使希波里特真的把这两大家混淆了,但引起这种混淆的原因却也是值得我们思考一下的,因为从现有的残篇来看,要把恩培多克勒和赫拉克利特混淆起来还是不太容易的事。这样使我们猜测,如果我们占有更多的恩培多克勒的残篇,就会发现它们与赫拉克利特的确有容易混淆的地方。

蔡勒从反面使我们注意到,恩培多克勒的哲学也许与赫拉克利特的哲学有某种相似之处,二者都强调"火"就是其中的一个。我们已经说过,赫拉克利特是伊奥尼亚学派与毕达哥拉斯学派的集大成者,在唯物论、辩证法方面都达到了虽然朴素但却有一定历史深度的古代高峰。这种学说引起了爱利亚学派的"反动",但巴门尼德的现象界不是伊奥尼亚自然哲学的重复,而是经过赫拉克利特的洗礼的,因而"火"作为物质的因素占有重要的地位。这一思想,在恩培多克勒哲学中得到了保存和发挥,似乎也并不是奇怪的事。

除此以外,柏奈特一方面否定恩培多克勒与赫拉克利特的关系,一方面却提醒我们注意,在"四根"中,恩培多克勒故意不用"ἀήρ",而用"αἰθήρ",因为ἀήρ指水气(ὑγρὸς ἀήρ)而αἰθήρ则指τιτὰν αἰθήρ[4]。τιτὰν αἰθήρ也许不是赫

---

[1] 参阅蔡勒:《希腊哲学史》(英译)第2卷,第384页。
[2] D.31,A33.
[3] D.31,A31.
[4] 柏奈特:《早期希腊哲学》,第228页及该页注二。

拉克利特或希帕索斯的"火气",但不是阿那克西曼尼的水气这是肯定的。可见与其说恩培多克勒的"四根"说偏重于伊奥尼亚学派,不如说仍然偏重于南意大利学派,只是在基本精神上吸取了伊奥尼亚学派的朴素唯物主义自然观。

其次,在元素(根)的基本属性方面,我们认为恩培多克勒是反 ἄπειρον 的,因而与古代伊奥尼亚学派也是不同的。

我们知道,在古代哲学派别的对立中,伊奥尼亚学派强调始基(宇宙)的 ἄπειρον("无定形"),而南意大利学派则强调始基(宇宙)的数的关系,强调 πεπεραμένος("有定形"、"有限制")。这种对立,从本质上反映了辩证法(在古代是朴素的)和形而上学两种宇宙观的斗争。在古代,只有赫拉克利特把变化与相对静止、无限与有限(在朴素意义上)、ἄπειρον 与 πεπεραμένον 结合起来,达到数的规律性(λόγος)高度,而巴门尼德则片面强调了有限、限制和"必然性"的一面,陷于形而上学。在这种对立中,我们认为恩培多克勒同样是更加接近毕达哥拉斯和巴门尼德学派的。

在这方面,我们有恩培多克勒留下的残篇作根据。残篇39说:

> 如果浑厚的土地和浓馥的清气是无定形的,
> 如许多饶舌之士愚蠢地说了许多话,但从嘴里喷出来的却很少真知灼见……
>
> (εἴπερ ἀπείρονα γῆς τε βάθη καὶ δαψιλὸς αἰθήρ, ὡς διὰ πολλῶν δὴ γλώσσας ἐλθόντα ματαίως ἐκκέχυται στομάτων ὀλίγου τοῦ παντὸς ἰδόντων....)

对于这条残篇,一般学者都根据亚里士多德的意见说是指克萨诺芬尼[1]。当然,克萨诺芬尼是从伊奥尼亚学派的内部来否定这个学派的,他虽然是爱利亚学派的创始者,但仍然保留了一些伊奥尼亚学派的传统观念。很可能,他和这个学派的最后一个代表梅里索斯一样都是 ἄπειρον 派。然而从恩培多克勒来说,他反对 ἄπειρον,可能包括(或主要是针对)克萨诺芬尼[2],但他决不是把他作为爱利亚学派的奠基者来反对,而是把他作为伊奥尼亚学派的传统观念来反对,

---

[1] 柏奈特:《早期希腊哲学》,第212页注三;又格思里:《希腊哲学史》第2卷,第198页注二。
[2] 据格思里考证,恩培多克勒写书在梅里索斯之前(《希腊哲学史》第2卷,第128页)。

因此，恩培多克勒这条残篇，毋宁说是针对整个古代伊奥尼亚学派的，是反 ἄπειρον 的，正是在这一点上，他和阿那克萨哥拉的区别表现得特别突出。

恩培多克勒既然嘲笑了 ἄπειρον，那末他自己当然主张 πεπερασμένον 了。果然，按照辛普里丘的记述，他正是这个意思。辛普里丘说：

> 恩培多克勒在《论自然》第一卷中说，"一"和"多"是有定形的（受限制的），循环往复，按聚散而生灭。
>
> (ὁ δὲ Ἐμπεδοκλῆς τὸ ἕν καὶ τὰ πολλὰ τὰ πεπερασμένα καὶ τὴν κατὰ περίοδον ἀποκατάστασιν καὶ τὴν κατὰ σύγκρισιν καὶ διάκρισιν γένεσιν καὶ φθαρὰν οὕτως ἐν τῷ πρώτῳ τῶν φισικῶν παραδίδωσι) [1]

这样看来，恩培多克勒主张 πεπερασμένον 已没有发生问题的余地，但他是否同时也接受了 λόγος 的思想，则被多数学者所否定，其根据是亚里士多德说的，在恩培多克勒看来，"没有 λόγος；而是偶然的混合"（ ἀλλ᾽ οὐ λόγος ἔστι γὰρ μιχθῆναι ὡς ἔτυχεν. ）[2]。根据这句话，蔡勒认为恩培多克勒没有达到万物皆有规律的思想，格思里干脆断定在恩培多克勒的残篇中没有用"λόγος"这个词[3]。但是，我们在残篇131里明明读到这样的话：

> 如果为了我们这些朝生暮死的人，
> 你，神圣的 Μοῦσα，
> 愿意让智慧贯串我们的意愿，
> 帮助我们实现祈祷，καλλιόπεια，
> 你就向我们昭示幸福的神的善和 λόγος。
>
> (εἰ γὰρ ἐφημερίων ἕνεκέν τινος, ἄμβροτε Μοῦσα, ἡμετέρας μελέτας <ἅδε τοι> διὰ φροῦτις ἐλθεῖν, εὐχομένωι νῦν αὖτε παρίστασο, καλλιόπεια, ἀμφὶ θεῶν μακάρων ἀγαθὸν λόγον ἐμφαίνοντι.)

---

[1] 辛普里丘：《物理学》，157.25bb。
[2] 亚里士多德：《论生灭》(6)。
[3] 格思里：《希腊哲学史》第2卷，第161页注一。

当然这里有个理解问题，这里的 λόγον，一般都译成"学说"、"话"等，如第尔斯德译为："da ich über die Selige Götte eine gute Lehre offenbaren will." 柏奈特英译为："as I utter a pure discourse concerning the blessed gods."

这样的译文，当然也是符合当时希腊关于"λόγος"的含义的，不能说是译错了；但具体到恩培多克勒这一段话，这种译法，似乎还有商榷的余地。

我们知道，"λόγος"在当时希腊语言中是个多义词，在不同的场合，有不同的含义。在哲学上，当时主要还是指"比例"的数量关系，在这个意义上，可以说是指数量方面的规律，这甚至在赫拉克利特哲学中也不例外。我们认为，恩培多克勒这段话里的"λόγος"，也同样可以理解为"数量上的比例（规律）"的意思。我们看到，这段话是希波里特在他的《参考资料》里摘引的，从他摘引这段话的前后文来看，这里的"λόγος"不宜于作"Lehre"或"discourse"解，而应是接近"比例"的"规律"。希波里特在摘引这话前介绍道：

恩培多克勒说……在最初分开的事物中有一种适当的比例（δίκαιον λόγον），按照这种比例，把被"争"分裂开来的东西又结合起来……①

这里的"δίκαιον λόγον"似乎只能译成"适当的比例"之类的意思，而不是"适当的学说"之类。

其实，分化了的元素按各种不同的比例结合，这是恩培多克勒的一个基本思想，是许多学者承认的。如格思里就曾明确地说过："为解释有机的结构，恩培多克勒运用了典型的毕达哥拉斯的合比例混合的观念。"②问题出在有些人把"λόγος"在当时的含义"拔高"了，把它完全与近代哲学的"规律性"的含义等同起来，认为在当时思想发展水平看来，不可能达到这样的高度，所以只主张译成"学说"、"语言"。如果我们如实地把"λόγος"当作基本上是数量上的"比例"来理解，那末问题就比较容易解决了。事实上，在恩培多克勒之前，赫拉克利特已经重点地提出并发挥了"λόγος"的思想，强调事物按一定比例聚散的恩培多克勒运用"λόγος"这个概念来与"ἄπειρον"对立，也并不是什么十分突然的事。

---

① D.31，B131.
② 格思里：《希腊哲学史》第2卷，第211页。

那末关于亚里士多德那句话如何解释呢？我们认为，我们固然应该充分重视亚里士多德的记述，这一点我们经常是这样做的，但如果在亚里士多德的记述与原作发生矛盾时，取舍是十分清楚的；何况，亚里士多德自己在另外的地方也曾说过，恩培多克勒有时也不得不承认事物的"本质或本性是λόγος"①。也许我们可以说，恩培多克勒对于"λόγος"的思想，并没有多大发挥，因而没有引起亚里士多德的重视。

二、"爱"、"争"作为动力因

我们看到，古代希腊哲学中除了爱利亚学派完全否认运动的真实性外，其他学派都承认运动变化。只要承认运动变化，那末就有一个"能动性"的问题，即推动万物运动变化的原因问题。古代朴素唯物主义的代表伊奥尼亚学派提出的"ἀρχή"，作为万物的"始基"讲，就不仅有"物质基础"、"原则"的意义，而且有"动因"的意义，只是当时的认识还是很模糊的。为了解释"始基"如何生化万物的问题，阿那克西曼德提出一个"ἄπειρον"，说明"始基"的变化是"无穷"的，同时提出冷、热等对立的物理力量作为变化的动力。但是，随着哲学思想的发展，从个别具体物质形态里寻找万物变化的原因，越来越不能令人满意，阿那克西曼尼的气（ἀήρ）就和古代"物活论"的万物皆备于"ψυχή"，更加接近了一步。把人的能动作用比附于万物，使一切自然物都具有人的某一部分特性。从这里开始，在哲学思想史上，精神与物质的对立日益明朗化，逐渐地，精神就成为唯一能动的因素。正是在"能动性"问题上，唯心主义哲学找到了它的避难所，也正是在"能动性"问题上，唯物主义和唯心主义展开了激烈的斗争。但正如马克思所指出的，直至费尔巴哈，"能动性"还是被唯心主义所歪曲，唯物主义还没有真正占领这个阵地，只有马克思主义辩证唯物主义才从社会实践的基础上真正唯物而辩证地解决了"能动性"问题，使"能动性"得到了科学的解释。

在我们研究的这个时期，这个问题当然远不像近代那样明朗，但我们认为，问题是已经提出来了。当代古希腊哲学许多研究者都认为，在前苏格拉底阶段，

---

① 亚里士多德：*De partibus animalium*，642a17。参阅格思里：《希腊哲学史》第2卷，第211页。

精神与物质的分化是不那样明确的，许多哲学概念，包括物活论的"气"（ψυχή、灵魂）、毕达哥拉斯的"数"、巴门尼德的"存在"等都有物质性的一面，都不能脱离具体的物质去完全抽象地理解。我们认为，指出这一点当然是正确的，是符合历史发展的客观水平的。对于他们在这方面的研究成果，在我们的研究中给予了充分的注意；但同时应该指出，也不能把这种研究成果当作条条框框，截然地把前苏格拉底的一切哲学概念都一概与物质性完全等同起来；从这个框框出发，势必出现许多牵强附会的地方。当然，如果以此来抹煞前苏格拉底阶段的唯物主义和唯心主义两条路线斗争这一事实，当然更是值得讨论的。正如恩格斯指出的，精神与物质的分化，早从泰利士就已经开始了，我们只能说，由于历史条件的限制，这种分化从酝酿到明朗化、到发展为尖锐的形式，是有一个漫长的过程的。

关于恩培多克勒的"爱"和"争"，我们认为应该如实地把它看作精神与物质进一步分化的表现，在古代希腊哲学史上，从此出现了一对新的"ἀρχή"，即不仅是物质的力量，而且是一种精神的力量，也就是说，过去还不是十分明朗的精神力量，现在已经提到"ἀρχή"的高度。

当然，在现有的恩培多克勒的残篇中，没有用ἀρχή这一概念，但如同他的残篇没有"στοιχεῖον"而事实上表达了这个意思一样，"爱"和"争"事实上在恩培多克勒的哲学中就是"ἀρχή"，所以有些研究者认为，按照亚里士多德的"四因"说，恩培多克勒是第一个把ἀρχή（始基）和στοιχεῖον（元素）加以区别的哲学家[①]。

恩培多克勒既然承认万物的聚散，承认由"一"可以分化为"多"，由"多"可以聚合为"一"，那末就要解决聚散的动力问题，于是恩培多克勒提出"爱"和"争"是聚散的动力因。

我们知道，古代朴素的希腊哲学家又是"天生的辩证法家"，他们从自己的直觉感觉到对立力量的斗争与事物的变化发展有密切联系。这种本质上是正确的猜测，在古代希腊哲学中是有深厚的传统的，古代米利都学派至少阿那克西曼尼就明确地提出了冷、热是聚散的原因，南意大利学派提出了更多的对立面，这些思想为赫拉克利特集大成，成为古代朴素辩证法的大师。然而古代关于对

[①] 巴库：《希腊科学史》，巴黎，1951年，第207页，注一。

立面的思想，作为万物的动因来看，主要是物质性的，而恩培多克勒把更具精神性的"爱"和"争"提到动力原则的高度，是应该引起重视的现象。

恩培多克勒关于"爱"、"争"的残篇是比较多的，下面我们先引述争议比较大的一段（虽然前面在谈到"四根"问题时，我们已经引过了）：

来，听我说来，因为学习可以增进你心灵的智慧。
在我想说之前，我要说两重的道理：
有时唯有从"多"发展成"一"，
有时则又从"一"分化为"多"，
火、水、土和最高层的气，
"争"将重量上相等之物加以分化，
"爱"则又把它们结合为长和宽都相等之物。

（ἀλλ' ἄγε μύθων κλῦθι· μάθη γὰρ τοι φρένας αὔξει· ὡς γὰρ καὶ πρὶν ἔειπα πιφαύσκων πείρατα μύθων, δίπλ' ἐρέω· τοτὲ μὲν γὰρ ἓν ηὐξήθη μόνον εἶναι ἐκ πλεόνων, τοτὲ δ' αὖ διέφυ πλέον' ἐξ ἑνὸς εἶναι, πῦρ καὶ ὕδωρ καὶ γαῖα καὶ ἠέρος ἄπλετον ὕψος, Νεῖκός τ' οὐλόμενον δίχα τῶν, ἀτάλαντον ἀπάντηι, καὶ φιλότης ἐν τοῖσιν, ἴση μῆκός τε πλάτος τε·）

这里涉及到对"φιλότης..."的订正问题，如果就现在的文字来看，"ἴση"当然是指"φιλότης"，二者同格同位，所以第尔斯的德译为：

"und die Liebe（Freundschaft）unter ihren, gleich an Länge und Breite."

柏奈特的英译是：

"dread Strife, too, apart from these, of equal weight to each, and love in their midst, equal in length and breadth."[1]

---

[1] 柏奈特：《早期希腊哲学》，第208页。

这种理解，"爱"、"争"当然就是占有空间的一种物质了，至少如巴库所说，"爱"、"争"不是心理力量，而是物理力量[①]；而蔡勒虽然认为恩培多克勒把"爱"、"争"人格化，但仍然把它们当作物体的实体[②]。

一方面我们应该承认，在古代，一切东西都被想象为占有一定空间的，都离不开具体的物质的基本特性，恩培多克勒的"爱"、"争"也不例外；但同时也应该看到，无论如何，"爱"、"争"尽管可以拟人化、人格化，但如果把它们当作有长度、有宽度的"物体"，终究是不易想象的。事实上，我们看到，恩培多克勒的残篇不止一次地提到"爱"和"争"的问题，只有这一处提到这个思想。

例如残篇26这样写道：

有时因爱而结合成统一的宇宙，
有时则因争的忿怒而使一切分裂，
直到万物又复结合为"一"。

（ἄλλοτε μὲν φιλότητι συνερχόμεν' εἰς ἓνα κόσμον, ἄλλοτε δ' αὖ δίχ' ἕκαστα φορεύμενα Νείκεος ἔχθει, εἰσόκεν ἓν συμφύντα τὸ πᾶν ὑπένερθε γένηται. ）

这里的意思是非常清楚的。即使在残篇17里，提到"爱"、"争"的，也并非一处。就在上引那段的前面，有一段人们常引的话：

我要从两方面来说：一方面有时"一"只是从"多"生长而成，另方面有时"多"又是从"一"分化而来。
……
有时由爱将万物结合为"一"，
有时则又由争将万物各自分化。

这里的原文是：ἄλλοτε μὲν φιλότητι συνερχόμεν' εἰς ἓν ἅπαντα, ἄλλοτε δ' αὖ

---

① 巴库：《希腊科学史》，第207页。
② 蔡勒：《希腊哲学史》（英译）第2卷，第138页。

δίχ' ἕκαστα φορεύμενα N εἴκεος ἔχθει，几乎与上引残篇26那段完全一样。可是就是在同一段里却出现了"φιλότης ἐν τοῖσιν, ἴση μῆκός τε πλάτος τε"这句话，在充分肯定古代思想的朴素性的前提下，能否对原文的字句提出一点猜测性的更正？

在语言文字的考订方面，我们当然应该充分信任西方的学者，因为他们对于古代西方语言有较深的理解，占有我们所不可能占有的第一手原始资料，但是他们有时也会有疏忽的地方①，这里是否有文字上的讹传呢？

我们看到，"Νεῖκός τ' οὐλόμενον δίχατῶν, ἀτάλαντον ἁπάντηι, καὶ φιλότης ἐν τοῖσιν, ἴση μῆκός τε πλάτος τε"是不完全句，其中Νεῖκός和φιλότης是主语是没有问题的，这两句应该对称，才能省掉自明的字。我们知道，第一句ἀτάλαντον不能与Νεῖκός同格，它是accusative case（宾格，第四格），因此必须译成"争把重量上相等的东西分化……"可是第二句ἴση却和φιλότης同格，是mominative case（主格，第一格），这样两句就失去了对称。也许，只要在ἴση后面加上一个"v"，问题就解决了，全句成为"καὶ φιλότης ἐν τοῖσιν, ἴσην μῆκόστε πλάτοςτε"，μῆκος和πλάτος为τὸ μῆκὸς和τὸ μλάτος作副词用，正好与上文ἁπάντηι（dative case，与格，第三格）作副词用相对应，于是这一句就可以比较顺当地读作："'爱'又把那些分裂了的东西（结合成）长、宽上都相等的东西。"

我们认为，这样订正一下，也许与恩培多克勒别处的提法更能相衔接，因为紧接下一段恩培多克勒就说："〈诸元素〉（或"爱"与"争"）是完全相等的"（ταῦτα γὰρ ἰσά τε πάντε），可见ἴσος这个词恩培多克勒也是常用的，并不一定指"爱"为"同样的长和宽"。

我们这种文字上的猜测，当然可能是不对的，我们的意思是要说明，"爱"和"争"或许带有传统的物质属性，但主要的不应是"物理的力量"和"物理的实体"（有长和宽），而应该是两种精神的力量。

我们已经说过，亚里士多德不满于恩培多克勒关于动力因的论述，认为它是不连贯的，不彻底的，但我们相信，亚里士多德不会反对我们这里的分析，因为他曾明确地说："恩培多克勒说，他发现爱是善的原因，争是恶的原因；因

---

① 如长期流传黑格尔在大学所得的评语为"对哲学不努力"，事实上是把拉丁文"multam"（"很多"）误看成"nultam"（"一点没有"）的缘故。

此正如有些人说的，恩培多克勒是第一次以某种方式说到善和恶两个 ἀρχὰς（始基、原则）。"[1]这就是说，在亚里士多德看来，恩培多克勒的"爱"和"争"已经不是单纯的物理的动因了。其实，"爱"、"争"的精神性，恩培多克勒也曾在其他的话中暗示过，如残篇35说道：

一方面争达到漩涡的最深渊，
一方面爱在漩涡的中心，
在那里万物就结合为唯一的"一"，
但并不是简单地结合起来，
而是由意志把不同的部分相互结合起来。

（ἐπεὶ Νεῖκος μὲν ἐνέρτατον ἔκειτο βένθος δίνης, ἐνδὲ μέδηι φιλότης στροφάλιγγι γένηται, ἐν τῆι δὴ τάδε πάντα συνέρχεται ἓν μόνον εἶναι, οὐκ ἄφαρ, ἀλλὰ θελημὰ συνιστάμεν ἄλλοθεν ἄλλα.）

这里的 θελημὰ 主要的也是指主观的、精神的作用。

这里我们应该顺便指出，恩培多克勒以两种对立的精神力量来作为万物的动因（ἀρχή），并不是偶然的，而是历史的产物，是人类哲学思维发展到一定历史阶段的产物。我们都知道，与他同时代的阿那克萨哥拉提出了著名的"νοῦς"作为推动万物的 ἀρχή。"νοῦς"固然还保存了如 ψυχή 那样的"轻"、"细"、"薄"的物质特性，但基本上也已经是一种精神的力量。

无论是恩培多克勒的"爱"和"争"或阿那克萨哥拉的"νοῦς"，都表现了一种过渡时期的特点，只有经过这些环节，才有可能出现苏格拉底、柏拉图的成熟的理念论唯心主义体系。

三、感觉与理智的关系

古代希腊哲学至少从赫拉克利特开始已经专门地研究了哲学认识论问题，

---

[1] D.31，A39.

赫拉克利特遵循朴素唯物主义原则，首先研究了有关感觉的具体问题，巴门尼德在他的"意见"世界也提到了感觉的问题，但在这方面最有系统的是恩培多克勒。

从认识论上来说，恩培多克勒首先研究了感觉与感觉对象的关系。他首先把"同类"说运用到认识领域中来，说："我们用土来观察土，用水来看水，用气来探索气，用火来对付火，用爱来对爱，用恨来抵销恨。"①因为在恩培多克勒看来，人的主观感觉组织和客观世界的组成部分是相同的，都是由四种"元素"组成并受两个"始基"支配。从这个基本观点，恩培多克勒详细地研究了各种感官的构造和特性，如认为眼睛的中心有火，四周有水，有薄膜包着，耳朵内有小铃铛，是一种"肉芽"等等，这些具体的说法虽然是粗糙的、猜测性的，但在当时不失为相当详细的、系统的，而且是从自然科学的角度认真观察的结果。

感觉如何沟通我们的感官和感官的对象呢？恩培多克勒提出了"对流说"。他认为，感官有一些"渠道"（πορῶν），可以穿过极精细的物质性的"流"（ἀπορροίας），这样从感官中发出的"流"和客观对象发出的"流"相互沟通，就成为感觉。他关于视觉留下的一段残篇大体上说明了这个理论："如同一个人在冬天的夜晚想出行一样，先要预备灯亮，点着了火，带有能挡住各方面风的灯笼。灯笼有挡风的东西，一方面尽管风呼呼地刮，一方面光线仍然射出来照得很远，沿着渠道，不断地发出光来。同样，带有薄膜的火从后面射出，有小孔可以通过；薄膜可以防止底面的水渗入，但因为火很精细，仍可以射出去。"这是说眼中之火流出，同样，外界的火也可以流入眼睛。②

通过这种方式得来的感觉，是外界事物的"反映"，这一点，艾修斯为我们提供了记述材料，他说："恩培多克勒认为，通过感觉之流，一方面结合为镜子般的反映……"（'E. κατ' ἀπορροίας τὰς ουνισταμένας μὲν ἐπὶ τῆς ἐπιφανείας τοῦ κατόπτρου...）③应该说，恩培多克勒这个思想，在那个历史阶段，是难能可贵的。

然而，人的认识不仅有感觉，更重要的还有与感觉相联系的理智。我们看

---

① D.31，B109.
② 参阅格思里：《希腊哲学史》第2卷，第234—235页。
③ D.31，A88.

到，这个问题，在恩培多克勒阶段已经得到了更进一步的重视。当然，在这个阶段，思想与感觉的分化也还没有到十分清楚的地步，所以柏奈特指出："塞奥弗拉斯特告诉我们，恩培多克勒没有区分thought（思想）和perception（知觉），这一点亚里士多德已经注意到了。"①但我们从现有的材料来看,说恩培多克勒完全没有区分"思想"和"感觉"也是不妥当的。我们认为，这种区别，早在巴门尼德的时候已经注意到了，巴门尼德说：

用思想（νόωι）注视远离之物，则如眼前之物那样可靠。②

我们看到，"νοεω"和"νοος"（νοῦς）这个词在恩培多克勒的材料里是常见的，虽然并不像在阿那克萨哥拉那里占有重要的地位，但显然吸取了巴门尼德的用法并加以发挥，在认识论上是一个新的概念。

也许在恩培多克勒《论自然》的一开头，在指出人的认识的局限性时，就用了一个"νοῦς"。他批评一般人的狂妄自大，自以为懂得了一切，其实一窍不通，他说这些人"既不能视，也不能听，甚至也不能用心灵来洞察宇宙"（οὔτως οὔτ' ἐπειδερκτὰ τάδ' ἀνδράσιν οὔτ' ἐπακουστὰ οὔτε νόωι περιληπτά.）。③接着，恩培多克勒强调各种感官的作用，最后着重指出，"对心灵来说，每件事都是清楚明白的"（νόει δ' ἧν δῆλον ἕκαστον）④。这种用法，与巴门尼德十分相似。

"心灵"是什么？恩培多克勒没有进一步解释，它与"灵魂"（ψυχὴ）是什么关系我们也不太清楚，但它是智慧的源泉，而且还是有生理基础的。在恩培多克勒看来，理智性的智慧（νόημα，不是σόφια）不在脑，也不在心，而在血液，尤其是在心附近的血液。他说：

对流的血液在心的大海中流动，
给人类带来最大的智慧。
因为围绕着人心的血液就是智慧。

---

① 柏奈特：《早期希腊哲学》，第249页。
② D.28，B4。
③ D.31，B2。
④ D.31，B3。

（αἵματος ἐν πελάγεσσι τεθραμμένη ἀντιθορόντος, τῆι τε νόημα μάλιστα κικλήκεται ἀνθρώποισιν· αἷμα γὰρ ἀνθρώποις περικάρδιόν ἐστι νόημα.）①

但是，恩培多克勒又认为理智性的智慧并不是人类的特权，万物不仅具有感觉，而且也具有智慧，这种观点当然是传统的"物活论"的残余，而且也说明他所谓的"νόημα"或许也与阿那克萨哥拉一样是一种极精细的东西，就像古代"ψυχή"一样。第尔斯编的恩培多克勒残篇102、103、104，正是说明这个问题：

所有的生命都有呼吸和嗅觉。（102）
（ὦδε μὲν οὖν πνοιῆς τε λελόγχασι πάντα καὶ ὀσμῶν.）
命运的意志使万物皆有理智。（103）
（τῆιδε μὲν οὖν ἰότητι τύχης πεφρόνηκεν ἅπαντα.）
因此，最轻的东西凝聚在一起……（104）
（καὶ καθ' ὅσον μὲν ἀραιότατα ξυνέκυρσε πεσοντα…）

精神作为一种实体的独立性，在这个阶段还不是那末明确的，它和感觉还保持着一种朴素的统一，但应该说，二者的区别是已经意识到了的。理智性的智慧离不开感觉，感觉的渠道，同样也是智慧的渠道："不要忽视其他感官，理智正是通过它们的渠道。"（μήτε τι τῶν ἄλλων, ὁπόσηι πόρος ἐστὶ νοῆσαι…）②但我们只有通过心灵（νοωι）才能清楚地认识每一部分，所以塞奥弗拉斯特才说，在感觉与理智的关系问题上，"巴门尼德、恩培多克勒和柏拉图（关于感觉的性质的意见）是一致的，而阿那克萨哥拉、赫拉克利特的意见则相反"③。

* * *

最后，我们要来研究一下恩培多克勒两个著作残篇的关系问题。因为《论自然》和《论净化》两个残篇在思想内容上似乎是矛盾的，前者是科学的，后

---

① D.31, B105.据蔡勒说，认为思想在血液里是古人共同的信念［《希腊哲学史》（英译）第2卷，第167页］。
② D.31, B3.
③ D.31, A86.

者是宗教的，前者否定了灵魂不灭，后者专门强调灵魂轮回，这样引起了学者们的许多猜测。总的说来，早期的学者认为这两篇著作在思想上没有多大联系，其原因或许是因为写作时间相隔太久[①]，或者认为恩培多克勒对这两种学说并没有意识到要结合起来，等等。

这个问题，从我们对恩培多克勒在古希腊哲学史上的总的看法出发，也许可以比较合理地加以解决。

我们知道，在古希腊哲学思想发展的早期阶段，各种矛盾的思想并陈的情形是存在的。古代伊奥尼亚学派把哲学从传说神话中解放出来，以物质的始基解释万物的产生、发展，但并不等于说，宗教神话的传说就终止了，这种思想，可以通过各种渠道传播开来。即使在哲学上坚持物质始基的思想家本人，对于不同来源的神话传说，也不一定就能完全自觉抵制，更不用说像毕达哥拉斯这样的哲学家，在其传播的思想中既有数学方面的科学思想，又有明显来自埃及或奥尔弗斯的灵魂轮回迷信思想，就不足为怪了。因此，在早期哲学家的思想中发现矛盾的学说，要具体分析，有的是不可能的，有的则是可能的。尤其是科学与宗教两种对立的思想，在欧洲思想发展，史上却常常在一个哲学家身上同时表现出来，不过随着历史和思想的发展，表现的形式和水平不同而已。欧洲从古代希腊哲学家到近代培根、笛卡尔康德甚至爱因斯坦不都有这种两重性吗？

然而，科学思想与宗教观念这种表现在一个哲学家身上的两重性，在古代早期对一个哲学家来说，其自觉程度和近代的哲学家（或科学家）来比是不可同日而语的。由不太自觉地把对立的思想并列传授，到比较自觉地调和两种对立思想在一个哲学体系中，这需要一个较长的历史发展过程。

就古代希腊哲学来说，曾经被伊奥尼亚学派在哲学上否定了的宗教神话传说，到了克萨诺芬尼那里得到直接的批判，荷马、赫西俄时代的诸神被驳得体无完肤，这时候，哲学与宗教观念的矛盾已经逐渐明朗化了。经过克萨诺芬尼这个环节，再坚持讲灵魂不灭、轮回常转等宗教神话，其性质与毕达哥拉斯本人当年似乎就有所区别了。于是，后来又有一些研究者认为恩培多克勒两个著

[①] 有说《论自然》是早年写的，也有说《论净化》是早年写的。

作是相互对应的，不是没有关系的。

我们认为，恩培多克勒这两篇著作在基本精神上是一致的，就像巴门尼德的真理篇和意见篇一样，无非他把次序颠倒了一下，把现象界的问题提到首位，大量地、认真地研究了许多具体的自然现象，以"四根"和"爱"、"争"解释万物的本源和变化。同时，正如我们前面指出过的，无论"爱"、"争"或认识论方面，在恩培多克勒的自然哲学中也已经有了精神与物质的进一步的对立，这个思想在《论净化》中得到更明确的阐述。

恩培多克勒说：

（人）不能用我们的眼睛接近（神），或用手来接触神，对神来说，可靠的道路是智慧的道路。①

（οὐκ ἔστιν πελόσασθαι ἐν ὀφθαλμοῖσιν ἐφικτὸν ἡμετέροις ἢ χερσὶ λαβεῖν, ἧπέρ τε μεγίστη πειθοῦς ἀνθρώποισιν ἁμαξιτὸς εἰς φρένα πίπτει.)

这就是说，只有"智慧""理智"（φρὴν）才能认识神，果然恩培多克勒接着说：

（神）有肢体而无人的头，
背后没有分出两翅，
没有脚，没有快腿，没有生殖器，
而只有神圣的和不可言传的智慧，
以飞速的思想规整宇宙万物。②

（οὐδὲ γὰρ ἀνδρομέῃ κεφαλῇ κατὰ γυῖα κέκασται, οὐ μὲν ἀπαὶ νώτοιο δύο κλάδοι ἀΐσσονται, οὐ πόδες, οὐ θοὰ γοῦν (α)，οὐ μήδεα λαχνήεντα, ἀλλὰ φρὴν ἱερὴ καὶ ἀθέσφατος ἔπλετο μοῦνον, φροντίσι κόσμον ἅπαντα καταΐσσουσα θοῇσιν.)

---

① D.31，B133.
② D.31，B134.

看来，经过克萨诺芬尼的批判，恩培多克勒这个（或"些"）神已经不再是荷马式的了，这里是一种只具有 φρὴν 的精神实体，这个"规整宇宙万物"（κόσμον ἅπαντα καταΐσσουσα）的"神"固然不能与构成宇宙万物的质料元素"四根"比，即使比之于"爱"和"争"，也向精神性方面大大迈进了一步。

因此，也许我们尽管可以承认那些"禁杀生"、"禁食豆"等是从毕达哥拉斯那里抄来的，是为了向一般公众"讲道"，但《论净化》的基本哲学思想，不能不说与《论自然》的思想倾向是一致的。

第七部分　阿那克萨哥拉的历史地位

阿那克萨哥拉是与恩培多克勒相呼应的过渡时期的另一个重要哲学家。他在哲学上所面临的问题和恩培多克勒一样，是如何把巴门尼德的"真理"和"意见"协调起来，以多元论的立场来保存现象界的可靠性。在自然观方面，在物质的结构方面，他修正伊奥尼亚学派物质始基说的缺陷，为原子论的进一步发展铺平了道路；另一方面，在解决物质运动的动力方面，他提出了与恩培多克勒的"爱"、"争"具有相同意义的"νοῦς"，使思维与存在的对立进一步明朗化，为苏格拉底、柏拉图的理念论开辟了道路。因此，与恩培多克勒一样，他是前苏格拉底哲学转变的关键人物，但如前所说，他的主要哲学渊源却是与恩培多克勒不同的。

一、阿那克萨哥拉与古代伊奥尼亚学派的关系

阿那克萨哥拉的学说渊源，只有一些极其片断而又不尽可靠的传说。我们对于这方面的知识，与其依靠这些记述，不如直接根据他的学说本身。但是，无论根据记述或他自己的学说，他与古代伊奥尼亚学派的直接渊源关系，似乎是无可怀疑的。因此，在其学说的主要特征上，是与恩培多克勒不同的。

阿那克萨哥拉是小亚细亚的克拉左美尼人，因某种我们还未弄清的原因[①]，

[①] 柏奈特认为阿那克萨哥拉可能随波斯军队一起离开他的家乡到雅典，所以才被人控告为"Medism"（私通波斯人）(《早期希腊哲学》，第254页及注一)；但弗里曼不同意柏奈特的意见，认为阿那克萨哥拉之所以离开家乡，是为了逃避波斯军队的统治(《前苏格拉底哲学家》，第262页注二)。

他离开了家乡，曾在雅典住了30年，在他的教导下，培养了雅典第一个重要的哲学家阿开劳斯（Archelaus），经过这个具体环节，才出现了苏格拉底、柏拉图这样的学派，把希腊古典哲学推向了历史的高峰。因此阿那克萨哥拉对雅典哲学的发展，具有重要的启蒙作用，但在当时，阿那克萨哥拉哲学对雅典来说，是一种新的学说，只有像伯利克里这样开明的政治家才能重视他的学说的价值，因此，他在雅典的生活也并不是很顺利的。

阿那克萨哥拉到雅典时，伯利克里还没有掌权，政治上的斗争还十分激烈，在思想意识方面，雅典的空气似乎还是非常保守落后的。在小亚细亚似乎已经要"过时"的物质"始基"说和朴素的天文、气象学知识，在当时的雅典还被目为"邪说"。阿那克萨哥拉被控告的主要罪名就是他宣传"太阳是燃烧的石块"触犯了传统的迷信传说①，几乎被处死，只是因为伯利克里的营救，才得逃出雅典。可能阿那克萨哥拉之所以被控告，主要是政治斗争的原因，是寡头派反对伯利克里的一个靶子。由于政治原因，伯利克里的朋友（包括雕塑家费底亚斯、情妇）都成了控告、攻击的对象；但反对派竟然能以"太阳为火石"作为口实来提出控告，可见当时雅典的传统观念还很顽固。

传统的记述认为阿那克萨哥拉是阿那克西曼尼的学生，这一点因年代相距太远已被一般研究者所否定，但阿那克萨哥拉在雅典主要讲授阿那克西曼尼的学说，是古代伊奥尼亚学派的传播者，这一点却是可信的②。可能还是秘密传授③，这样才被人揭发控告，判为有罪。

他逃离雅典后，回到伊奥尼亚，定居于米利都的殖民地郎帕萨克斯，在那里建立了一个学派④。事实上，他从20岁离开家乡，在雅典居住30年，其思想成熟时期当然是在雅典，不过当时雅典的环境不允许他自由创立学派而已⑤。

当然，当时的雅典正处在大变化的前夕，奴隶主民主派正在积聚着自己的力量，改革的领袖也正在积极活动，准备进一步发扬民主制。这样，雅典的思想界也势必在传统观念的笼罩下有着各种思潮的交流。阿那克萨哥拉在这个斗

---

① D.59，A1（12）.
② 柏奈特：《早期希腊哲学》，第255、256页.
③ D.59，A18.
④ 柏奈特：《早期希腊哲学》，第255、256页.
⑤ 甚至他的"νοῦς"，在雅典也遭到嘲笑，据蔡勒推测，阿那克萨哥拉的绰号"νοῦς"，不是尊称，而是带有讥讽性的诨名［《希腊哲学史》（英译）第2卷，第327页］.

争的漩涡中吸取各种思想来发展古代伊奥尼亚的哲学思想，成为向更高的哲学形态过渡的重要环节，就不是偶然的了。

从学说上来说，阿那克萨哥拉的思想主要包括了两个部分：一部分是关于物质结构的学说，即关于"种子"、"同类部分"和"无限"的学说，这一部分显然发展了伊奥尼亚学派关于物质始基的学说；另一部分是关于"νοῦς"的学说，这一部分当然受到巴门尼德关于"真理"学说的影响，更为直接的是恩培多克勒的"爱"、"争"作为动力的原因学说的影响，但与伊奥尼亚学派关于"灵魂"（ψυχὴ）的朴素观念、关于"ἄπειρον"和ἀρχή"的能动地生化万物的思想也有不可分割的联系。弗兰克尔认为，νοῦς作为第一个分化的力量其来源可以追溯到克萨诺芬尼（νόου φρενὶ πάντα κραδαίνει）（"理知的智慧支配一切"）（残篇26、25）[①]，而克萨诺芬尼则是从伊奥尼亚学派向爱利亚学派过渡的代表人物。

应该指出，阿那克萨哥拉与古代伊奥尼亚学派的关系，历来是为许多研究者所共同承认、共同肯定的。蔡勒已经注意到阿那克萨哥拉的思想受毕达哥拉斯的影响小，而受伊奥尼亚的影响则大[②]。柏奈特则指出："读者必须注意这样一个事实：古老的伊奥尼亚哲学是我们现在论述对象（即阿那克萨哥拉——引者）的背景，就像奥尔弗斯和毕达哥拉斯的宗教观念是前几章（即关于巴门尼德、恩培多克勒等——引者）的背景一样。"[③]在最近的研究者中，格思里教授更进一步明确地认为，阿那克萨哥拉哲学是古老的米利都精神的恢复[④]，他对阿那克萨哥拉哲学的历史地位有一段比较概括的论述，我们觉得应该在具体研究阿那克萨哥拉的哲学思想之前，摘引出来，以便有一个总的印象：

> 从理性主义的、世俗的观点看，阿那克萨哥拉是典型的伊奥尼亚学派的，他熟知他的伊奥尼亚先辈们，特别是阿那克西曼德和阿那克西曼尼，采用了他们的观点。但是，他是经过巴门尼德和芝诺以后的伊奥尼亚学派，他的理论必须适应巴门尼德和芝诺的矛盾、而又无可逃避的结论。通常把他的

---

① 弗兰克尔（H. Fränkel）：《早期希腊思想的道路和形式》，慕尼黑，1955年，第285页。
② 蔡勒：《希腊哲学史》（英译）第2卷，第373—374页。
③ 柏奈特：《早期希腊哲学》，第254页。
④ 格思里：《希腊哲学史》第2卷，剑桥，1969年，第266页。

成就概括为两个方面：心灵作为宇宙中推动的、规整的和支配的力量的观念，以及物质结构的理论。前者对启发后来的哲学、特别是对柏拉图和亚里士多德目的论体系有着特别突出的作用。柏拉图和亚里士多德二人承认这个学说的创造性，但批评阿那克萨哥拉未能恰当地运用这个学说。①

但是我们认为，包括格思里教授在内，许多研究者在注意到了阿那克萨哥拉学说与古代伊奥尼亚学派之间的师承关系的同时，并没有对阿那克萨哥拉与恩培多克勒这两个同时的哲学家的不同倾向给予应有重视。恩培多克勒与阿那克萨哥拉所面临的哲学问题是相同的，他们都注重研究物质的结构，也都同时注重研究带有与物质实体不同的精神性的动力因，但是他们解决这些问题的方式是不同的；这种不同，反映了古代米利都学派和古代南意大利学派的传统的对立，在哲学问题上反映了水（气）与火的对立，反映了 ἄπειρον 和 λόγος 的对立，反映了物质结构理论和世界规律性问题上的不同的理解。因此，阿那克萨哥拉和恩培多克勒不是两个并列的学派，或者同一个学派的不同的代表人物，而是代表了两种不同的传统的发展，是古代不同哲学学派斗争的进一步发展，只有在这种不同的、对立的学派相互斗争中才出现了古代希腊哲学思想的繁荣时期。因此，我们在研究阿那克萨哥拉哲学时，不仅要像包括亚里士多德在内的古代或近代研究者那样注意他与恩培多克勒学说的具体的、明显的不同，而且要从两种传统上对立学派的高度来理解这种不同。我们认为，只有这样才有利于进一步把握当时哲学思想潮流的本质，从而更清楚地理解他们之间的关系。

二、关于物质结构的学说

巴门尼德既然揭露了"一"与"多"的矛盾，也就把古代朴素的伊奥尼亚学派的物质始基说推向"绝境"，迫使物质始基学说由一元论向多元论转变。恩培多克勒以"四根"来调和"一"与"多"的矛盾，阿那克萨哥拉则更进一步以无限的"种子"（元素）来调和"一"与"多"的矛盾，以解释世界的多样

---

① 格思里：《希腊哲学史》第2卷，第320页。

性。围绕着"种子"的概念，阿那克萨哥拉还提出了"同类体"，恢复并发展了古代伊奥尼亚关于"ἄπειρον"的学说。

阿那克萨哥拉关于物质结构的学说，是从古代伊奥尼亚一元物质始基经由巴门尼德的否定和恩培多克勒的"四根"说向德谟克利特原子论的必然的过渡环节。他的"种子"说比恩培多克勒的"四根"说在向原子论过渡的过程中要成熟得多。恩培多克勒从确定的四个"根"出发，仍然不能很好地摆脱巴门尼德为古代一元物质始基学说设下的陷阱，而只有阿那克萨哥拉的不确定的、无限的"种子"才能在当时的历史水平上更加顺利地解释世界现象的无限丰富性。所以，亚里士多德说的"克拉左美尼的阿那克萨哥拉年龄比恩培多克勒大，但从事哲学工作较晚"[①]这句话的含义并没有贬低阿那克萨哥拉的意思，相反，却可以从"后来居上"这个意义上来理解阿那克萨哥拉的观点比恩培多克勒更加前进了一步[②]。

1. 关于"种子"

阿那克萨哥拉在留下的残篇中没有用"ἀρχή"这个传统概念来描述物质结构，也没有用"στοῖχὴ"（元素）这个新词，而是用了"σπέρματα"（"种子"）这个词，也许并不是偶然的，而是与他的整个思想有联系的。

我们知道，阿那克萨哥拉的多元论与恩培多克勒不同，简单说来，恩培多克勒仍是以有限（"四根"）求无限，而阿那克萨哥拉则以无限（种子）求无限，因此，阿那克萨哥拉的"种子"和恩培多克勒的"根"也是不同的。

恩培多克勒以"四根"（火、水、土、气）生化万物，似乎可以避免"一"与"多"的矛盾，在原理上可以说是以"多"生"多"，以有生有，不是无中生有了，但是，"四"还是有限的，固定的，因而虽然不是以"一"生"多"，但却是由"少"生"多"，最终仍然逃脱不出巴门尼德的陷阱：无中不能有。火、土、水、气四种有限的"根"怎样能生化不是火、土、水、气的其他事物呢？

阿那克萨哥拉的"种子"就要尽力地、进一步地解决这个问题。"种子"（σπέρματα）最初是一个医学方面的常用名词，弗拉斯特斯指出希波克拉特

[①] D.59, A43.
[②] 参阅基尔克、拉文:《前苏格拉底哲学家》, 剑桥, 1960年。

（Hippcrates）医学著作中这个概念的意义与阿那克萨哥拉的影响的关系是有启发性的[①]，但认为阿那克萨哥拉的"种子"只是来自伊奥尼亚学派而没有什么新东西[②]，则是不对的，因为正是把"种子"引进哲学学说，作为万物的元素，代替有限的、性质确定的始基，才进一步解决了当时巴门尼德向朴素物质始基说提出的难题。"种子"的特点是包含了目前尚不可见但未来成熟时必然可见的特性。这样，作为万物的"种子"就包含了无限的可能性，可以生化万物，而不至于陷于"无中生有"的困境。

我们应该从这个基本的观念出发来理解阿那克萨哥拉的有关残篇。据辛普里丘说，他的《物理学》第一卷一开始就说："ὁμοῦ πάντα χρήματα ἦν……"按照阿那克萨哥拉的基本思想，这句话的意思不一定是"万物同一"，而似乎可以读成："存在同时就是万物"或"万物同时存在"，这样接下去才说得上："在数量上是无限的，在体积上是最小的，因为小也是无限的。所以虽然万物同时存在，但因为太小故看不清楚……"[③]这样，我们过渡到残篇4。在这一段里，阿那克萨哥拉明确提到了"种子"概念，他说：

既然具有这样的情形，就必须假设，在一切结合体中有无数万物的种子，它们具有各种特性、各种颜色和气味。

（τούτων δὲ οὕτως ἐχόντως χρὴ δοκεῖν ἐνεῖναι πολλά το καὶ παντοῖα ἐν πασι τοῖς συγκρινομένοις καὶ σπέρματα πάντων χρημάτων καὶ ἰδέας πάντοίας ἔχοντα καὶ χροιὰς καὶ ἡδονὰς.）

于是，"种子"似乎只有两个特点：第一，它本身是具有个性的，因而既然宇宙是无限的，种子也是无限的；第二，"种子"本身又包含了万物，是"万物的种子"。残篇4接着说：

在分化之前，万物同时存在，不能清楚地分出颜色来……既然这样，

[①] 弗拉斯特斯（Vlastos）：《阿那克萨哥拉的物理理论》，见莫莱拉特斯编《前苏格拉底》（文集），纽约，1974年，第464页。
[②] 同上书，第465页。
[③] D.59，B1。

就应该承认，在结合体中包含了万物。

残篇6更进一步指出：

既然大的和小的在数量上有同样多的部分，那末在万物中包含着万物。

这就是说，"种子"本身包含了万物，"种子"实即"万物"，无非因为太小，不为人见，所以才叫做"种子"。"种子"是宇宙分化前的一种混沌状态，不是"一"，而是"多"，所以阿那克萨哥拉只用"ὅμου"［同时，共同ἔχοντα（存在）］，而不用"ἕν"（一），因为它包含有万物。

然而，"种子"又不是分化以后、成熟以后的"多"，不是后来发展起来意义上的"万物"，而是"同时、共同存在"的"同一"，因为它包含了万物，所以从根本上说，"种子"才是真正意义上的"同类部分"。

2. 关于"同类部分"学说

"同类部分"（ὁμοιμερειῆ，或更晚的 ὁμοιμέρειαι）的问题是围绕阿那克萨哥拉哲学争论最多的问题之一。现存的残篇中没有"ὁμοιμερειῆ"或"ὁμοιμέρειαι"这个概念，最早用"ὁμοιμερειῆ"来说明阿那克萨哥拉哲学的是亚里士多德，后来又从"ὁμοιμερειῆ"发展成多数的"ὁμοιμέρειαι"，因为这个概念不容易理解，而阿那克萨哥拉残篇中又没有，因此引起了一系列的混乱，甚至像康福德（Conford）这样的研究者都坚持"同类部分"的思想与残篇"万物中包含万物"是明显地直接对立的，认为阿那克萨哥拉这样的哲学家绝不可能犯这样的错误。现在，这个矛盾问题似乎是解决了，大多数现代研究者都认为"同类部分"与"万物中包含万物"是没有矛盾的[①]，但这个概念本身以及它与阿那克萨哥拉哲学的关系，似乎并没有达到一致的认识。

从文字记载看，把"同类部分"与阿那克萨哥拉哲学联系起来的，首先是

[①] 参阅格思里：《希腊哲学史》第2卷，第281页以后。凯弗尔德（Kerferd）：《阿那克萨哥拉和前亚里士多德的物质概念》，见莫莱拉特斯编：《前苏格拉底》，第490页以后，等。

亚里士多德。他在《形而上学》里说道：

> 克拉左美尼的阿那克萨哥拉年龄比恩培多克勒大，但从事哲学工作较晚，他说始基是无限的，认为几乎所有的事物都由"同类部分"组成（如水、火）[σχεδὸν γὰρ ἅπαντα τὰ ὁμοιομερῆ（καθάπερ ὕδωρ ἢ πῦρ οὕτω γίγνεσθαι）]，他说消亡只是聚散问题，而并无生灭，事物是永存的。①

在《论天》中又说：

> 关于元素，阿那克萨哥拉和恩培多克勒的意见正相反，恩培多克勒说火及其组合物是物体的元素，万物就是由它们组合而成（ὁ μὲν γὰρ πῦρ καὶ τὰ συστοιχα τούτοις στοιχεῖά φησιν εἶναι τῶν σωμάτων καὶ συγκεῖσθαι πάντ᾽ ἐκ τούτων）；阿那克萨哥拉则相反，认为"同类部分"是元素，如骨、肉等等。气和火只是别的一切种子的混合，二者都是一切看不见的同类部分组合而成。（τὰ γὰρ ὁμοιομερῆ στοιχεῖα, λέγω δ᾽ οἷον σάρκα καὶ ὀστοῦν καὶ τῶν τοιούτων ἕκαστον· ἀέρα δὲ καὶ πῦρ μείγματα τούτων καὶ τῶν ἄλλων σπερμάτων πάντων· εἶναι γὰρ ἑκάτερον ἐξ ἀοράτων ὁμοιομερῶν πάντων ἠθροισμένον.）②

在这里，亚里士多德把阿那克萨哥拉与恩培多克勒对比起来考虑，问题还是比较清楚的。这就是说，恩培多克勒的火、土、水、气，并不是最基本的，而是由更基本的"同类部分"组合而成。那末这个"ὁμοιομερῆ"又是什么意思呢？亚里士多德在《论生灭》中说：

> （阿那克萨哥拉提出）τὰ ὁμοιομερῆ᾽ 是元素，如骨、肉、髓等等，每部分都是同名的（ὧν ἕκαστον συνώνυμον τὸ μέρος ἐστίν）。③

"同类部分"本来是当时医学上的名词，如肉由小肉块组成，但高级的机体

---
① D.59，A43.
② D.59，A43.
③ D.59，A46.

如眼、鼻、手等,就不是由"小眼"、"小鼻"、"小手"组成①。亚里士多德在这里借用这个词来形容阿那克萨哥拉的"种子"的特点,就像医学上的"同类部分"一样,其相同处正是因为"种子"包含了后来成熟了的一切,所以亚里士多德在这里用的是(οἶον)(例如),不一定就是指阿那克萨哥拉原来的例子。而只是到了卢克莱修时才把这个说法直接当成阿那克萨哥拉本人的意思,他说:"他(阿那克萨哥拉)所谓的 homoeomerian 是指:骨头显然由最小的骨末组成,内脏由最小的内脏末组成,血由最小的血滴组成,从金粒可以形成金,由小土粒形成火,小水滴形成水……"②

这里有两种可能:一种是,亚里士多德只是作为例子提到"肉"、"骨"等,阿那克萨哥拉自己并未在"肉"、"骨"这些意义上用"ὁμοιομερῆ",因而卢克莱修误解了亚里士多德的意思;另一种是,考虑到阿那克萨哥拉的残篇中提到"怎么能从没有毛发的东西生出毛发来?从没有肉的东西生出肉来?"③因而阿那克萨哥拉自己也可能说到"骨"、"肉"由小的"骨"、"肉"粒子组成。这个问题虽然还不能达到定论,但从意义上说,亚里士多德和卢克莱修并没有改变阿那克萨哥拉的原意,这一点似乎还是可以肯定的。学者们在阿那克萨哥拉、亚里士多德、卢克莱修之间费了许多精力来找区别,其成果似乎都不显著,而所谓"同类部分"作为阿那克萨哥拉哲学的特点与恩培多克勒的"根"相区别,在当时的历史水平看,阿那克萨哥拉的"种子"要能生化万物而又不"无中生有",则提出一个"同类部分",未必不是一种解决的办法。

因此,现代学者有相当一部分已经把"同类部分"和阿那克萨哥拉的基本概念"种子"联系起来看,从而似乎使问题比较清楚一点。《希腊科学史》的作者巴库说,亚里士多德所谓的 ὁμοιομερῆ 实际上就是"germs ou semenées"(种子)④;英国著名古希腊哲学研究者基尔克也认为,复数形 ὁμοιομέρειαι 实即指 Seeds(种子)⑤。

至于阿那克萨哥拉本人有没有用"ὁμοιομερῆ"或"ομοιομερειαι"这个概

---

① 参阅格思里:《希腊哲学史》第2卷,第283页。
② D.59,A44.
③ D.59,B10.
④ 巴库:《希腊科学史》,巴黎,1951年,第213页。
⑤ 基尔克、拉文:《前苏格拉底哲学家》,剑桥,1960年,第388页。

念，当然也有两种可能，一种是亚里士多德自己运用 ὁμοιομερῆ 来说明阿那克萨哥拉的"种子"的特点（区别于恩培多克勒的），而阿那克萨哥拉自己并没有用这个词；另一个可能阿那克萨哥拉自己本来就用过这个词，而辛普里丘没有摘引。这个问题固然因材料不足不易得出明确的结论，但根据现有的资料来看，我们倾向于阿那克萨哥拉本人已经用过这个概念。

关于亚里士多德对前人学说记述的历史价值，我们已经多次提到过，既不能全盘否定，也不能全盘肯定，但总的态度应该是尊重他的记述。对于亚里士多德这样再三记述的概念，如果只是因为辛普里丘没有摘引而加以否定，我们认为是过于轻率的。辛普里丘著书的目的在于评论亚里士多德的著作，并不在全面地整理、保存前此哲学家的著作，因此在这里，他只摘引了阿那克萨哥拉著作的第一卷①，但即使如此，辛普里丘自己也说："因此，阿那克萨哥拉把'τὰς ὁμοιομερείας'当作始基，而德谟克利特则把数量上无限的原子当作始基……"（ἐπειδὴ δὲ ὁ μέν᾿ Α. τὰς ὁμοιομερείας, ὁ δὲ Δημόκριτος τὰς ἀτόμους ἀπείρους ἑκατέρος τῶι πλήθει ὡς ἀρχὰς ὑποτίθεται....）②可见，在辛普里丘心目中，阿那克萨哥拉的"τὰ ὁμοιομορῆ"与德谟克利特的原子（ἀτομος）具有同等的地位，而据考据，辛普里丘在写作时，手边有阿那克萨哥拉的书③，因而怀疑这个概念的来源是没有多大根据的。就概念本身来看，阿那克萨哥拉既然从医学里借用了"种子"这个概念，而同时也借用了医学里的"同类部分"的概念似乎也是有很大的可能性的。

应该指出，随着亚里士多德对古代哲学家记述的重新被重视，"τὰ ὁμοιομερῆ"与阿那克萨哥拉的关系，也得到了进一步的肯定。格思里教授在他的《希腊哲学史》中对这个问题的论述，大量引证了亚里士多德的记述，指出了 ὁμοιομερῆ 在医学上的意义；弗拉斯特斯认为阿那克萨哥拉的元素不是恩培多克勒的"根"，不是留基波的"原子"，"而是'同类部分'的无限杂多性"④。凯弗尔德在详细研究了阿那克萨哥拉的主要命题（箴言）以后，也认为亚里士多

---

① 柏奈特：《早期希腊哲学》，第257页。
② D.59, A45.
③ 基尔克、拉文：《前苏格拉底哲学家》，第388页。
④ 弗拉斯特斯：《阿那克萨哥拉的物理理论》，见莫莱拉特斯编：《前苏格拉底》，第488页。

德并没有改变阿那克萨哥拉的意思。①

经过一段曲折恢复了亚里士多德记述的可靠性以后，康福德所大惊小怪的那个"矛盾"，就同样是不存在了。"种子"的特点是"同类部分"，"同类部分"就是"种子"，"种子"包含有万物，所以才能生化万物。总的来说，"种子"含有"万物"，因此是"同类的"；具体来说，金的"种子"生金，故而也是"同类的"，这里并没有什么"矛盾"，至少在当时朴素的思想阶段，还是可以说得通的。至于各种"种子"为何又是"有个性的"，即金有金的种子，肉有肉的种子……则就涉及到阿那克萨哥拉关于物质结构的另一个重要思想："无限"和"占主要比例"的问题，而留基波、德谟克利特的原子论也同样面临着这个问题。

3. "ἄπειρον"和"λόγος"

"ἄπειρον"是伊奥尼亚学派的一个传统的概念，它在古代哲学家朴素的头脑中与"λόγος"对立，在古代哲学思想的发展中占有重要的地位。阿那克萨哥拉作为古代伊奥尼亚学派的继承者和发扬者，当然也就重视发挥这一思想。但是，古代希腊哲学的发展从阿那克西曼德到阿那克萨哥拉毕竟经过了一个相当的阶段，"ἄπειρον"这个概念，在阿那克萨哥拉那里，显然大大地丰富了。

我们知道，就当时哲学发展的主要流派来说，ἄπειρον这个范畴已经被冷落了一个阶段了。随着巴门尼德对古代伊奥尼亚学派的否定，"ἄπειρον"在爱利亚学派最后一个代表梅里索斯那里表现了一点传统的力量；赫拉克利特这样的古代辩证法大师抓住了"λόγος"的数的规律，置"ἄπειρον"于不顾；恩培多克勒虽然承认物质始基的作用，但醉心于以四种元素的各种"比例"生化万物，也感到ἄπειρον不适合于说明他的学说。在这种情况下阿那克萨哥拉重提"ἄπειρον"，当时具有复兴传统的意义。

然而，哲学经过了赫拉克利特、巴门尼德、恩培多克勒等大家的洗礼，在"λόγος"的巨大的威力下，要想重振"ἄπειρον"的旗鼓，则必定要有新的发展、新的内容，即必须吸取"λόγος"学派（姑妄言之）的某些内容以充实

---

① 凯弗尔德：《阿那克萨哥拉和前亚里士多德的物质概念》，见莫莱拉特斯编《前苏格拉底》，第493页。

"ἄπειρον"的内容，才能与之抗衡。

果然，阿那克萨哥拉的"ἄπειρον"已经不是当年阿那克西曼德那种"无定形的"简单、朴素的意思，而是具有相当丰富内容的哲学概念了。可以说，阿那克萨哥拉比较全面地发展了"ἄπειρον"这个概念，使之成为一个重要的哲学范畴，也就是说，只有到这个时候，我们才能从真正的意义上把"ἄπειρον"如实地理解为哲学上的"无限"。

阿那克萨哥拉在他的《论自然》的一开头就多次用了"ἄπειρον"这个概念，指出万物无论在数量上或大小上都是无限的。他说：

> 万物是同时存在的，在数量上是无限的，而且是非常小的①，因为非常小才能是无限的。因为万物是同时存在的，所以万物就因非常小而不能分清。气和以太笼罩着一切，二者也是无限的。它们的结合体无论在数量上、体积上都是非常大的②。③

在这里，阿那克萨哥拉已经接触到数量上和空间上的无限问题，而且同时涉及到无限小和无限大的问题④。

按照古代伊奥尼亚的传统，阿那克萨哥拉把ἄπειρον提高到"ἀρχή"的高度，但已经不是米利都学派的一元论，而是"无限"的"ἀρχάς"，是多元论，因此，"无限"又是"种子"的特性。阿那克萨哥拉说："在分化之前，万物同时存在，不能分出颜色来。万物聚合起来后，既有湿又有干，既有热又有冷，既有明又有暗，妨碍我们分出颜色，而土中又有多种成分，包含了数量上无限的、各不相同的种子。(καὶ σπερμάτων ἀἀπείρων πλῆθος οὐδὲν ἐοικοτων ἀλλήλοις.)"⑤

不仅如此，在阿那克萨哥拉那里，"ἄπειρον"还包含了无限分割的意义。阿那克萨哥拉明确指出："没有最小的小东西，而总是有更小的（因为存在物不是不存在）——而大东西也总有更大的东西。（大东西）和小东西的数量是相等的，每

---

① 在这里用了一个最高级"σμικρότητα"，并不是指最小的原子。
② 这里也用了一个最高级"μέγιστα"，也并非指极限、有界限之意。
③ D.59，B1.
④ 参阅巴库：《希腊科学史》，巴黎，1951年，第213页。
⑤ D.59，B4.

个东西本身是既大又小。"① [οὔτε γὰρ τοῦ σμικροῦ ἐστι τό γε ἐλάχιστον, ἀλλ᾽ ἔλασσον ἀεί (τὸ γὰρ ἐὸν οὐκ ἔστι τὸ μὴ οὐκ εἶναι) ——ἀλλὰ καὶ τοῦ μεγάλου ἀεί ἐστι μεῖζον. καὶ ἴσον ἐστὶ τῶι σμικρῶι πλῆθος, πρὸς ἑαυτὸ δὲ ἕκαστόν ἐστι καὶ μέγα καὶ σμικρόν.]

显然，芝诺对于无限分割的悖论和巴门尼德的存在不是非存在的箴言对阿那克萨哥拉有很大的约束力，他要恢复古代伊奥尼亚 ἄπειρον 的精神，必须否定最小原子的存在，因为这样一种原子，从某种意义上说就会成为不可再分的几何点，因而事实上等于非存在，由这种"点"如何生化万物将遇到不可克服的困难。因此，阿那克萨哥拉的"种子"并不是与其同时代者留基波的原子，而本身仍然是一种混合体——"同类部分"，包含了万物，仍然可以无限分割下去。

但是，宇宙在萌芽状态，在"种子"状态，是一种混沌的混合体，它包含了万物，但是"同时"、"同量"（ ὅμου ）地混合在一起，因而无法分辨各事物之特点。"混沌"（ ὅμου ）（同时、同量、同类部分……）的思想，当然是一种可以一直追溯到荷马和赫西俄的传统思想，如何从混沌中分化出具有个性（ ἰδέας ）的"种子"②，则需要在 ἄπειρον 的混沌中具有一定的比重，经过分化，某一种特性占大多数时，就显示出那种特性来。这就是凯弗尔德所总结的阿那克萨哥拉的"占优势的原则"③。阿那克萨哥拉说：

但没有一件东西与别的东西相似，每一个个别的事物现在和过去都以它包含得最多的东西而明显地标志出来。

（ ἕτερον δὲ οὐδέν ἐστιν ὅμοιον οὐδενί, ἀλλ᾽ ὅτων πλεῖστα ἔνι, ταῦτα ἐνδηλότατα ἓν ἕκαστόν ἐστι καὶ ἦν.) ④

这样，我们看到，阿那克萨哥拉的 ἄπειρον 概念，就不再是古代伊奥尼亚的无定形的"混沌"一团，而是有了"多"、"少"数量关系的无限系列，这种变化不能不说与 λόγος 学派的长期影响有关。

---

① D.59，B3.
② D.59，B4.（ καὶ σπέρματα πάντων χρημάτων καὶ ἰδέας παντοίας ἔχοντα καὶ χροιὰς καὶ ἡδονάς. ）
③ 凯弗尔德：《阿那克萨哥拉和前亚里士多德的物质概念》，见莫莱拉特斯编：《前苏格拉底》（文集），第490页以后。
④ D.59，B12.

但是，我们注意到，这种比例关系是在经过分化之后，而对于分化的动力，阿那克萨哥拉引进了一个新概念"νοῦς"，由于这个概念在古代哲学史上所处的重要地位，我们应该着重地来加以讨论。

三、精神与物质的进一步分化——关于"νοῦς"（心灵）的学说

哲学的基本问题即精神与物质的关系问题，经过长期的酝酿之后逐步明朗化，现在该是以比较明确的方式提出这个问题的时候了。恩培多克勒的"爱"和"争"，在精神与物质、主观与客观的对立上跨出了重要的一步，但"爱"和"争"带有人格和伦理的意味；以观察自然为生活目的的阿那克萨哥拉提出了理智性的"νοῦς"作为万物的动因，使主观与客观的关系这一哲学基本问题进一步明朗化，开一代之新风，启发了苏格拉底、柏拉图和亚里士多德，其意义是十分重大的。

保存下来的阿那克萨哥拉关于"νοῦς"的学说，集中在他的残篇12中。为了使读者有一个比较客观的印象，我们先把这段话翻译如下：

> 别的事物都分有一切部分，而νοῦς（心灵）则是无限的、自动的；它不与别的事物相混，而是自为的。如果它不是自为的，而是与别的事物相混，只要相混就会分有一切，因为在一切事物中都包含有一切部分，如我前面说过的。如果与别的东西相混合，则会妨碍νοῦς，使它不能像自为的那样支配事物。心灵是一切东西中最轻的、最纯洁的，它具有关于一切事物的知识，拥有最强的力量。一切有灵魂的东西，不论大小，都有νοῦς掌握一切。因此心灵也能支配整个旋转运动，成为这个运动的推动者。这个运动最初从小点开始，愈转愈大。一切混合物、分离物，νοῦς都能认知。将来会存在的东西，过去存在过现在已不复存在的东西，以及现在存在的东西，都是νοῦς安排的。同样的，现在分开了的星辰、太阳、月亮、气体和以太所进行的那种旋转运动也为心灵所安排。可是正是旋转运动造成了分离。于是稀浓、冷热、明暗、干湿都分开了。万物都具有一切部分。但除了心灵外，一切都不能完全分开。不论大东西或小东西，心灵是同类的。但是没有一件东西与别的东西相似，一个个体事物包含的某种部分最多，

它现在和过去便由这个部分而被清楚地认识到。①

这一段话文字虽然简单，但内容却是相当丰富的。从这段话，我们知道，νοῦς是与万物相对立的一种东西，它在本性上与物体性的、质料性的东西完全不同。万物是混合的复合体，νοῦς是非混合的单一体；万物因νοῦς而动，νοῦς本身是自动的，能知的……这样，νοῦς作为哲学上的"精神"在它最初的形态上，已经具有后来关于这个概念的许多相当本质的意义。

但是，我们仍然遇到这样一个严重的问题，即νοῦς是否为一种特殊的物质性的东西？

我们已经说过，近代古希腊哲学的研究者倾向于把前苏格拉底的一切概念与物体联系起来，这一点当然有其正确的一面。古代哲学家的朴素的头脑，除了占有空间广延的物体外，不可能想象别的"存在"；但是我们认为，精神与物质的分化固然是一个过程，但正因为是一个过程，其分化的演变才是有迹可寻的，"精神"这个概念不是从天而降的。我们的看法是，到了阿那克萨哥拉，这种分化的痕迹已经很为明显了。

当然，在这个阶段，阿那克萨哥拉的νοῦς的确还保留了某些次要的传统的影响，如说νοῦς是最轻的、νοῦς也有大小等等，但是我们认为，即使这些意义能够成立，也正像蔡勒所曾正确地指出过的，阿那克萨哥拉的νοῦς是非物质的，但他使用的某些语言有问题②。也就是说，阿那克萨哥拉还没有铸造出更加恰当的语言来说明他的νοῦς，因而这种分化在阿那克萨哥拉是远没有完成的③；但是我们认为，分化的最主要的基本特征，阿那克萨哥拉是已经指明了的，欠缺的地方，一方面是语言上的问题，一方面如柏拉图和亚里士多德所批评的，他没有使νοῦς这个思想成为一个完整的、贯彻始终的哲学体系。

先谈语言方面的问题。在上引那段残篇中，妨碍νοῦς为非物质性的有两个障碍，一是νοῦς是"最轻、最薄的东西"，一是νοῦς有大小。显然，这是传统的语言。正如柏奈特所指出的，赫拉克利特的火（以及恩培多克勒的火）也是最

---

① D.59，B12.
② 蔡勒：《希腊哲学史》（英译）第2卷，第346页。
③ 同上书，第349页，注三。

轻、最细的，具有穿透一切的性能①。但是对于"ἔστι γὰρ λεπτότατόν τε πάντων χρημάτων καὶ καθαρώτατον"，我们始终怀疑这里的χρήματα与σῶμα、ὕλη等不同，而是相当于我们汉语中的"东西"的一种泛指。我们很高兴地看到格思里教授同样注意到了这个问题，他在他的《希腊哲学史》中不仅指出荷马早已用"ὑφαίνειν"（"编织"）来形容μῆτιν（智慧）而不能说智慧有"编织"的意思，因而λεπτος只是一种借喻，远非编织之意，同时他还指出，甚至在柏拉图的著作中，还把"正义"、"勇敢"叫做χρήματα②。因此，我们认为，完全可以肯定，阿那克萨哥拉在这里是在泛指的意义上用"χρήματα"，就像汉语中的"东西"一样，最初当然占有空间，后来则成为一种泛指，而与"物体"（σῶμα）、"质料"（ὕλη）这些具有严格意义的概念不同。

至于在这段残篇中，阿那克萨哥拉两次用了"大"、"小"，我们认为都不是直接指νοῦς本身，而是指νοῦς所在的物体的大小。第一处比较明显："καὶ ὅσα γε ψυχὴν ἔχει καὶ τὰ μείζω καὶ τὰ ἐλάσσω, πάντων νοῦς κρατεῖ."这里的"大""小"当然是指具有ψυχή的东西的大小。第二处比较费解："νοῦς δὲ πᾶς ὅμοιός ἐστι καὶ ὁ μείζων καὶ ὁ ἐλάττων."表面上似乎指νοῦς有大小，但联系到第一处，特别是μείζων和ἐλάττων都是用的复数genative（第二格、生格），何尝不可读为"不论大东西中的νοῦς或小东西中的νοῦς"？也许这样理解更为通顺一些。

这样，我们认为，两处语言上的障碍不是不可以克服的。许多研究者为了调和νοῦς作为精神实体和具有物质性特点而煞费苦心地想出许多名词，如康福德的"soul-substance"（"灵魂-实体"）、贝利（Baily）的"mind-stuff"（精神-质料）等③至少是一种繁琐的、无益的揣测。

阿那克萨哥拉的νοῦς自然是从传统的概念ψυχή发展而来。但ψυχή是从具体的、细微的物体"气息"而来，最初带有比较明显的物质性，而νοῦς则是从动词"νοεω"演变而来，最初是对重要事实的敏锐的、洞彻的感知、认识、理解而言④，这样，在理性的程度上和精神性的程度上就比ψυχή又进了一步。由

---

① 柏奈特：《早期希腊哲学》，第268页。
② 格思里：《希腊哲学史》第2卷，第277页及该页注一。
③ 参阅，贝利：《希腊原子论者和伊壁鸠鲁》，牛津，1928年，第546—547页。
④ 关于前阿那克萨哥拉对"νοεω"的用法，参阅弗里茨（Kurt von Fritz）：《Nous, Noein, 及其在前苏格拉底哲学中的演变（不包括阿那克萨哥拉）》，见莫莱拉特斯编：《前苏格拉底》。

于νοῦς具有比较突出的认识、理解的意义，因而它更容易与认识的对象——万物——形成一种主观和客观相对应的概念。

但是，νοῦς与ψυχὴ的区别，在阿那克萨哥拉本人著作中可能还不够严格，所以受到了亚里士多德的批评，他说：

> 对这些问题，阿那克萨哥拉很少说清楚。他经常正确地把νοῦς叫做原因，但另外又说ψυχὴ是原因。①

如果我们尊重亚里士多德的记述，可以把这种混淆当作传统思想的一种影响来理解。

古代许多注释家都说，在阿那克萨哥拉那里ἄπειρον是物质的始基，而νοῦς则是精神的始基。辛普里丘说："阿那克萨哥拉认为，物质的始基是ἄπειρονς，νοῦς则是运动、生成的唯一的原因……那末他说就有两个始基结合在一起，一是无限的自然，一是νοῦν……"（τὰς μὲν ὑλικὰς ἀρχὰς ἀπείρους ποεῖν, τὴν δὲ τῆς κινήσεως καὶ τῆς γνέσεως αἰτίαν μίαν τὸν νοῦν ...συμβαίνει δύο τὰς ἀρχὰς αὐτὸν λέγειν τὴν τε τοῦ ἀπείρου φύσιν καὶ τὸν νοῦν）②希波里特也说："在阿那克西曼尼之后有希息波洛斯的儿子克拉左美尼的阿那克萨哥拉，他说万物的始基是νοῦν和ὕλην，νοῦς是主动的，ὕλη是被动的。万物同时存在，νοῦς支配一切。物质的始基是ἀπείρους……"（οὗτος ἔφη τὴν τοῦ παντὸς ἀρχὴν νοῦν καὶ ὕλην, τὸν μὲν νοῦν ποιοῦντα, τὴν δὲ ὕλην γινομενην. ὄντων γὰρ πάντων ὁμοῦ, νοῦς επελθὼν διεκόσμησεν. τὰς δ' ὑλικὰς ἀρχὰς ἀπείρους ὑπάρχειν.... ）③

阿那克萨哥拉提出了精神性的始基νοῦς，同时保存了古代伊奥尼亚的物质始基说，以无限之"种子"代替有限之物体，在本质上是二元论的④。但他并没有把ἄπειρον与νοῦς分开，并没有把ἄπειρον仅仅限于质料的始基，恰恰相反，在他的残篇中明明写着："νοῦς δὲ ἐστιν ἄπειρον καὶ αὐτοκρατὲς καὶ μέμεικται οὐδενὶ χρήματι"（νοῦς是无限的、自动的、不混合他物的）⑤，因此

---

① D.59，A100.
② D.59，A41.
③ D.59，A42.
④ 参阅基尔克、拉文：《前苏格拉底哲学家》，第375页及该页注五。
⑤ D.59，B12.

ἄπειρον是与"自主"、"非混合"并列作为νοῦς的特点提出来的，νοῦς同样是无限。于是，νοῦς与其他万物（τὰ ἀλλά）尽可不同，但在"ἄπειρον"上却是共同的①。

对古代唯心主义哲学高潮有重大影响的精神实体νοῦς，却由深受古代朴素的伊奥尼亚唯物主义学派影响、被称作恢复了古代伊奥尼亚精神的阿那克萨哥拉提了出来，这倒是一个很有意味的问题。这里似乎接触了被近代哲学所穷究过的一个重要的哲学问题，即有限与无限的问题。"无限"作为理性追求的一个对象，用一般的感觉、理解是不易掌握的。无限是一个理性问题。这一点，不久柏拉图就意识到了，无限是一个理念，如后来康德所阐述的，无限是一个理性的理念，不是知性范畴所能掌握的。从哲学思维的历史发展来看，只有在真正的意义上出现了"无限"这个范畴，理性的问题才真正超出感觉对象的范围在思想上正式提了出来。本来，感觉与感觉对象是不容易分开的，主观与客观常常处于混沌地结合在一起的状态，当"无限"的问题认真地提出来后，主观与客观的分化，才进一步明朗化起来。

当然，阿那克萨哥拉并没有明确地阐述这样一个深刻的哲学问题，但是他把νοῦς与ἄπειρον联系起来，至少对这个问题已有新的认识。在阿那克萨哥拉还相当朴素的思想中，ἄπειρον是无法用一般的计算掌握的，他说：

> 我们既不能通过语言，也不能通过行动知道分离出来的事物的数目。
> （ὥστε τῶν ἀποκρινομένων μὴ εἰδέναι τὸ πλῆθος μήτε λόγωι μήτε ἔργωι.）②

在这里，阿那克萨哥拉当然不是不可知论者③，他说的正是ἄπειρον无法用一般的语言和行动计算出来，也许只有νοῦς才能掌握ἄπειρον。

无论如何，阿那克萨哥拉的νοῦς以及围绕着νοῦς所发挥的思想，进一步使主观与客观、精神与物质的对立明朗化，把古代唯心主义哲学推向新的高潮。柏拉图在《费多》篇里借苏格拉底之口，生动地描述了阿那克萨哥拉这一学说

---

① 格思里教授注意到了阿那克萨哥拉的νοῦς与ἄπειρον的联系，从而认为他完成了ἄπειρον的一切意义（《希腊哲学史》第2卷，第276页）。
② D.59，B7。
③ 参阅柏奈特：《早期希腊哲学》，第274—275页。

的启发作用，同时也指出了阿那克萨哥拉在唯心主义方面的不彻底性，为他自己进一步发展唯心主义提出了方向。

＊　　　＊　　　＊

在保存下来的残篇中，还保留了阿那克萨哥拉关于宇宙的形成过程、对许多自然现象的解释，特别是关于对立面的不可分割和关于感觉的学说，他关于人之所以异于禽兽在于人有手的思想也是值得重视的。但就哲学的基本问题——主观与客观、思维与存在的关系来看，关于νοῦς的学说是他整个学说的中心，也是他在哲学史上富有创造性的一部分。关于物质结构的学说，可能有人认为恩培多克勒优于阿那克萨哥拉[①]，但把νοῦς与"爱"、"争"比，则无法否认阿那克萨哥拉要比恩培多克勒前进了一步。

[①] 蔡勒：《希腊哲学史》（英译）第2卷，第378页。

第八部分 关于原子论的一些问题

一、原子论的创始者——留基波

我们已经说过,古希腊哲学,经过巴门尼德尖锐地提出"真理"和"意见"的对立之后,哲学思维深入了一步。哲学家所考虑的问题已经不仅是感觉现象上的变化、发展和对立,存在与非存在已经不是今日之河与昨日之河的对立,而是本质与现象的对立,是不变与变、"一"与"多"的对立;"一"已经不是局限于个别物质形态——现象个体的"始基",而是本质的抽象。但是,要完全扬弃现象直接思考本质,是古代思想家所不能想象的,巴门尼德自己也还保留了"意见",甚至对这个仅只是"意见"的各种具体的自然现象,作过认真的研究,当然,他的这些具体的科学的见解,大部分被人遗忘了,但是他那种揭示"意见"的变幻性、强调"一"的永恒性、绝对性的逻辑力量,却始终迫使古代哲学家认真对待。巴门尼德提出了矛盾,并没有解决矛盾,"真理"和"意见"坚硬地对立着,没有过渡的环节,只有一道不可逾越的鸿沟。因此,我们认为,在巴门尼德那里,"真理"与"意见"的对立,还不是真正意义上的"本质"(本体)与"现象"的对立,或者说,在巴门尼德那里,"现象"不是"本质"的现象,"本质"也不表现为"现象","本质"是对"现象"的绝对的否定,"现象"也是对"本质"的绝对的否定[①]。为了挽救现象——这在古代更是

[①] 也许正是这样,就引起了关于巴门尼德残篇诗作两个部分的史料上的无穷的争论,参阅本书巴门尼德部分。

必然的趋向——而又回避巴门尼德的否定现象的逻辑陷阱,出现了恩培多克勒和阿那克萨哥拉的多元论。"一"已经不再是"一",它本身就是"多"。如果说,恩培多克勒的"四根"还执着于有限的数目,那末阿那克萨哥拉的"无限的种子",离这里即将研究的原子论就只有一步之隔了。

我们现在要研究的原子论,是古代希腊哲学发展的又一个高峰,是继赫拉克利特、巴门尼德之后的又一次大综合。历来的哲学史家对原子论都给予了很高的历史评价。从唯物主义发展史的历史来看,原子论第一次给作为一切现象的基础的质料以相当清楚的概念①,即使以柏拉图唯心主义精神歪曲原子论的温德尔班(Windelband),也认为古希腊哲学家中从个别知识引向哲学形而上学的只有三个人,即德谟克利特、柏拉图和亚里士多德②;当代欧洲一些研究者,仍然没有改变这个评价,基尔克说:"在很多方面,原子论是柏拉图以前希腊哲学成就之冠。"③

然而,与其他前苏格拉底哲学家一样,由于留传下来的第一手材料不足,使我们的研究工作常常遇到很大的困难。德谟克利特留下较多的残篇,但有相当大量的是关于道德学说的,这部分的真伪,很有疑问;留基波则只有一条像样的残篇,或者说,只有一句话是原话。其中最大的困难还在于原子论的最主要的思想,特别是关于"原子"的思想,在所留存的残篇中竟只有一处提及,而大量的则根据自亚里士多德以来的别人的叙述。

按照赛奥弗拉斯特的说法,留基波有一部著作叫《大宇宙系统》④,但没有传下来。德谟克利特的著作多得不得了,其系统可以与柏拉图、亚里士多德比美,所以德谟克利特著作的编辑者色拉斯洛(Thrasyllus)把他的著作与柏拉图的著作以同样次序编排。可是,德谟克利特的著作也没有完整地保留下来。据说,萨克都斯·恩庇里斯(公元三世纪人)手里还有德谟克利特的著作,而辛普里丘(公元六世纪人)已经说他只有第二手材料了⑤;所幸,辛普里丘是一个没有多少自己见解的比较忠实的转述者,他的理解力不太高,有时把亚里士多德的意思弄错了,但他的转述,还是比较可靠的,在材料很少的条件下,他的

---

① 参阅朗格(Lange):《唯物主义史》,Iserlohn,Verlag von J. Baederker,1876年,第8页。
② 温德尔班:《哲学史讲义》,图宾根,1950年,第83—84页。
③ 基尔克、拉文:《前苏格拉底哲学家》,剑桥,1960年,第426页。
④ D.68,A33.
⑤ 参阅蔡勒:《希腊哲学史》(英译)第2卷,第208页注一。

叙述当然也是不能忽视的。

可是，原子论不但遇上了柏拉图这样一个"凶恶的"敌人，要把德谟克利特的书烧掉①，还碰上伊壁鸠鲁这样一位"不肖徒孙"，居然否认他的师爷留基波的存在。所以在讨论实质性问题之前，我们首先要对这样一个历史问题作一番介绍。

1. 留基波其人

伊壁鸠鲁以前，留基波的存在是不成问题的，只是他的成就往往被他的学生德谟克利特所掩盖，古人常把他和德谟克利特并提。自从伊壁鸠鲁提出否定之后，响应的人也不多，像卢克莱修、西赛罗这些罗马思想家，都没有对留基波的存在表示怀疑。然而到了近代，留基波的存在反而成了问题。德国学者罗德（Rohde）在1879年出了一个文集，其中认为根本没有留基波这个人②，他这个观点受到大部分哲学史家的批评，许多人正确地指出，是他误解了伊壁鸠鲁的话。伊壁鸠鲁的原话是

ἀλλ᾽ οὐδὲ Λεύκιππόν τινα γεγενῆσθαί φησι φιλόσοφον.③

大多数研究者认为这句话的意思是"留基波不是哲学家"或"留基波不算什么哲学家"。

柏奈特在《早期希腊哲学》里认为伊壁鸠鲁这句话的意思是"Λεύκιππον οὐδ᾽ εἰ γέγονεν οἶδα"，英译为："I（purposely）ignore him"，"I decline to discuss him"，即不值一提④。基尔克同意柏奈特的意见，认为这句话的意思是"I don't consider Leucippus worth discussing"，也是不值一提的意思，他补充道，可能伊壁鸠鲁的重点在"φιλόσοφον"（哲学家）这个字⑤。我们觉得，他们的见解是比较合理的。按情理推想，即使伊壁鸠鲁非常强调他自己的哲学的独创性，不可能也

---

① D.68，A1（44）．柏拉图这个愚蠢的念头，使人怀疑他抄袭了德谟克利特的著作。色拉斯洛以同样的方式编排他二人的著作，更增加了人们对此的怀疑。
② 参阅宇柏威格：《哲学史》第1卷，第81页；柏奈特：《早期希腊哲学》，第330页注二。
③ D.67，A2．
④ 柏奈特：《早期希腊哲学》，第330页注二。
⑤ 基尔克、拉文：《前苏格拉底哲学家》，第402页。

没有必要宣布一个几百年来无人怀疑过的哲学家的存在,而且更奇怪的是在他宣布"不存在"后又是几百年间无人对此表示赞同或怀疑,看来,其原因只能是我们近人对这句话的理解和伊壁鸠鲁以后的古人的理解有了差距。也许在西赛罗或卢克莱修眼里,伊壁鸠鲁那句话就正是"不值一提"的意思,标榜他的哲学"前无古人",并非真的没有古人存在的意思,所以没有作为一个问题提出来。

然而,当代最有权威性的古希腊哲学史巨著的作者格思里教授却对此持慎重态度。他说,他也曾经认为伊壁鸠鲁这句话的意思是他否认留基波是哲学家,可是"τινα"这个词反驳了这一点①,因而他只能回到欧洲对古希腊原子论有系统整理、研究的贝利的立场,完全用伊壁鸠鲁一心标榜独创性这一点来解释这段公案②。

格思里教授的这种严谨的治学态度是应该肯定的,"τινα"一词在这里的确给人以"这个人"的印象。但是,我们认为,"τινα"在这里也可以作"这种人"解,"τίς"这个定冠词,也有"what sort"("哪一种")的意思③,所以伊壁鸠鲁那句话我们可以读成:"留基波那种人根本不是哲学家"。这样,伊壁鸠鲁竭力标榜独创、"无师自通"的心情跃然纸上,也不至于引起否定人身存在的误解。

考虑到留基波在古希腊哲学史上的重要地位,我们认为这段公案应该有个了结,最好不留尾巴。当然,现在的学者在肯定留基波的存在这一点上是完全一致的,因此这个问题并非实质性的,但对历史的研究来说,也并非完全不重要的。

2. 留基波的学说渊源

留基波的出生地有三种传说,一是爱利亚,一是阿伯德拉,一是米利都④。格思里教授认为这三种说法是概括了他的学说的关系,是从哲学观点出发杜撰的,因而可以随便去判定,无妨大体⑤,因此,我们不必固执于留基波的家世和事实上的学历,而是从学说的关系上去考察他的渊源从而理解他的历史地位。

---

① 格思里:《希腊哲学史》第2卷,第383页注一。
② 参阅贝利:《希腊原子论者与伊壁鸠鲁》,牛津,1928年,第66页。
③ 参阅H. G. 里德尔(Liddell):《希—英字典》,"τίς"条。
④ D.67,A1(30)。
⑤ 格思里:《希腊哲学史》第2卷,第384页。

据蔡勒的发现，古代的学者常常把原子论放在爱利亚学派之中，他列举的有第欧根尼、（伪）加兰（Pseudo Galen）、希波里特、辛普里丘、苏依德斯、蔡策斯（Tzetzes）等，而普罗塔克甚至把德谟克利特直接放在巴门尼德和芝诺的后面，但我们研究前苏格拉底的最重要的依据和权威亚里士多德却把原子论和恩培多克勒、阿那克萨哥拉相并列，当然他也经常指出原子论与爱利亚学派的密切关系[①]。显然，在亚里士多德心目中，原子论和他自己的学说一样，是一种综合性的，是继往开来的，但并不是折衷的，原子论有自己的基本倾向。我们认为，这个倾向就是留基波提出的原子论是力图从唯物主义立场来改造爱利亚学派的成果，因此，在我们的研究中，更加重视这个学派与爱利亚学派的关系。

当然，也可以把原子论当作米利都唯物主义精神在新的时代的恢复，而把它与爱利亚学派坚硬地对立起来，如国外有些学者至今还在研究的题目：原子论如何回答爱利亚学派的问题[②]；问题是这方面的工作既然恩培多克勒特别是阿那克萨哥拉在原则上已经做过，而在细节上（即在自然科学的具体问题上）原子论（包括德谟克利特在内）并没有取得多大进展[③]，那末原子论的重要历史意义何在？

因此，我们觉得，不妨在不影响问题实质的前提下（即充分肯定原子论是唯物主义）换一个角度，研究一下原子论如何发展了（从唯物主义立场）爱利亚学派的学说，即原子论接触到阿那克萨哥拉所没有涉及的方面，把爱利亚学派的逻辑推理和哲学原则（不仅是一些具体的意见）运用到物质始基学说上来，使唯物主义向前大大地推进了一步。我们认为，只有从这个角度才能说明当时留基波创立的原子论是树立了一面具有重大历史意义的、独创的新旗帜。

也许古人（当时的或稍后的）的感觉和我们相近，所以蔡勒才发现大多数古代学者都把原子论与爱利亚学派并列；也正是在这种印象的支配下，如格思里教授所说的，臆造出许多关于留基波的师承的传说。

关于留基波的师承，有三种传说，都不出爱利亚学派的范围。第欧根尼·拉修

---

① 蔡勒：《希腊哲学史》（英译）第2卷，第292页及该页注四。
② 参阅福莱（Furley）：《原子论者对爱利亚学派的回答》（见莫莱拉特斯编《前苏格拉底》，纽约，1974年），应该说，作者从历史角度澄清了原子的"物理上不可分"和"思想上可分与否"的问题，是可取的。
③ 有的甚至表现出某种程度的倒退——如德谟克利特说地是扁平的（《古希腊罗马哲学》，第101页）。参阅柏奈特：《早期希腊哲学》，第347页；贝利：《希腊原子论者与伊壁鸠鲁》，牛津，1928年，第97页。

斯说他是芝诺的学生①，希波里特、克莱门（Clemens）亦持此说②，蔡策斯说是梅里索斯的学生③，而辛普里丘则倾向于认为是巴门尼德的学生④。前面这些材料，除了基尔克外⑤，绝大多数学者都倾向于承认留基波是芝诺的学生。柏奈特相信留基波曾定居于爱利亚，认为他听过芝诺的课也是很可信的⑥。巴库则说：“无论怎样，人们一致认为，他是芝诺的学生，同样，他的哲学出自爱利亚学派。”⑦就连不太重视留基波出生地问题的格思里教授，也认为没有理由否认留基波是芝诺的学生⑧。

许多研究者也都指出，留基波的学说与毕达哥拉斯学说也有一定的联系，而我们知道，毕达哥拉斯对巴门尼德的影响，是无可否认的。巴门尼德改造了毕达哥拉斯的多元论，揭示了毕达哥拉斯单子的可分与不可分的矛盾，在新的基础上恢复了一元论。而正如柏奈特所说，"事实上，留基波赋予了毕达哥拉斯的单子以巴门尼德的'一'的特性。"⑨

我们将会看到，正因为留基波曾经接受过爱利亚学派的直接教育，他的恢复物质始基的工作，才能与阿那克萨哥拉有所区别。他所创立的原子论是在坚持爱利亚学派的哲学方法前提下恢复物质始基的观念，并在物质始基的基础上，把巴门尼德的"真理"与"意见"统一起来，形成一个比较完整的哲学体系。因此，如果我们说，阿那克萨哥拉是从发展了的伊奥尼亚唯物主义传统的立场上批判了爱利亚学派的话，那末留基波则是在爱利亚学派的哲学方法前提下，以伊奥尼亚的唯物主义传统对爱利亚学派加以改造；阿那克萨哥拉是从外部来否定爱利亚学派的，而留基波则是从内部来改造爱利亚学派的。

3. 留基波作为原子论创始者

我们认为，根据记载，留基波已经提出了原子论在哲学方面的一切主要思想。

---

① D.67，A1.
② D.67，A4.
③ D.67，A5.
④ D.67，A8. 参阅柏奈特《早期希腊哲学》，第331页。柏奈特从辛普里丘原文出发，认为"Κοινωνήσας Παρμενίδηι τῆϳς φιλοσοφίας"不仅像孔柏尔茨（《希腊思想家》第1卷，第345页）理解的，只是学说上的关系，而且有个人的交往。
⑤ 基尔克、拉文：《前苏格拉底哲学家》，剑桥，1960年，第401页。
⑥ 柏奈特：《早期希腊哲学》，第331—332页。
⑦ 巴库：《希腊科学史》，第220页。
⑧ 格思里：《希腊哲学史》第2卷，第384页。
⑨ 柏奈特：《早期希腊哲学》，第336页。

首先，留基波是第一个提出"原子"这个概念的。亚里士多德在《形而上学》里说：

> 留基波和他的学生德谟克利特说，元素是充实和虚空，他们说，充实是存在，虚空是非存在，因为是充实的、坚固的（στερεόν），所以是存在的，而空的、稀的，则不存在。（因此，他们说，存在不比不存在多点什么，因为虚空不比物体少点什么）这两种存在的原因都是质料的。①

亚历山大在解释这一段话时说，留基波和德谟克利特认为"原子"因互相冲击而运动②，所以（伪）加兰才说，阿伯德拉的留基波是爱利亚芝诺的学生，被认为第一个发现了原子③。

我们看到，从亚里士多德那段记载里，原子论的基本思想轮廓在留基波那里已经具备了。

原子是"充实"，没有空隙，它具有巴门尼德的"一"的一切属性，但却不是"一"，而是"多"，就像阿那克萨哥拉的"种子"一样，在数量上是无限的；至于原子本身，则是不可分的、永恒的、不动的、有定形的④，而其中很重要的一个特点，也就是芝诺用了很大力气论证过的，即不可分的问题。而据第欧根尼·拉修斯记述，留基波"是第一个提出诸始基（原子——引者）是不可分割的"⑤。

然而，与爱利亚学派相反，根据亚里士多德的记载，在留基波看来，元素不仅是无限多的原子，而且还有"虚空"。

我们知道，在古代希腊哲学家中，除毕达哥拉斯外⑥，大多数都不承认有虚空存在，留基波之所以大胆地承认这个观念，就是要使原子活动起来，以便

---

① D.67，A6.
② 同上。
③ D.67，A5.
④ 马克思在他青年时代的著作：《德谟克利特的自然哲学与伊壁鸠鲁的自然哲学的差别》（博士论文）中，对原子"有定形"（πεπερημένος）和"无定形"（ἄπειρον，或 ἀπειρία）曾作过很精彩的论述。他认为 τὸ ἄπειρον 在这里有三种含义，其中第三种是："如果我们可以从德谟克利特来推断伊壁鸠鲁的话，则'无限'又恰恰相反，意味着无边无限的虚空，这无限的虚空和那自身规定的、自身限制的原子相反对、相对立"（人民出版社1961年版，第33页）。我们认为，马克思在这里对 ἄπειρον 的理解，是和本书的看法完全一致的。
⑤ D.67，A1（30）.
⑥ 参阅柏奈特：《早期希腊哲学》，第332页。

打破巴门尼德那个被"必然性"箍住了的、僵死的"一"。问题还是围绕着"分割"进行的。在留基波看来,"可分性"之所以能够进行,就是因为有空隙即虚空存在,但分割是不能无限进行的,因为芝诺的逻辑在古人看来是不可回避的,因此为了保持爱利亚学派的哲学前提——"一"不可分割,留基波提出"原子"是"充实的",没有"缝"(空隙),所以不可再分割;但为了保存千变万化的世界,留基波提出虚空的观念,以便原子之间可分、可合,可以在虚空中运动——进行位置的转移,实仍是分、合。所以,亚里士多德在上引《形而上学》那段话后紧接着说:

> 如他们(即留基波和德谟克利特——引者)把"一"当成潜在的实体,认为其他都是实体的属性,提出属性的原则是疏散和密集,他们也以同样的方式讨论其他的不同的原因。他们说,这种不同有三个方面:形状(σχῆμά)、秩序(τάξιν)和位置(θέσιν)。他们说,存在只能从形态(ρυσμῦι)、关系(διαθιγῆι)和处所(τροπῆι)上加以区别。形态是形状,关系是秩序,处所是位置。A 和 N 在形状上不同,AN 和 NA 在次序上不同,I 和 H 在位置上不同。①

当然,这些变化、运动都是机械的,但爱利亚的铁板一块的"一",终于动起来了。

我们认为,留基波提出原子和虚空的重要意义不仅在于进一步肯定了现实世界变化、运动的合理性,为自然科学的进一步发展重新给予哲学上的基础,同时还在于把现象和本质统一起来,以原子作为现象的物质本质,以原子在虚空中的运动作为原子本身的表现形态。用亚里士多德的话来说,原子是潜在的,而原子与虚空的结合,就是现实的。

虚空不一定是原子的存在形式,因为原子是没有空隙的,但虚空却是一切原子复合物的存在形式,也就是说,是一切可感的现实的事物的存在形式;原子与虚空互相包围,互相转化位置,就形成了事物变化、运动的真实图景。这样,"意见"、"现象"的地位就不像在巴门尼德体系里那样可疑,而是有原子这

---

① D.67,A6.

样一个实际的东西作为坚实的基础的，但现象又终究是现象，还不是本质，所以巴门尼德的哲学前提在留基波这里同样得到了肯定。

从原子和虚空的基本前提出发，留基波进一步把巴门尼德的"必然性"和赫拉克利特的"逻各斯"结合了起来，也就是说，"必然性"这个原子论的基本概念之一，其意义也已不是巴门尼德的"铁板一块"式的大箍，而是运动的规律。留基波保存下来的唯一完整的话就是关于"必然性"的：

没有任何东西是任意的，一切都能说出理由，并遵循必然性。

（οὐδὲν χρῆμα μάτην γίνεται, ἀλλὰ πάντα ἐκ λέγου τε καὶ ὑπ' ἀνάγκης.）

第尔斯德译："Kein Ding ensteht planlos, sondern alles aus Sinn und unter Notwendigkeit."①

基尔克英译："Nothing occurs at random, but everything for a reason and necessity."②

我们感到基尔克的英译更加妥切些，无论怎样译法，这里的"λέγου"是与μάτην相对的，其意义与"λόγος"相近，这样，必然性就和规律性的意思相近。变化中的万物才有规律，才要"说出理由"，而巴门尼德的"一"是永恒的，不动，用不着"说出理由"，也无"规律"可言③。至于对"必然性"的进一步阐述，我们只有在德谟克利特那里才能找到说明材料。

自从巴门尼德提出"真理"与"意见"的对立以来，认识论问题更进一步被古代哲学家所重视，有着深入一步的发展趋势。恩培多克勒和阿那克萨哥拉在这方面已经做了不少工作。留基波在前人的研究成果的基础上，对哲学认识论问题也已经按照原子论的基本精神作了进一步的研究，为德谟克利特把原子论贯彻于认识论各个方面以新的基础。

首先，留基波的认识论是唯物主义的。据记载，"留基波、德谟克利特认为感觉、理智是物体的另一种表现形式"（τὰς αἰσθήσεις καὶ τὰς νοήσεις ἑτεροιώσεις

---

① D.67、B2.
② 基尔克、拉文：《前苏格拉底哲学家》，第568页
③ 虽然在"意见"这部分，巴门尼德是倾向于"λόγος"，而不赞成"ἄπειρον"的。

εἶναι τοῦ σώματος）①；同时，留基波也是首先用原子论来解释恩培多克勒的"流射说"，因而也是首先提出"εἰδώλος"（影像）这一重要概念的。"留基波、德谟克利特、伊壁鸠鲁认为感觉和理智是由外面进入的影像组成，如果没有外面进入的影像，人们既不能想象感觉，也不能想象理智。"②从这里，我们也可以看到，留基波已经提出了理智与感觉的同一性问题，对于这二者的看法，都是建立在唯物主义基础上的，都是以物质性的原子为基础的一种反射（流射）。"留基波、德谟克利特、伊壁鸠鲁说，按照组合而成的影像（κατὰ εἰδώλων ἐνστάσεις），印映成'镜像'（τὰς κατοπτρικὰς ἐμφάσεις γίνεσθαι），这种'镜像'通过反射，达到我们的眼睛，也就组成镜子式的反映。"③

显然，留基波这些思想，为古代希腊原子论哲学打下了广泛的基础，原子论的最基本的思想体系，在留基波那里，已经形成。于是，我们在进一步研究古代原子论的最大的代表之一德谟克利特之前，先要讨论一下留基波和德谟克利特的关系，这也是国外学者有倾向性分歧的问题之一。

4. 关于阿伯德拉（Abdera）学派

我们知道，古代希腊原子论有三个代表人物，即留基波、德谟克利特和伊壁鸠鲁，继承伊壁鸠鲁的是古罗马的卢克莱修。然而伊壁鸠鲁与德谟克利特之间隔了相当长的一段时间，经过了柏拉图、亚里士多德……许多重要的哲学学派，因而他的原子论与早期留基波、德谟克利特又有许多不同④，而留基波与德谟克利特却是相继的，后者是前者的学生。

老师与学生的学说，既可以相同，也可以不同。即使相同，也可以同中有异；即使不同，也可以异中有同。这本来是个要具体分析的问题，可是在研究留基波和德谟克利特的关系时，学者们却遇到了困难。我们知道，他们的著作都已失散，大部分靠别人的记述和摘引，而别人的引述，往往又把他们师徒二

---

① D.67，A30.
② 同上。
③ D.67，A31.
④ 关于伊壁鸠鲁原子论与德谟克利特原子论的关系，马克思青年时期的著作《德谟克利特的自然哲学与伊壁鸠鲁的自然哲学的差别》（博士论文）有深刻的分析，马克思此时还没有完全摆脱黑格尔哲学的影响，在具体评价方面，后来已有所改变，但在分析二者的异同方面，至今仍有参考价值；另外还可以参阅贝利的《希腊原子论者和伊壁鸠鲁》（牛津，1928年）。

位并提（有时甚至加上伊壁鸠鲁三者并提），这样，要想区分他们二人的思想，就是一件很为难的事了。有一些明显的区别是很容易发现的，如天文学方面，在太阳、恒星和地球的位置上二者的说法不同，但要在原子论哲学的一些基本观点方面加以区别则似乎既是困难的，又是多余的。

第尔斯在编纂各家材料时，费了很大的斟酌把留基波和德谟克利特分别编排，为了材料的清楚、明瞭，这种编排也还是有用的，但如果在进一步的研究中执着于这种区别，则不但无益有时甚至有害。根据一些学者的意见，贝利那本全面介绍古希腊原子论的著作，就存在着这个缺点。格思里批评贝利这种强行的区分是不适合的、徒劳①，我们深有同感。事实上，我们在阅读贝利的著作时，由于这种区分，至少给人以大量重复的印象。

格思里教授在谈到古希腊原子论时一开始就建用"阿伯德拉学派"来代替原子论，以便不把伊壁鸠鲁包括在内②，我们认为这个倡议是值得响应的。

我们知道，留基波曾在爱利亚定居过，但他不一定是爱利亚人。有的学者认为他可能是米利都人，他迁居爱利亚可能与公元前498—前450年时米利都的革命有关③，但也有的学者认为留基波可能也是阿伯德拉人④。无论如何，正如格思里所说的，留基波必定是在阿伯德拉教授德谟克利特的⑤。

从情理推测，爱利亚有巴门尼德、芝诺的强大的传统，要马上在那里形成新的学派是有困难的，米利都的传统势力，通过阿那克萨哥拉一直伸展到雅典，在雅典又百川汇流，苏格拉底、柏拉图卓然成家，以致德谟克利特在雅典只能隐姓埋名，所以我们由此推断，古希腊早期原子论（以别于伊壁鸠鲁的原子论）是由留基波和德谟克利特在阿伯德拉共同创立，并非是毫无根据的。

二、德谟克利特的自然哲学

前面分析了原子论的创始者留基波的一些有关问题，我们只是简单地提到

---

① 格思里：《希腊哲学史》第2卷，第382页注二。
② 同上书，第382页注一。据说这个建议最初是意大利的学者阿尔费里（Alfieri）提出的。英国学者弗里曼说，辛普里丘和艾休斯都曾提到过阿伯德拉学派，但我们循她所指的D.67、A20和A29查对，发现第尔斯的摘引并无此意，存疑。
③ 柏奈特：《早期希腊哲学》，第331页。
④ 弗里曼：《前苏格拉底哲学家》，第285页。
⑤ 格思里：《希腊哲学史》第2卷，第382页。

了他的基本思想，因为我们认为，只有把有关留基波的记载和有关德谟克利特的记载统一起来考虑，才能比较完整地了解原子论的思想内容。因此，我们在单独讨论留基波时，主要是结合原子论的基本思想着重于研究它在哲学史上的地位；在这一部分，我们将进一步具体研究原子论的内容，研究这派哲学的基本范畴。我们感到，有一点应该强调的是，如我们上面所说，我们把留基波和德谟克利特的原子论当作一个统一的学派——阿伯德拉学派来处理，即在原则上，我们是把他们两个人当作一个人来处理的，因而在这一部分中，我们有时要把第尔斯归于留基波名下的思想用来说明德谟克利特，在材料甚少的情况下，这样做也许不但是容许的，而且是必要的。

至于德谟克利特本人的事迹，似乎也是不应该忽略的，因为既然我们觉得整个原子论哲学是德谟克利特和留基波共同创立的，也许德谟克利特的丰富的经历，对于创立这样一个内容空前丰富、百科全书式的学派，不是可有可无的。

关于德谟克利特的经历，蔡勒在他的《希腊哲学史》里把各种记述材料作了很好的整理，有过概括性的叙述，除了对某些材料表现得过于慎重外，至今仍不失为清楚而全面的概括[1]。德谟克利特出生于色雷斯的殖民地阿伯德拉，离亚里士多德的家乡不远，当德谟克利特出生时这个地方是很繁荣的。据记载，德谟克利特自称比阿那克萨哥拉小40岁，他写《小世界秩序》时是特洛伊城陷落后的730年，这种纪年方法，目前学者们还没有弄清楚，他虽然不一定真的比苏格拉底大一岁，但他的学术工作早于苏格拉底是一致公认的。他的学历是很复杂的，据说他因为游历求学，花费了他的全部财产，以致不得不在公众中宣读他的著作以求市民宽恕他"败坏祖产"的过错。但他究竟到过哪些地方，学者们却未能完全取得一致。蔡勒认为他可能到过埃及、西亚和波斯，但没有去过印度，也不相信他曾到过雅典；贝利则基本上倾向于相信他到过这些地方[2]。我们也倾向于他游历过许多地方，因为从他的记述和留下的残篇来看，他的学说涉及方面之广、内容之庞大，这在古代光靠书本知识是不可能的。我们也倾向于他到过雅典，他虽不一定听到阿那克萨哥拉的课，但一定熟悉他的学说。他在雅典不得志，所以滞留时间很短，因为雅典已有一种更新的哲学——智者学

---

[1] 蔡勒：《希腊哲学史》（英译）第2卷，第208页注一。
[2] 贝利：《希腊原子论者和伊壁鸠鲁》，第110页。

派,而且苏格拉底的哲学正在酝酿中,所以没有能接受他的学说。

按照记述,德谟克利特的著作是非常多的。公元一世纪时的学者色拉斯洛编纂了德谟克利特著作,现仅存一个目录,但仅就这个目录来看,当时有这样丰富的著述的人,还没有第二个。从这个目录来看,德谟克利特的著作涉及自然哲学、伦理学、认识论、心理学、逻辑学、法律政治、天文地理、动物植物、医学……各个方面[①],可以称作前苏格拉底时期亚里士多德式的人物;然而他的著作连一部都没有传下来,甚至他留下的为数虽然较多的残篇,与别人比较起来,也显得过于零乱,这不能说不是哲学史上的一个不幸。

1. 原子

我们已经说过,"原子"(ἄτομα)最初是留基波提出的。如果留基波和德谟克利特共同创立了原子论这个说法[②]可以成立的话,那末也可以认为"原子"这个范畴是他们二人共同提出的。"原子"当然是原子论学说中最基本的范畴,是我们应该着重研究的;但恰恰在这个基本问题上,我们所能占有的第一手材料却非常少。留基波的残篇固然没有提到这个概念,就是在德谟克利特的数量较多的残篇中,"原子"这个概念令人不解地也只出现过一次[③]。看来,从亚里士多德以来的学者们,过于注重自己的语言,而未能忠实于学说的历史真实面目,以致常常使一些具有独创性的概念[④]缺乏第一手的原始材料。在这种条件下,我们只能主要根据第二手材料来讨论这个问题。

首先是"原子"这个概念从何而来?"原子"在希腊当时是一个新创的字,是从动词"τέμνω"(切割)转化为名词"τομή",然后再加否定词成为"ἄτομος"(不可分割)。根据有些记载,"原子"这种说法在德谟克利特很早以前就由腓尼基人摩赫(Mochus)提出来了[⑤]。这种说法,为大多数学者所否定。蔡勒从他整个轻视外来思想对古代希腊的影响的立场出发,对此当然表示怀

---

① 据弗里曼说,英国博物馆还保存有公元三世纪的德谟克利特的药方草纸(《前苏格拉底哲学家》,第325页)。
② 参阅格思里:《希腊哲学史》第2卷,第385页注一。
③ D.68,B117。
④ 如阿那克萨哥拉的"同类部分"。
⑤ D.68,A55。

疑①；贝利则更进一步考证了印度的原子论思想要晚于德谟克利特②。人们之所以引起从外来影响来解释古希腊原子论的来源正是因为这个概念在当时的希腊是一个新造的字，特别是在他以前的哲学家似乎没有用过这个概念③，因而找一个外来的影响，似乎就有了归宿。然而，从思想的发展来看，世界上各大民族在哲学思维发展的一定阶段，都会产生原子或类似原子的思想，并不一定要先有实际上的沟通。据我们所知，原子论思想古代印度有，古代中国有，那末古代希腊在一定阶段出现这个思想，也并非奇怪的事。

从古希腊本身思想的发展来看，"原子"概念的提出，也不是很突然的。

我们已经指出，爱利亚学派在哲学领域里提出的问题，迫使米利都唯物主义传统向纵深方面发展。为了回答爱利亚学派的问题，恩培多克勒、阿那克萨哥拉做了许多工作，这些工作，都为原子论的提出提供了思想基础。但是，无论恩培多克勒或者阿那克萨哥拉都在解决"根"或"种子"如何生化万物，即巴门尼德的"一"如何"动起来"这个问题面前遇到了困难。这样，受毕达哥拉斯影响较深的恩培多克勒提出了"爱"和"争"作为"动因"，而阿那克萨哥拉发展了米利都学派关于"气"、"灵魂"的学说，提出了"νοῦς"，以便推动万物。他们都没有把唯物主义精神贯彻到底，历史的辩证法迫使恪守米利都学派传统的学说，在雅典导向了唯心主义；在吸取毕达哥拉斯、爱利亚学派学说的基础上，从阿那克萨哥拉的土壤上长出了苏格拉底、柏拉图的学说。而同样的辩证法，迫使留基波、德谟克利特用唯物主义精神认真解决巴门尼德的"一"与"多"的矛盾，无论在"质料"和"动力"方面，都用原子论的唯物主义加以统一，加以解决。所以，我们曾经说，恩培多克勒的"根"和阿那克萨哥拉的"种子"离德谟克利特的"原子"只有一步之隔④，这一步就是德谟克利特以更彻底的唯物主义精神改造了巴门尼德的"一"。

我们已经说过，"原子"的本意就是"不可分"。阿伯德拉学派用这词来作为他们学说的基本概念不是偶然的，它首先要解决的是爱利亚学派（特别是芝

---

① 蔡勒：《希腊哲学史》（英译）第2卷，第208页注一。
② 贝利：《希腊原子论者和伊壁鸠鲁》，第64页。
③ 至于生活中、文学作品中以及其他科学著作中有无这个概念，怎样的含义，则有待于进一步的研究。
④ 参阅蔡勒：《希腊哲学史》（英译）第2卷，第311页。但蔡勒把阿那克萨哥拉放在德谟克利特之后讲，为现代大多数哲学史家所不取。

诺）揭露的而为恩培多克勒和阿那克萨哥拉所未能真正解决的矛盾，即无限分割和不可分割的矛盾。在芝诺的逻辑面前，古代唯物主义遇到了一个很大的威胁：无限分割的结果等于点、等于零①，而零的总和还是零，于是万物皆零，只剩下一个可能——巴门尼德的永恒的、不变的"一"②。阿伯德拉学派正视了这个问题，从同样朴素的古代逻辑跨进了一步，明确了有"不可分的物体"存在，这个物体，干脆就叫做"原子"（"不可分者"）。

所谓"不可分"具体指什么意思？既然"原子"是质料的，有体积的，是"物体"，而又是不可分的，这里存在着明显的矛盾，是芝诺的逻辑所不允许的。为了弥补这个缺陷，有些学者区分了所谓"物理上不可分"和"思想上（或数学上）的可分"③，似乎在德谟克利特心目中，"原子"只是"物理上"（"事实上"）不可分（或太小，或太硬）而不是"数学上"或"思想上"不可分。这种区分，把问题现代化了，正如许多学者指出的，在德谟克利特甚至亚里士多德时代，作这种区分是不可能的④。之所以引起有些学者作这种区分，是因为在进一步解释"原子"为什么不可分时阿伯德拉学派遇到了困难。

对这个问题，根据记载有三种回答：太小，太硬，没有部分。据说，留基波认为原子因太小而不可分，伊壁鸠鲁认为太硬而不可分⑤。古人有这种思想是可能的，但无论太小或太硬都不能真正解释"不可分割"的原因，而我们认为，解释这种原因的最富哲学意义的是"原子没有部分"。

据艾休斯记载，在留基波和德谟克利特看来，"有些东西是不可分的，它们没有部分，不能无限分割"（οἱ τὰς ἀτόμους, περὶ τὰ ἀμερῆ ἵστασθαι καὶ μὴ εἰς ἄπειρον εἶναι τὴν τομήν）⑥。其实亚里士多德早就介绍过这个思想：

> 诸始基在数量上是无限的，这些始基是原子，是不可分的，由于原子

---

① 这是古人的逻辑，见本书爱利亚学派部分。
② 也许没有材料说明爱利亚学派的"一"与"不可分割"有联系，但逻辑上是如此。
③ 柏奈特：《早期希腊哲学》，第336页；基尔克、拉文《前苏格拉底哲学家》，第408页。
④ 参阅格思里：《希腊哲学史》第2卷，第503页以下。福莱对此有专门的讨论（《原子论者对爱利亚学派的回答》，收莫莱拉特斯：《前苏格拉底》，纽约，1974年），也可以参阅。
⑤ 蔡勒：《希腊哲学史》（英译）第2卷，第225页注二；参阅贝利：《希腊原子论者与伊壁鸠鲁》，第126页。
⑥ D.68，A48。

是密集的，因而不可入，没有空隙①……②

"没有部分"的解释，就原子论体系来说，是说到了要害的，因为在原子论者看来，物体之所以可分，正是因为有部分，有空隙，如果没有空隙，当然是不可分的。这里，在可分不可分的问题上，原子与虚空同样有着内在的联系。应该说，德谟克利特这个思想对柏拉图、亚里士多德以及后来的哲学本体论有极为深刻的影响，在哲学思想的发展上，是有很高的水平的。

从这个原子的基本特性出发，自然地就可以引申出原子的其他重要特性。

既然原子是没有部分而不可分的，那末它就是"充实"的，中间没有空隙，这样，原子的"充实"就与"虚空"对立起来，因此，原子就是充实。从这个意义上，也就可以理解亚里士多德等古代学者经常把充实、厚、密集等观念与原子观念等同起来用，而把空、疏、稀等观念与虚空观念等同起来用。如艾休斯说"德谟克利特认为集聚和虚空是始基"，被人认为"集聚"（ναστοτέραν）这个词不清楚③，其实亚里士多德还用过"坚固的"（στερεόν）指原子，而"疏的"（μανόν）指虚空④，意思都比较简单，即"有无空隙"的问题。

从这个前提出发，原子就不是组合物，而是单一物。根据第尔斯编辑的材料，这方面的记述都是比较后期的，如克莱门、普罗塔克等，都记述德谟克利特认为原子是"个体的"，他们用的概念是"ἰδέας"⑤，虽然如此，我们认为这些记述原则上是可靠的⑥，因为这是德谟克利特基本前提的必然结论。

这种原子，既然不是复合物，不可再分，没有部分，那末它就是不变的，不动的，因为如果所谓变化就是分解与组合，所谓运动就是位置的移动的话，那末原子果然就是如此⑦，它实际就是巴门尼德的永恒的"一"，只不过是不仅是一个"一"，也是无限个"一"而已。

---

① "ἀμοίρους τοῦ κενοῦ"，正如马克思所指出的，不是指"不充塞任何空间"，但"不可分的虚空"也不明确（《博士论文》中译本，第79—80页）。在原子论看来，因有空隙就可分，所以直接可以译为"没有空隙"，参考基尔克的英译（without any void in them）（《前苏格拉底哲学家》，第556条）。
② D.67, A14.
③ D.68, A46.
④ D.67, A6.
⑤ D.68, A57. 为与柏拉图的ἰδέα相区别，这里不能译为"理念"，而应译为"个体"。
⑥ 弗里曼说："(德谟克利特）把原子叫做'Ideas'，即个别的形式（Particular forms）是可能的"（《前苏格拉底哲学家》，第304页），但她提出的D.68, B167中的ἰδεῶν，似乎又是另一种意思。
⑦ 所以辛普里丘和西赛罗说原子开始是不动的（D.68; A47; D.68, A56），并非完全没有根据。

我们看到，迄今我们所涉及的问题，是和柏拉图基本上相近的。从这里可以看出柏拉图的思想也不是从天上掉下来的，它同样是针对爱利亚学派提出的问题而作的一种回答，所不同的只是柏拉图所采取的是彻底的唯心主义立场。

我们看到，爱利亚学派所提出的"真理"与"意见"、"一"与"多"的矛盾，在哲学史上是具有重大历史意义的。围绕这个问题，出现了哲学史上更加自觉的唯物主义和唯心主义两大阵营：德谟克利特和柏拉图。我们不能因为他们所涉及的问题相同，都应用了ιδεα这个概念，就把他们等同起来，或者硬把他们拉在一起，像有些近代受康德、黑格尔唯心主义哲学思想影响较深的哲学史家所做的那样[1]，同时我们也要看到他们站在同一个历史水平，面对着相同的哲学问题，而采取了截然相反的立场。因此，我们认为格思里教授说"柏拉图只要把德谟克利特的某些学说颠倒一下，他的美、善和秩序就出来了"[2]，就比温德尔班说"从同一个根源里产生出德谟克利特的唯物主义和柏拉图的唯心主义的平行"[3]要正确得多，不是"平行"，而是"颠倒"。

这种哲学路线上的对立，具体表现在对"原子"这个ιδεα的理解上。"原子"、"个体"，不是抽象的，形式的，主观精神性的，而是具体的，物体的，客观物质性的。因而温德尔班把德谟克利特的原子归结为"抽象物体的标记"（die Merkmale der abstrakten Körperlichkeit）[4]，就正是一种唯心主义的歪曲。

"原子"不是"理念"，它具有物质的基本属性，亦即它有大小、形状和重量[5]，只是这些大小、形状是固定不变的。

但是，在德谟克利特看来，原子固然有大有小，然而即使是大原子，也不是我们感官所能感知的，因为它终究是非常小的[6]。萨克都斯说，"组成万物的原子本性上是不可感的"[7]。原子之所以不可感，不是因为它是"理念"，而是因为它太小，这是德谟克利特的朴素的唯物主义的观念。辛普里丘说，"（德谟克利特认为）

---

[1] 参阅温德尔班的《哲学史讲义》（图宾根，1950年）。他不仅自己调和德谟克利特和柏拉图，甚至认为亚里士多德也是要调和他们二人（第84—85页）。
[2] 格思里：《希腊哲学史》第2卷，第462页。
[3] 温德尔班：《哲学史讲义》，第85页。
[4] 同上书，第94页。
[5] 关于"重量"，有些记述说是伊壁鸠鲁加上去的（D.68，A47），大部分学者认为古代没有"重量"观念，赛奥弗拉斯特说德谟克利特是以大小来分轻重的［D.68，A135（61）、(68)］。
[6] 关于在原子的大小问题上，德谟克利特和伊壁鸠鲁的分歧，近代学者有许多讨论，我们这里从略。可参阅蔡勒、贝利、格思里、基尔克等人的论述。
[7] D.68，A59。

实体（即原子——引者）太小，我们感觉不到"①。于是，所谓原子"不可感"，并不是原则上的，只是因为太小，所以这些不可感的原子却可以组合成一切可感的物体②，这种观念，是符合当时科学思想的发展水平的，所以马克思、恩格斯才指出，德谟克利特"所谓的原子仅仅是物理假设，用以解释事实的辅助工具……"③

原子是物质性的，不是精神性的，但却不是物质的现象，而是物质的本质④。原子通过在"虚空"中的运动而滋生万物，由本质而转化为现象。因此，我们下面在说明了"虚空"概念后，就要来进一步研究这个问题。

2. 虚空

如果没有虚空，那末阿伯德拉学派的原子也就和巴门尼德的"一"一样，虽然是"多"，也还是"一"，又要像恩培多克勒和阿那克萨哥拉那样找出一个精神性的东西来迫使这些原子"动起来"，以说明变幻万千的世界。

变化着的世界要求把可分与不可分、连续性与非连续性统一起来考虑，因此，与巴门尼德设定了"真理"和"意见"两个领域一样，留基波和德谟克利特的"ἀρχή"也有两个：原子和虚空⑤。只是在巴门尼德那里，"真理"和"意见"是对立的，被割裂了的，而在阿伯德拉学派，原子与虚空则是相联系的、统一的，原子与虚空的结合形成了世界万物。

爱利亚学派和米利都学派在许多问题上相对立，但它们都否认虚空的存在。这样，恪守爱利亚学派传统的恩培多克勒⑥和恪守米利都学派传统的阿那克萨哥拉同样也都否认虚空的存在，就当时的思想水平来看，他势必留下一个很大的问题，即"根"或"种子"是怎样运动的？他们都在原则上回避了这个问题，用一些经验的现象来搪塞，因循一些"混沌初开"、"分合聚散"这类的陈言，所以格思里教授说他们"犯了一个错误"⑦。阿伯德拉学派没有回避这个问题，

---

① D.68，A37.
② D.68，A64.
③ 《马克思恩格斯全集》第3卷，第146页。
④ 因此它在这一点上又比恩培多克勒的"根"、阿那克萨哥拉的"种子"进了一步。参阅贝利：《希腊原子论者和伊壁鸠鲁》，第72、73页。
⑤ D.68，A38."留基波的学生、阿伯德拉的德谟克利特提出始基是充实与虚空，他们叫做存在和非存在。"
⑥ 我们认为恩培多克勒主要是受爱利亚学派的影响，参阅本书恩培多克勒部分。
⑦ 格思里：《希腊哲学史》第2卷，第391页。

他们大胆地肯定了虚空的现实意义。

爱利亚学派说，运动必须要有虚空，而虚空为不存在，因而运动是不可能的；阿伯德拉学派说，虚空不仅有①，而且是一种始基，所以留基波说"存在不比非存在多什么"②，蔡勒称这个思想是"大胆的"③，这对爱利亚学派的问题来说，的确是个斩钉截铁的回答。应该说，阿伯德拉学派这种坚决的态度，也并不是没有根据的抽象的"针锋相对"，这个提法无非是赫拉克利特既存在又不存在，既是同一条河又不是同一条河的思想的继续和发展。在这里，赫拉克利特这个思想已经进一步具体化，"存在"与"非存在"的对立，已具体化为原子（充实）与虚空的对立。

阿伯德拉学派的虚空其真实的含义是什么？我们认为，所谓虚空，在这个学派看来不仅是我们现代意义上的空间、处所的意义，而主要是"空隙"的意义。如果仅仅是空间、处所的意思，那末每个原子都占有空间和处所，而这是与阿伯德拉学派的原子观矛盾的，原子之所以成为"原子"（不可分），正是因为没有"空间"。因此，在这个意义上说，所谓原子没有"虚空"其含义实际上就是指原子没有"空隙"的意思，其意思和"原子没有部分"是一样的。于是基尔克批评亚里士多德在遗佚的《论德谟克利特》里说（根据辛普里丘的摘录）："德谟克利特……用下列名称来说明'空间'（τόπον，space）：虚空、无、无限，而把每个个体的原子叫做'δενì'（即"nothing"，没有"not"，"οὐδεν"，没有"οὐ"），密集（ναστος，compact）……"④认为把虚空（κενος）当作处所（τόπος）是误解了阿伯德拉学派⑤，这个批评是有道理的；但从另一个角度，即从整体的角度，那末原子之间是有"空隙"的，于是原子处于许多"空隙"的包围之间，因而这种"空隙"又可以说是原子所处的"空间"和"处所"。所以许多记述才又说，"宇宙是虚空的，物体进入空的地方，旋转而成宇宙"⑥。

虚空对于分割来说是必要的条件，没有虚空就不能分割；对于运动来说也同样是必要的条件，没有虚空就没有运动。因为所谓运动，所谓变化，在古人

---

① 在这里，事实上阿伯德拉学派区分了两种"存在"形式，一指物体的存在，一指一般的"有"（参阅柏奈特：《早期希腊哲学》，第337页）。
② D.67，A8.
③ 蔡勒：《希腊哲学史》（英译）第2卷，第217页。
④ D.68，A37.
⑤ 基尔克、拉文：《前苏格拉底哲学家》，第408页。
⑥ D.67，A1（30）.

看来,无非就是"分"、"合"而已。为了保存巴门尼德的"一",必须承认"充实",承认不可分割的原子;而为了保存现实世界,必须承认虚空,以有运动变化的可能性。阿伯德拉学派把这两者结合起来,使原子在虚空中运动变化,组成了宇宙万物的现实世界。所以第欧根尼·拉修斯说:"(德谟克利特的)学说如下:全部事物的始基是原子和虚空,但也承认万物。"① 万物是运动着的原子的表现形式,因而原子与虚空的结合,就成为万物。这个思想在哲学史上是很重要的,虽然就现代科学的眼光来看,显然是非常幼稚可笑的。

虚空是原子运动的条件,这一点在这里似乎是没有问题的,但虚空是否是原子运动的原因?这个问题似乎就可以有不同的答案。我们前面说过,原子既然就是物质化了、多元化了的巴门尼德的"一",其本身是不动的,那末原子由不动而动,似乎仍然有个动力的问题。但现代的研究者都认为这种推动力是不需要的。事实上,原子是与虚空结合在一起的,因为原子既是"一",又是"多",原子在数量上是无限的,因而必定与虚空相结合,这样原子就处于永恒的运动之中,不需要第三者的推动。希波里特的记述说:"事物在虚空中是永恒运动的"②。亚里士多德说,留基波和德谟克利特认为,事物"通过(或因为)虚空而运动,因而他们说,自然按位置的移动而运动"(διὰ δὲ τὸ κενὸν κινεῖσθαί φασιν· καὶ γὰρ οὗτοι τὴν κατὰ τόπον κίνησιν κινεῖσθαι τὴν φύσιν λεγουσιν)③。

根据这些记述,柏奈特认为,留基波和德谟克利特的原子不像恩培多克勒和阿那克萨哥拉的"根"和"种子"那样需要一种力量去开始运动④。格思里教授更加明确地提出虚空不仅是运动的必要条件,还是必要而充分的条件,看来他本人是倾向于认为虚空就阿伯德拉学派来说是必要而充分的条件⑤,因为格思里认为否定第一因,使留基波和德谟克利特在这个问题上更接近现代科学⑥。

对于这个问题,我们只能说,原子在虚空中是处于永恒的运动之中的,虽然就单独的原子来说,是不动的、不变的。这也就是说,原子的本性是不变的、

---

① D.68,A1(44)。后一句话颇难懂,北京大学哲学系译为"其余一切都只是意见"(《古希腊罗马哲学》,第96页),按:"ἀρχὰς εἶναι τῶν ἄλων ἀτόμους καὶ κενόν, τὰδ' ἄλλα πάντα νενομίσθαι."并无"意见"的意思,试译如上。
② D.68,A40.
③ D.68,A58.
④ 柏奈特:《早期希腊哲学》,第341页。他对原子运动是合不是分的解释虽然很新颖,但缺少材料的佐证,而且即使是"合",也与"分"一样需要一种力量。
⑤ 格思里:《希腊哲学史》第2卷,第398页。
⑥ 同上书,第399页。

永恒的,但原子之间的位置的组合,却是在永恒的变化之中。

原子在虚空中的运动,最初表现为一种"旋转"(δινὴ)状,阿伯德拉学派把这种状态叫做"必然性"。我们认为,这正是在原初的也是最本质的意义上来理解"ἀνάγκη"这个词,即"在一种压力的推动下,一定如何"的意思。"旋转"这个词生动地表现了"压力"、"推动"和"强制"的意思。

  一切都按必然性发生;因为一切生成事物的原因是旋转——(德谟克利特)叫做必然性。

  (πάντα τε κατ᾽ ἀνάγκην γίνεσθαι, τῆς δίνης αἰτίας οὔσης τῆς γενέσεως πάντων, ἣν ἀνάγκην λέγει.)①

原子内部没有空隙部分,自己不能运动,所谓原子的运动是指原子之间的,甲原子的运动是必然的、强制性的,因为有乙原子,这样互相推动,就成为一个"漩涡"。因而究竟原子运动的"必然性"是来自外部还是来自原子内部这个问题,可能在当时还没有很清楚地提出来。从直观上来说,机械的运动总是需要推动力,虚空既然是"非存在",而阿伯德拉学派又不承认"爱"、"争"或 νοῦς,那末这种力量只能来自原子本身。这样,就原子整体来说,运动来自自身,是"自动的";就个别的原子来说,运动又是"强制的",来自别的原子,所以又是"必然的"。格思里教授认为,早期自然哲学家认为"必然性"不是外在的,而是内在的原因(internal cause)②。这对米利都学派是如此,"水"、"气"这些始基是用不着别的东西推动的;但对于个别原子来说,情形似乎就不同。原子只有在虚空中才是永恒地动的,其运动的原因正是因为有别的原子在,即众多由原子组合起来的可感事物是有"空隙"的,有部分的,因而可以分化,也可以重新组合,这就形成运动。柏奈特在把阿伯德拉学派和恩培多克勒、阿那克萨哥拉学说对比时说,恩培多克勒和阿那克萨哥拉的"根"和"种子"都是一种混合物,所以要一种力量打破这种混合;留基波从无限个巴门尼德的"一"出发,不要求有外在力量去分开它们,而相反地,他要求原子结合

---

① D.68,A1(45)。
② 格思里:《希腊哲学史》第2卷,第417页。

起来。①这个看法是很有启发性的，但事实上我们看到，在阿伯德拉学派的宇宙论里，仍然是原子的混合，只是因为原子之间有"虚空"存在，它才因"旋转"而"分化"并重新组合。绝大多数的记述，仍然从无限的宇宙分化开始形成世界："留基波认为，万物是无限的，一部分是充实，一部分是虚空……世界的形成过程如下：各种形状的物体，与无限（混沌，无定形——引者）脱离"（γίνεσθαι δὲ τοὺς κόσμους οὕτω· φέρεσθαι 'κατὰ ἀποτομὴν ἐκ τῆς ἀπείρου'）②。因而，所谓"必然性"，仍然是通过"旋转"而强迫使之分化的必然性，其原因不是"爱"、"争"或νοῦς，而是因为有虚空存在。

当然，对于原子如何从不动到动的这种解释确实是不能令人满意的，因为虚空常常只给人以"运动的条件"的感觉。于是，据记载，阿伯德拉学派似乎又提出一个与"必然性"对应的"偶然性"来说明原子的动因。亚里士多德说：

> 他们（指留基波和德谟克利特——引者）关于（事物的产生）是偶然的还是非偶然的问题说，不是偶然的，而人们所谓"偶然""自动"发生的事物都能发现各种原因。
>
> （ἔνιοι γὰρ καὶ εἰ ἔστιν ἤμη〔die τύχη〕ἀποροῦσιν· οὐδὲν γὰρ δὴ γίνεσθαι ἀπὸ τύχης φασιν, ἀλλὰ πάντων εἶναι τί αἴτιον ὡρισμένον ὅσα λεγομεν ἀπὸ αὐτομάτου γίγνεσθαι ἢ τύχης.）③

可是辛普里丘的记述却说：

> 德谟克利特在他的著作中说："旋转从全体中分化出一切个体事物来。"（B167）（但他没有说明这种分化的原因），分化好像是自动的、偶然的。
>
> 〔ἀλλὰ καὶ Δ. ἐν οἷς φησι δῖνον ἀπὸ τοῦ παντὸς ἀποκριθῆκαι παντοίων ἰδεῶν'（B167）（πῶς δὲ καὶ ὑπὸ τίνος αἰτίας μὴ λέγει）, ἔοικεν ἀπὸ ταὐτομάτου καὶ τύχης γεννᾶν αὐτόν.〕④

---

① 柏奈特：《早期希腊哲学》，第341页。
② D.67，A1（31）.参阅基尔克英译："by abscission from the infinite"（《前苏格拉底哲学家》，第562条）。
③ D.68，A67.
④ D.68，A67.

首先，这里"自动性"和"偶然性"是并提的，而与"必然性"相对应，这从另一个侧面证明了"必然性"是"强制性"，与"自动性"不同。另外，与此相关，所谓必然性就是因果性，就是一个事物是另一个事物的原因，因而必然性是一个因果系列的长锁链。应该说，关于必然的因果锁链，本来也是巴门尼德的思想，在这里用原子的分化与组合来加以解释，给了新的内容。

但是对于这两条表面上对立的记述应该如何理解，则是值得进一步探讨的。现代许多学者都指出，在古代，"必然性"与"偶然性"（"机缘性"）是一致的。贝利认为"chance"（偶然性）和"automatic"（自动性）都是针对目的因（final cause，οὗ ἕνεκα）而言，因而在否定目的因这个意义上，"chance"和"necessity"（必然性）是一致的①。格思里教授更引用了大量的旁证材料，说明"necessary chance"（τύχη ἐξ ἀνάκης，必然的机缘）在古代希腊是完全自然的②；然而，格思里在谈到前已引过的留基波那段残篇时，把"μάτην"解释为"without any reason or purpose"（没有任何理由或目的）③，因而贝利所强调的对目的因的否定这一点，又模糊了。我们觉得，此处"μάτην"如仅指"无理由"而不指"无目的"似乎更加妥切一些。

然而，无论如何，阿伯德拉学派对运动问题的解释，总的来说是反对偶然性的，④完全是自然的、机械的解释，这被现代学者认为是要完全摆脱古代"物活论"影响的一种尝试。格思里说："前巴门尼德的伊奥尼亚也说过，运动是永恒的，但对他们来说，这个概念不可避免地要和生命相联系。……而原子论则最后摆脱了物活论的痕迹。运动纯粹是无生命的、机械的。"⑤

3. 本质与现象

原子在虚空中的运动，就使只具大小、形状的原子生化成具有各种可感特性的万物。因此，原子与虚空本身都不具有可感的性质，它是事物的本

---

① 贝利：《希腊原子论者和伊壁鸠鲁》，第143页。
② 格思里：《希腊哲学史》第2卷，第415页及该页注一。
③ 同上书，第415页注二。
④ D.68，B119.
⑤ 格思里：《希腊哲学史》第2卷，第399页。

质,而原子的组合物则是事物的现象。据第欧根尼·拉修斯记述,"事物的性质是习惯,而本性则是原子和虚空"(ποιότητας δὲ νόμων εἶναι, φύσει δ᾽ ἄτομα καὶ κενόν)①,这与加兰所摘引的德谟克利特的残篇一致。这条残篇说:"颜色、甜、苦都是习惯,事实上只有原子和虚空"(νόμωι χροιή, νόμωι γλυκύ, νόμωι πικρόν, ἐτεῆι δ᾽ ἄτομα καὶ κενόν)②。

我们已经指出,这种仍然十分朴素的本质与现象的对立统一的观点,是爱利亚学派"真理"和"意见"的对立观点的进一步发展。与爱利亚学派不同,阿伯德拉学派不仅把这种对立建立在唯物主义的基础上,而且看到了对立面的统一,即本质与现象的对立,已不像在巴门尼德那里有一种坚硬性,而是具有一种统一性,即阿伯德拉学派已经接触到本质必然地要表现为现象,而现象又必然地为本质所表现这样一种观点。

也许只有从这种现象与本质对立统一的观点才能解释一些记述上的表面的矛盾,这些矛盾曾经使有些学者迷惑不解。

我们知道,亚里士多德曾经不止一次地提出,在德谟克利特看来,现象必定是真的。在《形而上学》里亚里士多德说:

> 许多健康的生物从对象中得来的印象是不同的,对我们和对他们各自来说,对同一对象得来的感觉总是不同的。它们当中哪些是真实的,哪些是假的,是不清楚的。不能说这种比那种更有真实性,而是有同样的真实性。因此,德谟克利特说,或者没有真实的东西,或者我们不认识真实的东西。由于他假设思想和感觉是相同的,它们的变化都是相同的,他说,感觉的现象必然是真的。③

根据亚里士多德的记述,费洛波诺斯(Philoponus)更进一步地解释了本质与现象、νοῦς 和 ψυχὴ 的统一,他说:"德谟克利特直截了当地说,真理和现象是同一的,真理和感觉的现象没有区别,每个现象及其表现都是真实的,如普罗塔哥

---

① D.68,A1(45).
② D.68,B125. 格思里把这段残篇中的"νόμωι"译作"in our belief"(我们认为),指出这个词相当于洛克的"in idea"(《希腊哲学史》第2卷,第440页及该页注四)。我们认为从英国经验主义传统来看,"in idea"和"习惯上"的意思接近,故从一般流行的译文。
③ D.68,A112.

拉斯所说的，现象按适当的比例区分开来，现象是指感觉和想象，而νοῦς指真理。如果νοῦς掌握真理，ψυχή则掌握感觉现象，那末真理和现象就是同一的，如德谟克利特所说的，νοῦς和ψυχή是同一的。"①

依我们看，亚里士多德和费洛波诺斯这两大段话说得是很清楚的，是符合德谟克利特的整个思想体系的。但是萨克都斯却有一些表面相反的记述，他说：

有些人取消一切现象，如德谟克利特学派那样。(οἱ μὲν πάντα ἀνῃρήκασι τὰ φαινόμενα ὡς οἱ περὶ Δημόκριτον.)②

萨克都斯占有德谟克利特的著作材料，因此他的记述是可信的，于是蔡勒就依此来完全否定亚里士多德的话，认为亚里士多德把感性的知觉当作真的完全是他本人的推论。从这个观点出发，费洛波诺斯的记述自然也就不可靠。③但是，我们相信，亚里士多德也同样占有德谟克利特的著作，他的记述在基本的方面还是应该重视的，更难于设想会发生原则上的颠倒。然而，萨克都斯记述又是公认为真实性很高的，这种矛盾应该如何解释？

我们认为，如果联系到阿伯德拉学派在这个问题上的来源——巴门尼德的"真理"和"意见"的学说，问题似乎比较容易理解。我们觉得，阿伯德拉学派对爱利亚学派的最根本的改造之一就是力图恢复可感事物、运动变化的事物的真实性，克服巴门尼德的形而上学的二元论，把"真理"与"意见"在原子与虚空两个始基的基础上统一起来。因此，如果巴门尼德还保留了一个虽然是假象但还是存在的"意见"领域，那末阿伯德拉学派就更不可能在原则上完全否认可感事物的真实性，问题在于如何从"真理"和"意见"统一的角度来理解阿伯德拉学派的观点。"真理"和"意见"、"本质"和"现象"是有区别的，原子是不可感的，要用理智（νοῦς）来把握，现象是可感的；而在阿伯德拉学派看来，可感的现象和不可感的本质之间没有一道不可逾越的鸿沟，它们都建立在原子与虚空的基础上，不可感的原子在虚空中的运动和变化，就形成可感的现象。因而"真理"和"意见"领域本质上是一致的，都是原子的表现形式。因此上

---

① D.68，A113.
② D.68，A110.
③ 蔡勒：《希腊哲学史》（英译）第2卷，第272页。参阅格思里：《希腊哲学史》第2卷，第456页。

引费洛波诺斯那段话强调真理与现象、νοῦς 与 ψυχὴ 的统一,是很有参考价值的。

当然,本质与现象也还有相区别的一面,萨克都斯在这方面加以记述,也并没有违背阿伯德拉学派的学说真义。联系到我们以后还要详细讨论的关于两种认识的记述,可以看出,亚里士多德强调的是一个侧面,萨克都斯强调的则是另一个侧面,他们之间并没有材料上或逻辑上的矛盾。亚里士多德之所以强调统一这一面,也许是有历史原因的,这可以使我们想见阿伯德拉学派把巴门尼德"真理"与"意见"统一起来的变革在一个时期内影响是非常大的;而到了萨克都斯的时候,则努力把各种观点联系起来考虑①,因此强调了另一些方面。

因此,我们觉得,如果把亚里士多德的记述和萨克都斯的记述结合起来考虑,也许更能了解阿伯德拉学派学说的全貌。

与此相关,我们还应该进一步研究阿伯德拉学派关于第一性质和第二性质的问题。

我们知道,阿伯德拉学派的原子是没有性质上的差别的,也就是阿那克萨哥拉所谓的"同类部分"或"无类体",但就本质而言,原子又不是完全的抽象的物体,而是有形状、有大小的(对伊壁鸠鲁来说,还有重量),只是因为"太小",我们看不到而已。这样,事物就有两种性质②:一种是单个原子存在的必然形式,即形状和大小;一种是原子组合以后的具体性质。前者我们不可感,后者则是原子组合对我们的感官作用的结果,是具体的感性的性质。我们知道,阿伯德拉学派这个思想影响是非常深远的,英国近代唯物主义经验主义者洛克不一定直接根据了德谟克利特③,但他却在新的经验主义的基础上重新提出这个问题,成为他的认识论的重要的组成部分,对哲学认识论的进一步发展起过重要的作用。鉴于这个问题在近代哲学认识论上的地位,学者们为在古代发现相同的思想而大为赞叹,如蔡勒说:"这里,我们第一次遇到第一性质和第二性质的区别,这个区别后来由洛克介绍,对知识论具有极大的重要性。"④但是,也有些学者认为德谟克利特要提出这样深刻的认识论问题似乎为时过早,柏奈特说,留基波、德谟克利特没有提出第一性质和第二性质的问题,因为提出这样的问

---

① 参阅格思里:《希腊哲学史》第2卷,第456—457页。
② 阿伯德拉学派的原子事实上没有性质,为了行文方便,我们把形状、大小同样叫做性质。
③ 洛克思想来自培根、霍布士,而培根对德谟克利特是十分推崇的。
④ 蔡勒:《希腊哲学史》(英译)第2卷,第231页注一。

题需要有一个确定的知识论体系①。

当然，我们承认，德谟克利特和洛克提出这个问题的基础是不同的。洛克根据的是由培根创建的近代经验主义哲学体系，经过霍布士，哲学家们已经对认识论的许多范畴（相当一部分是心理学的）如"观念"、"印象"、"感觉"以及"喜"、"怒"、"哀"、"乐"等情感作过许多经验的观察和总结；而古代阿伯德拉学派在这方面的基础就差得很多，古代这个时期的哲学认识论，除了也有一定的经验观察外，绝大部分是一种猜测。但是，根据赛奥弗拉斯特在《论感觉》中所记述的材料，古代认识论从赫拉克利特起逐渐积累材料，经过恩培多克勒和阿那克萨哥拉，对各种感官的特性都提出过猜测性的假设。阿伯德拉学派在这方面的材料和学说也不少，因此，当时接触到哲学认识论中这样一个重要问题是完全可能的。

三、德谟克利特的认识论

关于德谟克利特的原始材料方面，我们发现一个值得注意的现象，即德谟克利特的原子论保存下来的残篇甚少，但他的认识论的思想却保存了相当一批很细致的学说。造成这种状况的原因可能有两个：一是德谟克利特当时的情况，人们对认识论的问题已经给予了更多的注意，因而认为他的这部分学说是新的，应该记载下来；另外一个原因可能是后来对认识论问题愈来愈重视，记述者自己的兴趣倾向于认识论，所以作了较多的摘引②。

无论如何，相对地说，我们对德谟克利特认识论方面所掌握的材料，要比原子论方面的丰富，材料来源主要是亚里士多德、萨克都斯和辛普里丘等所作的记述和摘录。

德谟克利特哲学认识论的最重要的特点，就在于贯彻了原子论的基本原则。

1. 灵魂与物体

首先我们来研究一下德谟克利特对认识的功能——灵魂（ψυχή）和理智

---

① 柏奈特：《早期希腊哲学》，第348页。
② 参阅格思里：《希腊哲学史》第2卷，第454页及该页注二。

（νοῦς）的看法，这是他的唯物主义感觉论的基础。

我们知道，ψυχὴ 是米利都学派的传统概念，当时被理解为像"气"那样的东西；νοῦς 是阿那克萨哥拉提出来的新概念，用以解释万物的运动的原因，这个概念从恩培多克勒的传统出发，已经带有更多的精神性。德谟克利特则在唯物主义原子论的基础上，彻底改造了这两个概念。他的基本观点是：灵魂像火、太阳一样，是由极精微的、圆状的原子组成，因而它的活动能力最大，而灵魂与 νοῦς 是同一的。

第欧根尼·拉修斯有一段记述，我们觉得是很概括的："太阳和月亮是由光滑、圆的原子堆积合成，灵魂也是这样。ψυχὴ 就是 νοῦς。"① 亚里士多德记述得更简单，他说："德谟克利特认为〔灵魂〕就是火（ἔδοξε τισι πῦρ εἶναι），火是最轻的、最不固定的元素，但却是能动的，将首先推动其他的东西。"② 因为它是最活跃的、最精微的，因而可以渗透于一切物体，从原子论的基本观点来说，灵魂或 νοῦς 是"无孔不入"的，无论多么小的虚空，它都可以穿过。"灵魂由最易活动的原子组成，以至可以穿过一切物体。"③ 从这个前提出发，灵魂存在于一切组合的物体之中，因为凡是组合物都是有"虚空"的，而灵魂是感觉的功能，于是一切物体——包括死的物体也都有某种感觉。"如德谟克利特所主张，即使是死的物体也有感觉。"④ 这样，德谟克利特又在唯物主义原子论的基础上改造了古代"物活论"的传统思想。

在德谟克利特看来，灵魂与物体（身体）的关系，完全是一种物质的关系。灵魂作为最精细的原子的组合，存在于组合物的"虚空"之中，一旦这个组合物解体，灵魂也就随之消散。所以艾休斯才说，"德谟克利特、伊壁鸠鲁认为，灵魂随着身体一起消散。"⑤ 这种解散出来的灵魂又回到空气之中，因为空气中本来就有大量的灵魂原子，随着人的呼吸，与人体交换，从而维持生命，一旦呼吸停止，灵魂的原子不能重新交换，生命也就停止了。⑥ 在这里，我们看到，

---

① D.68，A1（44）.
② D.68，A101.契尔纳斯（Cherness）指出了亚里士多德在论述上的不精确。他根据原子没有性质，指出灵魂不应是火，因为火已有具体性质了，而应是类似火原子的组合物（格思里同意此说，参阅他的《希腊哲学史》第2卷，第431页）。也许契尔纳斯是对的，但是当时的思想可能没有那样严格，如果认真起来，那末原子既看不见，又如何知道它有"形状"？
③ D.68，A103.
④ D.68，A117.
⑤ D.68，A109.
⑥ D.68，A106.

古代唯物主义的灵魂的学说，在原子论的基础上得到了进一步的说明，尽管这种说明仍然是十分幼稚和不科学的，但它是古代朴素唯物主义思想的一种概括，在当时科学发展的条件下，是哲学思想发展的合乎规律的产物。

不仅如此，我们应该更进一步研究德谟克利特关于灵魂、νοῦς 的学说在认识论上的意义。我们知道，ψυχὴ 和 νοῦς，最初都有两方面的意义：一方面它们与认识性的功能即感觉和理智（理解）有联系；另一方面，主要还有活动的、推动的原则的意义。这是由于当时的哲学认识论与宇宙论、本体论的问题还没有进一步分开的缘故。甚至在阿那克萨哥拉那里，νοῦς 主要的也是一种推动万物运动的力量。可是我们看到，在德谟克利特的学说中，ψυχὴ 和 νοῦς 的认识论的意义得到进一步的加强，ψυχὴ 与感觉相联系，νοῦς 则与理解相联系，而亚里士多德等人再三告诉我们，在德谟克利特那里，这二者是同一的。

但是，我们认为，在德谟克利特认识论体系里，这种同一性并不是无差别的同一性，不是完全的等同，而是有差别的；只有在强调理智要建立在感觉的基础上这一唯物主义认识论原则意义下，这种同一性才能正确地理解。艾休斯说：

> 德谟克利特和伊壁鸠鲁把灵魂一分为二，一部分是在心里的逻辑思想，一部分则散布在一切混合的物体中。
>
> (Δ.,' Επίκουρος διμερῆ, τὴν ψυχὴν, τὸ μὲν λογικὸν ἔχουσαν ἐν τῶι θώρακι καθιδρυμένον, τὸ δὲ ἄλογον καθ' ὅλην τὴν σύγκρισιν τοῦ σώματος διεσπαρμένον.)①

我们认为，这个记述，是和德谟克利特整个思想体系相符合的，是可信的。德谟克利特既然把巴门尼德的"真理"和"意见"理解为"本质"和"现象"，理解为原子、虚空和万物，那末相应的，在对本质和现象的认识方面，也就要区分感觉与理智，而这二者又是在唯物主义的基础上统一起来的。

2. 感觉与对象

关于认识和认识的对象的关系，德谟克利特采取了恩培多克勒的"流射"

---

① D.68，A105.

说，并从原子论的立场，大大地丰富了这个学说，提出了著名的"影像"说。

德谟克利特"影像"说的前提是一个很古老的传统思想，即一切感觉都来自于"接触"。这种思想当然是非常朴素的，但却是唯物主义的，其中包含了科学上的合理的猜测。亚里士多德反对这种学说，从他的批评中我们得到如下的材料："德谟克利特及许多自然哲学家关于感觉的意见是很错误的。他们认为一切感觉都要是直接接触的。当他们坚持这种观点时，他们显然认为，不是触觉的其他感觉也要接触某种东西。"①然而，我们却认为，这种学说，无论就哲学来说或就科学来说，都具有重要的意义。

事实上，这种接触不是直接的，不是视觉对象与眼球的直接接触，而是有中间环节的，这个中间环节，阿伯德拉学派叫做"影像"（εἴδωλος）。这种"影像"是从客观物体上剥落下来，放射出去，与眼球中的射线在空气中相遇，形成"印象"（ἔμφασις），然后嵌入眼帘形成视像。

按照艾休斯的记载，"留基波、德谟克利特、伊壁鸠鲁都认为，由于影像的进入组成视觉的性质。"（κατὰ εἰδώλων εἰσκρισιν ὄιονται τὸ ὁρατικὸν συμβαινεῖν πάθος.）②由物体（对象）放出的"εἴδολος"（影像）经过空气进入眼帘，成为视像（印象）（ἔμφασιν），"德谟克利特说，视觉是一种来自视觉对象的印象"（λέγει γὰρ Δημόκριτος τὸ ὁρᾶν εἶναι τὸ τὴν ἔμφασιν τὴν ἀπὸ τῶν ὁρωμένον δεχεσθαι）③而既然司感觉之灵魂和理智是同一的，所以包括理智在内，都是由外在的"影像"形成的："留基波、德谟克利特、伊壁鸠鲁认为，感觉和理智是由从外面进入的影像形成。如果没有外界的影像，就不可能有任何感觉或理智。"（τὴν αἴσθησιν καὶ τὴν νόησιν γίνεσθαι εἰδώλων ἔξωθεν προσιόντων· μηδενὶ γὰρ ἐπιβάλλειν μηδετέραν χωρὶς τοῦ προσπίπτοντος εἰδώλου）④

赛奥弗拉斯特在《论感觉》里，对于原子论关于视觉和听觉方面的学说有很详细的记述："视觉由印象形成，德谟克利特说，这种印象有自己的特点。印象并非直接进入眼球，在眼睛和视觉形象之间有空气，由空气来连接视觉对象

---

① D.68，A119.
② D.67，A29.
③ D.67，A29.
④ D.67，A30.

和视者。"① 因为万物都有一种"流"（ἀπορροήν），经过复杂的过程，在空气中形成 εἴδωλα（影像），然后又印入眼睛，成为"印象"（αὐτὰ γὰρ ἐμφαίνεται τὰ εἴδωλα）②。听觉的产生，也是由外界通过气流给予耳朵甚至全身的③。然后，赛奥弗拉斯特又谈到轻、重的感觉，指出其原因在于大小和空隙的多少，还谈到酸、甜等味觉，都用原子的形状来一一加以解释。这些解释，当然都是幼稚的想象力的产物，在科学上是完全站不住的。

关于颜色的学说，也是如此。阿伯德拉学派以原子的轻、重、形状等区分颜色，当时纯属猜测。但正是在这种唯物主义的原子论的基础上，阿伯德拉学派却在原则上提出一个重要的思想，即感觉是外界作用于我们主观，是主观状态的改变，因而感觉是相对的，与主体的状况有关。

"影像"既然不是直接进入眼睛，而是要通过空气，这样，首先就要受到"改变"。同时，既然影像的印入是一种物质性的活动，因而感觉就是外界影像对感官流的影响和改变。"留基波和德谟克利特说，感觉和思想是身体的改变。"（τὰς αἰσθήσεις καὶ τὰς νοήσεις ἑτεροιώσεις εἶναι τοῦ σώματος）④ 我们知道，这个思想，对哲学认识论的发展作用是非常大的。感觉是感官得到规范、限制，这是直到近代还常说的哲学认识论的原理之一。

但是，根据这个前提，阿伯德拉学派强调了感觉的相对性，德谟克利特说："蜜有时是甜的，有时是苦的，因此蜜本身无所谓苦或甜"（ἐκ τοῦ τὸ μέλι τοῖσδε μὲν πικρὸν τοῖσδε γλυκὺ φαίνεσθαι ὁ μὲν Δ. ἔφη μήτε γλυκὺ αὐτὸ εἶναι μήτε πικρόν）。⑤

在德谟克利特残篇中，保存了大量的把真理与感觉对立起来的观点，从第6条一直到11条，再加上著名的第125条，都是在说，"人类离开真理很远"，"我们什么也不知道，只是对流逝的东西偶然发表意见"，"颜色、甜、苦都是习惯，事实上只有原子和虚空"等等。正如贝利所说的，"如果我们首先接触德谟克利特的广泛的残篇，给我们留下的印象是，他是一个坚定的怀疑论者。"⑥ 当然，贝利本人并不同意这个结论，因为正如许多古代学者已多次指出的，在阿

---

① D.68，A135（50）.
② D.68，A135（51）.
③ D.68，A135（55）.
④ D.67，A30.
⑤ D.68，A134.
⑥ 贝利：《希腊原子论者和伊壁鸠鲁》，第178页。

伯德拉学派的认识论体系中，灵魂（感觉）与理智是同一的，而且感觉是理智的基础，二者都具有真实性，无非感觉所掌握的是表面的、现象的真理，而理智所掌握的则是更深入的、本质的真理①。

3. 感觉与理智

我们刚开始研究这个学派时就曾指出，阿伯德拉学派是一个综合性的、庞大的哲学体系，它在宇宙论、本体论上把现象与本质联系起来。这种精神在认识论领域的进一步贯彻，就是把感觉与理智联系起来。我们认为，只有从这个观点出发，才能正确地解释"真理"与"现象"的真实性问题，才能解释为什么历史上会出现两种对立的记述；同样，我们也认为，只有从这种统一的观点出发，才能正确解释"感觉"与"理智"在认识上的作用，才能解释为什么会出现表面上矛盾的现象②。

根据费洛波诺斯的记述，阿伯德拉学派认为，νοῦς可以掌握真理，ψυχὴ可以掌握感觉的现象，而这二者是同一的，"因此，νοῦς的对象是真理，ψυχὴ的对象是现象"（ὡς γὰρ ἔχει ὁ νοῦς πρὸς τὴν ἀλήθειαν, οὕπως ἡ ψυχὴ πρὸς τὸ φαινόμονὸν）③。在这里，强调的是感觉与理智的同一性；这条记述，与萨克都斯的那条著名的记述和摘引，其精神是完全一致的。

> 在《论条规》中，〔德谟克利特〕说有两种知识。一种是通过感觉的，一种是通过思想的，他把那种通过思想的真实的知识叫做经过证明的可信的真实的知识，而把通过感觉的暧昧的知识叫做对洞彻掌握真理的阻碍者。他这样说："有两种知识，一种是真实的，一种是暧昧的。暧昧的知识是指：视、听、嗅、味、触，真实的知识则与此不同。"他把真实的知识放在暧昧的知识之上，说道："当暧昧的知识不再能产生一点视、听、嗅、味、触的感觉时，必须寻求一种更精细的知识，这时就产生真实的知识，这样就有了认识更精细的东西的工具。"④

---

① 因此，格思里认为在感觉问题上德谟克利特近似巴克莱主义（《希腊哲学史》第2卷，第440页），是我们所不能同意的。
② 参阅弗里曼：《前苏格拉底哲学家》，第310页。
③ D.68, A113.
④ D.68, B11.

萨克都斯这段话的总的意思还是很明确的，他是强调这两种知识的区别，但从他的记述不仅可以看出感觉对理智的阻碍作用，也可以看出它对理智的补充作用，即当感觉达不到时，理智就起主导作用。所以希波里特补充说道："肉体的眼睛看不到的东西，知识的眼睛可以掌握它。"（ὅσα γὰρ τὴν τῶν ὀμμάτων ὄψιν ἐκφεύγει, ταῦτα τῆι τῆς γνώμης ὄψει κεκράτηται）①

  νοῦς 的对象是真理，这个观点对阿那克萨哥拉来说，固然是一个很大的发展，它赋予了这个概念以纯粹认识的性质，就整个哲学认识论发展来看，也是具有开创性的。νοῦς 再也不可能被误解为"最精细的物质"，而是一种认识的功能，它的对象才是最微细的物质——原子，这种物质不是一般感觉所能掌握的，只有理智才能认识它的存在，而原子是构成一切可感事物的本质，因此只有理智才能掌握事物的真相；但是原子同样也是物质，有大小和形状，它和由它组成的可感事物在本质上是一致的，所以感觉和理智是同一的。

  然而，我们看到，在感觉和理智进一步的关系问题上，在怎样由感觉过渡到理智的问题上，阿伯德拉学派保持了沉默。一方面，因为这个问题需要一个很长的认识过程才能提到研究的日程上来，同时也是因为在巴门尼德长期把"真理"和"意见"对立起来以后，首先的问题是把二者统一起来，然后才是进一步研究如何统一的问题。因此，我们在阿伯德拉学派那里看到这方面的材料是很少的。但是，即使如此，阿伯德拉学派关于感觉与理智统一的观点还是有具体内容的，这就是说，在他们看来，感觉是理智的基础，我们对真理、对原子的认识，同样是以可感的现象为基础，是不能脱离可感现象的。据加兰的记述，在把感觉和理智作比较时，德谟克利特说道：

    可怜的家伙！你们从我们这里得到了证明，却要打倒我们！我们被打倒了，你们也完了。

    （τάλαινα φρήν, παρ' ἡμέων λαβοῦσα τὰς πίστεις ἡμέας καταβάλλεις; πτῶμά τοι τὸ κατάβλημα.）②

---

① D.68，B11.
② D.68，B125.

从这句话分析，在德谟克利特看来，理智的认识要由感觉来证明，离开了感觉，也就没有理智，因此理智与感觉不能互相反对，而是统一的。德谟克利特这段话显然是针对巴门尼德说的，认为巴门尼德把"真理"和"意见"对立起来，以理智来反对感觉是"可怜的""愚蠢的"。同时，德谟克利特也反对只承认感觉的真实性从而否定真理的客观标准的智者学派，肯定理智的重要性，联系到他关于名称的学说，所以一般都猜测在《论条规》里德谟克利特曾涉及到逻辑推理的问题，这当然是可能的；但我们绝不能像苏联的学者那样在既无第一手材料又无多少间接材料的情况下，煞有介事地宣布"德谟克利特是归纳逻辑的奠基人"[①]。

综合上述材料，我们可以看到，德谟克利特的认识论与他的自然哲学是完全一致的，他自觉地把原子论的基本哲学思想贯串到认识论中，解释了许多感觉现象，特别是他把自然哲学中本质与现象的统一的精神，贯彻到认识论中去，强调了感觉与理智的同一性，为以后认识论的分别发展进一步打下了基础。

四、德谟克利特的伦理学

我们现在面对的是为数不少的关于道德学说的残篇，其中绝大多数是一些道德的规箴，格言式的条文。这些残篇从内容到形式我们都并不陌生。古代自然哲学家主要兴趣在于找出万物的物质性的始基，研究自然现象，他们的伦理思想大半是一些人生格言，没有多少哲学意义，有的甚至还很保守、落后，如毕达哥拉斯、赫拉克利特等。德谟克利特所处的时代，智者学派已开始活跃，苏格拉底哲学已在形成中，探讨人生的哲学意义的伦理学作为哲学的一支，也在形成过程中，因此，德谟克利特对这个支派给予更多的重视，也并非不可理解的事。但是数量众多的德谟克利特的道德哲学残篇，在他的整个哲学体系中显得那样不协调，以致我们在这一堆材料面前变得为难起来。

1. 关于材料问题

关于材料问题，首先是这部分残篇与整个德谟克利特哲学思想的关系问题，

---

① 敦尼克、约夫楚克等主编：《哲学史》第1卷，三联书店1962年版，第101页。

其次是这部分材料（指D.68，B35-115和B169-298这两部分）的真伪问题。因为正是由于德谟克利特的道德残篇与他整个哲学思想缺乏内在联系，差距太大，加上还有作者名字[①]等问题，引起了许多学者对这部分残篇真伪的怀疑。

应该承认，德谟克利特的伦理学残篇与他的整个哲学思想的确没有多大联系，尽管有一些学者试图把二者联成一体，但成效都不大[②]。当然，我们不能要求古代的哲学家也要有现代哲学家那样严密的、首尾一贯的体系，各个领域思想脱离的情形在古代是屡见不鲜的，如毕达哥拉斯的科学观点、哲学观点和宗教观点之间的脱节，正是在伦理学方面，赫拉克利特的残篇也有这个问题；但是，同时我们也应当看到，德谟克利特在力图把他的原子论观点贯串于认识论领域时是非常自觉的，但却完全不注意把原子论与伦理学联系起来，这无论如何总是一个可疑的现象。

不仅如此，我们知道，尽管关于留基波的记述和残篇为数都很少，但原子论和认识论这两部分的材料总的方面都涉及到了，其基本观点与德谟克利特是完全一致的。但在留基波那里，恰恰没有一条有关伦理学的材料，而有关德谟克利特伦理学的材料记述，又都是较后的事[③]，因此有的学者干脆完全否定这部分材料的可靠性[④]。

根据残篇的内容以及上述各种情形，我们几乎倾向于认为有关德谟克利特伦理学的残篇是假的，但是鉴于当代最有权威的考证尚未得出最后的结论，我们暂时同意格思里教授的意见，他在论述材料的可靠与否时，采取怀疑的态度，但在具体论述时，则采取第尔斯的态度，即既不能完全否定，也不能完全肯定[⑤]。

2. 德谟克利特伦理学残篇的中心思想——怡悦（εὐθυμία）

也许εὐθυμία这个概念是德谟克利特伦理学残篇中最富有哲学意味的范畴，如果它不是经过后来改造过的话，我们就应该着重研究它。然而，我们发现，即使这个概念，也不是没有疑问的。εὐθυμία这个词不见于Democratos的沉思

---

① 残篇35-115题名为Democratos。
② 参阅贝利：《希腊原子论者和伊壁鸠鲁》，第186页；格思里：《希腊哲学史》第2卷，第489、496页。
③ 格思里指出，包括柏拉图、亚里士多德在内七百多年来没有人知道德谟克利特的伦理学材料（《希腊哲学史》第2卷，第489页注三），我们认为这一点是很重要的。
④ 参阅蔡勒：《希腊哲学史》（英译）第2卷，第208页注一。
⑤ 格思里：《希腊哲学史》第2卷，第490页。

录，只是斯托拜乌斯（Stobaeus）摘引过，于是我们不得不把这两部分在意义上勉强联系起来。

我们知道，古代朴素的道德标准是离不开感觉的愉快与否的。在古代，善（ἀγαθὸς）、美（καλὸς）完全可以通用，都不脱离感性的愉快与有用。因此，怡悦（εὐθυμια）首先也需要一定的感性的快乐。残篇说："快乐和不适构成了那'应该做或不应该做的事'的标准。""快乐和不适决定了有利与有害之间的界限。"①所谓"生活而无宴饮，就像长途跋涉而无旅店一样"②，于是有许多残篇就教导人如何有效地得到愉快，避免不快。

一切主张享乐为道德标准的学说，都不会忘记强调"节制"，于是"无节制的欲望是一个儿童的事，而不是成人的事"③，"应当拒绝一切无益的享乐"④等等，这就是古代希腊传统的"中庸"的伦理思想。凡事需要"合度"，一切超过界限的事都是坏的。"恰当的比例是对一切事物都好的，不论豪富或赤贫在我看来都不好"⑤，宣传的乃是一种"小康之家"的生活理想。

既然强调"节制"，就不能完全由欲求支配，"节制"的掌握在于有智慧，因此智慧往往成为达到真正愉快的手段。

但是，德谟克利特伦理学残篇的思想还不仅如此，在精神和肉体的关系上，残篇的思想有了更进一步的发挥。总的来说，残篇固然不排斥肉体的、感性的愉快，但更加重视精神上的宁静。精神宁静与肉体愉快二者的结合，在伦理学上就达到生活的最高境界：怡悦。

残篇说："怡悦的人永远不得不做正义的并为法律所许可的事，他不论白天黑夜都轻松愉快、勇往直前并且无忧无虑。但对那蔑视正义并且不尽自己的义务的人，当他想起某种错处来时，这一切都只有使他烦恼。他总是在忧虑，并且自己折磨自己。"⑥并且指出："幸福不在牲畜和黄金，灵魂才是幸福的住所。"（εὐδαιμονίη οὐκ ἐν βοσκήμασιν οἰκεῖ οὐδὲ ἐν χρυσῶι· ψυχὴ οἰκητήριον δαίμονος.）

因此，作为生活的目的的怡悦，不是狭义的感性的愉快，而是精神上的、

---

① 北京大学哲学系编译：《古希腊罗马哲学》，第107、114页。
② D.68，B230.
③ 北京大学哲学系编译：《古希腊罗马哲学》，第109页。
④ 同上。
⑤ 同上书，第111页。
⑥ D.68，A174.

灵魂的宁静。灵魂的幸福就是怡悦。①

也许，从这里，我们可以把这个意思与德谟克利特整个哲学思想联系起来。怡悦不仅是感性的，而且也是理智的；感性与理智在伦理上的统一，也许反映了本体论上本质与现象、认识论上感觉与理智相统一的基本立场。当然，这种联系只是我们的理解，并没有材料的根据。

但从这里可以看出，伦理学残篇的主导思想是强调精神上的幸福，在这个前提下不排斥物质的、感性的愉快。"凡期望灵魂之善的人，是追求某种神圣的东西，而寻求肉体快乐的人则只有一种容易幻灭的好处。"②"对人来说，精神与肉体二者应该更注意精神。精神的完善可以弥补躯壳之不足，但如果没有智慧的精神，躯壳再强壮也没有用。"③这样，智慧又不仅是达到身体愉快的手段，而且是灵魂自身的幸福，是幸福的最高境界，这种境界就叫做怡悦。

除此以外，我们还在众多的伦理学残篇中发现这样一个有意义的思想，即知识与道德的联系问题。我们知道，知识即美德、无知即罪恶，这本来是苏格拉底的著名思想，把伦理学与知识结合起来，使伦理学摆脱人生格言式的老生常谈，提高到道德哲学的高度，这在伦理学史上是很大的贡献。然而，这个思想我们在德谟克利特伦理学残篇中也看到一点先声的印迹。残篇第83记载道：

罪恶的原因在于对美好的事物的无知。

（ἁμαρτίης αἰτίη ἡ ἀμαθίη τοῦ κρέσσονος.）

这里用了一个"无知"（ἀμαθίη），我们不妨把这个思想与后来的发展联系起来考虑，这样可以对这条残篇给以更多的重视。

3. 德谟克利特的无神论思想

德谟克利特是古代杰出的无神论代表人物，他的传统可以直接追溯到克萨诺

---

① 格思里主张 εὐθυμία 译成 cheerfulness，以区别于 pleasure（《希腊哲学史》第2卷，第492页）。
② 北京大学哲学系编译：《古希腊罗马哲学》，第107页。
③ D.68，B187.

芬尼,并且把无神论思想与原子论理论自觉地结合起来,在古代是十分可贵的。

我们看到,从基本理论上说,原子论与有神论(无论一神或多神)是不相容的,原子不需要第一推动力,不需要 ψυχή,也不需要 νοῦς 来推动。原子是物质的,在虚空中永动的,因此,在原子组成的世界,没有神的存身之处。世界不是神创造的,不是神推动的,"闪电并非宙斯投掷"①,世界是永恒的原子的运动。

不仅如此,德谟克利特还进一步揭示了产生神的观念的原因在于自然界的怪异现象,人们无法解释时,就产生神的观念。萨克都斯说,德谟克利特认为,在人看到天象方面的怪异现象,如响雷、闪电、日蚀、月蚀等,就以为神是这些现象的原因②,其实,在德谟克利特看来,天上的那些怪异现象和地上的现象一样,都是自然而然出现的,并非神的创造③。德谟克利特还批驳了一些迷信观念,如乌鸦叫、公鸡啼、猪发狂等并非象征着未来的幸与不幸,也只是一些自然现象而已。④

尤其值得重视的是,德谟克利特还进一步用原子论的原理来解释为什么会产生神的观念。他认为,神的观念也只是一种"影像",它们充满于空气中,这些"影像"中有的是对人有利的,有的则有害,因此人们就趋利避害。有些"影像"很巨大,虽然不是不朽的,但却是持久的,而且可以预示未来的变化,所以古人就以为这些影像是神。⑤

我们看到,把神的观念与"影像"联系起来,以"影像"论来解释神的观念的产生是很新颖的。这样,就为神的观念的产生不仅找出心理上的根源,而且也找出了认识上的根源。

我们知道,本质(原子)是没有"影像"的,只有原子组合成的具体事物才有"影像",为人所见,因此,就为神的观念不是对本质——原子的把握,而只是对现象的一种解释——而且是非自然的、错误的解释。

当然,德谟克利特这些无神论思想是很片断的,很不系统的;但他是我们在古代思想家中所能遇到的少数真正自觉的无神论哲学家之一,因此,他的这些材料是很宝贵的。

---

① D.68,B152.
② D.68,A75.
③ D.68,A99a.
④ D.68,B147.
⑤ D.68,B166.

第九部分　早期智者学派与前苏格拉底哲学的终结

一、早期智者学派的历史地位

很长一个时期智者派的名声不太好，"σοφιστής"成为贬词，这个词的形容词在欧洲许多种语言中，至今仍然是"诡辩的"意思，因此，"智者派"又可译为"诡辩派"。

最初攻击智者的是柏拉图，这本来是很自然的事，因为智者是柏拉图的直接对手，柏拉图可以对原子论、德谟克利特保持绝对沉默，当然也可以对智者们横加指责。尤其在古代，对于直接论战的对象，更加难免施加夸大甚至歪曲的手法。如果说，在柏拉图的著作里对智者的批评还维持了学术上的严肃性，给予对手（特别是智者中的头面人物如普罗塔哥拉斯和普罗底柯斯等人）以应有的尊重的话，那末在旧喜剧作家那里，智者们更成为嘲笑、讽刺的对象，被丑化得不像样子。

柏拉图、亚里士多德的影响当然是很大的，因此一直到近代初期一些哲学史家还是认为智者学派毫无价值，简直是一团混乱[1]；然而，即使在古代，智者们并没有被完全否定，甚至在罗马帝国时期，"智者"这个名字还保留了某些尊严[2]，其原因也许是罗马的作家尚能体会柏拉图、亚里士多德的真意只是把智者们当作论敌来批判，而并非全盘否定。

按照蔡勒的说法，黑格尔是近代第一个铺平深刻理解智者历史地位道路的

---

[1]　参阅蔡勒：《希腊哲学史》（英译）第2卷，第498页。
[2]　参阅弗里曼：《前苏格拉底哲学家》，牛津，1959年，第342页。

人①。黑格尔在他的《哲学史讲演录》中说:"我们要把这个(即指"智者"——引者)坏的意义抛在一边,把它忘掉。相反地,我们现在要进一步从它的积极的方面,严格地说,即是从科学的方面,来考察智者们在希腊究竟占据什么地位。"②

从一个外在的方面,也可以看出柏拉图、亚里士多德是把智者当作直接的论敌来不惜加以丑化的。智者们常受攻击的一点是他们收学费、爱财,是智慧的商贩,甚至是知识的"妓女"③。事实上,现代学者一致指出,当时一切教师,包括画家、音乐家、演员、修辞学家、体育家等都是收费的④,至于智者中(尤其后期)出现一些以骗钱为目的的人,则与智者作为一个学派无关。

在现代的学者中,全盘否定智者的人几乎没有了。由于原始材料的整理,智者由早期到后期的发展线索比较清楚,对于早期智者在希腊思想史上的重要性,也就更加明确了。

1. 何谓智者

柏拉图、亚里士多德贬低"σοφιστής"("智者"),抬高"φιλοσοφία"("哲学家"),本身也只有文字上的意义,因为事实上,"σοφίη"要比"φιλοσοφία"用得早,而"σοφιστής"和"φιλοσοφία"则同时为希罗多德所使用⑤,并没有褒贬之意。在古代,正如大多数学者所一致指出的,一切有智慧的、聪明的、在理解力或某种技能方面出人头地的,都被叫做"Sophists"⑥,这样,梭伦、毕达哥拉斯固然可以叫做"智者",苏格拉底更是当之无愧,就连伯利克里的音乐老师德蒙(Damon)也被普罗塔克叫做"智者"⑦,只是到了柏拉图、亚里士多德,才习惯于把"智者"指作从普罗塔哥拉斯这个系统下来的一批学者。

也许,智者作为一个学派即"智者学派"来说,只包括普罗塔哥拉斯、高

---

① 蔡勒:《希腊哲学史》(英译)第2卷,第498页注二。格思里教授说蔡勒是最后一个坚持智者败坏哲学的人(《希腊哲学史》第3卷,剑桥,1969年,第11页),可是蔡勒在他的《希腊哲学史》中却明确说过,从全盘否定到承认智者的功绩是历史的进步(见英译第2卷,第498页)。
② 黑格尔:《哲学史讲演录》第2卷,第7页。
③ D.79,A2a.等处。
④ 参阅蔡勒:《希腊哲学史》(英译)第2卷,第439页;格罗特(Grote):《希腊史》,人人丛书,第8卷,第325页注二。
⑤ 参阅宇柏威格:《哲学史纲》第一部分,古代,柏林,1880年,第2页。
⑥ 参阅格罗特:《希腊史》,人人丛书,第8卷,第312—313页。
⑦ 普罗塔克:《伯利克里传》,《名人传》第1卷,人人丛书,第229页。

尔吉亚等这个说法也有一定的历史根据,即他们是第一批希腊职业教员,以从事教学为生。我们知道,古代许多文化方面的工作如演戏、教书等虽然也都可能有报酬,但大多数是业余的,不是终身职业,而智者学派这一批人却以教书为生,所以是第一批职业的教育家,因此,我们也按照习惯,在指出"智者"的广泛的意义后,把"智者学派"限于指普罗塔哥拉斯以来的这一批学者。

然而,从现存的原始材料来看,这一批人的观点是很不相同的,无论哲学、科学、伦理学方面,都各说各的道理,并没有明显的相同的立场和观点,因此就有许多学者认为"智者"不能成为一个"学派"。格罗特就认为,智者除职业相同外,则别无其他的共同点,因此"智者们"只是一个阶层,而不是学派①。

这种看法不无道理,事实上,这个学派的创始人不是一个,而是两个:普罗塔哥拉斯和高尔吉亚,而他们有不同的师承,不同的经历,不同的甚至对立的哲学观点,而也许居然没有什么材料能证明他们两人有什么个人的交往。然而,我们还是准备同意多数学者的意见,即"智者们"除了职业相同外,在学术工作上还是有其他一些重要的相同之处的。蔡勒曾经概括过智者们的一些共同特点,如轻视理论、注重实际、公开的怀疑主义等②,都是应该充分重视的。

我们认为,在学术工作方面,至少有两点值得注意:首先,他们都把论辩术、修辞学提到教学的首位,其次他们都对神的存在表示怀疑。因此,我们可以说,除了在语言学、修辞学、论辩学方面外,对于其他的学说,智者们都提出挑战,也就是说,智者们对传统的文化,采取了怀疑、否定的态度,而建立、发展了一门新的学科,即语言学、修辞学。

按这种观点,智者们固然可以看成一个学派,但是否可以说是一个"哲学学派"?这又是一个很严重的问题。提出这个问题,并不是没有根据的。普罗塔哥拉斯的确有几条有重要意义的哲学残篇,但大多数还是修辞学方面的,再加上他的师承成了问题,那末对那几条哲学残篇的真实意义就不易深入;高尔吉亚固然有较多的哲学推理,但他却只教授修辞学,而对那些推理似乎还有一些史料上的问题,因而,所谓"智者学派"在哲学史上(而不是语言学史上)的地位,自然就发生了问题。

---

① 格罗特:《希腊史》,人人丛书,第8卷,第333页。
② 蔡勒:《希腊哲学史》(英译)第2卷,第497页。

也许正是因为这些原因，耶格尔（Jaeger）在他研究希腊文化的著作中，把智者学派当作教育学派、文化团体来处理。他注意到，亚里士多德在《形而上学》中谈到哲学史时，排斥了智者[1]，因此他提出一个值得注意的观点，即智者是接续诗人的传统，是荷马、赫西俄、梭伦、塞奥格尼（Theognis）、西蒙尼德（Simonides）和品达（Pindarus）的继承者[2]。这样，他不主张光从哲学、伦理学上来评价智者，而是要从教育学上来评价，这一点同样是重要的。于是，耶格尔把智者和文艺复兴时期的人文主义者相比，认为他们是启蒙者、第一批人文主义者[3]。

毫无疑问，智者是古希腊哲学的启蒙主义者，这对当时整个希腊思想来说是这样，对于当时雅典的思想来说，尤其如此。当然，当时的启蒙主义不仅是智者，像阿那克萨哥拉、恩培多克勒、德谟克利特等，同样是对保守的传统思想具有摧枯拉朽作用的思想勇士。但智者的职业，使他们更像后来的人文主义者。他们虽然不大注重讲授自然科学知识［后来的希匹阿斯（Hippias）除外］，但他们注重实际利益的整个思想体系，却是在更早的时代，体现了与后来人类思想发展相似的某些特点。

哲学不是脱离时代的。不同形态的哲学体系，曲折地反映了一定的时代的要求和特色。智者的哲学，同样也是他们所处时代的产物。那是一个解放的时代，一个繁荣的时代，同时也是一个奴隶制的时代。在那个时代，他们的一切学问，无论伦理学也好，修辞学也好，论辩术也好，都蕴藏着一个哲学的原则，一个思想体系、意识形态的原则，而他们都是个人主义的、怀疑主义的、相对主义的。不可能想象，柏拉图会把一个没有哲学原则的修辞学派当作自己的主要论敌之一。

2. 古代希腊奴隶主民主制和智者学派

智者学派所处的时代是古代希腊的全盛时期——伯利克里时期。这是一个令人兴奋的时代。伯利克里在牢固地掌握政权后，继承、发展了克里斯提尼的

---

[1] 耶格尔:《Paideia：希腊文化的理想》，英译本，牛津，1939年，第291页。
[2] 同上书，第293、297、298、299页。
[3] 同上书，第293、297、298、299页。

奴隶主民主制的传统，在政治、经济、文化上进行了多方面的改革，他在雅典鼓励科学文化，重视建设，吸引了希腊各地的人才，使雅典成为当时的文化中心。伯利克里本人以身作则，置家园以不顾，忙于政事，与当时进步的人士为友，拜阿那克萨哥拉为师，在政治上千方百计地保护他们，以便他们自由地发表意见，与保守的传统思想斗争。

奴隶主民主制首先是在奴隶主自由民中实行政治上的平等，凡雅典城邦自由公民，人人都参与政事，发表自己的意见，不是靠出身，靠权势，而是靠意见的正确来取得公众的信任。凡有兴趣、有才能的自由民，都可以参加各种科学、文化活动，可以公开演讲，可以参加奥林匹克的比赛，可以演出自己的剧本。为了保障贫穷的自由民也能参加政治、文化活动，伯利克里还颁发了公职津贴和戏剧津贴。法律不再是君王的意志，也不再是传统的习惯，而是要写成文字，公之于众，使人人得以据理解释、运用。因此，法庭上的判决，也不再靠对神起誓，而要靠据理力争，不再靠请专门的讼师，而可以亲自辩护。这一切，虽然限于极小的范围，即限于奴隶主内部，但比起贵族寡头制来说，仍不失为一幅美妙的社会图景。

果然，正是靠了这种制度，雅典为全希腊树立了榜样，成为古代科学、文化、哲学、经济繁荣的纪念碑。

这种生动活泼的政治局面，在思想上必定出现百花齐放的盛况。那时并非没有矛盾、斗争，传统势力仍然很大，阿那克萨哥拉就因为说了太阳是火石差点送命，在伯利克里力保下被迫离开雅典，普罗塔哥拉斯也因怀疑神的存在，在雅典不能存身；但民主制正在巩固，思想正在解放，各种意见都有发表的机会，一时间也许眼花缭乱，固然更有些意见是钻牛角尖的，搞文字游戏的，甚至奇谈怪论、胡思乱想的，但这个阶段却预示着人类思想的大丰收，孕育着一个巨大的思想体系。现在，几乎所有的学者都公认，没有智者学派，就很难设想苏格拉底、柏拉图和亚里士多德[①]。

的确，这是一个百花盛开的时期。正如蔡勒所说的，这个时期，出现了政治家伯利克里、历史家修昔底斯、建筑家费底亚斯和戏剧家索福克勒斯、欧里庇底斯、阿里斯多芬[②]，他们其中每一个人都堪称伟大，而希腊的民主制则为这

---

① 参阅耶格尔：《Paideia：希腊文化的理想》，英译本，牛津，1939年，第288页。
② 蔡勒：《希腊哲学史》（英译）第2卷，第500页。

些闪烁的群星提供了广大的宇宙，为这些灿烂的花朵提供了肥沃的土壤，离结出丰硕的果实已为时不远了。果然，苏格拉底、柏拉图、亚里士多德这几位古代欧洲智慧的巨星应运而生。

希腊智者学派是古代希腊哲学前苏格拉底时期的最后一个学派，这个学派处于民主制的极盛时期不是偶然的。古代智者学派的命运也就是古代希腊奴隶主民主制的命运。智者派的衰落，反映了雅典民主制的衰落。古代希腊早期奴隶制度，只有在斯巴达贵族寡头集权和雅典民主两种制度充分表演之后，柏拉图、亚里士多德这样一些大思想家才在前人的经验的基础上来一个大总结、大提高。这就像资产阶级革命经由意大利文艺复兴、英国和法国的不同类型的革命和制度，才产生像康德、黑格尔这样在哲学上的大总结、大提高一样。经过总结、综合，总是比较全面的，要考虑正反两面的经验教训，因而表面上看起来，康德、黑格尔不像洛克、卢梭、狄德罗那样激进，但在哲学的深度上，却是他们的前辈所不能比拟的。的确，历史的发展常常是不平衡的，不但康德、黑格尔失去了洛克、狄德罗那种激进的精神、活泼大胆的思想，柏拉图、亚里士多德同样也失去了智者们的生动活泼的精神，虽然在哲学深度上成为古代的典范。

我们认为，只有从这样一种社会历史背景才能理解智者学派在哲学上的共同特点：个人主义、相对主义、怀疑主义的基本倾向。

我们可以想见当时雅典人民那种意气风发的精神面貌。由于政府能够倾听每个公民对政治的意见，因此每个雅典公民（除妇女外）都有一种主人翁的感觉，他们以天下为己任，关心城邦大事，肯于也敢于发表自己的意见，勇于辩论，坚持自己所认为正确的，反对甚至讽刺、挖苦自己所认为错误的；他们都很自重，因为雅典的公民是"自由民"，他们自己是独立的，有时甚至是自以为是的，但他们的目的只有一个，即做一个城邦的好公民，在他们看来，城邦的富强，不是别人的事，而是自己的事，城邦的统一和自己的独立完全是一致的。为了繁荣富强、团结一致，他们也要克制自己不适当的欲望，这是自然的要求，他们也要学习、锻炼，但这种克制是自觉的，这种学习、锻炼是自由的。在作为一个好的公民所必需的体力和智力方面的锻炼中，人们可以自由选择自己喜爱的品种……

这就是古代雅典人民曾经一度有过的精神面貌，这种面貌由于社会矛盾的发展其持续时间并不很长，但曾经持续过一个时期却是历史事实。

智者学派的学说精神正是反映了这种精神面貌，普罗塔哥拉斯那条被黑格尔赞为"伟大的命题"①的名言——"人是万物的尺度"把当时希腊自由民的精神面貌作了精辟的哲学概括。这种概括当然是个人主义的、相对主义的，最终会导致怀疑主义，但在当时却曾经是自信的、积极的精神写照。

智者们所共同从事的教育科目：修辞学，也正是在这种总的精神的指导下进行的。既然每个人本身就是事物的尺度，也就无所谓客观的、朴素的真理，而只有以修辞学——以语言的技巧来加强自己的论证，学习了这种技巧，可以使弱的论证变成强的论证。我们将会看到，智者们在修辞学、语言学方面是有相当的贡献的，他们的论辩技巧在当时是有很高水平的。高尔吉亚用爱利亚学派自己的论辩方法，推出了与爱利亚学派相反的结论，至今仍不失为一篇很好的论辩范文。

智者学派这种修辞学技巧，一方面以个人主义、感觉主义为基础，另一方面是以承认对立学说的必然性为前提。普罗塔哥拉斯认为对任何事物，都可以有两种相互对立的学说②，在具体论证中进一步发挥了芝诺的揭露矛盾的技巧。修辞学技巧，侧重于择善而从，发展到极端，则无论真伪；这种观念，同样也是公民大会上各抒己见，从纷繁对立的意见中选择最有利的一种付诸实施的现实的反映。民主制不回避矛盾，而是肯定矛盾的合理性，使之充分展开，这种原则，在希腊民主制全盛时期起过积极的作用。

3. 智者学派在古希腊哲学史上的地位

古代希腊民主制的兴盛，使哲学思想由一元论向多元论转化，由一个中心向多中心转化，古代哲学家提出的 ἀρχή，由一种物质形态生化万物，逐渐地转化为多种形态，由泰利士的"一"——水，转化为恩培多克勒的"四"——水、土、火、气，再由有限的物质形态，转化为阿那克萨哥拉的无限的"种子"。这种以物质为基础的多元论在古代的最高概括就是阿伯德拉学派的原子论。原子

---

① 黑格尔：《哲学史讲演录》第2卷，第27页。
② 格莱赛（Graeser）在最近的文章中指出"人作为尺度"的命题有主观主义和相对主义两种解释，他的区别是很精细的，但他概括普罗塔哥拉斯的思想为"矛盾的不可能性"（见西德《哲学研究杂志》1978年第3期）似乎不易理解，在我们看来，应该是"矛盾的不可避免性"。

是"一"又是"多",原子是自满自足的,没有空隙,独立的,可以相互结合生化为万物的形态,但本身又是不变的。

我们以后还要详细谈到,近代许多学者否定了普罗塔哥拉斯作为德谟克利特的学生这一记述,但我们认为,如果把古代原子论从留基波到德谟克利特作为一个统一的学派来看,则不能否认原子论学说对智者学派特别是普罗塔哥拉斯的思想影响。普罗塔哥拉斯的"人是万物的尺度"这一命题正是原子论哲学基本原则在社会生活中的进一步发展和应用。生活在民主制社会中的每个自由民,都是一个小"原子",它有自身的独立性,自满自足,怡然自得,它拥有自己的全部独立性与别人发生关系,与别人结合成为城邦,城邦人民之间固然需要协商,以便结合成为统一体,但在这个统一体中,每一个公民又是自由的,仍然不失去"原子"的独立性,他们无懈可击,每个人的意见都是真理,不仅应该容许发表,而且应该认真倾听,认真对待。这样一种"封闭的""原子"各行其是,当然会发生"碰撞",万物正是在原子的漩涡碰击中变化生长,矛盾、对立、冲突毫不可怕。无论是悲剧的深刻的震撼——如《安提哥尼》中所暴露的"成文法"与"不成文法"的冲突,或是喜剧的指名道姓的夸张甚至丑化——据说伯利克里就是旧喜剧家最主要的嘲笑对象之一①,都动摇不了每个人的坚强的信心,也只有这样的人民和领导人才能欣赏具有这样大的刺激性的戏剧而处之泰然。

"原子"有大小,有轻重,人有强弱,强者自然为王,正如大原子在撞击中推走小原子一样;但无论大小,仍然是原子,无论强弱,仍然为"人",能者多劳,强者任重,这是自然的规律,法律正是限制强者,免其滥用权力,而保护弱者的正当的权力。这种理想,即使在民主制的黄金时代,当然也只是一种空想,甚至伟大的历史家修昔底斯都批评伯利克里执政只是名义上的民主,实际上仍是贵族政府,以一个伟人作为最高权力②。

的确,从历史发展的角度来看,这种奴隶主的自由的"原子"式的民主制,是一种不能持久的虚假现象。道理很简单,要维持这样一种"原子"式的生活必须要有相当的物质经济基础,而在古代奴隶社会,这个物质经济基础,不是

---

① 参阅普罗塔克:《伯利克里传》,《名人传》,人人丛书,第1卷,第239页。
② 同上书,第233页。参阅本书第一部分。

"原子"们自己提供的，相反，却是不是"原子"的奴隶提供的，这些奴隶不是"人"，当然不是万物的"尺度"，他们只是会说话的"工具"，本身是万物中之一"物"。因此，古代希腊民主是奴隶主的民主，绝不是奴隶的民主，因而不是社会大多数成员的民主，更不是全体成员的民主，而只是少数人的民主。在这种条件下，所谓"民主"在事实上是极其有限的，而且常常是被歪曲了的。"原子"事实上不是自满自足的，他需要从外面供给衣、食、住、行，他们是"有闲阶级"，不事生产成为他们这批有文化修养的"原子"的必要条件。事实上他们不是真正意义上的"人民"，而是一些"精神贵族"。用别人创造的物质财富来维持自己的"自由"，当然是不会太久的，于是古代希腊民主制发生了深刻的矛盾，这种矛盾很快发展成畸形的状态：大部分自由民日益贫困，物质财富高度集中于极少数大奴隶主手中，雅典城中有一些自由民，其生活甚至不如有些奴隶（特别是家奴）[①]。希腊奴隶主民主制发生了深刻的危机。

这种社会危机反映在智者学派后来的发展上，进一步显示出个人主义、主观主义、相对主义的恶果。早期智者学说中所包含的消极方面，统统得到了恶性发展，理论上的多元论，发展成各行其是、自私自利、唯利是图，以致助长了社会的分裂；学术上的修辞学、语言学，变成了低级庸俗的文字游戏……这一切，如同它所反映的民主制本身一样，充分显示了它们都已完成了这一阶段的历史使命，走向了自己的反面。

为了从根本上维护奴隶制度，挽救这个制度免于崩溃，人们意识到民主制只是奴隶制的一种形式，人们想起了另一个类型——斯巴达的寡头制。那里虽然没有多少智慧的闪光，但却有一定的秩序；虽然没有百花盛开的花园，却有千顷良田；他们的头脑虽然空虚，但胃里却是塞得满满的。于是相当一部分人认为，与其七嘴八舌弄得没有饭吃，不如立贤者为王，听他一个人指挥。在这种条件下，出现苏格拉底、柏拉图这样划时代的人物，当然不是偶然的。

于是，强调"个人"、"特殊"的智者学派，就被强调"普遍"、"共相"、"理念"的苏格拉底、柏拉图学派所代替。感觉主义、个人主义、相对主义、主观主义，为理性主义、国家主义、绝对主义、客观（唯心）主义所代替。

---

① 参阅色诺芬：《回忆录》有关记载。

事实上，我们看到，在希腊民主制衰落以后，希腊的奴隶制并没有崩溃，马其顿的亚历山大开创了另一个时期——史称希腊化时期，而古代百科全书式的哲学家亚里士多德就是这个时期早期的人物。

我们认为，在这里，思想发展的线索还是很清楚的，这本来也是一般哲学史家都公认的事实。威柏尔（Weber）在他的《欧洲哲学史》中就曾经指出智者学派的问题是："只有个人、特殊、个性、原子就是一切，没有国家、社会与普遍东西的余地。"① 这里威柏尔特别把"原子"与"个性"、"个人"并列，是很有意思的，因为他认为智者的学说是综合了赫拉克利特"一切皆流逝"和德谟克利特的感觉主义的产物②。可是，自从普罗塔哥拉斯的师承在史料上成了问题后，这种朴素的说法已不为人重视。于是人们换了一种说法，说智者的学说，是综合了赫拉克利特的物理学和爱利亚学派的论辩方法③，这自然也是不错的，但一定要排斥智者学派与原子论之间的关系，而上溯于赫拉克利特，未免舍近求远。

我们马上就要谈到这个问题在材料方面的一些具体问题。

二、普罗塔哥拉斯——智者学派的奠基者

1. 普罗塔哥拉斯的师承问题

长时期以来，根据古代作家的记述，关于普罗塔哥拉斯的师承问题，没有发生怀疑，都相信他如伊壁鸠鲁最初指出的是德谟克利特的学生。按照第尔斯辑录的材料，我们有下列几条：

> 普罗塔哥拉斯是德谟克利特的学生。[D.80，A1（50）]
> 阿伯德拉的智者普罗塔哥拉斯是当地德谟克利特的学生……（D.80，A2）
> 阿特蒙诺的儿子普罗塔哥拉斯是阿伯德拉人，曾向德谟克利特学过哲

---

① 威柏尔：《欧洲哲学史》，巴黎，1925年，第47页。不知为什么，在英译补充本中，把这句话删去了。
② 同上书，第45页。
③ 参阅蔡勒：《希腊哲学史》（英译）第2卷，第507页。

学和修辞学。（D.80，A3）

德谟克利特的同乡和学生普罗塔哥拉斯提出了无神论的学说。（D.80，B4）

这些记述，辗转传录，没有什么牴牾的地方①，所以没有什么人怀疑过，多年来哲学史家都沿袭此说。可是这个传统说法，受到了近代学者的挑战。首先翻这个案的是蔡勒。蔡勒在他的多卷本《希腊哲学史》中谈到智者时说，传统认为德谟克利特是普罗塔哥拉斯的老师其最初根据为伊壁鸠鲁的信，而他认为该信攻击柏拉图、亚里士多德太粗野，因而是不可靠的②。蔡勒进一步指出，德谟克利特对智者的学说毫无影响。他认为，普罗塔哥拉斯的知识论不是建立在原子论的基础上，而是建立在赫拉克利特学说的基础上的③，然而奇怪的是蔡勒却又认为普罗塔哥拉斯比德谟克利特小20岁④。

事实上，更有力的论据是后来的学者从年代上的推算，但可惜的是，这种年代推算所根据的材料主要是柏拉图的对话。柏拉图在以普罗塔哥拉斯命名的对话中，让普罗塔哥拉斯现身说出，他与苏格拉底等人比起来是"父亲辈"（πάντων ἂν ὑμῶν καθ' ἡλικίαι πατὴρ εἴρ...）的⑤。据此，格思里教授按苏格拉底生于公元前469年推算，普罗塔哥拉斯作为"父辈"比苏格拉底当大20岁，所以他的出生年代应不晚于公元前490年，而德谟克利特生于公元前460年，则不可能是普罗塔哥拉斯的老师⑥。这个看法，目前几乎已被普遍接受，弗里曼在谈到智者时也说，断定普罗塔哥拉斯生于公元前490年最可靠，因此说德谟克利特为普罗塔哥拉斯的老师各方面都说不通。要使德谟克利特作普罗塔哥拉斯的老师，必须把普罗塔哥拉斯的出生推迟至公元前470年，而这与柏拉图的记述是完全矛盾的⑦。

看来，这个推算几乎可以成为定论了，但细想起来，还有一些问题不易解决。

---

① 在记述材料中，只有苏依德斯在谈到普罗塔哥拉斯的学生普罗底柯斯时说："凯奥岛的普罗底柯斯是自然哲学家和智者，与阿伯德拉的德谟克利特和高尔吉亚同时，是阿伯德拉的普罗塔哥拉斯的学生。"（D.81，A1）当然，这里的"同时"（σύγχρονος），也可以作"广泛的"理解。
② 蔡勒：《希腊哲学史》（英译）第2卷，第411页注四。
③ 同上书，第508页。
④ 同上书，第509页注一。
⑤ 参阅D.80，A5。
⑥ 格思里：《希腊哲学史》第3卷，剑桥，1969年，第262页及263页注一。
⑦ 弗里曼：《前苏格拉底哲学家》，牛津，1959年，第344页。

首先是柏拉图的对话在总的学说精神上固无可怀疑，但在细节上，尤其是时间、年代细节上，是否十分精确？我们感觉，有些学者在研究前苏格拉底时，对柏拉图记述前人的学说方面多采取不太信任的态度，而对于记述的人事、年代细节方面却不予怀疑，如对《巴门尼德》篇就是一个典型例子，这种态度是否可靠，是应该进一步研究的。柏拉图关于普罗塔哥拉斯的这条材料，过去的哲学史家并非不知道，不过只是把它当作柏拉图的讽嘲的笔法，未予重视而已，如宇柏威格在《哲学史纲》里就曾提到柏拉图的《普罗塔哥拉斯》篇（317C）那段话，但他认为对这段话不要太认真①，于是，年代的推算，最初的根据，无非是对柏拉图那段话的态度不同而已。

其次，否定了德谟克利特为普罗塔哥拉斯的老师，那末，普罗塔哥拉斯的老师又是谁？学说上受赫拉克利特影响自不待言，但没有任何材料上的根据来断定他们二人有任何接触。其实，不仅赫拉克利特，当时最有影响的哲学思想和哲学问题大概还是来自爱利亚学派，可是也没有材料说明普罗塔哥拉斯与爱利亚学派有什么直接的关系。

普罗塔哥拉斯与德谟克利特同是阿伯德拉人，这一点至今还没有人出来翻这个案。阿伯德拉是色雷斯的一个城，据说在波斯入侵时曾繁荣过一阵子，正是在这个期间，出了德谟克利特和普罗塔哥拉斯两个人才，而这个城的居民一般被认为是文化不高的②，很难想象，同在一个城的两位杰出的学者会"毫无关系"。

我们认为更加重要的还是学说上的关系。我们始终认为普罗塔哥拉斯的学说和原子论不是没有关系，而是很有关系。我们想再一次强调，留基波-德谟克利特的原子论是古代希腊奴隶主民主制的哲学概括，只有经过留基波、德谟克利特从宇宙论、认识论高度上的概括，才有智者学派把这个个人主义、感觉主义原则在人类社会中的具体运用，从而为苏格拉底、柏拉图哲学的发展开辟了新的方面。

2. "人是万物的尺度"

被黑格尔誉为"伟大的命题"的普罗塔哥拉斯的名言"人是万物的尺度"，

---

① 宇柏威格：《哲学史纲》（古代部分），柏林，1880年，第88页。
② 参阅斯密司（Smith）编：《古典字典》，"阿伯德拉"条。

虽然不像后来的哲学家解释得那样复杂玄奥，但的确孕育着人本主义的萌芽，在当时也是一个震撼传统的思想解放。

我们知道，所谓"尺度"（measure，λόγος），本来是南意大利哲学学派传统的概念，在古代，无论毕达哥拉斯的"数"或赫拉克利特的"λόγος"，都朴素地孕育于宇宙万物之中，因而"尺度"也就是在朴素意义上的万物的"规律"。不仅如此，由于古代思想的朴素性，既然宇宙万物归于一个"始基"，于是"尺度"同时也自然就与"始基"相结合。也许米利都学派的"始基""水"作为ἄπειρον是"无度"，至少南意大利学派的"始基""火"则是"有度"的。

巴门尼德把万物与"尺度"分离开来了，把"度"抽象化，使"一"、"必然"、"有度"、"λόγος"成为"真理"，而万物之现象被贬为"意见"。德谟克利特在唯物主义基础上把这两者结合了起来，但保留了不可感的原子，与在虚空中组合成可感的万物相区别，万物的根本的"尺度"就在"原子"与"虚空"本身。普罗塔哥拉斯则更进了一步，根本否认巴门尼德的"一"[①]，根据感觉主义认识论原则，把一切归结为人的感觉，于是巴门尼德的"真理"不复存在，只剩了"意见"。这种"意见"又不是古代米利都学派的"ἄπειρον"，不是"无度"，仍然是"有度"，"尺度"就在"意见"本身，人就是"尺度"，人就是"原子"。

我们已经看到，普罗塔哥拉斯的这个思想，一方面是自赫拉克利特以来包括德谟克利特在内的认识论上的感觉主义的必然产物，另方面，也是当时希腊民主制繁荣的自然反映。联系到当时的历史环境，大多数人都会同意这句名言是当时希腊自由民的精神写照。

根据记载，这句话原文是：

πάντων χρημάτων μέτρον ἐστὶν ἄνθρωπος, τῶν μὲν ὄντων ὡς ἔστιν, τῶν δὲ οὐκ ὄντων ὡς οὐκ ἔστιν（D.80，B1）。

这句话前半句没有文字上的问题，可以译为"人是万物的尺度"，问题在于如何理解"人"。但这个问题，正如许多学者指出的，只有在近代把"人"抽象

[①] D.80，B2.

化了以后才能发生；在古代，"人"就是活生生的、感性的存在，就是一个个的活人。所有的记述都证实了这一点（参阅D.80，B1柏拉图的记述，以及A13，A14，A17，A19，A20，A21a，B14等）。后半句话语言上很费解，这种语言显然是受爱利亚学派的影响，或者说是针对爱利亚学派的，我们把"ὡς"当成"how"（如何）解，把它读成：

如果万物存在，是怎样存在的，如果不存在，是怎样不存在的。

这样全句的译文就是：

人是万物的尺度，如果万物存在，是怎样存在的，如果不存在，是怎样不存在的。

我们感到，这样全句的矛头则集中针对爱利亚学派[1]，意思变得更加清楚，即存在也好，不存在也好，其尺度都是人[2]。

对于这句话现在有一部分学者更进一步区别了"主观主义"的理解和"相对主义"的理解，前者指可感之属性不存在于对象之中，后者承认存在于对象之中而只是各人感觉不同[3]。从原则上来看，相对主义和主观主义是一致的，如果明确承认可感属性的不以人的意识为转移，则就有真假问题，而普罗塔哥拉斯显然是取消了感觉的真假问题，甚至认为一切感觉都是真的[4]，这样也就取消了客观的真理标准。

3."一切都有两种对立的说法"

既然所谓"人是万物的尺度"的"人"是个体的、感性的人，那末这个

---

[1] 参阅格思里：《希腊哲学史》第3卷，第187页。
[2] 此句话的详细考订，参阅格思里：《希腊哲学史》第3卷，第189—190页。第尔斯采取慎重态度，把ὡς译成daß或wie。
[3] 参阅格思里：《希腊哲学史》第3卷，第184—185页；格莱赛：《普罗塔哥拉斯的驳难》（西德《哲学研究杂志》，1978年第3期）亦作这种区分。
[4] D.80，A1（51）.

"人"就不仅是"一",而且是"多",是统一"一"与"多"的"原子"。人对待万物的感受是不同的、多元的、变化的。这种"不同"归根结蒂是一种对立、一种矛盾。感觉现象上的对立性的差异和变化,是古代朴素的思想家所坚信不疑的。无论米利都学派或南意大利学派都承认这种对立的现象。毕达哥拉斯、赫拉克利特和巴门尼德把这种现象从客观上概括到哲学的高度,而智者学派则从主观上把这种现象提到应有的高度。柏拉图记述了普罗塔哥拉斯这方面的思想,指出冷、热、甜、苦等感觉,是相对不同的人说的,因人而异[①]。

智者学派在这方面的贡献,不是仅仅停留在感觉上,而是扩大到语言即逻辑方面,认为凡事都有两种对立的说法(道理)。第欧根尼·拉修斯记录了普罗塔哥拉斯这句话:

普罗塔哥拉斯第一个说,"关于万物都有两个相互对立的说法。"

(πρῶτος ἔφης δύο λόγους εἶναι περὶ παντὸς πράγματος ἀντικειμένους ἀλλήλοις.)[②]

这里"λόγους"当然是指"说法"、"语言"的意思,实际上即"道理"的意思,亦即凡事都有两个对立的"道理"。

后来,人们把这种说法,概括为对一切正题都可以提出反题:"希腊人说,普罗塔哥拉斯提出的原则是对一切说法提出相对立的说法。"[③]

应该说,在普罗塔哥拉斯的心目中,这种对立的语言并没有真假问题,因为一切感觉都是真的,表达这种感觉的命题也都是真的。我们看到,在这个理论的土壤中,蕴含着一切颠倒黑白、混淆是非、随心所欲、为我所用的劣根性,事实的发展果然也是如此;但在普罗塔哥拉斯当时,其主要意义还在于揭示矛盾的必然性,其作用与赫拉克利特、巴门尼德的辩证法不差上下[④]。

[①] 其实德谟克利特也已指出事物本身无所谓"冷"、"热",普罗塔哥拉斯不过是进一步加以发展而已。参阅格思里:《希腊哲学史》第3卷,第186页,并本书原子论部分。
[②] D.80,B6a.
[③] D.80,A20.
[④] 格思里教授指出,普罗塔哥拉斯的意思是同一主题可以赞成,也可以反对,矛盾是必然的(《希腊哲学史》第3卷,第182页);可是格莱赛却把普罗塔哥拉斯的意思概括为"矛盾的不可能性"(西德《哲学研究杂志》,1978年第3期)。

4. 语言学、修辞学和弱者、强者问题

两个对立的"说法"(判断),在普罗塔哥拉斯看来,固然没有与对象符合与否的真假标准,即没有直接的意义上的客观的真理标准,但并非完全没有标准。恰恰相反,正因为没有符合与否的标准,才能突出另外两条标准的作用,即有用、无用和逻辑上的标准,而这两个标准在普罗塔哥拉斯那里又结合为一个"强"、"弱"的标准。正是在这个意义下,智者们为自己的"语言学"、"修辞学"奠定了理论基础。

修辞学、演说术、论辩术的兴起,是当时时代的需要,至今我们还能想见当时雅典人民那种能言善辩的神态;但修辞学、论辩术被抬高到甚至是头等重要的地位,是我们现代人所难以想象的。也许,我们从智者的理论中能窥出一点造成这种现象的原因。

真理的客观标准没有了,人人都是真理的化身,都是"尺度",辩论的胜负,不在与事实符合与否,也不受什么实践的检验,而在于"驳倒"对方,也就是说,用语言本身的逻辑力量和修辞的力量来制胜对方①。这种用语言制胜对方的技术,在没有真理、没有是非的社会,当然是"头等重要"的了。

在这种思想支配下,智者们毫无例外地对语言学、修辞学下过一番工夫,在这方面是有相当的贡献的,即使从后来阿里斯多芬的讽刺中来看,智者们在纯洁希腊语言方面也作过一定的努力,只是到了后期才发展成为一种文字游戏。

使"弱者"变"强者",后来成为讽刺智者们诡辩术的一条罪状,实际上在普罗塔哥拉斯那里具有严肃的修辞学和论辩术的意义。亚里士多德显然不同意普罗塔哥拉斯的这种技巧,但他的批评还是严肃的。他说:

> 这就是"使弱的道理变强"。人们很正当地对普罗塔哥拉斯表示不满,因为这是错误的,是不正确的,只是表面上像是正确,其中只有修辞和论辩的技术。

---

① 后来竟发展到用手势、声音、突然袭击来"吓倒"对方(尤其是青年)。

(καὶ τὸ ἥττω δὲ λόγον κρείττω ποιεῖν τοῦτ᾽ ἐστίν. καὶ ἐντεῦθεν δικαίως ἐδυσχέραινον οἱ ἄνθρωποι τὸ Πρωταγόρου ἐπάγγελμα· ψεῦδός τε γὰρ ἐστιν καὶ οὐκ ἀληθὲς ἀλλὰ φαινόμενον εἰκός, καὶ ἐν οὐδεμιᾶι τέχνηι ἀλλ᾽ ἐν ῥητορικῆι καὶ ἐριστικῆι.)①

这里，ἥττω（弱）和κρείττω（强）都是指λόγον（语言、说法），具有修辞学、论辩术上的意义，起初并无"强词夺理"之意。当然，如果夸大这些技巧的意义，是不正确的，因为这种技巧只是语言形式方面的问题，所以亚里士多德说是"好像是"，但就连亚里士多德本人，在"工具篇"后又补充"Topics"（"正位篇"），只涉及论辩的技巧，而不涉及真理②，可见作为一门语言技巧，只要不夸大其作用，还是有意义的。普罗塔哥拉斯最初对语言句法作了分类③，在语言学史上的作用还是不可抹煞的。在他的教育下，他的学生普罗底柯斯在语言学方面有进一步的丰富和发展。

5. 神不可知

智者既然只相信语言自身的"强"、"弱"，否认认识内容的客观性，因而很自然，他们对客观事物的存在就采取了怀疑的态度。这在高尔吉亚固然如此，在普罗塔哥拉斯亦复如是。一切感觉都是主观的、相对的，而万物之各种属性无非是各人之感觉，可是对于具有最持久、最坚实、最有力量的"神"，是否也是这样呢？在普罗塔哥拉斯看来，同样如此。普罗塔哥拉斯对"神"采取一种怀疑的、否定的态度，这种态度，后来就成为智者学派的传统。

据记载，普罗塔哥拉斯的一部著作《论神》，其中有一段话是：

神是不能认识的，不知道是存在，还是不存在，也不知道它们是什么。由于这个问题的暧昧和人生之短促，给认识神带来了许多障碍。

---

① D.80，A21.
② 参阅刘易士（Lewes）：《哲学史传》，伦敦，1892年，第120页。
③ D.80，A1（53）(54)；A25.

(περὶ μὲν θεῶν οὐκ ἔχω εἰδέναι, οὔθ' ὡς εἰσὶν οὔθ' ὡς οὐκ εἰσὶν οὔθ' ὁποτοί τινες ἰδέαν· πολλὰ γὰρ τὰ κωλύοντα εἰδέναι ἥ τ' ἀδηλότης καὶ βραχὺς ὢν ὁ βίος τοῦ ἀνθρώπου.)①

这句话，激起了雅典人的反对，因为当时雅典在宗教方面还受传统思想的束缚，甚至要判处他死刑，因而他逃离雅典，他的书被当众烧掉。

其实，自从爱利亚学派的创始者克萨诺芬尼对"神"的观念的产生作出唯物主义的解释后，虽然不能说巴门尼德、芝诺是无神论者，但伴随逻辑思想的发展，必然对"神"的问题也要进行思考，不会再像以前那样完全陷于盲目的传说之中。因而普罗塔哥拉斯这种说法，一方面是他的哲学基本前提决定了的，同时也是当时确实存在着这种学说传统。因此，普罗塔哥拉斯（以及早一些时的阿那克萨哥拉和晚一些时的苏格拉底）受到控告，不仅是因为学说上的问题，也许还有更加直接的政治原因。

普罗塔哥拉斯这一思想，本来是很清楚的，他把不能认识神的主客观两方面的原因都说清楚了，但事实上不论在古代或近代对这句话的理解似乎也还存在着一些问题。

西赛罗在重复了"驱逐"和"烧书"的记述后，解释普罗塔哥拉斯这句话不是要在实质上完全否认神的存在，而是怀疑神在自然性方面存在与否：

(nec vero P., qui sese negat omnino de deis habere quod liqueat, sint non sint qualesve sint, quicquam videtur de natura deorum suspicari.)

普罗塔哥拉斯并不完全否认神的存在，因为这是很明显的，而只是怀疑神的自然属性，神是什么或不是什么。②

西赛罗这种解释，是把普罗塔哥拉斯往有神论那里拉，并没有多少根据。恰恰相反，联系到普罗塔哥拉斯的哲学前提，他要否认的，恰恰正是神的存在，而不是神的具体的属性。按照他的思想，每个人心目中无论怎样想神都是可以的，

---

① D.80，B4.
② D.80，A12.

但神究竟是否存在，则我们无法知道。不能因为我们心中有神，就说神一定存在。这里我们看到了反驳对神的本体论证明的最初形式，这个思想，似乎在高尔吉亚那里留有更多的材料。

可是，近代有些学者觉得，既然"人是万物的尺度"，就不能说我们不能认识神①。的确，"人是万物的尺度"可以有消极和积极的理解：积极方面说，个人是全知的，个人的感觉就是一切；消极方面说，个人是无知的，对于客观存在一无所知，所知者只是我自己的感觉。我们认为，后者是古代的倾向，而前者是近代才出现的倾向。我们从古人对感觉的朴素的理解，如恩培多克勒的流射说和德谟克利特的影像说等，都可以看出，在这些古人的心目中，我们的感觉与真正的对象是不同的，是经过感觉器官、空气等自然环节的，因此已有所改变。这一点，我们从高尔吉亚关于"存在"的推论中，也可以清楚地看出。

因此，这个"神不可知"的思想，是普罗塔哥拉斯"存在不可知"的潜在思想的普遍化，也是德谟克利特"原子"不可感的思想的继续和发展。

三、智者学派另一个奠基者高尔吉亚

1. 高尔吉亚的师承

高尔吉亚是西西里莱奥提诺斯人。他是恩培多克勒的学生，这一点没有发生过疑问。②据柏拉图的记载，高尔吉亚在自然观方面完全继承了恩培多克勒的学说，主张自然界有某种"流"，通过"孔道"与人的感官交流③，但主要的，高尔吉亚从恩培多克勒那里学得的还是修辞学。

我们知道，亚里士多德说恩培多克勒是修辞学的创始者，④但这方面我们一点具体材料也没有；现在，我们可以从高尔吉亚这里，得到某种证实，证明亚里士多德的论断是有根据的。⑤

---

① 参阅格思里：《希腊哲学史》第3卷，第234页注二提供的关于这个问题的讨论材料。
② D.82，A3，A10，A14，A4（2）；弗里曼：《前苏格拉底哲学家》，第355页等。
③ D.82，B4。
④ D.31，A25。
⑤ 格思里批评那种认为恩培多克勒修辞学之所以有名是因其学生的缘故（《希腊哲学史》第3卷，第270页注一），我们认为，可能恰恰相反，恩培多克勒的修辞学著作因其学生大大超出于他而不彰、不传。

根据记载，高尔吉亚不仅只教授修辞学，而且只相信修辞学的力量。柏拉图在以"高尔吉亚"命名的对话中让高尔吉亚自己说，他不相信医药的力量，而只相信演说术的力量①。我们看到，高尔吉亚这种态度，是与智者派的整个哲学原则相一致的。当人们取消了真理的客观标准以后，所剩下的只有语言本身的结构，从这里，也许我们也能体会出为什么自莱布尼兹以来一些哲学家要从研究语言结构来理解宇宙的规律的原因所在。

当然，古代的思想家没有走得这样远，他们还停留在朴素的阶段，对于语言学和修辞、演讲术来说，更是在初创阶段。

根据记载，高尔吉亚的修辞学、演讲术在当时非常有名，很受雅典人的重视，为他在德尔斐神庙里铸了一个全金的像②。

高尔吉亚的语言严密，大量运用了对比、排比、比喻和声韵的技巧，他为我们留下的几篇范文残篇，至今读起来还是兴味盎然。

但是，这些技巧很容易被滥用，只注意词句之雕琢，不注意内容，因而后来常常受到人们的嘲笑。正如第欧根尼·拉修斯所指出的："这些技巧当时被认为很新鲜而受到欢迎，如今已经用滥了，用得太多，就会受到嘲笑。"③特别经过柏拉图，他对这种只顾语言技巧的做法，尽情地加以讽刺，说这些人相信语言可以实现一切、解决一切问题；阿里斯多芬在剧本中则公开点名批评高尔吉亚，说他"靠舌头过活"，"春种秋收植葡萄，连采果子都用舌"④。这种批评固然是夸大了的，就高尔吉亚留下的几个短文来看，上述这种毛病并不太突出。

当然，我们对这几个短文的兴趣主要还在它们所体现出来的逻辑的力量。

2. 高尔吉亚三个短文残篇的性质问题

高尔吉亚为我们留下了三个比较完整的短文残篇：《论存在或论自然》、《海伦（Helena）赞》、《帕拉梅德斯（Palamedes）辩护词》。从内容方面说，正好涉及到哲学、伦理学和法律学三个方面的问题，其中最为引人注意的当然是

---

① D.82，A22.高尔吉亚的兄弟是个医生，同样是从恩培多克勒那里学来的；参阅D.82，A7（8）.
② D.82，A7（9）.
③ D.82，A4（4）.
④ D.82，A5a，译文用《阿里斯多芬喜剧集》，人民文学出版社1954年版，第337—338页.

哲学方面的残篇《论存在或论自然》。在这个残篇中，高尔吉亚用相当严密的推理，按照爱利亚学派的哲学推论，得出与爱利亚学派完全相反的结论。这篇哲理性很强的残篇，历来被认为是代表了高尔吉亚本人的哲学思想，因此就有普罗塔哥拉斯认为"一切皆有"、"每个意见都对"和高尔吉亚认为"一切皆无"、"每个意见都错"等一般流行的说法①。

然而，智者学派早期两个最主要的奠基人在哲学思想上居然会完全对立，这一点固然可以用"智者不是一个学派"等等说法来解释，但总归不能让人满意，于是人们的思想上就提出了一个十分严重但却不可避免的问题：这个短文残篇从其哲学内容来说，究竟是否代表高尔吉亚本人的哲学观点？

这个问题是摧毁性的，因为如果说这个短文残篇，也和《海伦赞》和《帕拉梅德斯辩护词》一样是一篇修辞学、论辩术范文，则该文一切的哲学严肃性将化为乌有，人们不免于失去其中体现的玄奥的哲学思想而惋惜。然而，我们认为，提出这样的怀疑不是没有理由的。其理由我们认为也恰恰在于这个残篇里提出的哲学思想太完整，对当时来说太新鲜了，而这样新鲜的思想却既未引起同时代的人的重视，甚至并未引起高尔吉亚自己的重视，就令人百思不得其解了。

我们知道，对于《论存在或论自然》中所体现的哲学内容连同这篇文章本身，柏拉图完全保持沉默②。柏拉图既然在《巴门尼德》篇里那样重视爱利亚学派提出的"一"与"多"的哲学问题，而在《高尔吉亚》篇里却只字不提高尔吉亚的反驳，几乎唯一可能的解释是：柏拉图并未把高尔吉亚的《论存在或论自然》当作严肃的哲学文章，即该文并不正面代表高尔吉亚的哲学观点。

柏拉图这种看法，在当时也许是不言而喻的，因为高尔吉亚本人也只教演讲术、修辞学，而不教他这套哲学思想。

同样，亚里士多德也是这样理解的，因而他照例不提高尔吉亚的这个哲学思想。③

这样，我们有一种印象，即"一切皆无"、"无物存在"的说法，在当时被认为是一种明显的荒谬的说法，因而这个短文，无非是高尔吉亚把爱利亚学派

---

① 参阅宇柏威格：《哲学史纲》（古代部分），柏林，1880年，第93页。
② 参阅宇柏威格：《哲学史纲》（古代部分），第93页。
③ 归于亚里士多德名下的《论梅里索斯、克萨诺芬尼、高尔吉亚》，不是亚里士多德的著作。

的原则推到极致，以暴露其荒谬性的一种逻辑上的反驳而已①。

我们这里的看法和国外某些学者的看法大体是一致的。我们知道，由于上述一些难以解释的困难，国外已有许多学者在这方面作过不少的讨论。据格思里教授介绍，包括他自己在内，一些学者的意见是：高尔吉亚这篇短文残篇既非文字游戏，也非修辞练习，而是把爱利亚学派推至荒谬地步的讽刺性反驳②。

当然，不同的意见在国外学者中也还是存在的。早一点的孔柏尔茨固然认为这个短文有严肃的哲学目的。为第尔斯《前苏格拉底残篇》写注释的英国的弗里曼对此也持慎重的保留态度，此人认为，这篇短文到底是讨论哲学问题还只是一种修辞学练习，不得而知③，并举出了正反两面的证据，其中也提到依梭克拉特的话④。

我们觉得，在材料方面，可能被亚里士多德的继承者——逍遥派的学者们搞乱了，这方面有待于进一步的整理研究。但我们相信，如果高尔吉亚真有这样一种哲学思想，柏拉图是绝不会放过的。柏拉图的记述在细节方面不可信，在谈到别人的学说时有所夸张歪曲，但大的方面还是应该重视的。他可以完全不谈德谟克利特，但既然谈到——而且是重点批评对象——高尔吉亚，根本不谈他的主要哲学思想，果真是这样，在当时就是难以通过的。因此，我们暂时宁可相信格思里等人的意见，高尔吉亚这篇哲学短文，只是一个讽刺小品，是把芝诺的学说推至荒谬地步的反驳，并未正面阐述自己的哲学信仰。我们要补充的是：这个短文既然有这样的性质，那末虽然不一定就是一种修辞学的练习，其性质也与其他两篇短文接近，是一种论辩文的范例。我们看到，就逻辑力量来说，《帕拉梅德斯辩护词》作为一篇法律辩护词，并不亚于《论存在或论自然》。

这样，我们认为，高尔吉亚留给我们的三篇短文，就有同样的性质，可以从同一个角度来考虑。

我们这种态度，丝毫没有降低《论存在或论自然》的意思，恰恰相反，我们认为，其他两篇和《论存在或论自然》具有相同的哲学意义，从而可以纠正只重视分析《论存在或论自然》而根本忽视研究其他两篇的偏向。

---

① 相反的证据是高尔吉亚的学生依梭克拉特提出的，参阅D.82，B1，他把高尔吉亚的"无"与巴门尼德的"多"和史古的"无限"并列。关于高尔吉亚哲学残篇的肯定的证明，只有这一条材料，对这个材料的解释存疑。
② 格思里：《希腊哲学史》第3卷，第193页及该页注二。
③ 弗里曼：《前苏格拉底哲学家》，第361页。
④ 同上书，第362页。

3. 关于《论存在或论自然》

这篇由萨克都斯·恩庇里斯记录下来的短文，共分三个大问题，一是要论证"无物存在"，二是要论证"存在不可知"，三是要论证"存在不可言说"；每个大论证中又分成若干个小论证，步步紧逼，从形式上看，几乎"无懈可击"，而其基本的办法是"反证法"。

首先是怎样论证"无物存在"。设一个反面的命题，即"有物存在"，那末就会"推出"矛盾来，所以证明"无物存在"。

高尔吉亚说，如果"有物存在"，那末就有三种情形：ⓐ 该物是存在（τὸ ὄν ἔστιν）；ⓑ 该物是不存在（τὸ μὴ ὄν）；ⓒ 该物既是存在又是不存在（τὸ ὄν ἔστι καὶ τὸ μὴ ὄν）。然后证明ⓐ、ⓑ、ⓒ三种情形都是不可能的，所以"有物存在"不能成立。

高尔吉亚首先从ⓑ开始，认为ⓑ是假的，即"不存在"是没有的。如果有"不存在"，即"不存在"是存在的，那末"不存在"就和"存在"一样了，这当然是荒谬的；另一方面，如果承认ⓑ，即"不存在"是存在的，那末"存在"就不存在了，但既说"存在"又说"不存在"，说"存在""不存在"，这是矛盾的，不可能的，所以ⓑ是假的，"不存在"是没有的（不存在的）。

其次，高尔吉亚不顾上面已指出的说"存在""不存在"是矛盾的这一前提，重新证明"存在是不存在的"，以否定ⓐ。它仍然利用了反证法。如果存在是有的（存在的），那末就有三种可能的情况：① 或者是永恒的；② 或者是派生；③ 或者既是永恒又是派生的。然后证明这三种情形都是不可能的。

①和②是矛盾的，因而③自然不能成立；问题在于①和②各自都不能成立。反驳②的论证我们是比较熟悉的，因为派生的东西同样是从"存在物"派生出来，不能从"不存在"派生出来，因此"存在"不是派生的。

对①的反驳，高尔吉亚表现出一定的新的内容，其理由是很机智的，他反驳的命题是"无限则无处所"，存在不能无处所，则存在不是无限，因而①不真。

我们感到，高尔吉亚这个论断和原子论的空间观念有一定的联系。德谟克利特的"虚空"，有两个含义，一为"空隙"，一为"处所"，原子本身无空隙，而原子之间则有空隙，因而原子有处所，是"存在"。处所总要比其中的"存在物"

大,既不能小于其存在物,又不能等于其存在物,一定要大于被它包围的存在物。这样,如果"存在"是无限,亦即至大无外,那末这种"存在"就不能有处所;而没有处所的存在物是不可思议的,因此,从反面证明了"存在"不是无限的。

这样,高尔吉亚就否定了ⓐ和ⓑ,而ⓐ和ⓑ又是矛盾的,因而作为ⓐ和ⓑ同一的ⓒ,自然也是不能成立的。于是,ⓐ、ⓑ、ⓒ都被高尔吉亚否定了。

然后,又换一个角度,直接针对爱利亚学派,把"一"与"多"的辩论推到极致,从而论证了"存在"既非"一",又非"多"。在这里,高尔吉亚的推论是我们比较熟悉的,他首先否定存在为"一",因为如果是"一",则总有长、宽、高,可以进一步分割,所以不能是"一";反过来,如果不是"一",也就不是"多",因为"多"是"一"加起来的,没有"一",也就没有"多"。

从高尔吉亚这个反驳中我们也可以看出,芝诺并没有连巴门尼德的"一"也否定掉,他为保留巴门尼德的"一",在逻辑上付出了代价,被高尔吉亚揭示了出来。①

这样,既然ⓐ、ⓑ、ⓒ都被否定,高尔吉亚得出的结论就是"无物存在"。

高尔吉亚进一步提出的第二个问题是:即使有物存在,我们也是不可能认识的,即存在不能被我们思想。对这个命题的论证是比较费解的,也许我们只能从高尔吉亚的习惯的形式推理的方法才能如实地理解他的含意。

在这里,我们感到,高尔吉亚的中心命题就是他在论证一开始就提出来的那句话:"如果被我思想的东西并不存在,那末存在就不能被思想",他认为这是"合理的"。(εἰ γὰρ τὰ φρονούμενα, φησὶν ὁ Γοργίας, οὐκ ἔστιν ὄντα, τὸ ὂν οὐ φρονεῖται.)②

被思想的东西不存在"在高尔吉亚那里蕴含着一个逻辑混乱,即是指"因为我们可以思想不存在的东西(如海上飞行等),所以并非一切思想的东西都是存在的",这本来是对的,但却从这里得出了"被思想之物并不存在"这样一个普遍的全称结论,这是一方面;另一方面,在这里,高尔吉亚也在朴素的意义上反对了把思想与存在等同起来,认为不能说思想的东西就是存在的东西③,这一点

---

① 参阅本书芝诺部分。
② D.82,B3(77).
③ D.82,B3(79).

抓住了思想与存在、主观与客观的区别，在哲学史上是有一定意义的。

但问题的关键还不在于此。问题主要在于如何从"被思想的东西并不存在"进一步推出"存在不能被思想"。

我们看到，高尔吉亚对存在不可知的论证，并不是"不可知论"式的，即不是认识论式的，而完全是逻辑式的。他并不是说，"存在"变动不居，无法捕捉，也不是说感觉纯系主观的等等，而完全是一种形式上的、逻辑上的、语言上的换算。也许我们用最简单的符号来代替一下，就会清楚一些。设A=被思想之物，B=存在，那末第一句"被思想之物并不存在"可以写成"A是非B"即"A=非B"，那末等式两边都加否定，则等式仍成立，即非［A=非B］=［非A=非（非B）］=［非A=B］=［B=非A］，于是"存在（B）是不能被思想之物（非A）"这个结论就推出来了。

从现代的眼光来看，这种换算的漏洞是很明显的，因为它首先忽视了判断的量的关系，根本不问全称还是特称，而在特称判断的范围内，这种换算则是完全无效的。但是这种换算，在古代，也许是很有吸引力的，至少不比芝诺那几个悖论差到哪里去。同时，对"存在"不可知的这种特殊的论证方法，也从一个侧面说明了这篇短文的性质，它不是真正意义上的哲学论文，而是一种逻辑辩论的文章。

高尔吉亚的第三个问题也是很有兴味的。高尔吉亚的第二个问题强调了存在与思想（包括感觉与思维）的区别，第三个问题则进一步强调了"感觉"与"语言"的区别。他说，即使存在能够被思想（被感觉）到，也是不能向别人传达的。因为你感到的是视、听等感觉，而传达要靠语言，连视、听之间都不能相互替换，通过语言又怎样能够使别人也同样能感觉到呢？首先，语言不是存在物，其次语言又不是感觉，因而用语言不可能把对存在的感觉传达给别人。

我们知道，要强调语言与感觉的不同是很容易的，根据这种区别加以割裂也是不难的；但高尔吉亚却提出了一个很别致的论证，他说可视之物与可听之物都是有处所的，而语言却不能说是有处所的，因而语言与可视、可听之物完全不同。高尔吉亚说：

但不能说，可视之物和可听之物有处所，所以语言也有处所，因此不能从语言的存在感知事物的存在。

（καὶ μὴν οὐδὲ ἔνεστι λέγεινὅτι ὃν τρόπον τὰ ὁρατὰ καὶ ἀκουστὰ ὑπόκειται, οὕτως καὶ ὁ λόγος, ὥστ δύνασθαι ἐξ ὑποκειμένου αὐτοῦ καὶ ὄντος τὰ ὑποκείμενα καὶ ὄντα μηνύεσθαι.）①

最后我们还应该指出，高尔吉亚这三个大问题之间的关系表面上看是一步深入一步，事实上却完全没有关系，甚至是多余的。试想，如果已经证明"无物存在"，如果这个论断是认真的，则第二、三个大问题都没有必要提出，至少可以根据"无物存在"这个前提来简单加以否定，用不着另起炉灶重新论证。高尔吉亚之所以不厌其"精"地每个问题都加以展开，似乎也说明他的原意并非在论证虚无主义、不可知主义的哲学命题，而只在于展示一种论辩的逻辑力量。

4.关于《海伦赞》和《帕拉梅德斯辩护词》

现在来介绍一下高尔吉亚的另外两篇短文。我们认为，它们的性质与《论存在或论自然》是相同的，而它们的语言和逻辑的力量也和《论存在或论自然》有同样的吸引力，但却长期没有得到足够的重视。

海伦是宙斯和斯巴达王后的女儿，青年时被传说中的雅典英雄提秀斯（Theseus）带到阿提卡，后来被她的兄弟救出，出嫁后又迷上了特洛亚王子帕里斯（Paris）（又叫亚历山大），被带到特洛亚，于是希腊诸王联合出兵攻打特洛亚城，引起了著名的特洛亚之战。这场战争起因于海伦，她就成了罪魁祸首，而她的情欲也就成了谴责的对象，但海伦的美貌仍然受到人们的歌颂。高尔吉亚这篇短文是从道德上为海伦辩护的。

我们现在读到的这篇文章，文字是十分华丽的，说理也是有力的。

高尔吉亚立论的主要根据是：海伦被"爱"所驱使，是一种自然的情欲，她是受害者（被动的），不是为害者（主动的），因而不应受到谴责，而应受到同情。

在高尔吉亚看来，海伦的行为是迫不得已的，体现了神的意愿、神的选择，

---

① D.82，B3（86）.应该说，北京大学哲学系编译的《古希腊罗马哲学》中这一段译文有一些是不太准确的，譬如这一句的译文，就完全不可解（参阅该书第143页）。

是不可避免的。神利用三个方面来迫使海伦就范，即爱的冲动、语言的诱惑和暴力的强制。神在各个方面都是强者，因此作为弱者的人，只能服从神的意志。

然后，高尔吉亚就进一步分析这三个方面，指出海伦为爱所控制是自然的，为暴力所夺是被迫的，而"语言协调精神的力量，就像药物调理自然的肉体一样；但从同一种物体中提炼出来的不同的药汁，有的可以治病，有的则会送命，因此语言也是如此，有的可以使听者发怒，有的则使听者高兴，有的使人恐惧，有的则使人勇敢，信了坏的语言，就会使灵魂像喝了药那样迷糊"①。

在这里，高尔吉亚的意思初不在于论证神的作用、暴力和语言的意义，而在于作为一种论据来使用。否则，如果我们当起真来，以为高尔吉亚就认为神控制一切，语言有那样大的作用等等，就会发生无穷无尽的"矛盾"。如既然在《论存在或论自然》中说无物存在，那末神为何物？既然存在不可知，又如何认知神？语言既不能传达存在，又如何具有那末大的力量？等等。

当然，我们这样说，并不是说，在辩护过程中就不表现一般的正面的观点，那样就无从推论了，我们只是说，不能从这些辩护词中，完全推出高尔吉亚自己的观点来。

譬如，这篇短文在伦理学方面主要坚持了一条，即"爱"作为自然的欲求的不可避免性。高尔吉亚问道：

> 如果亚历山大（即帕里斯）的身体进入海伦的眼睛而引起心灵的爱的欲望和冲突，又有什么奇怪呢？如果神（如果有的话）有看的能力，为什么卑贱的人就要躲避、放弃这种能力呢？如果人的身体有病或精神上无知，则不应责备它错误，而应同情它的不幸。②

这里是否反映了早期智者们强调自然的共同特点呢？当然如此。只是在这里主要目的不在于阐述这些观点，而是用这些观点作为论据，来达到辩护的目的。

如果说《海伦赞》从道德方面着眼，那末《帕拉梅德斯辩护词》则完全是从法律的角度，重在摆事实讲道理。

---

① D.82, B11 (14).
② D.82, B11 (19).

帕拉梅德斯是攻打特洛亚城的希腊英雄之一，被奥德赛诬陷私通特洛亚王而被处死。后来人们对帕拉梅德斯持同情态度，认为是一桩冤案，他被尊为贤者，并认为他对希腊的文化有贡献。高尔吉亚针对这段公案，代帕拉梅德斯草拟了一篇辩护词。这篇文章写得文理并茂，具有很大的说服力，恐奥德赛再世，亦无言答对（见附录）。

尤其使我们感兴趣的是，高尔吉亚在这里运用的反驳手段和《论存在或论自然》是相同的，都是连续使用了多次的反证法。为了证明某事不存在，先假设某事存在，由此推出矛盾（与情理不合），从而达到否定某事存在的目的。

首先，假设此事存在（即帕拉梅德斯出卖了祖国），那末必需串通，而从各个方面（包括语言不通，无第三者等）说是不可能的，因而此事不存在。

其次，要实现这种叛卖，必要引进更加强大的士兵来，而这又是不可能的。

然后，又分析如果此事存在，那末是什么动机？把各种动机都否定之后，这件事的存在也就动摇了。

于是，帕拉梅德斯说，"出卖希腊这件事，即使我能够，我也不愿意；即使我愿意，我也不能够"，因而这件事根本不存在。

同样，我们还看到，高尔吉亚在这里也运用了许多通常的、当时流行的道理，如他说，没有发生的事无论如何是不能有证据的，而发生了的事，不仅不能没有证据，而且很容易有证据，甚至必然有证据。如果根据《论存在或论自然》里的思想来套，"无物存在"，哪有什么"证据"可言？又说："意见是不可信的，只有亲眼所见才可信；并不是意见比真理可信，而是真理比意见可信"，这里显然套用了巴门尼德以来的流行观念，而与智者的"一切皆真"的普遍哲学原则无关。

当然，这篇辩驳词也有强词夺理的地方，这些地方，同样也令人想起《论存在或论自然》中类似的手法。如帕拉梅德斯说：

我要问你，有智慧的人是无头脑的，还是有头脑的？如果是无头脑的，那末此说倒颇新鲜，但并非真理；如果有头脑，那末聪明人就不该犯这样大的错误，就会避善趋恶。如果我是智者，就不应犯错误，如果我犯了错误，就不是智者，二者必其一。

而帕拉梅德斯是公认的聪明人，因而他不会犯错误，不会做出出卖祖国那样的大错事来。这种辩驳固不足取，但却也能体现当时智者在推理方面的特点。

四、其他早期智者

除了普罗塔哥拉斯和高尔吉亚这两个最主要的代表人物之外，属于早期智者学派的，还有一些重要的人物，但由于他们留给我们的残篇有的过于零碎，有的疑问百出，很难弄清他们的本来面目，因而他们当时所起的作用，也就很难确定。同时，又由于他们所留下的残篇哲学意义较少[1]，因而我们对他们的叙述，就只能相对地简单些。但是，有一点我们必须强调的，即这些智者在当时是很活跃的人物，他们都在不同程度不同方面受到柏拉图的重视，因而，他们在古希腊哲学史上的地位也还是不容忽视的。

不仅如此，从思想的发展上来看，从普罗塔哥拉斯、高尔吉亚到普罗底柯斯、安提丰（Antiphon）、克里底亚（Critias）等还是一个必要的环节。我们知道，包括智者学派在内的任何哲学学派，都不是脱离社会的孤立的现象，哲学之学说的发展、变化，以特殊的方式反映了社会的发展、变化。智者学派从创立到发展、分化、解体，也是有深刻的社会原因的，这个学派的命运与雅典的奴隶主民主制的命运有着密切的联系。这个学派的分化，反映了古代雅典民主制的深刻的危机，预示着古代希腊奴隶制在进一步寻找自己的政治形式，从而得到巩固和发展。与此相应，这种倾向反映在哲学思想上，预示着苏格拉底、柏拉图、亚里士多德哲学的创建和成熟。因此，从这个角度来研究这些智者在学说上的纷繁杂芜，也许能得出比较切近事实的解释。

1. 普罗底柯斯的修辞学和宗教观

普罗底柯斯是普罗塔哥拉斯的学生[2]，曾被称作"自然哲学家"[3]，还写过

---

[1] 如克里底亚，参阅弗里曼：《前苏格拉底哲学家》，第409页。
[2] D.84，A1.
[3] D.84，A1.

《论自然事物》①，但关于他的自然观，我们知道得很少。根据各种记述和留下的少数残篇，他主要的建树是在语言学、修辞学方面，而主要的批判是针对宗教观念的②。

注意语言的运用，是智者学派的传统，这个传统在普罗底柯斯那里得到了发扬光大，由于他在这方面研究得细致、精确，甚至受到柏拉图、阿里斯多芬的称赞③，苏格拉底曾自费听过他的课，多次承认他自己是普罗底柯斯的学生④。

普罗底柯斯在语言学上的贡献，主要表现在如何正确地运用名词方面（περὶ ὀνομάτων ὀρθότητος μαθεῖν δεῖ.）⑤。他能精确地分别一词多义和一义多词，更能细致地区别词义相近的词之间的区别。柏拉图曾经运用过他区分词义的一个例子："不怕"（τὸ ἄφοβον）和"勇敢"（τὸ ἀνδρεῖον）是有区别的，"不怕"是没有思想准备（ἀπρομηθείας）的，而"勇敢"则是有思想准备的（προμηθείας），因而"胆大"、"不怕"的人很多，而只有少数人才称得上"勇敢"。这种学说是从德蒙⑥和普罗底柯斯那里传来的，他们在区别相同名词方面有很高的智慧⑦。

这种对名词作精密区分的哲学意义，是否像格思里教授指出的那样是针对德谟克利特的呢？我们觉得还可以进一步研究。格思里教授注意到，德谟克利特因为有些词没有相应的对象，因而认为词并不一定反映现实，而普罗底柯斯把相近意义的词都找出相应的对象，似乎是故意否定德谟克利特的观点，从而认为普罗底柯斯是反对流行的怀疑主义的⑧。我们认为，格思里教授这一论断有待于材料上的证明，因为按照高尔吉亚明确表述的关于语言与感觉对象的分离的传统，智者学派只强调语言指谓的准确性和语言内部的逻辑、修辞的强弱，而不强调语言与感觉对象之间的关系，如果普罗底柯斯在这方面有所突破，那末必定会有这方面的材料，至少会被古代学者所注意，但事实上，我们并没有这方面的材料。

因此，关于普罗底柯斯的语言学和修辞学，我们只能更多地从整个文化方面来加以考虑，其在哲学上的作用，我们也只能更多地从概念的精确性和纯洁

---

① D.84，B3.
② 参阅格思里：《希腊哲学史》第3卷，第280页。
③ D.84，A4，A5，A11.
④ 参阅格思里：《希腊哲学史》第3卷，第222页及该页注四。
⑤ D.84，A16.
⑥ 音乐家、智者，伯利克里的老师。
⑦ D.84，A17.
⑧ 格思里：《希腊哲学史》第3卷，第225页。

性方面来考虑。

普罗底柯斯继承并发展的智者学派的另一个传统是对于流行宗教的批判。在这方面，他的贡献也是很大的，他之所以被扣上"腐蚀青年"的罪名而处死，当然与他否定流行宗教的观念有关①。

普罗底柯斯对流行宗教的批判最有意义的是他对神的观念的产生提出了新的学说。

我们知道，自从爱利亚学派的创始人克萨诺芬尼提出神的观念是人创造的这种进步学说后，先进的古代哲学家，就对这个学说进一步加以发挥。德谟克利特曾经用人对自然现象（如雷电等）无法解释的恐惧来解释"神"作为一种"超人的力量"。这个学说，当时在先进的知识分子中是比较流行的。普罗底柯斯的新贡献在于他进一步从人与自然的另一种关系去解释"神"的观念的产生，即从人对自然的利用、使自然对人类生活有用这个角度来解释神的观念。根据萨克都斯的记述，普罗底柯斯曾说过：

> 古人以神的名字命名日、月、河、井这些对我们的生活有用的事物，因为它们能给我们以利益，如埃及人对尼罗河；因此，人们把粮食叫做 Δήμητραν，酒叫做 Διόνυσον，水叫做 ποσειδῶνα，火为 Ηφαιστον 以及诸如此类的有用之物（ἤδη τῶν εὐχρηστούντων ἕκαστον）。②

普罗底柯斯的这种解释，反映了人对宗教问题认识的深化，也反映了社会发展的进步。"神"不仅是为人所未能掌握的自然力量，而且也是为人类生活所必需的自然现象；"神"不仅是人的"对头"，危害人类，而且也是人的"朋友"，造福人类。也许，只有在生产力发展到一定的水平的条件下，人才能把"神"由恐怖的对象转化为亲善的对象。

那末，普罗底柯斯对神的批判，是否仅仅限于探讨神的观念产生的根源？普罗底柯斯是否是无神论者？这个问题学者们没有一致的意见。格思里教授认

---

① D.84，A1. 弗里曼说此事与苏格拉底弄混了（《前苏格拉底哲学家》，第370页）。格思里也说，当时否认神的存在的人很多，但都未被审判（《希腊哲学史》第3卷，第236页）。
② D.84，B5.

为,普罗底柯斯只是研究古代宗教的起源,而并不是无神论者①。然而,我们觉得否定神的存在同样是智者学派一个很突出的传统,即使像克里底亚那样的人,在否定宗教方面也是丝毫不含糊的,因此我们倾向于认为普罗底柯斯也是在原则上否定神的存在的。我们这个看法,在史料方面也还有一定的根据。

据色诺芬(Xenophon)的记述,普罗底柯斯"否认神的属性是不朽的"(ἀθάνατος δὲ οὖσα ἐκ θεῶν μὲν ἀπέρριψαι)②;据西塞罗同时代人、伊壁鸠鲁派的费洛德姆斯(Philodemus)记述,"普罗底柯斯的著作中首先提出神是不可信的"③;萨克都斯更是列举了包括普罗底柯斯在内的许多无神论者(ἄθεοι),指出他们认为"神是不存在的"(μὴ εἶναι δὲ〔θεόν〕)④。

这样,我们从语言修辞学和对宗教的批判两个方面可以看出,普罗底柯斯是直接继承普罗塔哥拉斯和高尔吉亚的传统的。

2. 智者学派政治上民主倾向的发展——希匹阿斯和安提丰

随着社会的发展,雅典城邦的社会政治生活日益活跃,社会政治问题成为公众最为关心的问题,人们在诗歌、戏剧(悲剧、喜剧)中直接谈论政治问题,褒贬时政,蔚然成风。这种倾向当然也会影响到当时的思想家——智者们,他们一方面继续研究智者学派的传统问题,对语言修辞学进一步向纵深钻研,得出不少积极的成果,另一方面又以他们的智慧,针对当时的社会现实,直接讨论了社会政治问题,从而把一般公众的意见,概括、提高到社会哲学的水平。

这种倾向,最初在希匹阿斯的言论中有比较清楚的表现。

希匹阿斯是多利安人,在斯巴达享有很高的声誉,但他却不喜欢斯巴达,因为那里的人不重视天文学、语言学等学科,而且不愿意出钱聘请教师⑤,也许还由于政治态度的关系,所以他多次出使雅典,以他的辩才在雅典同样博得很高的声誉。柏拉图虽然不喜欢他,但并没有责备他"败坏道德",反而承认他是

---

① 格思里:《希腊哲学史》第3卷,第242页。
② D.84,B2(31).
③ D.84,B5.
④ D.84,B5(51).
⑤ D.86,A11.

一个严肃的道德家①。

与其他智者不同，希匹阿斯不仅教授这个学派的传统科目——语言修辞学，而且同时也教授其他各门自然科学，他的博学在当时也是很突出的。根据柏拉图的记述，他不仅注重理论知识，而且还注重技术实践，能够制作各种用具②，因此他的才能是多方面的。

希匹阿斯虽然较长时间在斯巴达，但他的政治倾向却表现了对智者学派民主传统的一种发展。根据柏拉图的记述，希匹阿斯曾经说过，人们之所以结合为城邦、家庭，并不是因为法律，而是因为天性，正是因为人们的自然天性相同，才使人们结合在一起，而法律则是僭主制定的，它违反人的天性而强迫许多人在一起③。关于希匹阿斯这一思想，我们不掌握进一步的材料，但从以后的发展来看，希匹阿斯这个思想具有进一步发展民主制的倾向，强调人的天然的平等，而"法律"把人分成许多等级，其组成的社会就必定违反人性，这种"法律"是人为的，是僭主制定的，它与人的本性处在不可调和的对立之中，因而他相信有一种神圣的、普遍的、合乎人性的不成文法，这种不成文法体现了民主的理想，使人们在更大的范围内享受更多的自由④。

我们将会看到，希匹阿斯这个思想的影响是很大的。希庇阿斯在这方面的直接继承者是安提丰。

然而关于安提丰，我们却有一些史料上的问题：到底有几个安提丰？据说这个问题在古代已经有了争论。关于这个问题，格思里教授虽然认为对哲学史说来意义不大，但还是作了较详细的介绍⑤。我们感到，面对一大堆纷繁零乱的残篇材料，如果搞不清楚作者，对于进一步研究、评价其思想，当然是有困难的。例如，如果只有一个安提丰，而且就是修昔底斯说的那个寡头派的演说家，那末对于他以自然反对法律这个思想也许就有另一种解释，因为当时的法律是民主制法律，是经梭伦、德拉孔（Dracon）、克里斯提尼、伯利克里沿革下来的法律，而贵族的等级则被传统认为是"天生的"、"自然的"，这样，本来很激进

---

① 参阅格思里：《希腊哲学史》第3卷，第284页。
② D.86，A12.
③ D.86，C1.
④ 参阅格思里：《希腊哲学史》第3卷，第285页。
⑤ 格思里：《希腊哲学史》第3卷，第292—293页。

的思想，就成了问题，诸如此类。因此，我们感到，在可能的条件下，对这个史料问题有个合理的看法也是必要的。

安提丰同时代人没有作出"演说家"安提丰和"智者"安提丰的区分，这有两个可能，一个是根本不存在这种区分，另一个可能是当时的区分是不言而喻的，只有到了后代，才有强调区分的必要。果然，后来在罗马皇帝、哲学家马尔库斯·安东尼·奥勒留斯（Antonius Aurelius）治下的希腊修辞学家赫尔摩根（Hermogenes）提出了这个区分，而且说古人早有这个说法了。他作这种区分的主要根据是语言的风格，认为《论真理》和《论一致性》、《论政治》等语言风格完全不同，因而断定是两个人写的。近代一些学者对这个问题正反两面的意见都有，但大部分倾向于区分为两个（甚至三个）安提丰[①]。

我们认为，作这种区分有一个好处，即我们可以从智者学派的传统来研究安提丰的残篇，从智者学派的思想发展来理解安提丰的残篇。

安提丰残篇中的主要哲学著作是《论真理》。在这里，我们可以清楚地看到智者的语言和哲学思想的继续。

《论真理》的基本思想，仍然坚持语言（名字）并不反映对象的实质，语言本身有自己的规则，因而我们只能通过语言了解词意——词的指谓，不能了解实质性的真理。安提丰承认，事物的名字来自事物的形状，但事物的形状是可见的，事物的名字则是由一种"习惯"建立起来的 [τὰ μὲν ὀνόματα (φύσεως) νομοθετήματά ἐστιν, τὰ δὲ εἴδεα οὐ νομοθετήματα, ἀλλ βλαστήματα][②]。所以他认为，人的认识、语言是有局限性的，他说："即使你能认识事物的话，只能认识个别的，你既不能用眼睛看到最远的，也不能用理智认识到最深邃的。"[③]这样，他的《论真理》似乎就是把词意弄清晰、语言条理化（διακοσμήσεως）[④]，因而为后来的词典编纂家所重视。

然而，安提丰在哲学史上之所以重要，还在于他的社会哲学思想方面。他是继希匹阿斯之后，更进一步阐述"自然"与"法律"对立的哲学家，这个问题的提出，当然是有其深刻的社会根源的。

---

① 参阅弗里曼：《前苏格拉底哲学家》，第393页。
② D.86，B1.
③ 同上。
④ D.86，B24a.

"自然"与"法律"的对立,是纪元前五世纪才突出起来的问题[①],这个问题之所以提出,是民主制进一步发展的产物。

我们知道,古代希腊雅典的民主制,是奴隶主民主制,它建立在低下的生产发展基础上。在这种条件下,享受公民权利实际上是一种特权,社会上相当多数的人——奴隶处于无权的地位。由于社会生产力的水平限制,这样一种特权阶层,人数就不能太多,这就是伯利克里执政后要限制、缩小公民的人数的原因[②]。于是,雅典城邦奴隶主民主制就出现了这样一种无法克服的矛盾:从政治上说,一方面人(自由人)是被认为平等、自由的,另一方面这种人又不是平等的,而是享有特权的;从经济上说,一方面劳动是财富的创造力量(赫西俄的诗所反映的朴素观点),另一方面不劳动者却要占有劳动者的财富。这就是说,这种民主制,要用社会上大多数人失去民主、自由、平等、财富来维持。

如果说,奴隶主民主制的思想家在早期还可以以抽象的理论来掩盖这样一个当时还不清楚的事实,即在一部分人中实行特权的自由制度,而大部分人则只是一种"会说话的工具",当这一事实还被普遍地公认为天经地义时,人们还可以抽象地谈论"原子"、"人是万物的尺度"等等,但当这一部分"原子"、"作为尺度的人"的"自由"越来越明显地暴露出其依赖性时,这种片面的"自由"、"民主"就成了问题。

具体到雅典城邦民主制,在这个小王国里,伯利克里曾经竭力维护雅典本城人民的特权,褫夺了外邦移民的公民权,而绝大多数雅典城的奴隶也是外邦人;但当这些外邦人由于占据了物质生产的地位,在经济上相对地越来越富有,从而显示出自己的重要性,而雅典的自由民因不事生产在经济上相对地陷于贫困后,思想家们就不能再空谈"原子"、"尺度"了。他们必须考虑严峻的现实政治问题,重新审查传统的理论。

法律从不成文到成文本来是一种进步,是从原始宗教法和贵族习惯法解放出来以保障较多人的民主权利的一种措施,所以雅典的民主制是禁止使用不成文法的[③];但是,当奴隶主民主制越来越表现出不可克服的矛盾时,成文法与所

---

① 参阅格思里:《希腊哲学史》第3卷,第57页。
② 参阅本书第一部分。
③ 参阅格思里:《希腊哲学史》第3卷,第23页。

谓"自然"的矛盾，就具有另外一种性质。"自然"不再是贵族的"天然"权利，而是更广大、更深刻的社会进步的要求。

安提丰把"法律"与"自然"对立起来，虽然他并不完全否定"法律"的作用，但认为"自然"高于"法律"。法律固然是城邦的准则，任何人都不得违反，但它毕竟是"建立起来的事"（επίθεῖα），而自然则是"必然的事"（ἀναγκαῖα）。法律固然不允许"明知故犯"，但"不知者不罪"；而"如果有人要破坏与生俱来的天性自然，那末即使所有的人都无知于此，亦不减其恶，即使所有的人都一清二楚，亦不加其罪"。①

从本质上说，"法律"是要限制"自然"，"自然"给人以视、听、触、味和思想，"法律"却命令人哪些可以看，哪些不可以看……所以"法律"是和"自然"冲突的（πολεμίως φύσει），"法律禁止人们做这些，命令人们做那些，都不是和自然亲善的"②，因此，"本来有用的东西，在法律控制下，就束缚自然，在自然控制下，则是自由的"（τὰ δὲ ξυμφέροντα τὰ μὲν ὑπὸ τῶν νόμων κείμενα δεσμὰ τῆς φύσεώς ἐστι, τὰ δ' ὑπὸ τῆς φύσεως ἐλεύθερα）③。

至于"自然"与"法律"对立的具体内容，我们所知无几，但有一条重要的残篇，说明了安提丰的立场，这段话是被人们千百次地引用过的：

> 从自然上来说，无论外邦人、希腊人长得都是完全一样的。应该看到对一切人来说，都有自然的、必然的一面。按自然能力来说，无论外邦人或我们希腊人都没有什么区别。我们都是用嘴和鼻子吸进空气，用嘴配以手来吃东西。④

虽然格思里教授认为凭这一条还不能肯定安提丰反对"自然奴隶"说⑤，但我们认为，格思里教授既然同意"奴隶问题与种族歧视相关"⑥，那末似乎就应当肯定安提丰这种意见的针对性。

---
① D.86，B44.
② 同上。
③ 同上。
④ 同上。
⑤ 格思里：《希腊哲学史》第3卷，第156页。
⑥ 同上。

我们认为，根据当时社会发展的具体情况，安提丰为外邦人争民主、争权利，反映了社会进一步发展的要求，以便使一部分外邦人中的富有者在政治上得到承认。从理论上说，安提丰的这个思想，同时也是早期民主派思想家民主思想的进一步发展和具体化，当时是有重要现实意义的。

3. 智者学派的分化——从斯拉西马库（Thrasymachus）到克里底亚

然而，雅典的奴隶主民主制并非完美无缺，它本身就有不可克服的矛盾。民主自由成为一部分人的特权，随着社会的发展，维持这种特权的政制便日益显出其不适应性；由于民主自由不是普遍的，而是一部分人享有的，他们日益滥用这一种特权，于是民主自由便成为奴隶主腐化堕落的挡箭牌。为了维持奴隶主的统治，首先就要限制这种"自由""民主"，亦即限制腐化堕落的特权，于是又有一部分人认为应该把这种特权限制于更少数的人中，以避免滥用特权、便于控制，这样，贵族寡头政治势力又逐渐抬头。为了适应这种势力，智者学派中出现了斯拉西马库和克里底亚等人。

斯拉西马库可能是早于依梭克拉特和柏拉图而对他们两人都有影响的智者[①]。根据柏拉图的记述，他在语言学、修辞学方面有很高的造诣，他可以用语言同时引起许多人的忿怒，然后再来平息他们的怒气；他先进行诽谤，然后又来批驳这些诽谤，因此柏拉图说他是"最强者"（Κράτισος）[②]。

和其他智者一样，他对神的存在也采取怀疑的态度，至少他认为神是不管人的命运的，"否则他们就不会忽视人类的最大的善——正义。因为我们看到人并没有运用正义。"[③]

然而，斯拉西马库的政治立场却与他的前辈有所区别，他对当时渐渐衰退的雅典奴隶主民主制持怀疑、批评的态度，揭发了这个制度的问题，他的思想的变化反映了这个制度本身的深刻的矛盾和危机，不是偶然的现象。

现在留存下来的他的《论政制》残篇，清楚地表明了他这种立场。他说他愿意退回到古代去，那个时候青年人保持沉默就够了，用不着公开演讲，因为

[①] D.85, A1. 苏依德斯的记述可能弄反了，参阅 D.85, B1。
[②] D.85, B6.
[③] D.85, B8.

老年人把城邦的事情办得很妥帖，而现在我们却要与这个城邦的首领一起受罪。其次，在古代人们之间是和平的，而现在则是战争代替了和平，混乱代替了和谐一致，未来更不堪设想。他认为，他自己既然看到了这一点，就应该直言不讳，提出自己的建议，以挽救城邦①。

可惜，他的具体建议我们不得而知，但是他针对当时"人是万物的尺度"的泛滥、人人各行其是的状态，提出异中有同，强调了统一性。他说，人们以在说相互对立的话为时尚，却没有看到，对立的话中也有相同的东西②。斯拉西马库这个思想，显然已经脱离了普罗塔哥拉斯的传统，这种强调共同性的倾向，也许对苏格拉底、柏拉图不无影响。

显然，这些言论带有明显的贵族气息③，至少是想退回到梭伦、克里斯提尼的早期未充分发展的民主时期（或"有限的民主制"）④。

根据柏拉图的记述，斯拉西马库还说过一句有名的话，即"正义不外乎是强者的利益"（εἶναι τὸ δίκαιον οὐκ ἄλλο τι ἢ τὸ τοῦ κρείττονος ξυμφέρον）⑤。这句话也许是对当时政治的一种揭露，因为根据普罗塔克的记述，修昔底斯就曾批评过伯利克里实行的只是名义上的民主，实际上的贵族统治，仍然是以一个伟人作为最高权力，同时它也是当时反对意见的概括，是有针对性的，否则就会与他关于正义作为人类最高的善那段话相矛盾。

但他之所以跟随反对派唱相同的调子，也许不是偶然的。从这里也可以看出他对当时民主制的动摇态度。

斯拉西马库的这种倾向，到了克里底亚那里得到进一步的发展。

按照现存材料，克里底亚是苏格拉底的学生，后来曾是三十僭主中最残暴的一个，可以说是铁杆寡头派，这样一个人与智者学派有什么关系？为什么要说他是"智者"⑥？但是，由于他的演说风格非常接近安提丰而更有所改善，被认为"保存了伯利克里精神"⑦，甚至被誉为雅典语言的"典范"⑧，以及他对于

---

① D.85，B1.
② D.85，B1.
③ 参阅格思里:《希腊哲学史》第3卷，第296页。
④ 参阅弗里曼:《前苏格拉底哲学家》，第380页。
⑤ D.85，B6a.
⑥ D.88，A1.
⑦ D.88，A17.
⑧ D.88，A18，A19.

"神"的观念的进一步探索，使人无法怀疑他的"智者"身份。为了调和这个矛盾，于是人们就把"智者"看成一个在政治上没有一致立场的杂凑，而克里底亚就成为智者中与民主派对立的寡头派的代表人物。

事实上，与安提丰一样，在古代就有人怀疑到底有几个克里底亚的问题。亚历山大时期的学者费洛波诺斯就曾说过：

> 三十僭主的克里底亚到底就是苏格拉底的学生还是另一个人，我们不清楚。如亚历山大说的，还有另一个智者克里底亚；他写过许多著作；因为三十僭主克里底亚除了《城邦管理法》外，没有别的著作。
>
> （Κριτίαν εἴτε τὸν ἕνα τῶν τριάκοντα, ὃς καὶ Σωκράτους ἠκροάσατο, ἢ καὶ ἄλλον τινὰ λέγει οὐδὲν διαφερόμεθα. φασὶ δὲ καὶ ἄλλον Κριτίαν γεγονέναι σοφιστήν, οὗ καὶ τὰ φερόμενα συγγράμματα εἶναι, ὡς Ἀλέξανδρος λέγει· τὸν γὰρ τῶν τριάκοντα μηδὲ γεγραφέναι ἄλλο τι πλὴν Πολιτείας ἐμμέτρους.）①

可是这条材料一向被认为没有根据而不为现代学者所重视②；当然，从色诺芬为苏格拉底的辩护来看，三十僭主的克里底亚曾是苏格拉底的学生这一点是没有问题的③。如果是这样，那末我们至少应该考虑到克里底亚的思想前后是否有一个很大的变化，否则就难以解释，人们为什么会把这个残暴的僭主的思想与学习过阿那克萨哥拉的哲学和普罗底柯斯修辞学的大悲剧家欧里庇底斯（Euripides）混同起来，而被弄混的残诗中明明写着这样的话：

> 优良的习惯比法律还要坚实。
> 前者不为任何语言所动，
> 后者则因语言之变而经常混乱。
>
> （τρόπος δὲ χρηστὸς ἀσφαλέστερος νόμου· τὸν μὲν γὰρ οὐδείς ἂν διαστρέψαι ποτὲ ῥήτωρ δύναιτο, τὸν δ' ἄνω τε καὶ κάτω λόγοις ταράσσων

---

① D.88，A22.
② 参阅弗里曼：《前苏格拉底哲学家》，第413页注一。
③ D.88，A4.

πολλάκις λυμαίνεται.）①

我们看到，这种思想，在当时其意义是与安提丰相同的，而与僭主们强调"法律"精神背道而驰的。同样难以想象在自己的剧本中为奴隶的心灵辩护的欧里庇底斯会认为当时的法律是合理的进步。②

当然，我们并不否认智者学派的分化，恰恰相反，随着古代希腊奴隶主民主制的危机日益严重，为了维护奴隶制度，反民主制的寡头制又成为一支强大的政治势力。在希腊两个最强大的城邦中，斯巴达的贵族寡头政制，成为巩固奴隶制度的理想典范。鼓吹斯巴达已成为当时的一种思潮，这种思潮一直延续到柏拉图。

雅典的民主繁荣已逐渐成为对往事的缅怀，伯利克里在希腊内部进行的伯罗奔尼撒疲劳战，弄得人民精疲力尽，再加上天灾人祸，奴隶主民主制的一切缺点都恶性膨胀起来，雅典的奴隶主这时看到，一向被他们目为粗野的斯巴达却比较稳定、坚强。

作为僭主（或后来成为僭主）的克里底亚正是这样一个斯巴达寡头政制的吹鼓手。

雅典的奴隶主民主制由健康的自由发展为个人的放荡，于是斯巴达人契隆（Chilon）的"勿过度；美在于适度"（μεδὲν ἄγαν· καιρῷ πάντα πρόσεστι καλά.）的格言，就具有了新的政治意义。斯巴达人生活是有节制的，不暴食暴饮，从小注重体育锻炼。在那里，社会等级分明，奴隶希洛人受到最严格的监视和提防③，不像雅典城里的奴隶（特别是家奴）已经是"君不君，臣不臣"了。因此，克里底亚强调要加强"法制"，不仅要利用法律来控制人民，而且要用宗教来吓唬人民。宗教、神的观念的起源，既不在于可怕的自然力量，也不在于可亲的自然力量，而是由于政治的需要。

安提丰曾用法律只在有证人的条件下才起作用为理由来反对法律的不完善④。在克里底亚这里，它就为神的产生留下了余地。为了防止人们偷偷地做坏

---

① D.88, B22.
② D.88, B25. 参阅格思里：《希腊哲学史》第3卷，第22、158页。
③ 弗里曼说，克里底亚关于斯巴达奴隶的那段叙述（D.88, B37）是批评还是赞扬不太清楚（《前苏格拉底哲学家》，第410页），从总的倾向来看，这里应该是赞扬。
④ D.87, B44.

事以逃避法律的制裁，"就有聪明博学之人首先发明使凡人骇怕的神，这样，即使他们偷偷地做、说、想坏事，也会感到骇怕"①，这样，社会有了法律和宗教两条大棒，就不怕"小人造反"了。

智者学派的分化，反映了雅典奴隶主民主制的深刻危机，也说明了古代朴素哲学思想的终结，展示了一个新的哲学思潮的开始。

苏格拉底、柏拉图、亚里士多德的哲学是前苏格拉底哲学思想的总结、发展和提高，他们适应着奴隶社会的巩固和发展的需要，总结了奴隶主贵族制和民主制两个方面的经验，由个人主义、多元主义走向一元论和二元论，使思维与存在这一哲学基本问题以更加自觉的形式出现在古代哲学史上。

---

① D.88，B25.

附录：帕拉梅德斯辩护词

（我们把这篇辩护词翻译出来，供读者参考，因第尔斯只作了校勘，没有译成德文，也找不到别的文种的译文，只能直接从希腊文译出，错误一定不少，望识者对照第尔斯希腊原文阅读。）

我的控告和辩护并不是针对死刑的判决，因为总有一天自然将宣判一切人死刑，我之所以提出控告和辩护是因为事关荣誉：究竟我必须正义地死去，还是在巨大的阴谋和无耻的陷害之后被暴力处死？我们是两军对垒，你们有你们的一切，我有我的一切，你们有暴力，我有正义。你们很容易随心所欲地处死我；你们掌握了我所没有掌握的权力。如果奥德赛之所以提出控告是因为他确实知道我把希腊出卖给外邦人，或者他真的相信我出卖了祖国而出于希腊人的善良愿望提出控告，那末他就是一个优秀的人。他既然拯救了父亲、孩子，拯救了全体希腊人而且还惩罚了非法的人，为什么不是优秀的人呢？但是，如果他集妒忌、阴谋、诡计于一身，则这些既能使他成为强有力的人，也能使他成为最坏的人。我的话从何说起呢？从什么地方开始？开始说些什么？从何处开始我的辩护？一种无以名状的原因使我要把我的痛苦公诸于世，但这种痛苦又迫使我难于用语言表达，我不知道这种痛苦的真实原因，不知它为什么一定出现，只有经过更多的危险、克服更多的困难才能使我懂得这一切。

我清楚地看到，我的控告者并不知道要控告我什么。因为他和我一样清楚，我并没有做那件事。我不知道那位先生怎么能看到没有发生的事。如果他说是他知道真有那件事他才提出控告的，那他说的不是真话，因为我可以向你们提供不同的证据。因为，即使我愿意，我也不可能做那件事；即使我可能，也不愿意做那件事。

我提出的第一个理由是我是不可能做那件事的。叛卖活动也总要有个开头，而开头总要有个理由。后果总要有个前因。请你说说，如果没有勾结串通，这件事又怎样能发生？如果外邦人没有派人到我这里来，而我又没有派人到他那里去，这件事是用什么方式串通的？如果没有串通，任何信件也不能传递。然而语言居然能有那样大的力量，现在我竟和外邦人联系上了，他们也和我联系上了——用什么方式联系的？谁跟谁联系？希腊人与外邦人，互相怎样听和说呢？是一对一单独谈吗？但我们互相是不懂话的。通过翻译吗？如果有第三者在场就会成为证人，而秘密就不成其为秘密了。

既然我做了那件事实上没有做的事，这里总需要提出一定的保证，这种保证是什么？是誓言吗？谁能相信我这个卖国者的誓言呢？是人质吗？谁是人质？譬如把我的兄弟（我没别人了）给他们作人质，而外邦人则把他儿子给我作人质，我看由我的兄弟和他的儿子作人质是最可靠了，但这些事你们都会一清二楚的，并非秘密。有人说，我们以金钱作保证。他给我钱，我就收下了。那末给的钱很少吗？做那样大的事给少了是不可能的。收很多的钱？谁运输的？怎样运法？很多人运吗？很多人运很多钱财就是阴谋的证据；但一个人是运不了许多钱的。再说，是白天还是夜晚运的？夜晚有许多人守卫着，他们不会疏忽的。白天吗？阳光会揭穿这些事情。那末，是我自己去拿这些贿赂，还是那人送来的？这两种情形都是不可能的。就算我接受了，我又是怎样藏起来的？藏在家里还是藏在外面？放在何处？怎样看守它？显然我是要用它们的，如果不用，它们又有什么好处呢？

于是，我就做了我所没有做过的事。我们居然接上了头交谈了，也听懂了；我从他们那里拿了钱，偷偷地拿了，藏了起来。还有比这个说法更荒谬的，做这种卖国的事是一个人还是有同伙？一个人干不了，那末有同伙？同伙又是谁？显然都是同党人。是自由民还是奴隶？我和你们都是自由民，你们当中有谁参与了？出来说说。如果是奴隶，为什么奴隶就不可信呢？他们自己会被迫起来愤怒控告自由民的。

这种事情又是怎样发生的？显然必须引进比你们更强的士兵来，这是不可能的。怎样引进来的？是通过门吗？这个门不论开着或关着对我都一样，因为都有长官守卫着。用梯子爬墙过去吗？难道没有巡逻的？从墙洞里爬进来？这一切都会被看得清清楚楚。光天化日之下军营中的人都全副武装，在这里所有的人都能看到别人，也会被别人看到。因此我不能当着这些人的面来做这一切。

你们大家都来看看这种情形：如果我能够做许多重大的事，为什么要做这件事呢？没有人愿意平白无故地冒那样大的危险，没有人愿意做那样大的坏事。究竟为了什么？（我还要再一次提这个问题。）为了当僭主吗？当你们的僭主还是外邦人的僭主？你们有着一切光荣的历史，你们的祖先拥有财富和美德，丰功伟绩、意气风发，具有王道传统，而不可能容忍僭主。做外邦人的僭主吗？我给他们什么？我用什么方法把希腊出卖给人数众多的外邦人？用说服还是暴力？他们既不愿被说服，我也没有暴力。也许是两厢情愿以出卖希腊来换取报酬？这才是最愚蠢不过的事。谁能宁愿为奴不愿为王，拿钱买一个王来？谁愿以最坏的人为王而不愿以强者为王？

有人说，我因为爱钱财才做这种事。但我已是小康之家，不需要更多的钱。而只有那些挥霍浪费的人才需要大量钱，而不是那些能控制自然欲求的人。因此应该谴责那些为快乐所役、追求名利心，而这一切对我都是格格不入的。说真话，我可以对我过去的生活提出可信的证据，这个证据就是你们自己，你们和我在一起，因此你们是了解这些事情的。

只要有中等的聪明就不会为了荣誉做这种事。荣誉来自德行，不能来自作恶。出卖希腊的人怎能得到荣誉？再说，我也不缺少荣誉，有德行的人尊敬我的德行，你们尊敬我的智慧。

要做那样的事是要很坚定的，他出卖了城邦的一切，出卖了法律、正义、神和人的财富。他无视法律，破坏正义，瓦解财富，亵渎神明。但做这样事的人要冒很大的危险，因而又是不可能坚定的。

他做这种不正义的事是想要帮助朋友，损害敌人吗？我认为适得其反，他使亲者痛，仇者快。这种行为对任何人都没有好处，但没有一个人做事是要己受害的。还有一些人是要躲避责罚和危险而做这种事，但没有一个人能说我有这些要来做那种事。人们做这一切有两方面原因，或是为了分某种利益，或是逃避危害。我如做了那些事，对我自己也有好处，这一点不是不清楚的。出卖了希腊，就是出卖了自由，卖了子孙、朋友、尊敬的祖先、神圣的祖国、社稷、伟大的希腊城邦，所有这一切，都只能以不正义的手段得来。

请看：我并不是一个衣食无着的人，怎能做出这些事来？（做了这些事后）我该何处存身？在希腊吗？因干了不正义之事受到法律制裁吗？谁能使我躲避恶运？留在外邦吗？这样不就抛弃了一切伟大的事业、玷污了最美好的荣誉，陷于可耻的不幸之中，把过去为美德所作的努力一笔勾销了？如果我这样的可耻，真是咎由自取了。

我在外邦人当中也不会得到信任。他们为什么要信任做了这种事的人呢？为什么要把私通敌人的人当作朋友呢？当权者对卑贱者是不给予信任的。如果说，失去金钱、王位都可以重新获得，但失去信任是不能重新得到的。因此，通过上述，出卖希腊这件事，即使我能够，我也不愿意；即使我愿意，我也不能够。

现在，我想对控告我的人说几句话。谁能信你这些控告呢？应该承认，没有价值的东西就说是没有价值的东西。你对我的控告，是你亲眼所见，还是靠传言？如果是亲见，那你也知道，这就是指，或者你亲眼看到了，或者你亲自参加了；如果是靠传言，那你就是问了参加者。如果你是亲见，那末请说说时间、地点、方式，是什么时间、什么地方，又是怎样看到的？如果你也参与了，那你也要因同样的原因受到谴责；如果是从参与者那里听来的，那参与者又是谁？请你走到大庭广众中来，请你来作证，这正是控告者最好的证人，可是我们之中没有人来作这个证。

或许你会说，无论有没有证人事情都是一样。不，事情并不一样。没有发生的事无论如何不能有证人，但对于发生了的事，不仅不能没有证人，而且很容易有证人，甚至必然有证人。你们不仅没有证人，而且制造伪证，我真是没有这种本领。

你根本不知道要控告什么，这一点是很明显的。此外，你自己心里明白你一无所知。亲爱的勇士啊！你相信道听途说的意见，相信最不可信的事，看不见真理，你围着变幻不定的意见转倒很勇敢，你掌握事实之所以如此的真相吗？意见对一切人、一切事都是共同的，在这方面你并不比别人更聪明点。但是意见是不可信的,只有亲眼所见才可信,并不是意见比真理更可信,而是真理比意见才更可信。

由上述可见,对我的控告有相反的两条理由,一是说我有智慧,一是说我发了疯,而这二者不可能在一个人身上同时存在。当你们说我有计谋、有能力、有办法时,是指控我有智慧,但当说我出卖希腊时,又在指控我发了疯。所谓发疯,就是要做不能做的事,做没有利、可耻的事,这些事有害于朋友、有利于敌人,做这种事的人是该诅咒的、不正常的。但对于那种对同一件事、同一个人却有相反的说法的人我们又怎能信任他呢?

我要问你,有智慧的人是无头脑的,还是有头脑的?如果是无头脑的,那末此说倒颇新鲜,但并非真理;如果有头脑,那末聪明人就不该犯这样大的错误,就会避善趋恶。如果我是智者,就不应犯错误,如果我犯了错误,就不是智者,二者必其一。

对你提出的数量众多、罪名重大的新老控告,我尽可一一反驳,但我不想这样做。我不愿以你的恶来洗清自己,而要以我自己的善来洗清自己。

要对你说的,就是这些。

对你们,法官们,我劝你们关于我的问题要说真话,不要捕风捉影地来起诉,而要有真凭实据。现在,我要向你们检讨我过去的生活,我需要你们回忆一下我过去所做的好事,不要忌妒这些事,而要承认这个控告是极大的谎言,从而说出你们所见的真实情况。这样我就不胜荣幸了。

我的生活的开始特别是后来,从始至终都没有什么可指摘的地方。控告者对你们所说的我的罪名没有一条是真的。他所说的没有一句话能自圆其说。因此用不着来谴责它,语言本身就自己否定了自己。

然而,我的话过去、现在都没有虚假的地方,都是无可辩驳的。我不仅没有过错,而且为你们、希腊人和全人类建立了伟大功勋,不仅对现在,而且对未来。谁使人们的生活由贫困到富有,从混乱到秩序井然?谁以激烈的战争赢得了胜利?谁守卫着成文法,谁发明了文字以便记忆,谁统一了度量衡以便沟通,谁监护着国库不使浪费、发明了烽火以迅速传讯、发明了博弈以消闲暇?因谁的创造,你们才有此一切?显然,这一切都是我的心血。事实证明,我总是尽力避免做可耻的、坏的事情,具有这样丰功伟绩的人不可能对那些丑事感兴趣。既然我没有对你们做什么不正义的事，你们也不应该对我做不正义的事，这样才是公正的。

我所做的其他的事也都不应该遭到恶报，无论对青年人或老年人都是这样。对老年人我减少他们的痛苦，对青年人我使他们成为有用之材；我不妒忌幸运者，但同情不幸者。我不卑视穷人，也不因富有而说他有德，而是尊重富而有德之人。在议会上，我积极提建议，在战争中我勇敢作战，我做了那么多的事来辅助王者，但我从来不自夸。凡事都要有度，按控告的内容，我就答辩到这里。

最后，关于你们自己，我还要说几句话来结束我的辩护。请求朋友和群众的同情对判决是有用的。但对于你们这些希腊人中最优秀的人来说，朋友的请求和悲伤是打动不了你们的，只有最清楚的论证才能使你们信服，我要示你们以事实真相，而不以欺骗手段来逃避罪责。

你们不应只注意言论而不注意行动，不要只看到控告而不愿听反面意见，不要把一时机智当作判断，不要把恶意中伤当作最可信的。要以最大的慎重来避免错伤好人，因为这是无可挽回的事。要预先考虑到各种可能性，对不可挽回的事尤其要慎重。当人们要判处一个人死刑时更应如此。现在你们就面临着这样的问题。

如果通过这番话能澄清事实真相，使听者得到清楚的印象，因而判决是很容易下的。如果不是这样，你们可以把我监禁起来，关很长的时间，然后按照真实情况再来作出判决。你们面临着严重的抉择，那种要把我关起来处死的意见是不正义的。正直的人宁死不屈服于这种可耻的意见，或是结束生命，或是忍辱贪生。

如果你们非法地处死我，那末一切都会昭然若揭。我会看到，全希腊都知道你们的劣行。你们的控告的非正义性就会尽人皆知，而被告则会被认为无罪。受到法律制裁是你们唯一的下场。一切罪行莫过于此了。你们不仅对我、对我的子孙犯罪，而且你们会使天下都相信你们是渎神的、不正的、违法的，你们处死了一个和你们共事的人、对你们有功的人、对希腊有贡献的人，希腊人都会清楚，这些指控全无任何可靠的证据。

我的话就说到这里。以上长篇的辩护概括起来说的是诬陷问题。希腊人中最优秀的人现在或将来都不应该忽视或忘记这些话。

主要参考书目*

蔡勒：《希腊哲学史》，英译本，第1卷，第2卷，1881年，伦敦。
(E. Zeller, *A History of Greek Philosophy*, vol. 1, 2, 1881, London.)

格思里：《希腊哲学史》，第1卷（1962），第2卷（1969），第3卷（1969），剑桥。
[W. K. C. Guthrie, *A History of Greek Philosophy*, vol. Ⅰ（1962）, vol. Ⅱ（1969）, vol. Ⅲ（1969）, Cambridge.]

第尔斯：《前苏格拉底残篇》，第1卷，第2卷,1954年，柏林。
(H. Diels, *Die Fragmente der Vorsokratiker*, vol. Ⅰ, vol. Ⅱ, 1954,Berlin.)

基尔克、拉文：《前苏格拉底哲学家》,1960年，剑桥。
(G. S. Kirk, J. E. Raven, *The Presocratic Philosophers, A critical history with a selection of texts*, 1960, Cambridge.)

柏奈特：《早期希腊哲学》，1930年，伦敦。
(J. Burnet, *Early Greek Philosophy*, 1930, London.)

弗里曼：《前苏格拉底哲学家》，1959年，牛津。
(K. Freeman, *The Pre-Socratic Philosophers, A Companion to Diels, Fragmente der Vorsokratiker*, 1959, Oxford.)

福勒：《希腊哲学史（从泰利士到德谟克利特）》，1923年，纽约。
(B. A. G. Fuller, *History of Greek Philosophy, Thales to Democritus*, 1923, New York.)

罗班：《希腊思想和科学精神的起源》，1923年，巴黎。

---

* 本书目只收有关前苏格拉底哲学的最主要的目录，有关一般哲学史的参考书，从略。格思里多卷本《希腊哲学史》每卷后都有包括最新著作在内的详细书目，可参考。

(L. Robin, *La pensée Grecque et les origines de l'esprit scientifique*, 1923, Paris.)

基尔克:《赫拉克利特宇宙论残篇》,1954年,剑桥。
(G. S. Kirk, *Heraclitus' the Cosmic Fragments*, 1954, Cambridge.)

柏开尔特:《智慧与科学》,1962年,纽伦堡。
(W. Burkert, *Weiske it und Wissenschaft*, 1962, Nürenberg.)

查费洛波罗:《爱利亚学派》,1950年,巴黎。
(J. Zafiropoulo, *L'École Éléete*, 1950, Paris.)

贝利:《希腊原子论与伊壁鸠鲁》,1928年,牛津。
(C. Bailey, *The Greek Atonists and Epicurus*, 1928, Oxford.)

北京大学哲学系外国哲学史教研室编译:《古希腊罗马哲学》,1957年,三联书店。

马克思:《德谟克利特的自然哲学与伊壁鸠鲁的自然哲学的差别》(博士论文),中译本,1961年,人民出版社。
(K. Marx, *Differenz der demokritischen und epikureischen Natur philosophie, die Doktordissertation.*)

主要人名中外文对照表*

中　文	英　文	希腊文	拉丁文	小　注
三画 马尔库斯· 安东尼·奥勒 留斯			Marcus Antonius Aurelius	公元161—180年罗马皇帝，哲学家，斯多葛主义者
四画 巴门尼德 厄庇尔特	Parmenides Ephialtes	Παρμενίδης Ἐφιάλτης		爱利亚学派代表人物 古代雅典民主派领袖
五画 艾修斯 卢克莱修			Aëtius Lucretius	古代著作的注释家 罗马唯物主义哲学家
六画 西蒙尼德 西赛罗 亚里士多德 亚历山大 毕达哥拉斯 色诺芬 安提丰	Simonides Aristotle Alexander Cornelius Pythagoras Xenophon Antiphon	Σιμωνίδης Ἀριστοτέλης Πυθαγόρας Ξενοφῶν Ἀντιφῶν	 Cicero	古代希腊三大抑扬格诗人之一 罗马政治家、演说家、哲学家 古希腊哲学家 又名"博学者"（Polyhistor），公元一世纪希腊学者 古希腊哲学家，南意大利学派创始人 古希腊活动家，苏格拉底的学生 古希腊智者

---

* 鉴于译名不统一，本书除尽量用习惯译法外，特附此表，以便查对。提供早期哲学家资料的古代作家，国内读者比较生疏，特略加小注，如愿进一步查对，可参考牛津古典字典、斯密司古典字典。弗里曼：《前苏格拉底哲学家》一书后的附表，记载较详细，读者可查阅。

（续表）

中文	英文	希腊文	拉丁文	小注
扬别利柯斯	Iamblicus	Ἰάμβλιχος		公元四世纪新柏拉图主义哲学家
安提赛尼	Antisthenes	Ἀντισθένης		犬儒学派奠基者，高尔吉亚和苏格拉底的学生
伊壁鸠鲁	Epicurus	Ἐπίκουρος		希腊哲学家，原子论者
色拉斯洛	Thrasyllus	Θρασύλλος		数学家、占星家，柏拉图、德谟克利特著作的编纂者
芝诺	Zeno	Ζήνων		爱利亚派哲学家
七画				
伯利克里	Pericles	Περικλῆς		雅典民主制黄金时代执政者
克利斯提尼	Clisthenes	Κλεισθένης		雅典民主制建成者
克里翁	Cleon	Κλέων		伯利克里死后雅典民主派领袖
克拉提诺	Cratinus	Κρατῖνος		雅典旧喜剧诗人
克萨诺芬尼	Xenophanes	Ξενοφάνης		爱利亚学派创始人
克里底亚	Critias	Κριτίας		智者，三十僭主之一
克莱门			Clemens	公元二至三世纪学者
庇西特拉图	Pisistratus	Πεισίστρατος		雅典早期僭主
希罗多德	Herodotus	Ἡρόδοτος		古代希腊历史家，历史学之父
希匹阿斯	Hippias	Ἱππίας		智者
希波克拉特	Hippocrates	Ἱπποκράτης		古希腊著名医学家
希帕索斯	Hippasus	Ἵππασος		毕达哥拉斯学派哲学家
希波里特	Hippolytus	Ἱππόλυτος		公元三世纪教会作家
希斯底阿斯	Histaeus	Ἱστιαῖος		古代米利都僭主
辛普里丘	Simplicus	Σιμπλίκιος		公元六世纪新柏拉图哲学家
阿那克西曼德	Anaximander	Ἀναξίμανδρος		米利都学派哲学家
阿那克西曼尼	Anaximenes	Ἀναξιμένης		米利都学派哲学家
阿那克萨哥拉	Anaxagoras	Ἀναξαγόρας		古希腊哲学家
阿开劳斯	Archelaus	Ἀρχέλαος		雅典哲学家，阿那克萨哥拉的学生
阿里斯多芬	Aristophanes	Ἀριστοφάνης		雅典著名喜剧大师
阿里斯多克萨诺斯	Aristoxenus	Ἀριστόξενος		逍遥派哲学家，音乐家
阿里斯泰哥拉	Aristagoras	Ἀρισταγόρας		米利都僭主希斯底阿斯的兄弟
苏格拉底	Socrates	Σωκράτης		古希腊哲学家
苏依德斯	Suidas	Σουΐδας		古希腊辞书编纂家

（续表）

中文	英文	希腊文	拉丁文	小注
八画				
欧里庇底斯	Euripides	Εὐριπίδης		古希腊三大悲剧大师之一
欧德谟斯	Eudemus	Εὔδημος		亚里士多德的学生，亚里士多德著作的编辑者
欧赛波斯	Eusebius	Εὐσέβιος		公元三世纪教会历史家
依梭克拉特	Isocrates	Ἰσοκράτης		古希腊著名演说家
波费尔利斯	Porphyrius	Πορφύριος		新柏拉图主义者普罗丁的学生，古代哲学的评论、注释家
帕里斯	Paris	Πάρις		又名亚历山大，传说中古代特洛亚王子
帕拉梅德斯	Palamedes	Παλαμήδης		传说中攻打特洛亚城的希腊英雄之一
九画		Χείλων		
契隆	Chilon	Χίλων		斯巴达人，古希腊七贤之一
费底亚斯	Phidias	Φειδίας		雅典著名雕塑家，伯利克里的朋友
费莱西德	Pherecydes	Φερεκύδης		公元前五世纪初雅典历史家
费洛德姆斯			Philodemus	西赛罗同时代人，伊壁鸠鲁学派哲学家，诗人
费洛波诺斯			Joannes Philoponus	公元七世纪亚里士多德著作的评论者
修昔底斯	Thucydides	Θουκυδίδης		古希腊著名历史家
品达	Pindarus	Πίνδαρος		古希腊抒情诗人
客蒙	Cimon	Κίμων		雅典寡头派领袖
柏拉图	Plato	Πλάτων		古希腊哲学家
十画				
泰利士	Thales	Θαλῆς		米利都学派创始人
恩培多克勒	Empedocles	Ἐμπεδοκλῆς		古希腊哲学家
留基波	Leucippus	Λεύκιππος		古希腊原子论创始者
海伦	Helena	Ἑλένη		斯巴达女奴，因美貌被特洛亚王子带走，引起了特洛亚之战
荷马	Homer	Ὅμηρος		古希腊叙事诗人
高尔吉亚	Gorgias	Γοργίας		智者
十一画				
梭伦	Solon	Σόλων		雅典民主制的奠基者
梯蒙	Timon	Τίμων		古希腊怀疑主义哲学家

（续表）

中文	英文	希腊文	拉丁文	小注
盖利乌斯			Gellius	公元二世纪拉丁作家
梅里索斯	Melissus	Μέλισσος		爱利亚学派哲学家，萨摩斯将军
第欧根尼·拉修斯	Diogenes Laërtius	Διογένης Λαετίυς		公元二世纪作家
萨克都斯·恩庇里斯			Sextus Empiricus	公元三世纪怀疑主义哲学家
十二画				
提秀斯	Theseus	Θησεύς		古希腊英雄，传说中雅典城的奠基者
普罗塔哥拉斯	Protagoras	Πρωταγόρας		智者
普罗底柯斯	Prodicus	Πρόδικος		智者
普罗塔克	Plutarchus	Πλούταρχος		公元一世纪传记作家
斯拉西马库	Thrasymachus	Θρασύμαχυς		智者
斯托拜乌斯	Joannes Stobaeus	Ἰωάννης ὁ Στοβαῖος		古代著作的摘录者（生平不详）
奥古斯丁			Augustine	古代基督教神学大师
奥林匹奥德	Olympiodorus	Ὀλυμπιόδωρος		公元六世纪新柏图主义哲学家
十四画				
赫西俄	Hesiodes	Ἡσίοδος		古希腊叙事诗人
赫拉克利特	Heraclitus	Ἡράκλειτος		古希腊哲学家
赫尔摩根	Hermogenes			公元一世纪修辞学家
赛奥格尼	Theognis	Θέογνις		古希腊悲歌诗人
赛奥弗拉斯特	Theophrastus	Θεόφραστος		亚里士多德的学生和朋友
蔡策斯	Tzetzes	Τζέτζης		公元十二世纪希腊文法学家
十五画				
德拉孔	Dracon	Δράκων		雅典第一部法典的作者，以用重刑著称
德谟克利特	Democritus	Δημόκριτος		古希腊原子论哲学家
德蒙	Damon	Δαμον		雅典音乐家、智者，伯利克里的老师

后 记

（一）古代希腊哲学史料丰富，卷帙浩瀚，故古希腊哲学史常为多卷本，其第一卷则为"前苏格拉底"。本书循例以苏格拉底划分前后。苏格拉底后当为柏拉图、亚里士多德两大家为主，然后则是"后亚里士多德"。

（二）本书宗旨不在全面介绍知识，而只是对主要哲学家的主要哲学问题作一些分析研究，提出自己的看法，故不敢言"史"，只称"研究"。

（三）研究古代哲学有许多困难，作者于哲学、历史、外语等方面水平极有限，本书错误，在所难免，诚恳希望批评指正。

（四）本书写作过程得到一些师友的鼓励和指教，特此致谢。

作者　1979年7月30日
中国社会科学院哲学研究所

| 苏格拉底及其哲学思想 |

引　言

　　很长一个时期，在欧洲一般人的心目中，苏格拉底作为一个哲学家的地位曾经是确定了的。他是柏拉图的老师，而柏拉图则是古代欧洲哲学史上承前启后的人物，是古代希腊哲学最重要的代表之一，被这样一位哲学家极力推崇的老师，其历史重要性，自不待言，加之柏拉图对这位老师之死的描述，当人们没有怀疑它的政治意义时，其人格之感人，使苏格拉底的形象更增加了一层道德伦理典范的"圣光"。欧洲人对自己的先辈的这种传统看法，是根据一些基本事实得来的；虽然一般人对这些事实并没有多加分辨更没有故意搜集相反的材料，然而学者们、哲学史专门家们不同于一般人的地方正在于发常人之所未发，终于对这个传统的苏格拉底的形象提出了一大堆疑问，写了一本本的大部头著作，考证、分析了有关苏格拉底的各种材料，在弄清许多史实方面，这些学者是有很大贡献的。在一个阶段，苏格拉底似乎显得不那么重要了。学者们指出，传统印象是被夸大了的，各种重要的哲学思想似乎是柏拉图自己首创的，苏格拉底充其量不过是个道德学家，或者甚至只是一个"好公民"的道德典范。当然，这个"好公民"的观念也是站不住的，因为苏格拉底是因反对希腊雅典民主制被处死的，其道德品质的政治意义当然更成了大问题。这样，苏格拉底这个形象一方面既是反面的，而另一方面又显得不那末重要甚至不那末确定。我们将要看到，现在欧美各国持这种意见的当然仍不乏其人。但是，在这种意见持续了一个阶段的支配地位以后，现在欧美各国在这个问题上的主要倾向似乎又回到传统的观念上来了。当然，这样一种"复归"，不像以前只凭感觉、印象，而是经过大量考证、仔细分析了的，是经过正反两面的研究得出的，因而就带有更大的科学性。应该说，我们在史料方面的发言权是相当小的，我们只能在欧美学者研究的基础上，按照我们对待史料的基本态度和方法，提出我们的看法。这样做，只是为了在讨论哲学思想问题时，对于史料的处理有一个基本的原则和立足点。

第一部分　史料问题

苏格拉底并没有留下（或根本没有写）自己的著作，关于他的史料来源，我们只能根据古人的记述，而由于记述者本人的倾向需要，因此对这些记述的历史真实性，我们就要作一番分析研究。在这里，在具体分析各种记述材料之前，关于对待这些材料的总的态度方面说明几句还是必要的。我们对待这些材料的总的态度是：首先不多疑；其次是不轻信。我们不准备夸大古人的想象力，我们相信，古人的编造能力要比今人低一些。如果说，荷马史诗被证明具有很高的历史真实性，那末对于柏拉图、色诺芬记述的真实性采取总的多疑态度不免失之鲁莽。我们认为，对古代史料，没有可靠的相反证据之前，应该加以肯定，加以运用。我们这种对待史料的态度，并不是新的，而是传统的，千百年来人们就是自觉或不自觉地持这种态度，读着柏拉图的对话，缅怀着苏格拉底的事迹。但是，在近代这种态度受到了学者们的挑战以后，我们再来谈论它，当然就有更深一层的意义了。

与苏格拉底同时代的记述材料主要有三种，按时间顺序是：一、阿里斯多芬的喜剧；二、柏拉图的对话；三、色诺芬的著作。于这三种材料，欧洲的学者们多年来或分别或综合对比作了人的考证研究，要一一缕述各学说之间的细节区别并无多大必要，无非是有重视一种而否定其他的，有认为三者互相补充的，而对每种又有许多具体的研究。我们在以下研究这些材料时，当然会涉及到一些学者的意见，这里就不作单独的介绍了。

就史料言，我们首先接触到的是，关于阿里斯多芬的喜剧。表面上看，这个材料与其他两种材料完全对立，它把苏格拉底当作一个骗钱的智者，对之极尽讽刺之能事，而其他两种材料都是极力美化苏格拉底的。然而，阿里斯多芬的材料却早于其他二者。阿里斯多芬上演他的讽刺苏格拉底的喜剧《云》时是公元前423年，当时苏格拉底是45岁[1]。鉴于当时戏剧演出的规模和雅典公民的人数，很可能苏格拉底自己也看过这出戏，或者至少他自己知道阿里斯多芬这出戏的内容。可是，根据柏拉图在《会饮》篇里的记载，苏格拉底对阿里斯多芬甚为友善，说他把"整个的时光就都奉献给酒神和爱神了"[2]，因此，当时雅典人对这出戏的感受与我们现在似乎有些不同。

无可否认，就整个文化史来说，古代希腊喜剧艺术是一颗灿烂的明珠，但在当时的雅典，在戏剧比赛中它的等级略低于悲剧。因此，有的历史学家说，当时对喜剧的内容，雅典的观众并不过于认真[3]，喜剧家可以直接随意讽刺挖苦甚至故意歪曲当时的各种人物，就连伯利克里本人也不能幸免[4]，这可能与喜剧起源于相当粗俗的原始模拟剧表演有关。当然，阿里斯多芬时代喜剧已经成熟，可以参加戏剧比赛，并能得到奖励（只是奖品比悲剧稍薄一点），但当时雅典观众中的传统观念似乎尚未排除干净，因此包括苏格拉底在内的雅典公民对《云》的具体形象，即以苏格拉底作为智者的化身，亦并不过于认真，因为这样可能反而令人觉得更加"好玩"（滑稽）。这出戏的大前提是讽刺智者——当时智者学派开始衰落，智者中有些人装腔作势，借以骗钱，已引起雅典人的反感，至于把苏格拉底与智者拉在一起，也许是凭一点表面的联系（因苏格拉底常与在雅典的智者们一起讨论，一般人会觉得他们是"混在一起"），增加笑料，或更具讽谏的意味，并非真的苏格拉底就是如此。试想，如果苏格拉底当时完全如阿里斯多芬所描写的那样，也许这出戏就"滑稽"不起来，而会相当"严肃"，只有在苏格拉底与智者们已完全不同，而仅有一点表面的（或历史的）联系时，包括苏格拉底本人在内的雅典观众才会感到"不伦不类"、"滑稽可笑"，而不必细想苏格拉底究竟是否这种人[5]。

---

[1] 柏奈特（Burnet）误为47岁（《希腊哲学，第一部分，从泰利士到柏拉图》，伦敦，1920年，第144页）。
[2] 柏拉图：《会饮》篇，177e。
[3] 格罗特（Grote）：《希腊史》，人人丛书，第8卷，第297页。
[4] 爱柏特（Abbott）：《伯利克里和雅典的黄金时代》，纽约，1903年，第328页。
[5] 当时喜剧的面具都是根据真人形象加以歪曲、变形，观众也许能认出原来是谁，这是一种喜剧效果，而被歪曲的人并不提抗议，甚至也跟着哈哈大笑呢。

这也许就是古代喜剧"虚构"的特殊性。但作为历史研究来说，重要的还在于找出这种"虚构"背后所根据的史实，找出喜剧中苏格拉底与生活中苏格拉底的联系，即使是表面的联系也好。于是，柏奈特就提出一种解释，他认为，既然阿里斯多芬上演《云》时苏格拉底才45岁，那末阿里斯多芬所根据的是苏格拉底早期的情况，而不是学术上成熟了的苏格拉底[1]。我们认为，这个解释是有一定的说服力的。

根据第欧根尼·拉修斯的记述，苏格拉底曾是阿那克萨哥拉和德蒙（Demon）的学生[2]。德蒙是当时的音乐家、智者，曾任伯利克里的老师。至于阿那克萨哥拉，我们知道，雅典一般公民并不喜欢他，就因为他说了一句太阳是"火石"的话触犯了传统，几乎被处死，只是由于伯利克里的影响才得以逃出雅典。此后，据说苏格拉底还继续跟阿那克萨哥拉的雅典学生阿开劳斯（Archelaus）学习。柏拉图的有关对话，印证了这个记述。在《费多》篇里，苏格拉底回忆了他曾如何崇拜阿那克萨哥拉，在年轻的时候又是怎样热衷于研究天体和自然的奥秘。这些，也许的确是阿里斯多芬作喜剧虚构的根据。

这样，也许我们就可以正确解释阿里斯多芬喜剧与其他记述的矛盾，而排除了对苏格拉底作历史真实的研究时阿里斯多芬喜剧作为直接证据的重要性。

其次，我们要研究一下柏拉图的对话，这对研究苏格拉底来说当然是最重要的。

从某种意义上来说，苏格拉底有这样一个强有力的学生是很不幸的，人们很可能把一切创造性都归于这个学生身上，柏拉图成为哲学史的分水岭，而苏格拉底变成了一个莫衷一是的争论对象。可是这件事的责任并不在学生本人，柏拉图是很虔诚的，他的对话大部分都以苏格拉底为主要发言人；即使这样，人们还要硬说学生是借老师的嘴论述自己的主张，苏格拉底变成了柏拉图的代号。用近代学者的语言来说，即对柏拉图对话所涉及内容的历史真实性发生了怀疑。

据说，最早否定柏拉图对话的历史真实性的是十九世纪的一些德国学者，

---

[1] 柏奈特：《希腊哲学，第一部分，从泰利士到柏拉图》，第144页。
[2] 第欧根尼·拉修斯：《名哲言行录》，娄柏本，上册，第146页。

其中阿斯特（G. A. Ast）从根本上否认《申辩》篇是柏拉图的作品[1]，这种倾向遭到德国浪漫派代表人物施莱马哈的反对。1838年，施莱马哈写了一篇题为"论苏格拉底作为哲学家的价值"的文章，重新肯定了苏格拉底在哲学史上的地位，而反对把苏格拉底只当作"好的公民典范"来对待[2]，同时也基本上肯定了柏拉图早期有关苏格拉底记述的真实性。施莱马哈这种精神，在蔡勒、贡帕尔茨那里得到了进一步贯彻，由于这两位在古希腊哲学史方面是卓然大家，因而苏格拉底作为哲学家的形象就有了一定的保障。

在这个问题上有重要贡献的主要是英国的泰勒（Taylor）和柏奈特。泰勒把柏拉图早期几个对话叫作"苏格拉底一组"（Socratic group），其意义是记述苏格拉底的言行[3]。柏奈特更进一步肯定了柏拉图的苏格拉底的重要性，他甚至预言，我们只能在柏拉图的苏格拉底（platonic Socrates）和完全否认一切有关苏格拉底材料的可靠性之间作出选择[4]。

柏奈特可谓不幸言中。1913年德国学者海因利希·梅耶尔（H. Maier）写了一本著名的研究苏格拉底的书：《苏格拉底，他的工作和他的历史地位》。在这本书中，梅耶尔对有关苏格拉底的历史材料，特别是柏拉图、色诺芬和亚里士多德提供的材料作了详细而深入的分析研究，有许多科学的见解，但他的结论却是令人失望的，他认为苏格拉底本来就不是什么哲学家[5]，苏格拉底只是在伦理学、辩论术方面有贡献。可是，梅耶尔在指出许多史料上的疑难之后，毕竟还承认了包括《申辩》篇在内的柏拉图早期对话在研究苏格拉底时的历史参考价值；而他的这种整个来说是否定性的倾向，在克鲁斯特（A. H. Chroust）那里得到了更加极端的发展。

克鲁斯特在五十年代发表了他的影响巨大的著作：《苏格拉底，人与神话》（1957年第一版）。从书名就可以看出，作者要破除关于苏格拉底的"神话"。果然，他的意见是摧毁性的。他的新的研究方法是把一切有关苏格拉底的直接史料全部推翻（在某种意义上作了柏奈特所指出的后一种选择），而从反对的方面

---

[1] 参阅菲立浦生（Philipson）：《苏格拉底的审判》，伦敦，1928年，第17页。
[2] 见1888年伦敦出版的柏拉图几个对话原文前施莱马哈对该文的英译。该书第10—11页。
[3] 泰勒：《柏拉图，其人其事》，伦敦，1955年，第6版，第23页以后。
[4] 柏奈特：《希腊哲学，第一部分，从泰利士到柏拉图》，第150页。
[5] 梅耶尔：《苏格拉底，他的工作和他的历史地位》，图宾根，1913年，第103页。

来再造("复原")苏格拉底的形象。应该说,克鲁斯特这个方法是很有启发性、创造性的,因而他的著作至今具有不可忽视的参考价值,当不是偶然的。

克鲁斯特在分析了在苏格拉底问题上各家对古代记述材料的意见后指出,各家意见分歧,莫衷一是。有的说柏拉图是艺术家、戏剧家的风格,其对话不可靠而重视色诺芬的,但又有相当多数的人认为色诺芬太平庸,其记述也不可靠;在这些纷纭的意见中,择其善者,无非是:重视柏拉图早期对话的人,必定把苏格拉底看成是伦理哲学家,重视色诺芬的,则把苏格拉底看成"大农场主"或"农业专家",重视亚里士多德的,则看成是理念主义者①,而这一切都因矛盾而不可信。事实上,在克鲁斯特看来,苏格拉底根本不是什么哲学家,而是政治活动家。也正是在这一基本点上,克鲁斯特把梅耶尔引为同道,认为他们的意见比较接近②。

克鲁斯特从反对的方面论证了自己的观点,他的主要工作在于再造了苏格拉底死后六七年时一个智者波立克拉特(Polycrates)的《对苏格拉底的控告》(Κατηγορία Σωκράτους)这篇文章。根据克鲁斯特的考订研究,波立克拉特这篇控告包括了各家"申辩"中的主要内容,所不同的主要是波立克拉特强调了苏格拉底反对雅典民主制的罪名,而这一点无论柏拉图的《申辩》或色诺芬的《回忆录》都回避了③。克鲁斯特相信苏格拉底是积极推翻民主制的鼓动者,所以后来根据这个控告来写辩护词的作者也都把苏格拉底当作社会活动家加以描写④。

这样,克鲁斯特当然就从根本上动摇了柏拉图把苏格拉底当作哲学家来记述的可靠性。可是,在否认了柏拉图记述的历史真实性之后,如何解释柏拉图这些记述,就成了很大的难题,有时会遇到不可克服的困难,因为人们总是无法圆满地解释柏拉图在道德上、法律上、宗教上为苏格拉底申辩之后,为什么还要以这个据说长期被雅典人所痛恨⑤的人为自己学说的代言人,因此,克鲁斯特的意见,可说是独树一帜,但大多数哲学史家并不采纳他的学说。如格思

---

① 克鲁斯特:《苏格拉底,人与神话》,英国诺特丹大学出版社,1957年,第196页。
② 同上。
③ 同上书,第74、164、170等页。
④ 同上书,第192页。
⑤ 同上书,第79页;梅耶尔说第欧根尼·拉修斯说的雅典人处死苏格拉底之后感到后悔,为其立像事,纯属子虚,不知根据何在。

里（Guthrie）教授在他的新著多卷本希腊哲学史中对这个问题就持慎重态度，一方面指出泰勒-柏奈特关于苏格拉底与柏拉图关系的意见已不为多数人采纳，同时也认为学习他们的意见是有用的[①]，甚至认为苏格拉底与柏拉图是不可分的[②]。

我们知道，关于苏格拉底与柏拉图在具体学说上的关系，在古代已经弄不清楚了。第欧根尼·拉修斯在谈到柏拉图时说，柏拉图哲学学说有三个来源，一是赫拉克利特的感觉（变幻）说，一是毕达哥拉斯派的理性思想说，一是苏格拉底的政治伦理说，柏拉图把这三者结合起来了[③]，这里已经把苏格拉底只当成政治家了。这种说法，可能与如何理解亚里士多德的记述有关，但却与整个柏拉图本人的著作精神很难调和起来，除非对柏拉图对话有另外的独特解释，这种说法无论在古代或现代都是不太可信的。

随着对柏拉图研究的深入，人们对他的对话的写作先后，有了比以前较为清楚的概念，把他的对话分成了早、中、晚三期[④]。一般认为，早期对话中苏格拉底形象逼真，而中期和晚期的则更多起着代言人的作用。按照著作年代先后来对待柏拉图与苏格拉底的关系，是有其无可否认的理由的，早期复述老师意见的可能性大，这一点在常理之中，因此，如果要在学说上把苏格拉底与柏拉图分开来，就只能把早期对话的思想归于苏格拉底或他师徒二人共享，而中期和晚期的则归于柏拉图个人。这个划分是很理想的，但可惜不够现实。

首先，这种分期本身也并不是十分确定的、有绝对把握的，它所根据的分期原则，更是语言风格上的多于历史上的[⑤]，尤其是被划为中期的著作，苏格拉底形象的真实性有多少，就更加难以确定，而我们知道，这一部分对话，在哲学思想上又是最为重要的。

在没有更好的、更科学的解决之前，我们仍然倾向于对史料采取慎重态度，即在具体问题上没有发现不可克服的矛盾、困难时，我们首先相信它们的真实性，这一点对柏拉图的材料尤其重要，因为无论如何，柏拉图的对话是研究苏

---

① 格思里：《希腊哲学史》，第3卷，剑桥，1969年，第351页。
② 同上书，第325页。
③ 第欧根尼·拉修斯：《名哲言行录》，娄柏本，上册，第282—284页。
④ 参阅克隆比（I. M. Crombie）：《柏拉图学说的一种解释》，伦敦，1962年，第11页的表。
⑤ 克隆比：《柏拉图学说的一种解释》，第10页。

格拉底的最主要的史料。

现在我们来研究一下色诺芬所提供的关于苏格拉底的材料。

总的来说，学者们认为，色诺芬记述的价值是比较低的。这一方面有一定的理由，另方面也似乎不太公平。一般说来，色诺芬的记述没有柏拉图那样丰富的哲学内容和那样高的思想境界，它把重要的和不重要的事罗列在一起，读起来令人有零散之感。可是事实上，柏拉图有一些对话，就现在的眼光来看，其结构和推理也并非无懈可击。但是，无论如何，色诺芬并非哲学家，他对哲学问题的兴趣远不如柏拉图，这一点是无可否认的。问题在于我们应该承认世界上除了哲学家之外，还有许多"家"，他们对人类的文化也是有很大贡献的。

色诺芬的不幸还在于：否定有关苏格拉底史料的人固然不重视他的记述，重视这些史料的人也不见得就重视他的记述。泰勒-柏奈特很重视历史材料，但却只重视柏拉图一个人的，他们认为色诺芬的材料主要来源是柏拉图的著作①，也就是说，色诺芬是抄袭柏拉图的。可是事实上我们知道，色诺芬的著作内容有一些具体事实是柏拉图对话中没有的；有些问题，特别是政治方面的问题，色诺芬的回忆录似乎要比柏拉图对话中描写得更加直截了当些。当然，无可否认的，色诺芬的记述中有些问题，特别是有关哲学思想问题，是在比较贫乏的形式下重复了柏拉图的记述。这种情形，既然回忆的是同一个人的同一个思想，当然是会重复的，只是回忆者思想水平不同，记述的深浅程度自然也有所不同。如果说，色诺芬完全没有亲身的体验而抄袭柏拉图，那末作这样拙劣的、水平低得多的抄袭，其动机就更难令人捉摸了。

合理的解释似乎只能是：色诺芬的记述提供了苏格拉底形象的另外一些方面。也许，色诺芬读到柏拉图的《申辩》篇等对话时，引起了他自己的回忆，发自自己对老师的缅怀，把印象较深的一些事补充出来，也包括了一些自己印象不太深或理解得不太透的哲学问题，统统写了出来，使人们对他的老师有一个多方面的了解。正因为这些基本事实是不可动摇的，所以近代也有不少哲学史家对色诺芬的记述采取了公正的态度，充分肯定了它的历史真实性的价值。早一点的如蔡勒、德林（Dühring）等希腊史大家，最近的如格思里教授在他的

---

① 柏奈特：《希腊哲学，第一部分，从泰利士到柏拉图》，第149页。

多卷本希腊哲学史中也持这种态度,他不同意说色诺芬抄袭柏拉图①,他相信色诺芬所记述的大部分是苏格拉底作为真实的人的真实性格②。

  我们知道,色诺芬是古代希腊重要的历史学家、经济学家和散文家,有丰富的实际生活经历和很高的文字修养,他用散文写作,以历史记叙体回忆苏格拉底的材料比柏拉图的戏剧式对话至少在形式上更加具有历史的确定性。他随苏格拉底学习时年纪较轻,但学习时间并不短,据说他在苏格拉底身边的时间与柏拉图差不多③。根据一些记载,苏格拉底与他关系还是比较密切的。如果第欧根尼·拉修斯记述的逸事有一点真实性的话,那末也可以说色诺芬这个人才还是苏格拉底发现的④。可是,色诺芬在哲学方面并没有表现出特别的才能,也许他从苏格拉底学习的重点也不在哲学;但是即使在哲学方面,对苏格拉底哲学思想的基本精神,色诺芬还是能有所领会的,而且他还努力把这种精神贯彻到其他具体学科中去。甚至在讨论经济问题时,还要以苏格拉底哲学思想为指导。在《经济管理学》中,色诺芬一开头就记述苏格拉底说:光有土地而种不好,养不了人,则土地不是财富;土地可以卖掉变换成钱,但即使有钱,如果不会用,则也非财富,因而对土地、对钱、对买卖,都要有"知识",只有有了知识,这一切才能是有用的,才能转化为财富⑤。我们知道,强调知识,这正是苏格拉底的一个重要哲学思想,虽然色诺芬在这个基本问题的记述上是相当肤浅的,但不失为忠实的。饶有兴味的是,在这里"知识"一词,色诺芬慎重地用了苏格拉底常用的专门名词——ἐπιστήμαι⑥,可见在这些基本的方面,色诺芬对苏格拉底的哲学思想不是毫无领会的,只是他对这些方面的问题没有柏拉图那样大的兴趣,而把工夫用在别的学术方面了。也许正因为如此,格思里才正确地指出:在《经济管理学》中,色诺芬记述了苏格拉底的最核心的方法⑦。

---

① 格思里:《希腊哲学史》,第3卷,第330、340页。
② 同上书,第335页。
③ 参阅同上书,第333页。据说,色诺芬从苏格拉底学习时大约20岁,而柏拉图也正是20岁时从苏格拉底学习的。
④ 第欧根尼·拉修斯:《名哲言行录》,娄柏本,上册,第178页。
⑤ 色诺芬:《经济管理学》,娄柏本,第366页。
⑥ 而这个词亚里士多德就用错了,用了一个"φρόνησις",被梅耶尔揭发了出来(见梅耶尔:《苏格拉底,他的工作和他的历史地位》,第87页)。
⑦ 格思里:《希腊哲学史》,第3卷,第337页。

色诺芬和柏拉图这两位苏格拉底的学生的记述，同样都受到亚里士多德的重视①，这一点也许能说明这两个材料具有同等程度的历史可靠性。就史料价值来说，亚里士多德所提供的记述只能居于第二位，因为他不是苏格拉底的同时代人，当他于公元前367年回到雅典时，关于苏格拉底的事也许只有一些口头传说②。但是他的材料可以对柏拉图和色诺芬的记述起一种印证作用③，说明相当近的后人，对苏格拉底学说材料的一种态度。

对亚里士多德著作中提供的历史资料，我们也应当有个基本的估价。尽管有一些学者〔如契尔纳斯（Cherniss）〕挑了许多毛病，指出他要树立自己的观点，对前人往往多加歪曲等等，但他的著作仍然具有重要的史料价值。在没有第一手或同时代人材料时，它甚至是第一位的。

在苏格拉底史料上，相对说来，亚里士多德提供得比较少，但他提供的几条对哲学史来说却是很重要、很关键的，这些材料以后我们在讨论苏格拉底哲学思想时还要具体分析。这里只想指出，梅耶尔认为亚里士多德关于苏格拉底的材料主要来源于色诺芬④这一点，似乎很不容易理解。毫无疑问，亚里士多德读过色诺芬的书，也相信色诺芬记述的真实性，甚至在历史背景、社会政治和经济思想方面受到色诺芬著作的影响，这都是十分可能的，但就哲学来说，亚里士多德是不会太重视色诺芬的。亚里士多德是柏拉图的学生，他在哲学研究的方向上固然与柏拉图有所不同，但在思想水平上与他的老师属于同一等级，而显然大大超过色诺芬。如果说，留下比较丰富的哲学残篇的爱利亚学派的梅里索斯在亚里士多德眼里都是"粗俗的"⑤，被弃之不顾而集中研究巴门尼德和芝诺，那末色诺芬的哲学能力则完全是不足道的，因此亚里士多德不可能根据色诺芬的记述来分析苏格拉底对哲学的贡献。在这个问题上，亚里士多德本不用咨询色诺芬，他的老师柏拉图就是一个活的证人。当然，亚里士多德在写自己的著作时，有自己的意图，对史料有所取舍，这一点我们在讨论苏格拉底哲学思想时是应加以注意的，但如果说，跟随柏拉图学习了20年的亚里士多德居

---

① 参阅梅耶尔：《苏格拉底，他的工作和他的历史地位》，第95页。
② 参阅上书，第77页。
③ 同上书，第10页。
④ 同上书，第100、102页等。
⑤ 参阅拙著《前苏格拉底哲学研究》，三联书店1982年版，第179页。

然不知道老师学说的来龙去脉，而要求助于在哲学方面能力不高的色诺芬，则就很难理解了。

经过以上的初步讨论，我们对于有关苏格拉底史料的态度又回到了一开始就提出的基本立足点：既不多疑，也不轻信；在基本肯定古代提供的史料的真实性前提下，对具体问题作具体的分析。

第二部分　苏格拉底的政治立场

在确定了有关苏格拉底的史料来源的基本态度以后，我们就有可能进一步讨论一些重大的实质性问题，即如何从政治上、学术上理解苏格拉底这个历史人物。

首先我们来研究一下政治方面的问题。如果我们同意梅耶尔、克鲁斯特的意见，把苏格拉底主要看成社会活动家、政治家，那末政治方面的问题，就是评价苏格拉底的首要问题。然而如前所述，在我们研究这个问题时，不准备采用他们两家的意见。我们认为，苏格拉底基本上是一个哲学家，他的主要工作是研究哲学问题，而政治问题，国家、社会、伦理问题，也是作为哲学思想的一个部分来研究的。我们认为，苏格拉底的政治思想，是他的哲学思想的一个部分，是作为一个理论问题来研究的，他的确是个政治理论家和评论家，但他自己的实际政治活动并不是很多的。即使按照克鲁斯特的说法，与苏格拉底直接相联的主要政治事件只有四件：1. 他曾三次参战；2. 公元前406年做执行审判主席时反对把得胜了的十位将军处死；3. 公元前404年三十僭主时被禁止教授修辞学；4. 他的被处死[①]。这些事件固然与苏格拉底的政治品质和政治见解有关系，但无论如何不能根据这一点点事就说苏格拉底是政治家。苏格拉底主要是一个文化人物，是一个哲学家，他的主要工作是研究哲学问题并引导青年认识真理，当然，在他讨论、教授的学问中，政治思想，对国家、社会的看法是

---

① 克鲁斯特：《苏格拉底，人与神话》，第164页。

一个重要的方面,他之所以被认为是危险分子而处以极刑,也许这是主要的原因,即他是煽动青年反抗现实的;但事实上,就连他的学生中直接投身于政治活动的人也并不是很多的,其中最显赫的大概要算克利底亚(Critias)和阿尔西比得(Alcibiades),而这二位即使真的是苏格拉底的学生,也不能算他的主要门徒。

因此,在这个问题上,我们还是相信柏拉图《申辩》篇所提供的记述,即苏格拉底是自觉地不参与政治的①,他声称自己的天职就是研究哲学②。

这样,我们在作历史评价时,就应该区分两个方面的问题:一方面,作为哲学家,他的哲学思想在历史发展中起什么作用,这是主要的;其次,我们要考虑他的直接的政治言论或某些政治活动。这方面,作为一个哲学家,在政治言论或某些政治活动与其哲学思想主导方面发生矛盾的现象是存在的,甚至在历史上是常见的,如近代培根、霍布士,甚至黑格尔似乎都有这个问题③。应该允许古人犯错误。人是一定会犯错误的,无论古人或今人,或是未来的人,一定都会犯错误。只要他在主要致力的工作方面,对人类社会有好处、有贡献,我们就应该肯定他的功绩,至于在次要方面(就其本人工作来说),在他精力花得不那末多、考虑得不那末成熟的方面,犯一些错误,我们应该给以适当的评价,而不能一棍子打死。我们在研究苏格拉底时,也存在这个问题。如果苏格拉底主要的是从事哲学研究工作的,主要活动是教授门徒、与人谈论哲学,即使他的政治言论中有一些错误的、反动的地方,我们似也不必跟在控告他的人的后面,持置之死地而后快的态度。我们应该以哲学研究上的得失,通过具体的哲学思想来看其当时的社会作用。因此,我们对过去主要是苏联某些学者提出的看法,即苏格拉底在政治上代表当时反动派的看法要持慎重态度。他们把苏格拉底说成是一些贵族青年反动小集团的头子,因而被"民主政府"处死是理所当然的。我们认为,即使暂时撇开哲学问题,单从政治思想来看,这种极

---

① 不参与政治也许本身就是一大罪状,是一种消极对抗。从后来(利巴尼乌斯,Libanius)的申辩中也可以看出苏格拉底的罪状中有一条就是教人以懒惰和不关心社会生活(参阅克鲁斯特:《苏格拉底,人与神话》,第75页)。联系到曾经引起普鲁塔克惊讶的梭伦的一条法律,据说,梭伦规定,不参加雅典公民党派的人,要取消公民权,可见雅典的党争是由来已久,并得到社会鼓励的;相反,不参加两派斗争的"逍遥派",却要受到指摘(见普鲁塔克《名人传》,人人丛书,第1卷,第133页)。
② 柏拉图:《申辩》篇,28c。
③ 在作家方面,有人概括为创作方法与世界观的矛盾。

端的观点也是可以商榷的。

一、苏格拉底与雅典奴隶主民主制的兴衰

从公元前468年出生到公元前399年被处死，可以说，苏格拉底经历了雅典奴隶主民主制由兴盛繁荣到腐败衰落的全过程。在这整个过程中，苏格拉底的政治原则始终不变：他要当一个好公民、忠于雅典的法律，即他是忠实于并竭力维护奴隶制的；但他对具体政制形式的态度，却似乎有个变化过程，即他对奴隶主民主制是从拥护而逐渐变为反对甚至仇视的。事实上，不仅苏格拉底的思想在变，而雅典民主制本身也不是永恒的、一成不变的，它有一个建立、成长、繁荣和衰落、消亡的过程。雅典民主制的消亡，并不意味着古代希腊奴隶制度的消亡，恰恰相反，在雅典民主制消亡以后，奴隶制延续了数百年，这样，苏格拉底自己或后人很可以作出"申辩"：苏格拉底忠于一个政权的根本利益而反对某些历史时期的具体形式，他仍是一个"好公民"（好的自由民，好的奴隶主），而被"冤枉地"处死了。

我们知道，当苏格拉底出世的时候，雅典的民主制不但建成了，而且经受了波希战争的考验，进入它的全盛时期。苏格拉底是在雅典民主制的黄金时代成长起来的。在他幼年时期，人们传颂着赛米斯托克（Themistocles）的丰功伟绩；在他少年时期，又亲眼看到客蒙（Cimon）的赫赫战功。那时候雅典城里人才济济，爱斯库勒斯的悲剧揭开了希腊古典艺术的序幕。当苏格拉底27岁的时候，就可以遍观希腊三大悲剧家的杰出的戏剧①；可惜的是他虽然曾在阿那克萨哥拉的门下学习，但他19岁时，阿那克萨哥拉就不得不离开雅典了。

可是公元前442年民主派杰出领袖伯利克里掌握了雅典大权，雅典进入了它的极盛时期。

民主制需要伟大的人物，也提供了这种人物产生的社会条件，伯利克里就是雅典民主制的伟大人物。正如黑格尔说的："一般来说，民主政体的宪法，给了伟大政治人物最大的发展机会；因为它不但容许个人方面表现他们的才能，

---

① 公元前441年，苏格拉底27岁，欧里庇底斯第一次获得悲剧奖。

而且督促他们运用那些才能来为公众谋利益。同时,社会中任何分子,除非他有这本领,能够满足一个有教养的民族的精神和意见,以及热情和愉快,否则他便不能取得权势。"①而"从个人人格力量方面来说,没有一个政治家能够比得上他(指伯利克里——引者)"②。

伯利克里把希腊的奴隶主民主制进一步完善化了,他继承、发展了从克利斯提尼以来的传统,进一步调节了公民内部(自由民内部)的贫富关系,进一步扩大了公民的民主权利,限制了当时几乎成为元老院的阿勒俄琶菊斯议会的权力,从一批终身任职的退休执政官手中夺回了执法大权,交给了全体公民都可以参加的公民陪审法庭。为了鼓励贫苦公民参与政治,他设置各种公职津贴,而他本人克己守法、廉洁奉公,为历代史家所称颂。他还更进一步发扬了从庇西特拉图以来的传统,鼓励文化事业的发展。自他执政以来,雅典成为欧洲文化的中心,雅典城成为各国景仰的模范。古代希腊雅典成为人类文明的宠儿,是与伯利克里的政治功绩分不开的。

饶有兴味的是我们知道苏格拉底与伯利克里的关系是不错的。在这方面,我们有几条材料,一条是色诺芬在《回忆录》里说的,苏格拉底曾支持伯利克里的儿子学习军事技术,将来当将军;一条是普鲁塔克提供的,他说苏格拉底与伯利克里的情妇阿斯帕西亚(Aspasia)过从甚密③,而色诺芬在《经济管理学》中也记述苏格拉底夸奖阿斯帕西亚管家比他自己强④。也许,普鲁塔克就是根据色诺芬的材料得出的看法,不过无论如何,我们似乎没有什么理由来怀疑这些材料。根据这些材料,我们的印象应该是:苏格拉底曾经是伯利克里圈子里的人物之一。

我们看到,作为一个伟大的政治家,伯利克里周围有一批有学问的人,早一点有阿那克萨哥拉这样的大哲学家,后来有大雕塑家费底亚(Fedias)。智者学派创始人之一普罗塔哥拉斯在雅典时也是伯利克里的座上客,而伯利克里的情妇阿斯帕西亚在知识圈子里也是颇享盛名的,也许她的家有点像后来的沙龙那样,聚集着一批文化人,时常讨论各种学术文化问题。苏格拉底作为这个沙

---

① 黑格尔:《历史哲学》,三联书店1956年版,第305页。
② 同上。
③ 普鲁塔克:《名人传》,人人丛书,第1卷,第248页。
④ 色诺芬:《经济管理学》,娄柏本,第388页。

龙的一员，不是不可能的，只不过比较起来，他的年纪比较轻——伯利克里正式掌权时（公元前444年）苏格拉底才24岁——不太为人重视而已①。

当苏格拉底后来猛烈攻击雅典民主制时，也许他并不一定因他曾是伟大的伯利克里的朋友而感到忏悔。因为苏格拉底维护奴隶制度的根本原则是从不动摇的，而雅典民主制在伯利克里手里达到了历史的高潮从而发展了雅典的奴隶制度，这是无可否认的事实，在苏格拉底则是亲身经历过的现实；可是问题在于这个现实不是永恒不变的，这个现实甚至在伯利克里还活着的时候已经开始在变化了。这就是说，雅典的奴隶主民主制达到高峰的时候，也正是这个政制形式走向下坡路的开始。

雅典奴隶主民主制的衰落并不是偶然的，而是有深刻的阶级和社会的根源的。我们知道，雅典的奴隶制度是建立在残酷剥削外来奴隶基础上的。从克利斯提尼执政发布"解负令"开始，雅典就竭力维护原有胞族的平等团结，协调自己内部的两极分化，防止"使自由的雅典人变为奴隶的情形重演"②。也就是说，雅典执政者要维护一个自由、平等的公民阶层，这个阶层最初是从原始民族公社演化出来的，原来都是雅典一带的部族和胞族。本来它们内部也已经在分化，高利贷剥削使一部分自由民变为赤贫从而沦为奴隶，这种情形如果任其发展下去是不能容许的，其原因是自由民是雅典部族的战士，如果任其两极分化，势必贫者多、富者少，而沦为奴隶之后就不能再成为战士；这样，就整个部族来说，内部分化的结果势必削弱本部族的战斗力，以致无法驾御外来的奴隶或抵御外来侵略。因此，任何奴隶制度初期都要大力抑制剥削本部族自由民的高利贷这种腐蚀剂，以增强本部族的力量，一致对外。正如恩格斯说的："旧时残酷剥削自己同胞的方法，已经弃而不用，如今主要是剥削奴隶和雅典以外的买主了。"③"现在大体上形成的国家是多么适合雅典人的新的社会状况，这可以从财富、商业和工业的迅速繁荣中得到证明。现在社会制度和政治制度所赖以建立的阶级对立，已经不再是贵族和平民之间的对立，而是奴隶和自由民之

---

① 这也许能和阿里斯多芬把苏格拉底描写为"智者"，而与前面介绍过的柏奈特的看法相呼应。
② 恩格斯：《家庭、私有制和国家的起源》，《马克思恩格斯选集》第4卷，人民出版社1972年版，第111页。
③ 恩格斯：《家庭、私有制和国家的起源》，《马克思恩格斯选集》第4卷，第112页。

间的对立,被保护民和公民之间的对立了。"①雅典奴隶主民主制的建成——克利斯提尼时期——就意味着调整了内部的关系,巩固了奴隶主阶级的阵线,形成了一套比较完整的国家体制。

雅典奴隶制度之所以采取民主制形式也不是偶然的,更不是雅典的历代执政者特别开明、特别"仁慈",而是有其社会、历史的原因,在这个基础上雅典的执政者才显得比别的城邦更有民主精神。

为什么雅典城邦的奴隶制国家采取了民主制形式,是一个需要专门深入研究的有趣的课题。详细研究这个课题有待于历史学家的成果,在本书中,我们只能提出一个基本的看法:雅典城邦奴隶制之所以采取民主制形式,主要是由当时阶级力量对比的特殊条件决定的。我们知道,在进入奴隶社会时,雅典部族已经是土著,当他们有了剩余产品可以蓄养奴隶以推动生产时,其主要靠战俘和海盗掠劫等手段扩大奴隶人数。他们虽然也有把别的小城邦夷为平地(如早期特洛亚战争,但这还是整个希腊民族的军事行动),将其人民化为奴隶的事,但他们不像斯巴达人那样占领了整个希洛人的地域,把土著希洛人化为奴隶,因而,在这种条件下,雅典城邦的奴隶相对地来说是比较分散的、力量比较小、人数也可能相对地比较少②,雅典不像斯巴达那样面临着整个民族的反抗。这样一个事实所造成的结果是:一方面由于奴隶的相对分散,造成了奴隶主也相应地比较松散,奴隶不完全是整批整批地虏来,使奴隶主也相应地在观念上重视个别性,而不太重视整体性;另一方面,为了保证奴隶的来源,雅典城邦就比较重视商业经济,较早地限制了人身依附和人身劳役,这样也就促进了个人自由的思想。

总之,在这样的条件下,雅典城邦就比较容易地保持并发扬了原始氏族公社当时是"自然长成的民主制"③的一面;而在斯巴达,由于具体历史条件的不同,他们则保留并发扬了原始氏族公社当时同样是自然长成的集中的一面。在原始氏族公社本来是处于朴素的和谐之中的民主和集中这两个方面,随着阶级分化也分化了。希腊民族在奴隶制时代早期出现了两个具有代表性的城邦——

---

① 恩格斯:《家庭、私有制和国家的起源》,《马克思恩格斯选集》第4卷,第115页。
② 关于雅典城邦的奴隶人数,史家历来有争论。以公元前431年为例,有的说公民11万—14万人,奴隶7万人;有的说公民13万—14万人,奴隶20万—21万人,等等。
③ 恩格斯:《家庭、私有制和国家的起源》,《马克思恩格斯选集》第4卷,第101页。

实行民主制的雅典和实行集中制的斯巴达，它们各自按照自己的实际情况和实际需要，继承和发展了氏族公社的某一个方面。

比起原始氏族公社来说，雅典城邦的民主制的确是大大发展了那种自然长成的民主权利，因为它把公民从繁重的生产劳动中解脱出来，使公民们能够从事在氏族公社中受到极大限制的各种文化活动。雅典的公民被称为"自由民"，所谓"自由"，首先是摆脱了生产劳动，是不事生产的"自由"，雅典公民没有辜负历史的宠幸，利用这个"自由"，创造了灿烂的古代文化；可是在金碧辉煌的宫殿背后，却有着千百万奴隶的呻吟，希腊公民的自由是以奴隶的不自由为代价的，因而这种自由只是一个阶层的自由，而且是一个很小的阶层的自由。雅典的公民是一个特权阶层，是一个剥削阶层。整个雅典政制的主要任务就是要维护、巩固这样一个特权阶层。

可是要维护这样一个公民阶层并不是一件容易的事，因为这个政制无法解决这样一个基本矛盾：创造自由的人没有自由，有自由的人却不创造自由。雅典公民的自由是在火山上的自由，是在沙堆上的自由。

如果说，雅典公民在刚刚获得这种奴隶主式的自由时是那样意气风发，表现了多方面的创造才能，那末当两个阶级的对立日益尖锐，创造自由的人要收回自己的自由因而首先要收回自己创造的财富时，希腊公民的自由就发生了深刻的危机。同时，由于这种自由不是自己创造的，对于掠夺得来的自由，经过几代以后，就自然产生了对自由的滥用。当劳动与自由被分割为两大阵营时，这种滥用自由的局面是不可避免的。

于是，雅典的民主制发生了深刻的危机，这个危机是这个制度本身所具有的，因为它归根结蒂是奴隶制度；而当时的一些具体历史事件则更进一步促使了这个危机的爆发。

雅典政府主要的任务既然是在于进一步巩固、发展这个公民阶层，而雅典本土经济资源的薄弱以及本身奴隶数量的相对较少，使这个政权在一定时期变得野心勃勃、富有侵略性起来。过去波希战争为抵御波斯侵略结成的提洛同盟，逐渐变成雅典的剥削对象，盟邦变为属国，由于交不起雅典的贡赋，经常发生所谓盟邦"叛变"的事件，因此为了巩固自己的特权阶层，雅典政府的第一个任务就是要巩固自己的海上同盟，以便榨取盟国，赡养自己。

同时，由于本国的实际需要，助长了雅典奴隶主政府的霸权欲望，雅典已经成为一个海上帝国，伯利克里的野心是要把全希腊控制在自己的手中，这样势必与本来是希腊民族盟主的斯巴达发生不可调和的矛盾，于是就爆发了一场灾难性的战争——雅典与斯巴达争霸的伯罗奔尼撒战争。这场战争的开始意味着雅典的黄金时代的结束，繁荣、昌盛、和平，为饥荒、瘟疫和战争所代替，雅典从此以后一蹶不振。伯罗奔尼撒战争开始的那一年，苏格拉底是37岁。

那时候，苏格拉底也许亲耳听到过他所崇拜过的伯利克里在动员战争时的慷慨陈词："虽然也许有些在突然恐慌状况中，对政治漠不关心的人真的认为放弃这个帝国（指雅典帝国——引者）是一种好的和高尚的事，但是你们已经不可能放弃这个帝国了。事实上，你们是靠暴力来维持这个帝国的：过去取得这个帝国可能是错误的，但是现在放弃这个帝国一定是危险的。"[①]有的史家认为伯利克里的对外政策是错误的，他缺乏客蒙、阿尔西比得的军事天才，但却要发动一场大规模的战争，而认为他的成就主要在对内政策方面——建立了完整的民主制[②]。事实上，打这场战争是雅典大多数公民为了自己的利益所不得不作出的决定。雅典公民的利益是要靠外部的资源来维护的，放弃了帝国霸权，也就是放弃自身的存在，所以这场战争对雅典公民来说，是非打不可的。也正是由于这个原因，在伯利克里死后，这场战争不但没有停止，而且继续打了二十多年。

伯利克里于战争进入第三个年头时死于瘟疫，雅典失去了一位伟大的政治家，从此以后，雅典的一切矛盾越来越尖锐化，雅典政府失去了控制，雅典社会失去了平衡，为伯利克里的威信所暂时慑服住的雅典的党争——贵族派与民主派的斗争，重新变得更加尖锐起来，这种斗争尖锐的结果，是把双方都推向极端。

根据历史记载，雅典的党争从梭伦时代就相当明显了，最初也许是代表不同经济利益的氏族内部各部族之间的派别斗争。普鲁塔克指出，当时有所谓山地派喜欢民主制，平原派喜欢寡头制，而海岸派则采取中间态度等说法[③]。也许平原派经营农业，生活有所保障，最初是比较富裕的公民，豪门贵族多出于

---

① 修昔底德：《伯罗奔尼撒战争史》，商务印书馆1978年版，第148页。
② 《剑桥古代史》，剑桥，1958年，第74页。
③ 普鲁塔克：《名人传》，人人丛书，第1卷，第128页。

此；山地派则比较穷；而海岸派显然是新兴的，以经营海外通商为主。梭伦为了防止氏族内部分化，首先要限制平原派的财富，调整平原派和山地派的关系，而我们知道，雅典的农业本来就不发达，粮食不能自给，因而这一派的力量相对地比较小一点，所以当海岸派与山地派联合起来时，雅典的贵族寡头始终未能占到上风。

但是无论是山地派也好，平原派或海岸派也好，都是奴隶主派，也就是说，都是雅典公民，这一点，并不仅是我们现在的理论原则上的分析，同时也是当时雅典公民内部包括各派政治家在内的共同观念[1]。从梭伦创建雅典民主制以后，两党可以互相争论，但因政治原因互相残杀的事例极少[2]，这在当时雅典公民人数不多的历史条件下，是一种生活的必然，伯利克里的大度和宽容则不完全是个人品德决定的。当时两党争论的主要政治问题是，采取哪一种政府形式才能更好地维护整个公民阶层的利益。

可是这个阶层的利益已经不容易维持了。雅典本土的经济资源并不丰富，农业规模很小，不足自给，从梭伦开始，就不许雅典出口粮食，而只许出口油[3]。这样，即使雅典政府一向重视的商业交换也是有限的。这种情况，使得雅典公民阶层的经济基础不是很稳定，生活的最基本的需要——农产品尤其得不到足够的稳定的保障。雅典在波希战争后一度政治上强大时，公民们还不感到这种经济上的压力，可是当伯利克里把同盟贡赋挥霍于非生产性建设上以后，经济问题向雅典公民提出的挑战就越来越严重了。历史发展的结果对雅典公民来说出现了一幅凄惨的局面：相当一部分公民贫困化了。

一方面，从梭伦开始所竭力调整的公民内部的贫富分化是不可能完全避免的；另一方面公民不事生产，而通过货币来控制奴隶和外邦移民，就独立的公民个体来说，是一件很不容易的事，即雅典公民没有能力通过货币手段来与奴隶和外邦移民竞争，于是相当一部分公民变成像破落的贵族一样，徒有口头上的自由、民主和公民权利，事实上却可能一贫如洗。正如恩格斯所指出的：

---

[1] 也许正是由于这个原因，梭伦的法律才规定不参加两党的要取消公民权。
[2] 据史家记载，伯利克里前任、民主派领袖厄庇尔特（Ephialtes）的被杀，是雅典史上第一次政治谋杀（见爱柏特：《伯利克里和雅典的黄金时代》，第88页）。
[3] 普鲁塔克：《名人传》，人人丛书，第1卷，第137页；参阅克宁汉（Cuningham）：《论西方的文明》，剑桥，1902年，第99页。

"随着商业和工业的发展,发生了财富积累和集中于少数人手中以及大批自由公民贫困化的现象;摆在自由公民面前的只有两条道路:或者从事手工业去跟奴隶劳动竞争,而这被认为是可耻的、卑贱的职业,并且不会有什么成功;或者变成穷光蛋。他们在当时条件下必不可免地走上了后一条道路;由于他们数量很大,于是就把整个雅典国家引向了灭亡。所以,使雅典灭亡的并不是民主制,像欧洲那些讨好君主的学究们所断言的那样,而是排斥自由公民劳动的奴隶制。"[1]这就是说,既要保持奴隶制即保持公民不劳动,又要保持公民的民主这种局面是不可能维持得太长久的,奴隶制与民主制本身存在着不可克服的矛盾,历史发展到一定阶段,为了保持奴隶制(这在当时是基本的,历史必然的),必须抛弃民主制这种政制形式。

果然,在伯利克里死后,雅典的民主制越来越显得不适合奴隶制度的进一步巩固和发展的要求了。

继承伯利克里作为雅典民主派领袖执政的是克莱翁(Cleon),三年以后阿里斯多芬的喜剧《骑士》上演,该剧指名批评克莱翁愚弄人民(雅典公民),克莱翁在盛怒之下要将阿里斯多芬驱逐出境,但未得到公民大会的同意,使得我们的喜剧家能够在以后的两年里连续两次上演讽刺苏格拉底的喜剧《云》。一般史家认为,从此以后原是中性的"人民领袖"(demagogue)这个词,就变为贬意的"蛊惑家"了。

如果说,"人民领袖"还多少代表了雅典公民大多数人(山地派、海岸派)的利益,那末"蛊惑家"就逐渐失去了任何社会基础,而是利用公民的多数,钻营自己的私利了。民主制被奴隶制歪曲为个人主义、无政府主义,其社会基础是一部分城市无产公民[2]。这部分人由于经济上没有出路,就利用自己的特权,企图在政治上投机。乡村的农民(这是昔日公民的重要组成部分)不再因为要得一点津贴到城里参加公民大会了,公民大会成了城市无产公民发表高谈阔论的场所,甚至连陪审法庭,由于经济的原因,只有老弱病残或者不务正业的人才去任职了[3]。这些人不因被剥削而变穷,而是因剥削别人太少而变穷,他

---

[1] 恩格斯:《家庭、私有制和国家的起源》,《马克思恩格斯选集》第4卷,第115页。
[2] 《剑桥古代史》,剑桥,1958年,第110页。
[3] 爱柏特:《伯利克里和雅典的黄金时代》,第264页。

们当然不代表被剥削者的利益，同时却也不能真正代表剥削者的利益，他们成了"梁上君子"，是即将被历史淘汰的可怜的寄生虫。

这样一批人聚集在雅典的公民大会中，使这个大会发生了重大的变化。这个大会变得容易冲动，容易为偶然的原因而改变意见，出尔反尔，而又固执己见；自以为是，而又朝楚暮秦。人人以我为核心，"人是万物的尺度"已经没有当年那种"以天下为己任"的崇高负责精神，而成为一种主观主义、唯我主义的遁词。如果说，苏格拉底真的在腐化着雅典公民的话，那末事实上这个公民阶层自身早已在腐化了。

尤其可悲的是，雅典民主制已经永远失去它的舵手、它的平衡器——伟大的政治领袖。

我们知道，即使在原始氏族公社，民主与集中都是不可分割的，每个人都有平等的权力，但往往是年长、有经验的人——其最高的代表为"王"，有仲裁权。作为一个社会，没有一定的集中，是不可想象的。民主制需要杰出的领袖，而事实上雅典的民主制的确也曾经产生过像梭伦、庇西特拉图、克利斯提尼、赛米斯托克、伯利克里这样一些堪称杰出的人物，可是这个历史时期已经过去了，雅典再也产生不出杰出人物了，于是雅典民主制形式本身也就失去了平衡，自己走向了极端。

甚至深具民主制传统的雅典公民本身对这个制度也曾丧失过信心，想换一种制度试一下，这就是那次短命的寡头政变的原因。不无趣味的是，根据修昔底德的记载，公元前411年那一次400人寡头执政本是雅典公民大会同意了的。当时皮山大（Peisander）在公民大会上说："如果我们没有一个比较完整的政体，把政权交给比较少数人的手里，使波斯国王相信我们，那么，我们的国家是不能挽救的。目前我们应当考虑的是我们的生存问题，而不是我们政制形式的问题（如果我们不喜欢它的话，以后我们还是可以常常变动的）。"[①]听了这番话后，据修昔底德说，"起初，人民对于要建立寡头政治的主张是没有好感的，但是当皮山大很清楚地说明，再没有别条出路的时候，他们的恐惧（和他们将来可以再改变政制的期望）使他们让步了"[②]。皮山大当时之所以能这样轻易以改变政

---

① 修昔底德：《伯罗奔尼撒战争史》，商务印书馆1978年版，第600—601页。
② 同上书，第601页。

治体制来说服雅典公民,可见,当时公民心目中政制形式的地位,已经不像过去那样重要了。本来反对策划贵族政变的雅典驻萨摩斯将领福里尼卡斯,曾经夸赞民主制"使平民获得安全,使上层阶级安守本分"①,不久就成了支持寡头政治的最坚决的人物。这说明至少在相当一部分政治上层人物中,政制形式问题已居于次要地位,而重要的是奴隶制度本身的安危以及由此而来的个人权力之争了。

在这样的历史条件下,苏格拉底要做那个社会的"牛虻"($μυωπός$),要来刺雅典这匹大马②,其具体意义就要慎重地对待了。

二、苏格拉底的主要政治主张

毫无疑问,苏格拉底是当时雅典民主制的反对者,这是大多数史家所公认的事实,问题在于如何评价苏格拉底的这种政治态度。雅典民主制是被奴隶制度歪曲了的很不完善的一种制度,随着雅典公民阶层(主要是奴隶主阶级)中大多数人的腐化,这个制度也开始腐化,它已经无法维持奴隶主的根本利益;而这个阶级,在当时本来还有许多经济方面的事情可以做,特别是在雅典,农业方面本来有待于进一步贯彻奴隶制的原则,以便促进经济的繁荣、发展。而这个任务,乱糟糟的雅典民主制是不能完成的,因而奴隶主中有见识的人就要寻找一种更适合于奴隶社会发展的政制形式,苏格拉底就是其中的主要代表之一。

苏格拉底的主要政治主张和理想,同样也是见于柏拉图的对话和色诺芬的著作中,在这个问题上,划分苏格拉底与柏拉图的界限同样是很困难的。我们采取一种简单的办法,即把基本的、轮廓的思想归于苏格拉底,而把详细的、丰富的具体内容,留待柏拉图去发展。

40岁以后的苏格拉底生活在一个个人主义、无政府主义充斥的雅典城里。公民大会变成在智者学派教育、影响下各个政治家鼓唇舞舌的俱乐部,其结果则是往往被一些图谋私利的蛊惑家所操纵。每一个人都想成为中心,成为"原子"而独立于他人,这些"原子"、"尺度"凑在一起,互相碰撞,形成了一团

---

① 修昔底德:《伯罗奔尼撒战争史》,第598页。
② 柏拉图:《申辩》篇30e。

"混乱"、一阵"旋涡"（δίνη），于是现实的问题是：要不要选拔一些真正有政治知识的人、真正有德行的人来治理城邦，从而更好地保护公民（奴隶主）的利益？

苏格拉底认为，治理城邦（国家）需要一支专业的队伍，而不能把国家权力分散在没有政治知识的普通公民手中。从这个主张的基本方面来说，它不失为在国家问题上更加成熟的一种意见，在当时是符合奴隶制国家进一步发展的要求的。

我们知道，随着社会生活的进一步发展，国家机器也要求进一步完善化，逐渐地它也需要一定的专业知识，以便更有效地行使国家机器的职能。在国家机器产生以前，氏族公社组织只需要管理微薄的财产，监督均匀的分配和调整全体氏族内部的关系，但即使这个时候，原始氏族公社组织在全体成员都有平等的权利的基础上，还要有一些年长、富有经验的人来仲裁各种事务，那个时候，也并非一种无组织状态，而是有组织状态。随着阶级的出现，这些原始氏族组织转变为阶级压迫的工具，成为凌驾于社会之上的专门的国家机器，政府中的执政人员，就不仅是一般意义上某一个阶级的代表人物，而且同时也应是一些专业人员，从而使之更有效地推动这个机器的各个环节，更好地为本阶级的利益服务。每一个统治阶级都积累了一套统治经验，都在寻求最适合于本阶级发展的更好的政制形式，而当这个阶级本身已经失去历史存在的理由时，则任何政制形式都挽救不了它的灭亡。欧洲的奴隶主当时还没有面临这个最后的问题，它们的问题是到底哪一种政制形式更适合于奴隶主的利益。雅典当时的危机，迫使人们认真对待这个问题。曾经给雅典公民带来繁华、光荣的奴隶主民主制走向了自己的反面，雅典公民中有些人深深地感到（虽然他们还不可能明确地认识到），奴隶制与民主原来是根本矛盾的，也许只有放弃民主制，才能维持奴隶制度的存在和发展。

苏格拉底当时痛切感觉到的就是，雅典民主制已不能产生强有力的政府领导班子。当时的执政官和将军都是公民大会选举出来的，可是当参加公民大会的城市贫民已失去自己的判断力和理智以后，雅典人就从没有选出过一个像样的政府领导班子。蛊惑家左右了公民的情绪，选举变成了靠命运，诉诸偶然性，可以在转瞬之间改变意见，甚至改变政制形式（如那次短命的400人寡头政制）。

当每一个公民"原子"在大会上都拥有完全的平等权利时，唯一能作出决定的是多数的表决。可是由于公民本身的局限性，多数的意见往往并不代表真理，而时常为某种偶然情绪所左右，当多数的意见与这个阶级的根本利益时常发生矛盾时，人们就会在"意见"与"真理"之间划出愈来愈严格的界限。

我们知道，古代哲学家，特别是巴门尼德，在这个问题上已从理论上划出了这种界限。现实政治生活的需要，迫使苏格拉底进一步坚持、发展了这一思想，即把个别的多数与普遍的知识（真理）分开来，普遍的真理并不在个别的多数之中，而在它之外。这个生活中的迫切问题，同时也奠定了苏格拉底（柏拉图）整个哲学思想的基础和决定了它的基本倾向。

正是在柏拉图早期对话中记载了苏格拉底从原则上划分多数与真理的界限，他说："我认为，要想得到正确的判断，要根据知识，而不应根据多数。"①

苏格拉底这个思想在他整个思想体系里是很重要的，它针对的对象是当时雅典的公民大会，同时吸取了前辈哲学家的哲学思考，从而加深了对这一问题的理论分析。在柏拉图许多对话里，苏格拉底从各个方面论证了意见与知识的区别，意见有时也可以是正确的，但并不能保证永远正确，意见只是个别人的感性观念的总和，而感性加感性仍然只是感性，观念加观念也只是观念，还未能上升到理性的、必然的认识（知识）。真理需要乘法，而光是加法不是真理之路。因此，当时雅典的公民大会在一阵鼓噪声中以多数的意见为判断的标准对国家来说是危险的。蛊惑家往往利用多数群众的情绪以售其奸。

在这一点上，苏格拉底的态度是与当时的智者完全对立的。智者以个人意见为基础，"人是万物的尺度"，当个人之间发生分歧时，最后的评判标准只能建立在多数、少数的基础上。费德罗曾向苏格拉底介绍当时流行的智者的观点道："想当演说家，完全用不着懂得什么是真正的正义，而只要表现多数的意见就行了，这些多数意见之所以被认为正当，并不是因为它们真的是好的、正确的，而只是表面上是好的、正确的。②"苏格拉底则明确地反对用语言来取悦多数。

这样一个富有理论深度的问题，在这里表现为一个很实际的政治问题，即

---

① 柏拉图：《拉克》篇，184c。
② 柏拉图：《费德罗》篇，260a。

搞政治的人需要不需要专门的知识。

我们前面说过，当时的雅典公民大会的与会者大多数是城市贫民、小手工业者，他们可能有一点手艺，如制鞋、做马具等，但并没有多少治理国家大事的经验。苏格拉底的问题是：如果做鞋或评判鞋的好坏要请教具有专门知识的鞋匠，为什么治理国家和评判政治的好坏却不用请教具有专门政治知识的人，而去请教只具有制鞋、做马具等手艺的人甚或并无任何专门知识可言的人呢？

我们知道，柏拉图早期对话《普罗塔哥拉斯》篇中有一段记载，在这段记载中，智者学派创始人之一普罗塔哥拉斯对城邦政制的产生有一段有名的、生动的描绘。他说：混沌初开，神用火和土做成了人，普罗米修斯为人类偷来了火，并且产生百工技艺，但这时还没有城邦，为了使人类结成社会，宙斯分配人以政治技术，但政治与别的技术不同，不是分配给个别的人，如使这个人会做鞋，那个人会种植等等，而是平均地分配给每一个人，人人都有政治的技术，才能结成城邦社会①。这是一段很动人的描绘，但这种描绘只是人类初期对政治的看法，带有原始的平等观念，在当时应该说是已经落后了。雅典政制的现实已经暴露出这种观念的缺陷，因此苏格拉底所强调的，正好与此针锋相对，认为政治至少与其他技艺一样，需要有专门的知识。这样的观点，考虑到当时雅典的具体历史条件，似乎是有它的根据的。

在这个问题上，色诺芬也同样忠实地记录了苏格拉底的思想。色诺芬说：

> 关于王者和统治者，他（苏格拉底）说："不是有王笏的人，不是偶然选中的人，不是攫取财富的人，不是使用强权或骗术的人，而是有统治知识的人"。②

从这个观点出发，苏格拉底反对当时雅典的选举制度，认为政府官员由公民大会选举产生是不智的。

格思里教授在研究这个问题时指出苏格拉底的意见反映了当时政治要求专业化的倾向，并指出当时雅典那种选举制是前无古人后无来者的，因而是一种

---

① 柏拉图：《普罗塔哥拉斯》篇，323a。
② 色诺芬：《回忆录》，第3卷，第9节。

民主权力的滥用；不仅如此，格思里教授还不无启发地指出雅典这种选举办法具有某种宗教性，即把决定权交给神①，事实上，这种制度也许不一定有明确的宗教目的，但在当时，它的确把决定权委诸一时的偶然性（表面的多数），是一种负责精神衰退的表现。

因此，从理论上来说，苏格拉底是从一个普遍的原则，即统治者要具有统治的专门知识来反对现存的雅典政制的，表面上看，他并没有站在当时党派的立场上来进行具体的政治活动，所以在短暂的三十僭主时期，甚至据说是他的学生的克利底亚也下令禁止他讲修辞学；但实际上，苏格拉底的正面的政治理想，仍然不能超出当时历史条件，因而并不是抽象的，而是具体的，有一定的社会内容的。

我们知道，与当时雅典有较密切关系的是希腊本土的斯巴达，曾与之较量过的波斯帝国，还有古老的埃及，这些国家当时都是奴隶制，其政治制度都是维护奴隶主利益的，但都与雅典的形式不同。当人们感到雅典自身政制不再适应奴隶主的需要时，自然就想到这些国家的政制形式。

由于海上通商的原因，雅典人对于外邦的知识是很丰富的，自古以来就有许多学者出外游历。比苏格拉底大十几岁的希腊历史学之父——希罗多德在自己的著作中记述了希腊各邦、波斯、埃及等地的历史、现状、政制和风土人情。苏格拉底虽然只有几次行军离开过雅典城，但当时关于这些外邦情形的口头传说显然也是不会少的，更不用说雅典城曾经因通商交往，大有万国朝贺之势，在雅典的外邦人本已不少。

雅典人对于昔日希腊的盟主、当时交战国斯巴达的情况，当然是非常熟悉的。这个与雅典对峙的希腊城邦，同样也是奴隶制社会，但在政制形式方面却与雅典很不相同。

我们前面已经说过，如果说，雅典城邦在奴隶制条件下发展了氏族公社"自然长成的"民主的一面，那末，斯巴达就发展了同样是"自然长成的"集中的一面。

与雅典不同，斯巴达是多利安人入侵拉哥尼亚平原形成的，而当地的土著

---

① 格思里：《希腊哲学史》，第3卷，第411—412页。

希洛人在斯巴达进入奴隶社会时，就整个地化为斯巴达人的奴隶。斯巴达还有一部分人由外围居民组成，叫做皮里阿人（Πιερία），他们虽然不是奴隶，但没有公民权。这支定居在拉哥尼亚平原上的多利安人，面对着整个希洛部族的反抗的实际威胁，在组织他们的奴隶主政府制度时，特别注意政府的威慑力量，以军事的形式来组织全体公民的生活，这在当时也是有一定的历史原因的。

传说中斯巴达的立法者为来客古士（Lycurgus）。与梭伦一样，他也曾到过希腊各邦特别是伊奥尼亚一带考察过政制，可是，他根据斯巴达的具体情况，制定了一套与各邦不相同的法律和政制形式。

公民大会是当年氏族公社的传统组织，斯巴达也并没有废除，可是斯巴达的公民大会真是名副其实的"橡皮图章"，会上既没有热烈的争辩，也没有认真的讨论，与会者默不作声地听着各种提案，然后鼓噪通过，其作用仅此而已。

斯巴达没有那么多执政官，仍按氏族公社的惯例设置两个"王"，一个管内部宗教事务，一个管对外军事。关于斯巴达王的权力，希罗多德在他的《历史》中有详细的记述。在平时，王除了在公共祭祀或私人宴会上能得到一些荣誉和实际利益外，并没有多少特权；相反，王的许多权力，实际上是他为城邦要做的工作和应尽的义务，如王要与女巫一起保存好一切神的指示（预言），而只有王有权指定无子女者死后财产的继承人[①]，这一条最初也只是一种仲裁权的性质，至于在战时，王更是冲锋在前，撤退在后，除精选100人保护王外，也并无多少实际的特权。王的最主要的权力是体现在他们有权参加元老院，而这个元老院才是斯巴达真正的权力机关。

斯巴达的元老院，传说是来客古士建立的，由28人组成，加上2个王，共30人，这些人中多数当然是当时的豪门贵族，他们实际上对王的统治起着支配作用。不仅如此，为了进一步限制氏族公社原有组织的作用，斯巴达还设有监察官，总监各级官员的职守，拥有很大的权力，成为斯巴达的实际的统治者。

在经济上，斯巴达把财富集中在极少数的豪门贵族手中，而大多数公民，则比雅典更有效地限制了贫富的分化。据传说，来客古士把拉哥尼亚的土地分成三万来份，而把附属于斯巴达的土地分成九千来份，其中每份土地的收成，

[①] 在雅典，按梭伦的规定，是根据死者的遗嘱决定继承人的。

都平均分配给有关的公民。普鲁塔克记述来客古士看到谷捆平均地放在地里时，他笑着说："我想，全体拉哥尼亚人会像一个大家庭一样，在兄弟间平均分配。"[1]

来客古士的法律禁止斯巴达公民经商，因而这种行业就完全落入皮里阿人手中。斯巴达人反对无用的技艺，反对"奢侈"，保持着古朴的生活习惯，但在实用的技艺方面，他们却有很高的水平，据说在斯巴达人人都是床、椅、桌等的制作能手。

斯巴达人的集体性还表现于全国生活的军事化，每一个年轻人都要受严格的军事训练，每一个成年的公民都是合格的战士。为了增强战斗力，斯巴达人很重视后代的身体健康，他们不仅保持了原始公社某些部族弃婴（抛弃瘦弱以及有缺陷的婴儿）的习惯，而且积极地抚养婴儿，使之从小就逐渐适应战时的需要，这样，据说斯巴达的保育技术在全希腊是第一流的，斯巴达的保姆常被外邦阔人家请去抚育他们自己的子女。

我们看到，斯巴达政制的特点是竭力在奴隶制条件下，维持着、发展着氏族公社的平均主义、集体主义的传统，它限制每个公民的个性，以此保持整体的力量，而带动这个整体的，就不可能是各个单独的、离心离德的"原子"，而是拥有至上权力的少数主宰人物。

这样，斯巴达就成了古代的一个封闭的社会，他们安于小国寡民、自给自足的现状，只求公民内部的团结一致，既不允许斯巴达人到外邦去，也不太欢迎外邦人到斯巴达来。事实上，我们看到，这种封闭的社会，即使在古代也还是带有一种空想的性质。

然而，这种平均性、集体性的精神，曾经使斯巴达在历史上放出了英雄的光芒。与雅典的自由、繁华、文明比较起来，斯巴达是另一种类型，另一个境界。它曾经是平等、强大、崇高的。如果说，雅典曾是古代知识的宝库，那末斯巴达则曾是古代道德的典范。这一点，不仅是我们现在的历史评价，而且也是当时希腊人共同的认识[2]。

埃及的情形在某些方面与斯巴达近似，它在古代虽然靠尼罗河养育，但它的海上贸易并不发达，由于它的幅员广大，物产丰富，并拥有数量巨大的奴隶

---

[1] 普鲁塔克：《名人传》，人人丛书，第1卷，第67页。
[2] 参阅普鲁塔克：《名人传》，人人丛书，第1卷，第89页。

劳动力，从而使它更有条件成为一个封闭的社会，而就其规模的宏大和延续之长久而言，则是斯巴达所望尘莫及的。在这漫长的岁月中，古代埃及创造了灿烂的早期文化。自古以来，希腊人常常要到埃及游历，学习天文、地理等自然科学实用知识，而与此同时，埃及的政治、艺术、宗教思想也随之传入希腊，这是研究古代希腊史的一个重要课题①。

然而，当时与希腊人打交道最多的还是东方的庞然大物——波斯帝国。

波斯经过居鲁士军事上的开拓和大流士政治、经济上的改革之后，建立了一个庞大的中央集权的奴隶制国家，在古代取得了高度的物质文明。由大流士最终建立的国王专制进一步削弱了氏族贵族和部落制度的影响，划全国为20个行省，各省总督直接向国王负责，国王的命令通过一系列官僚机构保证贯彻执行。为了保障中央的权力，波斯行使贡赋制度，而这在雅典，最初除盟国和富豪的捐助外，只有国家经营的银矿等才给国库增加一点收入。为了便于国王管理全国，大流士很注意全国陆路交通网的建立，通过这个交通网，可以把全国在政治、军事、经济上联结成一个整体，这样在客观上同时也促进了本国的商业、贸易等经济方面的发展。东方帝国的物质生活的繁荣，曾经引起过西方民族的向往。

伴随着中央集权、国王专政而来的必然要有一支庞大的军队；没有强大的武力，要统治这样一个大帝国显然是不可能的，尽管最初靠暴力来推行的改革从本质来说是有利于这个社会在当时的进一步发展的。凭着这支军队，波斯帝国曾经征服过许多地区，它的版图在逐渐扩大。靠武力维持的国王专制奴隶制国家必定是野心勃勃的，在古代，它毫不掩饰自己的侵略性。波斯国王的生活和军事远征是分不开的，当他的触角伸到西方的希腊时，他的力量受到了挑战，他遇到了一个不同类型的民族。希腊各邦作为独立的城邦时，它们的军事力量对波斯来说是微不足道的，可是当这些城邦联合起来，当斯巴达的军事天才和雅典的创造精神结合起来时，波斯王遇到了他的真正的敌手。古代希腊悲剧之父爱斯库勒斯在他的悲剧《波斯人》中深刻地描绘了波斯人的悲剧，他们把战争

---

① 近代欧洲有些学者，倡导欧洲文化中心论，否认古代希腊文化受埃及和亚洲的影响，这种观点对鼓励学者挖掘希腊本土的文化根源来说，是有促进作用的；但整个来说，这种观点是片面的，不符合历史事实的。

当作自己的使命,把军事上的失败看作自己的毁灭,而这种毁灭又是命定了的。诗人以敏锐的天才看出了波斯的衰落。萨拉米湾一仗使它受到致命的挫败以后,失去了军事优势,也就失去了一切,果然,从此开始了波斯帝国的衰落时期。

然而,整个希腊人、整个雅典人和爱斯库勒斯一样,在军事上无情地击溃波斯的同时,并没有把这个帝国丑化,而是把它看作一个严肃的力量,对这个帝国的政治、经济、文化、风俗习惯,抱着一种崇敬、分析、学习的态度。这种态度,我们从希罗多德、苏格拉底、柏拉图、色诺芬等人的言论中可以清楚地看出来。

以记述波希战争为己任的希罗多德,对波斯的政治民情有详细的观察和分析。他称赞波斯人的集体观念,说他们不信人形的神,而祭祀天、地、日、月、火、水、风等有用的自然对象;他们不光为自己的好运祈祷,而且要为全波斯和王的好运而祈祷,因为他们认识到,他们自己是全波斯人的一分子。希罗多德说,波斯的法律是宽大的,他说:"我称赞这种法律,因为国王绝不由于一点原因就杀人,别的波斯人也不因为一点原因就杀自己的家奴。"[①]

根据色诺芬的记述,苏格拉底对波斯的政治是有过一番议论的,色诺芬的《经济管理学》实际反映了苏格拉底在总结波斯政治、经济的经验后,向雅典提出的应加以借鉴的问题。在这个著作中,苏格拉底、色诺芬的主要思想是要雅典人重视农业,我们感到这在当时是颇为切中要害的。我们已经说过,雅典当时没有像样的农业,奴隶制在农业方面没有较深的基础,这是雅典在经济上的最主要的问题。《经济管理学》中一开始,苏格拉底就指出波斯之所以这样强大繁荣,主要是波斯国王注重了两件事,即军事与农业。关于军事,雅典倒是十分重视的,这一点似不存在多大问题,但说到农业,雅典就存在着致命的弱点,因此苏格拉底、色诺芬认为有必要来敲一下警钟。苏格拉底说,波斯王的宫廷中有专管军事的,也有专管农业的,文武应有分工,可以互相弹劾、监督。波斯王不仅奖励军事有功之臣,而且同样奖励农事有功之臣,波斯王自己还要亲临视察,奖励耕作,甚至亲事农耕[②]。当然,苏格拉底、色诺芬对波斯的估计并不完全符合实际,波斯帝国恰恰是由于过于重视军事暴力而未能达到长治久安。

[①] 希罗多德:《历史》,娄柏本,第1册,第176页。
[②] 色诺芬:《经济管理学》,娄柏本,第392、394、396等页。

但苏格拉底、色诺芬这些主张的正面意义,对当时的雅典来说还是很重要的。在古代,要想维持一种人剥削人、人压迫人的制度,除了需要必不可少的暴力以外,也还要重视经济的稳定与发展,因为在当时,用暴力迫使占人口多数的奴隶去从事艰苦的劳动这种方式,本来对发展当时的经济有利,可是雅典城邦却把这种优于原始氏族公社的办法主要运用在城市小手工业和家庭劳动上,而忽视了作为生活最必需的基础经济——农业方面,所以苏格拉底、色诺芬才强调指出:"耕作乃百工之祖。"①

这样,我们看到,在古代与希腊雅典关系较密切的奴隶制国家,其政制的具体形式似乎并不是完全相同的。也许我们可以看到三种不同的形式:雅典的民主制、斯巴达的贵族寡头制和波斯的君主制。可能,亚里士多德后来在《政治学》中提出三种政制时,还能依稀记得当年这三个国家的具体情形。

东方的君主制离希腊特别是雅典的传统太远了,波斯的一度强大,只能使一些人心向往之,如果作为一种现实的政治主张,则不会有多少群众基础;雅典的民主制已如前述,有眼光的奴隶主思想家对它已失去信心,于是人们在这两种政制之间想到了一个过渡的环节:贵族寡头制,而这个制度,无须远求异族,希腊本民族就有其典范,这也就是当时斯巴达的政治民情受到雅典人重视的原因之一。

与其他两种政制一样,贵族寡头政制也有自己的演变过程。在氏族公社时期,管理众人事务的王,当然被认为是公社中最好的人(ἄριστος),这里包括智力与体力两个方面最优秀的人,而这样的人当然是少数(ὀλίγος)。随着生产和社会分工的发展,随着阶级的分化,这种"最好的人"就有了社会地位的意义,成为"贵族",包括了出身、财产等社会因素。所以亚里士多德说:"只是在美德的意义下的好人来治理城邦,而不是有的人所认为的那种好人,才能被正当地叫做贵族政制。"②当然,自从阶级分化以来,抽象的"好人政府"只是一种骗人的把戏,在当时雅典的历史条件下,苏格拉底所提倡的"好人政制"同样也

---

① "他(苏格拉底——引者)说得很对,耕作是其它技艺的母亲和养育者。"(色诺芬:《经济管理学》,娄柏本,第404页。)
② "Τὴν γὰρ ἐκ τῶν ἀρίστων ἁπλῶς κατ' ἀρετὴν πολιτείαν, καὶ μὴ πρὸς ὑπόθεσίν τινα ἀγαθῶν ἀνδρῶν, μόνη δίκαιον προσαγορεύειν ἀριστοκρατίαν"(亚里士多德:《政治学》,1293b)。据有的学者研究,这里的 ὑπόθεσίν τινα ἀγαθῶν ἀνδρῶν("所谓的好人")即指年龄、财富和门第[见弗里曼(E. A. Freeman)著《政制比较》,伦敦,1896年,第242页,注①]

有其具体的阶级内容。苏格拉底强调政府要掌握在少数有知识、有德行的人手中,而不能掌握在被蛊惑家所操纵的一盘散沙的公民手中。可是知识需要学习,学习则需要金钱与闲暇,所以苏格拉底的学生大多数是贵族富豪子弟;而所谓美德则更是阶级性很强的品格。所以并没有抽象的"好人",而问题只是在奴隶主阶级内部选出更有利于这个阶级的统治的人来掌握国家大权。

然而,关于奴隶制国家具体政制形式问题的提出,至少反映了这样一个深刻的问题,即奴隶制度从本质上说是与民主政制相矛盾的,用暴力迫使占大多数人口的奴隶做艰苦的劳动,需要强大的国家机器,而造成这样一个机器,在古代是不可能由分散的、独立的剥削者(自由民、公民)来完成的,奴隶制度本身需要集权,以便在违反大多数人(奴隶)的意愿的条件下推动社会生产的发展。因此,我们看到,就整个奴隶制度历史时期来说,它采取民主制的时间是比较短暂的,而范围尤其是很狭小的。当然,即使在这幅员很小、时间较短的历史时期,民主制使人们(主要是公民们、自由民们以及在他们统治下的奴隶们)所迸发出来的多方面的创造性才能,它所创造的历史文明的高峰,曾是那样令人神往;人们可以想象,一旦在幅员广大、历史悠久的国家,在消灭了阶级对立,产生了具有独立人格的、已不是脱离劳动的剥削者而是把劳动与自由结合起来的共产主义新人时,这个制度将会使人们迸发出多么巨大的创造力!

三、苏格拉底之死

苏格拉底被处死的具体原因,现在几乎已是一个不易弄清楚的问题了。雅典的公民大会已经变得如此多变,有些事情已经不容易找出最充分的理由了。雅典民主派在推翻三十僭主以后,宣布了政治的大赦,对颠覆派实行宽大政策,但就在这个时候,却处死了一个在三十僭主时期并无多大政治作用的苏格拉底,其中具体原因,如果没有进一步的材料,那末一切意见只能是一些猜测而已。

回顾雅典这段历史,使人感到雅典民主政府有一种非同寻常的政策,它们对于政敌常常是很宽大的,而对于"思想犯"却常常非常严厉。民主派赛米斯托克,贵族派客蒙,最多被流放了,可是阿那克萨哥拉只说了"太阳是火石",就要被处死,只是因为伯利克里的政治力量,他才逃出了雅典;而据说智者普罗底柯就真的被处死了。

然而"思想犯"也有幸运的。如果说反对当时的雅典民主制，则没有比阿里斯多芬更起劲、更露骨、更刻毒的了。他点名丑化当时民主派领袖克莱翁，克莱翁却只向公民大会提出要剥夺阿里斯多芬的公民权，而连这个提案也没有通过。苏格拉底反对当时的民主制比起阿里斯多芬来，至少没有那种喜剧所特有的刻毒、刺激的特点。如果说，因为苏格拉底周围有一批青年学生，因而雅典政府感到有一种威胁，但这批青年人在政治上并没有多少活动，他们在雅典政治史上并没有多少地位。

不错，据传说，苏格拉底的学生中有当时政治上举足轻重的阿尔西比得和克利底亚。但如前已说过的，克利底亚只是在三十僭主时期风云一时，而阿尔西比得倒是雅典政治史上的重要人物。然而，即使承认阿尔西比得是苏格拉底的学生，但他们之间政治上的关系并不是很密切的，要苏格拉底对他的政治活动负责，当时并没有什么有力的证据，更何况对阿尔西比得这个人，雅典公民并没有特殊的恶感，相反，在当时十分复杂的政治斗争中，雅典公民时常寄希望于阿尔西比得，希望他能斡旋于民主派与贵族派、波斯与斯巴达之间，而阿尔西比得的政治倾向，基本上还是民主派的，他在400人议会倒台后还为雅典立了战功，而他的被放逐，只是因为他不在时他的守将被斯巴达击败。阿尔西比得死于三十僭主当政时，这个人在个人品质方面可能有许多缺点、错误，但如果因为这点原因就要处死他的老师，那么雅典的公民大会行事也太离奇古怪了。

此外，还可能是宗教的原因。在古代，因为宗教的原因杀人可能性是更大的，因为在古人眼里，神的统治比人的统治是更为重要、更为神圣的，因此控告苏格拉底的罪状中第一条就是反对信城邦固有的神而引进新神。这个新神，按黑格尔的意见，就是苏格拉底的"灵机"（δαιμόνιον）。黑格尔说：

> 灵机（δαιμόνιον）是介于神谕的外在的东西与精神的纯粹内在的东西之间；灵机是内在的东西，不过被表象为一种独特的精灵，一种异于人的意志的东西——而不是被表象为人的智慧、意志。[①]

---

① 黑格尔：《哲学史讲演录》，第2卷，第89页。

因此，黑格尔认为控告苏格拉底的第一条罪状是符合实际的，他说："……拿人自己的自我意识，拿每一个人的思维的普遍意识来代替神谕，——这乃是一个变革。这种内在的确定性无论如何是另一种新的神，不是雅典人过去一向相信的神；所以对苏格拉底的控诉完全是对的。"①应该说，黑格尔这个分析是非常深刻的。苏格拉底以"灵机"来指导自己的行动，而把神谕撇在一边，事实上是变相地反对外在的宗教而求诸自我的内心世界，这在思想史上是有重要意义的。这一点我们以后研究苏格拉底哲学思想时还要进一步讨论，这里只想指出：我们正确地理解苏格拉底"灵机"的历史意义是一回事，而把这个"灵机"与苏格拉底被判处死刑联系起来似乎又是另外一回事。

我们知道，当时或更早一点，整个智者学派的基本倾向是否定或怀疑神的存在的，而智者中只有普罗底柯被雅典人处死。普罗塔哥拉斯曾是伯利克里的老师，高尔吉亚也到过雅典，而甚至德谟克利特也曾在雅典逗留过。这些人大概都在雅典讲过学，并未因触犯天条被处死，或者因为他们都是外邦人，为雅典法律所未及，但也未见到雅典人有什么强烈的反应；而苏格拉底并未直接、公开否定神的存在，为什么反而遭到杀身大祸呢？

在我们还未进一步掌握材料、对古代雅典生活还了解得很不具体的时候，苏格拉底之死无论从政治、宗教或个人方面来看，都是不十分清楚的；然而苏格拉底被雅典民主政府在公元前399年处死，这大概是确定无疑的史实。虽然我们不满足于苏格拉底致死的具体材料，但这并不妨碍我们进一步考察这位哲学家之死的社会意义，而这对我们的研究，在某种意义上说，是更为重要的。

黑格尔曾经作出苏格拉底之死是悲剧性的这一深刻而影响深远的评价，他从思想上分析了这种悲剧性的根源。在哲学史讲义论述到苏格拉底时，黑格尔一开始就指出：

> 只有当一个可敬的人遭遇灾祸或死亡的时候，只有当一个人遭受无辜的灾难或冤屈的时候，我们才特别称之为悲剧；苏格拉底就是这样，他无辜被判处死刑，这是悲剧性的。……在真正的悲剧性的事件中，必须有两

---

① 黑格尔：《哲学史讲演录》，第2卷，第96页。

个合法的、伦理的力量互相冲突；苏格拉底的遭遇就是这样的。他的遭遇并非只是他本人的个人浪漫遭遇，而是雅典的悲剧，希腊的悲剧，它不过是借此事件，借苏格拉底而表现出来而已。这里有两种力量在互相对抗。一种力量是神圣的法律，是朴素的习俗，——与意志相一致的美德、宗教，——要求人们在其规律中自由地、高尚地、合乎伦理地生活；我们用抽象的方式可以把它称为客观的自由，伦理、宗教是人固有的本质，而另一方面这个本质又是自在自为的、真实的东西，而人是与其本质一致的。与此相反，另一个原则同样是意识的神圣法律，知识的法律（主观的自由）；这是那令人识别善恶的知识之树上的果实，是来自自身的知识，也就是理性；——这是往后一切时代的哲学的普遍原则。①

在这里，黑格尔深刻地揭示了苏格拉底哲学与雅典传统思想的矛盾，并且指出了这种矛盾的悲剧性，指出了客观精神（雅典的习俗、法律）与主观精神（包括"灵机"在内的自我意识、知识）之间的严肃的、不可调和的矛盾，表现了黑格尔的历史和理论的洞察力，是很富有启发性的。但是，我们感到不满足的是黑格尔在这里只揭示了哲学思想上的矛盾，而没有揭示苏格拉底之死的现实的、社会的、政治的矛盾，而在我们看来，苏格拉底事件所体现出来的哲学思想上的矛盾，正是当时雅典社会政治矛盾的反映，因而，苏格拉底之死，的确是一个悲剧，它体现了雅典的悲剧，也体现了整个希腊的悲剧，但不仅是哲学的悲剧、思想的悲剧，而首先是社会的、政治的悲剧。

苏格拉底与当时雅典现存制度的矛盾，即与当时雅典公民的矛盾是奴隶主阶级内部的矛盾，这个矛盾反映了奴隶主内部的两种倾向的对立，其根本问题是如何保存、巩固并发展希腊的奴隶制度的问题，亦即从根本上保存、巩固并发展雅典以及整个希腊公民阶层的利益问题。就这个问题来说，苏格拉底所代表的是当时奴隶主阶级的根本利益，其政治主张基本上是适合希腊奴隶制进一步的发展的；而雅典公民即倾向于奴隶主民主制的雅典公民阶层，总的来说代表了自梭伦以来的传统势力。

---

① 黑格尔：《哲学史讲演录》，第2卷，第44—45页。

我们看到，雅典的公民阶层曾经是生龙活虎的，它打败过强大的波斯的侵略，建立了一个繁荣昌盛的雅典；它曾经生气勃勃地发展了每个人的创造的个性，并曾向外发展，以海上的贸易，沟通了希腊各邦以及与外邦的交往，它曾经是开放的、发展的；然而，曾几何时，希腊雅典公民失去了雄心壮志，他们的问题已经不是征服整个希腊，而是如何为自己的生存而斗争了。

如果说到悲剧，雅典公民阶层的确正处于悲剧的阶段，甚至已经超出这个阶段了。雅典的公民已经逐渐失去爱斯库勒斯和索福克勒斯悲剧的那种勇敢和气魄——敢于撕裂天上（《普罗米修士》）和地上（《安提戈涅》）的法律；欧里庇底斯的悲剧是雅典公民本身开始腐败的一画镜子，欧里庇底斯揭露了公民自身的个性。希腊的悲剧由神的悲剧（爱斯库勒斯）、英雄的悲剧（索福克勒斯）发展而为人（公民）的悲剧（欧里庇底斯），正是雅典社会发展逻辑的艺术见证①。尤有甚者，雅典的公民不仅显得"可悲"，而且显得"可笑"了。阿里斯多芬的喜剧，已经在艺术上宣告了雅典公民进入喜剧阶段，由可敬而可悲的对象变为可笑而可怜的对象了。

也许，生活常常是落后于艺术的。被阿里斯多芬揭示了其喜剧特性的雅典公民，居然在二十多年后亲手制造了一出现实的悲剧，处死了代表自己根本利益的思想家——苏格拉底。

事后雅典公民的追悔是有原因的，尽管有人怀疑这个记述的可靠性。但雅典公民本身为了挽救自己，也必定已经产生了与苏格拉底大体相同的思想，他们自身也处于矛盾之中。正如黑格尔所指出的："一方面，雅典人由于自己的后悔而承认了这个人的个人的伟大；而另一方面（这是进一步意义），他们也认识到，苏格拉底这个原则，虽然对他们是有害的和敌对的，——即提倡新神和不敬父母，——却已经进入了他们自己的精神，他们自己也处在这种矛盾分歧之中；他们在苏格拉底那里只是谴责了自己的原则。"②雅典公民虽然没有清楚地认识到，但必定已经深刻地感觉到，苏格拉底的思想是唯一能够挽救自己沦亡的强心剂。

然而，雅典公民处死苏格拉底并不是一个简单的错误，并不是没有清楚地认识苏格拉底思想的价值，也不仅是因已失去听取反面意见的大度③造成的，而是

---

① 参阅拙文《古代雅典民主制与希腊戏剧之繁荣》，载《美学》第2期（上海文艺出版社1980年版）。
② 黑格尔：《哲学史讲演录》，第2卷，第106页。
③ 在十多年前，雅典公民还曾经"大度地"允许400人寡头执政四个月来"试一试"能否挽救危亡。

反映了雅典公民已经无力自身解救自己。就整个希腊奴隶制来说，雅典的公民已经完成了它的历史使命，整个希腊奴隶制度的进一步发展，就意味着雅典式的、城邦式的、小国寡民式的公民阶层的消亡，因而即使在意识到苏格拉底思想的价值以后，雅典公民也不可能接受他的思想，承认他的思想的价值。却正相反，历史的事实往往是：即将消亡的阶层总是要首先消灭自己队伍中的优秀分子。

雅典公民与苏格拉底作为悲剧矛盾的双方，都有自身的悲剧性。黑格尔说："雅典人民主张他们的法律是公正的，他们坚持自己的习俗，反对这种攻击，反对苏格拉底的这种伤害。苏格拉底伤害了他的人民的精神和伦理生活；这种损害性的行为也受到了处罚。但是苏格拉底也正是一个英雄，他独立地拥有权利，拥有自我确信的精神的绝对权利，拥有自我决定的意识的绝对权利。"[1]在这里，雅典公民所维护的法律习俗是从梭伦、克利斯提尼以来的雅典奴隶主民主制的传统，雅典公民要维护的不仅是奴隶制度的根本原则，同时也要维护这个制度的具体形式，在他们的思想中，这两个方面是不容易分开来的，他们试验过别的形式，但很快就感到这种形式不适合他们的传统习惯，而传统习惯的势力当然是十分顽强的，他们要维护这个传统习惯自觉是理所当然的。

苏格拉底之所以被认为是一个悲剧英雄，在于他企图维护奴隶制度的根本利益，但他的主张所以成为不可能，则在于他要求雅典公民自身来完成这个使命。按照色诺芬的记载，苏格拉底在各方面都堪称雅典的模范公民，这当有一定程度的真实性，而柏拉图的《申辩》《克里多》诸篇也把苏格拉底描述为忠于雅典法律、克尽公民义务的人。他拒绝朋友的资助和劝告，既不逃亡也不向公民大会乞求，他要以自己的牺牲，唤起雅典公民自身的觉醒，他是以雅典公民的一分子来与雅典公民斗争的。的确，苏格拉底是一个"牛虻"，他咬了牛，但却离不开牛；在苏格拉底的信念中，他与雅典公民本来不是对立的，而是一体，离开了雅典公民（逃亡），也就失去了自己的意义和价值。因此，苏格拉底的死是自愿的，就像雅典公民处死苏格拉底一样是自愿的；但同时冲突的双方又都是被迫的。就雅典公民的根本利益来说，就奴隶制的根本法律来说，苏格拉底是无罪的，因为他是维护这个根本利益和根本法律的；但就雅典传统的政

---

[1] 黑格尔：《哲学史讲演录》，第2卷，第104页。

制形式来说，苏格拉底又是有罪的，他反对现行的政府制度，必定要受惩处。反过来说，雅典公民也处于同样的处境之中，对于反抗现行法律的人给以惩罚是理所当然的，本无悲剧性可言，但当现行法律的某些方面本身就处于可疑的状态中时，权力就成了裁决的最后原因。雅典公民处死的不是一个完全的异己的力量，而是一个公民，一个比自己加在一起都更高明的公民，因此惩办这个公民就是惩办自己，处死这个公民也就是处死自己；苏格拉底的悲剧，也就是雅典公民自身的悲剧。这里人们想起了索福克勒斯的名剧《安提戈涅》。克莱翁维护法权，安提戈涅维护族权，克莱翁处死的不是完全异己的力量，而是自己的儿媳，因而安提戈涅的死也是克莱翁的毁灭。所不同的是，在苏格拉底的悲剧中，这个处死苏格拉底的克莱翁是雅典公民的"多数"。

也许，苏格拉底的悲剧是雅典公民所能谱写的最后一出杰作了。历史正是处在这样的时刻，苏格拉底对一个不能寄托希望的力量给予了希望。从此以后，希腊的历史进入了另一个阶段。雅典已经不足道了。在马其顿统一希腊的时候，雅典固然出现过德谟斯提尼（Demosthenes）这样伟大的演说家为雅典的民主制辩护，反对马其顿的统一，但历史的主流已经不可抵挡，整个雅典公民在这个洪流面前已经是那样的渺小，失去了一切严肃性、严重性，就不可能成为悲剧性的了。

黑格尔说过："在刑罚中消灭的只是个人，而不是这个原则；雅典人民的精神并没有从这种伤害、从这个对原则的抛弃中恢复过来。"① 的确，雅典公民完成了自己的历史使命，他们曾经是伟大的，但再也不能伟大了；雅典式的奴隶制度，雅典式的奴隶主再也不适合这个制度的进一步发展了，而就奴隶制度本身来说，还刚刚开始自己的第一个阶段，它还应该做许多事情，而这些事情雅典式的制度是担负不起的，历史把这个使命交给了马其顿。马其顿统一了希腊，建立了强大的奴隶制国家。雅典与其他希腊城邦被征服、被消灭，但同时也得到了生存，雅典公民消失了，但同时他们也得救了。包括雅典在内的希腊奴隶制度得到了进一步的发展。

苏格拉底被消灭了，但他的精神却得到了发扬，得到了历史的实现。他的政治理想，以及他的反对感觉个体的绝对性、强调理性精神的普遍性的哲学原则，不仅体现在柏拉图、亚里士多德的著作中，而且也体现在亚历山大的政治中。

---

① 黑格尔：《哲学史讲演录》，第2卷，第104页。

第三部分　苏格拉底的哲学思想

在我们着手具体研究苏格拉底哲学思想时却又首先碰到一个史料问题。这个问题的一般情形前面谈过了，根据这些情况，我们也初步确立了对这个问题的总的态度，但是我们所持的这个态度对于具体研究苏格拉底的哲学思想是否适用呢？如果适用，我们是否能有一个更加清楚的概念呢？我们研究苏格拉底的哲学思想，主要根据的还是柏拉图的对话。虽然有的学者认为色诺芬也保存了苏格拉底的全部思想[①]，但只能居于第二等的地位。因此，在这里，我们的史料问题就集中于柏拉图身上。这就是说，对于苏格拉底与柏拉图在哲学学说上究竟是一个什么关系，似乎应在研究具体问题之前首先要弄得比较清楚一些，虽然我们知道，按现有材料，要划出绝对的界限几乎可以说是不可能的。

一、苏格拉底和柏拉图在哲学学说上的关系

1. 柏拉图对话在学说记述方面的历史真实性

柏拉图的著作很幸运地都保存了下来。这些著作，经过西方学者长期的去伪存真的考据工作，基本上达到一致的认识，即包括《申辩》篇在内有26篇对话是真的，在11封信中，则只有第7封信被大多数学者认为是真的。在这些大

[①] 蔡勒（E. Zeller）:《苏格拉底和苏格拉底学派》，英译本，伦敦，1868年，第150—151页。

体肯定是真的著作中，学者们还基本上整理出一个写作时间顺序来，分为早、中、晚三期。对于这三期的具体内容，西方学者经过长期考订，特别是根据"文体学"（stylistics）的研究，也大体上得到一致的认识。这些情况，前面已经有所介绍了。所有这些研究成果，是我们确定苏格拉底哲学学说的史料根据时所必须充分注意的，尽管有些结论给我们的想法带来一定的麻烦。

前面已经提到，关于柏拉图对话的历史真实性，一直是西方学术界争论得很多的问题，要穷尽他们的各种论据是不必要的。在初步涉猎了一些资料之后，我们不禁有一个疑问：为什么西方某些学者一定要在比较清楚明白的原始材料面前提出种种疑难来否定其历史真实性呢？这种"疑古"的倾向，在某些学者中似乎日益严重，出现了不少"疑古家"，怀疑柏拉图著作的固然大有人在，怀疑亚里士多德著作的也不乏其人（如契尔纳斯）。我们固然得益于他们富有启发性的看法和挖空心思搜集得来的材料，但不敢苟同于他们的基本态度。

就以柏拉图著作言，古代似乎并没有人全盘否定它的历史真实性。亚里士多德固然纠正过一些说法，并说过"有两件事应归于苏格拉底名下：归纳性的论证和普遍性的定义"①这样的话，但并非意味着此外都不是苏格拉底的思想。事实上，不论赞成与否，亚里士多德还研究了苏格拉底的其他思想，特别是伦理学方面的思想，而且他所涉及的苏格拉底的思想，大都能从柏拉图对话中得到印证，可见在他的心目中，苏格拉底与柏拉图在学说上的关系还是比较清楚的②。

可是到了近代，特别是十九世纪以来，西方出现了否定柏拉图著作历史真实性的一股不小的潮流，其中也有不少卓有成就的哲学史家，如前面提到过的德国的阿斯特等，而晚近更有全盘否定苏格拉底其人的。据格思里说，瑞士的吉贡（Gigon）竟认为苏格拉底是一个传说中的人物，而柏拉图对话中的主要思想，只代表柏拉图自己③。

---

① 本书"理念论"部分还要详细讨论这句话，原文请查《形而上学》1078b，这里"δικαίως"有"应该"之意，而不含"只有"之意，英译 fairly（娄柏对照本）较好。
② 因而有一部分西方学者认为研究苏格拉底和柏拉图在学说上的关系，亚里士多德的著作是一个关键，这个意见是值得重视的。
③ 格思里（Guthrie）：《希腊哲学史》，第3卷，剑桥大学出版社，1969年，第327页。吉贡是著名希腊哲学史研究专家，瑞士伯尔尼大学教授，著有多种著作，很有见解，可惜他提出这个观点的书（《苏格拉底》，1947年出版），我没有读到。他这个看法在当代很有影响，马丁（Martin）在《大哲学家的基本哲学问题丛书》里的《苏格拉底》一文中也提到（见该书古代和中古卷，哥廷根，1978年，第13页）。

尽管疑古家们有许多的考证和理由，但正如前面指出过的，他们也有不少基本的困难。我们知道，除了上述吉贡教授外，大多数学者都还承认柏拉图对话中所提到的人——不仅是苏格拉底，还有其他人——都实有其人，连真姓名都未"隐去"，那末，如果没有学说（以及人事方面）的根据，为什么柏拉图要把自己的思想假托苏格拉底之口说出，这个"创作动机"始终是难于解释的。如果我们承认柏拉图著作中不但"其人"（"诸人"），而且"其事"（"诸事"）也都有些历史根据，那末问题就更为严重了。为什么"诸人"、"诸事"都有历史根据，而作为主要内容的学说思想反倒没有根据了呢？

事实胜于雄辩，千万条理由和证据抵不过流传下来的白纸黑字。中国学者也有许多考订（包括考订伪书）的经验，也出现过专门疑古的史学家，如说大禹是一条虫等等，但大多数还是不轻易否定直接的证据，对古书中的记述持历史的、实事求是的分析态度。

柏拉图20岁（公元前409年）从苏格拉底（当时59岁）学，直到前399年苏格拉底死，20年时间所见所听一定非常丰富。弟子记录老师的教导本是合情合理的事，何况在老师死后，更有一层纪念的意义。古代学人善于以记实做学问，希腊有希罗多德的《历史》，以记事实见闻，中国有《春秋》《左传》等，比希罗多德详实、丰富得多，何以记载历史事实的无人持基本怀疑态度，而记录思想学说的就一定不真实呢？面已经说过，中国的疑古派倒并未怀疑到《论语》、《孟子》头上，并无人敢说孔丘或孟轲是"传说中人物"，亦属万幸——看来，东西方学者怀疑的方向也有所不同，西方疑"经"者多，而东方大半则疑"史"。

柏拉图早年试图在政治上出人头地，实践苏格拉底的政治主张，只是在几次西西里"实验"失败后，才立志著书立说，把师门见闻陆续记载下来。这种记录，不是当场速记，也不是即时追记，而是多年后凭记忆补记，有的甚至是转述得来，自然会有许多不准确的地方，按照自己的理解补充进去的地方一定也非常之多，但我们似不必怀疑柏拉图记述时基本态度之真诚性；既然苏格拉底本人没有留下什么著作，那末柏拉图的对话则是研究苏格拉底思想的最重要的依据，这本来也是大可不必去怀疑的。

于是，我们认为，与其在各种怀疑的迷雾中莫衷一是，还不如回到柏奈特和泰勒的较为平易朴实的立场，即基本上肯定柏拉图著作的历史真实性。

前面已经指出过，我们也许只能在两种对立意见中选择一种，现在不但有梅耶尔、克鲁斯特这样的激进否定派，而且有吉贡这样的极端否定派，而大多数学者则感到现有之材料不足以下确切的、科学的判断①，看来，我们只好在二者之中作一种选择，我们认为，柏奈特、泰勒等人的态度虽然并非无可指摘，但总不失为平实可行的。

我们总的看法是：苏格拉底的主要学说就在柏拉图的著作中，柏拉图对苏格拉底的学说的确有所发展，因而他们的思想虽难以分开②，但还是可以在一定程度上加以区分，而这种区分的根据，同样在柏拉图的著作中。

于是，我们现在的工作就是进一步把这个问题、把他们在学说上的关系具体化。

2. 关于《巴门尼德》篇中的青年苏格拉底

我们知道，柏拉图对话中很大部分是以苏格拉底为主角，虽以对话的方式与别人辩论，但主讲者显然是苏格拉底。这部分对话，按照现在的分期，包括全部早期对话。这样就为上述两种对立立场提供了一个妥协的余地，即至少在早期对话部分，无论苏格拉底是柏拉图的化身也好，或者就是苏格拉底本人也好，人还是一个，在学说主张上是没有回旋余地的；但是在《巴门尼德》篇中，情形就非常不同。

在柏拉图的《巴门尼德》篇中，主要发言人不是苏格拉底，而是爱利亚学派的大师巴门尼德。篇中明确指出谈话时巴门尼德60多岁，芝诺40岁，而苏格拉底只有20岁③。该篇的第一部分批评了苏格拉底的理念论，其中涉及亚里士多德所谓"第三'人'"的问题，揭示了理念论的矛盾；第二部分从许多方面同样揭示了爱利亚学派基本主张"万物归'一'"的内在矛盾，引起了学者们的许多讨论④。如何从史料上来理解柏拉图《巴门尼德》篇的意义，的确是需要做一

---

① 马丁在文章中说，"如果康德的著作丢失，留下的都是别人对他的记述，那末问题比关于苏格拉底的更大"[《大哲学家的基本哲学问题丛书》(古代和中古卷)，第19页]。
② 这一点格思里教授说得很清楚，见他的《希腊哲学史》，第3卷，第325页。
③ 有人推算这次会面当是公元前450年[见马丁:《苏格拉底》，《大哲学家的基本哲学问题丛书》(古代和中古卷)，第14页]，果然，则苏格拉底应是18岁；按柏拉图原文，似应在公元前448年。
④ 见康福德(Cornford):《柏拉图和巴门尼德》，伦敦，1939年。

些研究的。

　　表面看来，这篇对话对主张基本肯定柏拉图对话的历史真实性这一观点是很不利的，会遇到种种困难，如当时苏格拉底年纪太轻，不可能有如此成熟的理念论思想等等，所以连这一派的代表人物柏奈特在他的《希腊哲学，第一部份，从泰利士到柏拉图》一书中都未能详细明确地讨论这个问题；事实上，按我们看来，《巴门尼德》篇给否定历史真实性这一派带来的困难不见得比肯定派小。

　　如果要把否定派的意见贯彻到底，那末仍然不可回避的一个难题是：柏拉图为什么要用历史的真实人物编撰思想辩论，使自己的主张变得扑朔迷离？这一点，在解释《巴门尼德》篇时，显得更加严重。如果说，柏拉图在写这篇对话时（有人推算，约公元前370—前367年间）已改变了思想，否定了理念论，而更加倾向于毕达哥拉斯学派和爱利亚学派，因此以巴门尼德为自己的代言人[①]，那末为什么又在该篇第二部分让巴门尼德对自己的学说来一番"自我解剖"？无论对该篇第二部分作何种解释[②]，柏拉图把自己思想上的变化和发展[③]说得如此拐弯抹角，其原因常使人百思不得其解。同时，如果承认以上说法，即柏拉图在写《巴门尼德》篇时思想上已"改宗"，那末是否就意味着在这以前他的确相信苏格拉底的理念论，从而他的前此以苏格拉底为主的对话又有了历史真实性呢？这说明，全面否定派的主张本身是矛盾的，不易自圆其说，不易贯彻始终。退一步说，改宗前以苏格拉底为代表，改宗后则以巴门尼德或其他人为代表，或没有化身性的代表人物，那末为什么在《巴门尼德》篇的同时或以后，仍有以苏格拉底为主要发言人的对话？至少与该篇相配合的《泰阿泰德》篇以及《理想国》等，并没有明显的"改宗"的痕迹，而仍以苏格拉底为主要发言人。

　　总之，我们觉得，与其人为地"大胆怀疑"，制造许多混乱和困难，不如平实地回到原文的记述上来，承认包括《巴门尼德》篇在内的基本的历史真实性和可靠性。

　　原文告诉我们，芝诺随巴门尼德访问雅典，芝诺宣读了一篇论文，年青的

[①] 陈康先生主此说，见1982年商务印书馆重版的他的《巴曼尼得斯篇》译注。陈康先生认为该篇意味着柏拉图从理念论转向范畴论，但我觉得后来亚里士多德的范畴论就是理念论的革命和发展。拟另作研究。

[②] 泰勒、康福德、陈康、格思里等都有专门论述，拟留待研究柏拉图哲学时详细讨论。

[③] 也有一些学者反对认为有这种变化和发展。

苏格拉底说他原以为有什么新东西,实际上是替巴门尼德观点辩护,完全是巴门尼德的思想,随即提出自己的理念论与之讨论;芝诺承认这位青年人很敏锐,看出了这一点,然后由巴门尼德亲自出来批评苏格拉底的理论。这一切,似乎并没有什么不可信的、离奇古怪的地方。这里说明了年青的苏格拉底已经知道巴门尼德的学说,但整个爱利亚学派的情形他还不太熟悉,即芝诺本是为巴门尼德辩护,专门揭露反对者的矛盾这一点①,苏格拉底并不太清楚,而是凭他当场的敏感判断出来的。至于"理念论"由20岁的青年人提出似乎为时过早的问题,本书以后还要研究苏格拉底"理念论"的来龙去脉,在这里只想指出一点,即"εἶδος"或"ἰδέα"当时并非新词,该篇原文已由巴门尼德指出苏格拉底太年轻,只能"人云亦云"(主要当来自毕达哥拉斯学派),应该说,当时苏格拉底的理念论当不会很成熟,所以吃了巴门尼德的批评,这里也并无特别可疑之处。至于柏拉图在这里把苏格拉底当时的理论记述得与《费多》篇等成熟时的思想差不多②,当是柏拉图在写作时根据自己所熟悉的苏格拉底的理念论加以补充,这只是细节问题,而无损其基本的历史真实性。

我们还感觉到,从这样一个平实的立场出发,还有利于解释长期纠缠不清的《巴门尼德》篇第一和第二部分的关系问题,这两部分是如此之不同,以致有相当一部分学者认为原是两篇独立的文章拼凑起来的③。从我们的基本态度来看,我们愿意平实地承认巴门尼德在这里是以哲学界的前辈身份在教导年青的苏格拉底。一方面,这位哲学界前辈很欣赏苏格拉底的聪明才智,同时也指出他由于年青而思想不够深刻的地方。他首先从反面揭示了苏格拉底"理念论"的矛盾,然后明确地向他指出,凡事要看两面,不能光看一面。在结束了对"理念论"的批评后,巴门尼德指出:

> 如果你要得到更进一步的(思想)锻炼的话,你不仅要假定事物是怎样的,而且要考虑到另一种假设,即事物不是怎样的。(135e-136a)④

---

① 这个特点从后来亚里士多德保存的"芝诺诤论"可以清楚地看出。参阅拙著《前苏格拉底哲学研究》芝诺部分。
② 柏奈特指出了这一点,见他的《希腊哲学,第一部分,从泰利士到柏拉图》,第255页。
③ 见康福德:《柏拉图和巴门尼德》,序言,第viii页。
④ 这里用的是"εἰ ἔστιν"和"εἰ μὴ ἔστι",是普通的含义,不是英文大写的"Being"的意思。

然后开始了他从八个（有的分为九个）方面对"一"与"多"的矛盾的分析。"万物归一"是爱利亚学派的基本思想，从正反两个方面来检验、考验这个学说，是巴门尼德的看家本领，所以六十高龄的巴门尼德还能如数家珍地表述出来，以教育年轻的后辈。至于柏拉图的记述，由于得自转述，必定杂有自己对爱利亚学派理论原则的理解，这是毫无疑问的，但该篇中巴门尼德的用意，似乎并无什么可疑的地方，无非是教育青年，使之思想深刻化，也并没有一定要苏格拉底放弃理念论的意思。从史料角度看，也可以说《巴门尼德》篇第一部分是直接的批评，第二部分是"现身说法"①。事实上，我们将会看到，苏格拉底固然并未因此放弃"理念论"，但巴门尼德这种凡事看正反两面的精神，苏格拉底是接受了的，甚至还被阿里斯多芬讽刺为"说两面话的人"。

印证柏拉图的别的记载来看，苏格拉底对这次会见是有深刻印象的。反对这件事的历史真实性的人会说，如果是事实，则会是一次里程碑式的会见而载入史册，但后来没有载入史册，所以可见并不是真事。然而，事实上柏拉图已经将它载入史册，只是有些人不愿承认而已。或许，苏格拉底当时只是一个青年人，并未卓然成家，故这次会见并未为后人真的当成"里程碑"，但对苏格拉底来说，这件事无疑是非常重大的，所以他后来还多次回忆起这次会见，对巴门尼德表示了由衷的尊重和敬佩。这种感情，柏拉图也没有放过，所以在被认为与《巴门尼德》篇为姊妹篇的《泰阿泰德》篇（183e）和《智者》篇（217c）中都记述了苏格拉底对这次会见的美好的回忆。

根据我们在史料问题上的基本态度，我们对《巴门尼德》篇所记载事件前后，大体上有这样一个概念：

按一般推算，巴门尼德和芝诺到雅典的时间不能早于公元前450年，这时候雅典正是波希战争获胜后的黄金时期，伯利克里于公元前461年成为人民领袖，对内实行政治民主，使这个制度完善化，发展文化，大兴土木，对外正野心勃勃争夺海上霸权和向外扩张，而离那个灾难性的伯罗奔尼撒战争尚有近20年时间（战争第一年开始于公元前431年，当时苏格拉底已37岁）。雅典的思想

---

① 至于具体的学理上的分析，留待研究柏拉图时去做。当然，读者可以参阅陈康先生之译注《巴曼尼得斯篇》和康福德的《柏拉图和巴门尼德》，尤其是后者，把《巴门尼德》篇与巴门尼德的著作残篇放在一起研究，是很重要的。

文化水平本来是不高的，早期希腊有代表性的哲学学派都不在希腊本土，后来才陆续传入。对于当时雅典思想文化具有启蒙性的关键人物应是阿那克萨哥拉，他在雅典城住了30年，为这个城培养了第一个哲学家阿开劳斯（Archelaus），其影响可想而知。阿那克萨哥拉是承前启后的大哲学家，但他的基本系统是与早期伊奥尼亚的米利都学派相接续的，虽然提出一个"奴斯"，但大体上仍属于自然哲学学派。当时雅典城的一般人的思想是很落后的，阿那克萨哥拉虽然长期居住在那里，但他的学术圈子一定是很小的，据说他是伯利克里的朋友，受到他的保护，很可能是伯利克里情妇沙龙里的精神首领，而年青的苏格拉底曾是这个圈子里的一员，因为他是阿开劳斯的弟子，应是阿那克萨哥拉的徒孙。这一切，是和柏拉图在《费多》篇里记载的苏格拉底自述的"学历"基本上一致的。阿那克萨哥拉后来因他的"太阳是火石"的"邪说"被雅典人（奴隶主）赶走了，他离开雅典的那一年是50岁，而正好是公元前450年，也就是巴门尼德、芝诺来雅典与苏格拉底谈话的那一年。从苏格拉底的"学历"自述来看，那个阶段，阿那克萨哥拉学说的号召力在雅典已日渐衰落，一般人固认为是"异端邪说"，即使在学术的小圈子里似乎也逐渐失去吸引力，连年青的苏格拉底也已经有了自己的"理念论"。从这里，接续上柏拉图《巴门尼德》篇里记述的情景，似乎没有什么"颠倒时序"（anachronism）的地方。此后，苏格拉底受到巴门尼德的教益，使自己的思想更加全面、深刻，但并未放弃"理念论"，因为柏拉图从苏格拉底学习时苏格拉底已是59岁（公元前409年），而柏拉图至少在很长时期内是真诚相信并宣传理念论的，而他这种学说，显然只能得自59岁的苏格拉底的传授，所以，至少直到59岁或更后几年内，苏格拉底是一直坚持理念论的。

这就是这一段历史情况的大体轮廓；至于柏拉图为什么颠倒年序地在自己写作中期或后期才写青年苏格拉底的事，则是研究柏拉图思想发展时的问题。应该承认，柏拉图写这些对话，并不完全是为了替苏格拉底树碑立传，而是和他自己的理论兴趣的变化和发展有关的。也许，在这个意义上，我们应该吸取否定派的许多研究成果，即柏拉图在写《巴门尼德》篇时思想上有相当的变化，在考虑一些新的问题；也许，正是这些新问题促使他想起苏格拉底早年会见巴门尼德、芝诺的传闻，觉得有必要把它原原本本写下来。从思想发展的常情言，把这篇对话定为柏拉图写作的中后期是合理的。

从这里，我们应该对苏格拉底与柏拉图在学说上的区别有一个总的概念。

3. 能不能对苏格拉底与柏拉图在学说上作一点区分？

这个问题涉及整个苏格拉底和柏拉图的历史材料，应在研究了柏拉图以后才会有一个确切的具体的观念，但为了研究苏格拉底的哲学思想，而它的材料又是和柏拉图相交叉、重叠的，因而在进入本题之前，我们必须对上述问题在史料上有一个大体的看法，以后我们所归于苏格拉底名下的哲学思想，才有一定的根据。

我们前面已经多次提到，虽然苏格拉底这个人物形象在欧洲哲学史上非常显赫，但他的学术地位则常常是不确定的，特别是近代一些学者要从各种记载中给苏格拉底一个学术称号，却发生了许多分歧，关键问题似乎还是出在对待柏拉图对话在史料价值上的看法不同。一般说来，否定派大都倾向于认为苏格拉底本不是什么哲学家，充其量是一个政治性人物（梅耶尔、克鲁斯特等），而肯定派则大都认为苏格拉底是哲学家，柏拉图对话中的多数思想，他都有份。我们当然不同意前者的看法，我们认为无论从柏拉图、色诺芬这些同时代的后辈的记述看来，或同辈的阿里斯多芬的喜剧化了的形象看，或者后来亚里士多德、第欧根尼·拉修斯的论述看来，苏格拉底无疑地是一个承前启后的哲学家，他考虑、研讨的问题是有关宇宙、世界、人生的最根本的问题，是"穷根溯源"的问题，其初意并非组织小集团搞实际政治活动，而是从哲学上讨论这些问题，是为以后"学院"（Academy）之先声；然而，我们觉得，肯定派的看法一般都比较笼统，在肯定苏格拉底为哲学家之后，未能进一步在他和柏拉图之间划一点具体的界限，以便使这个问题更加清楚起来。我们前面说过，苏格拉底是一个新的学派的创始人，柏拉图是发扬光大者，应将基本的理论变革方面归于苏格拉底，而将具体、深入的展开方面归于柏拉图，现在我们就来在史料上进一步讨论这个问题，看看苏格拉底在哪些方面着手这个变革，而柏拉图又在哪些方面使这个变革完善化，并加以进一步发展。

在这个问题上，有一个多数学者都能接受的看法是：苏格拉底的学说主要在于伦理学方面，而柏拉图的哲学则具有多方面的意义。我们认为，这个看法基本上是站得住的，但也还需要进一步展开。

得出这个看法的主要史料根据大多数学者都援引亚里士多德，这也是很自然的。亚里士多德的著作当然是研究苏格拉底和柏拉图哲学思想的重要材料，正如贡帕尔茨说，亚里士多德离苏格拉底既不太近，又不太远，他的著作是一个平衡器，可以作为重要的依据[①]。亚里士多德在叙述他以前的哲学史时说道，"苏格拉底不研究物理（自然）世界，而研究伦理世界，在这个领域里寻求普遍性，第一个提出了定义的问题"[②]。在亚里士多德心目中，苏格拉底侧重于伦理学，并从这个方面提出自己的新哲学原则。后来，第欧根尼·拉修斯在谈到古代哲学的几个组成部分（物理学、伦理学、辩证法）时指出，在古代，物理学在阿开劳斯时最繁荣，伦理学在苏格拉底时最繁荣，而辩证法则在爱利亚的芝诺时最繁荣，这个说法，当是根据亚里士多德，因为他说过芝诺是辩证法的创始者。看来，古人在这些问题上看法是一致的。

我们在这里需要补充的是：不仅后人的材料肯定了这个区别，而且柏拉图本身的材料也显示了这个区别。我们认为，关键性的材料还是前面讨论过的《巴门尼德》篇。如果基本上肯定这个对话的历史真实性，那末对这个问题是不难形成一个比较客观的概念的。

我们看到，在第欧根尼·拉修斯说的哲学的三个方面中，物理学由阿那克萨哥拉在雅典传给阿开劳斯，在雅典学术圈子里已有几十年的根基；伦理学作为一门科学由苏格拉底提出，可谓雅典的本土学科，当时是新兴的，但并不太成熟；辩证法则是由爱利亚学派创立，而巴门尼德、芝诺之访问雅典，对于苏格拉底把他的伦理学与辩证法相结合这一点，当起了很重要的作用。这就是说，巴门尼德的辩证法对苏格拉底的伦理学由人世现象的矛盾到道德哲学本质的矛盾的深化起了启发和推动的作用。但爱利亚学派的辩证法是和物理学相结合的，它的主要目标是"存在"（Being），这一点，是为苏格拉底所否定了的。下面将要详细说到，他的哲学的"改宗"正是因为他认为物理世界这个最后的原因、最后的存在，这个"大全"和"本原"是不可穷究的，所以他才转而求诸内，求诸人。他这个想法的基本路线，柏拉图是肯定的，但在多次实际的政治尝试失败

---

① 见他的《希腊思想家》，第二卷，莱比锡，1912年，第52页；但他因此认为理念论不是苏格拉底提出，而是柏拉图提出的（第50页），则可以商榷。下面将详细讨论这个问题。
② 亚里士多德：《形而上学》987b。

后，思想向更加思辨的方面发展，似乎是符合柏拉图的思想发展线索的。这样，柏拉图一方面坚守住老师的传统阵地——道德、国家、法律等领域，另方面又把老师的哲学原则，指向一个被苏格拉底忽视的领域——物理的、存在的领域，也许这就是柏拉图为追记青年苏格拉底与巴门尼德、芝诺会面而写作《巴门尼德》篇的原因。在这里，我们看到，巴门尼德的那一长篇关于"一"的论辩（《巴门尼德》篇第二部分），在苏格拉底和柏拉图两人心中的反应是不同的。在苏格拉底，是受到了一种思想方法的教育；而在柏拉图，则更有一层哲学学理的意义，即在柏拉图心中的侧重点在于探讨"存在"、"一"这类的形而上学问题。①

在柏拉图对话中，着重谈"存在"的是《智者》篇，这是一篇非常富有哲理性的深刻的对话，但在这篇对话中，苏格拉底竟是一个地地道道的听众，而主讲者是一个不知名的爱利亚的客人。这当然绝不是偶然的现象。把这个对话与《巴门尼德》篇联系起来看，柏拉图这时的思想倾向的确已超出苏格拉底的主要哲学思想的范围了。

至于柏拉图后期对话《蒂迈欧》篇，被认为受毕达哥拉斯学派影响最深，以探讨自然现象为主，表现了柏拉图晚年的"宇宙论"，而该篇的主要发言人也非苏格拉底，其原因正如蔡勒所指出的，在该篇中，"柏拉图间接地指出，自然科学是外在于苏格拉底的"②，从这里也可以看出，柏拉图的态度还是基本上忠实于历史的真实的。

此外，还有一篇与《巴门尼德》篇和《智者》篇不可分的对话，即《泰阿泰德》篇，在这个问题上的性质需要讨论一下。《泰阿泰德》篇的主要发言人是苏格拉底，讨论的题目是知识问题，可见知识论是柏拉图和苏格拉底共同的领域，确定性的"真理"本是他们所追求的共同的目标。只是在苏格拉底看来，这个真理的最后根据在伦理道德中，在善的目的中；而柏拉图则回到爱利亚学派的立场，以万物之本原的"存在"、"一"为最根本的出发点。在这个意义上，的确可以说苏格拉底接近康德，而柏拉图接近黑格尔，所以蔡勒才指出，苏格

---

① 这样，我们就可以从一个新的角度来解释关于《巴门尼德》篇第二部分到底是"逻辑的"还是"形而上学的"之争。这个争论的详细情况参见康福德的《柏拉图和巴门尼德》序，康福德本人倾向于认为第二部分只有形而上学的学理意义，这对柏拉图说来，是对的。我觉得，在把柏拉图和苏格拉底在学理上作一些适当的区别后，可以把这两方面的意见统一起来，从而充分地吸取双方的研究成果。
② 蔡勒：《苏格拉底和苏格拉底学派》，英译本，伦敦，1868年，第115页。

拉底的方法"还没有力量发展成一个绝对的知识体系,因为它对形成这个体系言还不够成熟"①,只有到了柏拉图,这种苏格拉底式的主体原则,才发展成客体(存在)的原则。在这里,同样也体现了历史上和逻辑上的发展的一致性。

这样,在史料上,我们从柏拉图有关对话本身看出了从苏格拉底到柏拉图之间思想学说的发展轮廓和发展方向。我们这个观念,是和亚里士多德对他的老师和祖师的关系的看法基本一致的,把这些材料对照起来看,对于二者关系的看法,应可大体取得一致。事实上,现代西方学者一般也都倾向于这种意见,即苏格拉底哲学变革的主要领域是伦理学,而到了柏拉图那里才将这个原则推广开去②。从这个意义上看,施莱马哈说苏格拉底哲学的特点已是把物理学、伦理学和辩证法统一起来③则未免有点过头了。

有了这些史料上的根据和界限,我们就可以进而讨论苏格拉底所提出的哲学理论问题,而我们探讨苏格拉底哲学思想过程,对上述学说的发展线索,将会越来越清楚、明朗。

二、"认识你自己"——从"自然"到"自我"的转变

1. 前苏格拉底哲学的发展趋势和苏格拉底哲学产生的历史背景

大家都知道,古代希腊文化是欧洲文明的摇篮,欧洲文化的特点,在它的最初形态——古代希腊文化中已经初具规模。这就是说,世界各个民族的文化,在它跨出第一步的时候,已经大体上显示了一种发展方向,孕育了以后发展成熟时期的基本特点。以希腊为起始的欧洲文化,在它最初阶段也显示了它自己的特点。这个特点比较集中地表现在从原始神话宗教式的世界观发展为宇宙论的自然哲学的世界观,即前苏格拉底式的世界观。这个世界观的特点是探索一种或多种质料性的宇宙的具体"始基"(本原)($ἀρχή$)。这种转变的决定性的一步是由伊奥尼亚米利都学派的泰利斯跨出的。

---

① 蔡勒:《苏格拉底和苏格拉底学派》,第99页。
② 参阅马丁:《苏格拉底》,《大哲学家的基本哲学问题丛书》(古代和中古卷),第25页。
③ 施莱马哈:《苏格拉底作为一个哲学家的价值》,《柏拉图》,伦敦,1888年,第22页。

米利都学派以物质性的始基"水"作为万物之本原，来与传统神话的神谱系统对立，是一种具有方向性的变革，其意义是非常伟大的。康福德说："宇宙发生论（Cosmogony）从神话发生论（theogony）脱颖而出。没有一个字谈到神或超自然的力量。"①

这种变革，我们还应该进一步注意它在思想方式上的意义，即它是把本来的人的幻想式的"物活论"的思想方式转变为对自然界进行冷静、客观的观察、分析、研究的思想方式，也就是从一种神话式的思想方式转变为自然科学式的思想方式。用中国传统哲学概念来说，就是把一种"天人合一"、"物我相契"的境界，转变为"天"、"人"、"物"、"我"各自独立的境界。我们看到，古代希腊米利都学派跨出的这一步，对于整个欧洲哲学以及整个文化结构的特点是具有决定性的意义的。这就是说，它奠定了一种自然科学式的思想方式的模式，这种模式，在整个欧洲思想的发展中，是占主导地位的。

这种思想方式的转变，无疑地是人类思想史上的伟大的进步，但是，和人类实际历史发展一样，人类思想发展的历史道路也是曲折的。

就思想方式来说，被亚里士多德称作"自然哲学家"的"宇宙发生论"是以"观察"为主要手段的。他们静观宇宙万物之变，力图找寻这种变化的最初"原因"（始基，本原），以此解释万物之生成，所以他们的学说是一种"描述性"的叙述。我们固然不能否定他们的思维有自己的逻辑性，否认这一点当然是非常荒唐的，但他们的表现方式却是"宣称"式的，即后来所谓"独断"式的，即使是阿那克西曼德的"无定的"，也同样是对"水"的一种描述②。

在古代，科学式的逻辑推演方式主要由与米利都学派对立的南意大利学派发展起来。这个学派，虽然亚里士多德不把它包括在他的"自然哲学家"之内，但如果考虑到亚里士多德当时的"自然哲学"只包括"物理（化学、生物……）学"（φυσικός, Physics），而不包括"数学"（μαθηματικός, Mathematics），而如果承认"数学"广义地说也属于自然科学，那末，我们也可以把南意大利学派统一于"自然哲学"这一前苏格拉底学派的统一范畴

---

① 康福德：《苏格拉底前后》，剑桥，1932年，第19页；不是说泰利斯这些人的思想中没有传统的"神"的信念，而是说他们的"宇宙发生论"的理论中，没有"神"的地位。
② 关于阿那克西曼德的"ἄπειρον"，参阅拙著《前苏格拉底哲学研究》有关部分。

之下。①

"逻辑的"方法在爱利亚学派那里得到了进一步的发展,这是一般哲学史所公认的。在这里应该进一步指出的是,爱利亚学派不仅一般地发展了逻辑推理的方法,以此来讨论、"论证"他们的哲学思想,而且还在于:他们把南意大利学派的数学的推演方法和米利都学派的观察的方法结合了起来,一方面,以"观察"的"抽象",把"水"、"火"物质始基抽象为"存在",同时另一方面,以数学方式解决"一"与"多"的矛盾,得出"存在为一","万物归一"的结论。把本来是"数"的观念的"一"与"多",和本是感性存在的物质世界——"存在"结合起来,使"观察"与"逻辑"、"感性"与"理性"成为科学思维的两大支柱,当是爱利亚学派的历史贡献之一。我们看到,欧洲认识论哲学思想,从古代的"万物归一"到近代康德的"先天综合判断"再到现代维特根斯坦早期语言的"构象"说,都应是这一思想方式的发展。

然而,在古代,这两种思维方式的关系,并不是天衣无缝的,它们包含着内在的矛盾。当"始基"(本原)进一步摆脱幻想的成份,与逻辑推理结合起来时,就发生了矛盾,这个矛盾集中表现在"有限"、"无限"方面,即逻辑推理与观察方法在"有限"、"无限"问题上的矛盾。所谓"始基"、"本原",在逻辑推理的悬设(Postulate)上是合理的,而在"观察"上则是不可靠的,不可检验的,因为实际的因果系列是不可穷尽的,这就是说,无论"水"、"火",作为"始基",都带有"宣称"和"独断"的意味。

我们认为,早期希腊自然哲学(广义的)所遇到的这个问题,正是苏格拉底心中的理论上的困难,也是他思想转变的主要原因。这一点,苏格拉底在《费多》篇中有相当详细的自述,他对凯伯斯说:

当我年轻的时候,我对所谓自然的知识特别感兴趣。我想,如果我知

---

① 拙著《前苏格拉底哲学研究》在这一点上说得不够清楚(第69页,注④),需要补充如下:亚里士多德《形而上学》第一卷第八章989b:"所谓毕达哥拉斯学派对始基和元素的运用与自然哲学家不同,因为他们不从感觉的事物中得出始基和元素……"如果这里的"自然哲学"不包括"数学",则一切迎刃而解,所谓"不同",及"不从感觉的事物中得出始基",都可以合理地理解为:不从"观察"到的事物中或"看"到的事物中得出始基,当然就"不同",下文"他们同样也讨论、研究了一切有关自然的问题","如同别的自然哲学家一样,存在物就是可感之物,在天体之内"等等,也就可以得到一贯性的解释。

道了每件事的产生、继续和消亡的原因（τὰς αἰτίας ἑκάστου）该多好！……我原以为，无论在别人或我自己看，都清清楚楚知道了的，现在我却怀疑起来，我老在想，以前原以为认识了的，却原来一无所知，特别是关于人的成长的原因更是如此。……我甚至不能确定，当你在"一"上加"一"时，到底是前面的"一"，还是后面加上去的"一"变成"二"了？……

后来有一次我听到一个人念阿那克萨哥拉的书，书中肯定"心"（"奴斯"，νοῦς）为规整万物的原因。我很喜欢这个说法。因为这个说法正确地指出，"心"为万物的原因。我想，果然如此，"心"规整万物，使每个具体事物处于最好的状态（ὅπῃ ἂν βέλτιστα ἔχῃ）。……

我满怀希望地以为，在阿那克萨哥拉的书中，我已经发现了我所满意的因果性知识。……我从没有想到，一个把宇宙秩序的原因归于"心"的人，除了如实地寻求事物最佳状态（βέλτιστον αὐτὰ οὕτως ἔχειν ἐστιν ὥσπερ ἔχει）外，还会去找别的原因……所以我迫不及待地买了这些书，尽快地读它们……

但是我的希望很快落空了。读着读着，我发现他并没有把"心"运用到规整万物的原因上去，而仍然是把气、以太、水以及其他奇奇怪怪的东西当作万物的原因。……"（96a—98c）

这是一段非常重要的自白，不但说明了苏格拉底本人思想变化的学理上的原因，而且概括了古代希腊哲学从自然哲学发展到苏格拉底（柏拉图）哲学的重要理论问题，是值得我们仔细研究的。

从这段自白里我们首先得到的印象是：苏格拉底在探求自然的（宇宙间的）因果联系时遇到了困难，即按照早期自然哲学的路线，他未能得到"满意的"答案。苏格拉底在这里所提出的问题，是具有普遍的典型的意义的。表面上看，自然哲学家所给出的答案是非常清楚明白因而似乎是非常可靠的。人的身体由血、肉组成，血、肉由小血、小肉组成（恩培多克勒和阿那克萨哥拉的"同种部分"或"同类部分"，德谟克利特的"没有部分的"或"不可分割的""原子"）等等，看来是唯一正确的回答。但是这种答案，却从自身内部产生了不可克服的矛盾，反映在学派上，在这个早期阶段，有赫拉克利特学派和爱利亚学派在理论上、思想方式上的对立：前者认为一切如江海之水，川流不息，后者则提出无限分割的问题，否定了包括古代原子论在内的多元论的粒子世界观。这两个学派，为了使自己的学说符合当时的朴素的"常识"，赫拉克利特提出"逻各斯"，以作为变化之尺度，供人认知；巴门尼德提出"一"，作为事实和逻辑（数学上）不可分的始基，以永恒不变之"真理"，区别前者之"意见"。他们两家在古代哲学思想的发展史上都留下了不可磨灭的功绩，但他们都还没有脱离古代早期自然哲学的朴素的阶段，"变"与"无限分割"的阴影仍然笼罩着哲学的领域。

问题仍然在于，无论怎样精细的微粒，总还是可以再分割的，无论怎样准确的"尺度"（"逻各斯"①），总还不能穷尽"变幻不居"的大千世界，然而人们却又总是要追求一种确定的、满意的、真正的知识。

用苏格拉底自述的话来说，自然的因果系列是不可穷尽的，在自然界本身并没有早期哲学家所追求的"ἀρχή"，大到"至大无外"的"整个宇宙"（"天体"），小到"至小无内"的"原子"，可谓上穷碧落下黄泉，何处是"始基"？茫茫无边（ἄπειρον）的大海（水），何处是坚实的陆地？什么是哲学家的出发点和归宿？这些问题，正是当时哲学所不可回避的问题。原来以为很坚实的基地，动摇了，虽然古人并不欺我，说"始基"只是一种"无定的"，但人们的倾向却越来越使之"固定化"、"定型化"，从而由一个极端走向另一个极端，出现了由一个"必然性"大箍箍住了的"一"，这种发展，当然难免陷于独断的形而上学。

不仅如此，就当时自然科学的知识而言，在那样的历史条件下，当然是非常原始、朴素的。早期希腊的哲学家固然为后来欧洲的自然科学发展奠定了一个方向，是一个不可缺少的环节，其功绩固不可没，但他们当时还没有后来自然科学的实验和理论的工具，他们的"观察"常常带有很大的"想象"甚至"幻想"的成份，因而他们的某些具体学说，常常不需要很多学习时间就可以被怀疑甚至被推翻。对于习见的自然现象，还可能被普通的人（非学术界的人）所怀疑，所以多数自然哲学家对"天体"这个遥远的领域抱有很大的兴趣，其原因就如同中国俗话说的"画鬼容易画人难"那样，这个领域对古人来说，是不易马上受到实践的检验从而可以较长时间保持自己的学说，并发挥自己的想

---

① 关于赫拉克利特"逻各斯"与"尺度"的关系，详见拙著《前苏格拉底哲学研究》。

象力和聪明才智的地方①。不错,在这个领域,数学的方法常常可以走在观察之前,给人们提供一些确切的计算的知识,但是,大概当时南意大利学派所倡导的数学知识,也还不足以胜任这样复杂的计算,所以那些醉心于"天体"探索的人被挖苦为"望天者",会一脚陷入泥塘之中。

自然因果系列的不可穷尽性和早期自然哲学家的种种实际事例,向人们提示了这样一种思想:穷尽一切自然因果,穷尽一切自然的知识,只有"神"才办得到,而人只能以"神"为楷模,永远不断地去追求这样一个目标。于是,我们看到,在当时苏格拉底的思想中,已经有了"全知"的"智慧"(σοφία)和"爱智"(φιλοσοφία)——"爱"这种"全知"而追求之——两者的区别。②

按照柏拉图的《费德罗》篇,苏格拉底曾对费德罗说,"我认为'智慧'(σοφία)这个词太大了,它只适合于神;但'爱智'(φιλοσοφία)这类词倒适合于人"(278d),并接着指出,"'爱智'是人的思想(τῇ τοῦ ἀνδρὸς διανοίᾳ)的自然倾向(φύσει)"(279b)。色诺芬的《回忆录》中也曾多次提到这个区分,并且更具体地指出,当时一般希腊人认为,神也有认识不到的地方,而苏格拉底则认为神是"全知"(πάντα μαθήματα)的,人们要求探究只有神才能知道的自然的全部奥秘,将会引起神怒。这一切都可以与我们上面所引的苏格拉底的自白联系起来从哲学上来考虑。在这里,苏格拉底的意思并不是完全否定自然哲学家的成果,并不是主张一种怀疑论,说自然根本是不可知的;苏格拉底心目中的问题是:既然自然的因果系列不可穷尽(穷尽这个系列是"神"的事,不是"人"的事),那末关于自然的具体知识,无论如何确切,总是不能令人最后满意的。③

然而,既然"爱智"是思想的一种自然的倾向,即思想倾向于寻求一种满意的知识,那末这种知识又在何处?就苏格拉底的思想发展而言,阿那克萨哥拉给它启示了方向。

阿那克萨哥拉的"奴斯"(心)曾使苏格拉底非常兴奋,以为"万物归一",

---

① 吉贡曾在他的《古代哲学的基本问题》中注意到这个问题,他说古代哲学最初的产生,并不是从直接的身边的现象开始,而是从遥远的天体的研究开始,见该书,第291页。
② 据第欧根尼·拉修斯记载,第一次在哲学意义上用"爱智"并自称为"爱智者"(哲学家)的,是毕达哥拉斯,见《名哲言行录》,娄柏本,上册,第12页。
③ 从这个意义上说,蔡勒所说的"自然哲学家之间意见不一致证明了他们的研究对象是超越人的知识能力的"(《苏格拉底和苏格拉底学派》,英译本,第112页)固然从某种角度得到肯定,但他进一步说"苏格拉底从未从事自然的研究"(第115页),则既不合史实,也不合学理。蔡勒当然熟悉康德的著作,但康德的不可知论和休谟的怀疑论之间的区别,在这里似乎没有得到反映。

这个"一",这个宇宙"秩序"的原因终于找到,"万物归一"实即"万物归心",只要归因于"心",则可以一劳永逸地回答一切问题。但是,在苏格拉底看来,阿那克萨哥拉并没有把他的"努斯"原则贯彻到底,在解释具体自然现象时,又回到了自然哲学家的立场,以气、以太等物质来作为自然事物生灭之原因。看来,苏格拉底的工作就是要把阿那克萨哥拉的"心"的原则,贯彻始终,形成一个新的哲学体系。

这是一个根本的方向性的改变。早期自然哲学家探索中的困难并不是说他们的工作做得不够,而是说明了他们探索的方向有问题。人们在大千世界中寻求"ἀρχή",不得其"果",即"原因"的环节一环一环以至无穷,而这个"果"却不必外求诸宇宙世界,其实就在自己身上,这个 ἀρχή 不在自然中,而在自我内,与其求之于外而莫衷一是,不如求诸内而归于自我。

我们看到,就哲学意义言,苏格拉底在这里所做的工作,是两千多年后康德的工作的先声。如果说,康德把自己的工作自诩为"哥白尼式的革命"的话,那末这个革命在苏格拉底那里已经预演过一次了。

这样一种方向性的改变,古人说是把哲学从天上拉回人间,这个说法据说来自斯多亚派的潘涅修斯(Panaetius),但对这个转变最有名的概括还是罗马时期的西赛罗:

> 苏格拉底以前的早期哲学(应是早期雅典哲学——引者),在阿那克萨哥拉、阿开劳斯的教导下,研究数、运动以及万物产生及复归的源泉,这些早期的思想家热衷于探讨天体行星的大小、距离和轨迹;苏格拉底第一个把哲学从天上拉了回来,引入城邦甚至家庭之中,使之考虑生活和道德、善和恶的问题。①

西赛罗这个概括,虽然遭到黑格尔的批评,认为这种说法过于庸俗,会把哲学归结为"茶余酒后"的消遣品②,但我们认为这个概括仍不失其机智的优点,只要不作庸俗的解释,还是有相当的深度的。

---

① 西赛罗:《阿卡德米卡》(Academica)(1.4.15);参阅格思里:《希腊哲学史》,第3卷,第418—419页。
② 黑格尔:《哲学史讲演录》第2卷,第43页。

"天上"、"人间"是哲学思考的两个重要方面。"天上"可以泛指一切自然万物,"人间"则指人的社会关系。在古代希腊,有"天上"、"人间"的转变,在中国古代有"天"、"人"之间的关系,所谓"天人合一"、"天人之际"、"天理人欲"等等,具体说法可以不同,发展道路亦可因民族社会历史的不同而异,但其考虑的问题,在实质上是一致的。①

希腊人在古代的历史水平上,经过一段"上穷碧落下黄泉"的探索以后,回到了身边的社会,回到了家庭、城邦、社会,回到了自己。②

2. 德尔菲神庙的格言——"认识你自己"(自知)

在科林斯湾北岸的弗契斯(Phocis)有一个小镇德尔菲(Delphi),自公元前六世纪初期第一次在那里举行了泛希腊匹西阿节会(纪念阿波罗神)以后,成为全希腊有名的地方。这个地方依山临水,风景优美而奇突,对那个历史时期的人说,高耸的帕奈索斯山,以及由清彻的卡特里泉水激起的雾气,似乎笼罩着一层神秘的气氛。这个小城是当时希腊的繁华之地,希腊各城邦,包括雅典在内,在这里都设有自己的金库,而这个地方的闻名,又是和它的阿波罗神庙的神谕分不开的。按照古老的传说,这块地方本是很荒凉的,阿波罗神把第一批居民(大概是多利安人)从海上引来,告诉他们只要好好看守他们的神庙,自是生财有道,所以这个城是靠宗教活动起家的。阿波罗神庙里有一批祭司,还有代阿波罗传话的妇女叫做匹西阿(起初为少女,以后为五十岁以上的妇女)。这些神职人员,定期(最初间隔时间较长,后来二三日一次)举行仪式,接受朝拜者求问,犹如我国过去的求签、扶鸾。在庙院中水泉的雾气中,"匹西阿"居于"三足鼎"(tripot,大概是从波斯得来之战利品)上,以暧昧不明的

---

① 对比地研究古代中国思想和古代欧洲(希腊)哲学的特点是很有兴味的工作。我国古代没有"哲学"、"爱智"这类概念,但同样以自己的方式思考着古代希腊"爱智者"所探讨的问题。就"天"、"人"关系言,中国古人的觉悟要比希腊人早得多,而且从没有把这两者完全割裂开来过。就古代早期思想而言,中国似从未把"人"丢在一边孤立地探讨"自然之奥秘"。所以,如果西方学者推崇苏格拉底在哲学上的变革的话,那末中国古代哲学这种"社会"、"伦理"、"人间"的方向,则是根植于自己的传统之中的。这个根源也许存在于最原始的阶段。欧洲占主导地位的有"自然崇拜",而中国则是"祖先崇拜"(殷商)。这个问题当进一步研究。
② 我们将会看到,他们前面这一段并没有白白走过,在回到自身以后,他们探索的首要问题仍离不开"勇敢"、"友谊"、"正义"等概念式范畴。

语言（或诗或散文）预言未来。现代的研究表明，在这个神庙里势必养有一批具有相当学识、头脑清醒、消息灵通的祭司，才能审时度势，对人们提出的问题作出含混而又有一定倾向的回答。值得注意的是，这里预言的未来，不仅是个人琐事，而且包括了政治、经济、军事方面的大事，其职司可以说是王者身边巫师的组织化。人们大概还记得，在波斯战争时期希腊将军赛米斯托克正确地解释神谕中"木墙"为"舟船"，以水军取胜的故事，可见当时"神谕"之重要。看来这个神庙集中了一批"智囊"，是"智慧"的象征，怪不得与希腊当时的头脑——苏格拉底有着相当的关系。

据说，这个神庙的墙上，有一些铭文，内容有各城邦记事、记功的，也有一些格言，其中最为有名的有两条，一条是"认识你自己"（"自知"，γνῶθι σαυτόν），一条是"不要过分"（"毋过"，μηδὲν ἄγαν），其意义本应是不可分割的。

"自知"、"毋过"想是古代圣贤的道德格言，本来意思还是比较朴素的，应是教人以谦虚谨慎、量力而为、不要贪得无厌的意思[①]，这种"中庸"的思想，常是古代哲人以理智克服情欲的共同特点，无论东、西方都是如此。后来的传说，把这两句话与特定的哲学家联系起来。第欧根尼·拉修斯说，"自知"这个思想是泰利斯首先提出的，当人们问他什么最困难时，他回答说"自知最难"，拉修斯说这是德尔菲神庙铭文的来源，而"毋过"则出自梭伦或契罗（Chilo）[②]。事实上，我们看到，第欧根尼·拉修斯的这种说法，虽未能断定完全出自柏拉图的对话《普罗塔哥拉斯》篇，至少应与这个对话有关。在这篇对话中，苏格拉底在历数包括泰利斯、梭伦、契罗在内的古代七贤后，说道：

> 他们都向往、热爱并学习斯巴达文化，因而他们的学识被认为具有同类的性质，他们的语言简洁易记，便于互相流传；他们还一起到德尔菲的阿波罗神庙去，向神奉献自己的智慧，刻下了如今脍炙人口的铭文"自知"和"毋过"。（343b）

---

① 根据现代学者对古代文献的科学研究，有的学者认为"自知"和"毋过"两条是战争中胜利者对失败者的告诫，很可能是希腊人对波斯人的讽刺和哲理性的指摘［见麦肯德里克（Paul Mackendrick）的《希腊石头告诉我们什么》，纽约，1962年，第173页］。我们看到的图片，在"自知"上有一个骷髅，如果是个士兵，则与上述解释相合；不过也可能是一般的人，谓"人生如梦"、"红颜白骨"，故毋得过贪之意。
② 第欧根尼·拉修斯：《名哲言行录》I, 40；I, 41。

这样，我们看到，"自知"和"毋过"本是古代圣贤的道德格言，其含义是比较朴素的，无非是教人有自知之明，适可而止等等。就道德修养言，"自知"与"毋过"是不可分的，唯其能够"自知"，庶几才能适度。饶有兴味的是苏格拉底在这里强调古代七贤都是景仰斯巴达的哲学文化，带有浓厚的"借古讽今"、"古为今用"的意味。不错，斯巴达在波希战争中所表现出来的英勇气概和高尚品质是载入史册永垂不朽的，但它无论在物质文明或精神文明方面似乎没有什么突出的地方。在文化上，在哲学上，除了前面提到的契罗较为有名外，并没有多少大哲学家，更不用说对后世的影响了。德尔菲固然是多利安人占地，但它的神庙里的智慧应是集中希腊各地人才而来，因为当时的宗教活动大都具有全希腊的性质。苏格拉底之所以这样强调斯巴达人的传统的智慧，当是针对时弊——雅典奴隶主民主制的蜕化——的一种对古代原始部族集体精神的缅怀，而在当时，与雅典的个人精神相反，斯巴达是较多地保存集体精神的。所谓"自知"和"毋过"也是把个人放在一个社会共同体的整体中而有一个适当的位置，所谓"各得其所，各尽其责"的意思。我们将会看到，在具体伦理思想方面，苏格拉底同样是这种"安分守己"思想的鼓吹者。

然而，苏格拉底的新创造还在于他不仅在伦理学上发扬这种"自知"、"毋过"的品德，而且还进一步使这个格言哲学化，成为一个哲学原则，一条哲学路线。在这方面，我们也可以将苏格拉底的思想理出一个大体的线索来。

为了把这两个格言提高到哲学原则的高度，苏格拉底首先把重点放在"自知"上，因为如果按一般道德格言论，"自知"本是为了"毋过"，即待人接物、经营处世须有"度"，但如果作哲学原则言，"毋过"之本则在"自知"，唯有"自知"，才能"毋过"，"自知"为本，"毋过"为用，所以事实上苏格拉底哲学的立足点是在"自知"。

从传统的观念出发，"自知"本有"自制"的意思，苏格拉底以"σωφροσύνη"①来解释德尔菲的铭文。在与苏格拉底讨论时，克利底亚承认，"应该说，'自我的知识'应是'自制'的本质，这样，我也就和在德尔菲刻铭

---

① 英译通常为："temperance"，但许多学者认为"σωφροσύνη"很难译成英文，我想这是由苏格拉底的特殊用法引起的，即它一方面是"自制"，一方面又是"理智"的意思。事实上，"自我克制"，当用"理智"，意义还是相通的。

文的人持同样看法了"①。然后，苏格拉底又把"自制"、"自知"和"理智"、"智慧"（σοφία）、"知识"（ἐπιστήμη）联系起来②。这样，"自知"就不仅有伦理学的意义，而且有知识论、哲学上的意义。

在苏格拉底哲学中，"自知"也就不仅是道德伦理上的谦虚、克制，而且首先是知识上的真伪、可靠与否；"自知"的教育或告诫对象，就不仅是普通的人，而且首先是包括智者们在内的自然哲学家们。这个思想，集中体现在一则寓言中。根据柏拉图的《申辩》篇，苏格拉底在法庭的辩护词中说，他的一个朋友曾到德尔菲的神庙去问神，是否还有比苏格拉底更聪明的人，神作了否定的回答。这个神谕使苏格拉底迷惑不解，于是他走访了许多自认并公认为有知识的人，所得的结果是他们对自以为有知识的事，实际上并无知识，于是，苏格拉底说，既然神绝不说谎，那末这条神谕的唯一正确的解释就是：苏格拉底之所以是最有知慧的人，是因为只有他不是"不懂装懂"，而是老老实实承认自己无知（20d-21d）。相当一部分柏拉图的对话，特别是早期对话，就是由苏格拉底用"穷根究底"的问答论辩方法，揭示原以为有知识的学人智者实际上并无知识，原以为认识得很清楚的，事实上很不清楚；甚至在多年好朋友之间，竟仍弄不清什么是"友谊"，所以苏格拉底在辩论结束时，不无感叹地说，"我们虽为好朋友，却并不知友谊为何物"③。这些对话，常被一般学者说成是"摧毁性"的，是因为它们重在"破"一种假"知识"，并没有给出多少正面的答案，目的在于督促人们正确对待传统的知识，其历史作用类似后来笛卡尔的怀疑论，在理论倾向上也与康德哲学相近。只是苏格拉底以"知识"涵盖一切，并没有像康德那样坚决分割思辨理性和实践理性，得出不可知论的结论，而是把实践理性和思辨理性、道德哲学和知识论统一起来，立足于实践理性的道德哲学，寻求一种确定的、永恒的真理，在精神实质上是与康德哲学相通的。

3. 真知识、真理的寻求

我们把前苏格拉底哲学的特点概括为广义的"自然哲学"，而在这个向自然

---

① 柏拉图：《契尔米底》，164d。
② 同上书，166e。
③ 《立西斯（Lysis）》，223b。

寻求"始基"的总的潮流中，又有两个不同的倾向，一个是以米利都学派为代表在自然的质中寻求这个"始基"，另一个则是以南意大利学派为代表在自然的量、比例和"逻各斯"中寻求万物之本原，形成物理学和数学两大流派。从当时历史实际情况来看，米利都这一侧重于物理现象的学派似乎占主导地位，而毕达哥拉斯主义者长期处于秘密社团的地位[①]。

米利都学派发展到苏格拉底的时候，以阿那克萨哥拉和原子论为代表，这一派的问题，苏格拉底已经说了自己的切身的体会。这一派从泰利斯开始，固着于具体感性世界，由最初独断式的一元论（"水"）到后来的多元论（"种子"、"原子"），以此来寻求万物之本，即后来亚里士多德叫做第一性原则的ἀρχή。然而，赫拉克利特的哲学已经指出，万物皆变，一切全在变化的长河中，虽然他自己以"火"为始基，并以此比喻万物生灭之"逻各斯"，但"逻各斯"是万物的关系（比例），并非万物本身，所以固着于万物本身，则无第一性原则可言，但哲学所寻求的则是可靠的、确定的知识，是对第一性原则的知识，是真理（ἀληθής）。

追求真理，是人的思想的天职，也是哲学的根本任务。古代希腊"ἀρχή"的提出，是真理意识的萌芽，要在纷繁变幻的感觉世界中寻求确定的、永恒的本原，而对于万物本原的认识，也就是对真理的把握。追求本原的知识，追求把握真理，这种精神引导着人类科学、文化的不断前进。问题是常青的，但解决问题的方式是历史的，在古代是非常原始的。人们常常想一劳永逸地抓住这个真理，而在变化的万物中指定一个或几个或无数个"物"，宣称它或它们为"始基"的做法，已难以令人满意。原来以为确定了的知识，动摇了；原以为是真理，实际却是假象。

传统的知识成了问题，那末首先要来考察一下"知识"本身；既然在万物中寻不出真正的"始基"，那末首要反躬自问，考察知识本身和这个知识的主体。从"自然"到"自我"，首先是从对自然的具体知识到知识本身和知识主体。这就是为什么在苏格拉底（柏拉图）哲学中"知识"成为一个核心问题的原因。

从寻求"ἀρχή"到探索"知识"（ἐπιστήμη）本身是一种从"存在论"（"本体论"）[②]到"知识论"的转变，事实上是从一个新的方面来探索这个

[①] 泰勒因而认为苏格拉底死因与他和这个秘密组织有联系分不开。见他的《苏格拉底种种》(Varia Socrates)，牛津，1911年，第21、22等页。
[②] "ontology" 一般译作 "本体论"，固无不可，但与 "知识" 相应，似应按原意译 "存在" 为好，本书因讨论古代哲学，该词一律译为 "存在论"。

"ἀρχή"①,探索第一性原则,是"存在论"的新形式,但苏格拉底哲学的方向事实上指向:"存在"、"万物"的根据和本原,这个"ἀρχή",不在自然,而在自我,不在客体,而在主体。

"知识"是什么?按柏拉图早期对话《克拉底鲁》篇,苏格拉底从朴素的观点出发,认为"知识"是"辞事相称"。"知识"是συνιέναι,即"结合"、"一致",要和"πράγμασι"即"事实"一致②,但问题是变幻着的世事如何与其保持一致③?既然十人说"一"生"万物",而生化出来的万物无法捕捉,那末这个确定性的知识只能从"万物"归"一"这个方向来寻求,于是,次序就颠倒了过来,"自我"既不能从"自然"中得到真理,那末自然的真理必然在"自我"之中。这里存在着逻辑和事实两个方面的问题。

许多研究者都指出,苏格拉底的问题可以概括为这样一个公:"'x'是什么?"(Die Was-ist-Frage,"'是什么'的问题")④如"什么是勇敢"、"什么是美德"等等,事实上即亚里士多德说的"定义"问题,即探讨概念的逻辑定义,从概念、语言、范畴来讨论它们的意义,这是苏格拉底(柏拉图)"理念论"的一个重要方面。

这个理论的思想背景是针对智者的感觉主义的,这种感觉主义的恶性发展,导致认为一切以自我的感觉为标准,语言无所谓对错、真假⑤。苏格拉底认为语言不在于符合感觉与否,而在于符合其本身的逻辑的意义与否。

"是什么"的问题,使苏格拉底从逻辑概念方面来探讨各种范畴的意义,认为这种"意义"是事物的本质,是永恒的、不变的,对这个"意义"的把握,也就把握了真理,得到了真知识。"勇敢"的事例可以千变万化,但"勇敢"的"意义"则是永远不变的。不仅如此,这个"意义"却才是自然哲学家多年来追求的那个"ἀρχή",那个原始的"一",不是"勇敢"的概念从"勇敢"的事例中概括、归纳出来⑥,反过来"勇敢"的事例倒因"分有""勇敢"的概念才成为"勇敢之事"。

---

① 探索真正确定的"ἀρχή",见梅耶尔:《苏格拉底,他的工作和他的历史地位》,第264页。
② 柏拉图:《克拉底鲁》,412a, b。
③ 同上书,439e-440a。
④ 马丁:《苏格拉底》,《大哲学家的基本哲学问题丛书》(古代和中古卷),第21页。
⑤ 柏拉图:《欧塞德谟》,38b。
⑥ 亚里士多德所谓的苏格拉底的"归纳法"主要是指辩论的方法,而不是后来经验论意义上的归纳法。

这种概念的意义的探讨，实即探讨"种"、"属"的逻辑因果关系，是与理念论直接联系着的。

除此以外，我们看到，苏格拉底还面临着一种事实上的因果关系。如果说种属关系的探讨导向了理念论的知识论，那末事实上的因果关系则导向理念论的道德论，而基本精神则是一致的。

我们前面说过，苏格拉底已经认识到，事实的因果关系是无穷尽的，不可能在这个系列中找到最原始的、最初的第一因——ἀρχή，也找不到最后的、终极性的"果"，一切都是相对的，不断转换的，要使我们的因果知识成为真理，必须要有另外的出路。这就是"目的因"的引入。

"目的"是事物实际进程的起始因，也是事物这个进程的最后结果。"目的"是事物之所以成为该事物的本质，也是该事物的最完满的状态。世界各种语言文字表明，"目的"与"终结"、"完成"都有密切的关系，在印欧语系一概可以通用。汉语中"目的"通过"好"（"善"）与"终结"的意义相联。"好了"之"了"，是为"完结"。然而，人们从自发地运用这个词，到从哲学上意识到它的意义，需要相当长的一段时间。一般来说，苏格拉底是最早把"目的"、"善"引入哲学领域的哲学家。当人们天上地下地探索万物本原时，感到茫茫大海，难以穷尽，然而一旦发现了事物的目的，似乎在大海中找到了陆地，事物有了"归宿"，人们也得到了真理，"是什么"的问题，也可有个"了结"。

应该指出，苏格拉底的"目的"、"善"，并不是像智者那样是感觉式的符合或愉快，而是事物的客观的、本质的目的，即他所谓的"ἀρετὴ"（美德或功能）。这种目的当然是属于主体的、自我的，因而是与人相关的，但却不是感觉的、感性的，而是理性的、理智的，因为感觉的人只是自然的一部分，只能是自然原因系列中的一个环节，只有理性的自我，才是这个系列中的起始的也是终极的环节，才是真正的ἀρχή。

我们看到，苏格拉底这些基本思想，在哲学史上是一种很大的转变。康福德说，苏格拉底把哲学的"起始"（Beginning）问题变为"终结"（或"目的"）（End）的问题①，事实上"起始"和"终结"是一致的，都是万物之"本原"、

---

① 康福德：《苏格拉底前后》，第32页。

"始基",万物起于此又复归于此。现在的研究者布勒姆(A. F. Blum)教授在他的《苏格拉底。创造性及其形象》(伦敦,1978年)一书中强调苏格拉底对"价值"哲学的贡献,指出前苏格拉底只研究自然的"原因",而从苏格拉底开始才涉及"价值"。知识不仅是对自然原因的知识,而且同时是事物的客观价值的知识,这样才是真正的知识,才是真理。

在苏格拉底的哲学中,目的、价值占有核心的地位,事物的本质在于它的"ἀρετὴ",在于它的目的、功能;"是什么"的概念的定义,也离不开事物的特定的价值。在苏格拉底看来,ἀρχή就是ἀρετὴ。所以我们看到,苏格拉底的"自我",一方面是理性的,以区别于普罗塔哥拉斯的感觉的尺度,另一方面是伦理的、实践性的,以善为最高真理,万物之本原。

无论如何,这一切都导致了哲学史上最基本的派别对立——唯物主义和唯心主义两大阵营的最终的形成,虽然这两种对立的倾向是与哲学俱生的,但苏格拉底纯粹实践理性"自我"的建立,宣告了古代唯心主义派别以成熟的形态正式脱离朴素唯物主义哲学阵营而与之尖锐地对立。

三、精神与物质的进一步分化——唯心主义和唯物主义两大阵营的对立

1. 第一性原则(ἀρχή)和哲学上两大阵营对立的历史发展

寻求万物之本原、探索生活之真谛,是人类思维的必然的趋向,是与人类俱生的,因而也可以说是人类思维的本质特点之一。这是一种"追根寻源"、"穷根探本"的精神,在人类的最初阶段,靠了这种精神,克服了一个又一个巨大的自然灾难,保持了自己的种族,在探索的阶梯上不断攀登。然而,这样一个阶梯是无终止的,人们悬设的所谓"本原"、"真谛",始终是一个追求的目标,而对这个目标本身的认识,形成了一门专门的但又是渗透一切方面的学科:哲学[①],所以在我们研究前苏格拉底哲学时已经说过,"ἀρχή"(始基、本原)问题的提出,正是哲学意识的开始。

[①] 中国古代没有"哲学"这个名词,但不等于说没有哲学的问题,因为哲学的问题是世界各个民族必定要提出的,这是因为那种"穷根究底"的精神本植根于人的思维的本性之中。

然而，根据我们对早期希腊哲学的研究，应该指出，整个欧洲哲学在它的起始阶段，就带有先天的局限性，即他们一开始就把这个"ἀρχή"当作一个具体的"物件"来对待，要在万物之中找出一个具体之物来作为万物的本原和始基。他们的思维的本性促使他们探索、认识这个"ἀρχή"，但他们的民族的具体历史特点又使他们习惯于狭小的、有限的范围。希腊的（包括殖民地各邦的）小国寡民的社会政治特点，使他们重视个人的感觉经验，重视可见之物（包括社会、城邦，如亚里士多德所谓"目力所及"），这样，在一开始就形成了他们所使用的方法（"爱智"）和他们提出的问题的不相适应。我们看到，在早期希腊哲学中，自然哲学家所使用的方法和自然科学家的方法没有多大区别，而他们所要探讨的问题却是自然界找不出来的"本原"和"始基"。我们认为，这个问题和方法的矛盾贯彻了欧洲哲学的始终，直到欧洲现代各哲学流派，并不能说已解除了这个矛盾。他们当中有的企图用牺牲"问题"来推行"方法"（如早期维特根斯坦、罗素、卡尔纳普等所谓分析学派），或者以非概念的方法来探讨"问题"（如海德格尔、雅斯贝斯等所谓存在主义学派）；但前者逃避社会人生重大问题，取消了哲学本身，后者以晦涩的语言和极端个人的思想使"问题"神秘化。

然而，在古代来说，早期希腊哲学是以唯物主义精神解决哲学基本问题，即第一性原则、"ἀρχή"问题的，虽然它的形式非常原始。我们在研究这一阶段的哲学时说过，在脱离原始神话后的古代希腊哲学的第一个形态是唯物主义的。这样一种唯物主义精神，我们认为，基本上贯串了整个前苏格拉底时期。从米利都学派的"水"（"气"），以及由此而来的"无定"、"混沌"（δινή），南意大利学派的"火"以及由此而来的"有定"、"逻各斯"、"数"，到爱利亚学派的"一"，经过恩培多克勒、阿那克萨哥拉的"多"到德谟克利特的"原子"，是古代唯物主义哲学思想的一条发展线索。

当然，这并不是说，在这个阶段，就没有唯心主义哲学思想，恰恰相反，在我们看来，唯心主义思想同样是与哲学意识俱生的，因而是哲学学说或哲学意识中不可避免的、必然产生的一大派别或一种倾向。

哲学的意识既然起于对第一性原则（ἀρχή）的探索，而古代那种探索的方法又注定是不能充分适合这个问题本身的要求的，那末对这个问题的回答，就不可能像具体自然现象的解那样，在经过充分研究后，只容许一个回答，对哲学基本问题的回答，尽管可以有各种各样的历史的和现实的形态，各形态之间又可以有许多交叉的关系，但归根结蒂，却必定只有两种，即唯物主义和唯心主义的两种答案。

如果我们认真地把唯物主义和唯心主义的对立严格限制于对哲学基本问题——在古代即对"ἀρχή"问题的理解，那末这种对立的必然性是不难理解的。既然哲学要寻找万物之本原，在无穷的原因系列中寻求第一性原则，那末，对这样一个需要人类认识无限过程来完成的对象，无论任何具体的学说和理论体系都是不可能穷尽其真理，不可能完美无缺的，因而总是为相反的、对立的学说和理论体系留下了余地。哲学的基本问题本身在历史上固然也有不同的形式，如古代早期的"始基"，爱利亚的"存在"，亚里士多德的"第一性原则"，十七世纪的"实体"等，但就问题核心言，是同一的，因而是一个常青的问题；但在人类最初提出这个问题时，即在泰利斯提出"ἀρχή"问题时，却总想"一劳永逸"地"宣布"已经认识到了、掌握了这个"本原"。

我们看到，这样一个矛盾，在早期哲学的方法由观察过渡到推理时，就更为突出了。爱利亚学派所揭示的"可分性"与"不可分性"的矛盾，是古代早期朴素唯物主义哲学学说所难以逃避的难题，而正是在这个问题上，古代唯心主义作为一个突破，滋长出、发展起自己的学说体系。

粗略地概括起来说，早期希腊的朴素世界观是一种"微粒世界观"；这种世界观的产生可能与原始、朴素的进化观念，即事物都是由小长大的观念相联系的。米利都学派的"水"或"水气"，是一种具有和"水"、"气"相像属性的"粒子"，可以生化万物，而又复归于它，所谓"火"也有同样的哲学意义，所以这种学说才可能发展成以后的"元素"、"根"、"种子"并最终导至"原子"。然而，古代这种朴素的物质微粒世界观的矛盾在于：无论"水"、"火"、"种子"、"根"或者作为它们最高形态的"原子"，都不可能是真正意义上的巴门尼德的"一"，即一种不可分的、永恒的、不变的实体。古代朴素的自然哲学家对"ἀρχή"的认识，经过了一个漫长的探索的过程，他们的经验表明了要在感性的世界中找出一种或多种具体的、物质的微粒，把它"规定"为万物之本原，无论在事实上或推理上都是不可行、不可能的。为了摆脱这种理论上的困境，人们设法在物质世界之外、在与物质世界原则上完全不同的领域里寻找这个世界的本原和始基，这就是"精神实体"意识的产生。我们看到，古代唯心主义学说的产生，一方面当然有其社会历史及阶级的根源，同时也有深刻的学理上的原因。

唯心主义产生的历史根源，大概可以追溯到人类前哲学时期的原始宗教神话。在那混沌未开的世界观中，原始人对整个世界的"物活论"和"万有灵魂论"的想象，蕴孕了原始人对于"精神实体"的朦胧的概念；然而，饶有兴味的问题是古代早期希腊哲学意识的萌芽是和科学思想的萌芽紧密相随的。一方面，如前面指出过的，人们把自然与自我分离开来，排除了"万有灵魂论"、"物活论"的态度，对自然（世界）采取观察、实验的态度，另一方面，又把自我融于自然之中，成为自然的一个部分，以自然的观察、分析、实验的方法来研究人的主体。这样，如果早期自然哲学的路线没有改变，没有苏格拉底哲学在方向上的改变，早期哲学中唯心主义的倾向仍处于萌芽状态，两种世界观的对立、两种哲学学说的对立的真正的标志，是苏格拉底树立的；如果考虑到这条唯心主义路线的确有它自己的蕴孕阶段，那末也可以把苏格拉底哲学称做古代唯心主义哲学的建成者[①]。

2. 古代希腊关于"灵魂"（ψυχή）观念的历史发展和苏格拉底的变革

在古代人的原始的观察中，有一个明显的经验事实：世界上有的东西是"死的"，有的东西是"活的"。这个区别对有意识、有思想的人来说之所以显得如此重大甚至如此触目惊心，是因为"活东西"和"死东西"的转化，将使人不可避免地失去亲人、朋友，最终失去自己。人们还看到，在自然环境条件十分困难的原始时代，人的一切努力奋斗，基本上是为了保存自己的种族，使亲人和自己活下去。于是，在艰苦疲惫的斗争中，原始人的心中已经孕育着探求

[①] 关于古代希腊智者学派在古代希腊哲学由早期自然哲学向苏格拉底哲学发展中的作用，特别是它关于"人"的学说与苏格拉底的区别，我们以后还要讨论。在这里我们应指出，智者们是古代自然哲学感觉经验主义发展成主观唯心主义的一个重要环节。"人是万物的尺度"似乎是"存在即被感知"的先声。整个古代哲学从自然哲学反抗原始神话经智者到苏格拉底的发展，似乎是近代哲学从文艺复兴反抗中世纪宗教经巴克莱、休谟到康德的一种预演。我们认为，古代哲学的特殊情况是：作为"自我"的自觉意识，始自苏格拉底，而智者并没有对哲学基本问题（ἀρχή）作出不同于早期自然哲学的答复。参见拙著《前苏格拉底哲学研究》中关于智者的"人"与德谟克利特的"原子"的对比研究。

"活东西"和"死东西"的区别这样一个问题。在某种意义上说,"生"(活东西)"死"(死东西)问题是人类遭到的第一批重大理论问题之一。

后来译做"灵魂"的古代希腊文"ψυχή"这个字,源于动词ψύχω,意为"嘘气"(呼吸)(英文:breathe,德文:hauchen,法文:rafraicher)。与古代各主要民族的观念一样[1],古希腊人也认为"活的东西"之所以"活",是因为有一口"气",所以"ψυχή"这个字又可以作"生命"、"活"(英文的live, life)讲[2]。在古代希腊人的心目中,"活东西"、"生命"的原则在于"呼吸"、"嘘气",这样一种朴素的信念,在古人中持续了一个相当长的时间,而且即使在有了新的观念的一个时期内,这个最初的意思,也还经常出现。

在古人的"ψυχή"观念中,还有一方面的含义类似后来的"精灵"(spirit)、"鬼"(ghost)的意思,这在荷马的史诗中也是屡见不鲜的。这个观念说明了在古人的心目中,"ψυχή"和人、动物的"肉体"、"躯体"越来越分开来了。然而,参照中国古代"魂"、"魄"聚散的观念来理解,所谓"ψυχή"、"鬼"、"精灵",都仍然是一种具体的东西[3],时聚、时散,时而附着于躯体,时而离去。

"ψυχή"这种"东西"(英文:thing,古希腊文πρᾶγμα)和"躯体"(σῶμα)的唯一的区别在于前者是活的,后者是死的,所以"σῶμα"这个字,在荷马史诗里常被用来指"尸体"(包括人和动物的)。这二者的对立,是"生"、"死"的对立,是"活东西"和"死东西"的对立。

我们还可以看到,所谓"活东西"和"死东西"的对立,在最初本没有什么特别深奥的地方,不过是直观感性的朴素辩证观念的表现。人们凭自己的感官就可以感觉到,万物中有的东西是"活动"的,有些东西是"不动的",所以古代所谓"活"的观念是和"动"的观念联系在一起的,而"死"是与"僵"、"不动"的观念联系在一起的。哲学家与普通人不同的地方在于通过各种纷繁、对立的现象,看出一个统一的原则,看出一个"活动"的原则贯串在一切事物之中,有些东西表面上看是"死的","不动的",实际上仍是"活动的";在古

---

[1] 中国古代一般观念中也是"生命"与"呼吸"有关。
[2] 我手边有两部里德编的《希英大辞典》,1890年版中"ψυχή"条有"breath"的释意,但1953年版中则只有"Live"的释意,完全不及"breath"一意,不知何故。
[3] 所以相当于英文spirit的古希腊文为εἴδωλον,也有"影像"的意思。

代科学水平的局限下,"运动的"与"有生命的"、"活的"之间界限之模糊①,形成了原始的"物活论"。

除了人以外,在自然事物中,大概古代希腊人认为以"水"和"火"(以及由它们衍化出来的"水气"和"火气")最为"活动",一个是"无定的",一个是"有规则的",都在活动,所以就成为早期自然哲学(广义的)的两大(活的)"原则"("始基"、"本原")。

然而,不仅"水"、"火"是活的,它们既是始基,生化万物,又复归于它,所以万物也都是"活的",正是在这个意义上,泰利斯说"石头"(琥珀)可以移动铁,因而它也有"ψυχή"②。

应该说,所谓"生"和"死"、"活的"和"死的"两种原则的分化和对立,已经孕育着"精神"和"物质"的分化,"活的""灵魂"、"精神"和"死的""肉体"、"物质"这种观念始终是欧洲哲学思想的一个基本倾向。但最初阶段,这个"活的""灵魂",也还是一个具体的东西(物),用"想象力"不可能"想出"一种与"物"具有原则不同的实体来,它与"物"的差别归根结蒂只是程度的不同,虽然这种程度是很大很大的。

我们看到,具体解释这种区别是早期自然哲学家的重要任务之一。我们在研究前苏格拉底哲学时已经提到,直到阿那克萨哥拉、德谟克利特,"ψυχή"都是一种特殊的物质,虽然是"最精细的",可以穿透一切"空隙";而在赫拉克利特那里,"灵魂"干脆就等于他的"始基""火"。

然而,在这里,巴门尼德、芝诺的逻辑不仅威胁着"水"、"火"、"根"、"种子"、"原子",同样也威胁着"灵魂"。"灵魂"既然被理解为一种"物质",那末无论它怎样"精细",仍然可以进一步"分解",而在古代的观念中,"分解"即是消亡,所谓"魂飞魄散",这样"灵魂"就会像包括"原子"在内的一切物体那样也不是持久的、"永恒的"、"不朽的"。

哲学史上关于"灵魂不朽"学说的来龙去脉是应该进一步加以探讨的。这并不是因为这种观念本身有什么可取之处,而是因为这样一种错误的、荒唐的

---

① 在我们现代语言中,仍保留了这种原始的用法,如中文的"活动"仍把"活的"和"动的"当作同义词结合起来。
② 此材料出自亚里士多德《论灵魂》(405a, 20):"τὴν λίθον ἔφη [Θαλης] ψυχὴν ἔχειν ὅτι τὸν σίδηρον κινεῖ."

观念却始终有一些相当大的哲学家甚至科学家竭力为其辩护。至于原始人类有没有"灵魂不朽"观念的问题，在科学的人类学史上是有争论的。从世界各民族的历史发展来看，"灵魂不朽"这样一个观念不一定是原始人类的共同信念，也就是说，有些民族的原始宗教（尤其是原始巫术阶段）并不明显地包括"灵魂不朽"的观念。一般来说，这种观念是和东方的（主要是印度的[①]）原始宗教观念联系在一起的。古代埃及最早的时候有没有"灵魂不朽"观念，也是一个有争议的问题，但至少古代埃及人对死后的生活的信念是根深蒂固的，现在学者把"灵魂不朽"、"灵魂轮回"和基督教的"复活"观念加以严格精确的区别固然是很有道理的，但在古人心目中这些区别是否那样清楚则是大可怀疑的。

  无论如何，从实际的考古及文字史料来看，所谓"灵魂不朽"、"灵魂轮回"观念在古代希腊不是一个普遍流行的观念，而是少数思想家、哲学家以及某些宗教派别小集团圈子里的事。

  据说古代希腊有一种教派叫奥尔弗（Orphism），因为现有传说记载纷纭，似乎还没有对这个教派有足够完整系统的概念。我们只知道这个教派可能起于希腊的色雷斯，它崇拜火，禁食肉类，而主"灵魂轮回"说。这个教派的创始人因在德尔菲神庙中色雷斯的金库中刻有名字，被附会为阿波罗神的儿子，但这个教派与德尔菲神庙的神谕有相当的联系，则是可信的。可以相信，这个教派对毕达哥拉斯学派的某些思想，有很大的影响，而后者是使"灵魂轮回"说在希腊流传的主要力量，这样，苏格拉底和柏拉图既然深受这个学派的影响，由此而相信并宣传过这个学说当然也是无可否认的事实。

  由于柏拉图著作中提到"灵魂轮回"说的次数之多，使我们无法怀疑他在叙述灵魂死后进入阴曹地府又如何按生前功过得到报应而转世这些迷信时真诚的态度。据我们统计，认真提到这个学说的地方有：《高尔吉亚》篇525c—526b；《费德罗》篇248a-b；《费多》篇82a，113e，114a-b；《理想国》X，614c—625a；《泰阿泰德》篇117a；《蒂迈欧》篇91d，92a-b。这样一个事实说明了古代哲学家思想中逻辑推理部分和神话传说部分的奇怪的混合，说明了传统的，即使是非常落后、原始的传统的一种巨大的惰性。

---

① 中国古时的原始祖先崇拜（崇鬼）也可以属于这个范畴。

然而，苏格拉底（柏拉图）毕竟不是早期的毕达哥拉斯[①]，他（们）的"灵魂轮回"说，除了直接的神话迷信意思外，还有"寓言"的意义，这就是说，在苏格拉底思想中，除"灵魂轮回"迷信成分外，表达了一种逻辑上、哲学上对"灵魂不灭"的"论证"。

苏格拉底对"灵魂不灭"的"论证"，有好几个方面，如他根据"回忆说"（即数学、几何学知识的必然性）"论证"既然先在于此生，那在前生当即已有等等，但我们认为，在哲学上，最重要的是他关于"灵魂"的"单一性"的论证。

在《费多》篇中，柏拉图集中记述了苏格拉底关于"灵魂不朽"的论证。按照古人的观念，所谓"死"（θάνατος），就是"解体"、"消散"（διαιρεθῆναι），而只有"复合物"（συνετέθη）才会解体，"非复合物"（ἀσύνθετον）则无法分解，是"单一体"（μονοειδές），而灵魂与身体的区别，正是"单一体"与"复合体"的区别，所以后者"有朽"，前者则"不朽"[②]。

应该说，就论证本身来说，苏格拉底并没有提供什么新东西，他的基本推论是和从巴门尼德的"一"到德谟克利特的"原子"的思路完全一致的，苏格拉底的特点是把这个"一"、"原子"，把"单一性"和"灵魂"联系起来，这不仅在理论上避免了"感性物体"的"一"与"多"、可分与不可分的矛盾，而且更主要的是把立足点和出发点从"物"、"肉体"移到了"心"、"灵魂"，从而完成了使"灵魂"完全脱离"肉体"（物质）的过程，成为一种独立的"精神实体"，宣告了唯心主义世界观进入成熟阶段。

我们已经指出，在苏格拉底以前，"灵魂"固然与"肉体"有区别而且对立，可以脱离身体而独立存在，甚至是身体（人）的本质（重要的部分），但归根到底，仍是一种特殊的"物"。

然而，苏格拉底却把巴门尼德的"一"变成了精神性的"单一性"，把德谟克利特的"原子"变成了精神性的"单子"。既然在物质的世界，无论"多"也好，"一"也好，"根"也好，"原子"也好，都逃不脱进一步分解的必然性，那末这种"不可分的单一性"只能在与物质世界原则上不同的"精神世界"去找。

[①] 关于毕达哥拉斯本人思想中科学的和宗教的两种倾向的混杂，参阅拙著《前苏格拉底哲学研究》毕达哥拉斯部分。
[②] 见柏拉图：《费多》篇，78c–d。

所谓"原则上不同",就是说并非程度上的差别,而是另一"种"事物,各自遵循着不同的原则。或者,更为简单粗略地说,凡物质所具有的属性、特点,"精神"都不具有,它具有和物质完全不同,而且完全对立的属性、特点。

在精神与物质许多对立的属性中,基本的对立是:物质是"多",精神是"一",因而物质是要分解的、消散的、变化的,精神则是不可分的"单元"("元")、不朽的、永恒的。从这里,苏格拉底并引导出:物质是可感的,看得见的,而精神是不可感的,看不见的(ἀόρατον, αἰδεέν,《费多》篇79b)[①],只有用"思想"(νοῦς)才能把握。

我们知道,"灵魂"(ψυχή)和"思想"(νοῦς)的关系以及"思想"在掌握真理上的作用,在巴门尼德的残篇中已经涉及,而到了阿那克萨哥拉,"灵魂"与"思想"已经被当作具有相同的意义,所以柏拉图在《克拉底鲁》篇中才说,"阿那克萨哥拉说,'思想'(νοῦς)和(καί)'灵魂'(ψυχή)具有规整万物的作用"(400a),只是他还没有把这个学说贯彻到底,而这个工作是由苏格拉底完成的。

我们看到,从苏格拉底开始,人的存在被严格地分割成"感性的"、"肉体的"存在和"理性的"、"精神的"存在两个部分,而把人的主体归结为"理性"的"精神"的本质。这两个部分,在苏格拉底的哲学中,是完全对立的。肉体是灵魂的"桎梏",感性的欲求会妨碍灵魂的纯洁性,而这种欲求是由各种物质的条件、环境决定的,所以人的实际社会地位的不同,决定其灵魂所受的影响,这就是苏格拉底在《费德罗》篇里对灵魂加以分类的根据(248d-e)。

在各个不同等级的"灵魂"中,哲学家的灵魂是最纯洁的,因为他最能摆脱感性世界的束缚,直接与真理、理念世界打交道;反过来说,哲学家也就最应该摆脱一切感性(肉体)的束缚,努力使灵魂纯洁化。在《费多》篇中,苏格拉底甚至提出这样极端的观点,即真正的哲学家就是要追求死,即肉体的死寂,七情六欲的死寂,摆脱身体羁绊,以一个纯而又纯的灵魂来掌握真理(64a)。正是从这里,苏格拉底把他的逻辑推论的"彻底性",和传统的"灵魂轮回"传说联系了起来,大肆渲染了灵魂摆脱身体以后进入另一个世界的种种情景,然而,在苏格拉底,这个"彼岸世界"却并非"天堂"、"天国",而是

---

① 这样,德谟克利特的"原子"的不可见性就得到一个新的解释:不是太小看不见,而是根本不可见;就像"原子"不可分并不是因为"太小"或"太硬",而是根本不可分。

"地狱"、"阴曹地府",贤人和恶棍虽然"报应"有所不同,但都还同在一个地方;这就是说,就根本上而言,所谓"纯粹的灵魂"归根结蒂还只是主体的一种"境界",还不像后来基督教所宣扬的那样一个有客体存在性的"天国"。

然而,苏格拉底这种把"精神"与"肉体"绝对对立,把哲学看成一种摆脱感性世界束缚的纯粹思想的"解脱"或"自由",却为整个欧洲哲学唯心主义奠定了基本方向。从柏拉图(包括苏格拉底本人)的理念式的思考、基督教的解脱到黑格尔的纯粹的哲学的思辨、叔本华的哲学的静观,都是以思想("精神"、"灵魂")与物质("肉体")的分离为哲学的至高目的。这样看来,这些哲学家的真正的意思虽然不是当真要去"求死",而是要人们(特别是哲学家)摆脱身体的情欲,以达到纯净的思想境界,但他们对于"死"的看法却也的确把它当作一种"解脱"。柏拉图《费多》篇的主要意思就是论证人(哲学家)应如何对待"死",以"灵魂"之永生和净化来与"肉体"之瞬息对立。

"灵魂"这样一个"精神实体"的确立,由于它与物质实体绝对对立,这个学说的创立者还可以从逻辑上(不是事实上)解决巴门尼德提出的"一"元始基,自身不动而又生化万物的问题。当然,这个问题并非巴门尼德特有的,而是与"始基"这个问题俱生的。"始基"、"本原"(ἀρχή)者,万物之根本,它本身应是"不变",但"不变"如何生"变"(万物),则是一个很麻烦的问题。这就是说,"始基"是一活的原则,不是一死的原则,但活的原则本身又怎能"不动",就是一个困难而又不可回避的问题。在古代,一切物质始基论,都不易完满解决这个问题。如今苏格拉底提出了一个与物质完全对立的原则——精神(灵魂),它具有与物质一切属性相反的属性。巴门尼德的"一"、"不动"(永恒)都可以根据上述前提(这是一个逻辑"定义"的前提,即定义"精神"与"物质"绝对对立,而不是"事实的根据")就归于"精神"的名下,"精神"是"一"、"永恒不动",无形无影,这才是真正的"始基"、"本原"、"原则",因而也正是一种活动的原则,可以生化万物或规整万物。"灵魂"作为始基的"永恒"原则和"活动"原则("生命"原则)的关系,是《费德罗》篇所要讨论的一个重要问题,在这个方面,也可以说,苏格拉底对"始基"问题作了一个理论上的总结。他说,既然叫"始基",其本身则无起源("ἀρχὴ δὲ ἀγένητον", 245d),因为它已是起始,如要本身也有一个起始,那就不能再叫起始了；同时它又无终结，因为它不能被"分解"（"ἐπειδὴ δὲ ἀγένητόν ἐστιν, καὶ ἀδιάφθορον αὐτὸ ἀνάγκη εἶναι"，245d），既无"始"，则必无"终"。那末这样一个无始无终的ἀρχή是否像巴门尼德想象的那样是一个"死"的原则？像铁板一块，像一个大箍式的"必然性"？苏格拉底的回答应是否定的。因为在他的心目中"始基"应是"活"的、"动"的原则，但"始基"不受动于外在原因，因为那样则是"果"、"后继"，而非"因"、"起始"了。既非受动于外，而自身又要活动，则其动因即在其自身，所以苏格拉底是欧洲哲学史上第一个明确提出"自因"、"自动"的哲学家①，他的说法是："自动者必为运动之起始（始基、本原）"（"οὕτω δὴ κινήσεως μὲν ἀρχὴ τὸ αὐτὸ κινοῦν."245 d）；但在古人的观念中，一切"物体"都受外力而动，而只有有生命（有灵魂）的东西才"自己动"②，所以"自动"的原则不能归于"物体"（身体），而应归于"灵魂"。苏格拉底说："一切无灵魂的物体由外力而动，但有灵魂者则自己动，因为这是灵魂的本性"（"πᾶν γὰρ σῶμα, ᾧ μὲν ἔξωθεν τὸ κινεῖσθαι, ἄψυχον, ᾧ δὲ ἔνδοθεν αὐτῷ ἐξ αὑτοῦ, ἔμψυχον, ὡς ταύτης οὔσης φύσεως ψυχῆς."245 e.），这样，苏格拉底就把始基的"永恒性"、"不变性"的原则和"活动"的原则在哲学理论上结合了起来。集"动"与"不动"于"一"，这当然是一种矛盾，但这是在始基问题，即在第一性的哲学基本问题上的二律背反，并不是感性现象中事物既存在又不存在（某地、某点）的矛盾，而是本质性的、本原性的对立的统一。

我们将会看到，这样一种本原性的对立的统一，是从感性现象的朴素辩证法向理性本质辩证法的过渡。这就是说，ἀρχή既不是感性的活动"无定"，也不是僵死的"一"，而是理性的能动的原则，这在苏格拉底的哲学中，则就是人的灵魂的本质。

3. 理性的主体原则

"精神"与"物质"的分化意味着"理性原则"与"感觉原则"的分化；

---

① 当然，无可否认，"ἀρχή"问题的提出，已意味着有"自动"、"自因"的意思，但明确地提出这个概念，似应归于苏格拉底。
② 这是古人对"生物"、"动物"与"非生物"的一种想象式的观念，这种观念延续了很长的时间，以致像"日出"、"日没"一样，在日常语言中无法改变，如英文animal（动物）来自拉丁文animus（灵魂）。

"精神"是不可感的、感觉不到的,是"理性"(Reason)和"理智"(Intellect)的产物和对象,"物质"则是可感的,而它之所以成为"可以理解的",即不是"混沌"(δινή)而是有秩序、有规则可循的(Cosmos),则正是因为有"精神"的作用的缘故。

"精神实体"[①]的确立,"灵魂"与"肉体"的彻底分家,使人的本质特点集中于"精神性"方面,而"精神"、"灵魂"与感觉、感性的原则的区别,进一步使人的特点集中于理性的精神实体方面。从这样一个唯心主义立场出发,苏格拉底的所谓"认识自己"实际上就是认识人(自己)的理性的精神本质。

我们知道,人作为感性的存在,即作为有感觉、有生命的存在,是自然的一个部分,感觉(感官)是沟通人和自然的渠道,在这个层次上,人与自然的关系还是一种直接的、个别的关系,和其他生物(或动物)一样,人以自身盲目的自然力量,影响自然的进程,或者说,是自然进程的一个部分。然而,人不仅是有感觉的,而且是有理智的,人不仅盲目地作用自然,而且理解自然,作为有思想、有意识的人和自然的关系就不仅是直接的、个别的关系,而且具有一种间接的、普遍性的关系;人不仅能感觉个别的自然现象,而且能理解自然的规律,理解自然的普遍性,把自然作为一个整体来把握。这样,人与自然就产生了新的关系,有了本质上的不同。作为自然的客体,和作为人的主体,就不仅仅是一种自然之间的关系,而且还有了一层意识、思想的关系。

人怎样认识自然,同样也怎样认识自己。最初,哲学家们也还是把人作为一个自然对象来对待,他们研究人们的身体和感觉结构,研究"血"、"肉"、"骨头"、"眼睛"等结构,有所谓"同类"说、"流射"说、"影像"说等等来解释人的各种自然结构。我们已经说过,直到阿那克萨哥拉的这种自然哲学的方向,苏格拉底是很不赞成的,因为它们不能给人以真正满意的知识。

[①] 我们已经多次用到"实体"这个哲学概念,实际上把它和"精神"连用只具有借用的意义。这个词在英文是"entity",来源于拉丁文动词esse(sum)的现在分词,希腊文为εἶναι(εἰμί),分词为ὄοντα及ὄντα,实即英文being的意思。这里与"精神"连用的"实体",并无具体感性存在的意义,只是借用来作一种指谓的意思,就像中文中的"东西","精神实体"也可理解为"精神这类东西",并无空间存在的意思。

应该说，当时流行于希腊各邦的"智者"基本上也属于这个范畴。不错，在一定意义下，我们也可以说早期"智者"学派是古代希腊哲学从自然哲学到苏格拉底、柏拉图哲学的过渡环节，因为正是这个学派首先把自己的哲学集中于"人"[①]，普罗塔哥拉斯的名言"人为万物的尺度"在哲学史上的启发作用是不可抹煞的。但是，我们觉得，"智者"学派的"人"基本上仍是感性、个别的存在物，是以个人的感觉、意见为核心的一种经验主义、相对主义的哲学理论，它的情形，有点像近代哲学史上英国经验主义发展的结局：一切自然的"尺度"（包括因果律在内），无非是人的主观的普遍性（习惯）。而苏格拉底关于人的概念，恰恰是和它针锋相对的。

人不仅要把自己（人）当作感性存在的生物来研究（这是自然科学的任务），而且还要当作理性存在的生物来对待，人们用理性来研究自己的理性，这就是"认识你自己"，也就是一种"自我认识"（"自知"）、"自我意识"（"自觉"）。在苏格拉底看来，这才是哲学的主要的任务。

我们知道，在苏格拉底看来，哲学不仅要得到一般的知识——在苏格拉底、柏拉图叫做"意见"，而且要得到可靠的、满意的知识，即"真理"；这就是说，哲学不但要了解世界现象的各个环节，而且要了解世界的本质，世界的决定性的环节（ἀρχὴ），而这个环节，在苏格拉底看来，不在自然本身，而在人的主体中。我们研究自然原因的无穷尽的环节，不得其果，但当我们"反躬自问"，研究人自己时，才发现原来这个决定性环节，就在主体本身，"认识你自己"，就是"认识自然"的深化和哲学思维的必然的结果。"真理"不在自然中，也不在作为感性存在的人中，而在理性之中，"认识自己"就是"认识真理"。

从史料来说，苏格拉底似乎很早就有了把人理解为自我意识这一思想，在柏拉图早期对话《克拉底鲁》篇中，苏格拉底从词意来研究"人"（ἄνθρωπος），指出它的本意是"再看"、"再思"（ἀναθρει）（399c）。这就是说，所谓"人"，即能"反思"的动物，能"反躬自问"，对自己的本质特点进行认识。

应该说，提出"认识你自己"、对"自我"的知识，是人类认识进步的一种表现，从把人当作自然存在从而研究人的感觉器官特性到研究人的思维器官特

[①] 参阅格思里：《希腊哲学史》，第3卷，第418页。

性——语词、逻辑[①]，并由此导向对人的理性的哲学的思考，的确是一种进步，但这种进步，被唯心主义利用来为自己的哲学原则服务，把这个问题加以歪曲、夸大，这种倾向，就学说体系说，苏格拉底是始作俑者。

用后来（主要是近代德国哲学以来）欧洲哲学发展的用语来说，唯心主义哲学家主要把人的理性分成思辨的和实践的两种功能。所谓"思辨理性"，主要是指理性的认识性的、理论性的功能，而"实践理性"则是指实践性的、意志的自由原则。对作为理性实体的人的这种认识，其根源仍在古代希腊哲学的发展中。

粗略地说来，古代希腊早期自然哲学阶段是人们在非常朴素的形式下认识思辨理性的准备阶段，在这个阶段，哲学家们对客体的静观特性以及主体的思辨的功能（从感觉官能到语言的功能）都作了一定的思考。因此，在这个阶段，我们不仅看到物理学、数学以及天文、地理等各种自然学科的成果，而且还看到论辩术（芝诺）、修辞学（恩培多克勒）和语言学（智者普罗底柯）的初步成果。然而，自然哲学进一步的发展，揭示了人的理性的思辨功能的局限性，它以静观、被动的感官印象作为出发点，囿于感受的有限性和变幻性，早期智者们把这个主观的感受原则发展成一个经验论的哲学体系，到了后来，在有些智者手里，主观性原则成了诡辩的根据。既然人的感受本身就是原则、就是尺度，那末语言就无真假、对错之分，整个"真理"的大厦，将有崩溃的危险，古代哲学家所追求的神圣的目标和对象——对"本原"（"始基"）的认识、对"真理"的掌握，在智者那里都融解为个人的感觉。为了扭转这种倾向，挽救哲学的事业，挽救真理，苏格拉底提出了自己的哲学原则：理性的主体性原则。一方面，这个哲学原则虽并不反对自然哲学家的积极成果，特别是他们对于思辨功能（论辩、语言语词）的研究，但也指出他们的局限，指出理性的思辨功能企图在感性世界的范围之内寻找具体的始基，所得到的充其量为具体的知识，而不是哲学所寻求的本原性的知识，是徒劳的；这种本原性的知识，即对世界本质的知识，在理性的实践功能之中，在对"自我"的认识、反思之中，因此，我们不仅有了早期的朴素的自然科学、论辩术、修辞学和语词学，而且还应有伦理学和道德哲学。另一方面，在这样的哲学方向的转变中，苏格拉底改造了

[①] 关于语词的研究当由来已久，可能到了智者时期，已相当发达，但后期智者的语言技巧成为一种诡辩的手段，离哲学甚远，到柏拉图特别是亚里士多德重点转向逻辑，才与认识论紧密结合。

传统的、以个人欲求为基础的"善"、"恶"观念,使伦理学知识化,成为一门系统的学科,并且把这门学科作为哲学真理的基石和目标,即真正的 ἀρχή 在伦理、道德之中,在理性的实践功能之中。

我们看到,人在苏格拉底哲学中,是理性的、精神的实体,但同时也是与客体对立的主体,是实践理性的实体,其最高的理想是道德的"善",这个理想体现在苏格拉底的行为中,以自己悲剧性的抉择来树立一个善的理想,也体现在他的哲学之中,以"理念论"和"伦理学"("道德哲学")作为自己学说的核心。

四、"理念论"的奠基者

古代希腊哲学的方向,由早期自然哲学转向苏格拉底的"自我"哲学,"精神"与"物质"的进一步的分化,"精神"实体最终的确立,这一根本性的变化,实际上已经宣告了"唯心主义"哲学的成熟,苏格拉底、柏拉图的"理念论"是这个哲学派别的最初的成熟形态,因而后来人们稍加变化用"idealism"来总括这个派别并不是偶然的。但是,就具体历史材料看,到底苏格拉底是否为这个理论("理念论")的奠基者,却仍然是一个有争议的问题。关于史料问题的争论,我们已经有一个基本态度,现在的问题是如何进一步把这个基本态度坚持下去,从而在有关"理念论"的历史渊源上有一个比较清楚的概念。

1. 如何理解亚里士多德《形而上学》中有关苏格拉底的两段话

应该说,不论对苏格拉底的哲学评价如何,当前西方相当一部分学者(包括格思里在内),都倾向于否定苏格拉底本人曾用过"εἶδος"或"ἰδέα"作为自己哲学的主要范畴,因而"理念论"的奠基者应是柏拉图,而不是苏格拉底。这个看法除了学理上的根据外,主要依据的材料是亚里士多德在《形而上学》中提到柏拉图与苏格拉底哲学上的关系时说过的两段话:

> 上述哲学之后,柏拉图继续研究哲学,他和他的前辈一方面有很多相同之处,一方面也有不同于意大利学派的自己的特点。他年青时最初

曾从克拉底鲁学习赫拉克利特的学说,即认为整个感觉世界不断流动,关于这个世界,没有真正的知识,后来他还一直持这个看法;苏格拉底不研究任何自然物理现象,而研究伦理问题(τὰ ἠθικὰ),在这个领域中,探求普遍性(共相),苏格拉底是第一个讨论定义性知识(ὁρισμῶν ἐπιστήσαντος)的人,柏拉图接受了这个看法,指出定义性知识涉及不同于感觉的领域(περὶ ἑτέρων τοῦτο γιγνόμενον καὶ οὐ τῶν αἰσθητῶν),因为感觉永远变化,不可能得到共同的定义(τὸν κοινὸν; ὅρον)。他(οὗτος)一方面把这些不同于感觉的东西叫做"理念"(τὰ μὲν τοιαῦτα τῶν ὄντων ἰδέας προσηγόρευσε),另方面又根据这些理念命名感觉的东西(τὰ δ' αἰσθητὰ παρὰ ταῦτα καὶ κατὰ ταῦτα λέγεσθαι πάντα);通过"分有",不同的东西就有共同的名字〔κατὰ μέθεξιν γὰρ εἶναι τὰ πολλὰ τῶν συνωνύμων(τοῖς εἴδεσι)〕。(987a-b)

另一段是:

> 有两件事应归于苏格拉底名下:归纳性的论证(τούς τ' ἐπακτικοὺς λόγους)和普遍性的定义(τὸ ὁρίζεσθαι καθόλου),这两者都涉及知识的根本原则(ταῦτα γάρ ἐστιν ἄμφω περὶ ἀρχὴν ἐπιστήμης),但苏格拉底并没有使普遍性和定义成为孤立的东西(τὰ καθόλου οὐ χωριστὰ ἐποίει οὐδὲ τοὺς ὁρισμούς),有些人却把它们当作孤立的,把它们叫做理念(οἱ δ' ἐχώρισαν, καὶ τὰ τοιαῦτα τῶν ὄντων ἰδέας προσηγόρευσαν.)。(1078b)

亚里士多德这两条材料,的确有一些费解的地方,有的问题,要留待以后研究柏拉图和他本人哲学时再作探讨,就目前的题目来说,我们愿意提出以下几点。

首先,亚里士多德17岁到雅典,当年为公元前367年,离开苏格拉底死已有三十多年,那时柏拉图已经65岁,而在这个阶段,据学者们推测,柏拉图大概刚刚完成《巴门尼德》篇的写作(公元前370—前367年)。这就是说,如果我们承认柏拉图思想后期有所改变的话,那末,亚里士多德来雅典时,正是柏拉图思想改变的时期,或者说,这时柏拉图的所谓"理念论",已经脱离苏格拉底的纯粹实践理性或道德哲学领域,又回到宇宙论的领域,即"理念"不仅以"善""恶"为归依,而且贯串于自然万物之中。在这样的背景下,亚里士多德才更为自然地把他的经验科学的兴趣与哲学的深刻而系统的探究结合起来,发展自己的综合性的、百科全书式的才能。在这里,重要的是,我们已经提到过,柏拉图晚年越来越倾向于毕达哥拉斯学派,而亚里士多德所反对的也正是这种倾向,因而上述两段的"矛头"(如果可以用这个词的话)主要是针对后期毕达哥拉斯学派①和晚年柏拉图哲学思想的,至于早期柏拉图思想,亚里士多德主要还是根据柏拉图自己的著作得来的印象。按这种情形说,对于苏格拉底的哲学,除了当时的道听途说(包括柏拉图本人说的)外,更只能根据当时流传的其他著作。我们知道,关于苏格拉底,当时主要的材料,除柏拉图的外,还有色诺芬的著作,而色诺芬涉及苏格拉底的地方常常与柏拉图著作相辉映②,但却极少提到"理念论",这大概是亚里士多德不提苏格拉底的"理念论"的原因③;但色诺芬之所以没有提到"理念论"是因为他的任务是要在政治上、人格上为他的老师辩护,初非为记载老师的哲学思想④。

其次,亚里士多德没有提到的,并不等于不存在。在记载前人学说上,亚里士多德是尽量忠实于历史事实的,他提到的都有相当的根据——这是我们的基本态度,但不等于说,没有提到的,都在历史上没有发生过。亚里士多德这种"举其大要"的方法,我们在研究前苏格拉底时已经遇到过几次,最明显的是他在介绍早期自然"始基"学说时,从泰利斯跳到阿那克西曼尼,其原因就是在他的心目中并未觉得阿那克西曼德提出什么"新始基"⑤,而我们不能因此而否定阿那克西曼德属于这个系统。亚里士多德所了解的后期柏拉图离苏格拉底已远,而苏格拉底自己又没有留下任何著作,因此,苏格拉底和柏拉图学说上的具体关系,在不同程度上,和我们一样,对亚里士多德也还是一个问题。

---

① 所以原文才用多数代词"οἵ",而柏拉图只一个人,这里必指毕达哥拉斯学派无疑,读者可联系上下文来读。
② 前已指出,不是抄袭。
③ 泰勒在《苏格拉底种种》中指出色诺芬只在三处不重要的地方用了"ἰδέα",梅耶尔指出亚里士多德关于苏格拉底的材料来自色诺芬(《苏格拉底,他的工作和他的历史地位》,第100、102页),二人在这一点上相呼应,但在基本态度上是截然对立的。
④ 参见泰勒:《苏格拉底种种》,第194页注〔1〕。
⑤ 参阅拙著《前苏格拉底哲学研究》,第50页。

再次，如果我们完全字面地推测亚里士多德的话，肯定苏格拉底没有以"εἶδος"或"ἰδέα"作自己的哲学范畴，那末，整个柏拉图的对话的性质，无论前期后期，就会发生很大的变化，其历史真实性就会从根本上被推翻；然而亚里士多德对苏格拉底和柏拉图所发议论本身，似乎主要正是根据柏拉图的著作。就以他明确归于苏格拉底名下的两条：普遍性定义和归纳的论证，主要也是得自柏拉图的对话，如早期的"是什么"的问题，和诘难式的论辩方式，这些是不能从色诺芬的著作中得来的；而他说苏格拉底"不研究任何自然现象"，显然与柏拉图的《费多》篇中那段自述有关。

这样，如果我们不用表面的文字推论的方法，而看思想实质，那末亚里士多德在这个问题（即苏格拉底哲学与柏拉图哲学的关系问题）上的实际态度是：在亚里士多德看来，苏格拉底的"理念论"属初创阶段，很不成熟[①]，而亚里士多德的主要批评目标是后期毕达哥拉斯学派和晚年柏拉图，所以对于他自己了解得不太多的苏格拉底则语焉不详，但他所肯定的上述几点，却是可靠的。因此，亚里士多德所没有提到的，我们应用别的史料来补充，而不是望文生义地作表面的推测。

这是我们对这两条材料的基本看法，我们并不认为这个问题已经解决，只是提出一种看法，以便进一步的研究。

2. "εἶδος"("ἰδέα")概念的历史沿革

"理念"这个概念是苏格拉底、柏拉图哲学体系中的主要范畴，可是对这个概念在古代希腊思想家中和日常生活中的来龙去脉，却并不十分清楚，比起"自然"（φύσις）、"灵魂"（ψυχή）、"始基"（ἀρχή）等这些范畴来说，"εἶδος"、"ἰδέα"在古代希腊作家中用得是相当少的，这给我们理清这个词的线索，带来相当的困难。

一般说来，这两个词意思是很接近的，最初都与"看"、"视"有关，其基本意思是"所视之物"，所以它早期衍化的意思应是"形状"、"形式"等，本来还是很具体的，在荷马史诗里常指"人的形象"而言，故品达的"颂诗"中有"ἰδέα

[①] 亚里士多德在谈到爱利亚学派的梅里索斯时，也是采取这个方法，参阅拙著《前苏格拉底哲学研究》，第179页。

καλός"（10，11，103），或可译为"其状也美"。后来由"形式"、"形状"这个意思引申出去，成为"种"、"类"的意思，把感性的事物分成各种"类型"，已经具有相当的概括、抽象的意味。然而，从离不开"视""看"的 εἶδος、ἰδέα（即使经过了相当的抽象、概括）如何发展成与"视"、"看"对立，"不可视"、"不可看"的苏格拉底、柏拉图的"理念"，这其中的变化线索，还需要进一步地研究。

在西方的学者中，泰勒在他的《苏格拉底种种》中收了一篇论文讨论这两个词的历史演变，几乎已经穷尽了前苏格拉底一切用过这两个词的主要文字材料，是一篇值得向有兴趣的读者推荐的文章；可惜的是他的立论相当偏窄，把许多相近的意思夸大其词地对立起来，特别是贬低这两个词作为"种""属"概念的地位，有时相当牵强，甚至把意思搅得非常混乱，这也许就是这篇文章近来几乎无人提及的主要原因。但公平地说，泰勒这篇文章至少澄清了两个问题。

首先他特别看重苏格拉底和毕达哥拉斯学派在思想上、政治上的关系，指出εἶδος和ἰδέα虽不常用，但与毕达哥拉斯学派有关的哲学家却用过，如恩培多克勒、德谟克利特，还有一些医学家和几何学家也用此词，这似乎揭示了当时希腊比较秘密流传的一些学说，而这两个词在一定的学术（宗教、政治）小集团中也许相当流行。这样，才可以解释《巴门尼德》篇中巴门尼德批评理念论、告诫青年苏格拉底时说他还年青，还附和着别人的意见（130e），这里所谓"别人的意见"（ἀνθρώπων δόξας），当即指当时流传的毕达哥拉斯学派的意见①。

其次，泰勒指出"εἶδος"、"ἰδέα"的最初含义为"real essence"（"真正的本质"）②，认为比"Logical class"（"逻辑的类"）更早，固然可以商榷，但他从相当多的（包括医学的）材料中指明这两个词最初有"体质"（physique）即"身体之本质"的意思，却有助于说明从"所视的"到"不可视的"这样一种变化的中间环节。

在研究了泰勒为我们提供、整理的材料之后，我们初步形成了这样一个概念：εἶδος、ἰδέα作为学术概念，最初流传于毕达哥拉斯学派，其意义相当于米利都学派的"ἀρχή"，即，哲学的问题、世界本质问题，在物理学（狭义的，即当时意义上的自然科学，或宇宙论）为"ἀρχή"，在数学为εἶδος、ἰδέα，然后恩

---

① 参阅泰勒：《苏格拉底种种》，第178—179页。
② 同上书，第181页。

培多克勒把它与医学中的"体质"观念相结合,引入他的哲学,最后由德谟克利特改造成为"物理学"与"数学"相结合的原子,这种"εἶδος"、"ἰδέα"具有"种"、"属"的抽象意义,而苏格拉底恰恰是对原子论这种唯物主义的概念来了一个根本的颠倒:εἶδος、ἰδέα 成为"理念"。

这个不太通俗的词,在古代希腊的日常生活中,或者说,在一般的作家中,应是词的本意,即"所视之物"或"所视之状"的意思,在历史家希罗多德那里,常与"颜色"等并用,如他的《历史》第4卷185、109和129节都有该词;衍化成"这一种"、"诸如此类"的意思,在修昔底德的《伯罗奔尼撒战争史》中也有所反映,如他说"人们采取许多种的战争形式"(καὶ αὐτοῖς πολλαὶ ἰδέαι πολέμων κατέστησαν,第1卷,109)①,而在最接近日常口语的喜剧中,据泰勒说,阿里斯多芬很少用这个词,偶尔用到如《云》的歌队唱词(288)有"ἀθανάτας ἰδέας"之说,也离不开"形式"、"形象"之类的意思。更有甚者,由于毕达哥拉斯本人没有留下任何文字,而早期毕达哥拉斯学派也因为过于秘密,难于稽考,所以这个词在他们的圈子里到底是怎样的用法,只能从旁的材料作一些推断,泰勒关于这一点是这样说的,"如果我们能指出,(εἶδος 或 ἰδέα)观念和词不见于米利都的科学(体系),而只是在那些曾受毕达哥拉斯学派影响的体系中才开始出现,那末这段公案也就清楚了"②。现在我们就来看看泰勒是怎样了结这段公案的。

泰勒说,与柏拉图同时的医学家菲里斯欣(Philistion)曾把恩培多克勒的"四根"称作四个"ἰδέαι",这条材料引自柏奈特《早期希腊哲学》③,原文是"Φιλιστίων δ᾽ οἴεται ἐκ δ᾽(泰勒引文为 τεσσάρων)ἰδεῶν συνεστάναι ἡμᾶς, τοῦτ᾽ ἔστιν ἐκ δ᾽(泰勒引文为 τεσσάρων)στοιχείων· πυρός, ἀέρος, ὕδατος, γῆς." 泰勒把这里的 ἰδεῶν 与医学中的"体质"(primary body)联系起来,其实也可以译为"种类",则上文可以读为:"菲里斯欣认为我们可用四种东西(或四种基本物体)组成(世界),即由火、气、水、土四种元素组合起来"。不过无论如何,

---

① 泰勒为避免用"种"、"类"来译这句的 ἰδέαι,硬将这句译成"many phases of war"和"war in many shapes"(见《苏格拉底种种》,第187页),事实上,这里译成"many kinds of war"似更为自然。
② 泰勒:《苏格拉底种种》,第246页。
③ 泰勒说在柏奈特《早期希腊哲学》第235页注〔2〕(见《苏格拉底种种》第250页),但今查柏奈特原书(1920年伦敦第三版),是在第231页注〔1〕中,并转注于第201页注〔5〕。

这里的确出现了"ἰδέα"这个词，而且是用来说明恩培多克勒的四根的，而这种用法又出自柏拉图的朋友之手，看来，苏格拉底、柏拉图的"理念"，的确是改造前人的用法而来，并非凭空杜撰。

关于苏格拉底、柏拉图的理念论与德谟克利特原子论在理论上、思想上的对立关系，我们在研究原子论时已有所涉及①，在具体的用词方面，泰勒根据第尔斯（Diels）为我们提供了一条例证，"Δ.γεγενημένα τὰ ζῶια συστάσει εἰδέων ἀνάρθων"，泰勒认为这里的"εἰδέων"应是医学中之"活体"（Living body）②，当然我们同样可以读成："德谟克利特认为从那些解体了的东西中可以组成活体"。

应该说，在德谟克利特的材料（包括他的残篇）中，"εἶδος"，特别是"ἰδέα"，出现的次数已经相当多。如辛普里丘说，"德谟克利特认为，'旋转使各种东西分化出来'（δῖνον ἀπὸ τοῦ παντὸς ἀποκριθῆναι παντοίων ἰδεῶν）"③，德谟克利特残篇说，"知识有两种，一种是真正的，一种是暧昧的（γνώμης δὲ δύο εἰσὶν ἰδέαι, ἡ μέν γνησὶη, ἡ δέ σκοτίη）"④，无论如何理解，"εἶδος"或"ἰδέα"这个词已经逐渐流行开来。

诚如泰勒所指出的，德谟克利特与毕达哥拉斯学派在学说思想上有相当的关系，这从亚里士多德对他们的记述态度，也可以清楚地感觉到⑤。德谟克利特的"原子"虽不是像泰勒所说"只具几何学的性质"⑥，但的确是用了许多几何学的概念来形容"原子"的属性，"原子"与"数"、"点"的关系也是很密切的，这些观念，当然都与毕达哥拉斯学派有关。

然而，德谟克利特的"ἰδέα"和苏格拉底的"理念"还是有本质上的不同的，这也许就是泰勒要强调原子论的ἰδέα具有"活体"、"体质"、"基体"等医学上意义的原因。泰勒正确地指出，在德谟克利特那里，εἶδος是φύσει，是客观存在的，而不仅存在于思想之中⑦。从另一个方面，我们也可以说，εἶδος或ἰδέα在德谟克利特那里，基本上仍保留通常所谓"种"、"类"的意思，这样，它们

---

① 参见拙著《前苏格拉底哲学研究》有关原子论部分。
② 泰勒：《苏格拉底种种》，第248页。
③ 见柯尔克（Kirk）、拉文（Raven）：《前苏格拉底哲学家》，剑桥，1966年，§570。
④ 《前苏格拉底哲学家》，§590。
⑤ 见泰勒：《苏格拉底种种》，第248页。
⑥ 同上。
⑦ 同上书，第249页。

的具体含义就是由德谟克利特的基本理论决定的,"原子"是物质的微粒(元粒,元子),那末作为"种"、"类"概念的εἶδος和ἰδέα,就同样具有物质的基础;而只有到了苏格拉底那里,由于哲学方向的改变,"种"、"类"已不仅是认识物质世界的工具,而本身成为独立的实体、认识的对象、真理的本质,经过这样的进一步的抽象,εἶδος和ἰδέα已完全脱离了日常的意义,而成为专门的哲学范畴,而且是唯心主义的哲学范畴。

我们看到,"εἶδος"、"ἰδέα"虽然并不是苏格拉底新创的词,但却可以说是他新创的哲学范畴。苏格拉底以前,在常用这个词的圈子里,无论毕达哥拉斯学派,受这学派影响的医学或哲学学派,包括用这个词较多的德谟克利特在内,他们在用这个词时都还离日常基本意义("所见之物"及由此衍化而来的"种"、"属"概念)不远,而只有到了苏格拉底,εἶδος、ἰδέα才具有独立的精神实体的意义。"认识你自己","自我"主体又是一个理性的精神实体,而"理性"、"思想"的本质正在于它的与感觉完全不同的"理念性"。所以,"理念论"的提出,是苏格拉底哲学方向的转变的必然结果,也是一切唯心主义的最核心的范畴——尽管具体含义可以不同,甚至具体所用概念也可以不同,但苏格拉底"理念论"所提出的问题和基本意义,却是一切唯心主义所共同的。

3. 作为逻辑概念的"理念"

"理念"作为事物的种、属范畴[①],在当时虽不是普遍流行的用语,但的确也非陌生的概念,是科学著作(数学、医学)中的一个术语,而苏格拉底的工作在于对这个术语作了哲学的思考,使之成为哲学的核心部分,具有更加普遍的意义。在这里,"理念"作为种属类概念,首先涉及知识论中的"名"、"实"的关系。

我们知道,智者们对"名字"(name)的功用已有相当多的研究,但他们的哲学是感觉主义、相对主义的,所以他们主要是从感性的主体方面来认识"名"

---

① 这里应对"ἰδέα"这个词的译法作一点说明。这个词,英文一般译为"idea",但相当一部分古希腊思想研究的专门家主张译为"form"。"form"的译法的确有其优点,既符合种、属、类概念的意义,而又能与亚里士多德哲学更好地接续起来;但它似乎过于"客观化",与客体事物密不可分,不能表达苏格拉底主体性原则的精神,而且与后来哲学史的发展,如康德、黑格尔哲学中"Idea"的用法不易接续,所以本文仍主张译为"idea"(理念)。

的作用的，从一种极端的经验主义、感觉主义出发，使"名"反而脱离了"实"，"名"只随主观感觉而定，与事物之"实"无涉，因而对"名"的运用（判断、语句），则无是非可言，或谓一切语句、判断皆为真的。我们已经指出，这是一种个体原子主义的观点，是当时雅典日趋腐败的奴隶主小国寡民式的民主制的反映。要扭转这种偏向，苏格拉底第一件事就是要正"名"，即对"名"作一种客观的、具有普遍意义的理解。这就是《克拉底鲁》篇对话所讨论的主要内容。

古代早期自然哲学的发展，越来越表明赫拉克利特"一切皆流"论断的正确性，仅以自然求确定的知识（真理）已不复可能，但对主体性原则，"人"，如果像智者学派那样理解为感觉的存在，则"人"仍未跳出"自然"的圈子，而仅仅是自然（动物）的一个部分，这样，各人以自己的感觉印象为基准判断是非，则此亦一是非、彼亦一是非，终无是非可言；而人由七情六欲支配，朝秦暮楚，又仍在赫拉克利特"一切皆流"的笼罩之中，何尝能得到真理？于是，要真正确立主体性原则，只有从理性、思想方面去找，而"名"——理性逻辑概念是理智把握世界的特有方式，因而使主体（人）摆脱感性自然束缚的关键则在于这种逻辑概念方式的运用，因而哲学提出了理性的逻辑概念的地位问题，则也成为确保真理的确定性的重要环节。把"名"理解为理性的逻辑概念，则"名"不是飘忽的印象，而是实在的范畴，它所把握的不是流动中的自然现象，而是常驻的本质，所以苏格拉底赞成"名字要符合事物的本性"①。

然而，在苏格拉底心目中，这种"符合"，并非"反映"式的，像德谟克利特说的如镜子一样，而是本质的符合，归根结蒂，"理念"、"名字"、种属类概念（逻辑范畴）是主体创造的对世界把握的一种理性的方式。这里，可以包含以下几个方面的意思。

一方面，在这样理解下的"理念"，是概念性的，而不是形象性的。在《泰阿泰德》篇中，苏格拉底指出，"意象"（εἴδωλος）不能是真理（ἀληθή）②，因而苏格拉底的"εἶδος"和德谟克利特的"εἴδωλος"在哲学上是对立的，虽然它们在字源上有相当接近的地方③。"意象"（或"物象"）的来源是客体，是主体

---

① 柏拉图：《克拉底鲁》篇，390d—e，"φύσει τὰ ὀνόματα εἶναι τοῖς πράγμασι"。
② 柏拉图：《泰阿泰德》篇，151c。
③ 都与"所视之物象"有关。

对客体（自然或人）的反映，这时的主体像一面镜子一样；"理念"的来源则是主体，是主体为了把握客体的本质（而不是形象）所创造的逻辑概念、语言词汇，它不是客体的"反映"，而是主体的"抽象"和"概括"，也就是我们经常提到的，亚里士多德归于苏格拉底的"归纳"和"定义"，即众多的事例与事物的本质（"什么是X"的本质）相合，而这种"归纳"和"定义"的逻辑概念功能，是人的理性所特有的。

正是在这里，苏格拉底从"理念"与"意象"的本质区别上引导出"理念知识"、"概念知识"或"逻辑知识"的真理性、确定性这一核心论题。"意象"随客体和主体条件而变化，因而是流逝的、个别的；"理念"则是不变的、普遍的。具体事物之大小、高矮、奇正……是相对的，但它们的概念却是不变的。这样，人们多年追求确定的知识、探索真理，而殊不知真理正是概念的知识。人为掌握世界，创造了语言、概念，而对这种概念本身的思考和认识，则是哲学家的任务。赫拉克利特以变求不变，以自然求"逻各斯"，可谓"缘木求鱼"，事实上"逻各斯"即是语言，即是理念，亦即是后来所谓的"逻辑"。语言的联系，体现了思想的联系，虽然苏格拉底和赫拉克利特具有相对立的哲学立场。

我们感到，苏格拉底在"理念论"上的重点在于指出"理念"与"意象"之不同，确立"理念"的常驻性和普遍性，以理念的普遍的知识代替变幻的感觉印象，至于"理念"、"名"、"逻辑概念"本身的来源，在强调主体理性的功能前提下，容纳了朴素的"归纳"论，这已为亚里士多德所揭示，而所谓"归纳"出来之"理念"，亚里士多德则概括为（事物之）"定义"。

所谓事物之定义，也就是事物的本质，"什么是'X'"，如"什么是正义"、"什么是勇敢"、"什么是明智"等等，这些定义虽然都是从同类事例中"归纳"（概括）出来的，但却不等于这些具体事例本身，因而它与对这些事例的感觉印象（意象）有本质的不同。正是在感性与理性、现象与本质之间这样一个根本问题上，苏格拉底采取了与德谟克利特的唯物主义相反的立场，把原子论的整个思想颠倒了过来，而成为唯心主义的理念论。

在朴素的意义下，"定义"原本是对具体事物本质的把握。"什么是'X'"是寻求事物之相对稳定之质，这种"质"原也应是大量的经验中概括出来的；然而，经验是无限的，某事物的定义，并非穷尽一切该事物之后得出的，因而

"定义"或对事物的"质"的把握,就思想认识的过程言,又不是一个感觉印象的量的积累的过程,而是一个质的飞跃的过程。感觉印象和逻辑概念之间的关系是辩证的,而不是机械的,它们之间的复杂的渗透过程,是科学和哲学的重要课题,但夸大理性功能的主动性,贬低感觉印象、经验积累在逻辑概念形成中的作用,则是唯心主义的一个致命弱点。前面已经指出,苏格拉底虽然并未完全否认感觉经验在"理念""定义"形成过程中的事例作用("归纳"),但在他们的"理念论"中,感性世界和理性世界的关系却是颠倒的:并不是感觉世界是理智世界的基础,相反的,理智世界却是感觉世界的基础。"织梭"之所以成为"织梭",在于它符合"织梭"的概念("理念"),我们之所以把某些对象称作"人"、"手"、"足"、"刀"、"尺",是因为它们分别符合"人"、"手"、"足"、"刀"、"尺"的"定义"。

大多数研究者都指出,苏格拉底(或柏拉图)的"理念论"思想,得自毕达哥拉斯学派,是以毕达哥拉斯的"数"的原则解决赫拉克利特学派和爱利亚学派的矛盾①,他们大多强调苏格拉底把"数"的精神引入伦理学②,这当然是对的,但似乎还不够。我们觉得,苏格拉底虽不重在研究自然哲学,但他的"理念论"是一个普遍的原则,仍应包括了"物理学",也就是说,苏格拉底是把毕达哥拉斯学派处理"量"的原则,运用到处理"质"上来,因而他的"理念",不仅包括了数的逻辑概念(如"相等"、"奇数"、"偶数"等),而且包括了质的逻辑概念(如"织梭"、"鞋"……),当然更包括了伦理的概念(如"勇敢"、"明智"等)。

"质"与"量"本是不能分割开来的,但在古代早期希腊哲学史上却有一个分别发展的过程,早期希腊诸哲在这两个方面的侧重点似有所不同。米利都学派重在"质",强调"始基"之"无量"、"无形"、"无定"($\check{\alpha}\pi\varepsilon\iota\rho\text{ov}$),其领域在物理学;南意大利学派则重在"数",强调"始基"之"有量"、"有形"、"有定",其领域在数学。这两种倾向是在巴门尼德那里统一了起来的,他的"存在"是"有量"、"有形"的,但这个"量"不是"多",而是"一",因而是不可再分的。

---

① 我们在研究前苏格拉底哲学时曾指出,赫拉克利特本人的"逻各斯"本身也具有"数"的性质,其初意为"度量"之意。
② 柏奈特:《希腊哲学,第一部分,从泰利士到柏拉图》,第156页。

我们也已经提到，"存在"与"一"、"质"与"量"是矛盾的，感性的世界是可以无限分割的，任何质的事物都是"多"，而不是"一"，古代自然哲学在这个问题面前，在芝诺的逻辑面前，显出它的朴素性和弱点。苏格拉底在新的基础上统一了质和量的关系，因而也从一个新的立场来解决"一"与"多"的矛盾。"理念"是事物之所以为该事物的质的规定性，它不再是单纯的感性的存在，而是理性的本质的存在，因而它是"一"，不是"多"，是不可再分的，破碎的"织梭"已不复是"织梭"，因而，感性的织梭尽可以破得粉碎，但作为本质、作为逻辑概念、作为"理念"的"织梭"则不可粉碎，它是永恒的、不变的，它是"一"。

"数"的概念是在千差万别的感性世界中概括出普遍的数量关系，而不计其丰富多彩的质的差异；"质"的"理念"，则是更进一步概括出了本质的统一性，即种、属、类的普遍性，而不计其感觉的具体差异。这样，"一切皆流"的感性世界，就不仅在数学上是可以计量的，而且在物理学上也是可以理解的。"数"的观念的形成，固然离不开社会的实际需要和人的心理感觉的特点，同时也是人们为了计量世界所制定的计算方法，包括了数的概念及其规则；"质"的概念（理念）的形式，同样也有它的客观和主观的条件，有其发展过程，并与人随着社会实践的进步而不断扩大的眼界（感觉）有密切的关系，同时也还是人们为了理解世界所形成的思维方法，包括各类概念、范畴及逻辑（语言）规则。

苏格拉底的问题在于把"理念"这样一种逻辑概念与感觉的世界完全对立起来，"理念"成为自在自为的独立的实体，既非感性世界的反映，也非理解感性世界的方式，相反的，"理念"成为感性世界存在的根据，世界之所以成为这个世界，是因为"分享"（或"模仿"）了"理念"，因而感性世界成了理性世界的"影子"。

这样，在苏格拉底那里，实际的关系就完全被颠倒了过来。知识的逻辑体系、概念体系，成为真实的世界，感觉的世界成为转瞬即逝的假象；巴门尼德的"存在"，成了苏格拉底的"理念"，本质重于、先于存在，而且是真正的存在。真理是概念的知识，而不是感觉，事实的因果可以无穷无尽，而逻辑的规则、推理的规则所带有的必然性，则与感觉经验无关，是理性制定的一套规则。"1"加"1"等于"2"，在一定的计算系统中，万古不移。不是根据感觉经验来检定"理念"，而是根据"理念"来判别感觉经验。人们根据"织梭"的"理念"来鉴别对象是否为"织梭"。

应该指出,苏格拉底在为自己的"理念论"作论证时所用的具体方法包含了不少原始、朴素、经不住推敲的地方,譬如在《费多》篇中他以"高""矮"、"大""小"的相对性来论证只有它们的"理念"是绝对的等等,后人已很少采用,他以"理念""进入"或"退出"来说明事物性质之变化,更是一种比喻方法;但他所讨论的问题本身,却是哲学问题中最基本的方面,理念世界的确立,意味着理性世界的确立,即与感觉世界不是程度上而是本质上不同的世界的确立。如果说,原子论者说他们的原子(因太小)不可感时带有某种独断的意味,而苏格拉底多次强调"理念"只能思想、不能看见[①]时,虽无事实之根据,但逻辑上却能自圆其说。

概括来说,苏格拉底的"理念论",在知识论上是一个逻辑的概念、范畴体系,也就是后来亚里士多德所谓的知识的(认识世界的)"工具"体系,但苏格拉底把这种逻辑概念作为自己的哲学的基础,成为他的世界观的核心,这样,"理念"成为世界的基础、存在的根据,理性的主体(人)不仅使世界成为可理解的,而且使它成为真实的,一句话,知识的可靠性、确定性不是来源于世界的规律性,相反,世界的规律性倒是来自知识的逻辑性。

4. 作为目的的理念

我们已经提到,早期自然哲学没有理论意义上的"目的"概念,人们固然承认事实上的"好"、"善"、"合目的"和"美",如智者们和原子论者就讨论过感性的愉快,以此为基础提出了一些伦理问题,然而这种感觉性、生理性的"合目的"的"善"是一种主观随意的情感,离开客观的、内在的"合目的性"概念甚远。苏格拉底"理念论"的提出,不但使人的感觉、印象理性化,而且也使人的情感、欲求理性化,使生理的欲望成为理性的目的。

按照苏格拉底的"理念论","理念"本身就具有"目的"性质。"目的"是概念本身具有现实性,具有"目的"性的概念是为了实现出来,而"理念"虽是

[①] 柏拉图:《理想国》篇,507b–c。

概念性的，由人的理性所形成，由思想所把握，但同时它又是现实事物的本质，感觉的事物之所以成为该事物，是因为"分享"了该事物之"理念"，因而"理念"又是现实性的根源（本原）。这是一种客观的、内在的目的，即是排除各个人千差万别的感觉性的目的，是客观事物本身的目的，本身的"理想"、"理念"。

自然是本身本无目的可言，这是早期希腊哲学自脱离古代原始宗教物活论起就已确定了的，虽然我们不能说自然哲学家们已完全摆脱了那种原始的影响。现在，苏格拉底把自然哲学的立场颠倒了过来，"自然"不是哲学上"本原"的最后根据，在自然的原因系列中人们没有权利说"好了"这句话，这样，自然的"最后因"与人的"目的因"（τέλειος, final）不但在语言上，而且在本质上融为一体，"最终地"、"完善地"、"合目的地"，可以互相通用。这样，"合目的性"就不仅具有主观的感觉的意义，而且具有客观的理性的意义——"完满性"。

我们指出过，苏格拉底的"理念"是要给事物下本质的定义，这个定义的得来，是理性的概括、抽象性的飞跃，而这种飞跃不仅表现在理论上，而且表现在实践上[①]，这就是说，人对事物的本质的把握，不仅考虑到事物的纯自然的属性，而更主要的是考虑到事物的实践性的属性，即考虑到事物的"功能"，考虑到事物本身的内在的目的。前面提到过，在《克拉底鲁》篇里，苏格拉底以"织梭"为例，指出"织梭"的"理念"并非由木材积聚而成，对"织梭"的理念式的把握，离不开对"织梭"的"功能"的认识。破碎的"织梭"虽仍是一堆木材但已不成其为"织梭"，因为它已不能起到"织梭"的作用。这样一个简单的例子，说明了"理念"作为事物内在的合目的性的特点。

然而，"织梭"是人制造的，人制造"织梭"时体现了人自身的要求，这个要求又是与"织梭"在整个"织机"中的要求相结合的，因而"织梭"的"理念"，虽与人的目的有关，但却并不是主观随意规定的。从这个角度来看纯粹自然的事物亦复如是。自然的山川草木，人们对它们的认识，仍离不开人的要求和它们自身作为自然的环节在整个大自然中的地位，因而离不开自然与人的一种客观的关系，所以从这个角度看，正如蔡勒所说的，在苏格拉底哲学中，自然似乎是为人的目的服务的工具系统[②]。

---

① 参见格思里：《希腊哲学史》，第3卷，第430页。
② 蔡勒：《苏格拉底和苏格拉底学派》，第141—142页。

就理念论本身来看,"目的"和"善"的概念的引入,也有其理论上的需要,所以柏拉图后期虽然重新从苏格拉底的主体理性转向客体存在,但并未放弃"善"的理念。在《巴门尼德》篇中柏拉图清楚地记载了善于揭露矛盾的巴门尼德向青年苏格拉底"理念论"提出的挑战:既然凡物皆有其"理念",那末像"鞋子"这类不登大雅之堂的东西是否也有其理念?这个问题的严重性还在于:"理念论"原本是与多元论相对立的一元论,但如果凡物皆有各自之"理念",则"理念论"就真的会像原子论那样成为一个个小"理念"的集合。原子论说各原子之间没有沟通之处,只有互相碰撞的关系,那末各小"理念"之间又是什么关系?理念论既然认为对事物本质的把握是对事物的内在的合目的性的把握,那这种"合目的性"概念则是贯串于各小"理念"之间的最普遍的特性,于是对"善的理念"的认识,则是对一切事物最根本的本质的掌握。

一些研究者认为,在柏拉图的对话中,只有《理想国》提到"善的理念"[1],但事实上,在柏拉图对话中关于"善的理念"的思想是一贯的,例如在《小希匹阿斯》篇中就提到各种技艺都既可以为好的目的服务,也可以为坏的目的服务,因而对"善"、"恶"的知识是更为根本的(375c),甚至在色诺芬的著作中也提到苏格拉底强调"学以致用"的思想[2],因而,我们只能说,在《理想国》中这种"善的理念"的思想表现得更为集中明确而已。在这个对话中,苏格拉底指出,一切知识中最重要和最根本的知识,是关于善的理念的知识($\dot{\eta}$ τοῦ ἀγαθοῦ ἰδέα μέγιστον μάθημα),认识了"善"就可以认识其他一切。苏格拉底说,未有认识了善而不能认识其他的[3]。这里的"善",即是事物本身内在的合目的性,是人的理性本质对自然事物把握的最高方式,把握了事物的"善",就是把握了事物的最根本的本质,不会跟在自然的纷杂现象和无穷尽的原因系列后面迷失方向,因而"善"即是真理,是感性世界茫茫大海中的"绿舟",认识了"善",即认识了"真理"。

在苏格拉底哲学中,"善"是"理念论"的出发点,也是它的归宿,就像自然哲学中的"始基"、"本原"一样。

---

[1] 柏奈特:《希腊哲学,第一部分,从泰利士到柏拉图》,第169页;费尔德(G. C. Field):《柏拉图的哲学》,牛津,1945年,第61—62页。
[2] 色诺芬:《经济管理学》,娄柏本,第366页等处。
[3] 柏拉图:《理想国》篇,505a–b。

我们已经提到,不少研究者指出苏格拉底的"理念论"是由实践方面提出来的,即由于单纯自然知识之不足,转向于自我,转向于人,而人首先是实践的主体。这里,我们看到,欧洲哲学史上两次由经验主义向先验主义的过渡,都是从实践理性方面突破的。近代欧洲哲学由文艺复兴以来的感觉主义、经验主义,一方面发展为休谟的怀疑主义,另方面发展为笛卡尔、斯宾诺莎的形而上学,然后有康德以实践理性为归依的先验唯心主义;在古代,由早期米利都学派以来的自然哲学,一方面发展为智者的相对主义,另方面发展为爱利亚学派的形而上学,然后有苏格拉底以伦理的"善"的理念为核心的先验唯心主义,虽然这一过程在古代是在远为朴素、低级的历史水平上进行的,但其问题和思想实质在根本上是与近代一致的。我们看到,当自然界被形而上学家(巴门尼德)弄成了"铁板一块"后,人的实践的要求就成为唯一活跃的因素,以自己的制定规则作用(立法作用)——这种理性的功能被许多哲学家看作是不依赖于经验的、绝对的——冲破自然的必然性,以建立自己的权威。

这里似乎存在着一个表面矛盾的现象:人心之浮动、欲壑之难填,本是最难规范、最难固定的领域,却成为最坚实的根据地;为智者们和原子论所反映的希腊公民(奴隶主)之朝秦暮楚、议会之朝令夕改、连年的战争……在这一切人的活动的过眼云烟中,却有着永恒的真理、正义,有着"理念"的基础;而表面似乎不废的江河、永恒的日月,却"一切皆逝",这真是"物极必反",自然回到了赫拉克利特的"变",人心(理念、理性)成为万古不变之"本原"。

对于人的理性的功能的认识,对于人的概念系统与人的感觉印象系列所作的原则的区别,无疑是哲学思想发展史上的一件大事。人不仅像动物一样感觉世界,而且理解世界;人不仅有感官,有七情六欲,而且有思维,有运用概念、判断、推理的能力,有运用(语言)符号的能力,其中包括了对这些符号的运用制定规则的能力。由于后者,人不仅是个别的存在,而且是普遍的存在,种族的存在,人不仅有意识,而且有自我意识。于是,我们看到,为苏格拉底当作哲学座右铭的"自知"("认识你自己")就获得了一层新的意义:对世界万物的认识(而不是感觉),归根结蒂,是对世界理念的认识,而"理念"是理性把握世界的一种根本的方式,因而对理念的认识就是对理性(功能)的认识,"自然的知识"就是"自我的知识"。这样,"自我"也成了一个知识体系,其内容即认识"自我"的理性本质,"自我"(理性)按自己制定的规则运用自己创造的符号(概念、理念)的功能,这是苏格拉底为哲学家提出的历史性的任务。而我们应该说,自苏格拉底提出这个任务后,欧洲哲学总是围绕着这一个核心上下浮动,即使如今日鼓吹打倒笛卡尔"心"、"物"区分"神话"的"激进派",也不能例外[①],因为他们要把理性(叫"人"也一样)制定规则、运用符号的作用当成一门(经验)科学来研究,仍是在苏格拉底开辟的道路上行走。苏格拉底开创了这样一个传统,即"哲学"("爱智")力趋完成一个坚实的、确定的科学知识系统——真理系统,而又与具体的自然的知识系统有原则的区别。近代从康德开始反对哲学作为形而上学知识体系,创立"批判哲学",以"批判"代替"哲学科学"("形而上学"),但他的《实践理性批判》仍离不开对理性自身纯粹立法作用(即制定规则作用和自由意志)的理论的、系统的探讨,因而仍然是一种知识性的理论活动。欧洲哲学离不开自然科学式的、知识性的体系形式这一传统,是由苏格拉底明确建立的,而实植根于早期希腊的自然哲学之中,成为欧洲民族哲学倾向的一个根本特点。

从这个历史角度,我们将会看到,苏格拉底在他的哲学的核心部分——道德哲学、伦理学中是如何贯彻他的哲学的基本原则,以完成"自我"的理性化的。

五、苏格拉底的道德哲学

我们现在即将具体研究苏格拉底的道德哲学,亦即通常所谓的伦理学。这一部分在苏格拉底哲学思想中所占的地位,从我们以前的论述中已经可以看出。在这里,在论述具体问题之前,有几点应该先加以说明。

首先还是史料处理问题。我们把柏拉图对话中有关伦理、道德的哲学归之于苏格拉底本人,而将有关社会、国家政治方面的思想留待以后研究柏拉图哲学时去论述,这是一个理论上的设想,即我们在一开始提出的,苏格拉底既然将哲学的核心由"自然"转向"自我",则对于"自我"的思考,当是他的哲学的首要任务,于是哲学的内容也随之由思辨性的反思转变为实践性的批判,道

---

① 参阅莱尔(G. Ryle):《心之概念》(伦敦,1949年第一版),第一章。这本书在欧美哲学界非常流行,到1958年已出了四版,作者为牛津大学教授。

德、伦理变成为核心部分。同时,也正因为苏格拉底的哲学重点在于对"自我"的批判、分析,"自我"作为主体与"自然"对立,所以他的哲学主要在于研究作为主体的人及由其形成的关系,属于伦理范畴;而柏拉图(特别是后期)又重新把"自我"与"自然"相结合,人不仅作为道德主体,而且作为存在客体,作为公民、作为社会的存在,于是社会哲学乃臻大成。从史料上,色诺芬固然记载了苏格拉底不少社会政治思想,但大都限于社会伦理,如君臣、父母、友谊等关系,作为社会政治哲学,尚在雏形阶段。

其次,我们还要指出,苏格拉底的道德哲学是以理念论为基础的,这一点是我们研究的重点。但问题还在于:为什么理念论的提出不以比较稳定的关于自然的概念为基础,却以更为活跃、更加变化多端的"自我"概念为基础,即苏格拉底不是把理念论运用于伦理学,而是从伦理学引出了理念论?伦理学不仅是苏格拉底理念论的归宿,而且是它的出发点,这个事实是我们在一开始就应注意的,这就是说,"自我"、"伦理"、"道德"是苏格拉底哲学的"本原"和"始基"(ἀρχὴ)。明确了这一点,我们就知道,苏格拉底的伦理学,就不是一般意义上的道德规范学,即不是具体研究"自我"应如何适应环境、谋求幸福,而是一种道德哲学,研究"自我"伦理的本质,即"自我"的理念。

人事瞬息,江河不废,这是我们中国传统的观念,是古代中华民族的哲学观念。在研究欧洲古代传统哲学思想时,我们感到有一种相反的倾向,即在古代希腊人心目中逐渐产生一种沧海桑田而浩气长存的意识。这就是说,我们祖先感到人事代谢,而在静穆的自然中得到寄托;欧洲的古人则感到江河日流、日月常新,而在"自我"德性的观照中得到不移的准则。这是两种不同的历史文化形态,所以我国古代的传统是先历史、伦理而后自然,欧洲古代则先"自然哲学"而后"自我"(伦理、社会、历史),由此而产生种种意识形态上的区别。这一点,也许是我们研究古代思想——无论欧洲的或中国的——不可不注意的特点。

这样,我们看到,苏格拉底的道德哲学是从"自然哲学"的古代传统中脱颖而出的,它的过渡环节,应当是智者学派。

并不是说,苏格拉底以前希腊没有伦理思想,从古代七贤留下的教训看,其中有相当多的是道德的箴言,智者们把这个格言传统奠定在感觉主义、经验主义的基础上，使之成为一门学科——伦理学即道德规范学，这似在传为德谟克利特所作之"伦理道德残篇"集其大成①，但智者学派在伦理学上的感觉主义核心在于它的相对主义，这样，森严的"道德律"就遭到了"自然律"同样的命运，成为瞬息万变、无可捉摸的"江河"，苏格拉底的任务就在于替道德品质（德性）找出坚实的基地，以与瞬息万变的万物（自然）对立。

欧洲的哲学传统，开始于对世界的理解。哲学摆脱古代神话传说的世界观，成为一种科学的形态。对人类来说，世界已不是"物""我"合一的混沌一片，不是"你中有我"、"我中有你"的物活论、万物有灵论，而是与人对立、在人之外客观存在的自然界。人与自然的关系，不限于通过感觉，或思想寓于感觉之中的想象来沟通，而是通过理解、思考来掌握世界的本质和规律，于是世界就不仅是感觉、想象、幻想的对象，而且更主要的是分析、理解、思考的对象。这样，欧洲古代就有"自然哲学"，就有数学、几何学和广义的物理学，这种思想方式变革的结果——世界与我们的关系，就不仅有个别的、特殊的意义，而且有一般的、普遍的意义，世界展现为一个科学的、知识的体系。

然而，古代"自然哲学"的经验表明，这样一个科学的、知识的体系不是封闭的，而是开放的。自然的现象固然是无穷的，即作为个体的自然是无穷的，与之相应的人的感觉则也是无常的，即使赫拉克利特所谓的"变中之恒"、"变中之尺度"——"逻各斯"，同样是不可穷尽的，因为自然的原因系列是不可穷尽的，所以在探求万物之"本原"、"始基"上就有各种不同的、对立的学派，各不相让，但又都未能真正触及宇宙万物之底蕴，而"爱智"原是人类理智之本性，于是，在古代，这个"探本求源"的工作，从苏格拉底起就有了一个新的方向。

古代希腊原是小国寡民的城邦制度，由原始氏族公社发展而来的一个个小社会，发展成小型奴隶制国家。组织这样一种小型的社会，与东方的大帝国比较而言，自有其方便之处。可以想象，从梭伦改革经过克利斯提尼的完善化，雅典奴隶主民主制有一个阶段是比较稳定的，雅典公民（奴隶主）曾经是既有自由活泼之风气又有严明之纪律的，这样才能与斯巴达一起打败波斯帝国的侵略。这种历史的盛世，从伯利克里到后期伯罗奔尼撒战争这一段兴衰史，人们

---

① 关于这个残篇的性质，参阅拙著《前苏格拉底哲学研究》德谟克利特部分。

记忆犹新。雅典公民个性的恶性发展——感情用事，以个人感觉代替普遍的理智，这一切也因为小国寡民的城邦制而显得特别明显、特别突出。雅典的这样一种现实，似乎给人一种提示——自然（包括人的感觉、作为自然存在的人）是瞬息万变、无可捕捉的，而且是一种破坏性的因素，而古代那种按照普遍性、按照理性的规则组织起来的社会、人的集合体（以及当时按集体军事道德原则组织起来的斯巴达），反倒是坚实的、可靠的；恢复理性的权威，也就是恢复社会的组织性、纪律性，恢复人的德性，因而理性按其本性来说，不是个人的，而是社会的、集体的，苏格拉底的"自我"，不是智者的"人"（个人），而是理性的、德性的实体。"理性"是人们共同制定出来、人人必须遵守的规则，因而一切"理念"（概念、范畴以及推理规则），即使是有关"自然"的，在它的根底里都蕴含着一种道德的命令——蕴含着一种人人必须遵守的强制性。所以，在苏格拉底的心目中，自然的必然性、规律性、普遍性的最后的根源不在自然本身，而在人，在人的理性，在人人必须遵守一种理性的强制性，在人的本质——德性；"理念"的最后根据，不在自然，而在理性的"自我"，在人，在社会的人，而不像智者主张的那样，在感性的、生物的人。

从这个社会的和哲学的前提出发，苏格拉底提出了关于伦理学、道德哲学的基本命题：道德与知识的同一性。

1. 苏格拉底的"知"－"行"合一论

西方许多学者都曾指出，苏格拉底的历史功绩之一就是使伦理学科学化[①]，因为他要在伦理、道德里寻求真知识，这一点当然是很明显的事实；然而问题在于，苏格拉底"美德即知识"这一符合希腊传统的基本思想却受到后世特别是亚里士多德的严厉的批评，而亚里士多德本人却正是把伦理学作为行为规范学使之经验科学化了的第一个哲学家。可见，苏格拉底"美德即知识"除了表面的意义外，还有它更深一层的涵意，这一层意思，亚里士多德是领悟了的，只是他采取了不同的观点而已。

---

① 参见黑格尔：《历史哲学》，三联书店1957年版，第283页；格思里：《希腊哲学史》，第3卷，第424—425页。

我们认为，这里的关键还在于要把苏格拉底的伦理道德思想和他的整个哲学思想联系起来考虑。

从我们以前的讨论可以看出，苏格拉底的所谓"知识"，不同于感受，不同于流行的意见（哪怕是正确的意见），而是一种理性的、必然的真理。而在他看来，这种知识，是不可能从自然中得来的，因而不是自然的知识。这一点，在他看来，是整个早期"自然哲学"发展的历史以及他自己的哲学经历已经向他确定无疑地表明了的。

自然界有质和量两个方面，可以从质和量两个方面来加以把握，于是在广义的"自然哲学"中也有两个学派：从质的方面把握自然界的伊奥尼亚学派和从量的方面把握自然界的毕达哥拉斯学派。巴门尼德的"存在"，统一了质和量的关系，在"无规定"的存在中见出了"规定性"（"一"），而这种朴素的"存在"、"一"概念又导向多元论，以原子为归依，到了智者学派的相对主义、个体主义，使古代朴素的哲学走向自己的反面。与一些西方学者的说法不同，我们觉得，从柏拉图对话特别是《费多》篇中关于"正"、"奇"、"大"、"小"等数的概念的讨论中可以看出，苏格拉底不仅对强调事物质的关系的伊奥尼亚学派持否定态度，而且对强调事物数量关系的南意大利学派同样有所改造。当然，如前所述，我们并不否认苏格拉底的"理念论"与毕达哥拉斯学派的渊源关系。

我们认为，在苏格拉底面前的既不是质的世界，也不是量的世界，既不是物理世界，也不是数学世界，而是目的（功能）的世界，伦理的世界，即人的世界，善的世界，理念的世界。因此，在这个意义上说。苏格拉底所谓"美德即知识"的"知识"，就既不是自然的物理知识，也不是自然的数量知识，而是整个世界的理念的知识，善的知识，"自我"的知识。

我们前面说过，追求确定的真知识，是欧洲文化脱离神话传说以来的传统目标，苏格拉底并不例外，所以在这个意义上，我们同意一些学者所指出的苏格拉底把伦理学科学化了这一看法；但是，我们要补充的是，从苏格拉底的总的哲学原则来看，他的原意并非在于建立一门新的经验科学——伦理学，并不是要像研究自然科学那样研究道德观念的客观条件和各种道德行为之间的因果联系，从而设立一些道德、伦理规则，而是要在伦理道德领域中寻求一种仅从自然中不能得出的确定的、概念的、定义式的知识，因而寻求的是一种哲学的知识。在这个意义上，我们认为蔡勒在论述苏格拉底哲学时所说的"苏格拉底像康德一样否定形而上学知识而为伦理学留下余地"①是值得重视的。我们只是要说，比起康德来，苏格拉底的哲学当然还处在一个非常朴素的阶段，许多界限有待进一步发展和明朗化，而事实上这个历史的过程经过了两千多年的时间；但在基本思想倾向上，在哲学的基本思想上，苏格拉底的确跨出了重要的一步，突破了古代早期形而上学形态（"自然哲学"，特别是爱利亚学派）而进入实践哲学的领域。

不少西方学者认为，苏格拉底把伦理学科学化是受了当时流行的及他早年从事过的自然哲学的影响，因而想把伦理学建成一门像物理学、数学那样严密、精确的学科；然而，事实上我们看到，在成熟了的苏格拉底的心目中，自然的学科是一点也不严密、精确的，所以苏格拉底的伦理学、道德哲学不是自然哲学的运用，而是自然哲学的否定和批判。

这样，我们还可以进一步说，苏格拉底"美德即知识"中的"知识"，既不是自然的知识，也不是后来所谓"形而上学"的知识，但仍然是"知识"，是对"美德"的理性的把握，而只是到了柏拉图的后期对话中，才反映出这种实践哲学的精神又转向以客体"存在"为核心的"形而上学"的倾向②。

对主体作知识的把握、作理性的把握，这是苏格拉底哲学的基本任务，因而作为哲学的伦理学或道德哲学就成为苏格拉底哲学的核心，而这个核心又集中体现在"美德即知识"这个命题中。这个命题中的"知识"已如前说，那末现在应该进一步弄清"美德"在苏格拉底哲学中的意义。

我们通常所谓的"美德"、"德性"在古希腊文为"ἀρετή"，早期具有相当广泛的含义。在荷马史诗中，这个词主要指人的任何优良的品质，特别是指"勇敢"、"英雄"这一类阳刚性的特点，是一种"力量"的表现，在英文近

---

① 蔡勒：《苏格拉底和苏格拉底学派》，英译本，第116页注〔1〕。
② 亚里士多德做柏拉图学生时（公元前367年），柏拉图已是65岁，他所学得的当是柏拉图后期思想，所以亚里士多德一方面批评柏拉图完全割裂一般与个别的思想，但又在伦理学上批评苏格拉底的"美德即知识"这一基本命题，这正是因为亚里士多德本人从科学知识的体系向柏拉图晚年从实践主体转向理论客体的倾向，出现了"形而上学"存在论。"存在"是个别和一般、感性和理性的统一。所以，亚里士多德对苏格拉底伦理学所作的批评以及他对苏格拉底、柏拉图所作的区别，反映了他自己的哲学观点，在大的方面，也还反映了历史的真实情况。

于"manly qualities"①,在德文指"Tüchtigkeit des Mannes von der Kraft"②,也许可以相当于我国古代哲学中的"德"。现代许多研究者都指出,ἀρετή不仅指人,而且可以用来指任何事物之优秀品质,这一点是符合这个词在古代沿用变化的实际的,记住这一点,对我理解苏格拉底"美德即知识"也是有帮助的③。但我们认为,这个词的基本意义还是与"人"相关的,即主要是人的优良品质,这种品质有一种能动的作用,它不是单纯的理论性的、静观性的,而是实践性的,因而一些研究者把它理解为"功能"、"作用"(function),我们认为也还是有一定道理的。

我们在讨论苏格拉底"理念论"时曾指出,所谓"理念",并不是静观的、知觉式的概括和抽象,而是对事物"功能"、"作用"理解的产物。"织梭"之所以为"织梭"并不在于它的形状,而在于功能;画上的饼,不是真饼,不能充饥。所以,从这个意义上引申下去,"理念"就和"美德"相当接近了,只是万物的"德"(中国古代所谓"五德")是由人的"美德"派生出来的,因为万物之功能和作用,都与人的实践目的有密切的关系,人从"目的"(不是个人的,而是社会的)方面把握万物,就得万物之"德"。

这样,我们认为,从功能性方面来理解"德"(ἀρετή),就可以理解苏格拉底的"知"、"行"合一论的真实意义。

苏格拉底"美德即知识"这一命题所受到的批评之一就在于它等同了"知"和"行",否认了"知"和"行"之间的区别和矛盾④。亚里士多德指出,"知"、"行"合一,对理论知识言是适用的,对于实践知识言则完全不适用。具有数学、几何学之知识,当然可以是数学家、几何学家,但光具有建筑之知识,停留于纸上谈兵,并不能成其为建筑师⑤。这种批评,的确抓住了一些问题,也反映了亚里士多德和苏格拉底(柏拉图)在哲学基本立场上的区别。在亚里士多德看来,一切知识归根结蒂都应是理论性的,因而知识与行为就有了原则区别,从"知"到"行",其中需要相当的中间环节,譬如,需要实际的利害动力和实

---

① 见里德(H. G. Liddell):《希英大词典》,1953年版该条。
② 见帕伯(W. Pape):《希德词典》,1866年版该条。
③ 参阅格思里:《希腊哲学家》,哈泼书店版,1975年,第75页;康福德:《苏格拉底前后》,第51—52页。
④ 参阅贡帕尔茨:《希腊思想家》,第1卷,第60页。
⑤ 参见格思里:《希腊哲学史》,第3卷,第450、451页。

际的技术等。亚里士多德当然并不否认从观念（知识）到实际（行为）的转化，但脑中的一百元和囊中的一百元之间的区别毕竟是很严峻的。

然而，苏格拉底是从自己的哲学基本立场来立论的，在最高的意义上，"理念"即是"善"，即是"德"，"理念"本身具有一种现实性的力量，所谓对"建筑师"之"德"的知识，就不仅是纸上的，而且还应是实际的，包括了把纸上的设计付诸实际的"技术"（包括组织人力去实现的技术）在内，"德"本身要求"发挥"（实际）作用，所以这种对"德"、"善"、"理念"的知识，不仅是理论的、静观的，而且是实践的。不实际盖房子的"建筑师"，按苏格拉底的哲学看，只是"像""建筑师"，不是"真"（现实的）"建筑师"，因他对自己作为建筑师的职责、功能、作用——作为建筑师之本质——"德"，并无真知。

这里，我们在哲学史的早期阶段遇到了实践理性优越性的问题。所谓"德"，在苏格拉底那里，不是一个自然概念、理论概念，对"德"的知识，也不仅是理论的知识，而是一个实践的概念，它不是静观的，而是能动的。这个概念，在苏格拉底哲学体系中，高于自然的概念。

从这个意义说，所谓"德"包括了人的一切优秀品质，包括了这些品质在现实中发挥作用这样一种能动性，因而也可以理解为"人"的本质。苏格拉底在《克拉底鲁》篇里说，"……'德'（τὴν ἀρετήν）诸如明智（φρόνησις）、聪明（σύνεσις）、正义（δικαιοσυνη）等等一切（品质）"（411a），可谓集人之优秀品质之大全，是为人之"理念"。这样，对于"德"的知识，就是对"理念"（对人的"理念"）的知识，就是人的自我认识，就是"认识你自己"。"自我"的知识，既是真理，又是道德，知识与道德就是在这个意义上统一了起来。

反过来说，既然知识即道德，那末无知则是罪恶，用苏格拉底的原话说，知识为善（好），无知为恶（坏）。《拉克（Laches）》篇中尼契阿斯说，他经常听到苏格拉底说"智慧与善是一回事，而无知与恶也是一回事"（ὅτι ταῦτα ἕκαστος ἡμῶν ἅπερ ἀγαθὸς σοφός, ἃ δέ ἀμαθής, ταῦτα δὲ κακός）（194d）。

如果"知识即善"常被批评为过于简单的话，那末"无知为恶"则可能被批评为违反常理。中国俗话说，"不知者不罪"，似乎已为普遍接受的道理。关键问题还在于这里的"知"有两种不同的哲学意义，成语中的"知"，是一种自然的知识、理论的知识，人非圣贤（或如希腊人说的，人非神），不能"全知"，不具备某种"自然"的知识,并无罪过;但如果按苏格拉底所理解的"知",即作为一种对人的理性自我本质的道德意识,那末有这种意识为"善",无这种意识当然可以称作"恶",于是,这里似乎就没有什么违反常理的地方了。

应该指出,这里的确还存在一个普通的语言和逻辑概念的问题。"知"、"无知"可以有自然概念和实践概念两种含义,所谓"好"、"坏",同样也有两种含义:一种是普通的功能性概念,一种则是严格意义下的伦理学概念。应该承认,在古代这种严格的意义上的区别是不太清楚的,只是我们在理解苏格拉底那个基本命题时,其含义应该一致。严格意义下的实践性道德含义,已如前说,如果我们按通常宽泛的功能含义或自然理论含义来理解,这句话可以读成:"知识即是好事,无知则是坏事",在通常意义下,也并没有多少矛盾,问题出在如果前后意义不一致,如把"知"理解为自然概念、理论性的,而"坏"理解为严格的道德意义上的"恶"——甚至理解为现代附加上去的法律意义上的"罪"——,就会出现不通的问题。

然而,光从语言上来解决上述困难固然避开了表面的矛盾,但却离苏格拉底道德哲学的本意甚远。我们觉得,研究苏格拉底这一基本命题,应抓住他的以实践理念为核心的"知""行"合一的哲学思想,这样才能从哲学上解决苏格拉底伦理学中一系列的二律背反。我们将要进一步研究的这些矛盾是:德性之可教性与知识之回忆说;无人故意为恶与明知故犯优于无知为恶。

2. 德性可教与知识之回忆

苏格拉底"德性与知识同一"这一前提,规定了回答"德性是否可教、可学"这个问题的方向,但苏格拉底并不是简单地要回答这一问题,而是通过这一问题,对"德性与知识同一"这一道德哲学基本命题进一步展开,从而与他的哲学基本思想进一步衔接起来。

讨论德性是否可教的问题,集中于《普罗塔哥拉斯》和《美诺》两篇中,苏格拉底的辩论完全针对智者学派而发。问题的核心是:智者学派以教授知识为业,在自然哲学方面,苏格拉底已经以自己的切身经验表明,那些自称或被认为最有知识的人,实际上并无知识,即他们虽然可以对许多现象说出许多

"看法"（意见）来，但他们对这些现象并无确定的、可靠的即"满意的"知识，他们自称是"智者"，但不是"爱智者"（哲学家）。"智者"把知识当作现成的产品拿去兜售，而"爱智者"则永远不满足于现有的知识，他对永恒确定的完满的知识（即哲学的知识）有一种"爱"，心向往之。同样的，在道德哲学方面，也有这种情形。

智者们号称可以训练人的勇敢、公正、克制等道德品质，但却并不知道"道德品质"（德性）为何物。所以，在《普罗塔哥拉斯》篇中，苏格拉底用了一种讽刺的手法，指出智者们以德性师表自居，实际上按他们所说的"德性"则是不可教的，而他们对真正可教的"德性"又一无所知。从这方面来看，苏格拉底关于"德性是否可教"问题辩论的意思是很清楚的，并没有什么深一层的含意。但是，也同在自然哲学方面一样，在这里，苏格拉底除了有反驳智者、揭示智者学说的虚假性的消极方面意义外，还有他自己的积极方面的意义，这种哲学方面的积极的意义，正是我们要进一步探讨的。

如今大多数研究者都同意，在这个问题上，苏格拉底是承认德性的可教性的，问题在于对"德性"的理解。在苏格拉底看来，德性的可教性在于"美德即知识"，如果德性不是知识，则就是不可教的；而按照智者们的理论，德性不能是知识，他们自己对德性也并无知识，因而在他们的学说中，德性本不可教，而他们的确也不能教人以德性。

这里，从根基上说，我们必须首先研究一个知识论的前提，即只有知识是可教的。"知识"的本质意义，我们前面已经讨论过，在苏格拉底思想体系中是一种确定的、可靠的概念体系，只有这种体系才有普遍性，是可以传达的。这里一个新的问题是：在苏格拉底心目中，何谓"可教性"？我们觉得，就苏格拉底整个哲学思想倾向言，所谓"可教性"即是"可以普遍传达性"。

智者们所自诩的"知识"，在苏格拉底看来是没有普遍性、必然性的。智者的哲学出发点是感觉的人，这种"人"，虽然在一个社会中，但就像"原子"在"虚空"中一样，各自保持自己的绝对独立性，"原子"即"单子"，"人"即"个人"，因而它们之间唯一的交往是"互相撞击"，由"命运"的偶然性来决定一个社会的秩序，这样的"人"与客观世界（自然和他人）的关系是个别的、偶然的，他们对世界的观念是一些"意见"，而不是确定可靠的、必然的"知识"。从这个意义说,这种个别的、感觉式的"意见"都为个人所有,出于个人,也止于个人,因而是不可教的,任何人不能强迫别人接受自己的"意见";但真理(真实的知识)却有一种强制性,至少有一种理论上、逻辑上的强制性,虽然实际上人们可以闭眼不顾真理而维持一己之见。从理论上说,所谓"感受"、"经验"、"体验"(英文都可用experience来概括)只是个人的,不能为别人的所代替,而真实知识的概念体系,则是普遍的、共同的财富。这样,严格来说,所谓"可教"、"可学"的,只是"原理"①。在这里,苏格拉底所谓的"可教"、"可学"就有他自己的独特的哲学意义。

西方从近代以来,由经验主义转向理性主义,康德哲学严格区分"经验的"与"超经验的"两种原则。"经验"离不开感官,由感觉之积累、概括、综合而获得,是后天的;"超经验的"则不依赖于感官,完全是理性的一种制定规则的作用,因而是逻辑分析性的,先天的。这种思想在西方哲学界已深入人心,实际上康德对希腊古代传统相当陌生,他得力于当时英国的经验主义和自中世纪演化而来的流行于当时德国的亚里士多德主义,这种理性主义精神凝聚于莱布尼兹-伏尔夫学派的学说之中。设想要以苏格拉底的眼光来看康德先验哲学,则康德所谓先天的必然的超经验范畴,在苏格拉底看来,不仅只有它们是"可教"、"可学"的,而且只有它们是"应教"、"应学"的;既然一切经验的知识(在苏格拉底为"意见")来自感官,因而是个别的、偶然的,则无从"教",也无从"学",要知道梨子的味道,别人怎样告诉你也不行,只有亲口去尝一下。

这里,我们也许可以说,康德哲学所涉及的问题,是主体与客体之间的关系问题,而苏格拉底则涉及的是主体与主体之间的交往关系问题②。主体通过感官积累印象,丰富经验,是为"后天学得";主体通过理性的制定规则作用,建立普遍的知识体系,则本为可以互相教授,互相交往、传达,这几层意思随着我们进一步的研究,当会更加清楚。

---

① 这里我们采用了海尔(R.M.Hare)教授的说法,他在他的名著《道德之语言》(牛津,1952年)一书中说:"没有原理(principles),所谓'教授'多半是不可能的,因为所谓'可教的东西'多半只是原理。"(第60页)我们不知道这里"多半"(most cases, most kinds)的意思指什么,但海尔在说这个话时,无疑心目中有苏格拉底的问题在。海尔这本书是西方晚近研究伦理学的重要著作之一,以后我们还会提到它。
② 在这个意义上,就西方哲学系统言,苏格拉底比康德更加"现代化",因为他专门谈主体之间关系(intersubjective relations)问题。

这里，我们看到，智者能否教授别人以知识，就不仅仅是一个实际资格问题，而是一个理论问题，即他们所谓的"知识"，只是一己之"意见"，原则上是无法"教授"的。那末，《普罗塔哥拉斯》篇的进一步问题是：在道德哲学方面情况是否也是一样？对"自然"要有真知灼见才能当"教授"，对"自我"是否也要有真知识才能传授给别人？苏格拉底的回答当然是肯定的。

我们知道，苏格拉底不是二元论者，他的"自然"系列从属于"自我"系列，"自然"的最后的本质，在于它的"善"（good），即合目的地发挥其功能，而这种功能、目的的尺度，当然在"自我"之中，只是这个"自我"不是智者的感性的人，而是理性的人。因此，要探求"自然"的"善"的根据，不在"自然"本身——这是早期自然哲学家已走过的道路，而在"自我"的理性作用中。我们对于自然的具体知识，归结到一点，都是对自然的各种"善"、"美德"（ἀρετή），即各种功能作用的知识，同样，在苏格拉底看来，我们对于"自我"的知识，也可以归于一点：对于人的各种道德品质（德性）、善的知识。

与"自然"的知识一样，我们对于"自我"的知识同样遇到一个问题：人们各种各样的美德（勇敢、自制、公正……）与这个"善"（good）的关系如何？我们觉得，这个问题，是《普罗塔哥拉斯》篇和《美诺》篇的核心问题，前者提出问题，后者回答了这个问题。

在《普罗塔哥拉斯》篇中，苏格拉底以"勇敢"为例，指出对于战争有真知识的人则勇敢，而无知的人，则胆小，这是消极性地针对智者学说而言，这个反驳的正面的意义在于，"勇敢"并不取决于人的自然的习性，因而不是盲目的。对"勇敢"这一德性（品质），不能光看现象，而要看决定性的本质。"有勇无谋"不是"真""勇敢"，只是"貌似"（像）"勇敢"，而"艺高"则自然"胆大"①。

然而，"勇敢"并非唯一的道德品质（德性），苏格拉底并非说，"凡勇敢的人都有真知识"，而是说，"凡有真知识的人一定勇敢"，在这里，真知识是决定性的因素。但真知识要求一种概念的普遍性，因而，包括"勇敢"在内的各种具体的德性与最根本的德性——善的关系，就成了《美诺》篇的主要论题。在

---

① 从这一点上说，亚里士多德在《伦理学》中对苏格拉底的批评，只说明他自己的一种学说，即在他而言，"勇敢"不仅可来于智慧，也可来于激情和疯狂（116b），这是和他自己的哲学一致的，特别是和他关于灵魂的学说一致的，但苏格拉底可以回答：那种出自疯狂和激情的勇敢，不是真勇敢，而哲学是要求"真"，而不及"假象"的。

这里，我们又一次看到了"自然"与"自我"在"善"上的统一。《美诺》篇一开头就提出，"善"不能被打碎成"勇敢"、"公正"、"自制"等碎片，就像"形状"（σχῆμα）被打碎成"方"、"圆"……一样（74e，77a），这样"美德是什么"这个问题就成了"善是什么"这样一个更为概括、更为广泛的问题。

换句话说，整个《普罗塔哥拉斯》篇特别是《美诺》篇的基本问题就在于：回答了"什么是勇敢"、"什么是自制"……不等于回答了"什么是善"。"什么是善"的答案，不在于"什么是$X_1…_n$"（X＝"勇敢"等具体德性）之总和，就像宇宙之本质、本原（ἀρχή）不在于穷尽"水"、"火"、"土"、"气"等一切质料之本质的总和一样；但反过来，不能确切回答"什么是善"，也就不能确切回答"什么是勇敢"、"什么是正义"等具体问题，所以《普罗塔哥拉斯》、《美诺》两篇也可以说是各有关道德哲学对话（如《卡尔米德》篇论"慎思"、《立西斯》篇论"友谊"等）的总结。

然而，应该说，在这个"什么是'善'"的问题上，苏格拉底只是指出了一个方向，提出了一个富有哲学意义的问题，却并未给予详细的回答。进一步回答这个问题，需要人类哲学思维的逐步更加成熟发展和一定的社会历史条件。

苏格拉底已经揭示出，人的一切品德——包括勇敢、公正（正义）、慎思、友谊……，如果没有真知识，都可能是"恶"的，通俗地说来，一切"能力"都可以用来做坏事，这一基本的事实后来为康德纳入他的实践理性批判之中，成为一条重要的基本原则，即一切好的品德、能力都不是"绝对的善"，而只有好的"意志"，才是绝对的善[①]。

但康德这个"善良意志"，抽掉了一切内容，除了绝对的无限制性外，已无别的规定性，因而堵塞了进一步探讨的可能性。后来西方伦理学，从康德哲学基本思路出发，与经验主义的功利论汇合，对"善"的问题作了进一步研究。前面在一个注中提到过的海尔教授的《道德之语言》一书，从"描述性的"（descriptive）和"评价性的"（evaluative）两个方面来分析"善"（good）的含义，是有一定的启发性的。"善"的描述性的含义涉及到具体对象的许多具体知识，涉及到各种具体标准（criteria），他常用的例子为"这个草莓是好的"可以

---

① 康德：《道德形而上学探本》，中译本，商务印书馆1957年版，第8页。

指它"多汁"、"甜"……在这个意义下,"这个草莓是好的"就像"这个草莓是红的"一样,是在陈述一个事实(statement of a fact);但"善"还有另一种意义,即评价性的意义,这时的"好"、"善",具有推荐(commending)的意思,与上述陈述事实作用不同。对于"善"的理解上的不少混乱,是由于混淆这两种用法的区别。在这两种用法中,海尔认为评价性的用法是基本的,而描述性的用法是派生的。

我们觉得,苏格拉底心目中也有与海尔教授同样的问题,只是他那个时代还没有现代那样发达的逻辑分析的工具,以致这个问题没有在逻辑上得到澄清。苏格拉底在道德哲学上所追求的就是与各种具体品德有所区别的"善"的本身的意义,它无涉于"勇敢"、"慎思"等具体的经验标准,而直接掌握"善"作为评价性概念的本质的含义。经验的标准是多变的,而这种本质的含义却是常住的,掌握了它,则得到了"善"的真谛,得到了最高的真理。

作为描述性概念来说,"善"是相对的,可以因人、因事而异,这是智者们的观点,但这充其量只是正确的"意见";只有作为评价性的概念,"善"才是绝对的,可以作概念的把握,给它下定义,似乎"一劳永逸",放之四海而皆准。

作为描述性概念,要掌握"善"的经验标准,当然要学习,但这种个别的、经验的东西,原则上是无法传授给别人的,要知道草莓的好坏,必须亲眼所见,亲自所尝。但作为评价性的"善"概念,有其自身的内涵,因而即使从未尝过草莓的人,当别人告诉你"这草莓是好的"时,只要懂得他的语言,也就懂得了他这句话的意义。这里有一种必然性。

于是,我们涉及到《美诺》篇中两个表面上矛盾的论题:善的可教说与知识的回忆说。表面上看来,善(的知识)既是可教、可学的,就不应是"回忆"来的;既是"回忆"来的必然的知识,就不必有"教"、有"学",而应是"先天"的。这里,在"回忆"、"忘却"等比喻性说法后面,有一些值得进一步探讨的问题。

所谓"回忆说",如果我们要在苏格拉底和柏拉图之间划一点界线的话,应主要是由苏格拉底提出,而为柏拉图所接受的。但一般研究者大多在研究柏拉图哲学思想时讨论回忆说,这个原因我想大概是因为苏格拉底不重视自然的知识,而"回忆说"是有关认识论的,因而归于柏拉图名下更为妥切。我们并不反对在研究柏拉图时着重讨论作为他的认识论一个部分的回忆说,不过这个学说和苏格拉底的关系是不容否认的。以柏拉图对话内容类别而言,一般把《智者》、《泰阿泰德》、《巴门尼德》三篇划分为一组,因为它们讨论的问题有一定的连贯性。在这一组中,《智者》和《巴门尼德》两篇中的苏格拉底都不是主要发言人,而独独在集中提出"回忆说"的《泰阿泰德》篇中,苏格拉底又恢复了主要发言人的地位,这一点常常使一些研究者迷惑不解,摸不透柏拉图这样处理的原因,我想这个原因一定和回忆说的创始权有关。《泰阿泰德》篇中所记述的回忆说的提出者正是苏格拉底,所以柏拉图只得如实地恢复了他主讲这个学说的地位。这是一个方面的材料,另外一个材料就是在早期的对话《美诺》篇中,同样也提出了回忆说。这个对话与《普罗塔哥拉斯》篇的接续关系是非常明显的:由"德性是否可教"到"德性是什么",讨论的不是一般自然知识问题,相反的,恰恰是道德伦理问题,是伦理知识问题,可见,回忆说的提出,本与伦理道德知识有关。

回忆说是披着原始神话外衣的一种学说,现在一般研究者都承认它的真意在于指明一种必然的、逻辑性的知识,主要是指数学的、几何学的知识,这从《美诺》和《泰阿泰德》两篇所举例子可以看出,而这个学说的最初的提出,也许又与毕达哥拉斯的数学学说有关,但苏格拉底的问题则是在伦理学、道德哲学中贯彻这个原则。

我们前面已经提到过,在对话《美诺》篇中,苏格拉底已经放弃逐一探究各具体德性(如"勇敢"、"公正"等)的本质,就像必须放弃从"水"、"火"、"气"、"土"等具体物质中去探究宇宙之本质一样,而是接触到一个更为根本的问题:"善"的问题。我们也已经说过,"善"可以有两个方面的意义:描述性的和评价性的。作为描述性的"善",其内容是多种多样的,并随时间条件而变化,例如我们过去的通常观念是"苹果要红的才好",这里"好"的内容是"红",如今有"青香蕉"、"黄香蕉",则苹果之"好",就不一定专指"红",但"好"之基本含义并没有变,即它的评价性含义没有变,而这种含义,才是真正伦理道德性的——就对苹果等物之评价言,是伦理道德评价的延伸。在苏格拉底的学说中没有这种区分,这种区分是现代逻辑语言学发展的成果,已如前说;但这个问题,必已隐于苏格拉底的心中,所以他才舍去各种具体内容而追求一种更为根本的意义。苏格拉底的问题是:伦理道德之"善",如舍去各种具体之内容，只就概念（理念）的本质意义言，能否像数学和几何学一样，得到一种必然的知识？苏格拉底的回答是肯定的。

数学（包括几何学在内）的概念有一个特点，即给出基本的"定义"以后，其他原理，是可以用逻辑推导出来的。譬如在普通数学中，我定义了自然数，1+1=2，然后可知，1+1+1必定等于3；在二进制计算机系统中，按照这个体系的"定义"，1+1=10，然后可以有其他的推导。苏格拉底在《美诺》和《泰阿泰德》两篇中所举欧几里得几何原理亦复如是。欧氏几何之点、线、面，都有自己的"定义"，是从外物形象中舍去具体内容抽象出来的，它们一旦被定义之后，就可以按逻辑规则进行推导；但物理学的知识就有不同的特点，尤其在古代早期，所谓"物理学"包括了后来的物理、化学、生物等学科，带有很大的描述性，它需要观察、实验，而不是下几条定义，作一些推导就完事了的。显然，苏格拉底所侧重的知识，是前者，是数学，而不是后者，不是物理学，而且他还要把前面这种知识论原则运用到伦理道德中来。他的中心思想是：如果我们给出了"善"的"定义"，即回答了"什么是善"，那末其他一切道德品质（德性），都可由这个最原始的"定义"（"善"的"理念"）推导出来。所以在《美诺》篇中，苏格拉底才提出"正义"是"德性"的一个部分，还是就是德性全体（73e）这样的问题。事实上，在苏格拉底心目中，"德性"（善）是一个总体，而"正义"虽不是"德性"的碎片，但却是"德性"理念的逻辑的一个部分。

这样，在苏格拉底看来，包括道德哲学知识在内，一切知识都是"回忆"，即都是植根于自己的心中，而不是外面灌输进去的。

然而，这种本已有的东西，需要启发、开导，这里就有"教师"的作用。感觉的东西是人人生而具有的自然的禀赋，这方面不需要教，也不可能教；教师能教的只能是普遍的、原理性的东西，而这方面的东西本带有逻辑的普遍性、必然性，所以教师的作用在帮助和推动学生自己思考的能力，因而是启发式的，不是填鸭式的。用苏格拉底话来说是"提醒"，在《美诺》篇中曾两次提到这个概念（82b，87b），兹引一处：

> 什么样的灵魂才有德性？德性是可教还是不可教？首先，如果德性不是知识而是其他什么东西，那末有无教授别人的可能？或者用我们现在的

用语，有无提醒别人的可能？（ἤ ὃ νυνδὴ ἐλέγομεν, ἀναμνηστόν）(87b)

这里所谓"提醒"（ἀναμνηστόν），即"点到为知"，"举一而反三"的意思。许多描述感觉的词，可以举一而反三，如我们可以指证一物为"红"，以后遇见相同颜色之物，就可以说它是"红"，但"善"如果作描述性理解，则没有这方面的特点，因"善""所指"并非事物之感性的特征，而是一种功能，因而需要有相应的具体经验（直接的或间接的）才能指证[①]；但作为评价性语词，"善"的意义是普遍的，必然的，同样可以"举一而反三"，只要给"善"下出这方面的"定义"，就可以作伦理学和道德哲学的推导。

因此，在这个意义下，哲学家作为人类的导师，不在于把什么神秘的东西塞到人的头脑中，而是启发人用自己的头脑去思考，这就是剥去神话的外衣后，苏格拉底的回忆说给欧洲哲学思想建立的宝贵传统；至于他用这个学说来"论证"灵魂不朽以及"前世生活"，当然是一种糟粕，即使在论证方法上也只是一种不太高明的比附之论。

3."无人自愿为恶"和"有意为恶优于无意为恶"

从"知识与德行的同一性"这样一条基本前提出发，苏格拉底提出了"无人自愿（故意）为恶"这一思想，这里的逻辑关系是很明显的：既然知识即美德，那末无知即罪恶。从"知识与德行同一"所作的这一引申，虽然很具备苏格拉底哲学的特色，一方面勇敢地保持了两个命题（"知识即美德"和"无知即罪恶"）之间的逻辑的必然性，同时也具有相当的哲学深度，但就是它常常不符合经验性的常识，所以从历史上就常被包括亚里士多德、黑格尔这样的大哲学家所非难，从而如何如实地从历史上和哲学上正确理解这个思想，就成为一个不可回避的问题。

经验明明白白地向我们表明：世上"明知故犯"的恶人何其多也，苏格拉底何出大言，断定竟无一人"故意为恶"？这种"背理"之论，并不能因是出自苏格拉底这样的大哲之口，就可以遮人耳目，蒙混过关的；也不能因时代较

[①] 参阅海尔：《道德之语言》，第96页。

早而加以原谅。亚里士多德首先尖锐指出，苏格拉底忽视了人的灵魂的非理性部分，以为一切行为都出自理性，所以虽然苏格拉底断言知识即美德对理论知识言固不无道理，对实践性（生产性）知识（技术）言，则全不合经验[①]；黑格尔肯定了亚里士多德的批评，指出苏格拉底的"善"只是主观现实性，因而不能与"知识"这样一个最高的客观现实性相比[②]。我们认为，亚里士多德和黑格尔的批评的确是很中肯、很深刻的，但他们只是表明了各自本身的哲学立场，是从自己的哲学基本观点出发来揭示苏格拉底哲学的矛盾和问题，即他们都是从把理论知识放在首位的这样一个哲学体系出发来批评苏格拉底的，而对于苏格拉底这一思想在他自己的哲学体系中的具体历史含义，都并未作客观的、历史的研究，因而对他们的批评，很有加以补充的必要。

首先，我们从"无人故意为恶"这个思想的当时具体含义说起。我们认为，就当时希腊语言和思想环境言，苏格拉底这一提法，并不十分背理，因而并不是什么特别的"惊人之论"。

在柏拉图早、中期的对话中，集中提到这一思想的是《普罗塔哥拉斯》和《理想国》两篇，其中尤以《理想国》为更详细[③]，我们先从这个对话中的提法说起。

在《理想国》中，苏格拉底曾再三提到这思想：

> 阿德曼特，你是否认为有什么神或人自愿地危害自己？（καὶ οὕπως ἔχοντος δοκεῖ ἄν τίς σοι, ὦ Ἀδείμαντε, ἑκὼν αὑτὸν χείρω ποιεῖν ὁπηοῦν ἢ θεῶν ἢ ἀνθρώπων）（381c）

> 对大多数人和大多事来说，没有人自愿地使自己受欺骗（犯错误），而是尽量怕犯错误。（οὕπω ςότι τῷ κυριωτάτῳ που ἑαυτῶν ψεύδεσθαι καὶ περὶ τὰ κυριώτατα οὐδεὶις ἑκὼν ἐθέλει, ἀλλὰ πάντων μάλιστα φοβεῖται ἐκεῖ αὐτὸ

---

① 亚里士多德：《尼可马伦理学》1145b、1147b 等；《大伦理学》1182a。参阅贡帕尔茨：《希腊思想家》第2卷，第54页；格思里：《希腊哲学史》，第3卷，第450页。
② 黑格尔：《哲学史讲演录》，第2卷，第69页。
③ 关于《理想国》一般都认为其中主要思想当是柏拉图自己的，苏格拉底只是一个代言人的角色，笔者认为我们同样没有特别的理由否定这个对话中"苏格拉底"的历史真实性。正如一些研究者所公认的，《理想国》中的具体政治主张与后来《法律》篇是有所不同的，我们不妨把这种"不同"，看作是柏拉图对苏格拉底社会政治思想的发展和修正，因此包括"哲学王"这一思想在内，我们认为都应是苏格拉底所提出而在《理想国》篇中为柏拉图所接受和补充的。

κεκτῆσθαι.)（382a）

紧接着（382b）还有两处类似的说法。这里值得注意的是：所谓"恶"，苏格拉底用的是动词"ψεύδω"化出的各种用法，其基本意义是"欺骗"、"说谎"，与"χείρω"（危害败坏）对应起来用，就有"犯错误"、"错了"的意义，因而这个命题的经验方面的含义就是再普通不过的："没有人故意危害自己"，"人往好处走"，人都要"好"，而不要"坏"，是最符合经验、常理的了。

我们同样可以解释《普罗塔哥拉斯》篇中的那段话：

因此，没有人自愿趋恶，或接受他认为是坏的（结果），趋恶避善是不合人的天性的。（ἐπί γε τὰ κακὰ οὐδεὶς ἑκὼν ἔρχεται οὐδέ ἐπὶ ἃ οἴεται κακὰ εἶναι, οὐδ᾽ ἔστι τοῦτο, ὡς ἔοικεν, ἐν ἀνθρώπου φύσει, ἐπὶ ἃ οἴεται κακὰ εἶναι ἐθέλειν ἰέναι ἀντὶ τῶν ἀγαθῶν·）（358d）

这里所谓"趋善避恶"完全与经验主义、功利主义的理解不相违背，这是苏格拉底——也是古代希腊人——立论的基础。这里的"ἀγαθόν"（善、好）、"κακά"（恶、坏）完全是在通常的意义上来使用的，因而就古人的通常意识来说，这里并没有什么背理的地方。

甚至，我们还可以说，"趋善避恶"本是苏格拉底和当时智者们的共同出发点，而苏格拉底是在不同于智者的哲学基础上赋予了这个"常识"以自己的哲学内容。

我们不要忘记，苏格拉底这个思想是在与智者们辩论时提出来的，其核心的意思是：双方都同意"趋善避恶"，但光靠个人感觉上的好恶来判断善、恶是不可靠的，只有真正的理念的知识才能指导人们真正地"趋善避恶"。苏格拉底所反对的是：智者们从感觉主义出发，只讲"好"、"恶"，而不讲"真"、"假"，只讲个人、主观的喜好与否，不讲理性、客观的知识。没有"知识"来指导，则会以"假"乱"真"（ψεύδω），混淆黑白、颠倒是非。一句话，只有对事物具有真正的知识，才能真正做到"趋善避恶"。为善、为恶，并非偶然的，人之所以使自己陷于"逆"境，必是无知的结果。这样，在苏格拉底看来，人的行为不能靠"好"（Hào）、"恶"（Wù）、"爱"、"憎"，而是要看"是"、"非"、"真"、"假"。这里，"趋善避恶"中的"善"、"恶"都是就个人的利益而言，只是苏格拉底强调以理性的知识保证这种利益的实现。

当然，苏格拉底的"趋善避恶"论，并不是一般功利主义、经验主义的，苏格拉底与智者辩论的目的就是要提出一种理智主义的理解，来与智者的感觉主义对立起来。

我们知道，和一切正常的古代希腊人一样，苏格拉底并不否认人的肉体存在这样一个事实，因而他也不可能否认人的情欲可以支配人的行为，他只是强调受情欲所支配的行为表面上看是为了"快乐"，但实际上会适得其反。从理论原则上说，光由情欲出发的行为是恶的，情欲缺乏理性，因而就是"无知"，因为"知识"一定是理性的产物。万恶淫为首，即感情的泛滥（无知，无理性）是一切恶的根源。我们不能"自由选择""为恶"，"为恶"一定是不自由的，为某种非理性的、不合真理的情欲所支配。"无知"是屈从于"自然"，而没有"自我"的意识，光有躯壳而没有灵魂，行尸走肉，最终为"恶"所噬——死亡。只有有理性、有知识的"自我"（人）才能为善，或才能分辨善、恶。"善恶之心人皆有之"，"好"、"坏"、"善"、"恶"之辨，是人类理性的自我意识的第一次显现，只有理性的人（自我）才能有好恶之辨，这样，"趋善避恶"就不是一般自然主义的动物的本能，而具有了理性的内容。

我们看到，在苏格拉底思想中，所谓"灵魂"就不是从心理学去理解，而是从哲学上或从唯心主义哲学上来理解的。"灵魂"不是感觉、欲望、思想的总称，而就是"理性"、"理智"本身。这一点是与亚里士多德完全不同的，这也就是亚里士多德不满于苏格拉底"灵魂"学说在理论上的原因。他们有不同的哲学，所以有不同的"灵魂"观。苏格拉底把"灵魂"与"肉体"坚决地、绝对地对立起来，把一切感情、感觉和欲念归于肉体，而把理性的功能归于"灵魂"；亚里士多德则从心理学（虽然是非常原始、朴素的）的经验科学立场把"灵魂"当作包括动物在内的心理功能，所以他在这个问题上与智者（普罗塔哥拉斯）有共同的意见：勇敢等品德不仅可以来自知识，而且可以来自情欲和疯狂[①]。

---

① 柏拉图：《普罗塔哥拉斯》篇，351a。

在这里，我们觉得有必要指出的是：亚里士多德这个批评，按我们看来，很可能是来自他的老师柏拉图，这就是说，改变苏格拉底灵魂学说从而修改"无人故意为恶"这一思想的，可能从柏拉图后期业已开始，而那时正是亚里士多德从柏拉图学习的时候。

在灵魂学说上，亚里士多德已经指出，柏拉图已纠正了苏格拉底，一般学者都理解为这是指《理想国》中对灵魂等级的分类。我们认为，关于灵魂分成等级的说法，在《费多》篇里已有，虽然并无从心理上分三等的说法；不过，我们可以同意，柏拉图在写《理想国》时，已特别着重于苏格拉底的哲学中的某些部分，除了仍着重于苏格拉底的核心哲学思想——理念论外，还特别着重研究了社会政治制度方面的问题，说明他的思想，从苏格拉底侧重于理性主体"自我"的伦理、道德功能，转向主体的社会制度问题。也可以说，柏拉图已开始了后期力图把理性的主体与感觉的世界、感性的客体统一起来的一种尝试。这种尝试，当然是不脱离苏格拉底哲学基本原则前提下的发展，因而仍是唯心主义的，但在形态上确也是有所变化的。

就"灵魂"学说言，它固然仍是与肉体在原则上对立的一种精神实体，但却涵盖了整个的感性世界的过程，即被苏格拉底排斥出去的整个自然历程，又逐渐地被纳入一个更加广泛、更为宽阔的哲学之中，哲学由"自我"、"主体"又转向"自然"、"客体"，"人生观"转向了"世界观"，"道德哲学"转向了"形而上学"。由《费多》篇到《蒂迈欧》篇，"灵魂"也由纯粹理性的精神的实体，转向为以理性为核心的集知、情、意为一体的精神实体。

至于"无人故意为恶"，正如许多研究者所指出的，柏拉图是从始至终信奉不渝的[1]，但我们也不能说，在后期的对话中对前期这个思想完全没有变化[2]。

"知识即美德"、"无人故意为恶"这些命题，在古代，本是通常都能接受的，只是各哲学学派对它们有各自不同的解释。从苏格拉底哲学来看，"知识"与"善"同一，"善"与"恶"对立，"知识"与"无知"对立，所以在根本意义上说，"知识"总是真的，只有"意见"才有真有假、有对有错，"知识"即"真理"。这一思想，我们在《高尔吉亚》篇里得到这样一个印证：

---
[1] 格思里：《希腊哲学史》，第3卷，第459页。
[2] 参阅道兹（Dodds）：《希腊人与非理性主义》，加州大学出版社，1968年，第212页。

苏：高尔吉亚，意见有真有伪对吗？

（ ᾽Αρ᾽ ἔστιν τις πίστις ψευδής καὶ ἀληθής ）

高：对。

苏：那末知识也有真有伪吗？

（ τί δέ; ἐπιστήμη ἐστὶν ψενυδής καὶ ἀληθής ）

高：当然不是。（454d）

这里并没有特殊的论证，而是一种不言而喻的常识，可见，在当时希腊人的心目中，"ἐπιστήμη"（知识）就是真理（ἀληθή），而在苏格拉底的哲学中，所谓"善"的理念，是最高的真理。柏拉图后期虽然把这种"善"还给了自然的功能，成为一种"实在"①——"存在"，但把"知识"作为最高的哲学原则，作为绝对的真理，因而理性为哲学基本原则这一点是没有变化的，他对苏格拉底"知识即美德"的某些批评和修正，只是在唯心主义理性主义内部作一些发展和调整而已②。

从这里，我们还可以回到亚里士多德对苏格拉底的批评。亚里士多德把一切都经验化了，他所谓的"知识"是指经验的知识，因而有理论性知识和实践性技术之分，而在苏格拉底那里，"知识"即真理，是对理念的把握，本不含有感觉印象在内，因而只能是定义性的逻辑知识，从这样的角度说，"知善必行"，"知"、"行"是完全统一的。只有涉及感觉经验对象的知行，才有真假，而这在苏格拉底（柏拉图）那里，只是"意见"。所以，在绝对的意义上，"知识"与"从知识出发的行为"是统一的。理性不能脱离理性自身的功能，知识不能脱离知识的功能，"善"的功能在于实现理性的目的，因而"善"的知识与"善"的行为在原则上是一致的。

至此，我们从日常经验和哲学理论两个方面讨论了"无人故意为恶"的意义，但我们却遇到了一个难题：在柏拉图对话中，有《小希匹阿斯》一篇，其中提出"故意为恶优于无意为恶"，这个材料似乎可以完全摧毁我们以上的解

---

① 参阅包阿斯（G. Boas）：《希腊哲学中的理性主义》，霍希金斯出版社，1961年，第137页。
② 这一点，同样也适用于黑格尔。也许我们可以作这样的类比：柏拉图之于苏格拉底，犹如黑格尔之于康德，这个问题，我们将在本书下一部分再作讨论。

释，这种理论上的矛盾，似乎给围绕这个问题的辩论带来了一种完全出人意外的解释：这一切也许都是柏拉图所制作出来的论辩术练习，旨在驳倒对方而本不体现正面的理论观点。

很奇怪的是，就我们有限的知识言，这样一个矛盾，似乎并未为多数研究者所理睬，也许《小希匹阿斯》对话的真伪未得定论，给这种态度带来一定的借口。我们不满意于"不予理睬"的态度，也没有条件去考证这个对话的真伪，但我们应该承认，对于上述矛盾，尚不能有一个满意的理论上的解决。

这个对话承认，"知识"是一种力量，但这种力量并不保证一定为善，"知识"可以做任何事情，可以做好事，也可以做坏事，而有知识做坏事要比无知识做坏事优胜。

在这里，"知识"的权威和优越性并没有动摇，甚至这种优越性已经强调到这种地步：同样做坏事，明知故犯要比无知好。这里再明显不过的问题在于：不仅无知是罪恶，知识也可以是罪恶。

不错，从原文上看，这里用了与前面不同的词，"智慧"用的是"σοφωτέρα"，"善"、"恶"用的是"美"（καλά）、"丑"（αἰσχρά）（375e），我们可以从语言上找出一点区别，如说"善"、"恶"为对自己本人，而"美"、"丑"为别人所见等等；但怎样从理论上解决这个矛盾，则是非常困难的。也许可以从"智慧"（σοφία）和"知识"（ἐπιστήμη）的区别作一点揣测。

我们知道，"σοφία"是智者们自诩的，是自然哲学家所追求的，即对世界本原的把握，是一种对自然的总体的知识，这种知识是经验的，但又是逻辑的；这种智慧不是绝对的，因为不是神，不能全知，这一点已经在前面说过。这种知识（实际是"意见"）当然不是最高的，不是对"善"的理念的知识，因而就像一切经验、技巧、聪明、才智一样，都不是一定保证"为善"的，所以能跑得快的，可以故意跑慢，能打胜仗的，可以故意打败等等。不过，苏格拉底毕竟没有完全否定这种"智慧"的作用，就像他给予了早期智者以一定的尊敬一样。

"智慧"与"知识"的区别，事实上揭示了经验知识和哲学知识的复杂关系[1]，在古代哲学唯心主义尚未发展到那样一种程度，在苏格拉底思想中，经验

---

[1] 也许我们应将"ἐπιστήμη"译成"智慧"，将"σοφός"译成"知识"，以合中文传统用法。

知识（"智慧"）和哲学知识（"知识"）还保持着一种传统的虽然比较暧昧的联系，在最高的善的理念的知识和各种大大小小具体理念知识（即后来的所谓范畴概念经验知识）之间有着未曾割断的联系。一句话，感性世界的规律性与理性世界的自律性，即使在苏格拉底唯心主义哲学中，也还保持着一定的关联性。

然而区别还是更为根本的，哲学的知识已提出了自己的独特的问题，从早期朴素的自然哲学知识到一种自我的伦理的知识，意味着哲学所涉问题的进一步明朗化，在这个过程中，我们看到欧洲哲学是怎样一步一步地奠定自己的基础，建立自己的传统的。

哲学知识的进一步成熟，同时也日渐明确了自己的方法上的特点。从古代自然哲学的观察方法到逻辑推论的方法，从"望天者"到"辩论者"，意味着哲学在寻找适合于自己本质的方法上前进了一步。哲学终于有了自己的方法——辩证法。这就是我们下面将要着重研究的问题。

六、苏格拉底的辩证法

希腊是辩证法的故乡，辩证的思维方式是和哲学的思维方式俱生的，是哲学思维的最基本的方法，可是这个方法，从亚里士多德以后，曾被冷落了多年，在近代德国古典唯心主义哲学中，恢复了它的活力，重新显示了它与哲学思维的不可分割的密切关系，所以，从这个角度看，我们也可以说，德国古典唯心主义是辩证法的"（文艺）复兴"（复兴古代希腊的辩证法）。

然而，过去普遍流传着这样一种观念：近代辩证法与古代希腊辩证法其含义是完全不同的，古代希腊的辩证法只是指一种辩论或讨论的谈话方法，似乎并无后来的哲学深意。应该承认，引起这种看法并不是没有原因的。古代希腊辩证法比起近代德国哲学来，无疑是小巫见大巫。在古代，我们无疑可以发现许多含有丰富辩证法的思想（如公认的赫拉克利特的思想），但直接谈到"辩证法"的材料，并不很多，更无系统，这是明显的史实。不过，如果我们仔细研究了苏格拉底前后的哲学思想的发展，联系到我们对于哲学思维特点本身的理解，应该说，蔚然大观的德国古典唯心主义辩证法和古代希腊辩证法之间有着比通常承认的更多、更深的渊源关系。这就是说，在我们看来，十八世纪德国这些哲学大师们，标出"辩证法"并不是偶然的，而是与他们对哲学思维本质特点的认识分不开，从而与"辩证法"这一概念的历史发展内在地、自然地衔接起来的。

问题的严重性还在于，"辩证法"似乎已被现代欧美正统的哲学家们（即在学院中占主导地位的哲学家们）所抛弃，但随着本书这一部分研究的展开，我们将会看到，抛弃"辩证法"就等于抛弃"哲学"。我们看到，当代欧美大师们不愧为思想明晰、彻底的思想家，他们果然这样做了，宣布了哲学的"寿终正寝"，"哲学将消灭于它的开始之处"。

令人烦恼的是，尽管这些人类思想怪杰宣判了哲学的死刑，但哲学仍在挑战，因为生活本身在挑战。包括这些思想家在内，任何人都不可能生活在 A=A 的同一律的真空中，而是生活在充满矛盾的实际生活之中。维特根斯坦后期接受了这样的挑战，回到了现实的、日常的生活（语言）之中[①]，学院哲学家们又试图用各种方法来研究、解决传统的哲学问题，这种"复兴"的做法，在欧美学院中有所发展[②]，总该说是一个进步；但从这种传统哲学问题重新得到重视到辩证法在哲学思维中的重要性重新得到承认之间还需要更进一步的自觉性。这就是说，在我们看来，欧美学院哲学虽然亦已开始恢复传统哲学问题的地位，认为这些问题"无意义"的人已见减少，但尚没有认识到：果然认真地承认了传统哲学基本问题的意义，就必然要承认辩证思维方式对思考这些问题并不是可有可无的，因而在"复兴"传统哲学问题的同时，一定会"复兴"辩证法在哲学中的地位。果然如此，我们就看到，辩证法这个问题，不仅具有历史的意义（这方面，当然是本书的重点），而且还具有根本理论和当前现实的意义，因此对这个问题作更为广泛一点的研究，就不一定是离题太远了。

1. 辩证的和分析的方法——历史的和理论的考察

在具体论述苏格拉底本人辩证法的历史特点之前，对于更为广泛的哲学思

---

① 关于维特根斯坦后期转变的哲学性质，参阅拙文：《试论维特根斯坦前期向后期转变的哲学意义》，见《外国哲学》（商务印书馆出版）第5期。
② 如诺西克（R. Nozik）：《哲学的解释》（*Philosophical Explanations*，牛津，1981年）。该书以学院哲学为基础，研究了传统哲学如"意志自由"等问题，企图提出新的哲学性的"解释"，是美国哲学思潮中一种较新的学说。

维的历史和理论方面的问题，应有一个简单的叙述，以表明我们在这个问题上的基本看法，而更由于这些看法似乎又与通常流行的观念有一定的区别，因而显得更有必要事先作一点解释。

研究人类思维（广义的）各种方式的产生、发展的历史和由这种历史形成的相互的联系和各自的特点是一件很有趣味的工作，是人"认识自己"的一个重要的方面，可惜的是，这方面的工作我们做得还很不够，人类本身未能逃脱"善于知人，昧于知己"的批评。就我们研究哲学而言，我们只能说，哲学的思维能力固然植根于人类的思维本性之中，但作为一种自觉的思维形式，并不是最古老的，而是历史发展的一定阶段的产物，一般说来，是人类摆脱了最原始的体力劳动，摆脱了与自然的最直接的需求关系之后，人类才有可能思考更为深远的问题。所以，正如我在研究前苏格拉底哲学时所说过的，把欧洲哲学的始点定于以当时社会生活繁荣的小亚细亚为背景的泰利斯，并不完全是人为的武断。在这个起始的阶段，我们看到，哲学的思维方式是与（自然）科学的思维方式结合在一起的，从这里奠定了欧洲哲学的强有力的传统，也绝非偶然的。

按照从卡西尔以来的欧洲的一般说法，人类早期思维是一种"物"、"我"不分的"神话式的思维方式"。然而，我们认为，应该承认，在人对客观世界的各种把握方式中，科学式的思维方式是最为本质的，其他各种方式无非是这种方式的变化、运用和发展。哲学的思维方式，也正是科学思维方式的运用和发展，但它和艺术不同，因为它并未"变化"科学的思维形式，并未创造艺术的形象、直觉和情感，而只能运用科学思维本身的形式，即概念、判断、推理等逻辑形式。

然而，从"神话式思维方式"开始，即人类有思维能力开始，人就具有一种"探本求源"的精神，不断地向前追问是人的思维能力的本质特点，这种不断求真的精神，与他运用科学概念所能实际达到的成果之间，就不可避免地发生了矛盾：这就是我们通常所说的"有限"和"无限"、"相对"和"绝对"，在希腊后来就是"意见"与"知识"（真理）的矛盾。相对真理是绝对真理无限长河的总和，相对真理固然与日俱增，但它与绝对真理之间的无限的距离并未缩短。这样，即使在最原始的思维方式中，也就蕴含了人类思维的不可避免的矛盾。这个矛盾，在哲学意识的第一声婴啼声中——"始基"、"本原"的探索中业已孕育在内。

原始人是天生的辩证论者，因为生活本身是充满了矛盾的，古代哲学家特别是赫拉克利特已经讲得很多了，但辩证法最本质的意义在于认识人类思维功能本身的矛盾。

所谓宇宙的"始基"、"本原"本是（自然）科学无限追求、探索的目标，但却要当作一门具体科学来研究，这种矛盾的根源也许在于这样一个相当有趣的现象：人类并没有在穷尽一切具体科学之后才提出"本原"、"始基"这类哲学问题，甚至不容等待积累较多的经验科学知识之后，而是在人类文明的初期就提出了这样的问题。人类思维的这种"跳跃"（飞跃），至少应是哲学思维之所以产生的主体原因之一。

无论如何，矛盾已是无可避免的了，选择似乎只能有二：根本上承认这种矛盾，即承认后来康德所谓的"二律背反"，在"本原"、"始基"这类问题上，承认两种对立的、不可调和的命题、主张（律），亦即两种对立的、不可调和的立场——从较简单的"水"（米利都）、"火"（南意大利）对立到最复杂的唯物主义和唯心主义哲学体系的对立；另一种是从根本上否定这种矛盾，强调人类思维功能的首尾一贯性，建立一种合乎逻辑、清楚明白的科学知识理论。前者是辩证的思维方式，后者为分析的思维方式，这是欧洲哲学史上两大对立的思维方式，它的古代代表人物是苏格拉底（柏拉图）和亚里士多德，近代的代表是康德和黑格尔，而由康德的批判哲学到现代的分析哲学，说明了从亚里士多德以来分析（科学）思维方式在欧美的统治地位。

现代对"辩证法"通常的观念是它主张对立统一，看事物是有规律地变化、发展的，而与它对立的则是"形而上学"的，看事物为僵死的、不动的，它是否认事物的矛盾的。应该说，这些观念当然是正确的，但问题在于人们对通常说惯了的事往往不加深思，习以为常，则有时会失去这种对立和区别原来的历史和理论的意义，所以才有近代"辩证法"与古代用义完全不同的误解产生。

事实上，"辩证法"和"形而上学"这两个概念在近代的用法和古代有着不可抹煞的历史联系。

我们知道，"形而上学"是后人在整理亚里士多德著作时加上去的题目，意为"物理学之后"或"原物理学"。这个题目加得很好，从哲学眼光看，是非常妥切的，从历史眼光看，也是符合亚里士多德的原意的。果然，这个概念流传了下来，成为欧洲哲学传统中的大概念。

我们前面说过，柏拉图后期已经有从苏格拉底"理念论"向"存在论"转变的趋向，亚里士多德承柏拉图之余绪，发展了这方面的倾向，蔚然形成一个大的、百科全书式的知识体系，而这个知识大厦的支柱即他的"原物理学"或"形而上学"，即研究"存在之所以为存在"，"存在之存在"，这一问题又无非为古代宇宙本原论、始基论的发展。这种思想，显然是与苏格拉底（以及柏拉图本人）的"理念论"完全对立的。这就是说，苏格拉底否定了早期自然哲学的方向，主张反诸己而求真，"理念"不是存在，"自我"不是"自然"，因而以"理念"求"存在"（如讨论具体宇宙现象或伦理现象，什么是本原，什么是正义、勇敢……），其结果必为消极的；但在亚里士多德看来，"理念"为"存在"之概括，与"存在"自有对应关系，因而"理念"不仅为"自我"之本质，而且也是"存在"之范畴，可以组成科学知识。不仅一般实体属性可以为科学范畴所把握，即如"存在之存在"亦可以为科学范畴所涵盖，所以我们不仅有"物理学"（广义的，包括化学、生物等），而且有"原物理学"——形而上学。这就是说，存在之存在，万物之本原，也可以像具体科学那样去把握，形成一个自相一贯、没有矛盾的知识体系，哲学也可以像各其他科学一样，以概念（范畴）、判断、推理把活生生的现象凝固为经验的规则，成为这种规则的合乎逻辑的体系。概括起来说，我们认为，所谓形而上学即把哲学所研究的对象——"始基"、"本原"等，同样当作一种具体科学来研究，以科学之范畴来掌握。

在这样一个知识体系中，"辩证法"充其量只是消极的，就像在康德《纯粹理性批判》的"分析篇"中那样。当然，亚里士多德不是康德的时代，他对"辩证法"与他的"形而上学"（"原物理学"）作为方法上的对立并没有那样明显的自觉，但如果说他一点没有那种区别的意识，也是不合史实的。

我们知道，通常所谓亚里士多德的"工具篇"①，除了《范畴篇》、《解释篇》和前后《分析篇》外，尚有《论题篇》（Topic），所讨论的问题介乎《分析篇》与《修辞学》之间，在我们看来，主要涉及辩证法问题。《论题篇》是亚里

---

① "工具"（organon）者，谓其不是哲学本身，而是研究哲学的工具。

士多德较早期的著作,那时他还承柏拉图之余绪,承认"辩证法"是达到真理的重要工具,但就在这篇文章中,亚里士多德已经意识到,要达到真理,光运用柏拉图的辩证法是不够的,应赋予这个工具以新的内容,因此他区分了两种形式的辩证法:一种是"三段论式"的,一种是"归纳式"的①,这就是他后来在《分析篇》中把作为逻辑分析方法的三段论提高到科学知识首位的哲学根源,同时在这里也已经孕育了他在《形而上学》1078b 所说"苏格拉底时期辩证法尚未成熟到足以把对立双方纳入本质概念之中"的基本意思。

苏格拉底只讲"自我",不讲"自然"("存在"),柏拉图晚期由"自我"回到"自然",但却并没有一种适合于掌握自然(存在)的工具。辩证法承认对立命题,使它们陷于无穷无尽的争论之中,其结果只能是消极的,不能由此得到关于"存在"的确定、可靠的知识;苏格拉底、柏拉图的辩证法不能完成这个任务,于是亚里士多德提出"三段论"逻辑,以"分析的"代替"辩证的"。

"分析的"逻辑方法求思维的一贯性和必然性,不承认矛盾命题的合逻辑性,把苏格拉底、柏拉图的只存在于"思想"中的"理念"(归根结蒂为最高之真、善、美)变为各种逻辑"范畴"(质、量、模态、关系、时、空……),从而可以掌握"存在"之真理,在千变万化之"存在"中求出了不变之本质规律,即"存在之存在"的规定性,这是一种"分析的"方法,不是"辩证的"方法。

亚里士多德初创的这种方法,对于科学思维的发展有极大的贡献,这是无可否认的。从苏格拉底、柏拉图的辩证法到亚里士多德的"分析的方法"是一个巨大的历史进步,并从此奠定了欧洲哲学思维的、与"辩证法"相应的另一大传统。

在哲学基本理论方面,亚里士多德反对"理念论",与此相对地,提出了"实体论"②,问题就由"ἰδέα"转化为"οὐσία"。从亚里士多德的论述中,我们可以体会出这样一种意思:"辩证法"(dialectic)是掌握"理念"(ἰδέα)的工具,而"分析法"(analytic)则是掌握"实体"(οὐσία)的工具,因而在亚里士多德看来,"辩证法"不适合于掌握科学知识③。

---

① 参阅伊文思(J. D. G. Evans):《亚里士多德关于"辩证法"的概念》,剑桥,1977年,第20页注〔47〕。
② 此处"实体"不是前面"精神实体"、"物质实体"的"实体",英译常为"substance",也可以说是"存在"。
③ 参阅伊文思:《亚里士多德关于"辩证法"的概念》,第17页。

然而，亚里士多德的问题还在于，他认为，"分析的方法"不仅是掌握"实体"的工具，而且还是掌握"本体"（"存在之存在"）的工具，因此，这种思维方式，不仅是（自然）科学的适合的方式，也是哲学的适合的方式。这样，亚里士多德的"逻辑范畴论"就是他的《原物理学》的合宜的工具，以（自然）科学的思维方式（范畴）来掌握哲学的基本问题——本体的问题，这就是亚里士多德当时和后来哲学史上"形而上学"的本质含义。在这个意义上，由于在哲学学说内部形成了"辩证的"和"形而上学的"对立，所以我们也可以说，这同时是"辩证的"和"分析的"两种思维方法的对立[①]。

我们看到，这个传统的对立，在欧洲哲学史上延续了很长的时间，其中笛卡尔、斯宾诺莎以及后来德国伏尔夫学派都是把哲学当作科学逻辑范畴体系，运用的是自亚里士多德以来的"分析的"、"形而上学的"方法。

欧洲近代哲学给这个传统以严重打击的是康德。从我们研究的论题来看，康德第一个把"分析的"方法从"形而上学体系"中拯救了出来，给"分析的"和"辩证的"方法以各自适当的位置。康德严格地限制"分析的"方法于科学知识的范围，把科学问题与哲学问题严格划分开来，指出以"分析的"方法对待哲学问题，以科学逻辑"范畴"（十二个）来掌握哲学的"本体"，是一切思想混乱的根源。在康德看来，科学知识由两部分组成：一是先天的直观和逻辑形式，一是经验的事实材料，二者缺一不可。实际说来，这个意思和亚里士多德相差不远；他们不同的地方在于：亚里士多德否定"理念"，以"范畴"涵盖理念，因而他的哲学是"形而上学"的；康德承认"理念"，认为它们是哲学的问题，不能用经验科学的"范畴"去套，因为它们没有经验的事实材料作根据，因而不能用科学逻辑分析方式去掌握，所以，按我们的理解，在康德看来，哲学不是理论性的，而是实践性的，这也就是为什么他把实践理性批判提到哲学首位的理论意义所在。这样，我们看到，康德的哲学，不应是传统意义上的"形而上学"，而是一种新的"思想体系"。

然而，康德哲学开拓了两方面的道路：一方面从他的保存哲学基本问题、承认哲学理念的实践方面，发展成新的综合性的哲学知识科学，即费希特、谢

[①] 关于亚里士多德哲学中"辩证的"和"分析的"对立，还可参阅《分析篇》I，IV和《形而上学》995b等处。

林、黑格尔的哲学；另一方面则启迪了现代在欧美占统治地位的分析学派。这样，我们又在新的历史条件、新的形式下看到了"辩证的"和"分析的"对立。

康德哲学揭示了"辩证思维"的不可避免性以及它与哲学问题的不可分割的必然联系。哲学的"理念"必然是矛盾的命题，即哲学既然必须借用科学范畴"阐述"自己，就必定会陷于矛盾，陷于"二律背反"，这就是辩证法。但辩证法在康德哲学中是消极的，哲学的理念作为理论理性言，只起消极作用，即给科学知识以限制，这些理念是"限制性概念"；它的积极作用，是在实践中，在主体自我的道德自律中，体现出最为确定的、绝对的原则，而在这个原则支配之下，一切科学知识最核心的是对自己的理性的认识能力的认识，苏格拉底的"认识你自己"，在康德的"实践理性"中得到了"复兴"。

然而，哲学毕竟是理论性的，没有概念、判断、推理这些逻辑工具，就没有哲学本身，康德哲学的体系，仍然是一个理论的体系，接续康德这方面的方向，就有费希特的知识学，把实践理性当作知识来处理，然后又有谢林的艺术哲学和自然哲学，直到黑格尔的思辨哲学。这个系统是从积极方面发展了康德的辩证法，使它成为真正的哲学思维的武器。黑格尔在这条道路上完成了康德改造旧逻辑（即分析的、科学的逻辑）的体系，建立了"辩证逻辑"即"哲学"体系；与科学、分析逻辑相应，在黑格尔那里有辩证的、思辨的概念、范畴，及包括否定之否定等在内的各种"辩证规律"。

这时，我们看到，哲学在新的形式下又回到亚里士多德的"原物理学"（"形而上学"）包罗万象的知识体系，不过它的思维方式已不是科学的、分析的，而是辩证的。由于他们并不赞成用"分析的"科学逻辑方法来套哲学问题，因而他们并不认为自己的哲学是"形而上学"，这样，在哲学学说内部，"辩证的"和"形而上的"对立更进一步明确了起来。

然而，康德哲学还开辟了另外一个传统：分析哲学的传统。康德的"辩证法"正如《纯粹理性批判》"辩证篇"所表明的，只有消极的意义，就他的思想实质言，他是从根本上否定理论思辨哲学的，因此他把他的哲学叫做"批判哲学"。这里所谓"批判"（Critique）是指对主体认识能力的分析考察，揭示它的本质特点和功能（范围）。他把这种理性的能力分成理智的、意志的和情感的三种，指出一切科学逻辑范畴及时空观念只适用于理智的范围，是人类理智的制定规则的功能，而不适用于意志和情感的领域。既然逻辑分析范畴只适用于理智，而理性本质和本体的问题则原则上无法用逻辑范畴像科学知识那样去把握，因此这些本体性的问题就不是理智的范围，而是"信仰"（在古希腊是"意见"）的范围，——这就是康德所谓"限制理性，以便为信仰留下余地"的意义。这样，我们可以看到，康德唯一承认的"哲学"，就是"批判哲学"，在这个意义上，我们想指出康德的"批判哲学"在本质上是和当今的"分析哲学"同义的，即他们都否定对哲学的根本问题可以作理论的把握，在康德认为那是"理性的僭妄"，在当今分析哲学认为那是科学语言和逻辑的"滥用"；分析哲学的典型理论认为传统哲学问题只是人的主观情感等等，都不能形成科学知识，因而唯一能给哲学留下的则是"分析"主体的理性制定规则、运用规则的功能——其核心为语言、逻辑，皮尔士的"使思想明晰化"成为他们的格言。

这种"批判"、"分析"的精神当然是与黑格尔的"辩证"的精神完全对立的，所以这个学派的奠基者们以反对"绝对唯心主义"、"回到经验事实"为旗帜，而在这同时，当然也就反对了在他们看来不可避免会转化为"形而上学思维特点"的辩证法。

与康德"批判哲学"一样，分析哲学的基本精神在于：以人类语言为核心的理论思维，作为科学知识的工具，只适用于经验的范围。语词或逻辑概念只有在逻辑上可以证明、在实践上可以证实时才有"意义"，即只有在必然的逻辑形式（符号）与感觉的经验事实（所指）相结合时，才是"有意义的"，而所谓传统哲学的本体论问题是无法证明和证实的，因而是"无意义的""假问题"，在这些问题面前，如维特根斯坦所说，人们只能保持沉默，因为这些事实都是"不可言说的"，就像康德所谓"不可知的"一样；因此，他们唯一所能承认的哲学，是"分析的"哲学，即"分析"人类思维的工具——逻辑和语言——在人类思维认识中的功能、作用和范围。

现代分析哲学家比康德更为清楚、更为彻底的地方在于：他们意识到，否定传统哲学问题，就是完全否认"辩证法"，也就是否定哲学本身，如果不想把哲学等同于一般具体科学的话。他们果然这样宣布了，似乎"辩证法"已与"哲学"一起寿终正寝了。

这就是哲学上"分析的"、"形而上学的"和"辩证的"思维方式的对立的理论性质和历史发展的回顾。时间已过去两千年了，但问题的实质还是和当年苏格拉底、柏拉图与亚里士多德在思维方式上的对立一样。在有这些基本认识以后，我们就有可能进一步具体研究苏格拉底辩证法的历史特点和它在历史上的地位。

2. 前苏格拉底时期的辩证观念

古代希腊文"διαλεκτικός"来源于动词"δίαλεγω"，而这个动词又由动词"λέγω"派生，"λέγω"的原意是"摘取"、"收集"（英文 pick up，德文 aufnemmen，法文 recueillir）①，后来演化出来它的主要意义：言说。

表面上看，从"摘取"、"收集"到"言说"似乎没有多少联系，所以有的字典把它作为两个词来处理；但如果从人类思维的根本特点来看，这两种含意，是有相当重要的联系的。我们知道，人类的语言（言说）是以一种符号的结构系统来反映客观事物的，这种创造并运用符号的能力是人的理性的一种抽象的能力。也许，原始的人类有着比我们更加丰富的表情、手势和姿态以互相交流思想情感，但"语言"这种符号系统由于它的无可比拟的优越性而冠临一切其他传达、交流系统。然而，即使在最简单的手势语言中，人们对客观事物的描述也是有所"取舍"的，因而就其本质言，"语言"以及它的其他派生物（手势、姿态、乐声及各艺术种类的媒介物等）都已不仅仅是客观对象的镜子式的反映，而是一种抽象、概括。语词与客观对象之间的形象式的关系——如汉语中的"苹果"的语音与英文"Apple"的语音和苹果形象的联系，是历史形成的，但语词之间的文法关系，本质上却是逻辑的。这样，我们的"语言"不仅有"采集"、"取舍"（抽象）的能力，而且有按规则把语词连接成语句的能力，所以，"λέγω"这个词又有"组合"、"综合"的意思②。

"διά"原是个介词（和副词），意义有二：一为"通过"、"贯彻"（through），一为"分开"（asunder）。这两个含义也是相联系的：只有"分开"才能"通过"。

按字典说，"δίαλεγω"这个词不见于荷马的著作，第一次出现于赫西俄的

---

① 早期版本的字典中尚有"lay, legen"一意，后来的版本删去了此意。
② 汉语中的"道"也有"道路"、"言说"、"道理"等多种意思。

《神谱》，意思是"讨论"，于是"互相讨论"就成了这个词的基本意思。我们译成"辩证法"的希腊原文，就是从这个词派生出来的名词 διαλεκτικός。

人们之所以把 λεγώ 加上"διά"的前缀，是因为人们发现，人们的语言和思想，即人们对客观事物的认识，不但要反复再三地深入推进，而且在这过程中，会遇到矛盾的命题，两个对立的命题，孤立地就其本身而言，竟然都是可"通"的，因此不仅要"反复"考察，而且要"分开"考察。

这样，διαλεκτικός 就又与人们对于"矛盾"的意识密切相联系了。

无可否认的，这种"矛盾"的意识，首先是由人的感性提供的，因此任何原始民族，都有一种天生的辩证思维的倾向，古代希腊哲学家是天生的辩证论者。

感觉告诉我们一切都在变化之中，日新月异，四时之序，沧海桑田，生老病死，一切都是过眼云烟。在古代生产力低下的历史条件下，这种"矛盾"感，常引起人们一种压抑的心情，但也可以因其必然性而引发出乐天知命的达观态度。希腊早期哲学家采取了后一种立场，因为他们相信在千变万化的世界中，有一种"正义"（δίκη）或"度"（λογος）在维系着宇宙的平衡，得了这个"道"，则无往而不"通"。

我们看到，在早期希腊哲学学派中，无论米利都学派或南意大利学派，都相当充分地承认了感性世界的各种对立现象，但也都有各自的"道"，以求万物的平衡。

米利都学派重在万物之质，以"无定"之水为始基，生化万物，"水"虽出自更为原始之"无定"之"混沌"，但生化万物之后，却有"δίκη"（"正义"）（阿那克西曼德、阿那克西曼尼），如果过了"度"，则"δίκη"将给以惩罚。

南意大利学派以"有定"之数为原则，以和谐为宇宙之本，但也同时承认各种对立之现象，列举了"奇"、"偶"、"一"、"多"、"左"、"右"、"静"、"动"、"明"、"暗"、"善"、"恶"等等，也可谓感性世界辩证法之洋洋大观了。

我们都知道，在辩证法方面，赫拉克利特是这个时期的最大代表，他对于客观感性世界矛盾现象的意识集中体现于他的名言"万物皆流逝"和"不能两次涉同一河"之中。赫拉克利特辩证法的特点在于综合了米利都和南意大利学派两家之学说，以量的变换性动摇了事物的质的稳定性，同时又以量的规则性（度）维持了质的稳定性。米利都学派的"不定"之始基——水，既为"不定"，则无可度量,无度量亦无质的稳定性,今日之"河"、"水"已非昔日之"河"、"水",因而整个米利都学派之宇宙论将被"不能两次涉同一河"而动摇。但是,赫拉克利特的"火"是活的,但又是"有定的",它的变化是有"分寸"、有"度"的,这个"度"就是他的学说的另一核心"逻各斯"。

早期希腊哲学思想的发展趋向,是循自然哲学宇宙论往"微粒宇宙观"发展,由"无定"与"有定"的对立导至"可分"、"不可分"的对立。我们认为,这是早期宇宙论的核心问题,也是当时辩证思维的关键问题。

"有定"的"逻各斯"已主要地被赋予了数学的意义,那末,相应地,"无定"的物质始基,当然就可以无限分割下去。这样无穷尽地分割下去,在古人的思想中,"物质性"(质料性)始基就会发生动摇,甚至"始基"作为物质性概念就是不能成立的。

我们认为,通过可分、不可分的问题,欧洲哲学第一次从感性现象的辩证法进入到本质的、本体的辩证法,这就是说,辩证法已不仅仅是现象上的冷、热、动、静,或数学上的奇、偶等等,而是涉及到"本原"、"始基"的可分与不可分问题,即"本原"、"始基"本应是"一",但事实上,如果"一"为"存在",则仍可以再分,于是不仅是现象,而且是本体同样也存在可分、不可分的矛盾。

这个本质的矛盾的揭示,打破了一种传统观念。原来在早期人类的观念中,万物都可以分,但分到了"一",就不能再分,再分就会是"零"(〇),是为"虚无"[①],中外古代都有这种思想,所谓"一"即"元","一元复始","大哉乾元",至今我们还用"一元论"、"二元论"、"多元论"来与西方的"entity"、"unity"等对应。这种思想推到极致,即"原子论"。"原子"从哲学上说是消极的说法,因为它只说"不可分",而积极的说法是后来的"单子论","单子"(Monad)即原子,"单"者"一"也,仍是分到了"一",就不可再分。

爱利亚学派揭示了"一"的矛盾,也就是揭示了"微粒宇宙论"哲学的矛盾,芝诺的四个谬论都是围绕这一基本问题进行的,所以亚里士多德指出爱利亚的芝诺是辩证法的创始者是有理由的,我们并不能因为在芝诺的史料中找不出后来"问答式的论辩法"而怀疑亚里士多德论断的可靠性[②]。

---
① 参阅拙著《前苏格拉底哲学研究》,第166页。
② 见梅耶尔:《苏格拉底,他的工作和他的历史地位》,第205页注〔2〕。

古代哲学宇宙论的辩证法，从大的"有定"、"无定"的矛盾到小的"可分"、"不可分"的矛盾，从"至大无外"到"至小无内"，已经走完了它自己的路程，即经过爱利亚学派的巴门尼德和芝诺，已由感性的现象的辩证法过渡为理智的、本质的辩证法，但同样仍是客观世界（宇宙）的辩证法，这是一种对宇宙世界的矛盾观，是一种客观的揭示和描述。但从我们上述的讨论看，"辩证法"还应是思想的、语言的矛盾，即两种对立命题的矛盾，而这一点正是辩证法的本意。所以，我们看到，尽管早期哲学家揭示了许多矛盾现象，但他们似乎都没有专门用"διαλεκτικός"这一概念。

应该说，思想的矛盾、语言的矛盾、命题的矛盾主要是智者学派揭示的，所以这个Sophist后来转为"Sophistic（a1）"和"Sophism"，而我们有时把这个学派译成"诡辩学派"尽管不可取也是"事出有因"的。

我们前面说过，智者学派是最早把人们的注意力从客观存在的宇宙引向人本身的，但他们所理解的人，归根结蒂，是感性的、自然的存在，这样一个立场，贯串于他们对于人的思想、人的道德和人的社会等各个方面。

人们不是要在千变万化的宇宙中寻找"尺度"、"逻各斯"吗？不是要找"数的和谐"吗？这个"度"不是别的，正是人本身。普罗塔哥拉斯的伟大格言"人为万物的尺度"宣告哲学有了一个新的起点或立足点，因为如果说过去哲学的核心是遥远的星空和深邃的"本原"的话，那末，从智者学派开始，哲学的"本原"、"始基"，就是你自己。

然而，智者们既然以感性的人为立足点，这个"人"与它的周围世界就只是一种自然的、充其量为一种群体的关系。这个刚刚从宇宙里分化出来的"初生的人"，一方面它还不能与它的世界真正有意识地分离开来，还是自然的一个部分；另方面却又带来"初生儿"的顽强的主观性，固执于自己的感性的欲望，向自然要求得到一切的满足。它和自然、和别人没有真正的"交流"，以盲目的自然"撞击"维系着与自然和他人的平衡。

从这样一个立场出发，就辩证法问题来看，我们觉得有这样一个重要现象应该指出：智者学派把赫拉克利特的"万物皆流"、"不能两次涉同一河"这样一些宇宙论的感性的、客观的辩证法引入人本身，以适应"朝秦暮楚"的人的感情（感性）的变化。这样，所谓"人为万物的尺度"之"尺度"本身也是充满了矛盾变化的,"尺度"终于导向"无度",这一点是为苏格拉底、柏拉图看得一清二楚的。

于是,从"人为万物的尺度"引导出一条重要原理:"一切事物,都有两个互相对立的道理(说法)"(δύο λόγους εἶναι περὶ παντός πράγματος ἀντικειμένους ἀλλήλοις)①,从这里出发,语言和思想就无所谓"真"、"假"、"对"、"错",任何"说法"都具有"真理性"。根据第欧根尼·拉修斯的记载,正是普罗塔哥拉斯首先提出,既然感觉无分真假,则"一切(说法)皆真"(πάντα εἶναι ἀληθή)②,这就是说,同一事物,可以有对立的两种说法,而这两种说法都是被允许的,都是"真"的。

在这里,我们看到,在辩证法的问题上,我们第一次遇到两个"说法"、两个"判断"、两个"命题"的对立,而这正是"διαλεκτικός"这个词的原意,所以在某种意义上,我们也可以说,智者学派是严格意义上"辩证法"的创始者。"辩证法"从此建立了一个传统,即研究人的思维、语言、命题之间的关系,这种关系,不同于语言语法和思维逻辑的形式关系,而是与哲学世界观的立场密切不可分的,因而是一种哲学思维、哲学认识的逻辑,哲学语言的语法。这个传统是普罗塔哥拉斯建立的,后人说他的原则是:

对一切正题提出反题。
(παντὶ λόγωι λόγον ἀντικεῖσθαι)③

我们认为,这是康德的"二律背反"思想在古代的雏形。

但是,建立在感觉基础上的"二律背反"是很不牢固的。它的确揭示了人类思维的辩证的、矛盾的过程,在人类认识论史上起过很大的作用,但它又动摇了人类科学认识的基础,陷入相对主义、怀疑主义。智者们动摇了苦心经营建立起来的传统的知识大厦,以雅典奴隶主城邦民主制自己的原则从内部摧毁这个原则,起到了波斯和斯巴达军队所不能起到的作用;它们把雅典人带到一种原始的、自

---

① D.80,B6a.(D.指Diels所集《前苏格拉底哲学残篇》)
② D.80,A1.
③ D.80,A20.

然的"混沌"境界，各"原子"按自己的"规律"（感性的、自然的需求或意见）"旋转"（δίνη），"辩证法"变成了"诡辩论"，成了随心所欲的主观的游戏。

也许，就是在这个人类文明的初期，出现过为维特根斯坦所根本反对的"私人语言"（private language）。

智者们是欧洲文明的第一批语言大师。他们既然把人当作单纯的感觉的存在，对于语言的认识，从哲学上维持了一种朴素的看法：语言是感觉的描写。既然感觉是私人的，语言似乎也应是私人的。如同一切单纯自然的手段一样，感觉既无真假，语言也无真假可言，而只能有"强"、"弱"之分。这样，智者的任务就不在于教人以"真理"、"知识"，而在于锻炼人的语言能力（思维能力），就像锻炼人的身体一样，"使弱者变强"，所以，智者也是欧洲古代第一批修辞学家。他们这种学说，发展到后来，就像阿里斯多芬讽刺的那样，不是以"理"服人，而是以"势"压人；在雅典的公民大会的鼓噪声中，语言已无交流作用，谁也不愿聆听别人的意见，只忙着将自己的看法强加于人，最后的命运，取决于偶然的自然的结果。"辩证法"的主观随意的运用，已到恶性泛滥的地步。

早期智者中，在语言修辞学上的典范人物是高尔吉亚，据说他是被亚里士多德定为修辞学创始者的恩培多克勒的学生。他受到当时包括苏格拉底在内的哲人应有的尊敬是毫不足怪的，从现在留存的材料来看，高尔吉亚对语言之本质的观察以及他将辩证思维运用于哲学重大问题上所表现出来的那种纯熟性，至今还是令人钦佩的。尽管我们并不会同意他对语言和一系列哲学问题的分析，尽管我们已经指出在这些摧毁性的分析背后并没有他自己的正面的主张[①]，但他在论证中体现的那种逻辑的彻底精神，对我们却仍有一种历史的魅力。我们知道，这种彻底性，是哲学所不可缺少的，也是任何学科所不可缺少的。

就我们的研究来说，尤其值得注意的是高尔吉亚曾定居于雅典，是他把辩证的思维方式带给了雅典人。历史记载说，他使雅典人爱机智，爱语言[②]，他是把普罗塔哥拉斯"人为万物的尺度"和"任何正题都有反题"原则在深、广方面都有很大推进的早期智者代表人物。

我们已经说过，所谓"任何正题都有反题"这个原则，在当时的雅典首先

---

① 参阅拙著：《前苏格拉底哲学研究》智者学派部分。
② D.A4（3）.

具有反传统的性质。

我们知道，雅典具有深厚的奴隶主民主制传统，这个传统曾使他们抗击过波斯人的侵略，建设了辉煌的城邦，雄踞海上，但在思想意识上，在哲学和科学上，就像它的经济一样，雅典在当时并不是很先进的。希腊的科学、哲学思想发源于希腊本土以外的，与世界（当时主要是东方）交往较多、经济比较繁荣的殖民城邦；但雅典毕竟有一个较好的政治基础、较为自由的政治制度和政治气候，它随着城邦的强大，吸引了一批学者，这批学者到雅典的第一个任务就是破除传统观念的迷信，阿那克萨哥拉就是自然哲学方面的代表人物。

高尔吉亚要破除的观念是根深蒂固的，任务是相当艰巨的。

首先是哲学上的。留传下来的高尔吉亚关于"存在"与"非存在"（"无"）的论证，在当时雅典一定曾是"惊世骇俗"的，虽然它可能只是"任何正题都有反题"这一原则的一个练习。这个残篇对传统自然哲学的"始基"、"存在"、"有定"、"无定"、"一"、"多"等许多基本范畴都提出了"反题"。不仅如此，高尔吉亚还进一步提出"语言"与"感觉"的矛盾，这一点对于现代欧美某些哲学流派言，应是很有兴味的。

高尔吉亚说，既然"可听的"和"可视的"之间不能互换，不能互相代替，那末，只是可听之声音的组合，怎能代替可视之物，可以描述世界呢？在这里，应该出乎维特根斯坦意料之外，古人竟然认为，"感觉的世界"也是"不可言说"的了；退一步说，即使可以言说，也是"不可传达的"（ἀνέξοιστον ἑτέρωι）[1]，理由是：视觉之物只能通过视觉来感知，语言不是视觉，故不能通过语言来感知视觉之物。这个推论的实际根据仍是表明，感觉都是"私人的"、"个别的"，因而，不但不能传达给别人，各感觉之间也是不能沟通的。

在这里，我们看到，在哲学认识论上，感觉与语言、感性与理性的矛盾已经揭示到相当极端的程度，这个问题，在近代被康德重新提出，当今西方许多哲学流派，如分析学派、现象学派、存在学派等都力图用各自的理论、方法来解释这个矛盾，而这个矛盾在古代的最清楚的概述，正是在"任何正题都有反题"这样一个辩证思维原则下所作的一种论辩训练中保留了下来。

---

[1] D.B3（83）.

不仅如此，我们还应该顺便指出，高尔吉亚的《海伦赞》和《帕拉梅德斯辩护词》同样具有一种颠覆传统观念（对这两个人的评价）的作用①，正如柏拉图在《费德罗》篇里所指出过的，高尔吉亚对同一件事，既可以提出赞扬，又可以提出谴责②；这种反传统的精神，也就是后来智者安提丰等在社会问题、法制问题上提出"自然法"与"习惯法"对立的理论根源，因而智者学派的"任何正题都有反题"的辩证思维的精神，是贯彻于各个方面的。

苏格拉底与之辩论的对手，主要是这样一些智者大师，他们在哲学基本问题、道德伦理、社会制度等各个方面展开了针锋相对的辩论，但既然这些讨论的核心取决于对"辩证法"即矛盾命题的看法，那末，苏格拉底的方法也不能不围绕着同样的问题。

我们已经说过，苏格拉底的以"理念论"为核心的哲学立场与智者学派以"感觉论"为核心是截然相反的，这决定了他与智者们在对待"辩证法"的态度上，对待"辩证法"的运用上，也是有根本区别的。苏格拉底把古代"辩证法"从主观的、感觉式的运用中解脱出来，成为理性的哲学思维的方法，应该说，是有他的历史贡献的。

从根本上说，苏格拉底把智者的感性的人变成理性的人，以这个理性的人为核心展开自己的哲学，这样，人就不是感性自然的一个部分，而是与自然对立的一种力量，人的理性是掌握自然的武器，人在自然中不是无目的、无思想地"碰撞"，而是有目的、有意识地创造，成为自然的主人。一句话，人不仅是自然感性的实体，而且是道德理性的实体。人的主体性，不仅是有感觉、有语言——语言本身是一种客观社会现象——，而且是有理性、有思想的，思想的分析代替了语言的分析，智者们的语言、修辞的研究发展成思想"理念"的分析，于是"语言的辩证法"（论辩法，ἔρις③）真正成为"理念的"、"思想的"辩证法（διαλεκτικός）。

然而，我们将会看到，由于苏格拉底主要的倾向是把人当作道德的实体，

---

① 参阅拙著：《前苏格拉底哲学研究》，高尔吉亚部分。
② 柏拉图：《费德罗》篇，267a。
③ 智者们并没有把自己的方法称作"διαλεκτικός"，而据说普罗塔哥拉斯有一部失传了的书叫做《论辩术》(τέχνη ἐριστικῶν)（见第欧根尼·拉修斯：《名哲言行录》9，55）；在《理想国》中（454a）也已经明确指出了 eristic 和 dialectic 之间的区别。

而否定一切自然哲学知识的可靠性，因而他的辩证法，就像在康德哲学中一样，也只有消极的作用，而有待于柏拉图、亚里士多德的发展。

3. 苏格拉底辩证法的历史特点

从以上分析可以看出，在智者学派那里，辩证法由于被主观地加以运用，已经显示出这种主观相对主义"辩证思维方式"的消极性，苏格拉底哲学本是针对这种主观相对性而发的。这就是说，古代早期感觉的"辩证法"从自然哲学的宇宙论到智者学派的诡辩论（固且名之），已经走到了尽头，矛盾、对立执着地各持一方，万物瞬息，犹如天马行空，无迹可寻，科学知识失去了可靠的基地——感性世界本身的规律性，这个世界被智者们弄得似乎只能感觉，不能理解，"只可意会不可言传"了。

不错，普罗塔哥拉斯说过"人为万物的尺度"，但是"人"如果只有感觉而没有思想（理性），则无法起到"尺度"的作用，万物仍为一片"混沌"。苏格拉底"理念论"的提出，在"混沌"中求"差异"，在"变化"中求"规则"，使知识有一稳定可靠的基础，从哲学上说，"理念论"的提出，才使主体与客体在原则上有了区别，有了对立，有了区别、对立才有真正意义的"沟通关系"。"混沌"一片，无"关系"可言，古代哲学发展到智者学派，又回到了人与自然、主体与客体的一种感性的、"无差别"的"同一"，这种"同一"所造成的思想上和实际上的混乱，在当时已是雅典的社会实际，是人人都可感受到的。在这个根本意义上说，苏格拉底"理念论"本身已经意味着主体与客体、自我与自然的进一步对立，在一个新的意义上出现了"二律背反"：自然的、客体的"律"和自我的、主体的"律"的对立；而在苏格拉底看来，如前面指出过的，主体的、自我的律（道德伦理、善、目的、功能等范畴）是起支配地位的，只有在这个基础上，"自然哲学"、"自然知识"才有了坚实可靠的基础，因此，主体与客体的对立的辩证法，本是有着维护科学知识的真理性的积极意义的，这就是说，在苏格拉底心目中，"辩证法"是掌握真理的武器。① 一方面保留了

---

① 柏拉图：《理想国》篇，454a；参阅菲立浦生：《苏格拉底的审判》，第133—135页。

"二律背反"的辩证法的必然性,另方面又强调科学知识的可靠性、确定性,这就是苏格拉底哲学所面临的问题。

辩证的思维方式的确包含了否定的方面,它的天职就是"揭露矛盾",苏格拉底从早期智者那里学得了这种方法,并且"以子之矛攻子之盾",反过来揭露智者(以及一切以感性自然为归依的早期哲学家)的矛盾,揭露他们自称"有知识",实际并无知识,但却以"知识""教授"自居,事实上按他们自己的理论,本不可言说、只可以亲自感觉体会的东西,怎能"传达"、"教授"呢?所以,在反驳智者时,苏格拉底用的同样是"辩证法",即"任何正题都有反题"[①]。

这种辩论的方法在形式上就是所谓"诘问法"或"问答法"。"诘问法"是"辩证法"的一种普遍的形式,已为《克拉底鲁》篇所印证(390c),可能也是来自智者学派的创造,但考虑到智者们大都为修辞学家,而《高尔吉亚》篇又表明他们似乎善于长篇大论,所以不妨将这种形式的成熟的运用归于苏格拉底。苏格拉底不立学校,不正式授徒,只是与人"讨论"问题,一问一答,以揭露矛盾,穷根究底,探本求源,所以,所谓"辩证法"与"论辩法"、"诘问法"、"反证法"之所以有这样密切的联系,当也与苏格拉底的运用有关。

"诘问法"也可以说是"任何正题都有反题"这一原则的具体运用,不过不是孤立地、独断地提出两个命题,如"德性是可教的"和"德性是不可教的",而是通过问答,把正题引向反题,把本来认为"可教的",引导到"不可教的"(按智者那样理解"德性")结论上来。

这样一种论辩方法显示了苏格拉底的"讽刺"精神,而这种"讽刺精神"也正是辩证思维方式在消极、否定方面的一种体现。

与智者一样,苏格拉底的"讽刺"目的在于摧毁一切现成的、传统的观念,揭露其虚假性,只是"貌似知识",实际并非"知识",而他的"讽刺"对象不仅包括智者,而且包括苏格拉底本人在内,这也可以说是一个从"无"(知识)到无的过程,真是如高尔吉亚说的,"一切皆无"。首先,苏格拉底设定自

---

① 泰勒在《苏格拉底种种》(第97页等处)中指出,有一篇佚名的但显然反映智者思想的文章《论矛盾命题》(δισσοὶ λόγοι)对苏格拉底影响很大。这篇文章可说是集"任何正题都有反题"之大成,其中有许多论证,如同高尔吉亚的哲学残篇一样,可能是当时智者教课之教本,很值得参阅。

己"无知",以探讨的态度向一切自称"有知识"的智者求教,讨论结果却表明这些所谓"智者"也同样"无知"。这种手段之所以被后人称为一种"讽刺",还在于苏格拉底在这个从"无"到"无"的过程中,有着积极的、肯定的环节,并不是绝对的"无",这就是说,在揭示自己和别人的无知的过程中,体现了寻求可靠真理的不渝的信念,承认已知"真理"之不完善,是走向获得真正知识的第一步——真理从承认无知开始,因而在这种意义上,苏格拉底本人为"最有智慧的人"则不仅仅是一种文学的机智或风趣的手法。"学习"固是从无知到有知的过程,然而"知也无涯",故"学也无涯","学"者总是以"无知"开始,这样,苏格拉底始终是一个"探索者"。没有对现有知识的否定精神就没有探索,没有对真理的确定的信心也同样没有探索,所以苏格拉底的"讽刺",不是相对主义的、虚无主义的,而是在否定中蕴含着积极的态度,因而是"辩证的",不是"怀疑的";饶有兴味的历史现象是:理论上持相对主义的智者们,却在实际上陷入自我主义的武断,以感性自我的"尺度"欺诈天下,强加于人。

正是从这样一种"辩证的"态度,苏格拉底以"理念论"代替智者的"感觉论",而他具体使用的方法,按照亚里士多德所概括的,是"归纳"和"定义"的方法。为了便于讨论,我们应将原文引述如下:"有两件事应归于苏格拉底名下:归纳性的论证和普遍性的定义,这两者都涉及知识的根本原则。"(δύο γάρ ἐστιν ἅ τις ἂν ἀποδοίη Σωκράτει δικαίως, τούς τ' ἐπακτικοὺς λόγους καὶ τὸ ὁρίζεσθαι καθόλου· ταῦτα γάρ ἐστιν ἄμφω περὶ ἀρχὴν ἐπιστήμης.) ①

亚里士多德这段话指明了苏格拉底在哲学认识论的方法论方面的主要贡献,在理解方面并没有可以引起疑问的地方,问题在于上下文的联系,上接的一段话涉及"辩证法",下连那段话涉及"理念论",这就是说,亚里士多德这里的"归纳"和"定义"与"辩证法"和"理念论"到底有什么关系,或苏格拉底在这三者之关系上的作用,亚里士多德心中有个什么看法。

上一段话是:"那个时候(τότ' ἦν),辩证法尚未成熟到足以把对立(命题)逐一考察,并将它们归于同一个学科(知识)(ἡ αὐτὴ ἐπιστήμη)名下。"这里的问题是:"那个时候"是指苏格拉底还是更早?

---

① 亚里士多德:《形而上学》1078b。

下一段话是："但是，苏格拉底既未把普遍的东西看成是分离的（孤立的，χωριστά）也没有把定义看成是分离的，而把这些看成是分离的人认为这些（孤立之物）才是理念"。这句话前面已多次提到，这里按照我们的理解译了出来，我们体会亚里士多德的意思是：苏格拉底提出的"理念"是可以与感性材料相结合的，因而是为（科学的、经验的）知识（ἐπιστήμη）服务的，这是亚里士多德同意的，因为这种"理念"就是他的"范畴"；而晚年的柏拉图却把"理念"的共相与感觉的殊相完全割裂开来，这是亚里士多德所不赞成的。

关于前文，我们觉得"那个时候"是指包括了苏格拉底在内的时期，亚里士多德的意思是：直到德谟克利特，人们只是抓住个别的感性的对立现象，如"冷"、"热"等，只有苏格拉底通过伦理学的研究，致力于探索普遍的定义，而在这个起始时期，"辩证法"并不成熟，没有把对立面的总体（经验之全，存在之存在）（像他本人那样）统摄于一门统一的学科（"形而上学"或"原物理学"）之下。但苏格拉底对"辩证法"毕竟作出了贡献，即把感觉的矛盾（如冷、热等）变成了"定义"、"归纳"的普遍的矛盾，即概念的矛盾；然而，在亚里士多德的心目中，苏格拉底的"辩证法"终究是追求知识的，因而并没有与感觉的对象完全脱离开来，他的定义还是从经验问题的辩论中"归纳"出来的，因而是为经验的科学知识服务的，把"理念"当作脱离感性事物的实体来对待是柏拉图晚年的事。因而，在亚里士多德看来，苏格拉底的辩证法是要以"理念论"积极地建立一门科学，但因当时的条件不成熟，未能成功，而柏拉图的"理念"，成为"超经验"的实体，则与科学知识无关。

应该说，亚里士多德这三段话在历史的真实性方面有不少可以讨论的疑难之点，这和他从柏拉图学习时的口头传说的可靠程度和他自己本人的主观感想有关，但在理论上，亚里士多德的记述却是很敏锐的[①]。认真说来，单纯的感觉并无"对立"、"矛盾"可言，"冷"和"热"都是经过一定程度的"概括"、"抽象"的知觉，因而感觉的对立，常常是知觉判断的对立，是对同一物的"这是

[①] 不能说古代希腊人没有历史感，但在中国人看来，他们的历史感相比之下显得相当的薄弱。希腊固然有荷马的史诗，希罗多德的《历史》，有赫西俄的《神谱》，更有修昔底德的《伯罗奔尼撒战争史》，但他们对历史事件的"感想"（包括艺术性的感受），大大超过了他们对这些事件的"忠实感"，因此，比较而言，他们的历史大都是"大而化之"，不一定顾全"细节的真实"。相比之下，古代希腊人的"哲学意识"确是相当发达的，这是研究古代历史的一个有趣的题目。

冷的"和"这是热的"判断上的对立。问题在于这种判断又是和具体感觉不可分的，而感觉常变，因而我们的知觉判断也常变，所以必须在这变化的"流"中找出连续性的中断，找出质的规定性，才能有确定的知识，才能确定地说该物是冷还是热。这就是"尺度"问题，"定义"问题。苏格拉底的方法是从不同事物或相反事物中"归纳"出相同的特性来，以回答"什么是X"的问题，定义一旦给出，则是事物的本质，事物的"理念"，因而事物可变，定义则是不可变的。这是语言的、思想的同一性，没有这种同一性，人的思维和交流就会像智者们所说的那样是不可能的了。这是从苏格拉底到柏拉图所共有的思想，而尤其为亚里士多德所发展，成了他的逻辑学的理论基础。但是，实际上，这部分的工作，应属于"分析的"科学知识范围，这种"分析的"与"辩证的"之间的区别，如前所述，是亚里士多德指出的，在苏格拉底那时，在概念上还没有明确地加以区分。

我们前面多次提到，苏格拉底否定了早期自然哲学的方向，指出关于自然的知识的根据，不在自然本身，而在自然的"善"，自然的功能，因而"理性的""自我"是知识的核心，有了这个"善"，自然就有了"度"，就不仅是可感的，而且是可理解的，即可知的；但这个"善"本身，"理性"本身或"自我"本身则更是充满了矛盾、对立的领域，要在这个领域求确定的知识是否有这种可能？从我们掌握的材料看，苏格拉底所努力追求的正是这样一个对"善"的确定的知识，他认为主体自我、人的道德本质也可以像自然一样由"归纳"、"定义"得来的"理念"形成一个知识的体系。苏格拉底这种把"知识"的确定性置于最高追求目标的理想必然地引导柏拉图晚年转向"存在"（自然）以及亚里士多德的"形而上学"（"原物理学"）体系。

然而，确定的伦理的知识的寻求经历着漫长的过程，这个过程中充满了对立、矛盾和斗争。道德的判断，已不是"冷热"的知觉判断，它根据了更为复杂多变的"尺度"，对"什么是公正"、"什么是勇敢"……这一系列伦理学问题，苏格拉底力图弄出一个清楚明了的"定义"，但他的工作只是得到"破"的消极成果，至于积极方面，是并没有多少把握的。如何克服道德领域里的"二律背反"，是苏格拉底留给后代的"常青的"问题。

道德、伦理不仅仅是一种静观的知识，而且是一种行动，是一种决定，是一种命令，理性的自我不是根据情绪的冲动行动，而是根据知识来行动的，如果我们没有确定的知识、没有决定的信念，老是陷于"二律背反"的矛盾之中，则无所适从，无所选择。这种选择性的决定和智慧的命令，在苏格拉底那里叫做"灵机"。

在古代，人们解决行动上"二律背反"的矛盾现象是委诸"神谕"来作出决断，以一种超人的力量来调和"知"和"行"的矛盾。人不能在"全知"之后才作出行动的决定，因而将这种决定权给了"神"，而"神"是被假设为"全知"的。苏格拉底把这个"神力"——这个为人所假想出来的"神"还给了人自己，以自己心中之"灵机"代替了"神谕"[①]，因而苏格拉底的"灵机"就不仅仅是一般的、经验的知识，而是一种总体的知识，是辩证的知识，因而同时也是一种"决定"、一种"命令"。

"灵机"应归于苏格拉底名下，这一点在史料上没有可怀疑的地方。色诺芬《回忆录》说苏格拉底常常有一种"出神状态"，伫立多时陷入深思，柏拉图对话中说他多年来常以"灵机"的指示做事，而临死前仍依靠"灵机"来作出决定。对于这种带有一定的神话的神秘性的"灵机"可以有各种解释，如一种豁然开朗的直觉，一种逻辑必然的结论等等，但我们毋宁认为，这是一种思维的飞跃，是一种连续性的中断，这种"豁然贯通"不是对某一个具体的问题，而是将某个具体问题与总体的本质相联系起来的自觉，就好像坐在一列没有"终点站"的火车上，当它停在我们要下车的"中途站"时，尽管我们知道这次列车的"终点站"是"无限"，我们还是说了一声"到了"[②]。

我们在讨论了苏格拉底道德哲学后，感到他并没有对"选择"、"决定"、"命令"、"自由"等伦理学、道德哲学概念进行思考，这当然是受历史条件的限制，这些都是近代的范畴，是随着社会生活的发展提出来的。但这些概念所涉及的基本问题，苏格拉底也以他那个时候的方式涉及到了。"灵机"是一种选择、一种决断，也是一种命令。作为理性的自我，是根据智慧（知识）来作决定的，人可以积累知识和经验，少犯错误，或在某种情形下不犯错误（如在逻辑上、推理上），但人不能"全知"，既然人"创造"出来的"神"只是幻想的

[①] 如一开始所说，这方面黑格尔有很好的论述，参阅他的《哲学史讲演录》，第2卷，第86—89页。
[②] 英文中"Here we are"既是"到了"，又可以指任何场合的"圆满"的意思，如"行了"、"好了"等。

产物，而根据有限的知识又往往犯错误，于是，人的行为的决断的最后的根据就是人对自身"德性"的意识，即对"善"的意识。这个"善"，在苏格拉底看，就是"真"，德性即知识，因而对德性的觉悟，就可以是命令，似乎像一个"全知的神"在发命令一样。"灵机"告诉苏格拉底什么是"最好的"。

"灵机"是每个人心中的"守护神"给予的，因为每个人的选择都是每个人自己决定的，是自己给自己下命令，别人是不能代替的。苏格拉底的使命就不是把"知识""灌输"给别人，因为无论"自然哲学家"积累了多少经验，有多少"说法"、"理论"、"意见"，离"真理"、"本原"、"始基"的距离并未缩短，因而仍是"无知"。苏格拉底自己也不例外，所以他不是"教员"，而是"助产婆"，是启发别人的智慧，点燃人们自己心中的火，激发各人自己的"灵机"。苏格拉底不能给"什么是公正"……开一个万灵药方式的"定义"，但却可以通过揭示各种矛盾、对立的伦理、道德标准，激发起人们对自身德性（善）的意识，自己作出决定。苏格拉底对自己的命运就是根据这个原则，排除了各种建议，作出了最后的决定的。

然而，"辩证法"即使对苏格拉底也没有放弃自己的挑战。苏格拉底追求一种确定的、永恒的"知识"，认为这种知识不能外求诸自然，而只能内求诸自我，"自然"的属性无穷无尽，而"自我"的德性似乎就在眼前。列车在无头无尾的圆周上运行，似乎只有圆心是确定不动的，但圆周上的点，不能是圆心的点，圆周上的列车永远开不到圆心上来，所以苏格拉底的"自我"、"德性"、"善"，对于自然的总体的知识，对于确定的真理，对于"始基"、"本原"言，只能是"隔岸观火"。也正是这个有限、无限，个别、一般，客体、主体之间的基本矛盾，推动柏拉图回到了"存在"，推动了亚里士多德雄心勃勃而又勤勤恳恳地建构他的百科全书式的知识体系。

同样，也正是这些基本矛盾，引起了近代康德批判哲学的变革，在更加深厚的历史的和理论的基础上继续做苏格拉底（柏拉图、亚里士多德）在两千多年前尝试过的事，从而奠定了欧洲近代哲学的基础。

苏格拉底的辩证法以及他的"灵机"说表明，实践的主体与知识的主体之间有着当时历史条件下难以克服的矛盾，求诸内和求诸外一样有坚实、不坚实的问题，人的德性如果要成为真实的知识，也会遇到与万物之始基一样的问题。

知识只能是经验的、科学的,这是苏格拉底的尝试所表明了的,历史的辩证的讽刺在于:苏格拉底以为把哲学从天上拉回人间,就可以安身立命,得到了真理,但事实上人的伦理、道德领域和自然领域一样,要探求它的"本原",其结果也与自然哲学家一样。亚里士多德接受了这个教训,把"伦理学"和"物理学"、"动物学"等等自然科学一样,当作了经验科学,用科学的方法考虑了各种伦理准则和决定人们行为的各种动机,在真正的、严格的意义上把伦理学变成了一门"科学"。各种经验科学综概起来都遵守着相同的原则,运用着相同的工具(亚里士多德的"工具篇"),这就是在近代成熟了的"认识论"。康德的先验哲学和批判哲学正是以"认识论"为他的学说的核心。康德把"本原"问题归于理性的主体,实践的主体,这一点是和苏格拉底共同的,但康德明确宣布这个主体的"本原",和客体的"始基"一样,不是知识的对象,这则会令古代的苏格拉底大吃一惊。但当人们回顾哲学的历史,注意到苏格拉底本人把最后的决定权交给了从"神谕"脱化而来的"灵机",那末康德的这种发展,也还没有脱离欧洲整个哲学传统的范围。

辩证法是客观的,不依人的主观意志为转移的,客体的世界、主体的思想充满了对立、矛盾,这是不可避免的、必然的,苏格拉底哲学的历史经验表明了这一点,欧洲哲学的发展历史也表明了这一点。

结束语

在经过讨论苏格拉底哲学思想的抽象历程之后，我觉得还有一些意思需要在这一部分说明。苏格拉底以哲学为终身事业，整日价与朋友们讨论哲理问题，但比较起来说，我们感到，苏格拉底哲学是实践的，不是思辨的，如果我们可以对古代哲学家作这样的区分的话。

从苏格拉底所倡导的哲学理论来说，他把人们的注意力从自然引向人，提倡探讨人的德性以深入万物之本原。在他看来，人的实践的主体、理性的自我是唯一坚实可靠的真理的根据，"善"给万物以功能、意义，探索"善"的本意是智慧的根本任务。

同时，我们也看到，苏格拉底的哲学原则也是他的生活原则，他的"知行合一说"体现了他的哲学是"身体力行"的。我们前面说过，苏格拉底不是政治家，并不像当时雅典公民的时尚那样热衷于政治活动，但并不是说他完全不关心政治，他关心的是比这一切更为根本的问题。由于根本问题上的不同，他在当时雅典权贵眼中是一只"牛虻"，时常指责时弊，行为乖张。他因许多复杂的原因被判处死刑，在各种可能的选择中，他听从了他心中已经成熟了的哲学原则的呼声。他的死是为一个原则献身，不管对这个原则如何评价，但原则毕竟是原则，这里没有多少个人的、感性情欲上的考虑。理性支配着苏格拉底的生活，虽然他的实际生活表面上是平凡的，对当时雅典社会并不是举足轻重的。决定处死他的雅典权贵们对历史的贡献在于替这位雅典公民的平常的实际生活添加了伟大的悲剧色彩，使后世的人不但研究他的思想，而且经常探究他的献身的意义。

在这方面,苏格拉底也不同于当时的智者。智者们以"知识"为谋取"功名"的手段,以授徒为业;苏格拉底则是以真理为目的,他的"知识即德性"的原则使他生活在原则之中,在这个高级的生活境界中,并无目的、手段之分,它们是统一的,"知识"、"智慧"不是飞黄腾达的手段,而是与探求真理一致,这种真理又包括了整个社会的完善化这一理想在内。

所以,苏格拉底没有严格意义的"学生",也没有"老师","师"、"徒"完全是一种"讨论"、"启发"的关系。从柏拉图留下的对话来看,苏格拉底的确并没有把一些现成的知识教条地向人宣传、灌输。我们所能发现的他唯一教导人的是一种思想方法,即辩证的思维方法,这种方法使人们自己开动脑筋,探索真理的奥秘。

这样,严格说来,并没有什么"苏格拉底学派"(Socratics),在他周围的人,有各家各派的哲学家,有爱利亚学派的,有毕达哥拉斯学派的,他们都是自由的思想家,他们来到苏格拉底这里不是学教条,而是学方法,有了这个方法,就可以根据自己的经历和立场产生自己的哲学原则。事实也正是如此,从希腊哲学以后的发展,我们看到了苏格拉底"助产术"的丰硕果实。

一般史家认为,"苏格拉底学派"一分为三:以阿里斯的帕斯(Aristippus)为首的昔勒尼学派(Cyrenaic school),以安提斯塞尼(Antisthenes)为奠基者的犬儒学派(Cynic school)和以欧克勒德斯(Euclides)为首的麦加拉学派(Megarian school),但近代许多学者认为这方面史料缺乏,问题很多,传统的说法不尽可靠。①尽管如此,我们仍不妨把这三派归于苏格拉底哲学的影响之下,既然他们都曾是苏格拉底讨论问题时的核心人物。

这三派中,前两派被认为是侧重伦理学的,因而有些学者认为是受苏格拉底哲学衣钵的相传,但现有的材料说明,昔勒尼学派的创始者应是这个阿里斯的帕斯的孙子,因他与祖父同名,所以被后人弄混了。不过,苏格拉底周围的阿里斯的帕斯的确也是生活豪奢,还因此受到过苏格拉底的批评,这是见诸色诺芬的回忆录的②,可见祖孙二人思想上有相当的渊源,但说他代表苏格拉底

---

① 参阅费尔德:《柏拉图和他的同时代人》,第12章。
② 参阅费尔德:《柏拉图和他的同时代人》,第160页。

的主要哲学倾向当然是说不通的，我们只能说，这个学派执着于人生伦理问题，将一个原则（"幸福"的原则）推到极致，未尝不与苏格拉底的启发有关。

与此对立的是安提斯塞尼。他是否为犬儒学派的创始人虽颇有争议，但他与这个学派在思想上的联系则是无可否认的，是有他的为数极少的残篇为证的。他所提倡的生活原则是以理智把情欲限制到最小限度，因而认为原始的、极简单的生活是最好的。这个原则是和苏格拉底的哲学很接近的，但它们也还有一个很大的区别：苏格拉底贬抑"身体"的情欲，甚至要"消灭""身体"（死），而"灭欲"的目的是要充分发挥"灵魂"的"智慧"以把握真理，苏格拉底这个原则启发了后来欧洲哲学以"理论静观"作为摆脱情欲意志的一种"解脱"、"自由"境界的思想传统，摆脱眼下生活的欲求是哲学思考（以及艺术创造和欣赏）的基本条件和目的；但这个原则在安提斯塞尼那里，"理智"则同样成了"手段"，只是不是"放纵"的手段，而是"限制"的手段，所以这个原则的结果，不是哲学思维和文化的繁荣，而是造就了道德上苦行主义的典范。

据说，安提斯塞尼在逻辑学上也有不少贡献，但他那种苦行的生活给他带来的精力衰退，使他还不足以达到载入史册的水平，所以在逻辑上的贡献，一般史家所乐以称道的是麦加拉学派。欧克勒德斯原属爱利亚学派，后来又从苏格拉底那里受到熏陶，在苏格拉底死后，由于雅典人才外流，荟萃于麦加拉，促进了这个学派的繁荣，他们传留下来的一条原则"善是'一'"，则是爱利亚学说与苏格拉底"善的原则"的典型的结合，是从苏格拉底哲学立场发展了爱利亚学派的一个表现。从"善"来说，已非多种功能、多种"理念"，而是一个最高的"善"；对于"一"来说，已非空泛的"存在"，而是具体的"功能"、"属性"。

然而，真正继承、发扬了苏格拉底哲学原则，卓然成为划时代的大家的还应是柏拉图。

柏拉图的著作全部都保存下来了，这不仅是一种幸运，而且是一种公正，他的著作的确是值得保存的。首先他以生动而细致的笔法把苏格拉底的哲学对话记载下来，从选题的精当到记述讨论过程之详细严密，都说明这些问题在他心中孕育已久，已是他自己的问题，把它们记载下来，其意义就不完全像色诺芬那样纯为纪念师长之作，因此，我们这里所讨论的苏格拉底的思想，可以说全部都是与柏拉图共有的，即都是经过柏拉图认真思索过的，不仅仅是博闻强记而已。

柏拉图这种认真思考苏格拉底提出之原则问题的精神，更体现在他后来自己思想之发展中。柏拉图后期著作表明，他的思想原则已由苏格拉底的"自我"回到了"自然"，回到了"存在"，但这个"自然"既是"本原"、"本性"，于是"存在"也就不是感性的、感觉性的，而是理性的"理念"，"存在"的体系也就是关于"存在"的"理念"的体系。这样，我们认为，柏拉图的哲学原则就脱离了苏格拉底式的"实践性"的特点，而成为一种"思辨性"的哲学。

从马克思主义基本哲学原则、从我们的时代的高度并且从我们中国人的哲学文化传统来研究柏拉图的哲学，是我们下一步将要尝试去做的艰巨的工作。

附 录

主要参考书目*

格思里:《希腊哲学史》,第3卷,剑桥,1969年。
(W. K. C. Guthrie, *A History of Greek Philosophy*, vol. 3, Cambridge, 1969)

贡帕尔茨:《希腊思想家》,第2卷,莱比锡,1912年。
(Th. Gomperz, *Griechische Denker, Eine Geschichte der Antiken Philosophie*, Zweiten Band, Leipzig, 1912)

蔡勒:《苏格拉底和苏格拉底学派》,英译,伦敦,1868年。
(E. Zeller, *Socrates and the Socratic Schools*, Translated by O. J. Reichel, London, 1868)

柏奈特:《希腊哲学,第一部分,从泰利士到柏拉图》,伦敦,1920年。
(J. Burnet, *Greek Philosophy, Part I, Thales to Plato*, London, 1920)

泰勒:《苏格拉底种种》,牛津,1911年。
(A. E. Taylor, *Varia Socratica*, Oxford, 1911)

康福德:《苏格拉底前后》,剑桥,1932年。
(F. M. Cornford, *Before and After Socrates*, Cambridge, 1932)

菲立浦生:《苏格拉底的审判》,伦敦,1928年。
(C. Philipson, *The Trial of Socrates*, London, 1928)

梅耶尔:《苏格拉底,他的工作和他的历史地位》,图宾根,1913年。
(H. Maier, *Sokrates, Sein Werk und Seine Geschichtliche Stellung*, Tübingen, 1913)

克鲁斯特:《苏格拉底,人与神话》,诺特丹大学,1957年。

---

* 本书目只收有关苏格拉底的最主要的参考书及对于苏格拉底问题有重要参考价值的哲学史著作。关于这个问题的详尽书目,读者可从格思里《希腊哲学史》第3卷所附之参考书目中得到。

(A. H. Chroust, *Socrates, Man and Myth*, University of Notre Dame Press, 1957)

黑格尔:《哲学史讲演录》,第2卷,三联书店1957年版。

修昔底德:《伯罗奔尼撒战争史》,商务印书馆1978年版。

主要人名中外文对照表

中　　文	英　文	希腊文	拉丁文	小　　注
三画 大流士	Darius			公元前521—前485年波斯王
四画 巴门尼德 厄庇尔特	Parmenides Ephialtes	Παρμενίδης Ἐφιάλτης		爱利亚学派主要代表人物 古代雅典民主派领袖
五画 皮山大	Peisander	Πείσανδρος		鼎盛期公元前430—前411年雅典政治家
六画 西赛罗 亚里士多德 毕达哥拉斯 色诺芬 安提丰 安提斯赛尼 芝诺	 Aristotle Pythagoras Xenophon Antiphon Antisthenes Zeno	 Ἀριστοτέλης Πυθαγόρας Ξενοφῶν Ἀντιφῶν Ἀντισθένης Ζήνων	Cicero Aristoteles	古代罗马政治家、演说家、哲学家 古希腊哲学家 古代希腊哲学家，南意大利学派创始人 古希腊活动家，苏格拉底的学生 古希腊智者 犬儒学派奠基者，苏格拉底的学生 爱利亚学派哲学家
七画 伯利克里 克利斯提尼 克莱翁	Pericles Clisthenes Cleon	Περικλῆς Κλεισθένης Κλέων		雅典民主制黄金时代执政者 雅典民主制建成者 伯利克里后雅典民主派领袖，被称为"蛊惑家"

（续表）

中文	英文	希腊文	拉丁文	小注
克利底亚	Critias	Κριτίας		智者，三十僭主之一，传为苏格拉底的学生
庇西特拉图	Pisistratus	Πεισίστρατος		雅典早期僭主，民主制的推动者
希罗多德	Herodotus	Ἡρόδοτος		希腊古代历史学之父
希匹阿斯	Hippias	Ἱππίας		智者
来客古士	Lycurgus	Λυκοῦργος		传说中斯巴达的立法者
利巴尼乌斯			Libanius	公元314—393年希腊修辞学家
阿那克西曼德	Anaximander	Ἀναξίμανδρος		米利都学派哲学家
阿那克西曼尼	Anaximenes	Ἀναξιμένης		米利都学派哲学家
阿那克萨哥拉	Anaxagoras	Ἀναξαγόρας		古希腊哲学家
阿开劳斯	Archelaus	Ἀρχέλαος		雅典哲学家，阿那克萨哥拉的学生，苏格拉底的老师
阿里斯多芬	Aristophanes	Ἀριστοφάνης		雅典著名喜剧大师
阿里斯的帕斯	Aristippus	Ἀριστίππος		昔勒尼学派的奠基者，苏格拉底的学生
阿尔西比得	Alcibiades	Ἀλκιβιάδης		约公元前450—前404年雅典政治家，传为苏格拉底的学生
阿斯帕西亚	Aspasia	Ἀσπασία		雅典知识妇女，传为伯利克里的情妇，苏格拉底的朋友
八画				
欧里庇底斯	Euripides	Εὐριπίδης		希腊三大悲剧大师之一
欧克勒德斯	Euclides	Εὐκλείδης		麦加拉学派创始人，苏格拉底的学生
波立克拉特	Polycrates	Πολυκράτης		公元前四世纪时雅典修辞学家
居鲁士	Cyrus the Great			波斯王
帕拉梅德斯	Palamedes	Παλαμήδης		传说中攻打特洛亚城的希腊英雄
九画				
费底亚	Phidias	Φειδίας		雅典早期著名雕塑家
修昔底德	Thucydides	Θουκυδίδης		古希腊历史学家
品达	Pindarus	Πίνδαρος		古希腊抒情诗人
客蒙	Cimon	Κίμων		雅典寡头派领袖
柏拉图	Plato	Πλάτων		古希腊哲学家，苏格拉底的学生

(续表)

中文	英文	希腊文	拉丁文	小注
十画				
泰利斯	Thales	Θαλῆς		米利都学派创始人
恩培多克勒	Empedocles	Ἐμπεδοκλῆς		古希腊哲学家
高尔吉亚	Gorgias	Γοργίας		智者
索福克勒斯	Sophocles	Σοφοκλῆς		希腊三大悲剧大师之一
海伦	Helena	Ἑλένη		斯巴达女奴，因美貌被特洛亚王子带走，引起了特洛亚之战
爱斯库勒斯	Aeschylus	Αἰσχίλος		古希腊三大悲剧大师之一
荷马	Homer	Ὅμηρος		古希腊叙事诗人
十一画				
梭伦	Solon	Σόλων		雅典民主制的奠基者
梅里索斯	Melissus	Μέλισσος		爱利亚学派哲学家，萨摩斯将军
第欧根尼·拉修斯	Diogenes Laërtius	Διογένης Λαετίυς		公元二世纪作家
菲里斯欣	Philistion	Φιλίστιον		希腊医生，柏拉图同时代人
十二画				
普罗塔哥拉斯	Protagoras	Πρωταγόρας		智者
普罗底柯	Prodicus	Πρόδικος		智者
普罗塔克	Plutarchus	Πλδύταρχος		公元一世纪传记作家
十四画				
赫拉克利特	Heraclitus	Ἡράκλειτος		古希腊哲学家
赫西俄	Hesiodes	Ἡσίοδος		古希腊叙事诗人
赛米斯托克	Themistocles	Θεμιστοκλῆς		雅典将军，波希战争中萨拉米湾战役的胜利者
十五画				
德谟克利特	Democritus	Δημόκριτος		古希腊原子论哲学家
德蒙	Damon	Δάμων		雅典音乐家、智者，伯利克里的老师
德谟斯提尼	Demosthenes	Δημοσθένης		约公元前384—前322年希腊大演说家
潘涅修斯	Panaetius	Παναίτιος		约公元前185—前109年斯多亚派哲学家

后 记

（一）本书继拙著《前苏格拉底哲学研究》之后，可算"古代希腊哲学研究"的第二卷。第三卷当是研究柏拉图哲学，以后将陆续研究亚里士多德及后亚里士多德诸学派。这是作者的研究计划，希望这个计划不要受到什么干扰。

（二）希腊哲学的研究在我国基础还相当薄弱，作者的学识素养又极其不够，只是觉得这项工作极其重要而又有兴趣，才奋力去做；随着工作的开展，感到困难越来越大，问题越来越多，虽然尽力去克服、去解决，但错误一定不少，极盼得到批评和指正。

（三）作者认为，哲学史是一门活的学问，因为哲学的问题是常青的，是不断向人提出的问题。哲学史的任务是要研究在何种历史条件下人们（哲学家们）以何种方式来回答这些问题，因而哲学史同样是要探讨问题及其解决方式。本书尽量按照这个想法去做，不仅介绍历史的知识，而且讨论哲学的问题，因而作者的主观意图不仅在引起读者的历史兴趣，而且也希望能引起读者的理论兴趣。

（四）一般说来，古代希腊文明是西方文明的源头，而在某种意义上说，我国古代文明则是东方文明的核心精髓，以中国人的眼光，研究西方文化的特点，提出一点我们自己的看法，在本书中已作了一点尝试，希望今后能在这方面有所加强。

作者 1984 年 3 月 24 日
于中国社会科学院哲学研究所

重印后记

《前苏格拉底哲学研究》和《苏格拉底及其哲学思想》这两本书，写于20世纪70年代我们从"干校"回城之后，之所以做这个题目，当与那时候的大环境有关。

我们单位从1970年去河南"干校"，先是在息县劳动，后是在明港搞运动。后来知道，我们的"干校"的条件当时比起北大来要好得多了，特别是明港那一年，不搞劳动，天天集中搞运动，而这个运动到了那个时候，对于一般群众来说，只是每天上下午的班排小组学习会，休息和空余时间，大家都还偷偷看点专业方面的书，只要不被工（军）宣队侦破，同事们之间倒也相安无事。就在那夹缝之中，我学了几门外语，觉得很有兴趣；等到1972年回到北京以后，学外语的热情越来越大。只是当时的环境，要想在一两门外语上向纵深发展是没有条件的，于是乎从广度上来满足学外语的欲望。

学文科的人，尽管被敲起"厚今薄古"的警钟，但天生就有"厚古薄今"的倾向，连学外语也难免，不仅学英、德、法这些现代语种，还想学古代的，尤其那和专业结合密切的希腊语和拉丁语。

拉丁语没有学下去，希腊语是碰巧买到一本最简单的语法书，因其简单，居然学完了；后来得到那时住在同一个院子的希腊文学大家罗念生先生的帮助，对于柏拉图的对话，对照着其他文种，也能阅读下来了。

这样，就产生了研究古代希腊哲学的动机。

语言固然是我们做哲学的一个重要条件，但是我之所以做古代希腊哲学，还有深一层的原因,那就是想"离政治远一点"。

其实做哲学的人,大多具有"关心国家大事"的特点。不仅"关心""国家大事",连"世界"甚至"宇宙"的"大事"也都有相当的关切;只是那个时代,几十年的政治运动,"国家大事-人事"变得太快了,而且这个"变",都是"你死我活"的性质,普通人实在跟不上这个节奏,也只好表面上跟跟,实际上尽量不跟了。"离现实远一点","离政治远一点",这是当时我做这个选题的背后的想法。可能很多人当时都有这个想法,只是对策各有不同,我就做起了希腊哲学的研究。

《前苏格拉底哲学研究》主要是史料性的,因为那部分材料不是很多,大多是一些残篇,有现成编好的可以利用,只是下了点功夫对照英、德、法文的译文,参照原文,需要时译成中文,对于有兴趣学习希腊哲学的读者,还有一点参考价值;其中我自己的论述部分,现在看是比较浅显的了,有时还有些武断、批判的口气,那是一个时代的烙印,也算是"时代精神"的反映吧。

做哲学的多数也不满足于史料的整理编辑,而是要阐述"思想"的,所以我在本书就集中研究苏格拉底的哲学思想,加强了"思想性"的分量;但是,当时我自己的"思想"是很受局限的。一方面,对于过去学得的条条框框已经不满意,另一方面新的哲学知识之门才刚刚打开,这是我在写《苏格拉底及其哲学思想》这本书时面临的困境。

准备这本书的写作时,我被派到美国去进修两年,写作固然中断,但是对于"思想"之"触动"——还不是实际的"长进"——则是比较大的。

我们毕竟闭塞了很多很多年了,刚一出国门,可谓"两眼漆黑",对外面的世界一无所知,更谈不到对于外面的"学术"了。

我刚去美国时,还想继续做希腊哲学,后来发现他们的做法一般都相当专门,注重的是"学",而要从"思"上去做,则不仅要从专门问题、专门家那里去学,而且要从真正的哲学家那里去学,不仅要学"学",而且要学"思"。这样,我暂时就"离开"希腊哲学一阵子,利用在外面的机会,先学一点我们脱节了的新的哲学学说。美国主流分析哲学,我就从学习维特根斯坦开始,也注意收集了解一些欧洲大陆新学派的材料。

这些,当时对我都是非常新鲜、非常生疏的。

两年进修很快到期，回到国内仍完成《苏格拉底及其哲学思想》的写作，而我在那里"学"到的"知识"既然少得可怜，不足以改善这本书的写作，遂使这本书同样以资料的整理而可以参考，也还谈不到有什么扎实的"思想"；不过在国外受到的"思想上"的"冲击"倒足以刺激我"改造"我的"思（想）"。

在写作《苏格拉底及其哲学思想》的同时，我开始将我的工作重点转移到吸收西方的新学派上来，这方面的结果，一部分体现在《思·史·诗》这本书中。

从此开始，就专业性工作来说，我就尚未回到希腊哲学来。

不过，哲学固然是一门历史性的学问，但就问题来说，原本不好分"古"、"今"，所以就"思"而言，我的工作一直也没有"离开"过希腊哲学的问题，我在做胡塞尔研究的时候如此，做海德格尔研究的时候也是如此，做法国后现代诸公时更是如此；只是在专业性方面就不那么细致了，重点在"思（想）"的方面了。

事实上，我在20世纪80年代后期和90年代初期，曾经重做过一遍希腊哲学，那是为了完成一个"科学与宗教"的项目，我把古代希腊哲学作为"科学性思维方式"的"原型"，从这个角度，一直做到了亚里士多德以后，但因为那项目当时人员的流散，没有完成，我做的部分，大半作为论文形式发表了。在那里，如果可以的话，也许人们可以说，"专业性"在"递减"，而"思想性"或许在"递增"。然而，这个项目现在又重新做了，但做法则有很大不同，可能会以"思想性"为主了。

在重新印刷之际，我深深感到，一个人在不同的时期会做不同的事情，即使大的方面还在做同一件事情，但是重点还会有很大的不同。如今在我衰年之际，要再做年轻时的事情，想是不可能了，这样，尽管我现在觉得这两本书有许多不到之处，甚至幼稚得可笑之处，但要我重做，竟然做不出来了，既然还有一点用处，就只能按原样重印了。

叶秀山
2006年12月28日　北京